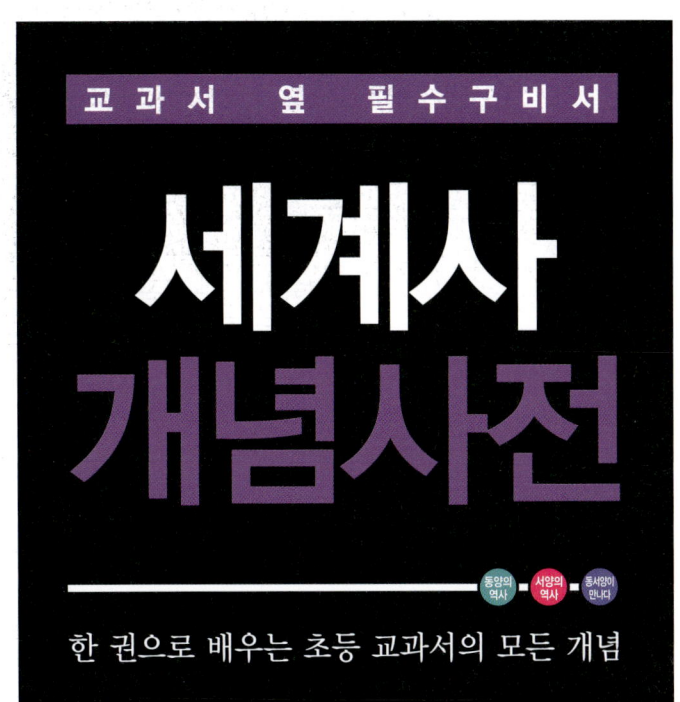

아울북

집필하신 분

공미라
이화여자대학교에서 역사 교육을 전공하고 교육대학원에서 석사 학위를 받았습니다. 현재 구리 인창중학교에 재직하고 있으며 경기도 교육청 2007 개정 교육과정 핵심 요원으로 활동하고 있습니다. 아울북 개념사전 시리즈 중 「한국사」편을 집필하셨습니다.

김애경
서울시립대학교에서 국사학을 전공하고 경희대학교 교육대학원에서 역사 교육으로 석사 학위를 받았습니다. 현재 구리 인창중학교에 재직하고 있습니다. 아울북 개념사전 시리즈 중 「한국사」편을 집필하셨습니다.

최윤정
동국대학교에서 역사 교육을 전공하였습니다. 역사교사모임의 회원으로 활발히 활동하고 있으며, 재미있는 역사책 만들기에 관심이 많습니다. 현재 구리 인창중학교에 재직하고 있습니다.

감수하신 분

김원수
한양대학교 대학원 사학과에서 외교사를 전공하고, 현재 서울교육대학교 사회과교육과 교수로 재직하고 있습니다.
새로운 세계사 및 국제 관계의 역사를 연구하며, 초등학교 교사가 될 학생들에게 역사와 문화 관련 내용을 강의하고 있습니다. 〈어린이 초록마을〉, 〈어린이 초록나라〉, 〈어린이 초록세상〉 개발 작업에 참여하였고, 〈한눈에 보는 우리 역사〉, 〈읽으면 똑똑해지는 만화 세계사〉 등을 감수하셨습니다.

교과서 옆 필수구비서 **세계사 개념사전**

저자 | 공미라, 김애경, 최윤정 **감수** | 김원수 **삽화** | 이경신

펴낸이 | 김영곤 **펴낸곳** | ㈜북이십일 아울북 **1판 1쇄 발행** | 2009. 11. 30 **1판 9쇄 발행** | 2022. 3. 4.
키즈사업본부장 | 김수경 **에듀1팀** | 김지혜 김지수 김현정
아동영업마케팅본부장 | 변유경 **아동마케팅팀** | 김영남 원정아 이규림 고아라 최예슬 이해림 황혜선
아동영업1팀 | 이도경 오다은 김소연 **아동영업2팀** | 한충희 오은희
표지 디자인 | 전지선 **본문 디자인 및 편집** | 다우
주소 | (10881) 경기도 파주시 회동길 201 (문발동)
전화 | 031-955-2100(대표), 031-955-2445(내용문의), 031-955-2177(팩스)
등록번호 | 제406-2003-061호 Copyright©2009 by Book21 아울북. All rights reserved.
값 25,000원 **ISBN** 978-89-509-2077-7 73900

본사와의 협의 없는 무단 복제는 법으로 금지되어 있습니다.

- 제조자명 : ㈜북이십일
- 주소 및 전화번호 : 경기도 파주시 문발동 회동길 201(문발동) / 031-955-2100
- 제조연월 : 2022. 3. 4.
- 제조국명 : 대한민국
- 사용연령 : 36개월 이상 어린이 제품

교과서 옆 필수구비서

세계사 개념사전

동양의 역사 · 서양의 역사 · 동서양이 만나다

한 권으로 배우는 초등 교과서의 모든 개념

집필 공미라 · 김애경 · 최윤정
감수 김원수(서울교육대학교 사회교육과 교수)

아울북

발간사

이야기책처럼 술술 읽히는 신개념 학습 사전

'아이 스스로 재미있게 창의적으로 공부하기'
이것이 우리 아울북 초등교육연구소의 목표입니다. 〈마법천자문〉으로 '에듀테인먼트'의 문을 연 저희 아울북은 이러한 고민을 발전시켜 〈개념교과서〉와 〈개념교과서 마스터〉, 〈초등교과서 단어의 비밀〉에 이어 〈개념사전〉을 발간하였습니다.
〈개념사전〉은 초등학교 전 학년 교과 과정을 과목별로 한 권에 담았습니다. 초등 교과 과정 전체를 아우르되 단절되지 않고 개념의 맥을 따라 공부할 수 있는 책, 이것이 〈개념사전〉의 특징입니다.

〈세계사 개념사전〉은 첫째, 기존의 가나다순 사전과 달리 시대별로 대항목을 잡아 맥락과 흐름을 알 수 있도록 구성하였습니다. 중등 사회 교과 과정 중 세계사 영역에서 세계 각국의 역사를 연구하여 핵심 표제어를 선정하였으며, 표제어와 관련된 내용을 재미있고 충실하게 풀어 설명하였습니다. 아이들은 이야기책처럼 술술 읽어 내려가면서 전체적인 틀 속에서 세계의 역사를 이해할 수 있을 것입니다.

둘째, 세계사 교과 과정을 한 권에 담았습니다. 아울러 중등 교과 과정의 내용 중에서도 이해하는 데 도움이 될 부분은 함께 실었습니다. 한발 앞선 공부가 상호 보완 작용을 하도록 구성하였습니다.

셋째, 아직 배우지 않은 내용도 이야기책처럼 술술 읽히고 쏙쏙 이해되도록 만들었습니다. 세계의 역사에서 갖게 되는 의문에서 출발하여 해당 개념을 아이들의 입말체로 하나하나 풀어나가고 적합한 삽화를 풍부하게 사용하여, 쉽게 이해가 되면서도 지루하지 않게 구성하였습니다.

저희 연구소가 정성을 다해 준비한 〈초등과학 개념사전〉과 〈초등사회 개념사전〉, 〈초등수학 개념사전〉, 〈초등국어 개념사전〉, 〈한국사 개념사전〉에 이어 발간하는 〈세계사 개념사전〉이 세계의 역사에 대해 공부하는 모든 초등학생들과 중학생들에게 큰 도움이 되기를 기대합니다.

앞으로도 아울북 초등교육연구소는 호기심 많은 우리 아이들이 스스로 배우며 탐구하는 태도를 길러갈 수 있도록 더욱 재미있고 효과적인 학습물을 개발해 나가겠습니다.

2009년 11월
아울북 초등교육연구소

저자의 글

세계사를 쉽고 재미있게 공부해요

역사 수업을 시작하는 첫 시간에 꼭 물어보는 질문이 있습니다.

"선생님, 역사 공부는 왜 하는 거예요?"

하지만 그 답은 아이들이 먼저 내놓곤 합니다. 와글와글거리는 우리 아이들의 이야기를 듣다 보면, 어떤 마음으로 역사 공부를 하는지 잘 알게 됩니다. "재미있으니까요." "엄마랑 선생님이 하라고 해서요." "다른 나라의 역사를 알아야 그 나라를 이해할 수 있어요." "과거를 알아야 미래를 알 수 있대요." "시험 잘 보려고요." "역사는 상식이에요." "선생님 저는 역사학자가 될 건데요."……

정답을 가르쳐 주지 않아도 아이들은 이미 역사 공부를 왜하는지 잘 알고 있습니다. 어려서부터 많은 책을 읽어왔고, 또 역사 드라마를 즐겨 보아왔으며, 다양한 체험 학습을 통해 역사 공부의 즐거움을 알고 있습니다. 그렇지만, 세계사라는 교과 교육과정을 만나게 되면 그 방대한 양에 작아지는 나를 만나게 되는 것도 사실입니다. 생소한 지명과 이름, 시간과 공간을 넘나드는 이야기 속에서 길을 잃어버리기도 합니다.

우리 선생님들은 〈세계사 개념사전〉이라는 책을 쓰기에 앞서서 여러 가지 고민을 함께 나누었습니다. 좀 더 재미있게 꼭 알아야 할 큰 흐름은 어떻게 설명하면 좋을까? 좀 더 균형 있는 시각으로 세상을 바라보는 안목을 키우려면 어떻게 해야 할까? 역사의 커다란 숲을 한 눈에 바라보는 것 뿐 아니라 나무 한 가지 한 가지도 바라볼 수는 없을까? 우리 선생님들이 좋아하는 역사공부를 학생들도 좋아하게 만들 수는 없을까?

이런 질문들 속에서 여러 날 고민하고, 여러 차례의 수정을 거쳐 시간과 공간의 거리 개념이 부족한 학생들에게 가깝게 다가설 수 있도록 동양과 서양의 역사를 따로 나누어 제1부와 제2부에 걸쳐 지역과 문화 중심으로 엮었습니다. 교과서의 여기저기에 따로 따로 흩어져서 등장하던 인도, 일본, 미국, 동남아시아 여러 국가 등 개별 국가의 역사를 하나씩 정리하면서 세계사적인 큰 흐름을 연결할 수 있도록 했습니다. 개별적으로 관심 있어 할 작은 역사들은 따로 재구성하여 제3부에서 만날 수 있을 것입니다.

지금은 아침에 비행기를 타고 일본에 출장을 갔다가도 저녁 비행기로 돌아와 업무를 마무리 할 수 있는 세상입니다. 지구라는 마을에 함께 살고 있는 이웃사촌들의 옛날이야기를 통해서 다양한 삶의 방식을 이해하고, 함께 미래를 만들어 나가는 꿈을 꾸는데 작은 도움이 되면 좋겠습니다. 여러분이 만들어 갈 세상의 미래에 큰 기대를 걸고 있습니다.

2009년 11월
공미라, 김애경, 최윤정

추천의 글

〈세계사 개념사전〉으로 '인류의 역사를 보는 눈'을 만들어 보세요

오늘날 세계는 우리의 생활과 직접 연결되고 있습니다. 따라서 여러분이 세상을 보는 눈도 새로워져야 합니다. 과거를 뒤돌아보고, 현재 여러분이 사는 세상에서 미래를 바라볼 수 있어야 합니다. 이를 위해서는 세계사 학습이 매우 유용합니다. 세계사는 인류가 살아온 모든 자취, 곧 인간 생활의 내력을 기록한 역사 이야기이기 때문입니다. 또한 세계사는 인간의 경험이 축적되어 있는 보물 단지로, 이 속에서 인간이 겪고 행한 수많은 사례를 찾아보고 이해할 수가 있습니다.

이 같은 교훈은 과거 우리의 역사에서도 잘 알 수 있습니다. 지금부터 100여 년 전 대한제국 시기에 우리의 선각자들은 외세의 침입에 대비하여 소학교(보통학교 : 오늘의 초등학교)에서까지 만국의 역사, 문화를 가르치는 예지를 보였습니다. 하지만 현재 우리나라 초등학교에서는 세계사의 내용을 학습하지 않습니다. 따라서 초등학교와 중학교의 저학년 학생들은 세계사 학습에 많은 어려움을 느끼고 있습니다.

이번에 간행된 〈세계사 개념사전〉은 세계사를 이해하고 학습하는 데 좋은 안내자입니다. 이 책은 정치, 경제 사회, 문화, 예술 등 여러 분야에 걸쳐 영향을 준 역사적인 사건과 인물들을 두루 다루고 있어서 과거의 시대를 거울삼아 오늘의 세계를 이해할 수 있습니다. 특히 학교 교과서와는 달리, 세계사의 중요한 개념을 중심으로 내용을 구성하고 있다는 점은 이 책의 커다란 장점입니다. 또한 이 책에서는 세계사와 한국사를 함께 이해시키려는 다양한 노력도 돋보이고 있습니다.

이를 위해 그림과 사진, 삽화 및 현장 답사 등을 통한 용어 해설과 다양한 코너가 마련되어 있습니다. 본문을 보완한 '더 알고 싶어요', 본문 내용을 집약한 개념 퀴즈 '스물네 고개', 세계사와 한국사를 연결시켜 줄 '이때 우리는?' 등이 그것들입니다. 더불어 어린이들이 학습의 지루함을 달래고 세계에 대한 꿈을 키울 수 있도록 중간중간에 각 지역별 문화 유적지를 소개한 코너들도 마련되어 있습니다.

여러분! 나는 여러분이 〈세계사 개념사전〉을 꼼꼼히 학습하면 나무들만 보고 숲을 보지 못하는 어리석음을 피할 수 있는 지혜를 얻을 수 있으리라 믿습니다. 그리고 자신만이 중요하다는 자기 중심적 사고에서 벗어나 이웃과 함께 오늘을 보고 미래를 전망할 수 있는 안목이 생기리라 확신합니다. 세계사는 여러분과 같은 개개인의 삶이 어우러져 만들어진 인류의 역사라고 할 수 있습니다. 지금부터 〈세계사 개념사전〉을 통해 '인류의 역사를 보는 눈'을 만들어 보세요.

서울교육대학교 사회과교육과 교수 김원수

세계사 개념사전 | 차례

세계 역사가 훤히 들여다보이는

발간사	4
저자의 글	5
추천의 글	6
이 책의 활용 방법	10

1	직립보행	12
2	도구	14
3	문명	16

동양의 역사

4	은, 주	20
5	춘추 전국 시대	22
6	진, 한	26
7	위·진·남북조	30
8	수, 당	32
9	송	36
10	원	38
11	명	40
12	청	42
13	아편 전쟁	44
14	신해혁명	46
15	중화 인민 공화국	48
16	문화 대혁명	50
17	중국의 개방	52
	떠나자, 중국으로!	54

18	JAPAN	56
19	막부	60
20	메이지 유신	64
21	태평양 전쟁	66
22	경제 대국	68
	떠나자, 일본으로!	70

23	삼국 시대	72
24	고려	74
25	조선	76
26	일제 강점기	78
27	대한민국	80
	● 스물네 고개	82
	떠나자, 서울로!	84

28	인더스 문명	86
29	불교	88
30	힌두교	90
31	무굴 제국	92
32	세포이 항쟁	94
33	간디	96
34	IT 강국, 인도	98
	떠나자, 인도로!	100

35	앙코르 와트	102
36	말라카 왕국	104
37	호치민	106
38	동남아시아의 발전	108

떠나자, 동남아시아로! 110

39 | 오리엔트 112
40 | 알파벳 114
41 | 페르시아 116
42 | 무함마드 118
43 | 오스만 제국 120
44 | 아랍 민족주의 122
　　떠나자, 서아시아와 북부 아프리카로! 126

45 | 유목 민족 128
46 | 정복 왕조 132
47 | 칭기즈 칸 134
48 | 몽골 136
　　떠나자, 중앙아시아로! 138
　● 스물네 고개 140

서양의 역사

49 | 고대 그리스 144
50 | 알렉산드로스 148
51 | 로마 제국 150
52 | 로마 문화 154
　　떠나자, 남부 유럽으로! 156

53 | 게르만 족 158

54 | 봉건 제도 160
55 | 로마 가톨릭 162
56 | 고딕 양식 164
57 | 비잔티움 제국 166
　　떠나자, 동유럽으로! 168

58 | 십자군 전쟁 170
59 | 도시와 농촌 172
60 | 중앙 집권 국가 174
　● 스물네 고개 178

61 | 르네상스 180
62 | 신항로 개척 184
63 | 종교 개혁 186
64 | 절대 왕정 188
65 | 영국 혁명 192
66 | 산업 혁명 194
　　떠나자, 북서부 유럽으로! 198

67 | 프랑스 혁명 200
68 | 나폴레옹 202
69 | 자유주의 204
70 | 민족주의 206
71 | 제국주의 210
72 | 제1차 세계 대전 212
73 | 민주주의 216
74 | 러시아 혁명 218
75 | 전체주의 222

76	제2차 세계 대전	224
77	냉전	228
78	베를린 장벽 붕괴	230
79	유럽 연합	234
● 스물네 고개		236

80	마야, 아즈텍, 잉카	238
81	미국 혁명	240
82	라틴아메리카의 독립	242
83	미국의 서부 개척	244
84	남북 전쟁	246
85	경제 공황	248
86	라틴아메리카의 변화	250
87	대중문화	252
떠나자, 미국으로!		254

88	아프리카의 황금 왕국	256
89	노예 무역선	258
90	식민지 쟁탈전	260
91	아프리카의 해	262
떠나자, 아프리카로!		264
● 스물네 고개		266

동서양이 만나다

92	동서양을 잇는 길	270
93	동서양에 걸친 제국	272
94	소금의 역사	274
95	설탕의 역사	276
96	후추의 역사	278
97	학교의 역사	280
98	전염병의 역사	282
99	화장실의 역사	284
100	커피의 역사	286
101	전쟁과 무기의 역사	288
102	배의 역사	290
103	돈의 역사	292

찾아보기	294
연표	300
스물네 고개 정답	304

이 책의 활용 방법

세계사 개념사전, 이렇게 보세요

표제어
〈세계사 개념사전〉의 '표제어'는 중·고 역사 교과 전체에서 다루는 가장 중심적이고 뼈대가 되는 개념어 103개를 뽑아 선정하였습니다.

헤드라인과 여는 글
'헤드라인'은 표제어를 교과 핵심에 맞게 간략히 풀어 쓴 것입니다. '여는 글'은 표제어에 호기심을 갖게 하고, 표제어에 어떤 뜻이 담겨 있는지 가늠할 수 있게 합니다.

용어 해설
본문에 나오는 중요한 개념어나 교과 관련 어휘의 사전적인 뜻을 정리하였습니다. 세계사 용어의 정확한 뜻과 쓰임새를 바로바로 확인할 수 있습니다.

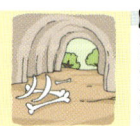

본문
표제어와 관련된 개념을 여러 가지 예와 알기 쉬운 설명으로, 술술 읽혀 내려가도록 쉽게 풀어 썼습니다.

일러스트
개념의 이해를 돕는 풍부한 일러스트로 구성되어 있습니다. 친근한 이미지와 개념을 함께 기억함으로써 학습 효과를 높일 수 있습니다.

읽을 거리 또는 심화
개념과 관련되는 기초적인 질문이나 다양한 지식을 소개합니다. 본문의 내용에서 더 나아가 심화된 내용을 다루기도 합니다. 유적이나 유물, 사료 및 재미있는 설화와 함께 세계사의 개념을 한 번 더 익히고, 이해의 폭을 넓힙니다.

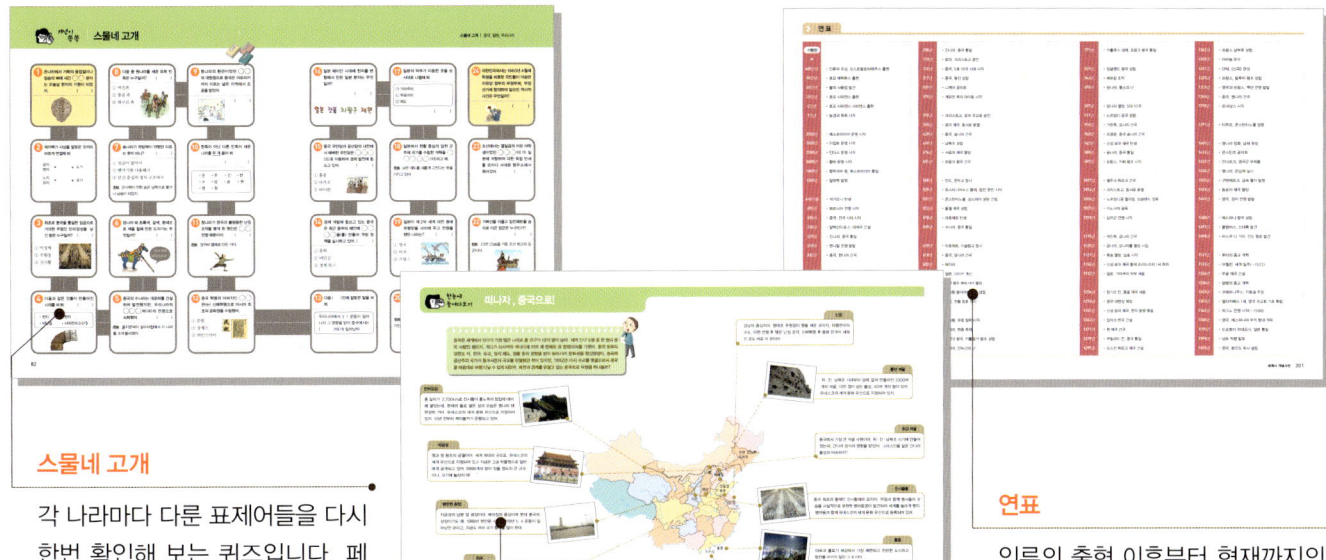

스물네 고개
각 나라마다 다룬 표제어들을 다시 한번 확인해 보는 퀴즈입니다. 페이지 순서대로 뒤적이며, 답을 채워가는 재미와 학습을 정리하는 기쁨을 누릴 수 있습니다.

한눈에 들여다보기
세계사를 이해하기 위해서는 종합적인 정보가 필요합니다. 유적이나 유물, 사료 등이 바로 그것입니다. 〈세계사 개념사전〉은 역사에 관한 지식과 개념을 넓고 깊게 파악할 수 있도록 세계를 한눈에 펼쳐놓았습니다.

연표
인류의 출현 이후부터 현재까지의 역사적 사실들을 총체적으로 정리하였습니다.

일러두기

1. 표제어 선정
〈세계사 개념사전〉의 표제어를 선정하기 위해 중학교 역사 과목 중 세계사 영역에서 다루고 있는 모든 개념어를 뽑아 정리한 뒤, 시대의 흐름에 맞게 재배치하였습니다.

2. 표제어 배열 및 표기
세계사 교과의 내용을 국가별 역사에 초점을 맞추어 총 103개의 주제별 표제어 순으로 서술하였습니다.
표제어는 외래어보다는 우리말을 우선하여, 한글로 표기하였습니다.
한자어가 개념과 밀접한 연관이 있는 경우에는 한자를 함께 표기하여 개념의 유래를 이해하는 데 도움을 주도록 하였습니다.

4. 맞춤법
이 책은 국립국어원의 〈표준국어대사전〉을 기준으로 하여 표기하였습니다.

01 | 직립 보행

두 발로 세상을 정복하다!

| 500만년전 | 400만년전 | 300만년전 | 200만년전 | 100만년전 | 현재 |

오늘은 설날! 오랜만에 친척 어른들이 다 모였어. 난 조금이라도 세뱃돈을 더 받기 위해 어른들 앞에서 춤도 추고 노래도 불렀지. 그런데 절도 못하는 내 동생에게도 세뱃돈을 주시는 거야. 뒤뚱거리며 걸음마 연습하는 동생을 보며 모두 박수치고 좋아하셨어. 그러면서 "아이구, 이 녀석 많이 컸구나. 이제 사람이 다 되었네!" 하시는 거야. 이건 또 무슨 말씀? 내 동생은 태어날 때부터 사람이었는데…….

직립 보행(直立步行) : 몸에서 뻗어나온 두 쌍의 다리 중 한 쌍의 다리를 사용해 허리를 꼿꼿이 펴고 걷는 것

허리가 힘! | 인간과 동물의 차이점

넓은 의미에서는 인간도 동물이야. 하지만 인간을 자연계의 다른 동물과 똑같다고 하지는 않아. 그럼 인간과 동물은 어떤 차이가 있을까?

엎드려서 네 발을 사용하여 생활하는 다른 동물들과 달리 인간은 허리를 곧게 펴고 직립 보행을 해. 그래서 앞발이 아니라 두 손이 생기게 된 거야. 인간은 두 손으로 도구를 만들어 사용하기 시작했어. 불을 사용하면서 고기를 익혀 먹기도 하고, 추운 곳에서도 살 수 있게 되었지. 고기를 익혀 먹는 게 뭐가 대단하냐고? 고기를 익혀 먹으면 단백질의 흡수가 빨라져 두뇌가 발달하거든. 한편, 부드러운 고기를 먹으면서 원래 70여 개나 되던 이가 퇴화하게 되었어. 덕분에 혀가 움직일 수 있는 공간이 생기고, 언어를 사용할 수 있게 되면서 글자까지도 만들어냈지.

인간이 두 발을 이용해 곧게 서서 걸었다는 사실 하나가 나중에는 엄청난 변화를 만들어 낸 거야. 직립 보행! 정말 대단한 사건이지?

아는 게 힘! | 역사를 만들어 낸 인간

직립 보행을 하면서 달라진 점 또 하나! 엉덩이가 너무 크면 곧게 서기가 힘들다는 걸 알게 된 인간의 몸은 점차 골반이 작아지도록 진화했어. 아기집이 작아진 인간은 다른 동물과 달리 목도 제대로 못 가눌 정도로 약하고 미성숙한 자식을 낳아 집단을 이루고 살게 되었어.

집단생활은 다른 동물들도 많이 해. 하지만 영리한 인간은 싸우지 않고 살기 위해 정치 제도를, 필요한 물건을 주고받기 위해 경제 제도를 만들어 동물들과는 비교도 할 수 없을 정도로 큰 발전을 이루었어. 이제 인간은 자연 환경까지 극복해 내는 위대한 존재가 된 거야. 이 과정에서 서로 다른 문화가 만들어졌지. 이후 인간은 전쟁을 하기도 하고, 발명도 하는 등 많은 이야기를 만들어 냈어. 이렇게 사람들이 만들어 낸 다양한 세상 사는 이야기를 우리는 역사라고 불러.

인간의 다양한 모습

직립 보행하는 인간

도구를 사용하는 인간

생각하는 인간

언어를 사용하는 인간

더 알고 싶어요

History? Herstory?

영어로 역사는 'History'라고 하지. 그리스의 <u>헤로도토스</u>라는 역사학자가 사용했어. 있는 그대로의 사실이라는 뜻이야. 사람들이 살아온 이야기를 그들 즉, 남자들의 이야기라는 표현을 써서 his + story = history, 역사라고 했대. 그런데 참 이상하지? 세상의 절반은 여자인데 여자의 이야기가 없는 셈이잖아. 그래서 요즘 들어 어떤 학자들은 herstory라고 쓰기도 해.

남쪽의 원숭이에서 생각하는 인간까지
| 인류의 진화

40억 년이나 된 지구의 역사에서 인간은 언제 등장했을까? 정확한 연대는 알 수 없지만 인간은 신생대 제4기에 등장했다고 알려져 있어. 고고학자들은 약 350만 년 전에 아프리카에서 처음으로 사람이 살았을 것이라고 추측하고 있지. 사막이 많은 아프리카에서 어떻게 사람이 살 수 있었냐고? 지금이야 사막이 많지만 벽화 그림 등을 통해 과거 아프리카는 사람이 살기에 좋은 땅이었다는 걸 알 수 있어. 하지만 이 연대도 언제 바뀔지 몰라. 왜냐고? 타임머신을 타고 과거로 갈 수 없기 때문에 화석이나 유물을 통해서 연구를 하고 있는데, 새로운 유물이 발견되면 언제든지 바뀔 수 있거든. 이제 인류가 어떤 과정을 거쳐 현재에 이르렀는지 알아보자.

용어 해설

헤로도토스(Herodotos)
그리스의 역사학자로 '히스토리아이'라는 역사책을 써서 역사학의 아버지로 불린다.

신생대(新 새로울 신, 生 날 생, 代 시대 대)
중생대에 이어지는 지구의 새로운 지질학적 시대로서 약 6,500만 년 전부터 시작되었다. 현재의 지구 모습은 이 시대에 갖추어졌다.

화석(化 될 화, 石 돌 석)
과거에 살았던 동물이나 식물이 퇴적되어 땅 속 혹은 땅 위에 그대로 남아있는 것으로, 진화를 아는 데 큰 도움이 된다.

진화(進 나아갈 진, 化 될 화)
일이나 사물 혹은 생물이 내부의 발전에 의하여 단순한 것에서 점점 복잡한 것으로 발전해 감

현생 인류(現 현재 현, 生 날 생, 人 사람 인, 類 종류 류)
현재 살고 있는 인류와 같은 부류에 속하는 인류

인류의 진화
오스트랄로피테쿠스 / 호모 에렉투스 / 호모 사피엔스 / 호모 사피엔스 사피엔스

인류의 진화 모습을 보면서 무슨 생각이 드니? 맨 처음 인류는 아프리카에서 발견되었는데, 두 발로 걷고 간단한 석기과 뼈도구를 사용했대. 뇌의 용량은 600cc 정도였다고 해. 우유와 비교하면 그 크기를 쉽게 알 수 있을 거야. 오스트랄로피테쿠스는 남쪽의 원숭이를 의미해. 두 번째 인류를 우리는 호모 에렉투스라고 불러. 자와, 베이징 등에서 발견되었어. 불과 주먹도끼 등의 도구를 사용했대. 이후 등장한 호모 사피엔스는 네안데르탈에서 발견되기 때문에 네안데르탈 인이라고도 불러. 호모 사피엔스는 생각하는 인간이란 뜻이야. 시체를 땅에 묻고 예리한 석기를 사용했어. 네 번째 현생 인류는 호모 사피엔스 사피엔스로 크로마뇽 등지에서 발견되었어. 매우 훌륭한 석기를 사용했으며 동굴 벽화도 그렸대. 이들 현생 인류의 뇌 용량은 1500~1600cc로 오늘날과 비슷한 모습과 지능을 가졌다고 해.

네안데르탈 인의 응급 처치

지금처럼 의학이 발달하지 않았던 선사 시대에는 어떻게 병을 고쳤을까? 이가 아플 땐 접시꽃을 붙였어. 두통이 심할 땐 돌칼로 머리껍질을 벗긴 뒤 날카로운 뚫개로 머리에 구멍을 뚫지. 죽지 않았냐고? 물론 죽은 사람도 있었겠지만, 두개골에 뚫린 구멍 주변의 뼈가 점점 자라 막힌 것을 보면 살아남은 사람도 있었던 것 같아. 허리가 아플 땐 아픈 곳에 문신을 새겼대. 이건 또 어떻게 알았냐고? X-ray 촬영을 해보니 허리에 관절염이 있던 미라에게서 문신이 발견되었거든. 바로 아픈 그 자리에 말이야!

? 옛날 사람들이 먹던 음식을 어떻게 알 수 있죠?

고고학자들은 석기 시대 유적지에서 나오는 똥의 화석을 보고 그 당시 사람들이 먹었던 음식을 알아내. 이것을 분석(똥 분糞, 돌 석石)이라고 하지. 또한 분석을 통해 당시 사람들 뱃속에 살던 기생충도 알아낼 수 있대. 그리고 동굴이나 무덤에서 나온 짐승의 뼈를 보고 어떤 고기를 먹었는지도 알 수 있고, 불에 탄 숯을 보고 아는 방법도 있어. 곡식은 땅에 떨어지면 싹이 나오고 열매를 맺지만, 불에 타 숯이 되면 신기하게도 아주 오랜 세월 동안 변하지 않고 그대로 남아있거든. 굳어버린 똥과 타버린 숯을 가지고 옛날 사람들의 생활을 연구하다니 정말 신기하지?

02 도구

도구를 발전시키는 인간(호모 파베르)

| 500만년 전 | 400만년 전 | 300만년 전 | 200만년 전 | 100만년 전 | 현재 |

얼마 전 아빠는 인간만이 도구를 사용한다고 하셨어. 그런데 방금 다큐멘터리 프로그램에서 일본 원숭이가 의자 위에 올라가 막대기를 이용해 바나나를 따먹는 것을 보여주었어. 오늘 아빠가 퇴근하시면 잘못 아셨다고 말씀드릴 거야. 아빠에게 이 말씀을 드렸더니 "일부 동물들도 도구를 사용하기는 한단다. 하지만 도구를 제작하는 건 인간만이 할 수 있는 특별한 능력이야." 하시며 웃으시더라고.

호모 파베르 : 인간의 본질이나 특성이 도구를 만들어 사용한다는 뜻

거친 세상을 향해 돌을 던진 족장 | 석기 시대

인간이 최초로 도구를 만드는 재료로 사용했던 것은 짐승의 뼈나 돌이야. 특히, 돌덩이는 오랫동안 이용했지. 구석기 시대에는 돌을 깨뜨려 만든 뗀석기를 사용했고, 주로 동굴에 살면서 사냥과 채집을 하며 이동 생활을 했어. 그러다가 신석기 시대가 되면서 돌을 갈아 만드는 간석기를 사용했어. 이때부터 인류는 농경을 시작해 정착 생활을 하게 되었어. 움집에서 살면서 야생 짐승을 길들여 가축으로 기르고, 토기도 사용했지. 이런 변화는 모두 '농사'에서 시작되었다고 할 수 있어. 그래서 이를 '신석기 혁명'이라고 불러. 이 시대에서는 경험이 풍부하고 나이가 많은 족장을 중심으로 생활했어.

선사 시대의 몸짱

이 그림은 뮐렌도르프에서 발견된 비너스야. 먹을 것이 부족해 항상 배가 고팠고, 굶어 죽거나 사냥 나갔다가 죽는 사람이 많았기 때문에 풍요와 다산이 아름다움의 상징이었어.

선사 시대의 예술

구석기 시대 사람들은 사냥의 성공과 풍요를 기원하며 동굴 벽에 여러 가지 짐승의 그림을 그렸어. 프랑스의 라스코 동굴의 천장과 벽에는 600여 마리의 들소, 사슴, 말들이 생동감 있게 그려져 있어.

최초의 농부 아담

기원전 8,000년. 날씨 맑음

며칠째 나무 열매만 먹었다. 오늘은 5명이 사냥을 나갔다가 1명이 또 죽었다. 흑흑. 정말 슬프다. 돌진하는 짐승들과 싸우기 위해 돌창이 좀 더 뾰족하고 작았으면 좋겠다. 그런데 먹을 것이 많은 강가로 가다가 신기한 것을 발견했다. 예전에 곡식을 떨어뜨린 곳에서 싹이 나서 자라고 있는 게 아닌가? 다음부터는 전부 먹지 말고 조금 아껴서 땅에 묻어야겠다. 짐승도 잡았다 더 커지면 먹어야지. 생각만 해도 배가 부른 것 같다.
해가 머리 위를 지나간 후부터는 일을 하기 시작했다. 땅을 파고 들어간 후에 기둥을 세워 움집을 지은 것이다. 동굴에 살던 때보다 훨씬 아늑하다. 내가 계속 돌칼과 돌창이 너무 무뚝하다고 불평을 했더니 똘똘한 우리 마누라가 작고 예쁘게 갈아주었다. 역시 신세대다. 이제부터는 갈아서 만든 석기만 써야겠다. 간석기라고 부를까? 아님 신석기라고 부를까? 어쨌든 새로운 세상이 열리는 기분이다.

동굴 벽화는 피로 색칠한다?

동굴 벽화를 그린 사람들은 특별한 성분이 들어있어서 색깔이 나타나는 흙을 사용해서 색을 표현했어. 빨강, 노랑, 검정, 갈색이 나는 색이었지. 그림을 그리기 위해 이 흙가루를 물이나 피에 섞어서 손으로 비빈 후 벽에다 발랐어. 그렇지 않으면 잔가지의 끝을 너덜너덜하게 만들어 붓처럼 사용했을 것으로 생각해. 유럽에서는 소나 들소 그림이 주로 나타나는데, 사실 사람들이 가장 많이 먹은 짐승은 순록이었대. 순록을 벽화에 남기지 않은 이유는 아직도 수수께끼야.

고인돌만큼 강해진 군장 | 청동기 시대

구리에 주석을 섞어 도구로 사용한 시대를 청동기 시대라고 해. 청동기는 석기에 비해 단단하면서도 제작이 쉬웠지. 이 시기에는 사회의 규모가 커지면서 신분 제도와 빈부 격차가 등장했어. 세상이 불공평해지기 시작한 거지. 당시 사회를 이끌던 우두머리를 군장이라고 해.

> **청동검을 갖고 싶어한 노아**
>
> 기원전 1500년. 날씨 흐리고 비
>
> 우리의 우두머리이자 제사와 전쟁을 이끌던 군장님이 어제 돌아가셨다. 아빠와 남자 어른들은 고인돌을 만들기 위해 새 군장님과 함께 큰 돌이 있는 지역을 찾아 떠났다. 돌아가신 군장님의 청동검에 다른 부족들은 모두 단칼에 쓰러졌는데……. 청동거울과 청동방울로 화려하게 장식하고 누워 계신 군장님를 보니 벌써부터 그리워진다. 아침부터 비가 내려 아이들과 토끼 사냥을 나가는 것을 포기했다. 살짝 땅을 파고 내려간 움집에 비가 들어오기 시작해서 불이 꺼질까봐 어린이들이 돌아가며 당번을 섰기 때문이다. 엄마는 돌로 만든 농기구를 들고 집 근처 밭으로 일을 나가셨다. 농사에서는 아직도 석기가 많이 쓰이기 때문이다. 일 나가시는 엄마에게 나도 청동검을 갖고 싶다고 했더니 우리는 신분이 낮아 안 된다고 하신다. 꼬르륵~ 아~ 배가 고프다. 마리오네 집은 우리보다 훨씬 부자니까 먹을게 좀 있으려나.

현재까지 알려진 우리나라의 고인돌은 남북한을 합쳐 4만 개가 넘어. 세계 고인돌의 약 40%에 해당하는 엄청난 숫자야.

전쟁으로 더 넓어진 국가 | 철기 시대

철기 시대가 되면서 강력한 철을 가지고 본격적으로 석기만큼 단단한 농기구를 만들기 시작했어. 당연히 수확량이 늘어났고, 음식이 많아지니까 인구도 증가했지. 하지만 더 많은 땅과 식량에 욕심이 난 사람들은 철로 무기를 만들어 주변 지역과 전쟁을 하기 시작했어. 그렇게 여러 차례의 크고 작은 전쟁을 치르면서 점차 국가가 등장하기 시작했지.

> **대장장이 사무엘**
>
> 기원전 500년. 날씨 흐림
>
> 아침부터 철을 녹이기 위해 불을 피우는데, 흐린 날씨 탓에 잘되지 않는다. 누군가 식량을 훔쳐간다는 소문이 돌면 왕은 그때부터 전쟁을 준비하기 때문에 나같은 대장장이들이 할 일이 더 많이 늘었다. 뜨거운 불 속에 쇠붙이를 넣었다가 꺼내 다시 두들기는 담금질을 잘해야 우리나라가 승리할 텐데……. 빨리 전쟁이 끝나고, 농기구를 만들면서 평화롭게 지내는 날이 돌아왔으면 좋겠다.

용어 해설

뗀석기(石 돌 석, 器 그릇 기)
구석기 시대에 사용하던 도구로, 돌을 그대로 이용하거나 깨어진 조각을 사용했다. 뚜르개, 찍개, 주먹 도끼 등이 있다.

간석기
신석기 시대에 사용하던 도구로, 돌을 갈아서 작고 뾰족하게 만들어 사용했다.

움집
땅을 파고 들어가서 움을 만든 후 기둥을 세워 만든 집. 움의 깊이는 신석기 시대에서 청동기 시대로 넘어갈수록 얕아진다.

족장(族 겨레 족, 長 어른 장)
한 무리에서 어른 역할을 하는 사람

다산(多 많을 다, 産 낳을 산)
아이 또는 새끼를 많이 낳는 것

고인돌
청동기 시대에 만들어진 큰 돌을 굴려 만든 지배 계층의 무덤으로, 덮개 돌의 크기에 따라 세력을 짐작할 수 있다.

청동기(靑 푸를 청, 銅 구리 동, 器 그릇 기)
구리에 아연이나 주석을 섞어 녹인 후 원하는 모양의 틀(거푸집)에 넣어 만든 도구로 무기나 제사용 도구를 만든다.

군장(軍 군사 군, 裝 어른 장)
원시 사회의 우두머리

각종 청동기

구리에 주석을 섞은 청동으로 사람들은 무기, 제사용 그릇, 도구 등을 만들어 사용했어. 청동 무기는 무시무시한 위력을 가지고 있었기 때문에 청동기를 일찍 소유한 사람이나 부족은 다른 사람들과 부족을 지배할 수 있었어. 따라서 청동기는 인류가 계급 사회로 가는 데 중요한 역할을 했지.

03 문명

청동기, 문자, 도시 그리고 국가

4000　3000　2000　1000　0

"만약에 여러분이 친구들과 배를 타고 가다가 무인도에 표류한다면 어떻게 해야 할까요?" 사회 시간에 왜 이런 걸 물어보시지? 선생님은 얼마 전에 갔었던 스카우트 야영을 생각해 보라고 하셨어. 그때 조장이 계획을 세운대로 물을 떠오고, 텐트를 치고, 밥도 해먹었어. 우리가 단합이 잘돼서 다른 조에서 부러워했지. 선생님께서는 세상이 온통 무인도 같았던 그 옛날에 문명을 만드는 것도 이와 똑같다고 하셨어.

문명(Civilization): 인간의 지혜로 자연적 제약을 극복하여 무리를 이루어 살면서 사회가 물질적·정신적으로 발전해 간 상태

문명이 도대체 뭐지? | 문명(文明)

글자로 기록하다

한자어로 역사란, 사실을 글자로 기록한다는 의미를 가지고 있어. 우리는 글자가 있느냐 없느냐를 기준으로 석기 시대를 역사 이전의 시대 즉, 선사 시대(先史時代)라고 부르고, 청동기 시대 이후를 역사 시대(歷史時代)라고 해.

지배 계급이 생기다

청동기 시대에는 많은 변화가 나타났어. 원시적인 돌을 사용하는 것이 아니라 구리에 주석을 섞은 청동기를 사용하게 된 거지. 당시 청동을 만드는 기술은 엄청난 지식이었기 때문에 아무나 청동기를 가질 수 없었어. 따라서 청동기를 사용하는 사람은 특별한 사람, 즉 지도자가 되어 정치와 제사를 맡아 각종 문화(culture)를 만들었어. 한편, 강가에 살던 사람들은 홍수의 피해를 줄이기 위해 지도자의 말을 전적으로 따라야만 했지.

도시를 만들다

지도자와 문자의 등장으로 사람들은 조직적으로 일을 할 수 있게 되었어. 강가에서 물을 이용해 농사를 지었고, 살고 있는 집 주변에 성벽을 쌓아 외적을 방어하기도 했지. 조금씩 커진 마을은 점차 도시로 발전했고, 도시가 점점 커지면서 국가가 되기도 했어. 이러한 과정을 거쳐 인류는 문명 단계에 들어선 거야. 이후 문명은 급속도로 발달하게 되었지.

문명

문명이란, 인류의 지혜가 발달하여 미개한 상태에서 벗어나 사회 생활을 위한 기술이나 제도가 발전된 상태를 의미해. 우리가 배운대로 문명이 생기는 요건으로는 청동기 사용, 문자의 발명, 계급 발생에 의한 도시 국가의 출현 등을 꼽을 수 있어.

도시는 언제부터 생겨났을까?

우선 농업 생산이 이루어진 이후에 도시가 생겨났다는 주장이 있어. 농사를 짓기 시작하면서 남는 곡식이 생기자 이를 필요한 물건과 교환하기 위해 사람들이 모여들면서 도시가 생겼다고 생각하는 거지. 또 다른 의견으로는 농업이 나타나기 전에 도시가 태어났다는 주장도 있어. 농사를 짓지 못하기 때문에 먹을거리를 구하기 위해 교역이 필요했고, 그 교역이 이루어진 곳이 도시라고 해.

❓ 아메리카 대륙을 최초로 발견한 인디언

아메리카 인디언들은 황인종인 우리와 피부색이 비슷해. 그리고 남자들은 얼굴에 수염이 별로 없고, 눈꺼풀에는 두꺼운 주름이 있어서 눈을 덮고 있는 모습이 아시아 사람들과 정말 많이 비슷하지. 그렇다면 어떻게 그 먼 아메리카 대륙에 아시아 사람과 비슷한 사람들이 살고 있는 걸까? 그 이유는 아시아에서 건너간 사람들이 인디언의 조상이기 때문이야. 지금은 아시아 대륙과 아메리카 대륙이 떨어져 있지만 빙하기에 엄청난 양의 바닷물이 얼어붙으면서 서로 연결되었거든. 그러니 아메리카 대륙을 처음 발견한 사람은 콜럼버스가 아니라 인디언들이라고 해야 맞지 않을까?

역사가 시작된 곳, 강 | 문명의 시작

문명의 발상지

처음으로 문명이 만들어진 곳들은 어떤 공통점이 있을까? 다음 지도를 잘 보면 많은 것을 알 수 있을 거야.

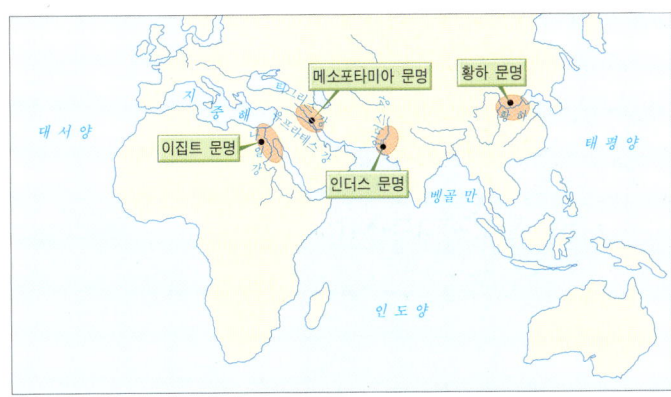

농사를 지으려면 곡식을 심을 넓은 땅과 곡식에게 줄 물이 반드시 필요해. 이 두 가지 조건을 모두 갖추고 있는 곳이 바로 강 주변이야. 대개 큰 하천의 하류에는 넓은 평야가 나타나거든. 물론 강물로 곡식에게 물을 주지. 비록 지금은 건조 기후로 바뀌어 사막처럼 변한 곳도 있지만, 과거에 이 지역은 농사에 적절한 토양과 기후가 갖추어져 있었을 거야.

세계 4대 문명

문명이 처음으로 발생한 지역은 티그리스 강과 유프라테스 강 사이의 메소포타미아 지역, 이집트의 나일 강 유역, 인도의 인더스 강 유역, 중국의 황하 유역이었어. 가장 먼저 문명이 발생한 메소포타미아에서 어떻게 문명이 발달하게 되었는지 알아볼까? 기원전 5000년경 메소포타미아 사람들은 티그리스 강과 유프라테스 강에서 물을 끌어들여 농사를 짓기 시작했어. 하지만 강에서 물길을 만들어 농사짓는 곳까지 물을 대는 것은 쉬운 일이 아니었지. 농사철에 맞춰서 물길을 만들려면 짧은 기간 동안 많은 사람들이 모여 일을 해야 했으므로 이 과정에서 지배자가 등장했을 거야.

농업이 발달하면서 인구가 늘어나고, 청동기나 철기를 만들면서 농업이 아닌 다른 다양한 직업을 가진 사람들이 모여들면서 도시가 만들어졌어. 도시에서는 신을 위해 제사를 지내거나 도시를 적으로부터 보호하는 사람들이 지배층으로 있었지. 지배층은 다양하고 복잡한 사회를 다스리기 위해 군사 조직이나 정치 조직을 가진 국가를 만들게 되었어. 물론 이 과정에서 문자도 만들어졌어.

이렇게 도시가 형성되고 문자를 사용하며 다양한 것들이 합쳐져 복잡한 사회를 가지게 된 문화를 문명이라고 해. 이러한 문명이 가장 일찍 만들어진 곳은 메소포타미아와 이집트 지역으로, 기원전 3000년경에 문명이 발생하지. 이어서 이와 비슷한 과정을 거쳐 인더스 강과 황하 유역에서도 문명이 발생했어.

용어 해설

문화(文 글월 문, 化 될 화)
의식주를 비롯하여 사람들이 만들어 놓은 학문, 종교, 예술 등을 통틀어 문화라고 한다.

미개(未 아직 미, 開 열 개)
사회가 발전되지 않고 문화 수준이 낮은 상태

발상지(發 필 발, 祥 상서로울 상, 地 땅 지)
역사적으로 가치가 있는 일이 처음 만들어진 곳

해독(解 풀 해, 讀 읽을 독)
잘 알 수 없는 암호나 기호 따위를 읽어서 풀어내는 것

해독되지 않은 문자

위 그림은 인더스 문명의 소 문양 인장이야. 모헨조다로 유적에서는 동물과 그림 문자가 새겨진 도장들이 발견되었는데, 아직까지 해독되지 않아서 무슨 뜻인지 알 수가 없어. 하지만 대부분의 다른 글자들처럼 소유권을 표시하는 데 사용됐을 거야.

더 알고 싶어요

스톤헨지는 외계인의 작품인가요?

고인돌과 비슷한 유적지가 영국에도 있어. 바로 스톤헨지야. 스톤헨지를 본 사람들은 돌의 크기에 놀라며 어떻게 그 옛날 이렇게 큰 돌을 운반했는지 신기해 하지. 그래서 스톤헨지는 외계인의 작품이라고 말하는 사람들도 있어. 더 신기한 것은 주변에 큰 돌이 나는 곳이 없다고 해. 중심이 되는 곳은 1년 중 중요한 날에 해와 달이 뜨고 지는 곳과 일직선이 된대. 이걸 보면 아마도 하늘에 제사를 지내는 곳이었을 것 같아.

동양의 역사

중국

- 4 은, 주 — 20
- 5 춘추 전국 시대 — 22
- 6 진, 한 — 26
- 7 위·진·남북조 — 30
- 8 수, 당 — 32
- 9 송 — 36
- 10 원 — 38
- 11 명 — 40
- 12 청 — 42
- 13 아편 전쟁 — 44
- 14 신해혁명 — 46
- 15 중화 인민 공화국 — 48
- 16 문화 대혁명 — 50
- 17 중국의 개방 — 52

- 떠나자, 중국으로! — 54

일본

- 18 JAPAN — 56
- 19 막부 — 60
- 20 메이지 유신 — 64
- 21 태평양 전쟁 — 66
- 22 경제 대국 — 68

- 떠나자, 일본으로! — 70

대한민국

- 23 삼국 시대 — 72
- 24 고려 — 74
- 25 조선 — 76
- 26 일제 시대 — 78
- 27 대한민국 — 80

- 스물네 고개 — 82
- 떠나자, 서울로! — 84

동아시아 문화권

인도

28	인더스 문명	86
29	불교	88
30	힌두교	90
31	무굴 제국	92
32	세포이 항쟁	94
33	간디	96
34	IT 강국, 인도	98

○ 떠나자, 인도로! 100

동남아시아

35	앙코르 와트	102
36	말라카 왕국	104
37	호치민	106
38	동남아시아의 발전	108

○ 떠나자, 동남아시아로! 110

서아시아

39	오리엔트	112
40	알파벳	114
41	페르시아	116
42	무함마드	118
43	오스만 제국	120
44	아랍 민족주의	122

○ 떠나자, 서아시아와 북부 아프리카로! 126

중앙아시아

45	유목 민족	128
46	정복 왕조	132
47	칭기즈 칸	134
48	몽골	136

○ 떠나자, 중앙아시아로! 138

○ 스물네 고개 140

04 은, 주

중국 문명의 시작

B.C.2000　　B.C.1500　　**B.C.1000**　　B.C.500　　1　　500

학교에 가려는데 엄마가 황사 바람이 심하다고 하시면서 마스크를 꼭 하고 가라고 하셨어. 그런데 황사는 중국의 황하 주변에 있는 모래가 바람에 실려 오는 거래. 어? 이상하다. 그런 모래투성이인 곳에 어떻게 세계 4대 문명 중 하나인 황하 문명이 생겨난 걸까? 모래땅에서도 농사를 지을 수 있는 뭔가 특별한 방법이 있었던 걸까? 아니면 예전에는 모래땅이 아니었던 걸까?

은(殷) : B.C. 1600년 ~ B.C. 1046년에 있었던 중국 고대 왕조
주(周) : B.C. 1046년 ~ B.C. 770년에 있었던 중국 고대 왕조

황하에 터를 잡다 | 은(殷)

은나라가 정말 존재했을까?

얼마 전까지만 해도 은나라는 전설 속의 나라라고 생각했어. 옛날 중국 역사책에 은나라에 관한 이야기가 많이 나오지만, 증거가 없었기 때문이야. 그런 은나라가 진짜 있었다는 걸 알게 된 건 지금부터 약 100년 전의 일이지. 한 남자가 당시에 유행하던 말라리아를 치료하는 약재로 알려진 갑골을 구입했어. 그런데 그 뼈에는 희미하게 글자가 새겨져 있었던 거야. 이를 곰곰히 관찰하던 그 남자는 갑골에 쓰여진 글자가 아직 세상에 밝혀지지 않은 고대 문자임을 알아 낸 거지. 이후 갑골이 많이 발견되는 안양이라는 곳을 발굴하게 되었어. 그 결과 문자가 새겨진 수많은 갑골, 질 좋은 청동기, 아름다운 토기, 일반인들의 집터, 무덤, 궁궐의 모습이 차례로 드러나게 되면서 전설로만 전해지던 은의 역사가 실제로 존재했음이 증명된 거지.

농사가 잘되는 황토 지대에 자리 잡다

황하 주변에는 황하를 따라 운반된 흙이 쌓여 만들어진 기름진 황토 지대가 넓게 펼쳐져 있어서 일찍부터 농사가 발달했어. 나무나 돌로 만든 농기구만을 가지고도 쉽게 밭을 일굴 수가 있어서 농업에 유리했지. 곡식을 심을 수 있는 넓은 땅과 큰 강이 가까이 있기 때문에 농사짓기도 쉬었고, 땅이 워낙 기름져 다른 지역보다 많은 수확을 올릴 수 있어서 은나라 때에는 농사가 더욱 발달했어. 농사를 짓는 데는 달력이 무척 중요해. 언제 씨를 뿌리고, 언제쯤 홍수가 날지 등을 알면 훨씬 유리하거든. 그래서 은나라 사람들은 달력을 만들어 농사에 이용하기도 했어. 달력 덕분에 농사에 필요한 일들을 놓치지 않고 할 수 있었지.

은의 왕은 정치와 종교를 함께 맡아서 다스렸고, 조상에 대한 제사를 중시했어. 왕은 나라에 중요한 일이 있을 때마다 점을 쳐서 결정했는데, 점의 결과는 신의 뜻을 나타낸다고 믿었지. 그 점을 친 결과를 적는 데 사용한 갑골 문자는 한자의 기원이 되었어.

갑골 문자

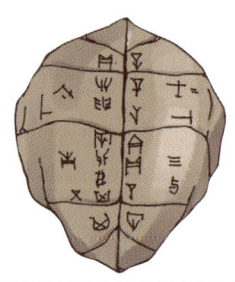

거북의 배딱지나 짐승이 엉덩이뼈에 점을 친 결과를 적었다고 해서 갑골 문자라고 해.

더 알고 싶어요

은이 중국 최초의 나라가 아니라는데요?

옛날 중국 역사책에는 중국 최초의 국가가 '하' 라고 적혀 있어. 하지만 은나라가 유적이 발굴되기 전까지 전설 속의 나라로 남아있던 것처럼, 아직 하에 대한 확실한 증거가 나오지 않았어. 만일 하나라가 있었다는 증거를 찾아낸다면 중국 역사의 시작은 '은' 이 아니라, '하' 부터 겠지?

04 | 은, 주

하늘의 명을 받았다 | 주(周)

은이 망하고 주가 황하의 주인이 되다

은나라의 마지막 왕이었던 주왕은 똑똑하고 재능과 체력이 뛰어난 사람이었어. 하지만 그 재능을 제대로 사용하지 않고 나랏일은 팽개치고 날마다 술을 마시며 놀았어. 이런 생활을 잘 보여주는 말이 바로 주지육림이야. 이때 주나라는 우수한 청동기 제작 기술을 바탕으로 세력을 크게 확장하면서 은나라에게 전쟁을 선언했어.

> "하늘의 명은 이제 은나라를 떠났다. 은나라 왕은 포악한 정치로 백성의 마음을 잃었고, 하늘은 은을 대신해 주나라에 천명을 내렸다. 주나라는 덕으로써 백성을 다스리며 천명을 받들 것이다."

기원전 1100년 무렵, 주나라 무왕이 전차 300대와 특공대 3천 명, 병사 4만 5천 명을 거느리고 여러 지역의 작은 민족들과 힘을 합쳐 은나라를 멸망시켰어. 이렇게 해서 주의 무왕은 중국의 새로운 지배자가 되었어.

주나라는 어떻게 나라를 다스렸을까?

새롭게 등장한 주나라는 주변 지역으로 영토를 넓혔지만, 넓어진 영토를 제대로 다스릴 힘은 없었어. 그래서 중국의 새로운 지배자 무왕은 왕의 친척이나 공이 많은 신하들을 제후로 삼아 여러 지역을 나누어 다스리게 했어. 왕은 수도 부근의 땅만 다스리고, 나머지 지역은 제후들을 통해 전국을 다스린 거야. 이제 중국은 혈연 관계를 바탕으로 하는 새로운 정치 제도를 갖게 되었어. 이것이 바로 봉건 제도야!

용어 해설

갑골(甲 거북 등딱지 갑, 骨 뼈 골)
거북의 껍질과 짐승의 뼈

유적(遺 남길 유, 跡 흔적 적)
과거의 역사가 남긴 물질적인 흔적

발굴(發 펴다 발, 掘 파다 굴)
과거의 역사적인 유물이나 유적을 파내어 세상에 드러내는 일

주지육림(酒 술 주, 池 연못 지, 肉 고기 육, 林 수풀 림)
술이 연못을 이루고 고기가 숲을 이룬다는 뜻으로, 호화롭고 사치스런 잔치를 비유하는 말

천명(天 하늘 천, 命 명할 명)
하늘의 명

제후(諸 여러 제, 侯 제후 후)
왕으로부터 받은 땅을 다스리며 농민을 지배하는 공작, 백작과 같은 사람

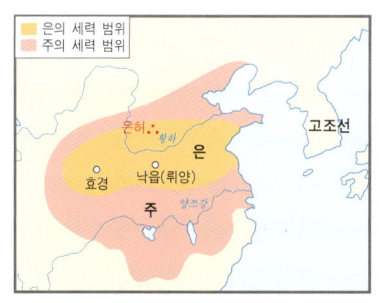
은과 주의 세력 범위

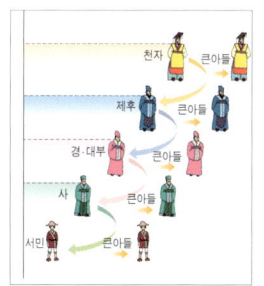
봉건 제도

주에서는 왕을 천자(天子)로 불렀어. 왕을 신의 아들로 생각한 셈이지. 천자는 하늘의 명을 받들어 항상 백성을 어진 마음으로 돌보아야 하는 사람이야. 주나라 사람들은 천자를 중심으로 천자를 모신 제후들과 백성들까지 하나의 커다란 가족이라고 생각했어. 그러니 천자는 어버이로서 백성을 자식처럼 사랑하고, 백성은 제후와 천자를 어버이처럼 모셔야 한다고 생각했지.

이런 이상적인 정치 제도인 봉건 제도도 왕의 힘이 약해지면서 문제가 나타나기 시작했어. 제후들의 나라가 왕을 섬기면서 든든한 담이 되어 주나라를 지켜줄 거라고 생각했는데, 왕의 힘이 약해지면서 제후들이 점점 말을 듣지 않게 된 거야. 여기에다 유목 민족의 침입을 받아 수도를 동쪽으로 옮기면서 주의 세력은 크게 약화되고 말았어.

주지육림

은나라 주왕은 달기라는 여자에 빠져서 그녀의 마음을 얻는 일이라면 무엇이든지 다 했어. 달기의 소원이라면 주지육림의 공사까지도 서슴지 않았어. 연못에 술을 가득 채워 마음 내키는대로 마시고, 고기 안주는 나뭇가지에 걸어 놓고 마음껏 먹는 모습을 가리켜 주지육림이라고 해. 이런 사치를 즐기기 위해 백성들에게 무거운 세금을 거두어들이니 백성들의 불평불만은 높아만 갔지. 그런데 주왕은 불평불만을 잠재우기 위해, 죄인이 불기둥을 걸어가게 하는 잔인한 형벌까지 만들었어. 주왕의 이런 악랄한 정치로 은나라는 공포에 뒤덮여 머지않아 망하고 말았어.

05 춘추 전국 시대

분열의 시대, 발전의 시대

B.C.2000　B.C.1500　B.C.1000　**B.C.500**　1　A.D.500

우리 반은 수업 분위기가 너무 소란스러워서 학급 회의를 통해 해결책을 찾기로 했어. 여러 의견이 나왔지. 강력한 규칙을 만들자는 이야기, 규칙보다는 각자 예의를 갖춰 노력해야 한다는 이야기, 그냥 자기 마음대로 하게 내버려두자는 이야기 등등. 다양한 이야기가 나오면서 여러 가지 좋은 의견이 나오더라! 시끄럽고 혼란스러운 시대가 꼭 나쁜 것만은 아닌 것 같아.

춘추 시대: 주가 수도를 옮긴 B.C. 770년 ~ B.C. 403년 사이의 시기
전국 시대: B.C. 403년부터 진(秦)이 중국을 통일한 B.C. 221년까지의 시기

중국 역사상 가장 오랜 분열기 | 춘추 전국 시대

주는 힘을 잃고, 제후는 힘을 얻고……

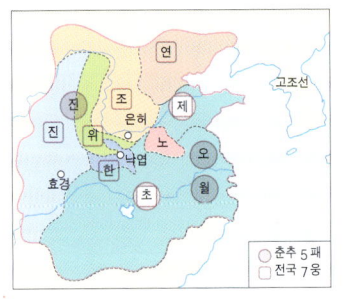

주의 유왕 때 조용하던 주나라에 유목 민족이 침입하여 수도가 함락되었어. 적이 물러가고 난 후 제후들은 유왕의 아들을 왕으로 세웠고, 그는 수도를 동쪽으로 옮겼어. 이때부터를 동주라 하는데 이미 주 왕실의 권위는 무너져 버렸지. 대신 힘을 키운 제후들이 싸우는 춘추 전국 시대가 시작되었어. 이 시기는 중국 역사상 가장 오랜 기간의 분열기였지.

춘추 5패, 전국 7웅

제후들이 쇠퇴한 주 왕실을 받들고 오랑캐를 막아 '중원의 평화 유지'를 외쳤던 시기가 춘추 시대야. 이 시기에 중원을 지배하는 최고 지배자가 되고자 했던 제, 진, 초, 오, 월 등을 춘추 5패라고 해. 춘추 시대에는 주나라의 정치 질서인 '예(禮)'가 존중되었으나, 전국 시대로 접어들면서는 신하가 왕을 죽이고, 강대국이 약소국을 침략하는 약육강식의 시대로 접어들었어. 오직 주나라의 왕만이 왕이라 칭할 수 있었는데 이젠 다른 사람들도 '왕'이라 부르게 되면서, 이름뿐이었던 주 왕실의 권위도 없어져 버렸어. 그리고 모든 나라들이 독립국 행세를 하며 끊임없는 전쟁이 이어졌지. 이 때 큰 세력을 자랑했던 진, 초, 제, 한, 위, 조, 연 등의 나라가 전국 7웅이야.

춘추와 전국의 어원

춘추 전국 시대라는 말은 역사책 《춘추》와 《전국책》에서 따온 말이야. 《춘추》는 공자가 편찬한 역사책이고, 《전국책》은 유향이 제후들의 사료를 편집하여 편찬한 책이지. 실제 역사 구분과 이 책의 구분이 딱 맞아떨어지는 건 아니지만, 춘추 시대는 《춘추》에 나오는 시대, 전국 시대는 《전국책》에 나오는 시대라고 봐도 무리가 없어.

이게 진짜 화폐 맞아?

이때의 화폐는 실제 사용하고 있는 물건의 모양을 본떠 만들어 지역과 시대에 따라 다양한 형태가 있었어. 작은 칼 모양과 농기구 모양, 조개 껍데기 모양 등이 있었대.

손자병법

내가 이 책을 쓴 손무야!

"남을 알고 자신을 알면 백 번 싸워도 위태롭지 않다." "전쟁을 해서 이기는 것보다 전쟁을 하지 않고 이기는 것이 최선이다." "상황 판단이 승부를 결정한다." 이런 이야기 많이 들어봤지? 바로 《손자병법》에 나와 있는 이야기들이야. 춘추 전국 시대의 뛰어난 장수였던 손무가 오나라 왕에게 13편의 병법을 바쳤던 《손자병법》은 고대의 병법서 중 가장 뛰어난 것으로 평가받고 있어.

혼란 속에 꽃 핀 발전 | 철기 보급, 제자백가

철이 세상을 바꾸다

춘추 전국 시대에 철기가 본격적으로 사용되면서 커다란 변화가 일어났어. 철로 만든 단단한 쟁기와 괭이를 사용하고, 소를 농사에 이용하면서 땅을 더 깊게 갈 수 있게 되면서 수확량이 증가했고, 상업과 수공업도 발달했어. 철을 만드는 제철업과 소금을 만드는 제염업, 비단을 짜는 방직업도 발달했지. 또 큰 도시가 여러 개 생겨나고 화폐도 널리 사용되었어. 철로 된 무기가 등장하면서 전투력이 향상되고 전쟁의 규모도 더욱 커졌어.

다양한 생각의 꽃이 피다

춘추 전국 시대에 각국은 부국강병을 통해 좋은 나라를 만들려고 서로 다투었어. 그러면 백성들이 모여들었고, 모여든 백성들이 곧 나라의 힘이 되는 시대였거든. 부국강병을 이루기 위해 각국의 제후들은 국적과 신분에 관계없이 인재를 등용했어. 당시의 다양한 사상가와 학자들은 나라를 구하는 방안 등을 제시하며 제후에게 등용되기를 원했지. 다양한 학문이 발달하고, 많은 사상가와 학자가 나왔는데 이들을 '제자백가'라고 해.

제자백가의 주장은 무척 다양하며, 중국의 학문과 사상의 기초가 되었어. 도덕적인 정치를 강조한 공자와 맹자의 유가 사상, 엄격한 법의 제정과 시행을 강조한 한비자의 법가 사상, 도덕과 법률보다는 자연을 본받는 생활을 강조한 노자와 장자의 도가 사상, 평화 사상의 실천을 주장한 묵자의 묵가 사상 등이 있지. 유가는 훗날 유교로 발전했고, 도가는 중국의 전통 종교인 도교의 바탕이 되었어.

용어 해설

분열(分 나눌 분, 裂 찢어질 열)
찢어져서 나누어짐

중원(中 가운데 중, 原 들판 원)
넓은 들판의 중앙

약육강식(弱 약할 약, 肉 고기 육, 强 강할 강, 食 먹을 식)
약한 자가 강한 자에게 먹힌다는 뜻으로, 강한 자가 약한 자를 희생시켜서 번영하거나, 약한 자가 강한 자에게 끝내는 멸망됨을 이르는 말

부국강병(富 부자 부, 國 나라 국, 强 힘셀 강, 兵 군사 병)
나라를 부유하게 만들고 군대를 강하게 함

국적(國 나라 국, 籍 문서 적)
한 나라의 구성원이 되는 자격

등용(登 오를 등, 用 쓸 용)
인재를 뽑아서 씀

제정(制 만들 제, 定 정할 정)
제도나 법률 따위를 만들어서 정함

시행(施 베풀 시, 行 행할 행)
실제로 행함

잠깐 — 이 혼란한 세상을 어떻게 다스리면 좋겠습니까?

한비자: "부강한 나라가 되려면 법을 엄하게 정해야 합니다. 처벌이 두려워 법을 따르고 신분을 가리지 않고 노력할 테니까요."

노자: "인간이 만든 도덕이나 법은 백성들을 힘들게 합니다. 가만히 두어도 질서가 있는 자연처럼 인간 세상도 자연 상태 그대로 두는 것이 좋습니다."

묵자: "전쟁은 지배층에게만 이로운 것이니 그만두어야 합니다. 그리고 모든 사람을 차별 없이 사랑하며 서로 존중하려는 태도가 세상에 평화를 가져옵니다."

공자: "사람은 저마다 어울리는 일이 있습니다. 왕은 백성을 덕으로 다스리고, 신하는 왕을 충성으로 섬기고, 백성은 자기 맡은 바를 다하면 됩니다."

중국 역사를 바꾼 미인들

유왕 ♥ 포사 | 주나라

주가 동쪽으로 수도를 옮기기 전 서주의 마지막 왕 유왕이 즉위할 당시에는 이미 나라가 쇠퇴하고 있었어. 그런데도 유왕은 먹고 마시며 놀기 바빴지. 유왕은 아름다운 포사를 보고 한눈에 반했어. 잘 웃지 않는 포사가 아름다운 미소를 보인 적이 있었지. 바로 왕후와 태자를 궁에서 쫓아내고 포사를 왕후로, 그 아들을 태자로 삼을 때였어. 그녀의 미소를 다시 보고 싶었던 유왕은 어떤 일이든 했어. 심지어 적이 침입했을 때 연기를 피우는 봉화를 올려 각 지역의 제후들의 군대가 모이게 하는 일까지 했어. 그냥 돌아가라는 유왕의 명령에 군사를 끌고 온 제후들은 분노에 차서 눈을 부라렸는데, 그때 포사의 얼굴에 미소가 번졌어. 하지만 진짜 적이 쳐들어왔음을 알리는 봉화를 올렸을 때는 아무도 오지 않았어. 유왕은 결국 적에게 잡혀 목숨을 잃었고, 포사는 적에게 잡혀갔으며 서주는 망하고 말았어.

헌공 ♥ 여희 | 춘추 시대

춘추 시대 진(晉)의 헌공은 유목 민족과의 전쟁에서 얻은 여희를 처음 본 순간, 마음을 빼앗기고 말았어. 여희가 아들 해제를 낳자, 헌공은 태자인 신생을 폐하고 해제를 태자로 세우려 했어. 그런데 여희가 이를 말렸고, 헌공은 너그러운 마음의 여희를 더욱 사랑하게 됐어. 하지만 헌공의 믿음을 얻은 여희는 신생을 없애기 위한 계획을 꾸몄어. 신생이 계모인 자신에게 눈독을 들이고 있다고 헌공에게 울면서 말하고는, 신생과 자신이 함께 있는 모습을 보여 주었어. 헌공은 신생이 여희를 안으려는 것으로 오해했지만, 실은 여희가 자기 머리에 꿀을 발라 벌이 달라붙게 했고 신생은 그 벌을 쫓는 상황이었어. 이에 헌공은 신생을 죽이려 마음먹었고, 이를 안 신생은 스스로 목숨을 끊고 말았어. 이윽고 병으로 세상을 떠난 헌공은 11살 해제에게 왕위를 물려주었고, 이후 진의 국력은 나날이 쇠퇴해 갔어.

미인계의 대명사, 서시 | 춘추 시대

미인계의 대명사가 된 대표적인 인물은 바로 월나라 서시야. 춘추 시대 월나라와 오나라는 전쟁 중이었는데, 월나라가 위기에 처하자 서시는 오나라 왕 부차를 유혹하라는 임무를 받고 오나라로 갔지. 오나라 왕은 그녀의 아름다움에 반했고 서시를 경계하라는 신하들의 충고도 듣지 않았지. 서시는 서서히 계획을 진행시켰어. 오나라 왕에게 지금이 전쟁을 할 때라고 말했고, 왕은 그대로 따랐어. 월나라에서 곡식 만 석을 꾸어달라고 했을 때에도 서시의 말에 따라 곡식을 빌려주었어. 다음 해 월나라는 싹이 나지 않게 한 종자로 곡식을 갚았어. 이로 인해 오나라는 흉년이 들어 먹을 것이 부족했지만, 서시는 대군을 이끌고 전쟁에 나가라고 했어. 오나라는 모든 인력과 물자를 총동원해서 전쟁을 벌였기 때문에 국력이 바닥나 버렸지. 이때 월나라 왕 구천이 대군을 이끌고 공격하여 오나라를 멸망시켰어. 오나라 왕은 스스로 목숨을 끊었고, 미인계로 나라를 구한 서시는 어디론가 사라져 버렸대.

춘추 전국 시대와 관련된 고사성어

와신상담 | 춘추 시대 · 오나라 왕 부차, 월나라 왕 구천

원수를 갚기 위해 쓰라림을 스스로 맛본다

B.C. 496년 오나라 왕 합려는 월나라로 쳐들어갔다가 월나라 왕 구천에게 패하여 전사했어. 그 아들 부차는 본국으로 돌아와 가시 위에 자리를 펴고 자며, 방 앞에 사람을 세워 두고 출입할 때마다 "부차야, 아비의 원수를 잊었느냐!"하고 외치게 하는 등 복수의 칼을 갈았어. 이 소식을 들은 월나라 왕 구천이 먼저 오나라를 쳐들어갔지만 패하고 말았어. 포로가 된 구천 부부와 신하 범려는 갖은 고역과 모욕을 겪은 끝에 영원히 오나라의 속국이 될 것을 맹세하고 귀국했어. 월나라 왕 구천은 자리 옆에 쓸개를 매달아 놓고 항상 핥아 쓴맛을 되씹으며 "너는 치욕을 잊었느냐!" 하며 자신을 채찍질했어. '와신상담'은 부차의 와신(가시에 눕다)과 구천의 상담(쓸개를 맛보다)이 합쳐서 된 말로, 원수를 갚기 위해 쓰라림을 스스로 맛본다는 뜻이야.

토사구팽 | 춘추 시대 · 월나라 왕 구천, 월나라 범려

토끼가 잡히고 나면 토끼를 잡던 사냥개도 쓸모가 없어져 잡아먹게 된다

오나라에게 복수하는 데 큰 공을 세운 범려는 어디론가 사라져 버렸어. 월나라 왕 구천에게 이런 편지를 남기고 말이야. "이미 소원이 이루어진 지금 저는 폐하께 더 이상 필요치 않습니다. 오히려 저는 방해가 될 것입니다. 큰 공을 세운 저의 세력이 커져 폐하의 근심거리가 될 것이기 때문입니다." 하지만 범려가 월나라를 떠난 속마음은 따로 있었어. 그는 친구에게 이런 편지를 보냈지. "교활한 토끼가 죽고 나면 사냥개를 삶아먹는 것처럼 적국이 망하면 공신들은 죽임을 면치 못하는 법일세. 월왕은 원수의 굴욕을 견뎌낼 수는 있어도 공을 세운 대신들을 인정할 수 있는 위인은 못되네. 우리는 그와 고통을 함께할 수는 있지만 즐거움을 함께할 수는 없을 걸세."

관포지교 | 춘추 시대 · 제나라의 관중과 포숙

관중과 포숙처럼 아주 친한 친구의 사귐

관포는 관중과 포숙을 말하는데, 포숙에 대한 관중의 마음을 한번 들어볼래? "나는 포숙과 함께 장사를 했는데, 내가 이익금을 독차지했지만, 포숙은 나를 욕심쟁이라고 말하지 않았다. 내가 가난하다는 사실을 알고 있었기 때문이다. 또 나는 세 번이나 벼슬을 하였지만 그때마다 쫓겨났다. 그러나 포숙은 못났다고 말하지 않았다. 내가 아직 때를 만나지 못한 것을 알고 있었기 때문이다. 또 나는 세 번 싸워서 세 번 도망친 일이 있었다. 그러나 포숙은 나를 비겁한 사람이라고 말하지 않았다. 나에게는 늙으신 어머님이 계시는 것을 알고 있었기 때문이다." 포숙은 관중을 어떤 상황에서도 끝까지 믿어주었고, 관중은 '나를 낳아주신 것은 부모님이지만, 나를 알아 준 사람은 포숙이었다.'라고 말한 데서 유래된 말로 아주 친한 친구의 사귐을 뜻해.

어부지리 | 전국 시대 · 소대

사람들의 싸움을 틈타 제3자가 이득을 얻는다

조나라가 연나라를 치려고 할 때, 소대가 조나라를 찾아가 들려준 이야기야. "큰 조개가 살을 드러내고 햇볕을 쪼이고 있을 때 물총새가 부리로 그 살을 찍자, 조개는 껍데기를 닫아 물총새의 부리를 물었습니다. 물총새는 비가 오지 않으면 조개가 죽을거라 생각했고, 조개는 껍데기를 열어주지 않으면 물총새가 죽게 될 것이라고 생각하며 서로 버티었습니다. 그러나 이 광경을 보던 어부가 물총새와 조개를 한꺼번에 망태 속에 넣고 말았습니다. 지금 조나라가 연나라를 치려하시는데, 두 나라가 오래 버티어 백성들이 지치게 되면 강한 진나라가 어부가 될 것 같습니다." 소대의 이 비유를 들은 조나라 왕은 연나라 공격 계획을 중지했대. 여기에서 제3자들이 사람들의 싸움을 틈타 이득을 얻는 것을 '어부지리'라고 하게 되었어.

06 진, 한

CHINA, 최초의 통일 제국

| B.C.2000 | B.C.1500 | B.C.1000 | B.C.500 | 1 | A.D.500 |

지난 여름 방학 때 가족들과 중국 여행을 갔어. 여러 곳을 가보았는데 그 중 가장 놀라웠던 것은 끝없이 펼쳐진 만리장성이었어. 정말 길더라. 만리장성은 아래를 내려다보면 아찔할 정도로 높은 산 속에 있었어. 덕분에 올라가는데 정말 힘들었지. 그런 높은 산에, 그 긴 성을 쌓은 사람은 누구이며 왜 그렇게 큰 성을 쌓았을까 궁금해 지더라고.

진(秦) : 중국 최초로 통일을 완성한 국가(B.C. 221~B.C. 206)
한(漢) : 진(秦)에 이어지는 중국의 통일 왕조(B.C. 202~A.D. 220)

중국을 통일하다 | 진(秦)

변방에 있던 '진'이 통일을 이룩할 수 있었던 배경은?

진(秦)은 가장 서쪽에 있던 나라였어. 유목 민족의 침입으로부터 주나라를 보호하는 제후국으로 문화적으로는 뒤쳐져 있었지. 이런 진이 중국을 통일할 수 있었던 배경은 무엇이었을까?

첫째, 법가 사상을 채택하여 통일의 기초를 닦았어. 부국강병을 실현하기 위하여 엄격한 법을 시행하여 왕에게 권력을 집중시킬 수 있었지.

둘째, 강한 군사력이 통일에 큰 힘이 되었어. 진의 군사들은 전투를 할 때 투구를 벗어던지고 맨발로 뛰어들 정도로 용맹했어. 진은 공에 따라 상을 주고, 왕족 출신이라 해도 패할 경우 특권을 빼앗는 정책을 썼어. 그러니 모든 군사들이 최선을 다했던 거야. 그리고 유목 민족을 군사로 받아들이면서 군인의 수도 늘리고, 그들의 전투적인 장점을 받아들였던 것도 큰 힘이 되었지.

최초의 황제, 진시황

아홉 살의 어린 나이에 진의 왕위에 오른 '정'은 최초로 드넓은 중국 대륙을 통일했어. 그리고 그가 제일 먼저 한 일은 위엄에 맞게 자신의 이름을 바꾸는 것이었어. 그것이 바로 옛날 전설 속의 어진 임금들인 3황 5제에서 따온 황제(皇帝)야. 그는 자신을 최초의 황제라는 뜻으로 시황제라고 부르게 했어. 이때부터 황제는 중국의 모든 왕조에서 임금을 부르는 정식 호칭이 되었지.

진의 통일 과정

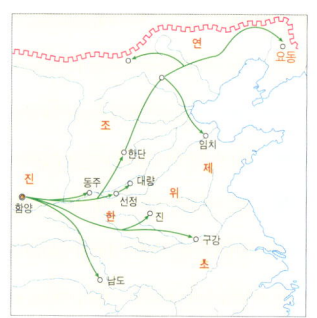

가장 서쪽에 있던 진은 결국 중국 최초의 통일 제국을 이루었어.

거열형

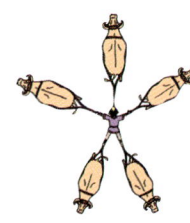

진의 강력한 법을 보여 주는 형벌이야. 소가 모는 다섯 대의 수레에 사형수의 사지와 머리를 하나씩 동여매고 각각 다른 방향으로 소를 몰면 사지가 팽팽히 당겨지게 돼. 이때 도끼로 목부터 치고, 다시 소를 몰면 사지가 갈기갈기 찢어지는 벌이야.

황제의 능을 지키는 8,000명의 군사들

진시황제는 막 왕위에 오른 어린 시절부터 자신의 능을 짓기 시작했어. 70여 만 명의 죄수를 시켜 지하 깊숙이 구덩이를 파게 하고, 구리로 방을 만들어 온갖 진기한 물건을 궁중에서 옮겨왔지. 수은으로 크고 작은 시내와 바다를 만들고, 인어 기름으로 불을 밝혀 영원히 꺼지지 않게 했던 동서 485m, 남북 515m, 높이 약 76m의 거대한 규모의 능이야. 이 능에서 동쪽으로 1.5km 떨어진 지역에는 병마용갱(황제를 경호하는 만든 병사를 흙으로 만들어 놓은 대규모 지하굴)이 있어. 병마용갱의 총 면적은 약 2만 ㎡인데, 전차 130여 대, 전차용 말 500여 마리, 군사 8,000여 명, 수만 점의 청동 무기들이 가득 차 있어서 강력한 황제의 권력을 잘 보여 주고 있어.

06 | 진, 한

하나의 통일 국가를 만들자! | 통일 체제의 완성

화폐, 도량형, 문자 통일

최초로 중국을 통일한 진나라의 시황제는 다양한 문화와 종족이 뒤섞여 있는 중국을 하나의 통일된 국가로 만들기 위한 정책을 폈어. 제후국마다 사용하던 문자, 화폐, 도량형(물건의 길이나 무게를 재는 기준)을 하나로 통일한 거야. 진시황은 수레바퀴의 폭을 통일시키고 도로를 만들어 교통의 흐름을 원활하게 했어. 또 넓어진 영토를 다스리기 위해 전국을 36개의 군과 여러 개의 현으로 나눈 후, 황제의 명을 받은 관리를 보내 다스리게 하는 군현제를 실시했지. 지방을 제후에게 맡기지 않고 직접 관리를 파견함으로써 황제의 명령이 지방까지 전달될 수 있게 되었어.

중국의 울타리를 쌓다

진나라는 남쪽을 공격하여 남중국과 동남아시아로 나아갈 수 있는 교통로도 확보했어. 또 몽염이라는 장군을 시켜 흉노족을 북쪽으로 쫓아낸 뒤 국경 지대에 성벽을 쌓았지. 몽염은 춘추 전국 시대에 여러 나라가 쌓아둔 성벽을 이용하여 중국의 동서를 가로지르는 거대한 성벽을 쌓았는데, 이게 바로 만리장성이야. 이제 중국은 나라의 울타리를 세우게 된 거야. 그런데 중국을 차이나(China)라고 부른다는 거 알고 있지? 중국의 영어 이름인 차이나도 진(Chin)에서 비롯된 거지.

화폐, 도량형, 문자 통일

화폐
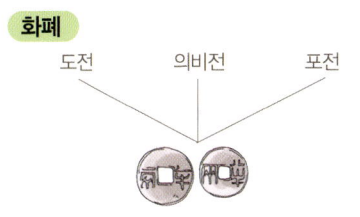
도전 의비전 포전

도량형
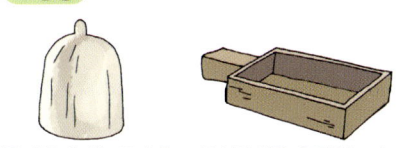
저울의 끝에 다는 구리 추 / 곡식의 양을 측정하는 되

문자
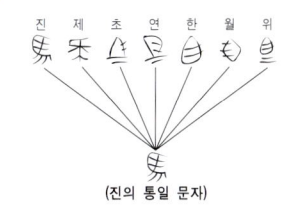
(진의 통일 문자)

15년만에 역사 속으로 사라진 제국 | 진의 멸망

책을 불사르고, 유학자들을 땅에 묻었어

진이 법가 사상을 바탕으로 엄격한 정책을 펴자, 유가와 다른 학파에서 이를 비판하는 학자들이 나타났어. 그러자 진시황은 더 강한 방법을 써서 비판의 소리를 잠재우려 했지. 역사책과 의학, 농업에 관한 책을 제외한 거의 모든 책들을 거두어 불태우게 했고, 황제를 비난했다는 이유로 유학자 460여 명을 생매장해 죽이기도 했어.

책을 불태웠다는 뜻의 '분서', 유학자들을 땅에 묻는다는 뜻의 '갱유'를 합쳐 '분서갱유'라고 해.

만리장성을 뒤흔든 농민의 함성

진시황릉과 아방궁, 만리장성 등의 대규모 공사가 계속되었어. 특히 백성들은 만리장성을 쌓는 데 막대한 희생을 치루었어. 농사를 내팽개쳐 두고 성 쌓는 일에 끌려 나갔고, 무거운 세금, 엄격한 법률은 백성들의 한계를 넘어선 것이었지. 시황제가 죽자 농민의 원성은 폭발했고, 마침내 진승과 오광을 중심으로 한 농민 봉기가 일어났어. 이 소식은 전국으로 퍼져 나갔고, 여기저기서 농민들이 성난 파도처럼 일어났어. 이 봉기는 6개월 만에 실패로 끝나고 말았지만, 최초의 통일 왕조 진나라는 이를 계기로 불과 15년 만에 역사 속으로 사라지게 됐지.

진승, 오광의 난

진승, 오광은 가난한 농민으로 변방을 지키러 북쪽으로 가고 있었는데, 큰 비가 내려 날짜를 어기게 되었어. 그런데 날짜를 지키지 못하면 사형이었거든. 이래저래 죽는 건 마찬가지라고 생각한 그들은 '왕후장상(왕, 제후, 장군, 재상)의 씨가 따로 있느냐!' 하며 들고 일어난 거야.

세계사 개념사전 27

유교 국가를 세우다 | 한(漢)

한나라를 세운 고조, 유방

유방은 강력한 맞수 초나라의 항우를 물리친 후 한나라를 세웠어. 유방이 바로 한의 첫 번째 왕인 고조야. 고조는 강한 군사력을 보유한 각 지역 세력을 왕과 제후로 임명하여 중앙 정치의 틀 안으로 끌어들였어. 또 오랜 전쟁으로 무너진 국가 경제를 되살리기 위해 농민의 생활을 안정시키고 농업 생산력을 회복하는 데 힘을 기울였어. 이런 고조의 정책은 다음 황제들에게도 이어져 한나라가 들어선 지 약 50년 만에 생산력이 크게 향상되었어. 농민의 생활은 안정되었고 사회가 번영하게 되었지.

한의 전성기를 가져온 무제

무제는 한의 일곱 번째 왕으로, 55년간 다스리며 많은 업적을 남겼어. 제후의 힘을 약화시키고 황제 중심의 체제를 확립했지. 또 나라를 더욱 안정되게 끌어가기 위해 유교를 국가 통치의 원리로 삼고 국립 대학을 설치하여 유교 경전을 가르쳤어. 여기에서 우수한 사람을 뽑아 관리로 임명했지. 이때부터 중국에서는 유교 교육을 받은 사람이 관리가 되는 전통이 만들어졌어.
안으로 황제 중심의 체제를 확립한 무제는 밖으로도 왕조의 권위를 드러내고자 흉노·남월·고조선 등을 침략하여 전쟁을 벌였어. 그 결과 한의 영토가 크게 넓어졌지만, 계속되는 전쟁으로 왕실의 재정이 크게 나빠졌지. 이를 개선하기 위해 소금과 철의 판매를 국가에서 통제하는 등의 상업 통제 정책으로 국가 수입을 올리려는 정책을 폈어. 그 결과 나라의 살림살이도 나아졌고 물가도 많이 안정되었지.

한의 멸망을 가져온 황건적의 난

한 말기에는 정치가 매우 불안하고 홍수, 가뭄, 메뚜기 떼의 피해가 끊이지 않았어. 살기 힘들어진 농민들은 결국 반란을 일으켰어. 반란군들이 모두 노란 두건을 썼다고 해서 '황건적의 난'이라고 불러. 이 난은 8개월 만에 진압되었지만, 그 후로도 크고 작은 반란이 끊임없이 일어나 결국 한은 멸망하게 되었어.

용어 해설

용맹(勇 용감할 용, 猛 사나울 맹)
용감하고 사나운 성질

체제(體 몸 체, 制 만들다 제)
한 나라를 이루는 질서의 전체적인 경향

아방궁(阿 아름답다 아, 房 방 방, 宮 궁전 궁)
중국 진(秦)나라 시황제가 세운 궁전. 지나치게 크고 화려한 집을 비유적으로 이르기도 함

봉기(蜂 벌 봉, 起 일어날 기)
벌떼처럼 떼 지어 세차게 일어남

재정(財 재산 재, 政 정치 정)
나라가 여러 가지 일을 하기 위해 자금을 만들어 관리하고 이용하는 활동

호족

한나라 때 농업과 상업이 발달하면서 토지를 사들여 지주가 된 사람들이 떠돌아다니는 무리를 노비로 삼아 세력을 키워나갔어. 이 사람들은 유교를 공부하여 중앙의 관리로 진출하기도 했지. 이런 한나라의 사회 지배층을 호족이라고 해.

이때 우리는?

서귀포와 진시황

진시황은 각지에서 불로초(먹으면 늙지 않는다고 하는 풀)를 구해오도록 명령을 내렸어. 서복은 불로초를 찾기 위해 바다 끝 제주도 한라산으로 떠났어. 한라산에서 불로초를 캐고 서귀포 앞바다 정방폭포 벽면에 '서복이 지나간 곳'이라고 글을 새겼어. 서귀포라는 지명은 서복 일행이 '서쪽으로 돌아갔다.'는 데서 유래됐다고 해.

힘센 항우 대신 유방이 통일한 이유

초(楚)와 한(漢) 두 패로 갈라져 전투를 벌이는 장기의 기원이 된 것이 바로 항우와 유방의 싸움이야. 이름 없는 농민 출신의 유방이 명문가 자손에다 무서운 힘을 지닌 항우를 이길 수 있었던 것은 유방이 서두르지 않고 때를 기다리면서 부하들의 말에 귀를 기울였기 때문이야. 반면 항우는 부하들을 잘 활용하지 못했고, 잔인하고 강압적인 정치로 백성의 마음까지 잃고 말았어. 항우가 고향을 눈앞에 두고 비장한 심장으로 최후를 맞는 장면은 '사면초가(四面楚歌)'라는 고사로 잘 알려져 있어. 항우가 포위되었을 때 사방을 에워싼 한나라 군사 속에서 초나라 노랫소리가 들려오자 "한나라가 이미 초나라를 점령했다는 말인가. 어째서 초나라 사람이 이토록 많은가." 하고 슬퍼했대.

중국 문화의 기틀 | 고전 문화의 완성

유교

유교는 춘추 전국 시대에 발달한 유가 사상을 정리하여 발전시킨 거야. 한무제 때 유교를 국가의 통치 원리로 삼았는데, 유교는 중국뿐 아니라 우리나라에서도 가장 중요한 통치 이념이 되었지. 한나라 때는 진시황의 분서갱유 때문에 불타버린 유교 경전을 다시 쓰고 해석하는 훈고학이 발전했어. 유교는 정치뿐 아니라 생활 윤리로도 자리를 잡아 유교 윤리인 충·효를 중요하게 생각하는 분위기가 만들어졌어.

한자

한자는 약 5000년 전, 창힐이라는 사람이 새와 짐승의 발자국을 보고 만들었다고 해. 그러나 그건 전설일 뿐, 실제로 한자는 오랜 세월에 걸쳐 글자의 모습이 조금씩 변해서 오늘날과 같은 모습으로 발전한 것으로 봐야 해.

한자의 가장 오래 된 모습은 은나라의 갑골 문자와 주나라의 청동기에 새겨진 글자들을 통해서 알 수 있는데, 춘추 전국 시대까지는 나라마다 사용하는 글자의 모습과 뜻이 서로 달랐어. 이를 통일한 사람이 바로 진시황이야. 그리고 한나라 때에 이르러 글자의 모습과 뜻이 오늘날과 같은 형태로 통일되었어. 그래서 한나라 때 정리된 글자라는 뜻에서 '한자' 라고 부르는 거야.

사기 : 한나라 때 사마천이 중국 최초의 시대부터 한무제 시기까지 2,500년의 역사를 서술한 130권의 방대한 역사책이야. 물론 한자로 기록되어 있지. 이 책은 훗날 역사책의 모범이 되었어.

종이

종이가 발명되기 전에는 도자기, 갑골, 청동기에다 문자를 새겨 중요한 뜻을 표현했는데, 문자를 새기는 것이 쉬운 일이 아니어서 중요한 사건들만 기록했어. 이후 비단과 대나무에 기록하기 시작했지. 하지만 비단은 너무 비쌌고, 대나무는 자리를 많이 차지하고 무거워서 휴대하기에 불편했어. 이를 보완하기 위해 발명된 것이 종이야. 한나라의 환관이었던 채륜은 이전 사람들의 경험을 총정리하여 종이 만드는 방법을 발명했어. 종이는 가격이 싸고 재료 또한 풍부할 뿐 아니라 가볍고 질겨서 크게 환영받았어. 종이의 발명은 학문과 사상의 발전을 촉진시켰지.

불교

한나라 때 비단길이 열리면서 동서간의 문물 교류가 활발했는데, 이때 불교가 중국에 전파되었어. 불교는 인도에서 생겨난 종교인데, 비단길을 따라 중국의 수도 장안이나 낙양으로 들어왔어. 귀족 세력이 불교를 믿으면서 세력이 확대되었으며, 일반 서민 사회로도 널리 퍼져나갔지. 중국 최초의 불교 사원인 백마사는 한나라 때 만들어졌어.

07 위·진·남북조

새로운 문화와의 만남

오늘은 학교 끝나고 친구와 삼국지 게임을 하기로 했어. 지혜로운 신하와 싸움을 잘하는 장수를 적당한 장소에 잘 배치하고, 훌륭한 외교로 다른 나라의 도움을 받으면 중국 통일을 이룰 수 있겠지? 현명한 유비, 꾀 많은 조조! 오늘은 어떤 캐릭터로 할지 고민이야. 그런데 유비와 조조는 실제 인물일까? 중국 대륙의 통일이 목표가 되었던 그 시대는 언제였을까?

위·진·남북조 : 중국 역사상 한이 멸망한 다음 해부터 수(隋)가 통일하기까지 (221~589)의 시대

360년 동안의 혼란기 | 위·진·남북조 시대

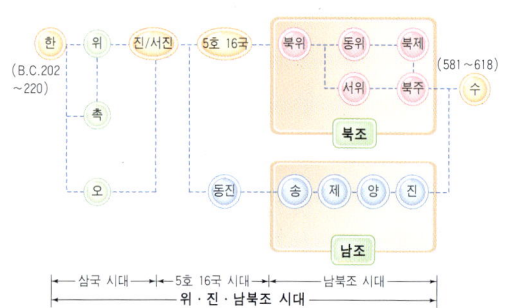

무슨 시대 이름이 이렇게 기냐고? 한이 멸망한 후, 생겨난 위·촉·오의 삼국 시대 이후 남북조 시대까지 360여 년간의 혼란 시대를 위·진·남북조 시대라고 해. 옆의 표를 보기만 해도 이 시기에 얼마나 많은 나라들이 있었는지 알 수 있을 거야.

《삼국지》의 배경, 위·촉·오 삼국 시대

우선 삼국 시대에 대해 알아볼까? 한나라가 무너진 후, 위·촉·오 세 나라가 대립하던 시기가 삼국 시대야. 이 시기에 조조, 유비, 제갈량 등 수많은 영웅들이 통일을 위해 싸웠지. 그런데 어이없게도 삼국을 통일한 나라는 진(晉)이었어. 위나라에서 점점 세력을 키워가던 사마염이 위나라의 왕위를 빼앗고, 통일을 한 거야.

유목민들이 중국 땅에 세운 나라 – 5호 16국 시대

삼국을 통일한 진나라는 끊이지 않는 왕위 다툼과 유목 민족의 침입으로 멸망하고, 화북 지방은 유목 민족들의 차지가 돼. 이 시기를 5호 16국 시대라고 해. 5개의 호(胡)족이 16개의 나라를 세웠단 의미야. 한편, 유목 민족에게 화북 지방을 빼앗긴 한족은 강남으로 피난하여 동진(東晉)을 세웠어.

화북의 유목 민족 vs 강남의 한족 – 남북조 시대

강남에 동진이 세워진 후, 그곳에 생겨난 왕조를 남조라고 해. 화북에서 피난 온 귀족들은 강남의 세력과 손잡고, 화북 지방을 되찾으려고 노력했어. 반면, 화북 지방에서는 선비족이 세운 북위가 통일하는데, 이를 북조라 해. 한마디로 남북조 시대는 유목 민족의 화북과 한족의 강남이 대립하는 시기야.

중국에는 얼마나 많은 진나라가 있었을까?

① 진(晉) : 주나라의 제후국(?~B.C. 376)
② 진(陳) : 주나라의 제후국 (B.C. 1027 ~ B.C. 478)
③ 진(秦) : 전국 시대의 나라로 중국을 통일하게 되어 중국 최초의 통일 왕조가 됨 (B.C. 778~207)
④ 진(晉) : 위·진·남북조 시대의 왕조. 서진(西晉, 265~316)과 동진(東晉, 317~419)으로 나뉨
⑤ 진(陳) : 위·진·남북조 시대 중국 남조의 왕조 (557~589)

《삼국지》에 나오는 위·촉·오

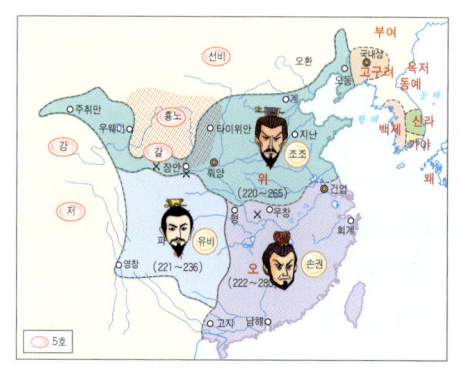

새로운 바람이 불다 | 호족 문화 + 한족 문화

강남 개발, 시~작!

위·진·남북조 시대는 강남의 경제력이 크게 발전하는 시기였어. 북방 유목 민족의 침략으로 쫓겨난 한족들이 강남을 개발했기 때문이야. 언뜻 보기에는 남쪽이 더 따뜻하고 양쯔 강이 있어서 농사에 더 유리할 것 같지? 그런데 한족은 황하 유역을 중심으로 살았기 때문에 강남은 거의 개발이 되지 않았고, 양쯔 강 유역은 굉장히 습하고 강도 자주 범람했기 때문에 사람들이 살기에 적합하지 않았어. 그런데 한족이 강남으로 대규모로 이주해 오면서 개발하기 시작한 거야. 강의 범람을 막는 제방을 만들고, 저수지와 물길을 만들어 농사를 짓기 시작하면서 강남의 농업 생산력은 급속도로 높아졌고, 인구도 많이 늘어나게 되었대.

부처를 믿고 도교를 따르니

전쟁이 계속되면서 하루하루의 생활이 어려웠던 백성들은 고달픈 현실에서 벗어나 마음의 평화를 얻고자 했어. 이 과정에서 불교, 도교가 사람들 사이에 널리 퍼지게 되었지. 한나라 때 비단길을 통해 들어온 불교가 널리 퍼진 것은 남북조 시대였어. 이 시대의 여러 나라들은 국민의 정신적 통일을 위해 불교를 적극 장려했어. 특히 화북 지방의 황제들은 부처의 힘을 빌려 권력을 강화하려고 '황제는 곧 부처'라고 생각하며 거대한 불상을 만들기도 했지.
한편, 이 시기에는 중국의 대표적인 민족 종교인 도교가 생겨났어. 도교는 도가 사상, 민간 신앙, 신선 사상을 결합한 것인데, 의지할 데 없던 농민들은 현실의 행복과 불로장생을 비는 도교를 받아들였고, 널리 믿게 되었지.

현실을 떠나 자유로워지고파

유목 민족이 중국 땅의 절반을 차지하고, 남조에서도 끊임없는 전쟁과 반란으로 이름 없는 가문 출신들이 황제가 되기도 했던 혼란기가 계속되자, 귀족들은 이런 복잡한 현실을 떠나고 싶었나봐. 몇몇 사람들은 도가 사상에 사로잡혀 벼슬길을 멀리하고, 대나무 숲에서 술을 마시고 친구들과 이야기를 나누며 자유로운 삶을 살았는데, 이들을 죽림칠현이라고 해.
이런 분위기는 현실을 외면하고 아름다움을 추구하는 귀족 문화로 이어졌어. 이런 분위기 속에서 도연명의 시, 왕희지의 서체, 고개지의 그림 등 중국사에서 높이 평가받는 작품이 나온 거지.

용어 해설

화북(花 꽃 화, 北 북쪽 북) 지방
황하 강을 중심으로 한 중국의 북부 지역을 이르는 말

범람(氾 넘칠 범, 濫 넘칠 람)
큰 물이 흘러넘침

제방(堤 방죽 제, 防 막을 방)
물가에 둑을 쌓아서 물이 넘어 들어오지 못하게 하거나 물을 막아 고이게 하는 시설

불로장생(不 아닐 불, 老 늙을 로, 長 길 장, 生 날 생)
늙지 않고 오래 삶

죽림칠현(竹 대 죽, 林 수풀 림, 七 일곱 칠, 賢 어질 현)
위·진·남북조 시대에 부패한 정치에는 등을 돌리고 대나무 숲에 모여 거문고와 술을 즐기며 친구들과의 이야기로 세월을 보낸 일곱 명의 선비

이때 우리는?

4세기 고구려는 한나라의 군현이던 낙랑군을 몰아내면서 대외 팽창을 꾀하였고, 백제는 한강을 중심으로 중국의 요서, 산둥, 일본의 규슈까지 진출했어. 중국이 나뉘어진 시기를 이용해 우리나라도 활발히 영토를 확장한 거지.

영화 뮬란은 진짜 있었던 인물인가요?

유목 민족이 중국 땅의 절반을 빼앗아 버린 위·진·남북조 시대는 정치적으로 혼란한 시대였지만, 유목 민족의 문화가 들어오면서 새로운 문화가 만들어졌던 시대라고 볼 수 있어. 애니메이션 영화 〈뮬란〉을 본 적 있니? 목란(뮬란)이라는 처녀가 늙은 아버지를 대신해 남장을 하고 12년간 전투에 참여한 이야기야. 이를 바탕으로 중국의 대표적인 영웅 문학의 하나인 목란시가 지어졌어. 목란시는 북방 유목 민족이 부르는 노래 가사를 모아서 만든 거야. 이 시를 보면, 위·진·남북조 시대의 서민, 특히 호족(유목)과 한족(농경)의 생활이 서로 합쳐진 모습을 볼 수 있어.

08 수, 당

동아시아 문화권

1　　　A.D.200　　　400　　　600　　　800　　　1000

엄마는 평소에 나에게 한자가 중요하다며 한자능력시험을 준비하라고 하셨어. 난 애국자라 한글이면 충분한데 말이야. 그런데 일본 여행을 가보니 한자가 많이 보이더라. 중국의 글자라 생각했던 한자가 우리나라뿐 아니라 일본에서도 상점의 간판, 안내판에 쓰이고 있었어. 우리도, 중국도, 일본도 한자를 쓰는 거잖아! 그러고 보니 이 세 나라의 문화는 정말 비슷한 점이 많은 것 같아.

한자(漢字) : 갑골 문자를 바탕으로 한나라 때 완성된 한자는 당나라 때 동아시아에 널리 쓰였다.

중국을 다시 통일하다 | 수(隋)

과거 제도로 귀족의 힘을 눌러라!

위·진·남북조의 오랜 혼란을 통일한 사람은 수나라를 세운 문제였어. 문제는 북조의 마지막 왕조였던 북주의 장군 출신이야. 이런 인물이 황제가 되었으니, 귀족들이 고분고분 했겠어? 귀족들은 새로운 황제를 무시하고 말도 안 들었어. 하지만 문제도 호락호락한 사람은 아니었어. 귀족들의 힘을 누르고 황제의 권력을 높이기 위해 과거제를 실시하기로 한 거야. 귀족의 자식들은 놀고 먹으면서도 나이만 차면 고위 관직에 오를 수 있었던 추천제를 없애고, 신분과 가문을 가리지 않고 시험에 합격해야만 관리가 되는 과거제를 실시한 거지. 과거제는 수백 년간 관직을 독점해 온 귀족에게 치명타일 수밖에 없었고, 이로 인해 귀족의 힘을 누르고 황제권을 강화할 수 있었어. 이 외에도 문제는 지난 360년간 달리 살아온 두 체제를 하나로 묶기 위해 토지 제도와 세금 제도, 군사 제도 정비에도 힘을 기울였어.

강남과 화북을 연결하라!

문제의 뒤를 이은 양제는 경제력이 풍부한 강남과 정치의 중심지인 화북을 묶는 대운하를 건설했어. 양쯔 강에서 황하까지 총 길이가 1,500km를 넘는 대공사는 6년 만에 완성됐어. 대운하가 뚫리면서 화북과 강남의 물자 교류가 활발해지고, 수나라가 더욱 쉽게 강남을 관리할 수 있었어. 그래서 중국이 하나가 되고, 왕의 권력을 중앙으로 모을 수 있었던 거지. 그러나 대운하 공사에 동원된 백성들의 고된 노동은 이루 말할 수 없어서 죽거나 도망친 자가 헤아릴 수 없을 만큼 많았대.

게다가 양제는 대군을 동원하여 고구려를 침략하는 등 많은 전쟁을 일으켰어. 백성들과 지방 세력들은 점차 불만을 갖기 시작했지. 결국 각지에서 반란이 일어났고, 수는 통일한 지 29년 만에 멸망하게 돼. 진이 만리장성을 쌓은 대규모 공사를 벌이다 15년 만에 망했던 것과 비슷하지? 백성들을 고생시키는 정책을 펴는 나라는 오래갈 수 없다는 걸 역사가 말해주는 거지.

진(秦)과 수(隋) 공통점

수의 대운하

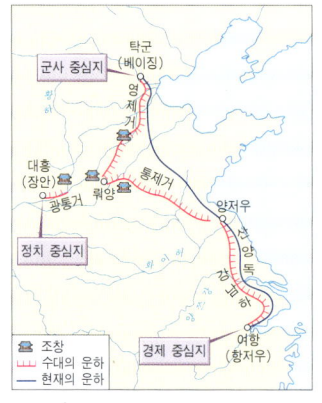

이때 우리는?

수에게 동북아시아 강대국 고구려는 커다란 위협이기 때문에 둘 사이의 충돌은 피할 수 없었어. 그래서 수나라는 온 힘을 기울여 고구려를 네 차례나 침략했어. 이에 맞서 고구려는 을지문덕이 수나라 30만 대군을 물리쳐 크게 승리한 것을 비롯해 수나라의 공격을 당당히 물리쳤지.

제도를 완성시키다 | 당(唐)

당의 건국에서 전성기까지!

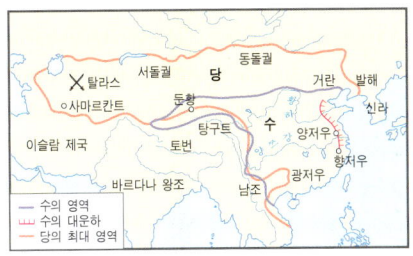

618년에 고조(이연)는 수 멸망 후의 혼란을 수습하고 당을 건국했어. 그의 아들 태종(이세민)은 안으로 통치 제도를 정비했으며, 밖으로 티베트와 돌궐, 위구르를 정복하고 비단길을 차지하여 당을 크게 발전시켰지. 이 시기는 대문을 열어놓아도 도적이 들지 않을 만큼 세상이 안정되어 있었다고 해서, 중국 사람들은 이때를 '정관의 치'라고 부르지. 더불어 태종을 황제의 모범으로 자랑스러워한대.

태종의 뒤를 이은 고종의 왕후인 측천무후는 권력을 잡고 가문과 신분을 가리지 않고 능력 있는 인물을 두루 뽑아 쓰는가 하면, 황제권을 강화하여 국력을 크게 떨쳤어. 또한 백제와 고구려를 멸망시켜 당나라 역사상 최대의 영토를 확보했지. 이렇게 당나라는 태종과 고종 때에 안으로 법률을 정비하여 국가의 기초를 세우고, 밖으로 영토를 확장하여 대당 제국을 완성시켰어.

당 전성기를 거쳐 멸망에 이르기까지!

현종은 백성을 바르게 다스려 훗날 사람들로부터 '개원의 치'라고 칭찬받을 만큼 훌륭한 황제였어. 중국 역사상 다시 없는 전성기였고, 인구는 날로 늘어났어. 그런데 말년이 되면서 현종은 양귀비에게 빠져 정치를 망가뜨리고 말았어. 양귀비의 친척들이 권력을 쥐고, 뇌물을 받고 관직을 팔거나 백성들로부터 세금을 빼앗는 등 온갖 부정부패가 넘쳐났지. 이 때 안·사의 난이 일어나, 당은 큰 타격을 입지만 멸망하지 않고 150년간 더 지속돼. 하지만 이전의 중국 사회와는 전혀 다른 모습이 나타나지. 여러 제도가 무너졌고, 중앙 통제력이 약화되었어.

이미 약해진 당은 875년부터 10년 동안 휘몰아친 황소의 난으로 또 한 번 큰 타격을 받게 돼. 다른 민족의 도움을 받아 간신히 황소를 제거하고 난을 진압하긴 했지만, 결국 당은 황소의 난이 일어난 지 32년 만에 멸망하고 말았어. 황소의 난이 일어났을 때, 당에 유학해 있던 신라의 최치원이 〈토황소격문〉을 써서 문장가로 이름을 날리기도 했어.

당의 태종 이세민 vs 조선의 태종 이방원

이세민은 아버지(고조)가 당을 건국하는 데, 이방원 또한 아버지(태조)가 조선을 건국하는 데 큰 힘이 되었지. 둘 다 '태종'으로 이름도 같아.

이세민은 둘째 아들로 형과 아우를 죽이고 왕위를 물려받고, 이방원 또한 두 아우를 죽이고 형에게서 왕위를 물려받았지.

양귀비의 모습

그녀는 피부가 하얗고 풍만한 여인으로 얼굴만 아름다웠던 게 아니라 노래와 춤도 뛰어났고, 머리 회전이 빨라 현종의 마음을 사로잡았다고 해. 양귀비는 원래 현종의 며느리였는데, 현종이 아내로 맞아 들였어.

황소의 난

황소의 난은 소금 밀매업자였던 황소가 밀매업자들의 정보·연락망을 이용하여 순식간에 전국을 장악해 당의 수도까지 점령한 사건이야.

당의 문화에 스며든 유목 민족의 전통

수나라 문제와 당고조의 할아버지는 위·진·남북조 시대 때 북조의 장군 출신이야. 그래서 수나라와 당나라는 유목 민족의 분위기를 물씬 풍기고 있어. 수양제, 당태종, 당고종은 직접 전쟁터에 나가 전투를 지휘했는데 이것은 유목민들의 관습이야. 또, 당고종이 아버지의 후궁이었던 측천무후를 자신의 아내로 삼은 것이나 현종이 자기의 며느리였던 양귀비를 아내로 맞은 중국의 관습에서 볼 때는 있을 수 없는 것이지만, 유목민들 사이에서는 일반적인 일이었지. 또 당나라에서 여황제인 측천무후가 등장한 것도 여성의 권리를 존중하는 유목민의 영향이 컸음을 보여 주는 거야. 당의 국제적 문화 또한 유목민의 개방성이 크게 작용한 것이라고 볼 수 있어.

오~, 화려하고 이국적인 걸! | 당의 문화

당나라 때에는 오랫동안 평화가 유지되면서 유학이 발달하고 불교와 도교가 유행하는 등 중국의 전통 문화가 크게 발달했어. 또한 영토를 확장하여 세계 제국을 이룬 당나라 안에는 유목 민족인 북조의 무사적 문화와 남조의 화려한 문화가 섞이고, 비단길을 통해 서역(현재의 서아시아나 중동 지역 및 비단길 상의 중앙아시아 지역)에서 들어온 국제적인 문화가 더해져, 당나라에는 화려하고 국제적인 귀족 문화가 꽃피었지.

용어 해설

운하(運 옮길 운, 河 물 하)
배가 다닐 수 있도록 육지에 파 놓은 물길

안·사의 난
당나라에서는 적의 침입을 막기 위해 국경 부근에 직업 군인으로 구성된 군대를 배치했는데, 그 군대의 지휘관을 절도사라 한다. 당 말기에 절도사 안녹산, 사사명이 반란을 일으켰는데, 이를 안·사의 난이라 한다.

부장품(副 버금 부, 葬 장사지낼 장, 品 물건 품)
무덤에 시체와 함께 묻는 물건

당삼채

이 도자기 인형을 봐. 카펫이 깔린 낙타 위에 등을 맞대고 앉아 악기를 연주하고 있지? 이 모습을 보면, 당나라의 도자기가 아니라 다른 나라에서 수입한 도자기 같지만, 중국 전통 기법으로 구워낸 중국 도자기야. 주로 노란색, 녹색, 청색의 세 가지 색을 즐겨 사용한다고 해서 '당삼채'라고 불렀는데, 당나라 때 유행했다고 해. 화려한 색채 감각이나 낙타와 같은 소재를 보면 서역의 영향을 받았음을 알 수 있는데, 여기서 당 문화의 국제성이 드러나는 거야. 이런 도자기는 주로 귀족들이 가지고 있었으며, 무덤에 넣는 <mark>부장품</mark>으로 쓰이기도 했어.

《손오공》의 삼장 법사는 실제 인물인가요?

삼장 법사는 당의 승려 현장 법사를 모델로 했어. 현장은 627년에 비단길을 따라 인도에 가서 여러 스승들을 만나고, 654년 엄청난 양의 불경을 등에 짊어지고 돌아와 당의 불교 발전에 큰 역할을 한 사람이야.

국제 도시 장안

장안성 평면도를 보면, 가운데 황제의 궁궐로 가는 커다랗고 넓은 길인 주작대로를 비롯하여 도로가 바둑판 모양인 걸 알 수 있어. 장안성은 황제가 사는 궁궐, 관리들이 일을 보는 관청, 상업 구역, 거주지 등을 모두 포함하는 계획도시였거든.

또 동서 길이 9,721m, 남북 길이 8,651m의 규모에다 인구 100만을 넘는 이 거대 도시는 5m가 넘는 높은 성벽에 둘러싸여 있었어. 장안에는 각국의 사신, 우리나라와 일본에서 온 유학생, 돌궐과 위구르에서 온 부족장과 무사들, 중앙아시아에서 온 화가와 음악가, 서역에서 온 상인들로 항상 북적댔다고 해.

장안성 평면도

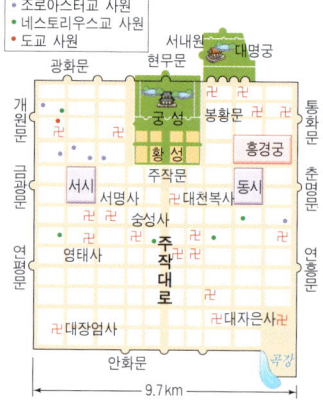

이백과 두보

중국 역사에서 이백과 두보를 넘어서는 시인은 없다고 할 정도로 두 사람은 뛰어난 시인이야. 또 같은 시대에 나서 함께 활약한 친구 사이였어. 그런데 시의 분위기는 매우 달랐어. 이백은 자유분방하고 낙천적인 성품으로 인생과 자연을 즐겁게 노래하는 시인이었어. 이백은 '술 한 말을 마시는 동안 시 100편을 뽑아 내었다.'고 할 정도로 붓가는 대로 시를 썼어. 그의 입에서 흘러나오는 말은 그대로 시가 되었지. 이백을 밑바닥에서 지탱하고 있는 것은 도교, 술이었어. 한편 두보는 글자 한 자를 선택하는 데도 몇 날을 고민할 정도로 신중했고, 한 번 지은 시를 고치고 또 고쳐 완벽하게 표현했어. 또 나라의 운명을 염려하고 백성의 어려움과 시대의 아픔을 노래하는 시들이 많아.

동아시아가 함께 누린 당 문화

당이 동아시아의 대제국으로 성장하면서 수준 높은 당의 문화는 이웃 나라로 퍼져나갔어. 당연히 이웃 나라에서는 많은 사람들을 당으로 보내 발달된 문물을 배우기도 했어. 이에 따라 동아시아의 여러 나라는 한자를 함께 사용하고, 유교와 불교 문화를 발전시켰으며, 당의 율령을 받아들여 정치 제도를 정비하는 등 동아시아 문화권을 만들게 된 거야. 동아시아 문화권은 중국·한반도·몽골·만주·일본·베트남 북부 지역을 포함하고 있어.

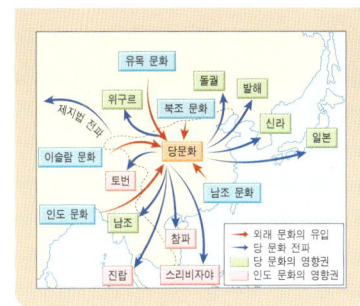

신라, 발해, 일본 등은 많은 유학생들은 당으로 보냈어. 이들은 당의 학교에서 공부하고, 과거에 급제하여 관리가 되기도 했지. 또 승려들도 당에 건너가 불교를 공부했는데, 신라의 혜초와 같은 스님은 당을 거쳐 인도에까지 유학을 다녀오기도 했어. 또한 당을 오가는 상인들의 왕래도 잦아서 이들의 집단 거주지가 생겨나기도 했어. 지금으로 말하자면, 코리아 타운, 재팬 타운이 중국에 생겨난 거지.

한자

중국의 한자는 주변 국가에 전파되면서 동아시아 세계를 하나의 문화권으로 묶는 데 큰 역할을 했어. 나라마다 말은 서로 달랐지만, 동아시아의 지식인들은 모두 한자를 읽고 쓸 줄 알았어. 동아시아 사람들이 자신의 뜻을 표현하는 수단인 한자는 법률, 문학, 역사를 기록하는 수단이었지.

유교

중국에서 시작된 유교는 동아시아 각국에서도 나라를 다스리는 기본 원리와 사회 윤리로 정착되었어. 유학은 인, 예, 효 등의 도덕을 중시하고, 임금이 어진 마음으로 백성을 보살필 것을 강조하는 사상이야.

불교

인도에서 발생한 불교는 비단길을 통해 중국을 비롯한 주변 여러 나라에 전파되어 동아시아의 불교 문화권을 형성하게 되었어. 그런데 동아시아 사람들은 한문으로 번역된 불경을 읽었기 때문에 중국화된 불교를 받아들이게 되었지. 불교는 단지 종교뿐 아니라, 건축·조각·미술 등 문화 전반에도 커다란 영향을 끼쳤어.

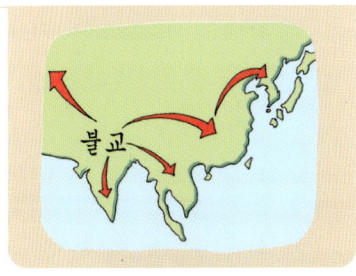

율령

율령 체제는 황제를 중심으로 한 지배 체제로, 시험을 통해 관리를 뽑는 과거 제도, 중앙 정치 조직인 3성 6부제, 농민들에게 나라의 토지를 나누어 주는 균전제, 농민이 군역의 의무를 지는 부병제, 세금을 걷는 조용조제 등이 있어. 이것은 중국은 물론, 한국·일본·베트남에 전파되어 각국의 형편에 맞게 고쳐서 사용하여 정치 제도의 기본이 되었어.

09 | 송

바다로 뻗어가는 나라

화약, 나침반, 활판인쇄술을 발명한 나라는?

우리 반에서 퀴즈 대회가 열렸어. 좋은 성적을 내고 있던 나는 화약 문제에서 틀리기 시작했어. "화약을 발명한 나라는 어느 나라인가?"였는데 나는 당연히 서양일 거라 생각했어. 그런데 답은 중국이더라고. 선생님의 설명이 화약, 나침반, 활판 인쇄술, 종이가 모두 중국에서 발명된 거래. 종이는 한나라 때 만들었다고 배웠는데, 다른 건 중국의 어느 시대에 발명되었던 것일까?

송(宋) : 당 말기의 혼란을 극복하고, 조광윤이 세운 왕조 (960~1279년)

쑥쑥 크는 송나라의 경제 | 송의 정치와 경제

황제에게 모든 권력을!

당이 멸망한 후 무인(武人)들이 여기저기서 나라를 세우는 바람에 중국은 큰 혼란에 빠졌어. 따라서 송나라를 세운 장군 출신 조광윤이 가장 먼저 한 일은 무인의 세력을 약화시키는 일이야. 군사력을 가진 무인들은 언제라도 반란을 일으킬 수 있거든. 그래서 관리, 군대의 지휘관 등을 모두 문인으로 임명했어. 한마디로 문인(文人) 중심의 나라가 된 거지. 그리고 모든 관리를 과거 시험을 통해 뽑고, 정치·군사·재정의 모든 최종적인 의사 결정을 황제가 내리도록 함으로써 황제권을 강화했어. 얼마나 강해졌냐고? 이전에는 왕과 신하가 나란히 앉을 수 있었지만 이때부터 왕은 계단 위에 앉고, 신하들은 계단 아래 서 있어야 했어.

송나라의 경제 발전

송나라 때는 양쯔 강 유역을 중심으로 벼농사가 크게 발달했어. 새로운 농기구 개발, 모내기법과 이모작으로 농업이 눈에 띄게 발전한 거야. 화북 지방에서는 석탄이 널리 사용되었는데, 광산 개발을 위해 화약을 사용하기도 했어. 또한 직물업이나 제철업, 차 재배, 도자기 제조업 등의 수공업도 발전하여 귀족 사치품만이 아니라 서민들을 위한 생활 용품도 만들어졌어.

인구 100만이 넘는 도시 변경에서 상인들은 어디서나 점포를 열어도 되고, 영업 시간의 제한이 없어 밤낮으로 영업을 할 정도로 활발한 상업 활동이 이루어졌대.

이러한 농업 생산력의 증대, 수공업의 발전, 인구 증가 등은 '상업 혁명'이라 부를 정도의 발전이었어. 상업이 발달하면서 화폐가 널리 사용되어, 동전뿐 아니라 지폐가 사용되기도 했지. 상인의 수가 늘어나면서, 돈을 아주 많이 번 상인들도 등장했고, 상업 도시도 생겼어. 그중에서 송의 수도 변경(카이펑), 양쯔 강 유역의 임안(항저우)은 국제적인 규모의 대도시로 발전했지.

송의 영역 변화

요, 서하 ↔ 송

금의 침입 ↔ 남송

발달한 서민 문화

상업이 발달하고 도시가 성장하면서 생활이 여유로워졌어. 그러니 서민들도 문화를 즐길 수 있게 된 거야. 그래서 송나라 때는 서민 문화가 크게 발전했지. 큰 도시에는 많은 사람들이 모여 곡예, 만담, 노래와 연극을 볼 수 있는 오락 시설이 갖추어져 있었어. 또 서민들의 경제력이 커지면서 글을 읽을 줄 아는 서민들이 많아짐에 따라 서민들이 즐기는 가사, 소설, 수필 등이 유행했지.

돈으로 산 평화의 그림자 | 유목 민족의 침입

세계의 어느 곳보다 경제가 발전한 송나라였지만, 문인 중심의 정책 탓에 군사력이 약해 유목 민족의 침략을 자주 받았어. 빼앗긴 북쪽 땅을 되찾으려고 요나라와 여러 번 전쟁을 벌였지만 번번이 졌고, 서쪽의 서하에게도 져서 그 댓가로 송나라는 해마다 막대한 양의 비단, 은, 차를 보내야만 했어. 돈으로 평화를 산 셈인데, 그 부담이 만만치 않았던 거지. 결국 풍요롭던 국가의 재정이 어려워졌어. 지배층이 엄청난 땅을 가지고 있으면서도 세금은 거의 내지 않아 일반 백성들이 그 부담을 떠안아야 했어. 당연히 백성들의 생활은 갈수록 힘들어졌지. 이런 상황을 심각하게 고민하던 왕안석은 개혁을 실시하기로 했어. 가난한 농민과 노동자, 소규모 상인을 키워 나라 살림과 국방을 충실히 하려는 개혁이었어. 하지만 대지주와 대상인들의 불만을 사 실패하고 말았어. 개혁에 실패한 송나라는 또다시 금나라의 공격을 받아 화북 지방을 빼앗기고, 양쯔 강 유역으로 이사갔는데, 이때부터를 남송이라고 해.

바다로 뻗는 송나라 | 바닷길

화북 지방을 잃어버린 남송은 바다를 통한 무역에 힘썼어. 배 만드는 기술과 항해술, 나침반, 지도 제작 기술은 당시 세계 최고였거든. 그 덕택에 무역의 중심이 점차 비단길에서 바닷길로 옮겨 갔어. 더구나 비옥한 양쯔 강 유역의 강남이 개발되면서 농업은 물론 도시와 상공업이 성장하여 차와 비단, 도자기, 종이 등 각 지방의 특산물이 사방으로 퍼져 나갔고, 바다를 통해 해외로도 팔려 나갔어. '시박사'라는 해외 무역을 관리하는 관청까지 둘 정도로 해외 무역이 활발했지.

바닷길에서 주로 활약한 이슬람 상인들은 차, 비단, 도자기 등을 중국에서 사갔고, 송나라는 막대한 이익을 남길 수 있었어. 중국은 아시아와 유럽을 연결하는 바닷길의 출발점이었어. 화약이나 나침반, 인쇄술도 이 길을 따라 유럽까지 전해졌지.

용어 해설

이모작(二 두 이, 毛 털 모, 作 지을 작)
같은 땅에서 1년에 두 번 곡물을 재배하여 수확하는 토지 이용법. 논에서는 보통 여름에 벼를 가을에 보리나 밀을 심어 가꿈

직물업(織 베짤 직, 物 물건 물, 業 일 업)
면, 모, 비단 같은 옷감을 만드는 일

상업 혁명(商 장사 상, 業 업 업, 革 고치다 혁, 命 목숨 명)
상업이 발달하여 여러 부분의 생활에 영향을 끼치는 것

'ㅅ'으로 시작하는 송의 문화

사대부	귀족이 몰락하고 등장한 송나라의 새로운 지배층. 땅을 가진 지주이면서 교양을 갖춘 지식인. 과거를 통해 관리가 된 자가 바로 사대부
성리학	송나라 때 주희가 집대성한 유학의 학파로 주자학이라고도 함. 우주의 질서와 인간의 마음에 대해 깊이 연구하는 학문
서민 문화	상업과 도시의 발달로 서민들이 즐기는 오락 시설이 발달하고, 소설, 수필 등의 서민 문학이 발달
상업 혁명	상업의 발달은 화폐의 사용, 상업 도시의 번영, 무역의 발달 등 많은 변화를 가져옴

송 3대 발명품 + 종이 = 4대 발명품

화약
당시 화약은 초석, 유황, 목탄 등을 혼합하여 만들었어. 전쟁에서 화약을 사용했고 화살에 화약을 실은 로켓 화살을 만들기도 했어. 화약의 제조법은 비밀로 하려 했지만, 이슬람 상인에 의해 유럽에까지 전해지게 돼.

나침반
나침반이 발명되면서 흐린 날이나 밤에도 방향을 알 수 있게 되었지. 이제 먼 바다까지 항해도 가능해져 해상 교역의 발달을 가져왔어. 나침반은 이슬람 상인을 통해 전 세계에 보급되었지.

활판 인쇄술
진흙으로 글자 하나하나를 구워 활자를 만든 후, 이 활자를 배열하여 인쇄하는 방법이 활판 인쇄술이야. 한 글자만 잘못 써도 목판 하나를 다시 새겨야 했던 목판 인쇄술에 비해 매우 획기적인 발명이었지.

세계 최초의 금속 활자

전쟁으로 많은 책이 유실되어 우리나라의 금속 활자에 대한 기록은 확실하지 않아. 그렇지만 기록에 의하면 금속 활자로 찍은 최초의 책은 1234년에 발간된 《상정고금예문》이라고 해. 하지만 기록으로만 전해질 뿐 실물은 보존되어 있지 않아. 어쨌든 1230년대에 금속 활자로 책을 찍어냈다고 해도 세계 최초인 것은 변함이 없어.

10 | 원

역사상 가장 강했던 제국

|800|1000|1200|1400|1600|1800|

지난 여름 방학 때 가족들과 제주도 여행을 갔어. 바다가 보이는 푸른 초원에 말이 멋지게 서 있었지. 물론 멋진 말을 타고 기념 사진도 찍었지! 그런데 아빠께서는 제주도에 목장을 만들고 말을 기르기 시작한 건 원이라고 말씀하시지 뭐야. 게다가 전통 혼례 때 쓰는 족두리, 연지·곤지도 원의 영향이라던데? 원은 어떤 나라이길래 우리나라에까지 영향을 끼쳤던 걸까?

원(元) : 1271~1368년 사이 중국을 지배했던 몽골 왕조

> 이 초원을 원이 만들었다고?

몽골 인이 제일이야 | 원의 중국 지배

원을 건국한 쿠빌라이

몽골 제국은 서하를 정복하고, 1234년 과거 몽골 족을 지배하던 여진족의 금나라를 무너뜨린 후 계속 영토를 넓혀 아시아에서 동유럽에 이르는 대제국을 건설했어. 칭기즈 칸의 5대 후손인 쿠빌라이 **칸**은 남송을 멸망시키고 중국을 지배하게 돼. 처음으로 유목 민족이 중국의 모든 지역을 지배하게 된 거야. 쿠빌라이는 자신이 지배하는 중국 땅과 몽골 지역을 원이라 하고, 수도를 대도(베이징)로 옮겼어. 왕의 호칭도 중국식으로 고쳐 '세조'라 불렸지.

몽골 제일주의

원 제국은 넓은 영토를 다스리기 위해 중국의 통치 기술과 여러 제도를 받아들이면서도 '몽골 제일주의' 원칙을 지켰어. 중앙 정치 조직은 중국의 3성 6부 제도를 받아들였지만, 지방 행정 조직은 **행성**과 **다루가치**라는 몽골 특유의 제도로 다스렸어. 그리고 몽골 제일주의로 민족 차별 정책을 실시했는데, 정치와 군사의 중요한 자리는 몽골인이 차지하고, 세금 걷기나 나라 살림은 셈이 빠른 이슬람 상인에게 맡겼어. 금의 지배를 받던 화북 지방 사람들(한인)은 하급 관리로 임명되기도 했지만, 원에 끝까지 저항했던 남송의 한족(남인)은 심한 차별과 억압을 받았어. 당연히 남송의 한족들 불만이 무척 컸겠지?

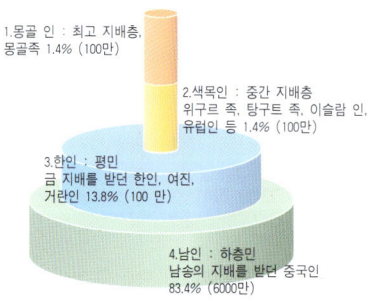

1. 몽골 인 : 최고 지배층, 몽골족 1.4% (100만)
2. 색목인 : 중간 지배층 위구르 족, 탕구트 족, 이슬람 인, 유럽인 등 1.4% (100만)
3. 한인 : 평민 금 지배를 받던 한인, 여진, 거란인 13.8% (100만)
4. 남인 : 하층민 남송의 지배를 받던 중국인 83.4% (6000만)

원나라의 신분 구조

쿠빌라이

쿠빌라이는 몽골의 칸을 겸한 중국의 황제이기를 바랐어. 그래서 옷도 두 가지를 같이 입었던 걸까?

원의 중국 지배 비법 공개

☝ **강한 군사력** : 유목 생활을 통해 잘 훈련된 강력한 군대를 곳곳에 배치하여 강한 군사력을 바탕으로 한족을 지배했어.

✌ **몽골 제일주의** : 엄격한 민족 차별 정책으로 한족을 누르면서 중국을 지배해 갔어.

🤟 **민족 문화 보전** : 중국을 지배한 이후에도 몽골 어를 사용하고, 몽골 문자를 만들어 기록하고, 몽골 족의 전통적인 풍습을 유지하기 위해 노력했어.

하나가 된 유라시아 | 원의 경제와 문화

유라시아 네트워크의 중심, 대도

쿠빌라이가 중국 전체를 차지하자 몽골의 군사력과 중국의 경제력이 합쳐지고, 그 위에 교통로가 발달하면서 이슬람의 상업권을 활용할 수 있게 되어 동서 교류는 더욱 활발해졌어. 원 제국은 무역을 적극 장려하고 무역에 필요한 도로망을 정비했으며 도로마다 역참을 설치했거든. 역참제는 거대한 제국을 관리하기 위해 만든 것인데, 비단길과 초원길에 연결되면서 동서 문물 교류가 더 활발해졌어. 이제 유럽과 중국의 교류가 시작된 거야.

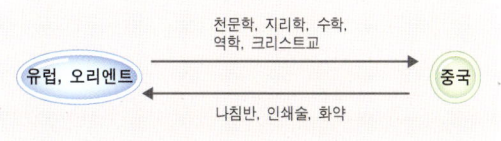

원나라의 수도인 대도(베이징)는 유라시아 네트워크의 중심으로, 유라시아 대륙의 초원길과 비단길은 물론 바닷길에까지 연결되었는데, 육로(초원길, 비단길)와 해로(바닷길)를 연결시킨 것이 바로 대운하였어. 원제국은 수나라 때 건설한 운하를 대도까지 연결함으로써, 대도를 중심으로 한 세계적 교통망을 완성한 거지. 이로써 원의 수도는 서역의 색목인은 물론 유럽 인들도 드나드는 세계 도시가 되었어.

세계의 문화가 여기 다 있네!

원나라는 대제국이었기 때문에 문화도 국제적이었어. 이슬람 과학이 소개되고, 이슬람교, 크리스트교, 라마교 등 다양한 종교가 들어왔지. 유교의 영향은 많이 약해졌지만 송나라 때와 마찬가지로 도시의 서민들을 중심으로 하는 서민 문화가 크게 발달했어. 서민들의 말과 소박한 모습을 표현한 노래극인 '원곡'이 유행했고, 우리에게 익숙한 《삼국지연의》, 《수호지》, 《서유기》가 만들어진 시기도 이때야.

몽골 초원으로 돌아가다 | 원의 멸망

원은 쿠빌라이가 죽고 난 후 점차 국력이 약해지기 시작했어. 몽골 제일주의로 차별 받던 한인들은 원의 힘이 약해지자 각지에서 난을 일으켰는데, 반란군이 붉은 두건을 맸다고 해서 '홍건적의 난'이라고 불러. 반란군을 하나로 모은 주원장에 의해 결국 몽골 족은 100여 년간의 중국 지배를 끝내고 고향인 몽골 초원으로 돌아갔어.

용어 해설

칸
유목 민족의 군주를 뜻하는 말

행성(行 다닐 행, 省 성 성)
중앙 정부의 지방 출장 기관, 몽골 특유의 제도

다루가치
칭기즈 칸이 점령지마다 그곳의 관리로 두었던 직책

역참(驛 역 역, 站 마을 참)
몽골 제국의 도로마다 설치되어 말·식량·숙소를 제공하던 일종의 정거장

색목인(色 색깔 색, 目 눈목, 人 사람 인)
원나라 때 피부색이나 눈동자의 색이 다른 외국인을 이르던 말

유라시아 네트워크

이때 우리는?

몽골군은 고려에도 쳐들어왔고, 고려의 백성들은 처인성과 충주성에서 빛나는 승리를 거두었어. 지배층은 강화도로 피난갔고, 고려의 저항은 30년 동안 처절하게 이어졌지만, 국토의 대부분이 폐허로 변했어. 하지만 백성들이 저항한 대가는 헛되지 않아, 고려는 독립은 유지하면서 원의 간섭을 받게 돼.

? 마르코 폴로는 허풍쟁이?

마르코 폴로는 17살의 나이에 베네치아 상인인 아버지를 따라 동방 여행길에 나섰다가 원나라 황제인 쿠빌라이 칸에게 재능을 인정받아 17년 동안이나 원나라에서 관리로 일했어. 20년이 흐른 후, 고향 베네치아로 돌아온 마르코 폴로는 사람들에게 자기가 동방에서 보고 들은 이야기를 해주었지만, 사람들은 그를 허풍쟁이 '밀리오네'라고 했어. 몽골 제국의 규모는 유럽 인들이 받아들이기 어려울 만큼 컸기 때문에, 그의 말이 허풍으로 들렸던 거지.

11 명

다시 일어난 유교 문화

담임 선생님이 아기를 낳으러 출산 휴가를 가셨을 때, 다른 선생님이 대신 우리 반을 맡아 주셨어. 담임선생님이 바뀌면서 우리 반의 여러 가지 규칙들도 바뀌었어. 청소 당번 정하는 것에서부터 자리 정하는 것까지 변하게 되었지. 하지만 출산 휴가가 끝나고 원래 담임 선생님이 돌아오시자 우리 반도 예전의 모습대로 돌아갈 수 있었어. 중국 역사도 주인이 바뀔 때마다 많은 변화가 있었겠지?

명(明) : 한족(漢族)이 몽골 족이 세운 원나라를 멸망시키고 새롭게 세운 통일 왕조(1368~1644년)

한족 국가를 다시 세우다 | 주원장(명 태조)

유교 전통을 다시 살려야 해!

원나라 말기에 '홍건적의 난'이 전국적으로 일어난 거 기억하지? 이때 우두머리 중 한 명이었던 주원장은 "오랑캐를 쫓아내고 중화를 회복한다."라는 구호를 내걸어 반란군을 하나로 통합하는 데 성공했어. 그리고 원나라를 북쪽으로 쫓아낸 후 난징을 수도로 새로운 왕조 '명'을 세웠지.

이후 명태조 주원장이 가장 먼저 한 일은 몽골의 풍습을 없애고, 원의 지배에서 파괴된 한족 문화를 되살리는 일이었어. 그래서 한, 당, 송과 같은 한족 왕조의 유교 전통을 되살리는 데 온 힘을 기울였어. 학교를 만들고, 과거 제도를 새롭게 손봤으며, 백성들에게도 유교를 생활윤리로 정착시키기 위해 육유를 만들기도 했어.

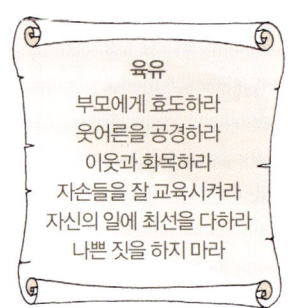

육유
부모에게 효도하라
웃어른을 공경하라
이웃과 화목하라
자손들을 잘 교육시켜라
자신의 일에 최선을 다하라
나쁜 짓을 하지 마라

민생을 안정시키고, 황제권을 강화하라!

가난한 농민의 아들이었던 태조는 농민을 보호하고 농업을 장려하는 정책을 펼치며 안정된 농촌 사회에 기반을 둔 국가를 건설하려 했어. 또 황제의 권력을 확고히 하기 위해 모든 중요한 권리를 황제가 장악하고, 대명률·대명령과 같은 법률을 만들어 강력한 황제 독재 체제를 이루었지.

너무 다른 두 장의 그림

둘 다 명 태조(주원장)의 초상화야. 그런데 하나는 온화한 모습인데, 하나는 악한 이미지를 풍기지? 아마 오른쪽 그림을 그린 사람은 주원장의 강력한 독재 체제에 좋지 않은 감정을 가졌었나 봐.

이때 우리는?

중국에서 명이 건국될 무렵, 우리나라에서도 조선이 건국되었어. 조선과 명은 좋은 관계를 유지하였고, 명은 임진왜란 때 조선을 도와주러 군대를 파견하기도 했는데, 이 때문에 경제적 어려움에 부딪힌 명나라는 점차 쇠퇴의 길로 접어들었어.

그늘 속의 숨은 권력자, 환관(내시)

환관이 되려면 반드시 성기를 잘라야 했어. 그래서 환관은 여자 목소리에 왕 앞에서 허리를 굽실거리는 모습으로 TV 사극에 등장하지. 환관은 하루종일 황제의 곁을 지키다 보니 황제의 눈에 들어 막강한 권력을 누리는 경우도 많았어. 권력을 차지하는 과정에서 환관의 도움을 받은 명의 영락제는 남해 원정 사령관으로 환관 정화를 임명하고, 많은 환관을 정치에 끌어들였어. 명 중기 이후, 어리고 무능한 황제들이 정권을 잡자 환관들이 너무 많아지면서 국력은 쇠퇴하고 말아.

중국 중심의 국제 질서 | 명의 국제 관계

명나라는 국제적으로도 중국의 자존심을 다시 세우려고 했어. 중국이 세계의 중심이자 최고의 문명국이라는 중화 사상을 바탕으로, 이웃 나라를 조공 관계로 묶어 이민족의 위협을 미리 막아보려는 의도가 깔려 있었지. 조공을 바치는 나라만 명나라와 교역할 수 있게 되었어.

영락제는 더 많은 국가들을 조공국으로 만들기 위해 정화가 이끄는 대함대를 동남아시아, 인도, 아프리카의 해안으로 여러 차례에 걸쳐 보냈어. 정화의 원정 결과, 명에 조공하러 오는 나라가 30여 개국이나 되었고, 중국 문화가 세계로 퍼졌지.

아울신문 | 세계 항해사의 큰 별, 정화

정화란 누구인가?

우리나라에서는 '정화'란 이름을 가진 여자들이 많아 중국 명나라의 정화를 여성으로 착각할 수도 있지만 정화는 남자이다. 그의 원래 이름은 무함마드를 한자로 한 '마화'였다. 그의 선조는 원나라 시대에 이주해 온 이슬람교도였다고 한다. 환관으로 영락제를 섬기면서 큰 공을 세워 왕이 새로운 성인 '정' 씨를 내려주었다고 한다.

김소연 기자

콜럼버스의 배와 정화의 배

콜럼버스가 아메리카 대륙으로 갈 때 이용한 산타마리아 호는 길이 27m, 폭 9m인 배 3척인데 비해 정화의 함대는 길이 136m, 폭 55m의 함선 60척이었다. 한 척에 450명이 탔다고 하니 모두 28,000명이나 되는 대규모였다. 이런 함대의 이동은 제1차 세계 대전 전까지 세계 어디서도 볼 수 없었던 규모에 해당한다.

최명환 기자

정화는 어디까지 간 것일까?

정화는 영락제의 명령에 따라 원정대를 이끌고 여러 나라를 돌아다니면서 명에게 조공을 바칠 것을 요구했다. 거절하는 나라들과는 전쟁을 벌이기도 했다. 또  명과의 무역을 장려하여 명의 면직물과 도자기 등이 그 지역의 향료와 교역이 이루어질 수 있도록 했다.

이정휘 기자

독자 퀴즈!!

콜럼버스와 정화 중 누가 먼저 항해에 나섰을까요?

답 : 정화가 1405~1433년 사이에 7회 원정을 떠났으니 콜럼버스보다 약 70년 정도 앞섰다.

안팎으로 어려움이 몰려와 | 명의 쇠퇴

명나라도 기울기 시작했어. 안으로는 환관들의 횡포와 관료들의 다툼으로 정치가 혼란해지고, 밖으로는 몽골과 왜구의 침입에 시달렸어. 국방비 지출은 늘어났는데, 조선에서 일어난 임진왜란에 구원병을 파견하느라 경제적으로 더 어려워졌어. 이런 부담들은 모두 백성들에게 돌아갔고, 무거운 세금을 견디지 못한 농민은 각지에서 반란을 일으켰지. 이때 이자성의 반란군이 농민들을 이끌고 베이징을 점령하자, 명의 황제는 목을 매 자살했대.

용어 해설

육유(六 여섯 육, 諭 깨우치다 유)
여섯 가지의 깨우침, 유교의 가르침

독재(獨 홀로 독, 裁 마를 재)
특정한 개인이나 단체가 어떤 분야에서 모든 권력을 차지하며 모든 일을 혼자 처리함

중화(中 가운데 중, 花 꽃 화) 사상
중국 사람이 자기 민족을 세계 문명의 중심이라고 생각하여 자기 민족의 우월성을 자랑하여 온 사상

이민족(異 다를 이, 民 백성 민, 族 겨레 족)
다른 민족

조공(朝 뵙다 조, 貢 바치다 공)
황제의 나라에게 때에 맞춰 예물을 바치는 일, 또는 그 예물

세계에서 가장 큰 궁궐 – 자금성

1406년 명나라 영락제가 베이징에 지은 이후 명·청 시대의 24명의 황제가 살았던 궁궐이야. 자금성에는 무려 9,999개의 방이 있다고 전해져.

전족의 풍습

중국에서는 작은 발을 가진 여자가 미인이라고 해서, 발을 천으로 꽁꽁 동여매어 발모양이 흉측해지곤 했대.

12 | 청

중국의 마지막 왕조

나는야, 무술의 달인 황비홍!

1000　1200　1400　1600　1800　2000

지난 일요일, 온 가족이 중국 영화 '황비홍'을 봤는데, 머리가 정말 희한하더라. 머리의 앞부분은 깎아 버리고 뒷부분만 길게 남겨서 한 갈래로 땋았더라고. 왜 그렇게 머리를 깎은 걸까? 원래 중국 사람들은 머리를 길렀던 것 같은데 말이야. 중국 사람들 사이에 갑자기 그런 파격적인 헤어스타일이 유행하게 된 이유는 뭐지?

청(淸) : 만주족의 누르하치가 세운 왕조로, 중국 최후의 왕조(1636~1912년)

만주족이 세운 나라 | 청의 정치

만리장성의 문을 연 청

만주에서는 누르하치가 부족을 통일하고 후금을 세운 후 세력을 키워 나라 이름을 청으로 바꾸었어. 명나라가 망했다는 소식이 전해지자 만리장성의 문을 열고 중국 땅에 들어갔지. 그런데 만리장성의 문을 열어준 건 뜻밖에도 명나라 장수 오삼계였어. 그는 청의 힘을 빌려 이자성의 반란군을 몰아내려 했던 거지. 이후 청은 '이자성을 토벌한다.'는 구실로 명나라 부흥 운동마저 짓누르면서 수도 베이징을 차지하고 중국 대륙을 지배하게 되었어.

당근과 채찍으로 한족을 다스리다

인구가 매우 적었던 만주족은 한족을 지배하기 위해 당근과 채찍을 함께 썼어. 이들은 몽골 제일주의를 주장했던 몽골 족과는 달리 한족의 전통을 존중하고 명의 제도를 이어받았으며, 한족도 관직에 등용했어. 하지만 변발을 강요했고, 만주족을 비난하거나 저항할 때에는 가혹하게 탄압했어.

오늘날 중국의 국경선 확정

청은 17세기 후반 강희제 때 크게 발전했어. 그는 한족의 반란을 진압하고 타이완을 정복하여 중국 전체를 통일했어. 또 몽골 고원을 정복하고, 동쪽으로 진출하려던 러시아의 발걸음을 막았지. 이후 청은 19세기 전반까지 전성기를 누렸는데, 오늘날 중국의 국경선은 청의 영토를 기초로 한 거야.

만주족의 풍습인 변발

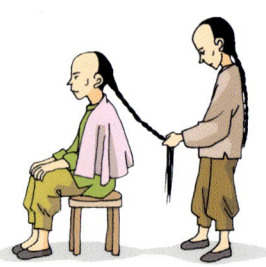

청나라는 '두발을 남기는 자는 머리를 남기지 않겠다.'라고 하며 만주족의 풍속인 변발을 강요했어.

이때 우리는?

만주족은 명나라를 공격하기 전에 먼저 조선을 공격했어. 그것이 바로 정묘호란, 병자호란이야. 이 당시 조선에서는 청을 정벌하자는 의견과 청을 오랑캐의 나라로 깔보지 말고, 그들의 발전상을 제대로 보고 유익한 것을 배우자는 의견이 대립하기도 했어.

조선, 너 우리 깔봤다간 알지?

《홍루몽》은 만리장성과도 바꿀 수 없다

중국의 홍루몽은 최고의 소설이야!

《홍루몽》이라는 소설 아니? 《홍루몽》을 연구하는 "홍학"이 있을 정도로 특별한 소설이야. 이 소설을 쓴 청나라의 조설근은 난징에서 잘나가던 집안의 귀공자로 태어났는데, 옹정제 이후 가문이 몰락해 베이징으로 이주하게 되었어. 그 충격으로 불우한 시절을 보내던 그는 대작 《홍루몽》을 만들어냈어. 《홍루몽》에서 작가는 자기 가문을 모델로 한 귀족 집안의 파란만장한 인간사와 사랑과 슬픔 등을 그리고 있어. 이 작품에는 400명이 넘는 등장 인물이 나오는데, 그 인물 하나하나가 뚜렷한 개성을 드러내고 있다고 하니, 18세기 중국의 모습을 생생하게 볼 수 있겠지?

성장하는 경제, 늘어나는 인구 | 청의 사회와 문화

사회의 지배층, 신사

명·청 시대 사회의 지배층인 신사는 명나라 때 새롭게 등장했어. 과거에 합격한 관리뿐 아니라 과거를 준비하는 학생, 퇴직 관리들을 모두 신사라고 불러. 이들은 대부분 지주로서 농민을 지배하면서 세금 걷는 일에 협조하며, 형벌이나 세금 등에서 특권을 누렸지. 우리나라의 조선 시대 양반과 비슷하다고 생각하면 이해가 쉬울 거야. 청나라 때 소수의 만주족이 오랜 기간 중국을 지배할 수 있었던 것은, 신사 계층의 특권을 인정하고 그들의 협력을 얻는 데 성공한 것도 큰 힘이 되었지.

폭발적인 인구 증가

정치가 안정되면서 경제적으로도 큰 발전이 있었어. 농사를 지을 수 있는 땅이 늘어나고, 농업 기술이 발달했으며, 감자·고구마 등 새로운 작물이 재배되어 먹을거리가 풍부해지자 인구도 빠르게 증가했지. 18세기에 인구가 2억 명을 넘더니, 19세기에는 4억이 훌쩍 넘었어. 경제적인 면에서는 면직물과 견직물을 만드는 수공업이 발달했고, 상업도 발달하여 상인들이 서로의 이익을 위한 '조합'을 만들기도 했어.

과학적인 증명, 고증학

청나라가 중국을 지배하게 되자, 청을 비난하는 내용에 대해서는 본인뿐 아니라 그 가족과 제자까지 죽일 정도였어. 자연히 학자들 사이에는 정치와 관련이 없는 고증학이 유행하게 되었지. 고증학은 유교 경전의 본래 의미를 찾아내기 위해 옛 기록이나 자료를 찾아 꼼꼼하게 따져보는 학문이야. 고증학은 중국 고대의 문화 유산을 정리하는 데 이바지하여 《사고전서》를 편찬하는 데도 큰 도움을 주었지.

유럽 인들이 좋아한 중국 문화

중국을 오가는 상인과 선교사들의 활동으로 중국에 관한 소식이 본격적으로 서양에 전해지면서 18세기에 유럽의 귀족들 사이에는 중국의 도자기나 비단, 차 등의 '중국풍'이 크게 유행했어. 어느 정도였냐고? 유럽의 상수시 궁전에는 중국 자기나 타일로 장식한 방이 있었는데, 이 곳에서 중국식 차 모임을 갖기도 하고, 중국 전통 옷을 입고 가면극을 열기도 했대. 지금이야 동양이 서양의 문화를 쫓고 있지만 당시 중국은 문화적 선진국으로 부러움의 대상이자, 신비한 자기를 만드는 나라였던 거야. 한편, 중국도 서양의 문화를 받아들였는데, 주로 마테오 리치, 아담 샬 같은 선교사들이 전해 주었어. 마테오 리치는 세계 지도인 〈곤여 만국 전도〉, 크리스트 교 서적인 《천주실의》를 소개하여 중국인의 생각을 넓혀 주었지.

볼테르와 같은 유럽의 지식인들은 공자와 유교의 도덕 정치를 자신들이 찾던 이상적인 정치 철학으로 생각하고 중국의 철학에 관심을 가졌어.

용어 해설

만주족(滿 찰 만, 洲 섬 주, 族 겨레 족)
일찍이 말갈족, 여진족으로 불리던 민족

후금(後 뒤 후, 金 금 금)
만주족이 1616년 부족을 통일하고 세운 나라. 송나라 때 있었던 여진족이 세운 금을 계승한다는 의미에서 후금이라 함

견직물(絹 명주 견, 織 짤 직, 物 물건 물)
누에고치에서 실을 뽑아 만든 옷감, 비단

훈고학(訓 가르칠 훈, 詁 주낼 고, 學 배울 학)
사라진 유교 경전의 내용을 발굴하고 그 뜻을 밝히는 학문

양명학(陽 따뜻한 양, 明 밝을 명, 學 배울 학)
성리학의 철학적인 면보다 실천적인 면을 강조한 학문

인구 증가의 원인

예전에는 사람 수를 기준으로 세금을 냈던 것에 비해 토지에 따라 은으로 내게 하는 제도가 생긴 후부터는 사람 수를 속일 일이 없어진 거야. 그래서 인구 조사를 제대로 할 수 있었기 때문에 인구는 급격히 늘어나게 된 거지.

사고전서

《사고전서》는 청나라가 한인 학자들을 동원하여 만든 것으로 79,582권에 해당하는 방대한 책인데, 청에게 불리한 내용이 있는 것은 불태워버리거나 내용을 고쳐서 넣기도 했대.

중국 역사 정리

왕조	지배세력의 변화	유학의 흐름
한	호족	
위·진·남북조		훈고학
수	귀족	
당		
송	사대부	성리학
원	몽골인, 색목인	
명	신사	성리학 양명학
청		고증학

13 | 아편 전쟁

중국의 문을 열기 위한 전쟁

아편은 마약이잖아. 그런데 왜 영국이 중국에 아편을 팔았던 걸까? 더군다나 '신사의 나라'로 알려진 영국이 그런 일을 했다니! 중국이 아편을 팔지 말라고 하면 팔지 않아야 하는 거 아냐? 아편을 피면 국민들의 건강도 안 좋아지고, 마약 중독 때문에 일도 못하니 중국의 피해는 이만저만이 아니었을 거야. 왜 중국의 요구를 영국이 받아주지 않았을까? 영국은 뭔가 다른 속셈이 있었던 걸까?

아편 : 양귀비꽃에서 나오는 액체를 굳혀서 가루로 만든 것으로 마약의 한 종류

문을 열어라 | 아편 전쟁

서양에서는 중국의 비단·차·도자기에 대한 인기가 대단했지. 그럼 중국에서 서양의 물건은 많이 팔렸을까? 그렇지 않아. 서양 상품이 별 필요가 없었거든. 그런데 영국은 차 마시는 문화가 유행하면서 중국산 차를 대량으로 사들여야 했고 영국의 은이 청으로 빠져나갔어. 그러자 영국은 비겁한 선택을 했어. 인도에서 재배한 아편을 몰래 청에 판 거야. 청은 아편으로 인해 국민들의 건강이 나빠지고, 막대한 양의 은이 빠져나가 경제가 휘청거렸지. 청은 관리를 보내 영국 상인들로부터 아편을 빼앗아 불태워버린 후 무역을 금지시켰고, 영국은 이를 구실로 중국을 공격했어. 이것이 바로 아편 전쟁이야. 영국의 신식 군대를 이길 수 없었던 청나라는 영국에 굴복하여 난징 조약을 맺었어.

아편 중독자

1830년대 말에는 중국인 아편 중독자 수가 500만 명이 넘었다고 해.

농민들이 바라던 천국 | 태평천국 운동

청나라 때 중국의 인구는 급격하게 증가했지만 식량 생산은 인구가 증가하는 만큼 늘어나지 못해 농민들은 어려움에 처하게 됐어. 이런 형편에 아편 전쟁에서 져서 지불해야 하는 배상금을 농민들이 떠안게 되었으니, 농민들의 불만은 엄청났지. 그들이 원하는 세상은 모두가 평등하게 잘 사는 태평천국이었어.

농민, 광부, 실업자 등 다양한 사람들이 모여 "만주족이 세운 청을 무너뜨리고 한족 왕조를 세우자."고 외치며 태평천국 운동을 일으켰고, 청나라 군대에 맞서 싸웠어. 결국, 난징을 점령하여 수도로 삼고 태평천국을 세웠지만 시간이 지나면서 실패로 끝나고 말아.

태평천국은 중국 영토의 절반을 차지한 채 14년간이나 청나라와 힘겨루기를 했지만, 땅을 빼앗기는 것이 두려웠던 지주들의 군대와 영국·프랑스 군대의 연합 공격으로 태평천국의 수도 난징이 함락되면서 막을 내리고 말았어.

난징 조약 (1842)

- 홍콩은 영국에 넘겨준다.
- 5개 항구를 개항한다.
- 2100만 달러의 배상금을 지불한다.
- 공행 제도를 폐지한다.

이 조약을 체결한 1842년부터 홍콩은 영국 땅이 되었고, 다시 중국으로 돌아오기까지 155년이 걸렸어. 1997년에 홍콩이 중국에 반환되었거든. 난징 조약의 내용을 보면 아편과 관련된 내용은 하나도 없어. 좀더 많은 항구를 열어 더 자유로운 무역을 하고 싶었던 영국의 욕심이 전쟁을 일으켰던 거지.

군사력을 키워야 해 | 양무운동

영국과 프랑스의 군대가 태평천국 운동을 진압하는 모습을 보면서 중국 관리들은 서양의 우수한 군사력에 놀랐어. 그들은 부국강병을 이루기 위해 서양의 과학 기술을 받아들여야 한다고 생각하고 '양무운동'을 시작했어. 양무운동은 태평천국 운동의 진압에 공을 세운 지방의 한인 관료들이 중심이 되었지. 서양식 무기를 도입하고, 무기를 만드는 공장을 세우고, 조선·철도·제철·광산 산업을 일으키기 위해 기업을 만들기도 했어. 또한 외국어 학교를 만들고, 서양에 유학생을 파견하기도 했지.

그러나 사람들의 생각과 제도가 바뀌지 않은 채 서양의 과학 기술만 받아들이려 했던 것이 곧 문제를 드러내고 말았어. 또한 중앙 정부의 관료들이 양무운동에 반대하여 제대로 추진하기도 힘들었지. 결국 평소 하찮게 여기던 일본과의 전쟁인 청·일 전쟁에서 일본에 패함으로써 30년에 걸쳐 진행된 양무운동은 실패로 돌아가고 말았어.

용어 해설

배상금(賠 물어줄 배, 償 갚을 상, 金 돈 금)
남에게 입힌 손해에 대해 물어주는 돈

공행(公 벼슬 공, 行 다닐 행)
청대에 외국과 교역할 수 있도록 공식적인 허가를 받은 상인들의 모임. 외국 상인과의 무역을 독점하였음

진압(鎭 누를 진, 壓 누를 압)
힘으로 억눌러 진정시킴

수렴청정(垂 드리울 수, 廉 발 렴, 廳 들을 청, 政 정사 정)
왕이 어린 나이에 즉위하였을 때, 왕의 어머니가 나라 일을 돌보던 일. 왕의 어머니가 신하를 만날 때 그 앞에 발을 늘인 데서 유래하는 말

제도까지 바꿔야 해 | 변법자강 운동

서양의 과학 기술을 받아들여 신식 군대와 무기도 갖췄는데, 조그만 섬나라 일본에게 지다니……. 프랑스 군대한테 진 것은 그렇다 하더라도 일본한테까지 졌다는 사실에 청나라의 굴욕감은 말로 표현할 수 없었어. 일본에게 진 이유를 찾다가, 일본의 '메이지 유신'과 청의 '양무운동'을 비교하게 되었고, 제도 개혁을 하지 않은 상태에서 기술만 받아들이는 건 한계가 있다는 걸 깨달았어. 그래서 일본의 메이지 유신처럼 '제도를 개혁하여(변법) 스스로 강해지자(자강)!'는 변법자강 운동을 추진하게 된 거야. 그러나 개혁 때문에 권력을 잃을 것을 걱정하던 서태후와 보수 세력들은 개혁이 시작된 지 100일 만에 황제를 몰아내고, 변법자강 운동의 지도자들을 처형함으로써 개혁은 물거품이 되어 버렸어.

- 과거 제도를 개혁하여 실용적인 학문을 시험 과목에 넣어 인재를 등용할 것
- 신식 군대를 양성할 것
- 산업을 진흥시키고 발명을 장려할 것
- 베이징에 대학을 세울 것
- 상소권을 확대할 것

변법자강 운동을 주도한 캉유웨이가 황제의 마음을 움직여 발표한 개혁안이야.

서태후

서태후는 1861년 6세로 즉위한 아들을 대신하여 수렴청정을 실시하여 정권을 잡은 뒤 청나라가 망하기 3년 전 세상을 떠날 때까지 48년 동안 중국을 실질적으로 통치한 '여황제'야. 똑똑하긴 했지만 미래를 내다보는 능력이 없었던 그녀는 위기의 심각성을 깨닫지 못했어. 무기 구입할 비용을 빼돌려 이화원을 다시 짓고 있었으니, 아무리 양무운동을 열심히 해봤자 군사력이 약할 수밖에 없었지.

아편 전쟁에 반대하는 영국 의원의 연설

"그 기원과 원인을 놓고 볼 때 이것만큼 부정한 전쟁, 이것만큼 영국을 불명예로 빠뜨리게 할 전쟁을 나는 이제껏 보지 못했습니다.(중략) 우리 국기가 부끄러운 아편 밀무역을 보호하기 위하여 중국 연안에 나부끼고 있습니다. 위풍당당한 영국 국기를 볼 때마다 느꼈던 벅찬 감동을 앞으로 다시 느낄 수 없게 될 것을 생각하면 고통스러울 따름입니다." 영국의 글래드스턴 의원이 국회에서 한 연설이야. 아편 전쟁을 할 것인지 말 것인지를 의논하는 국회에서 그는 전쟁에 반대하는 입장에 섰지. 전쟁을 일으킬 만한 정당한 이유가 없다고 생각되었기에 반대도 만만치 않았어. 결국 영국 의회에서 9표 차로 전쟁이 결정되었어. 중국의 역사를 흔들어놓게 될 아편 전쟁은 이렇게 결정된 거야.

14 | 신해혁명

왕의 나라에서 국민의 나라로

1750　1800　1850　1900　1950　2000

〈마지막 황제〉라는 영화를 봤는데, 불타오르는 성을 배경으로 어린 황제가 울고 있는 모습이 너무 안타까웠어. 세계에서 가장 번화한 도시에 위풍당당하게 서 있던 자금성도 세월이 변하면서 결국 불에 타 버린 거지. 중국 왕조의 마지막이 너무 쓸쓸하게 느껴졌어. 그런데 중국의 마지막 왕조는 어떻게 무너지게 된 걸까? 외적이 쳐들어와서일까?

신해혁명(辛亥革命) : 1911년에 청나라를 무너뜨리고 중화민국을 세운 혁명
혁명(革命) : 사람들의 뜻이 모여 세상을 바꾸는 것. 정치·경제·사회·문화 등에서의 갑작스런 변화

서양을 몰아내자 | 의화단 운동

청나라를 도와 서양 세력을 몰아내자

양무운동과 변법자강 운동은 성격이 좀 다르긴 하지만, 둘 다 서양의 앞선 문명을 받아들여 중국의 발전을 이루고자 한 운동이었어. 하지만 모두 실패로 돌아갔으니 이제 백성들은 나라에만 의지하지 않고 스스로 나서서 외세를 몰아내자고 외치게 되었어. 이를 '의화단 운동'이라 하는데, 태평천국 운동처럼 백성들이 중심이 되었지. 그러나 태평천국 운동에서는 '청을 몰아내자.'고 주장했지만, 의화단은 '청나라를 도와 서양 세력을 몰아내자.'고 했어. 좀 더 큰 적인 서양 세력을 몰아내기 위해서는 만주족, 한족의 구분 없이 힘을 모아야 한다고 생각한 거지.

교회를 불태우고, 철로를 뜯어내라

당시 중국 사람들은 대부분 중국을 가난하게 하고 못살게 구는 서양 세력을 미워했어. 또 선교사를 앞세운 크리스트교가 서양 세력의 침략에 도움을 주는 경우가 많아 크리스트교도 싫어 했어. 그래서 의화단은 반크리스트교·반외세를 외치며 서양과 관련된 것은 모조리 부수었지. 교회를 불태우고, 철로를 뜯어냈으며, 전봇대를 뽑아버렸어. 이를 핑계로 무려 8개 나라(영국, 프랑스, 러시아, 오스트리아, 이탈리아, 독일, 미국, 일본)의 군대가 베이징을 공격하여 의화단을 무너뜨리고 말았어. 의화단 운동이 실패로 돌아간 후 청은 엄청난 양의 배상금을 물어야 했고, 외국 군대가 베이징에 머무르게 되었어.

의화단원과의 인터뷰

 어제 교회를 불태우고 선교사들을 공격했다고 하던데요?

 네. 그렇게 하고 나니 속이 시원합니다. 크리스트교와 선교사들은 제 나라로 돌아가 버렸으면 좋겠습니다.

 왜 그렇게 선교사들을 미워하시나요? 선교사들이 특별히 잘못한 일은 없는 것 같은데요.

 무슨 소리! 선교사들은 중국에 오랫동안 머물면서 중국의 사정을 잘 알고 있고, 중국어를 할 줄 알기 때문에 서양 세력의 침략에 앞잡이 노릇을 하고 있어요. 도저히 두고 볼 수가 없단 말입니다!

❓ 의화 권법을 익히면 총알이 피해 간다고요?

의화단은 의화권이라는 비밀 단체에서 생겨났는데, 의화권은 무술로 몸을 단련하면서 종교 활동을 하는 단체였어. 이들은 《삼국지》, 《수호지》, 《서유기》 등의 소설에 나오는 영웅들을 신으로 모셨지. 이들은 백 일 동안 권법을 익히고 주문을 외우면 물과 불에도 다치지 않고 창이나 총알, 대포도 피할 수 있는 신통력을 얻으며, 이 연습을 사백 일 동안 하면 하늘을 나는 힘을 얻을 수 있다고 믿었어.

축, 탄생! 아시아 최초의 공화국 | 신해혁명

중국 혁명의 아버지, 쑨원

의화단 운동이 실패로 돌아간 후, 청나라는 힘을 잃고 서양 세력이 하자는 대로 하는 꼭두각시가 되어 버렸어. 이제 중국 사람들의 마음 속에는 새 나라를 만들어 보자는 혁명의 기운이 싹트기 시작했지.

이런 상황 속에서 의사 생활을 하던 쑨원은 무너져가는 청나라를 보며 나라를 구하는 혁명 운동에 뛰어들어야겠다고 생각했어. 그는 여러 혁명 조직을 하나로 묶는 데 평생에 걸쳐 온힘을 바치며 혁명 운동을 이끌었지. 그래서 그를 '중국 혁명의 아버지'라고 불러. 쑨원은 삼민주의를 내걸고, 여러 차례 **봉기**를 시도했어.

황제 지배가 끝나고 **공화정**이 시작되다

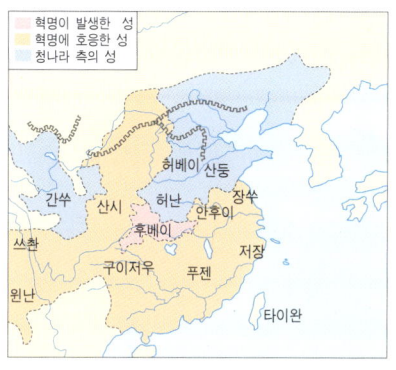

1911년 10월 10일, 청나라가 철도를 외국의 손에 넘기려하자, 청나라 정부에 화가 난 군인들이 혁명파와 손잡고 우창에서 봉기를 일으켰어. 그 불길은 삽시간에 전국으로 번져갔지. 그 결과 중국의 대부분이 청 왕조로부터 독립하게 되었고, 1912년 쑨원을 임시 **대총통**으로 하는 중화민국을 세웠어. 이것이 바로 신해혁명이야.

신해혁명으로 2천 년 동안 존재했던 황제가 없어지고, 공화 정부가 들어 선 거야. 그러나 혁명이 완성된 것은 아니었어. 이들은 난징에 도읍을 정하고 남부만을 차지했을 뿐, 베이징에는 여전히 청 정부가 있었거든. 청 정부는 혁명파를 없애기 위해 위안스카이에게 모든 권력을 넘겨준 상태였어. 쑨원은 위안스카이에게 공화정을 세우는 데 찬성만 한다면 대총통의 자리를 내어 주기로 하고 협력을 제안했어.

권력에 욕심이 난 위안스카이는 이 제안을 받아들였고, 그의 도움으로 청나라를 무너뜨릴 수 있었어. 그러나 위안스카이는 권력을 잡자 공화정을 하겠다는 약속을 어기고 말았어.

> ### 📖 용어 해설
>
> **봉기**(蜂 벌 봉, 起 일어날 기)
> 벌레처럼 떼지어 세차게 일어남
>
> **공화정**(共 함께 공, 化 화할 화, 政 정치 정)
> 여러 명의 주권자가 다스리는 정치 형태. 한 명이 다스리는 정치 형태인 군주제와는 반대되는 개념이다.
>
> **대총통**
> 국가 모든 일을 총괄하여 집행하는 최고 책임자. 대통령과 비슷한 뜻

삼민주의

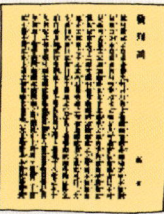

민족주의 : 만주족이 세운 청을 무너뜨리자!
민권주의 : 국민이 주인이 되는 공화국을 만들자.
민생주의 : 국민의 생활 안정을 위해 토지를 균등하게 분배하자.

쑨원은 자신이 만든 혁명 단체의 기관지 『민보』를 통해 1905년 삼민주의를 주장했어.

❓ 송씨 세 자매 이야기

중국에는 영화처럼 서로 다른 인생을 살았던 송애령, 송경령, 송미령의 세 자매가 있었어. 이들의 아버지는 딸 셋에게 모두 근대 교육을 시키고 유학도 보냈지. 세 자매는 빼어난 미모와 능력으로 중국 역사에 이름을 남겼지만 그들이 간 길은 너무나 달랐어. 우선 첫째 송애령은 남자로 태어났으면 중국을 통치했을 것이라는 평판을 들을 정도로 능력이 뛰어났어. 후일 중국의 큰 재벌과 결혼해 부자가 되었지. 나중에 중국의 잔다르크라 불리는 둘째 송경령은 쑨원과 결혼했어. 쑨원이 죽은 후 남편의 뜻을 지키기 위해 힘든 망명 생활도 마다하지 않은 혁명가야. 셋째 송미령은 장제스와 결혼했어. 뛰어난 영어 솜씨로 국제적인 외교관 역할도 했어.

15 | 중화 인민 공화국

공산주의 국가의 탄생

1750 1800 1850 1900 1950 2000

엄마 말씀이 예전에는 중국을 자유롭게 여행할 수 없었대. 우리나라는 중국과 외교를 맺지 않고 있었기 때문에 중국에 자유롭게 여행을 갈 수 없었다고 하셨어. 중국과 무역도 이루어지지 않았고 말이야. 중국과 외교 관계를 맺은 것은 1992년이래. 정말 최근의 일이라서 너무 놀랐어. 그런데 왜 우리나라와 중국은 수교를 그렇게 늦게 한 걸까?

수교 : 나라와 나라 사이에 친구 관계 즉, 외교 관계를 맺음

일본의 21개조는 무효이다 | 5·4운동

깨어나라, 중국인이여!

쑨원과의 약속을 저버리고 대총통의 자리에 오른 위안스카이는 일본의 지원을 바탕으로 황제를 꿈꾸었어. 그가 죽은 뒤에도 힘 있는 무리들은 일본을 끌어들여 권력을 잡기를 원했지. 결국 중국은 혼란에 빠져들었어.

지식인들은 중국인이 여전히 낡은 생각과 관습에 빠져있기 때문에 이런 상황이 벌어진 거라고 생각했어. 그래서 전통적인 유교 사상과 관습을 버리고 서양의 민주주의와 과학 정신을 수용하자는 운동이 일어났지. 이것을 신문화 운동이라고 해. 또 러시아에서 혁명이 일어나 사회주의 국가가 된 것은 중국의 지식인들에게 큰 자극이 되었어. 중국인들은 신문화 운동과 사회주의의 영향으로 차츰 깨어나고 있었어.

일본의 21개조는 무효!

1919년 5월 4일, '일본의 21개조' 요구를 정부가 들어주기로 했다는 사실을 알고서 분노한 중국인들은 대규모로 반대 시위를 벌이는 5·4운동으로 이어졌어.

1920년대 중국 여대생들의 단발 운동

여자만 머리를 길게 늘어뜨려야하는 건 너무 하잖아? 가슴을 억지로 감추도록 강요하는 것은 여성에 대한 차별이야.

루쉰 선생님, 왜《아큐정전》을 쓰셨나요?

신문화 운동의 중심 인물이었던 나는 중국인들의 의식을 일깨우기 위해 아큐정전을 썼어. 아큐는 날품팔이 농민이야. 신해혁명 후 자신이 도둑 누명을 받아 모욕을 받으며 죽어가도 저항할 줄 모르는 비굴한 아큐를 통해 당시 중국인의 모습을 보여 주려 했지.

국민당 + 공산당 | 국·공 합작

쑨원은 5·4운동으로 터져 나온 민족의 힘을 모으기 위해 국민당을 만들었어. 한편 사회주의를 받아들인 지식인들은 노동자의 힘으로 혁명을 이루자며 공산당을 만들었지. 목표는 서로 달랐지만, 외국 세력과 국내의 지방 세력가들을 몰아내는 일이 급하다고 생각해 손을 잡았어. 그것이 바로 1차 국·공 합작이야. 그러나 쑨원이 죽고 장제스가 그 뒤를 잇게 되자, 국민당과 공산당은 서로 갈라지기 시작했어. 장제스는 난징에 정부를 세운 후 1928년 베이징에 들어가 중국의 통일을 선언했어. 이후 곳곳에서 공산당 세력을 공격하자, 국민당과 공산당은 완전히 갈라서게 되었어.

5·4운동

"일본의 21개조 요구 취소하라", "군벌은 물러가라"를 외치며 베이징 대학생을 중심으로 시작된 5·4운동은 점차 상인, 농민, 노동자에게까지 번지면서 전국으로 퍼져나갔어.

공산주의 국가의 탄생 | 중화 인민 공화국

대장정이 시작되다

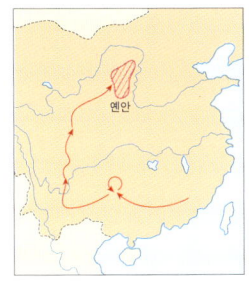
대장정의 길

1934년 장제스가 군대를 총동원하여 공산당을 공격했어. 그러자 공산당은 지지자들과 함께 국민당 군대의 포위와 추격을 뚫고 대장정에 나서게 되었지. 이들은 농촌을 기반으로 하여 국민당 군대를 만나면 숨어 있다가 갑자기 공격하는 방식으로 맞서면서 살아남았어. 그리고 너무나 힘든 상황에서도 흐트러지지 않는 군대의 도덕성으로 농민들을 자기 편으로 만들었지. 출발 당시에는 8만 6,000명이었는데 끝까지 살아남은 사람은 겨우 8,000명이었을 정도로 대장정은 힘든 것이었어.

민족 간의 싸움은 그만하고 일본과 싸우자!

일본은 만주 사변을 일으켜 만주를 점령한 후 중국을 집어삼키려는 의도를 드러내고 있었어. 그러나 장제스는 여전히 공산당을 없애는 데에만 집중하고 있었지. 그러자 중국인들은 장제스를 가두고 공산당과 손잡고 일본에 대항할 것을 요구했어. 장제스는 공산당에 대한 공격을 그만두었지. 이로써 2년간의 대장정은 끝났고 일본과 싸우기 위한 2차 국·공 합작이 이루어졌어. 이 군대는 1945년까지 8년 동안 열심히 일본군과 맞서 싸웠어. 이 기간 동안 공산당은 전쟁의 최전선에서 싸우고 토지 개혁을 실시하여 지지를 얻지만, 국민당 정부는 독재를 강화하고 부패를 일삼아 국민의 신임을 잃어갔어.

공산당이 국민당을 이기다

제2차 세계 대전이 끝나고 일본이 물러가자, 국민당과 공산당은 다시 사이가 나빠져서 1946~1949년 동안 국민당과 공산당 간에 전쟁이 벌어졌어. 초기에는 국민당이 계속 승리를 거듭해 1947년에는 공산당의 중심지 옌안까지 점령했어. 그러나 공산당은 가는 곳마다 농민들이 뜨거운 지지를 보내주면서 서서히 힘을 찾았고 결국 승리하게 됐어.
1949년 4월 패배한 국민당은 타이완 섬으로 쫓겨 갔어. 그리고 그 해 10월 1일 마오쩌둥은 천안문 광장에서 중화 인민 공화국을 세웠지. 황제가 다스리는 중국 역사는 1911년 신해혁명으로 무너졌고, 1949년에는 '새로운 중국'이 탄생한 거야.

용어 해설

사회(社 사회 사, 會 모일 회)주의
사유 재산 제도를 없애고, 생산 수단을 함께 소유하며 자본주의 제도의 문제점을 극복한 사회 제도를 만들려는 사상

신문화(新 새로울 신, 文 글월 문, 化 될 화)
새로운 문화

합작(合 합할 합, 作 만들 작)
어떠한 것을 만들기 위하여 힘을 합함

공산(共 함께 공, 産 낳을 산)주의
모든 생산 수단을 사회가 함께 소유하고, 개인은 능력에 따라 일하고 필요에 따라 보수를 받으며 계급이 없는 사회 체제

대장정(大 큰 대, 長 길 장, 程 단위 정)
멀고 먼 길을 간다는 것을 의미함. 공산당이 국민당에 쫓겨 12,000km를 걸어서 이동한 것

중국과 국교를 맺으면 대만과는 끝이야!

타이완 섬으로 후퇴한 중화 민국(대만)은 '중국의 정통 정부'를 자칭하면서, 중화 인민 공화국(중국)을 정식 국가로 인정하지 않았어. 그런데 중화 민국이 1970년대 이후 유엔에서 중국을 대표하는 대표권을 잃게 되자, 유엔에서 탈퇴했어. 대만과 우호적인 관계를 유지하던 우리나라도 1992년 중국과 수교를 맺으면서 대만과는 국교가 단절되었어. 어느 나라를 중국의 대표로 인정하느냐의 문제인 거지. 국민당과 공산당의 전쟁은 결국 중국과 대만이라는 두 개의 나라를 만들어 냈고, 두 나라 사이의 갈등은 현재까지 계속 되고 있어.

군사력이 앞섰던 국민당이 전쟁에서 진 이유는?

우선 국민당의 지도자인 장제스는 정치는 지식인의 것이라 주장하며 평범한 사람들의 힘을 모으는 데 실패했어. 그가 버린 평범한 사람들은 모두 공산당 쪽으로 갔지. 이게 바로 전쟁에서 진 가장 큰 이유야. 두 번째로 공산주의자들을 탄압하는 과정에서 국민당에 비판적인 지식인들과 학생들도 공산주의자로 몰아 탄압했어. 이로 인해 처음 국민당이 생겼을 당시의 건강하고 젊은 분위기가 없어져 버렸지. 세 번째로는 국민당의 부패와 비리가 심각했어. 이 점에서는 농민들에게 폐를 끼치지 않는 철저한 도덕성과 사기로 무장했던 공산당 군대와는 비교할 수조차 없을 정도였다고 해.

16 | 문화 대혁명

오직 사회주의 문화만!

문화가 크게 발전한 게 문화 대혁명 아니야?

1750 1800 1850 1900 1950 2000

선생님께서 '문화 대혁명'을 조사해 오라고 숙제를 내주셨어. 그런데 친구들과 놀다가 숙제를 못했지 뭐야? 인터넷 검색할 시간도 없어서 그냥 생각나는 대로 썼어. '중국이 문화 대혁명을 계기로 문화 발전을 이룬, 그야말로 혁명적으로 큰 사건'이라고 말이야. 선생님이 내 숙제를 보시더니 깜짝 놀라 쳐다보셨어. 문화 대혁명은 그런 의미가 아니래. 왜 이렇게 이름만 근사한 거야~.

문화 대혁명 : 중화 인민 공화국에서 1966년부터 1976년까지 마오쩌둥을 중심으로 이루어진 사회주의 운동

공산주의 국가 만들기 | 공산주의 체제 건설

노동자와 농민이 중심인 나라

중화 인민 공화국의 탄생을 선언하는 마오쩌둥

1949년, 천안문 광장에서 마오쩌둥은 중화 인민 공화국의 탄생을 선언하며 이렇게 말했어. "중화 인민 공화국은 노동자와 농민이 중심이 되고, 여러 계급과 민족이 힘을 모아 새로운 사회를 이룩할 것이다."
새롭게 탄생한 중화 인민 공화국은 토지 개혁을 실시하여 지주 제도를 없애고 농사짓는 농민들에게 토지를 나누어 주었어. 또한 썩을 대로 썩은 관료들의 부정부패와 문제점을 제거해 갔으며, 개인의 재산을 없애고 산업 발전을 국가 정책으로 실천해 갔어. 그 결과 농촌의 사정이 전쟁 전보다 나아지자, 이번에는 '1차 5개년 계획'을 통해 공업국으로 나아가기 하기 위해 온 힘을 쏟았어. 예상 외로 목표 달성은 순조로왔지.

중국에 찾아온 위기

1958년 타이완(장제스의 국민당 정부, 중화 민국)이 중국에 대포를 쏜 일이 일어났어. 중국은 같은 공산주의 국가인 소련의 도움을 기대했지만, 소련은 이를 거부하고 중국이 부탁한 핵개발 기술을 제공할 수 없다고 했어. 이때 중국과 소련은 공산주의에 대한 생각의 차이로 싸우고 있었거든. 또한 당시 소련은 미국과의 화해를 추진하고 있던 터라 중국과 가까워지는 것을 꺼렸어. 이후 중국은 독자적으로 핵개발에 나서게 되었고 1964년에는 핵무기를 갖게 되었지. 하지만 1960년대 소련의 경제적인 도움이 끊기자, 중국의 경제는 큰 타격을 입게 되었어. 게다가 급속한 공업화를 통해 경제 성장을 이루자는 목표 아래 1958년부터 추진했던 '대약진 운동'이 실패로 끝나고 말았어. 여기에 자연재해가 겹치면서 2천만 명 이상의 농민들이 사망한 것은 마오쩌둥의 방향이 어긋났음을 말해 주었지.

대약진 운동

힘내서 공업과 농업의 급속한 발전을 이뤄보자는 대약진 운동의 포스터야. 우리나라의 새마을 운동 포스터랑 좀 비슷하지?

이때 우리는?

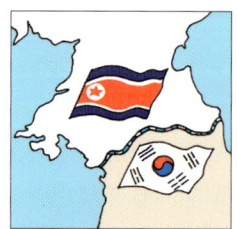

1950년 6월 25일 한반도에서는 우리가 6·25 전쟁이라고 부르는 한국 전쟁이 일어났어. 중국과 소련이 도와줄 것이라는 약속을 받고 북한이 일으킨 전쟁이었어. 전쟁 초기에는 북한이 이기다가, 미국이 개입하면서 압록강까지 쭉 밀고 올라갔는데, 이때 중국이 북한을 도와주면서 전쟁은 남한과 북한의 전쟁이 아닌 국제전이 되어버렸지.

사회주의가 아닌 것은 절대 안돼! | 문화 대혁명

대약진 운동의 실패 이후 무엇보다 중요한 건 생산력을 늘려서 굶어 죽는 사람이 없게 하는 것이었어. 그래서 국가가 산업을 장악하는 정책을 바꾸려는 움직임이 나타났지. 이를 본 마오쩌둥은 결국 중국 공산당이 세우려는 공산주의의 이상과 점점 멀어지는 것이라고 판단했어. 그래서 '문화 대혁명'을 통해 사회주의 문화를 새롭게 건설하려고 했지. 1966년 "자본주의적 사상·문화·습관을 몰아내자."며 벌어진 문화 대혁명에 동원된 사람들은 대학생과 중·고등 학생이 중심이 된 홍위병이었어. 홍위병은 전국을 돌며 모든 낡은 것을 파괴하는 데 앞장섰어. 각종 문화재와 예술품이 파괴되었고 '반혁명 인사'로 지목된 사람들은 홍위병이 개최한 대회에 끌려나와 자아 비판을 해야 했지. 많은 관리와 지식인, 학자가 비판과 모욕을 당하고 관직에서 물러나거나 학대 끝에 목숨을 잃었으며, 자살을 한 사람도 많았어.

마오쩌둥이 사회주의 문화를 건설하자는 의미에서 붙여진 '문화 대혁명'은 이름과는 다르게 산업, 과학 기술, 교육에 큰 피해를 주었어. 중국에 피바람을 몰고 온 문화 대혁명은 마오쩌둥이 숨을 거둔 1976년에야 끝이 났어.

용어 해설

대약진(大 큰 대, 躍 뛸 약, 進 나아갈 진)
매우 빠르게 발전함

홍위병(紅 붉을 홍, 衛 지킬 위, 兵 군사 병)
마오쩌둥을 지지하며, 문화 대혁명에 앞장섰던 학생 조직

자아(自 스스로 자, 我 나 아, 批) 비판
자기의 생각이나 언행에 대하여 좋고 나쁘거나 옳고 그름을 스스로 따져 말함

자본(資 제물 자, 本 근본 본)주의
자본가가 돈을 벌기 위해 하는 경제 활동을 보장하는 사회 경제 체제

고립(孤 외로울 고, 立 설 립)
다른 사람과 어울리어 사귀지 아니하거나 도움을 받지 못하여 외톨이로 됨

중국에 부는 개방의 바람 | 덩샤오핑

1976년, 마오쩌둥이 사망한 뒤 개혁주의자였던 덩샤오핑이 새로운 중국의 지도자가 되었어. 덩샤오핑은 1979년 미국을 방문하고 돌아와 이런 말을 했어. '검은 고양이든 흰 고양이든 쥐를 잘 잡는 것이 좋은 고양이다.'라고 말이야. 빛깔이야 어떻든 고양이는 쥐만 잘 잡으면 되듯이, 자본주의든 공산주의든 상관없이 중국 인민을 잘 살게 하면 제일이라는 뜻이야. 이를 '흑묘백묘론'이라고 하는데 1980년대 중국식 시장 경제를 대표하는 말이야.

덩샤오핑은 자본주의와 공산주의를 적절히 합치기를 원했어. 다시 말해, 경제 정책은 자본주의식으로 추진하고, 정치는 기존의 공산주의 체제를 유지하는 것이지. 이 정책으로 덩샤오핑은 세계에서 찾아볼 수 없는 중국식 사회주의를 탄생시켰으며 중국 경제는 놀라울 정도로 발전했어. 그리고 중국의 개혁과 개방 정책을 본격적으로 추진했지.

문화 대혁명을 외치는 홍위병

마오쩌둥 사진을 들고 있지? 문화 대혁명은 결과적으로 마오쩌둥의 권력을 절대화하는 역할을 했어.

핑퐁 외교

'죽의 장막' 들어봤니? '철의 장막'은 아는데 '죽의 장막'은 모르겠다고? 죽의 장막은 소련이 공산 국가가 아닌 나라에 대해 철의 장막을 친 것에 비유하여 중국을 표현한 말이야. 즉, 중국이 주변 나라들에 대해 대나무로 장벽을 친 것과 같다고 해서 죽의 장막이라고 하는 거야. 장막을 쳐 놓은 것처럼 중국에서 무슨 일이 일어났는지 알 수 없다는 뜻이지. 소련과도 불편한 관계에 있었기 때문에 국제 사회에서 고립되어 있던 중국은 1971년 미국의 탁구 선수단을 불러 친선 경기를 열자고 했어. 이것을 '핑퐁 외교'라고 해. 탁구가 20년 이상 막혔던 미국과 중국의 교류의 징검다리를 놓았다는 뜻이야. 이것을 계기로 미국 대통령 닉슨이 중국의 수도 베이징을 방문했고, 중국은 자본주의 국가들과 잇따라 수교를 맺어 외교와 경제 위기 상황을 동시에 해결하려고 했어.

17 | 중국의 개방
중국에 부는 새로운 바람

1750　1800　1850　1900　1950　2000

내가 갖고 있는 장난감이나 문구류에는 'made in china' 라고 적혀 있는 물건이 정말 많아. 중국 물건이 우리나라에 이렇게 많이 들어온 건 값이 싸기 때문이래. 중국은 사람이 많아서 물건을 만드는 데 드는 임금이 비교적 싸서 상품 가격이 싸대. 그런데 중국은 사회주의 국가 잖아. 사회주의 국가는 개인의 재산이 없고, 국가가 모든 산업을 통제하는 거라고 알고 있는데, 어떻게 그렇게 많은 물건을 만들어 수출을 하고 있는 거지?

변화하는 중국 | 개혁과 개방

중국은 중화 인민 공화국을 세운 이후 사회주의 경제 체제를 유지했어. 그런데 1976년 덩샤오핑이 집권한 후 자본주의 <u>시장 경제</u>를 도입하면서 개방 정책이 시작되었고, 경제 성장을 통해 사회주의를 완성시킬 수 있다는 '<u>시장 사회주의</u>'를 내세웠어. 중국의 개혁은 인구의 80%가 있는 농촌부터 시작됐어. 농민들이 정부와 계약한 일정양의 농산물을 생산하면, 그 이상 초과한 생산량은 자유롭게 처분할 수 있도록 했어. 농민들의 생산 의욕을 높이고, 소득도 증가시키려는 목적이었지. 다음에는 도시에 있는 기업의 자율성과 효율성을 높이기 위해 가격, 세금 제도, 금융 개혁 및 대외 무역 활성화 등이 이루어졌어.

또한 선진국의 자본과 기술을 들여 올 필요성을 느낀 중국은 개방 정책을 실시했어. 1987년부터 해안 지역을 개방하여 외국 기업을 적극적으로 유치하기 시작한 거야. 초기에는 외국의 기업과 공장을 유치하기 위해 동부의 해안 지역에 경제 특구를 집중적으로 설치했어. 그러나 경제가 발전함에 따라 개발 대상 지역을 중·서부의 내륙 지역으로 점차 확대하려 하고 있어.

경제 특구 안에서는 기업의 세금이 싸고, 외국 자본의 직접 투자가 가능하며, 국외 송금이 자유로워. 개방 도시는 경제 특구와 비슷하지만, 관리면에서 국가의 통제하에 운영 되고 있다는 게 달라.

돌아온 홍콩과 마카오

아편 전쟁 이후 홍콩은 100년 동안 영국의 식민지로서 중계 무역항으로 발전하여 동부아시아의 무역과 국제 금융, 관광의 중심지가 되었어. 1997년 영국에서 중국에 반환하면서 차이나 홍콩으로 불리고 있어.

휴양지, 카지노로 유명한 마카오도 포르투갈의 식민지였다가, 1999년 중국에 반환되었어. 중국은 홍콩, 마카오에 대해 자치권을 인정하고 있어 반환 후에도 큰 변화는 일어나지 않았어.

made in china = 품질이 좋지 못한 물건?

중국산은 중화 인민 공화국에서 생산되는 물건들 이야. 그런데 요즘 세계적으로 중국산에 대한 불만이 쏟아져서 '차이나리스(Chinaless, 중국산을 쓰지 않는 행위)'나 '차이나프리(Chinafree, 물건을 만들 때 중국산 재료를 넣지 않는 행위)'라는 신조어가 나올 정도지. 우리나라에서도 중국산 때문에 여러 사건이 발생했어. 납조각이 든 냉동 꽃게, 철가루가 든 고추, 공업용 색소로 옷을 입힌 고춧가루 등 헤아릴 수 없을 정도야. 중국이 이런 문제를 하루 빨리 고치지 않으면, 중국 경제에 큰 타격을 주게 될 거래. 이 모습을 무덤에 있는 중국 조상들이 본다면 정말 답답하겠지?

경제 성장 뒤의 그늘 | 개혁·개방에 따른 문제점

중국의 개방 정책은 경제 발전에 큰 공헌을 했어. 덕분에 중국은 2000년 이후 매년 10%가 넘는 높은 경제 성장을 하고 있지. 그러나 급속한 개방 정책과 공업화 정책은 여러 가지 문제를 낳고 있어.

첫째, 사회 계층 간 소득 격차가 커졌고, 도시와 농촌 간의 생활 수준차도 커졌어. 둘째, 중국의 새로운 공업 도시들에 서양의 문화가 너무 빠르게 전해지면서 문화적 갈등이 심해지고 있어. 셋째, 동부 해안에 있는 공업화 지역의 도시에는 공장에 취직하여 돈을 벌려는 농촌 지역 인구가 몰려들면서 여러 가지 도시 문제가 발생하고 있어. 넷째, 급격한 공업화로 인한 환경 오염이 심각한 수준이야. 중국의 대기 오염 물질은 바람을 타고 날아와 우리나라와 일본에도 영향을 미치고 있기 때문에 이제는 국제적인 문제가 되고 있어. 다섯째, 관료들의 부정부패, 황금 만능주의가 넘쳐나는 사회, 소득 불균형에 대한 불만은 시장 사회주의에 대한 불만으로 이어지고 있어. 중국은 지금 자본주의도 아니고 사회주의도 아닌, 두 가지를 섞은 정책을 놓고 갈등이 깊어지고 있어. 이 갈등을 어떻게 푸는 가에 중국의 미래가 걸려 있지.

한족 + 56개의 소수 민족 | 소수 민족의 분리·독립

중국은 한족과 56개의 소수 민족으로 이루어진 나라야. 그래서 소수 민족의 분리·독립 문제가 중국이 해결해야 할 중요한 문제로 떠오르고 있어. 오늘날 소수 민족이 거주하는 지역은 일찍이 한족이 살던 곳이 아니었어. 이곳이 중국 땅이 된 것은 청나라 때야.

당시 동투르키스탄, 중가르, 내몽골 지역을 공격하여 중국 땅으로 삼았어. 이 지역들은 현재 신장웨이우얼 자치구, 시짱 자치구, 네이멍구 자치구로서, 중국의 대표적 소수 민족인 위구르 족, 티베트 족, 몽골 족이 거주하고 있어. 그 외에도 좡족과 후이족, 조선족 등 50여 소수 민족이 자의든 타의든 현재 중국이라는 울타리 안에서 살고 있어.

최근 2008년 베이징 올림픽을 이용한 티베트 반중국 시위나 2009년 7월 우루무치 소요 사태에서 보듯이 소수 민족의 분리 독립을 요구하는 시위가 계속되고 있어. 이 문제를 평화적이고 합리적으로 해결하는 것이 중국에게 닥친 중요한 문제야.

용어 해설

시장(市 시장 시, 場 마당 장) 경제
시장을 통한 거래를 중심으로 성립하는 경제

시장 사회주의
사회주의의 시민 평등을 포기하지 않고, 개인과 지역의 차이를 인정하지 않으면서 시장 경제의 요소를 받아들이겠다는 것

톈안먼 사태

1989년 개혁과 개방 정책의 부작용으로 관료들의 부정부패가 심해졌고, 민주적 개혁을 요구하는 지식인·학생들과 공산당 지도부 간의 갈등이 생겨났어. 학생과 지식인들은 톈안먼에서 부정부패를 없앨 것과 정치적 자유주의를 요구하는 시위를 벌였지만, 보수파에 의해 무력으로 진압되었어.

세계 최대 규모, 샨샤댐

전력난을 해소하고 홍수의 피해를 막았어.

응. 하지만 귀중한 문화 유산이 물속으로 사라져 버렸고, 앞으로 해양 오염이 심해질 수 있대.

만리장성 이후 중국 최대의 토목 공사라는 엄청난 규모의 샨샤댐이 2006년 완공됐어. 양쯔 강 중류의 물길을 가로막는 거대한 댐에 21조 원이 들어갔다. 샨샤댐으로 인해 전력난을 해소하고 홍수의 피해를 막고, 양쯔 강을 이용한 운송 확대 등의 좋은 점이 있지만, 부작용도 있어. 삼국지와 관련된 귀중한 문화 유산이 물속으로 사라져 버렸고, 주변 생태계에 변화가 일어났으며, 황해로 흘러가는 강물이 줄어들어 해양 오염이 심해질 수 있대.

베이징 올림픽을 위한 인공 강우

2008년 베이징 올림픽을 앞두고 중국에 비상이 걸렸어. 베이징 시내는 심각한 공해 때문에 구역질이 나고 하늘을 가득 메운 스모그로 한 치 앞을 볼 수 없었거든. 이런 상태로는 올림픽을 치룰 수 없었어. 결국 여러 방법을 고민한 끝에 인공 강우를 내리기로 결정 했어. 인공 강우는 구름 위로 비행기를 타고 올라가 아래쪽 구름에 화학 약품을 뿌려서 비를 내리게 하는 방법이야. 당시 중국은 18조 원이라는 어마어마한 예산을 투입해 인공 강우를 내리게 했대. 그 결과 베이징은 한국의 가을을 연상케 할 정도로 높고 푸른 하늘을 볼 수 있는 날이 많아졌다고 해.

떠나자, 중국으로!

중국은 세계에서 인구가 가장 많은 나라로 총 인구가 10억 명이 넘어. 세계 인구 5명 중 한 명이 중국 사람인 셈이지. 게다가 러시아와 캐나다에 이어 세 번째로 큰 땅덩어리를 가졌어. 중국 문화의 영향도 커. 한자, 유교, 정치 제도, 법률 등의 영향을 받아 동아시아 문화권을 형성했잖아. 중국에 공산주의 국가가 들어서면서 국교를 단절했던 적이 있지만, 1992년 다시 수교를 맺음으로써 중국을 마음대로 여행 다닐 수 있게 되었어. 북한과 경계를 맞닿고 있는 중국으로 여행을 떠나볼까?

만리장성

총 길이가 2,700km로 진시황이 흉노족의 침입에 대비해 쌓았는데, 현재의 돌로 쌓은 성의 모습은 명나라 때 완성된 거야. 유네스코의 세계 문화 유산으로 지정되어 있지. 10년 전부터 케이블카가 운행되고 있어.

자금성

명과 청 왕조의 궁궐이야. 세계 최대의 규모로, 유네스코의 세계 유산으로 지정되어 있고 지금은 고궁 박물원으로 일반에게 공개되고 있어. 9999개의 방이 있을 정도의 큰 규모이니, 크기에 놀라지 마!

톈안먼 광장

자금성의 남문 앞 광장이야. 베이징의 중심이며 현대 중국의 상징이기도 해. 1989년 톈안먼 사태·1919년 5·4 운동이 일어났던 곳이고, 지금도 여러 국가 행사를 많이 한대.

취푸

공자의 고향이야. 공자의 제사를 지내는 큰 사당인 공자묘, 공자 일가 역대 자손들의 무덤인 공자림이 있어. 유네스코의 세계 문화 유산으로 지정되어 있어.

난징
강남의 중심지야. 명태조 주원장이 명을 세운 곳이지. 태평천국의 수도, 아편 전쟁 후 맺은 난징 조약, 신해혁명 후 중화 민국이 세워진 곳도 바로 이 곳이야.

룽먼 석굴

위·진·남북조 시대부터 당에 걸쳐 만들어진 2300여 개의 석굴, 10만 점이 넘는 불상, 40여 개의 탑이 있어. 유네스코의 세계 문화 유산으로 지정되어 있지.

윈강 석굴
중국에서 가장 큰 석굴 사원이야. 위·진·남북조 시기에 만들어졌는데, 간다라 양식의 영향을 받았어. 그리스인을 닮은 간다라 불상과 비슷하지?

진시황릉

중국 최초의 황제인 진시황제의 묘지야. 무덤과 함께 병사들의 모습을 사실적으로 표현한 병마용갱이 발견되어 세계를 놀라게 했지. 병마용과 함께 유네스코의 세계 문화 유산으로 등록되어 있어.

홍콩

마르코 폴로가 세상에서 가장 세련되고 찬란한 도시라고 칭찬을 아끼지 않던 그 도시야.

마카오

휴양지, 카지노로 유명한 마카오는 포르투갈의 식민지였다가, 1999년 중국에 반환되었어.

18 | JAPAN

태양이 먼저 뜨는 섬나라

B.C.200　1　A.D.200　400　600　800　1000　1200

퀴즈 대회에서 내가 1등 한 얘기 들어볼래? 마지막 질문은 "일본을 영어로 뭐라고 할까?"였어. 그런데 옆자리에 앉은 아저씨가 내 펜을 슬쩍 가져가시는 거야. 어쩔 수 없이 난 손을 들어 내 펜을 가져오며 말했지. "아저씨, 제 펜인데요." 그러자 갑자기 딩동댕 소리가 나면서 사회자가 "정답입니다. 똑똑한 학생이군요."라고 말하는 거야. 이렇게 해서 난 퀴즈 대회에서 우승했어.

일본(日本) : 아시아의 동쪽에 위치한 입헌 군주국으로 홋카이도, 혼슈, 시코쿠, 규슈의 4개의 큰 섬과 작은 섬들로 구성되어 있다. 일본어와 가나 문자를 사용한다.

대륙에서 전해진 고대 문화 | 고대 일본의 국가 형성

섬나라가 된 일본

아주 옛날 일본은 한반도와 붙어 있었지만, 지구의 기온이 높아져 빙하가 녹으면서 섬나라가 되었지. 일본은 동으로는 태평양, 서로는 동해가 있어서 침략을 거의 받지 않았어. 하지만 국토의 80%가 산지라 농사에 불리하기 때문에 늘 식량이 부족해 다툼이 잦았어. 통일이 참 어려운 나라였지.

한반도에서 전해진 고대 문화

세상에서 가장 먼저 토기를 사용한 사람들은 누구일까? 뜻밖에도 일본에서 처음으로 새끼줄무늬 토기를 사용했어. 그래서 일본의 신석기 시대를 조몬 시대(새끼줄무늬 토기를 사용한 시대)라고 불러. 신기한 건 신석기 시대가 오랫동안 계속된 후 청동기 시대를 거치지 않고, 철기 시대로 넘어갔다는 거야. 청동기를 일부 사용하기도 했지만, 한반도에서 온 사람들이 가르쳐 준 벼농사와 철기를 바탕으로 오늘날 일본의 기초가 만들어졌어. 벼농사를 지으려면 공동 작업이 필요하기 때문에 무라(마을)가 생기고, 농사를 지으면서 많은 양을 수확한 사람과 그렇지 못한 사람이 생기면서 빈부 격차가 나타났어. 강력한 철기와 많은 재산을 가진 사람이 무라들을 정복해서 구니(일본 최초의 국가)를 만들었어. 구니의 왕들은 서로 경쟁하며 중국을 오갔는데, 이때 왜라는 이름이 알려졌지. 30~40개의 구니들이 모여 연합 국가들이 만들어졌는데, 이중 야마타이국이 가장 유명해.

우리나라와 일본

일본의 초기 역사

 → →  →

무라 → 구니 → 연합 국가 → 중앙 집권 국가

왜 왜(倭)라고 불러요?

한국과 중국의 옛날 책들에는 일본을 '순하다'라는 뜻의 왜(倭)라고 표현해 놓았어. 일본을 왜라고 표현한 것에 대해서는 여러 가지 의견이 있어. '우리'라는 뜻의 일본어 我(わが : 와까)가 변했다는 이야기가 있고, 일본인의 성질이 순종적이어서 왜라고 부른다는 이야기도 있어. 또 체구가 작아 왜인(矮人: 키가 작은 난쟁이)이라는 말이 변하여 '왜(倭)'가 되었다는 말도 있지. 섬나라 사람 혹은 밖의 사람들(外)이란 뜻으로써 외인, 외적이라는 말이 왜(倭)로 변했다는 의견도 있어.

거대한 사무라이 집단의 등장 | 천황과 귀족의 관계

중앙 집권 국가, 야마토 정권

4세기에 등장한 야마토(대화, 大和) 정권의 천황은 생각만큼 권력이 강하지 않았어. 그러나 여자 천황인 스이코가 조카인 쇼토쿠 태자에게 정치를 맡기면서 변화가 생겼지. 쇼토쿠 태자는 중국에 사신을 파견하고, 중국식으로 정치 제도를 만들었어. 천황에게 반드시 복종하라는 법도 만들고, 백제에서 불교를 받아들여 정신적인 통일도 이루었어. 그 후 645년에 다이카 개신이라는 개혁이 이루어졌어. 이때 모든 땅은 국가가 소유하고, 그 땅에 살고 있는 사람들도 모두 천황의 신하라는 법률을 만들었지. 이 개혁을 하는 동안 '천황'이라는 칭호가 생겼고, '일본'이라는 나라 이름도 사용되었어. 이후 야마토 정권은 중앙 집권 국가로 발전했어.

사무라이의 등장

다이카 개신으로 천황의 힘이 커지긴 했지만, 아주 강해지기엔 아직도 지방의 호족 세력이 만만치 않았어. 호족들은 자신들이 가지고 있는 넓은 땅을 천황에게 빼앗기지 않으려고 노예를 무사로 만들었어. 이때, 중앙에서는 천황 가문과 혼인 관계를 맺은 귀족들이 세력을 키워 나가고 있었지. 어린 외손자를 천황의 자리에 앉히고, 외할아버지가 대신 정치를 하다가, 천황이 성장하면 뒤에서 정치를 휘두르는 거야. 귀족 세력이 점점 강해지자 호족들은 자기 땅을 귀족에게 바치고 대신 보호를 요청했어. 그리고 땅을 지키기 위해 귀족과 호족은 사무라이 집단을 만들었어. 이렇게 해서 중앙에서부터 지방까지 사무라이 조직이 만들어졌지.

여자 천황

중국의 여자 황제는 측천무후 단 1명이야. 우리나라는 신라에서 선덕 여왕, 진덕 여왕, 진성 여왕 이렇게 3명의 여왕이 나왔지. 일본의 여자 천황은 모두 8명이야. 천황은 태양신의 자손이라고 생각했기 때문에 남자와 여자를 따지지 않고 계승했던 거지.

천황과 상황 간의 권력 다툼

천황은 외척을 중심으로 한 중앙 귀족과 힘을 겨루어야만 했어.

천황은 힘을 키우기 위해 상황이 되어 정치를 하는 원정을 실시했어.

이제 천황과 상황 간에 권력 다툼이 벌어지면서 전국에 사무라이가 등장하게 되었지.

한편, 천황은 귀족에게 빼앗긴 권력을 되찾으려고 원정(院政)을 실시했어. 원정은 천황이 어린 아들에게 천황 자리를 물려주고, 자신은 상황이 되어 원(院)이라는 곳에 살면서 천황 뒤에서 정치를 하는 거야. 당연히 천황을 조정하던 귀족들의 세력은 약해졌어. 하지만 또 다른 문제가 생겼지. 이젠 천황과 상황 간에 권력 다툼이 발생한 거야. 아버지와 아들 간의 다툼은 굉장했어. 천황은 권력을 지키기 위해 귀족과 손을 잡고 지방의 거대한 사무라이 집단을 끌어들였어. 이제 사무라이들이 일본 정치에 본격적으로 등장하게 되었어.

더 알고 싶어요

왜 재팬이라고 불러요?

일본 → 짓퐁 → 지팡구 → 재팬

쇼토쿠 태자가 중국에 편지를 보낼 때, '해가 나오는 곳'이라고 쓴 후부터 니혼(또는 닛폰, 日本)이라는 말이 국명이 되었어. 중국이나 한국보다 동쪽에 있어서 해가 먼저 뜬다는 의미야. 중국 남방의 사투리로 이것을 '짓퐁'이라고 발음했는데, 마르코 폴로가 잘못 알아듣고 '지팡구'라고 소개했어. 이것이 영어로 옮겨지면서 전 세계에 재팬(Japan)이라고 알려지게 되었대.

일본 문화의 뿌리 | 나라 시대, 헤이안 시대

헤이조쿄의 당나라식 귀족 문화

다이카 개신 후 사무라이가 정치에 등장하기까지 일본은 수도를 2번 옮겼어. 첫 번째 수도는 710년 당나라의 수도인 장안을 본떠 만든 헤이조쿄(오늘날의 나라)야. 70년 동안 이곳을 수도로 삼아 귀족 문화와 불교 문화가 발전했어. 쇼무 천황 때에는 세계 최대의 목조 건축물로 유명한 도다이사와 16m나 되는 불상도 만들었지. 당나라로부터 적극적으로 문화를 받아들였지만 귀족들만이 그 문화를 즐길 수 있었어. 그래서 귀족 문화가 발달했다고 말을 하지. 이 시기에는 천황 가문이 대단하다는 걸 보여 주기 위해 《일본서기》라는 역사책도 만들었어.

용어 해설
쇼토쿠 태자(Sho toku, 太 클 태, 子 아들 자) 요메이 천황의 둘째 아들로 태어나 스이코 천황을 보좌하는 역할을 함. 불교를 받아들이고, 12등급의 관리 제도를 만듦. 고구려의 승려 혜자가 쇼토쿠 태자의 스승이었다고 하며, 스이코 천황보다 일찍 죽어 천황이 되지 못함
개신(改 고칠 개, 新 새로울 신) 제도나 관습 등을 새롭게 고치는 개혁
사무라이 일본의 무사. 원래는 신분이 높은 사람을 가까이에서 모시는 경호원이라는 의미였으나, 일반적으로 무사를 일컬음
호족(豪 뛰어날 호, 族 겨레 족) 중앙 귀족과 대비되는 지방 세력으로서 재산이 많거나 세력이 큰 무리
외척(外 바깥 외, 戚 겨레 척) 어머니쪽의 친척

도다이사
세계 최대의 목조 건물이야.

비로자나 대불
얼굴 길이만 약 5m야. 굉장하지?

헤이안쿄의 일본식 귀족 문화

794년 칸무 천황은 헤이안쿄(오늘날의 교토)로 수도를 다시 옮겼어. 이때부터를 헤이안 시대라고 하는데, 문화에 새로운 바람이 불었던 시대였어. 이제까지는 중국의 문화를 받아들이는 데 그쳤지만, 이젠 일본 고유의 문화가 창조되기 시작한 거야.

일본식 정원

관리 복장

교토 금각사

국풍(國風)이라고 부르는 일본식 문화가 발전하면서 독창적인 글자도 만들어졌어. 한자를 변형해서 만든 가나 문자는 여자들과 스님들이 주로 사용했어. 이후 가나 문자로 로 쓴 소설과 수필이 크게 유행했지. 한자가 어떻게 변해서 가나가 되었는지 한 번 확인해 볼까?

한자	阿	伊	宇	江	於	加	幾	久	介	己
가나 문자	ア 아	イ 이	ウ 우	エ 에	オ 오	カ 카	キ 키	ク 쿠	ケ 케	コ 코

더 알고 싶어요

'왔소 마쯔리'가 뭐예요?

'시텐노지(사천왕사) 왔소 마쯔리'는 고대 동아시아 나라들의 국제 교류를 재현한 축제야. '왔소'라는 말은 한국어로 '왔다'라는 뜻이지. 11월 3일 오후 1시부터 4시까지 고대 인물로 분장한 수천 명의 사람들이 행진하면서 진행이 돼. 쇼토쿠 태자에게 불교를 전해 준 고구려의 승려 혜자가 맨 앞에 서고, 가야의 우륵, 일본에 문자를 전해 준 백제의 왕인 박사, 삼국통일의 영웅 김춘추, 발해와 중국 영웅, 조선의 세종 대왕, 조선통신사의 행렬이 이어지지. 우리나라의 사물놀이가 더해져서 흥을 돋구어준대. 긴 행렬은 쇼토쿠 태자를 비롯해 일본을 대표하는 사람들의 영접을 받으며, 시텐노지(사천왕사)에 도착하면 끝나. 우리나라가 고대 일본에 많은 문화를 전파시켰다는 증거지.

일본의 의·식·주

1. 일본 사람처럼 옷 입기

기모노

유카타

지카타비
게다
조리

기모노는 나라 시대 초기부터 입기 시작한 일본의 전통 의상이야. 기모노는 단추나 끈이 없기 때문에 왼쪽 옷자락으로 오른쪽 옷자락을 덮어 허리에 오비라는 대를 둘러 묶는데, 바로 이 대를 묶는게 중요해. 허리를 여러 겹으로 접어서 묶는 오비를 얼마나 잘 묶느냐에 따라 옷맵시가 달라져서 대부분 다른 사람의 도움을 받는다고 해. 화려한 그림을 많이 그려 넣어서 펼쳐 놓으면 예술 작품에 버금갈 정도야.

유카타는 원래 잠옷이나 목욕용 가운이었는데, 여름철에는 가까운 동네를 돌아다닐 때 입고 다니기도 해.

지카타비는 발바닥에 고무를 붙여 야외에서 신었대. 게다는 30년 전까지만 해도 가장 많이 이용되었던 나막신이고, 지금 세계에 알려진 비치 샌들은 조리가 그 유래야.

2. 일본 사람처럼 먹기

회

초밥

타코야키

라멘

카레돈가스

섬나라 일본은 각종 해산물이 풍부한 나라야. 지금도 세계 제 1의 수산물 생산국이자 소비국이지. 신선한 해물을 이용한 회와 초밥은 누구나 좋아하는 음식이야. 문어 조각을 넣어 만든 일본식 호두과자 타코야키는 우리나라에서도 흔히 볼 수 있게 되었어. 동그란 모양이 정말 먹음직스럽지? 일본의 라멘은 우리나라의 라면과 달리 돼지뼈를 삶은 국물에 면을 넣고 끓여. 한 젓가락 먹으면 아마 김치가 생각날 걸? 다른 나라에서 전해졌지만 다른 나라에는 없는 일본식 요리의 절정, 카레돈가스도 있어.

3. 일본 사람처럼 잠자기 – 이사할 때도 지고 간다, 다다미!

일본은 섬이라서 비가 많이 오는 기후가 나타나. 또 국토의 대부분이 산지라서 나무가 많기 때문에 집을 지을 때 나무를 이용해서 집을 짓고, 지진의 피해를 적게 받기 위해 낮은 건물이 주를 이루고 있어. 이런 자연 환경 때문에 여름철의 습기를 빨아들이고, 겨울철에 차가운 냉기를 막기 위해 마루바닥 위에 다다미라는 일종의 매트리스를 까는데, 방의 크기를 말할 때 다다미 몇 장이라고 많이 한대. 다다미는 이사할 때도 가지고 다녀.

19 | 막부

사무라이가 지배한 봉건 사회

내가 사무라이처럼 보이니?

1000　1200　1400　1600　1800　2000

날씨가 더우니 점점 긴 머리가 귀찮아지기 시작했어. 목 뒤에 닿는 간질간질한 느낌이 싫어서 올려 묶다보니 점점 머리 꼭대기까지 올라가 버렸지 뭐야. 학교에 갔는데, 친구들이 모두 난리가 났어. 나더러 사무라이 같대. 나는 어려서 칼싸움도 한 번 안하고 컸는데, 사무라이라니……. 자기들은 뚱뚱이 스모 선수 같으면서. 그런데 사무라이는 일본 역사에서 어떤 역할을 한 사람들일까?

막부(幕府): 원래는 왕을 가까이에서 지키는 장군의 집무실을 뜻하는 말이었으나, 사무라이 정권을 가리키는 말이 되었다.

사무라이들의 봉건 제도 | 가마쿠라 막부

가마쿠라 막부의 성립

헤이안 시대 말기에 본격적으로 사무라이들이 등장했어. 이중 다이라 가문과 미나모토 가문이 가장 유명한 사무라이 가문들이야. 둘 중에서 다이라 가문이 먼저 권력을 잡으면서 미나모토는 가마쿠라로 귀양을 갔어. 이곳에서 미나모토는 집을 짓고, 복수를 준비했어. 동생 덕분에 복수에 성공한 후에는 자신을 도와 준 동생마저 죽이고, 천황을 협박하여 전국을 통치할 수 있는 권력을 빼앗아왔어.

이제 천황은 존재하지만 혼자 결정할 수 있는 일은 아무 것도 없는 껍데기에 불과하고, 천황을 보호한다는 구실로 미나모토가 최고의 통치자인 '쇼군'이 된 거야. 지방 세력에게 땅을 주고, 자신이 천황과 지방 세력의 보호자가 되어 정치를 했지. 이런 관계를 바로 봉건 제도라고 해. 천황의 자리가 욕심났겠지만 그렇게 할 경우 여기저기서 반란이 일어날 것이 뻔하니 천황이 되려 하지 않고, 오히려 천황을 이용해서 권력을 유지한 거야. 미나모토가 만든 이런 정치를 막부 정치라고 불러.

가마쿠라 막부의 위기

사람의 인생은 정말 한 치 앞을 알 수가 없나 봐. 미나모토가 어느날 갑자기 죽으면서 쇼군이 된 그의 아들은 아내인 호조 마사코의 친정 식구들을 끌어들여 정치를 했어. 결국 호조 마사코의 친척들이 권력을 잡게 되었어. 가마쿠라 막부를 만든 건 미나모토 가문이었지만, 사실상 호조 가문의 세상이 된 거지. 가마쿠라 막부에 위기가 찾아온 건 두 차례에 걸친 몽골 제국의 침입이었어. 신기하게도 그때마다 태풍이 불어 일본이 승리했지만, 몽골에게 얻은 땅이 없으니 싸움에 참여한 신하들에게 나누어 줄 땅도 없어 전쟁에서 희생한 사람에 대한 보상을 해 줄 수 없었어. 그러자 불만을 가진 사람들이 곳곳에서 반란을 일으키고 말았지. 반란이 심해지면서 호조 가문은 멸망하였고 1333년 가마쿠라 막부는 무너졌어.

살생 금지령

닭고기도, 물고기도 먹지 말라니! 그럼 뭘 먹고사나? 게다가 개를 먹이기 위해 세금을 올리다니!

5대 쇼군인 쓰나요시는 어진 성품과 명석한 두뇌로 훌륭한 정치를 폈다. 그런데 하나뿐인 아들이 일찍 죽고 후사가 없는 거야. 전생에 피를 많이 봐서 그렇다는 점쟁이 말에 따라 죄를 씻기 위해 '살생 금지령'을 내렸어. 특히 개띠 해에 태어난 그는 개를 보살피기 위해 세금을 더 걷고, 불공까지 들였어. 이 황당한 법은 23년이나 계속되다 쓰나요시의 몰락을 가져왔어.

🍙 더 알고 싶어요

호조 마사코가 누구예요?

"내 남자는 내가 고른다. 나는 부모님의 반대를 무릅 쓰고 집을 뛰쳐나와 미나모토 집안의 요리이에와 결혼했어. 다이라 가문이 망하고 미나모토 집안이 권력을 잡으면서 아버지도 내 편이 되어 주셨지. 쇼군이 된 남편이 죽은 후 난 절에 들어가 승려가 되었어. 그사이 귀족들이 반란을 일으켰어. 난 이미 많이 늙었지만 그대로 있을 수는 없었어. 사무라이들을 모아 놓고 무사 정신을 강조하고 충성을 다짐받았지. 세상은 다시 호조 가문의 것이 되었어. 사람들은 나를 남자보다 강한 여자라고 부르지."

새로운 무사 정권의 수립 | 무로마치 막부

무로마치 막부의 성립

가마쿠라 막부 후기의 혼란을 수습하고 고다이고 천황을 내세워 반란에 성공한 사람은 다카우지였어. 한때 두 명의 천황과 두 개의 정부가 동시에 나타나 남·북조로 갈라지기도 했지만 다카우지가 통일하면서 시작된 무로마치 막부가 240년 간 이어졌어.

혼란 속에도 계속되는 발전

가마쿠라 막부에 비해서 무로마치 막부는 세력이 약한 편이었어. 각지에서 '다이묘'라고 부르는 영주들이 새롭게 생겨나면서 혼란이 심해졌지. 충성을 바치는 무사 정신은 다 사라져 버리고 자신의 이익에 따라 배신이 판을 치는 세상이 되어버렸어.

그런데, 참 신기하지? 이런 혼란 속에서도 세상은 점점 발전해 나가고 있었으니 말이야. 사람들은 혼란한 세상 속에서 정신적으로 위안을 받기 위해 불교에 의지하면서 불교를 발전시켰어. '나무아미타불'이나, '남묘호렌게쿄'만 외워도 구원받을 수 있다는 종파가 유행하면서 누구나 쉽게 불교를 믿을 수 있게 되었어. 또 농업에서도 큰 발전이 있었어. 이 시기에 들어와 벼와 보리를 한곳에서 연이어 재배하는 2모작이 시작되었고, 무기와 물자를 팔면서 상업도 발전했지.

1543년 포르투갈 배가 일본에 온 것을 계기로 서양의 문물이 들어오기 시작했어. 그때 처음으로 조총과 크리스트교가 일본에 소개되었어. 특히 조총은 혼란하던 이 시대 다이묘들에게는 꼭 필요한 물건이었어. 이후에는 일본 내에서도 조총을 생산하는 단계까지 발전하였고, 전투는 더욱 격렬해졌지.

통일의 새로운 기운

혼란 속에서도 조총과 직업 군인을 만들고, 크리스트교를 보호하며 외국과 지속적인 교류를 했던 인물이 바로 오다 노부나가야. 천하 통일을 꿈꾸던 그는 통일을 눈앞에 두고 배신을 당했어. 그후 부하인 도요토미가 1590년 드디어 천하 통일을 이루었지만, 해결해야 할 숙제가 많았어. 다이묘들에게 자신의 능력을 보여 주어야 했고, 직업 군인에게는 일거리와 월급을, 상인에게는 새로운 교역국을 만들어 주어야 했거든. 이런 문제들을 해결하기 위한 방법으로 조선을 상대로 임진왜란과 정유재란을 일으킨 도요토미는 승리하지 못하고 결국 병으로 죽었어.

닌자

닌자(忍者)는 탐정, 첩자, 자객, 도둑 등으로 활동하는 사람이야. 은신·암살·교란·추리의 달인으로 자신을 숨기기 위해 얼굴에 가면이나 복면을 쓰고 다니지. 쇼토쿠 태자 시절에 큰 활약을 했고, 표창·독침·마취제 등을 능숙하게 사용하며 도쿠가 가문에 충성을 바쳤어. 여자 닌자는 쿠노이치라고 해.

히메지성

일본인들은 다른 높이에서 적들을 공격하기 위해 여러 층으로 된 성을 쌓았어.

오다 노부나가의 마부

오다 노부나가는 성격이 얼마나 괴팍했는지 차를 마시다가 입맛에 맞지 않으면 차를 만든 부하를 단칼에 죽여 버렸어. 그런데 말을 청소하는 시종이 차 시중을 맡으면서 차가 입맛에 꼭 맞는 거야. 나중에 안 결과 시종이 먼저 맛을 봐서 온도와 맛을 맞추어낸다는 걸 알았지. 처음엔 '감히 내 찻잔에 입을 대다니!' 라며 불같이 화를 냈지만, 노부나가의 차에 누가 독약이라도 넣었을까봐 그랬다는 말을 듣고 결국 신임하게 되었대. 그 시종이 바로 노부나가의 후계자 자리까지 오른 도요토미 히데요시야. 일본을 통일하고, 우리나라에 임진왜란을 일으킨 바로 그 도요토미 말이야.

천하 통일 시대 | 에도 막부

통일의 기초를 닦은 사람은 오다 노부나가, 통일을 이룩한 사람은 도요토미였지만, 통일 후 정작 쇼군이 된 사람은 도쿠가와 이에야스야. 그는 에도(오늘날의 도쿄)에 막부를 세웠는데, 이후 260년 간을 에도 시대라고 해.

강력한 막부와 무사 중심 신분 사회

에도 막부는 전국의 많은 땅을 자신의 친척이나 자신에게 협력하는 다이묘에게 나누어 주어 다스리게 했어. 지방 군사력을 약화시키려고 성을 무너뜨리고, 다이묘의 아들을 에도에 인질로 잡고 있었어. 또 충성을 맹세하기 위해 다이묘들은 2년에 한 번씩 에도와 자신의 영지를 번갈아가며 왔다갔다 해야 했지. '산킨고타이' 라 부르는 이 제도로 사회는 훨씬 안정되었어. 그런데 사무라이들은 할 일이 없어져 버렸어.

그래서 성리학을 도입해 불만을 품은 사무라이를 중심으로 한 신분 질서를 만들게 되었어. 사무라이는 칼을 차고 다니며, 즉결 심판권을 가졌어. 농민들은 사무라이에게 인사하지 않았다는 이유로 죽을 수도 있게 되었지. 사농공상(무사–농민–수공업자–상인)의 신분제는 이렇게 만들어졌어.

일본 서민 문화의 발달과 쇄국 정책

전쟁이 없이 편안한 세월이 계속되자 황무지 개간, 농기구 및 품종 개량, 작물의 다양화, 모내기법의 등장으로 농업 생산량이 증가했어. 또 대량으로 물건이 만들어지고 곳곳에 시장이 세워졌지. 상업이 발달하면서 시장에서 물건을 편리하게 교류하기 위해 화폐가 널리 사용되었어. 시장에는 '조닌' 이라는 상인들이 그들 나름대로의 문화를 만들어 나갔어. 조닌은 자녀들을 서당과 비슷한 '데라코야' 라는 학교에서 공부하게 했지. 그리고 읽기·쓰기와 숫자 계산을 위한 주판을 가르쳤어. 또 당시에는 도시를 중심으로 '가부키' 라는 전통 연극이 유행했는데, 중국의 경극처럼 여자는 출연할 수 없었어.

외국과의 교류도 활발해졌어. 다양한 문물과 함께 크리스트교가 확산되자 막부는 크리스트교를 금지시켰어. 혹시 크리스트 교도들이 반란을 일으킬까 두려워서 그랬대. 그래서 나가사키를 포함해서 4개의 항구만 개항한다는 쇄국 정책을 실시했어. 그런데 여기에는 다이묘의 무역을 금지하고, 막부가 혼자만 돈을 벌겠다는 욕심이 숨겨져 있었어.

용어 해설

봉건 제도(封 봉할 봉, 建 세울 건, 制 억제할 제, 度 법도)
지배 계급 내에서 땅을 주고받으면서 이루어진 지방 분권적인 관계

귀양
죄인을 먼 지역이나 섬으로 옮겨가서 살도록 했던 형벌

쇼군
일본 막부의 우두머리로서 천황은 상징적인 존재이며, 모든 권력은 쇼군이 가졌음

후사(後 뒤 후, 嗣 자손 자)
자신의 대를 이을 자식

다이묘
중세 일본에서 많은 영지를 거느렸던 영주. 무사 계급으로서 그 지방의 군사, 행정, 조세권과 사법권 등을 갖는다.

조총(鳥 새 조, 銃 총 총)
화승총이라고도 하며, 화승에 불을 붙여서 터지게 만드는 구식 총

가부키

세상에서 가장 잔인한 기념물 귀무덤, 코무덤?

일본의 천 년 수도 교토는, 미국이 제2차 세계 대전 중에도 폭격 대상에서 제외시켰을 만큼 아름다운 곳이야. 그런데 여기에는 임진왜란과 정유재란 때 우리 조상들의 코를 베어다가 묻어 놓은 코무덤과 귀무덤이 있어. 당시 도요토미 히데요시의 부하들이 부피가 큰 목 대신 가져갔던 것으로, 본래 이름은 코무덤(鼻塚)이었으나 이름이 섬뜩하다고 하여, 귀무덤(耳塚, 미미즈카)으로 바뀌었대. 도요토미는 귀와 코를 베어오는 일본군에게 영수증까지 만들어줬어. 전라도에서는 '눈감으면 코 베어간다.'는 속담과 '애비'라는 말이 이때 생겨났어. '애비' 라는 말은 어린아이들이 위험한 물건을 만지지 못하도록 겁줄 때 사용하는 말로 '이비(耳鼻, 귀와 코)' 가 말이 변한 거야.

전국 시대 일본의 3대 영웅을 만나 보자!

영웅은 혼란한 시기에 나타난대. 일본에서도 역사상 가장 혼란했던 무로마치 막부 후기의 전국 시대를 수습하고 통일하는 과정에서 일본인이 가장 좋아하는 오다 노부나가, 도요토미 히데요시, 도쿠가와 이에야스의 3대 영웅이 등장했어. 이 세 사람은 성격이 전혀 다른 사람들이라 오늘날에도 많이들 비교하고 있어. 어떤 사람들은 오다가 떡가루를 찧고, 도요토미가 반죽한, '천하'라는 떡을 도쿠가와가 앉은 채로 먹었다고 표현하기도 해. 그리고 에도 시대에 유행한 〈두견새〉라는 시에서는 이렇게 비교하고 있지.

> 두견새
> 오다 노부나가 - 울지 않으면 죽여 버린다.
> 도요토미 히데요시 - 울지 않으면 울게 만든다.
> 도쿠가와 이에야스 - 울지 않으면 울 때까지 기다린다.

	오다 노부나가	도요토미 히데요시	도쿠가와 이에야스
이름			
생몰 연대 (셋 다 성격대로 살다가 죽음)	1534~1582년 48세에 부하인 아케치의 반란으로 죽음	1536~1598년 62세에 임진왜란에 지고 나서 홧병으로 사망	1543~1616년 74세에 늙어서 병으로 사망
별명	풍운아, 바보	원숭이, 꾀쟁이	인내의 1인자
성격	"난 어릴 때부터 예측불가였어. 무슨 뜻이냐고? 항상 내 멋대로 했다는 말이지. 하지만 전투에서는 늘 순간적인 판단력으로 적을 제압했지. 의심이 조금 많고, 성격이 까칠한 편이라 몇백 명의 스님들을 몰살시키기도 했고, 친척과 아들까지도 할복하게 했어. 하지만 통일을 눈 앞에 둔 나를 죽게 만들다니……. 귀신이 되어서도 절대 용서 못 해!"	"난 눈 내리는 추운 겨울 날, 오다 노부나가의 신발을 가슴에 품고 있다가 그를 감동시키면서 하급 무사에서 일본 최고 무사가 되었어. 한마디로 치밀하게 계획하는 성격의 소유자이지. 오다가 죽은 후, 재빨리 오다 노부나가를 죽인 아케치를 처형하고 최고 통치자가 되었어. 미천한 출신이라 글자를 잘 모르는 거랑 임진왜란에 진 게 제일 억울해."	"난 6살 때부터 인질 생활을 하며 독한 인내심을 길렀지. 오다 노부나가의 딸과 내 아들을 결혼시켰지만, 그의 명령으로 아들과 아내를 죽였어. 도요토미가 권력을 잡았을 때에는, 그의 늙은 여동생을 아내로 맞아 그에게 충성했어. 그리고 교묘하게 임진왜란에는 참여하지 않았지. 결국 천하는 내 것이 되었으니, 이만하면 내가 진정한 1인자 아니겠어?"

20 | 메이지 유신
일본의 근대화

이게 다 일본 음식이야?

|1840|1850|1860|1870|1880|1890|1900|1910|1920|

내가 제일 좋아하는 음식은 돈가스야. 사회 시험에서 100점 받으면 돈가스 먹으러 갈 거야. 그런데 돈가스가 일본 음식인 거 친구들은 알까? 일본 사람들은 서양의 문화를 받아들일 때, 나름대로의 방법으로 바꾸어서 새로운 일본 문화를 만들어 낸대. 그래서 일본의 근대화를 상징하는 돈가스, 고로케, 카레라이스는 외국에서 들어온 음식이지만, 가장 일본스러운 음식이기도 해.

근대화(近代化) : 정치·경제·사회·문화·가치관 등의 모든 면에서 후진적인 상태에서 보다 향상된 생활 조건을 만들어 가는 과정

강제로 문을 열다 | 일본의 개항(1854)

흔들리는 에도 막부 체제

막부 정치란 천황은 있지만 권력이 없고, 막부의 우두머리인 쇼군이 천황을 보호한다면서 실질적으로 통치하는 정치라는 거 이젠 알고 있지? 쇼군은 땅을 매개로 지방 다이묘들을 지배하고, 다이묘들은 다시 사무라이를 이용해서 농민을 지배하는 봉건 제도를 실시한 거지. 여기서 꼭 알아야 할 건 첫째, 천황은 권력이 없다는 것과, 둘째 땅과 농민을 지배하는 농업 사회라는 것, 셋째, 늘 칼을 들고 다니는 사무라이 때문에 유지가 됐다는 거지.

그런데 농업과 상업이 발달하면서 기본이 다 깨지기 시작했어. 가장 큰 변화는 농민들이 도시에 가서 상인이 된 거야. 도시에 가서 돈을 번 후에는 땅을 사서 다른 농민에게 농사를 맡겼지. 사무라이가 지배해야 하는 농민은 점점 줄어들고, 농민의 의식이 성장하면서 사무라이에게 반발까지 했어. 농업 위주의 사회는 변해 버리고, 사무라이 계급도 땅과 농민에 대한 힘을 잃었어.

일본의 개항

게다가 미국의 페리가 배를 타고 찾아와 교류를 요구했어. 에도 막부는 1년 후에 말해주겠다고 한 후 돌려보냈지. 어떻게 해야 할까 고민하다 결국 쇄국 정책을 포기하고, 미국을 시작으로 외국의 여러 나라와 불평등한 조약을 맺게 되었어. 불평등 조약 때문에 천황과 다이묘들은 불만을 품게 되었고, 에도 막부는 강경하게 대응했지. 당연히 불만은 더 높아만 갔어.

후쿠자와 유키치

일만 엔은, 환율에 따라서 다르지만, 우리 돈으로 약 10~15만 원에 해당하는 큰 돈이지. 돈에 그려진 후쿠자와 유키치는 모든 일본인이 존경하는 인물로, 일본의 근대화를 주도했던 사람이야. 일본에서의 근대화가 얼마나 중요한 의미를 갖는지 알겠지?

자네 성은? 다나까(田中)

? 일본의 평민들이 성(姓)을 갖기 시작한 것은 언제부터인가요?

메이지 유신 후 사무라이에 의한 군대가 아니라 천황을 위해 충성하는 군대를 만들 계획을 세웠어. 그리고 1875년 의무적으로 군대에 가는 징병제를 도입했어. 나라를 안정시키고 서양에 맞서기 위해서였지. 모든 성인 남자는 3년 간 군대에서 생활하고, 그 후 4년씩 예비군에 복무하도록 했는데, 뜻밖의 문제가 생겼어. 일본의 평민들은 원래 성이 없고 이름만 있었거든. 성이 없으니 똑같은 이름을 쓰는 사람들 간에 혼란이 생겼지 뭐야. 그래서 이때부터 평민들도 성씨를 갖게 되었어.

변해야 한다면 일본식으로! | 메이지 유신(1868)

다시 살아나는 천황의 권력

개항 후 서양의 여러 나라들과 교류하면서 물가가 엄청 올랐어. 많은 양의 원료들과 차가 수출되면서 국내의 물건이 부족해졌기 때문이야. 농민의 생활은 어려워졌고, 농민에 대한 지배력을 잃어가던 사무라이들이 위기에 빠지면서 에도 막부에 불만을 가진 세력이 천황을 중심으로 모여 들었어. 결국 마지막 쇼군인 요시노부는 천황에게 권력을 돌려주었고 천황 정치가 다시 살아나게 되었어.

천황을 중심으로 한 입헌 군주제 국가

메이지 천황은 서양처럼 변하기 위해서 1868년 '메이지 유신'이라는 개혁을 했어. 중앙 집권적인 행정 제도를 만들고, 천황을 위해 일할 관료들의 질서를 바로 잡았지. 모든 사람은 평등하다고 선언한 후 세금 제도와 군사 제도를 바꾸었어.

또 세상을 변화시키는 근본이 교육이라는 생각에서 교육 내용도 서양식으로 바꾸었지. 개혁에 반대하는 사람들은 국가 발전을 방해하는 사람이라며 제거했어.

한편에서는 국민의 권리를 보호하는 헌법과 의회를 만들자는 운동이 일어났어. 그래서 메이지 천황은 1889년 헌법을 발표하고, 그 다음해에는 의회를 만들었어. 그런데 이 헌법은 국민의 자유를 제한하고 천황의 절대적인 권력을 인정하는 것이었어. 이로써 천황을 중심으로 한 일본식 입헌 군주제 국가가 만들어졌지.

발전을 위해 조선을 짓밟다 | 한반도 침략

메이지 천황은 사무라이들의 필수품인 칼을 빼앗았어. 이건 그들의 직업을 빼앗는 것과 똑같아서 불만은 높아만 갔어. 할 일이 완전히 없어진 사무라이들을 위해서도, 나라의 발전을 위한 식민지를 얻기 위해서도 이제 전쟁은 반드시 필요해졌지.

일본은 근대화 과정에서 자기들이 배운대로 1876년, 조선과 강화도 조약을 맺었어. 외국과 맺은 불평등 조약의 내용을 그대로 담았지. 그리고는 청·일 전쟁에서 승리하여 청나라 세력을 없애고, 절대 이길 수 없을 것 같던 러·일 전쟁까지 승리하면서 러시아 세력도 몰아냈어. 1910년 마침내 일본은 조선을 차지하고 식민지로 삼았어.

산업 발달에 필요한 원료와 제품 판매에 필요한 시장을 조선이라는 식민지로부터 얻은 일본의 산업은 더 크게 발전했어. 경제와 자본주의가 발달하면서, 정부의 지원을 받은 기업은 점점 재벌로 성장하게 되었어. 재벌 기업을 위해서 다른 기업들은 희생은 얼마든지 감수해야 국가가 발전한다는 생각도 갖게 되었지.

용어 해설

개항 (開 열 개, 港 항구 항)
항구나 공항 등을 열어서 외국과 서로 거래하는 것을 허용하는 일

매개 (媒 중매 매, 介 끼일 개)
서로 떨어져 있는 둘 사이를 연결시켜 줌

관료 (官 벼슬 관, 僚 관리 료)
정치에 영향력이 있는 직업적인 관리

헌법 (憲 법 헌, 法 법 법)
국가의 통치에 관한 각종 근본을 적어 놓은 최고의 법

이토 히로부미

이토 히로부미는 현대 일본의 정치적 기초를 만든 인물이야. 헌법에 대한 연구를 위해 유럽에 파견되어 독일 헌법을 기초로 1889년 메이지 헌법의 초안을 마련했어. 내각제를 실시하고 일본의 첫 번째 총리가 되기도 했지. 이처럼 일본에서는 근대화의 영웅이지만, 우리나라에서는 그 평가가 달라. 이토는 조선에서 통감을 지내며 악명을 떨치다가 1909년 중국 하얼빈에서 안중근 의사에게 암살당했어.

욕심이 너무 컸나?

더 알고 싶어요

자장면은 한국 음식, 짬뽕은 일본 음식!

중국에 가면 자장면을 먹을 수 없대. 자장면은 중국 음식이 아니라 우리나라에 들어온 중국인들이 춘장에 면을 섞어 값싸고 배부르게 먹을 수 있도록 만든 음식이기 때문이야. 짬뽕도 먹을 수 없어. 짬뽕은 일본의 나가사키에 유학 온 가난한 중국 유학생들이 해산물을 넣어 푸짐하게 먹기 위해 만든 일본 음식이거든.

21 | 태평양 전쟁
미국과의 한판 승부

할머니를 모시고 우리 가족은 사이판으로 여행을 갔어. 그런데 바닷가에 햄버거처럼 생긴 절벽이 있는 거야. 가이드 아저씨 말이 제2차 세계 대전이 끝난 줄도 모르고 일본군 병사들이 숨어서 전쟁 준비를 하던 곳이래. 섬 곳곳에 무기 저장 창고도 있고, 비행장도 많이 보였어. 위안부 할머니들을 몰래 불에 태웠다는 화장터를 보면서 할머니가 많이 슬퍼하셨어. 일본은 태평양 한가운데서 누구랑 싸웠던 걸까?

태평양 전쟁 : 1941~1945년까지 일본과 연합국 사이에 벌어진 전쟁. 제2차 세계 대전의 일부로, 일본의 진주만 기습으로 시작되어 일본의 무조건 항복으로 끝났다.

한반도를 넘어 대륙으로 | 제1차 세계 대전과 일본

제1차 세계 대전에서 승리한 후 발전하는 일본

조선을 차지하기 위해 영국과 동맹을 맺었던 일본은 제1차 세계 대전이 일어나자 영국 편에 섰어. 일본은 중국에서 독일군과 싸워 승리한 후 명예까지 얻었지. 그리고 전쟁 후 아시아 각국의 피해 복구를 위해 필요한 물자를 만들어 수출하면서 경제가 빠르게 발전했어. 일본 내에서 부족한 식량은 싼값에 조선에서 가져오는 방법으로 해결했지.

관동 대지진과 중·일 전쟁

1923년 관동 대지진이 일어나 교토, 요코하마 등에서 건물이 파괴되고 10만 명이 넘는 사람이 죽었어. 기업이 문을 닫았고, 기업에 돈을 빌려준 은행이 **파산**했어. 게다가 1929년 미국의 경제 위기가 일본까지 덮쳤어. 사회는 불안해졌지. 이를 해결하기 위해 일본의 지도층은 공산당과 조선인이 지진을 일으켰다고 소문을 냈어. 이로 인해 7,000명에 달하는 조선인이 억울하게 죽었어. 슬금슬금 군인들이 다시 권력을 잡으려 하자 국민들은 혼란을 극복할 수 있다며 이들을 지지했어. 또 일본의 발전을 위해 다른 나라는 희생시켜도 좋다는 생각으로 중국을 식민지로 만들려 했지. 1931년 일본이 관리하는 철도를 중국군이 폭발했다고 우겨 대륙을 침략했어. **국제 연맹**이 대륙을 떠나라고 지시하자 탈퇴해버렸지. 그리고 1937년 중·일 전쟁을 일으키고, 무서운 기세로 난징까지 점령하여 300,000명에 이르는 사람을 **학살**하고 말았어.

제2차 세계 대전 중 일본의 세력 확장

일본의 세력 범위가 정말 넓지. 너무 넓다보니 비행기를 타고 가야만 했는데, 문제는 비행기의 연료가 석유라는 거야. 알다시피 일본은 석유가 안 나는 나라잖아. 연합국에서 석유를 막아버렸으니 당연히 궁지에 몰릴 수밖에 없었지.

원자 폭탄은 정말로 대단한가요?

1945년 8월 6일 오전 8시 15분 히로시마에 원자 폭탄이 떨어졌고, 3일 후에는 나가사키에 두 번째 원자 폭탄이 떨어졌어. 검은 버섯구름과 함께 약 12km 이내에 있던 건물들은 모두 무너지고, 사람들은 30,000℃가 넘는 높은 온도에 녹아내렸어. 방사능에 노출된 사람들은 4일 이내에 피를 흘리며 죽어갔지. 순식간에 히로시마에서 16만 명, 나가사키에서 7만 4천 명의 피해자를 남기고 일본은 무조건 항복했어. 《맨발의 겐》이라는 만화책에 실상이 잘 나와 있어.

앉으나 서나 전쟁 생각 | 제2차 세계 대전과 일본

1939년 독일이 폴란드를 공격하면서 제2차 세계 대전이 시작되었어. 아시아에서 유일하게 근대화에 성공한 일본은 아시아를 식민지로 차지하고 싶었어. 그래서 이미 이 지역을 식민지로 가지고 있는 미국, 영국, 프랑스와 반대편에 서야 한다고 생각했지. 그래서 독일, 이탈리아와 동맹을 맺었어. 중국을 상대로 오랫동안 싸우던 일본은 눈을 돌려 자원이 풍부한 인도차이나 반도로 공격해 들어갔어. 일본은 "아시아의 독립을 지키고, 일본을 중심으로 하는 경제권을 만든다."라고 했지만 사실은 침략 전쟁이었지.

이 곳에 식민지를 가진 미국, 영국, 네덜란드, 프랑스는 펄쩍 뛰면서 반발했어. 그리고 일본의 물자 공급을 모두 끊어 버렸어. 'ABCD(America, Britain, China, Dutch) 포위 작전'이라고 부르는 이 작전으로 석유 같은 자원의 공급이 모두 끊겼어. 일본은 이 문제를 해결하기 위해 동남아시아 진출 작전을 더욱 강하게 밀어붙이는 동시에 아무도 예상하지 못했던 새로운 계획을 세웠어.

용어 해설

파산(破 깨뜨릴 파, 産 재산 산)
빚을 완전히 갚을 수 없을 정도로 재산을 모두 잃고 망함

국제 연맹
제1차 세계 대전 이후에 미국의 윌슨 대통령의 건의로 만들어진 국제 평화 기구

학살(虐 혹독할 학, 殺 죽일 살)
가혹하게 마구 죽여서 많은 사람이 희생당함

전진 기지(前 앞 전, 進 나아갈 진, 其 터 기, 地 땅 지)
군사 작전을 지휘하기 위해 작전 지역 안이나 그 근처에 설치한 근거지

참전(慘 참전할 참, 戰 싸움 전)
전쟁에 뛰어듦

무조건 항복 | 태평양 전쟁

1941년 12월 7일, 일본은 미국의 하와이에 있는 진주만을 기습 공격했어. 하와이는 미국 태평양 함대의 <mark>전진 기지</mark>가 있는 곳이야. 진주만 폭격 후 일본은 무서운 기세로 동남아시아 지역을 확보했지. 맥아더 장군은 "나는 다시 돌아온다."는 말을 남기고 일본군에게 쫓겨나야 했어. 진주만 공격을 계기로 미국의 루스벨트 대통령은 제2차 세계 대전에 <mark>참전</mark>하기로 결심했어. 일본과 미국 간에 태평양을 사이에 둔 치열한 전투가 벌어졌지.

미드웨이 해전에서 미국이 크게 승리한 후 1945년 맥아더는 동남아시아를 되찾았어. 미국에 비해 전투기가 부족한 일본은 '가미카제'로 대응했지. 가미카제는 전투기에 폭탄을 가득 싣고 직접 미국 군함에 충돌한 무서운 공군 비행사들이었어. 1945년 일본 본토에도 미국의 공격이 시작되었지만, 전쟁에 지는 것을 인정하지 않으려 했던 일본은 항복하지 않았어. 1945년 5월 독일이 항복했어. 그리고 8월 6일과 9일, 두 차례에 걸쳐 히로시마와 나가사키에 원자 폭탄이 떨어졌지. 마침내 8월 15일 정오, 일본 천황이 무조건 항복을 선언하면서 제2차 세계 대전은 일본의 패배로 끝을 맺게 되었던 거야.

이오지마 전투

제2차 세계 대전에 공을 세운 미국 해병에게 수여한 84개의 훈장 중 27개가 이오지마 전투 참가자에게 주어졌대. 굉장한 전투가 치뤄졌음을 알 수 있어.

가미카제가 뭐예요?

가미카제라는 말은 '신(神)의 바람'이라는 뜻이야. 가마쿠라 막부 시절에 원나라가 일본에 2차례의 원정을 갔는데, 마침 불어온 태풍으로 인해 원정이 실패로 끝나 생겨난 이름이야. 그런데 제2차 세계 대전 때 가미카제가 다시 등장했어. 적의 군함이나 군사 기지에 일부러 충돌하여 자살한 일본 조종사를 일컫는 말이지. 국가의 목표를 위해 개인의 목숨마저 하찮게 여기는 무서운 사건이지. 가미카제는 제2차 세계 대전 중 34척의 전함을 침몰시켰고, 수백 척의 함대를 손상시켰어. 가미카제의 공격을 막아내는 방법은 다가오는 가미카제 비행기를 향해 집중적으로 대포를 쏘는 것이었대.

22 | 경제 대국
경제로 세계를 제패하다

| 1940 | 1950 | 1960 | 1970 | 1980 | 현재 |

우리 엄마가 어렸을 때는 도시락을 가지고 학교에 다녔는데, 일본에서 만든 보온 도시락이 큰 인기였대. 또 일본에서 만든 소형 카세트 녹음기에 테이프를 넣고, 헤드폰을 끼고 음악을 듣는 게 유행이었대. 그때는 일본 전자 제품이 정말 인기가 좋았나 봐. 세월이 흘러 이제 우리는 급식을 먹고, 우리나라 기업이 만든 MP3 플레이어로 음악을 들으며, E-BOOK을 읽고 있지. 우리나라의 물건이 세계 최고가 되는 날도 멀지 않았어.

제패(制覇) : 패권을 잡거나 경기 따위에서 우승함

이웃 나라의 위기는 나의 기회 | 한국 전쟁

자존심에 상처를 입은 일본

일본은 제2차 세계 대전의 패배로 많은 것을 잃어 버렸어. 1946년 1월 1일, 천황은 '인간 선언'을 했어. 사람을 사람이라고 한 건 누가 봐도 이상한 일이 아니지만 일본은 달랐지. 천황을 중심으로 신의 나라라고 믿어왔던 일본인들은 자존심에 큰 상처를 입은 거야.

맥아더를 총사령관으로 한 미국은 일본에서 전쟁 후 처리 문제를 떠안게 됐어. 여성도 정치에 참여할 수 있도록 하고, 천황에게 충성을 강요하는 교과서를 폐지했고, 자위대를 제외한 군대도 해체했지. 재벌을 해체하고, 경제 민주화를 추진하는 한편, 일본을 농업 국가로 만들려는 계획을 세웠어. 그리고 다시는 전쟁을 일으키지 않겠다는 내용을 헌법에 적어 넣었어. 일본의 모든 것이 변하는 것처럼 보였지.

하늘이 내려준 기회, 한국 전쟁

1950년 한국에서 일어난 6·25 전쟁으로 일본은 잃어버린 모든 것들을 한 번에 회복할 기회를 얻었어. 동아시아가 공산화가 될 것을 걱정한 미국은 전쟁을 위한 작전 본부를 도쿄에 설치했어. 그리고 전쟁에 필요한 물자를 일본의 기업체에서 생산하게 했지. 한국 전쟁이 있었던 3년 동안 일본은 23억 7천만 달러를 벌어 들였어. 일본은 맥아더가 계획했던 농업 국가가 아니라 공업 국가로 변신했고, 발전에 발전을 거듭하며 세계 최첨단 무기를 가진 군사 강국으로 우뚝 섰어.

이웃 나라 한국의 위기는 일본의 기회가 되어 침체된 경기가 순식간에 회복되었어. 전쟁이 끝난 후에도 미국은 혹시 모를 공산주의의 침략에 대비하기 위해 미·일 안전 보장 조약을 체결했지. 이제 일본은 미국의 군사적 보호를 받으며 안정적으로 성장해 나갈 수 있는 계기까지 갖추게 된 거야. 드디어 1956년, 일본은 제2차 세계 대전이 일어나기 전의 경제 수준을 모두 회복했다고 선언하기에 이르렀어.

맥아더와 천황

맥아더와 함께 찍은 천황 사진을 본 일본인들은 깜짝 놀랐어. 이전까지 천황을 본 사람도, 목소리를 들은 사람도 없었거든. 처음 본 천황은 키도 작고 왜소하며 목소리도 가냘픈 보통 사람이었어.

 더 알고 싶어요

일본인의 신이 된 조선 청년

야스쿠니 신사에는 제2차 대전을 일으켰던 전쟁 범죄자들의 제사를 지내기 위한 위패가 있어. 이들은 많은 사람들을 죽음에 이르게 했으니 재판을 받아 마땅한 죄인들인데, 오히려 신으로 받들며 참배하고 있지. 그래서 일본의 수상이 야스쿠니 신사에 참배하러 갈 때마다 사람들이 분노하는 거야. 그런데 이곳에는 우리나라 소년의 위패도 있어. 일본 군대에 끌려갔다가 가미카제 특공대원이 되어 죽은 소년이지. 죽어서도 일본인의 신으로 남은 그 소년의 영혼은 얼마나 분노하고 있을까?

경제 발전은 신칸센을 타고 | 경제 대국

경제 발전에 속도가 붙은 일본은 1955년 경제 자립 5개년 계획을 시작했어. 특히 이케다가 수상으로 있을 때는 '이나자기 경기'(1965 ~ 1970)라고 불리는 일본 역사상 최대의 경제 발전기였어. 이때부터 약 20년간 연평균 경제 성장률 10%라는 눈부신 발전을 이루었지. 에너지도 석탄 중심에서 석유 중심으로 바뀌었고, 중화학 공업이 발달하면서 태평양 연안에 공업 지역이 만들어지기 시작했어. 1960년대에는 일본의 흑백 텔레비전, 세탁기, 냉장고가 전 세계적으로 유행하면서 일본은 전자 제품 강국이 되었어.

1964년 도쿄 올림픽을 성공적으로 개최한 일본은 드디어 선진국의 대열에 올랐어. 이 해에 고속 철도인 신칸센이 처음으로 개통되었지. 1967년에는 세계 제1위의 선박 왕국이 되어, 미국의 뒤를 이은 세계 제2위의 경제 대국으로 성장했어. 1988년에는 세계 10대 은행 10개가 모두 일본 은행이었을 정도야. 경제만 발전한 건 아니야. 문화·예술 수준도 높아졌어. 1968년 가와바다 야스나리가 《신의 소리》, 《1천 마리의 두루미》로 노벨 문학상까지 수상했거든. 신칸센보다 더 빠르게 다양한 분야의 성장을 이룬 거지.

용어 해설

재벌(財 재물 재, 閥 가문 벌)
여러 개의 기업을 거느리며 막대한 자본을 거느린 기업가의 무리

위패(位 자리 위, 牌 간판 패)
죽은 사람의 이름을 적어 그의 혼을 상징한다고 만든 나무 조각

참배(參 참여할 참, 拜 절 배)
부처나 신에게 절을 함

이나자기
일본 창조 신화에 등장하는 창조의 신 중 하나로 '불러내는 남자'라는 뜻을 갖고 있다.

선박(船 배 선, 舶 큰배 박)
사람이나 화물을 수상으로 운송하기 위한 운반 도구. 배라고도 함

부자 나라의 가난한 국민 | 경제 불황

잘나가던 부자 나라 일본은 왜 경제가 어려워졌을까? 일본에서는 1990년부터 2000년까지의 10년을 '잃어버린 10년'이라고 불러. 이 기간 동안 일본에서는 무슨 일이 있었던 것일까?

수출 강국 일본은 많은 돈을 벌어들였어. 은행마다 돈이 넘쳐나고, 시중에 돈이 많아지니 집값과 물가가 올랐지. 심지어 물가가 올라서 일본 물건이 많이 팔리지 않을 때에도 쉬지 않고 집값과 주식값이 올랐어. 얼핏 보면 경제가 잘 돌아가는 것처럼 보였지만, 사람들은 거품이 생겼다고 말했지. 과일을 믹서기에 갈면 생기는 거품 본 적 있지? 입에 들어가는 건 하나도 없으면서 컵을 가득 채우는 거품 말이야. 1990년부터 부풀어 올랐던 경제 거품이 꺼지면서 집값이 폭락하고, 주식은 휴지쪼가리가 되었어. 가진 돈이 점점 줄어드니 가난해 질 수밖에. 현재 일본 정부는 경제를 부활시키기 위해 많은 노력을 기울이고 있어.

경제 성장률을 사람의 걷는 속도와 비교해 보기

경제 성장률 4% = 천천히 걷는 속도 / 경제 성장률 5% = 빠르게 걷는 속도 / 경제 성장률 6% = 달리는 속도

경제 성장률 7% = 전력으로 달리는 속도 / 경제 성장률 10% = 로켓 엔진을 달고 날아다니는 속도 (→일본의 1960년대 경제 성장, 우리나라의 1970~80년대 경제 성장)

? 대를 이어가는 기업, 시니세(老鋪, 전통 가업을 이어오는 가게)

240년 간 내려오는 우동 가게, 6대를 계승하는 이쑤시게 가게를 들어 본 적 있어? 대를 이어가며 유지되는 가게를 '시니세'라고 하는데, 우리말로 해석하면 가업이 가장 비슷한 뜻일 거야. 지금도 1000년 이상 된 곳이 7개, 500년 이상 된 곳이 707개나 존재한대. 이렇게 가업이 발달하는 이유는 우리나라와 달리 과거 제도가 없었기 때문이기도 해. 과거를 통해 다른 신분으로 올라갈 수 있는 제도가 없으니, 부모님이 하시던 일을 그대로 해야 하지 않겠어? 요즘은 스스로 하고 싶은 일을 찾아 떠나는 자식들이 많아 후계자가 없어 예전에 비해 많이 사라지고 있대.

떠나자, 일본으로!

가깝고도 먼 나라 일본은 홋카이도, 혼슈, 시코쿠, 규슈 이렇게 4개의 큰 섬과 작은 섬들로 이루어져 있는 섬나라야. 우리나라를 통해 문화를 받아들인 일본은 삼국의 영향을 받아 아스카 문화를 만들었어. '도자기 전쟁'이라고도 부르는 임진왜란 때에는 엄청난 우리 문화가 일본으로 건너갔어. 일본과의 아픈 역사 때문에 마음에서 멀어질 때도 있어. 하지만 앞으로의 미래를 위해 일본과의 관계는 무시할 수 없지. 이제 일본을 제대로 알기 위해 우리와 닮은 듯 다른 점이 많은 나라 일본으로 여행을 떠나볼까?

도쿄

도쿄의 옛 이름은 에도야. 에도 막부 때 수도가 된 이래 지금까지 일본의 수도 역할을 하는 세계적인 도시이지. 에도 시대의 역사를 만나려면 우에노 공원을 찾아야 해. 이곳은 도쇼구 신사와 도쿄 국립 박물관, 도쿄 미술관, 국립 서양 미술관, 국립 과학관, 철새 서식지인 시노바즈 연못, 일본 최대의 우에노 동물원 등 볼거리가 풍성해. 아사쿠사로 알려진 센소지의 향로에서 향을 쏘이면 건강해진대. 도쿄에서 가장 중요한 신사인 메이지 신궁은 메이지 유신으로 유명한 메이지 천황을 모신 곳이야.

도쇼구 신사

도쿄 국립 박물관

아사쿠사

메이지 신궁

교토

헤이안쿄라는 이름으로 불린 교토는 중국 당나라의 수도인 장안을 모방해서 만든 도시야. 니조 성은 유난히 화려한 실내 장식과 나이팅게일 마루로 유명하대. 나일팅게일 마루는 암살이 판을 치던 시대에 침입자를 경계하기 위해서 걸으면 새소리가 나게 만든 마루야. 신기하지? 교토의 명소 중의 명소로는 철학자의 거리가 있어. 벚꽃이 만발한 이 길에서 철학과 교수가 산책을 즐겼기 때문에 생긴 이름이래. 전체가 금박으로 덮인 금각사는 눈 내리는 날의 모습이 아름답다고 해.

니조 성 가라몬의 화려한 금박

금각사

나라

중국 당나라의 장안성을 본따 만든 도시로 예전에는 헤이조쿄라고 불렀어. 수도 역할을 74년 밖에 못 했지만 아시아 최고 문명 도시 중 하나야. 우리나라 문화와도 큰 관련이 있는 도다이지에는 높이 16m의 거대한 불상이 있어. 불상을 청소하는 날에는 손바닥 위에 4~5명의 스님이 한꺼번에 올라가기도 한대. 도다이지에 있는 정창원에서는 신라의 문서가 발견되기도 했어. 쇼토쿠 태자가 만든 호류지에는 우리나라의 담징이 금당 벽화를 그렸다는 이야기가 있어.

호류지

도다이지

히메지 성

일본에 지금까지 존재하는 봉건 시대의 성은 모두 2채야. 그중 절벽 위에 높이 서서 웅장한 자태를 뽐내는 것이 바로 히메지 성이야. 백로가 날개를 펼친 모습과도 비슷하다고 해서 백로성이라고도 부른대.

나가사키

과거 일본이 쇄국 정책을 펴던 시대에 유일하게 네덜란드 상인이 출입할 수 있었던 곳이 나가사키였어. 이곳을 통해 일본에 크리스트교가 들어왔는데, 도요토미 히데요시가 금지시키면서 26명을 십자가에서 처형했어. 일본 속의 작은 네덜란드를 보고 싶으면 하우스텐보스에 가봐.

하우스텐보스

뱃부 지옥 온천

일본은 아직도 60여 개의 활화산이 존재하고 있어. 어느 곳에 가도 온천을 즐길 수 있는데, 특히 지옥 온천으로 유명한 곳이 바로 벳부야. 지옥 온천에 삶은 계란이 특산품으로 알려져 있어.

아소산

둘레 130km의 세계 최대의 칼데라 화산이야. 바람이 적은 맑은 날에는 케이블카를 타고 분화구를 볼 수 있는데, 유황 냄새와 연기로 덮힌 초록색 호수를 볼 수 있어. 온도는 100℃ 가까이 된대.

23 | 삼국 시대

백제, 고구려, 신라

B.C.200　　1　　A.D.200　　400　　600　　800　　1000

사회 시간에 서울의 역사와 문화재에 대해 배웠어. 그런데 참 이상하지? 서울에는 몽촌토성 같은 백제 유적도 있고, 아차산에 고구려 유적도 있고, 북한산에는 신라 진흥왕의 비석도 있대. 어떻게 백제 땅도, 고구려 땅도, 신라 땅도 되는 거지? 왜 이렇게 땅 주인이 많은거야? 그리고 서로 땅을 차지하려 했던 이유는 뭘까?

중앙 집권 국가(中央集權國家) : 왕권이 강화되어 권력이 중앙으로 집중되는 국가. 반면 권력이 분산되는 것은 지방 분권 국가라 한다.

우리 민족 최초의 국가 | 고조선

무리 사회

우리나라에 뗀석기를 사용하는 구석기 시대가 처음 시작된 것은 약 70만 년 전부터야. 동굴처럼 자연적으로 만들어진 집에 살면서 먹을 것을 찾아 이동하는 생활을 했어. 간석기를 사용하는 신석기 시대가 되면서 농사를 짓고, 움집을 지으며 무리를 지어 정착 생활을 하게 되었어.

군장 국가

청동기 시대에는 부족을 다스리는 족장(군장)이 출현했어. 족장은 농업이 발달함에 따라 더 많은 재산을 가졌고, 청동기를 사용하여 이웃 부족과 전쟁을 하면서 세력을 키워 나간 사람을 말해. 족장은 정치뿐 아니라 제사도 주관했기 때문에 제사와 정치가 일치하는 제정일치 사회의 지배자였어. 이러한 지배자는 죽은 후에 고인돌에 묻히게 되는데, 고인돌의 크기를 통해서 세력의 크기를 짐작할 수 있지.

우리나라에서 최초로 만들어진 국가는 바로 고조선이야. 단군이 세운 고조선은 세력을 키워 중국의 연나라와 대등하게 발전하기도 했지만, 결국은 중국의 한나라에 의해 멸망했어. 하지만 법률을 만들어 사회 질서를 유지하고, 생명을 존중하는 홍익인간의 건국 이념을 가진 국가였지.

고조선 이후 만주와 한반도에 등장한 나라들

고조선이 멸망한 후 한반도에는 철기를 바탕으로 많은 국가들이 들어섰어. 왕권이 약하거나 왕이 없었던 이들은 다른 나라와 연합하거나 전쟁을 하면서 발전해 나갔어. 중앙 집권 국가로 가는 징검다리 역할을 했지.

 파른 손보기 선생님을 아시나요?

일본에는 구석기 시대가 존재하지 않았어. 그래서 일제 시대에 일본 역사학자들은 한국에도 구석기가 없다고 주장했지. 식민지인 조선의 역사가 일본보다 오래 되었다는 걸 인정하기 싫었던 거야. 이러한 분위기는 광복 후에도 이어져 구석기 시대에 대한 연구는 많이 이루어지지 못했어. 마침내 1960년대에 고고학자 손보기 선생이 많은 반대를 뚫고 공주 석장리에서 발굴 작업을 한 결과 한반도의 역사를 약 70만 년 전까지 끌어올리는 유물을 발견하게 되었어. 바로 주먹도끼였지. 반면 일본은 외국에서 들여온 구석기 유적을 몰래 땅 속에 묻어 놓고 마치 발굴한 것처럼 조작했다가 들통이 나서 2000년에 큰 망신을 당했어. 이때도 이 사기극에 의문을 품은 분이 손보기 선생이었어.

중앙 집권 국가로 발전한 삼국 | 백제, 고구려, 신라

동아시아로 진출한 백제 근초고왕

삼국 중 가장 먼저 발전한 나라는 백제였어. 한강 유역을 제일 먼저 차지하면서 빠르게 성장한 백제는 4세기 근초고왕 때에 이르러, 중국의 요서·산둥 지방과 일본의 규슈 지방까지 진출하여 활동 무대를 크게 넓혔어.

넓은 영토를 차지한 고구려 광개토 대왕과 장수왕

우리나라 역사상 가장 넓은 영토를 차지한 왕은 5세기 고구려의 광개토 대왕으로, 그 업적은 만주에 남아 있는 광개토 대왕릉비에 기록되어 있지. 그가 죽은 뒤, 고구려 사람들은 영토를 크게 넓혔다는 뜻으로 '광개토왕'이라 하며 그의 업적을 기렸어. 광개토 대왕의 업적을 계승하여 고구려를 발전시킨 왕은 장수왕이었어. 그는 남진 정책을 적극 추진하여 백제와 신라를 공격하였고, 한반도의 중부 지방과 만주 땅을 차지하여 동북아시아의 강대국으로 성장했지. 이후 6세기 말~7세기에 수나라와 당나라의 침입을 받기도 했지만, 굳센 의지로 막아내 민족의 방파제 역할을 했어.

삼국 통일의 기틀을 다진 신라 진흥왕

삼국 중 가장 늦게 국가로서의 모양새를 갖추었지만, 꾸준히 발전해 간 나라는 신라였어. 지증왕, 법흥왕을 거치면서 여러 가지 제도를 만들어 나갔고, 6세기 진흥왕 때는 화랑도를 국가적인 조직으로 만들어 많은 인재를 양성했지. 한강 유역을 모두 차지한 신라는 삼국 통일의 기반을 착실히 닦아 드디어 676년에 불완전하지만 우리 민족 최초의 통일을 이루었어.

남북국 시대 | 통일 신라와 발해

찬란한 문화를 간직한 천 년 왕국 신라

통일 이후 삼국의 문화를 융합한 신라는 불교를 중심으로 더욱 크게 발전해 나갔어. 동양에서 가장 오래된 천문대인 첨성대를 만들어 농업을 발전시키고, 불국사와 석굴암을 만들어 돌로서 환상의 아름다움을 창조했지. '바다의 왕자'로 세력을 떨쳤던 장보고가 완도에 설치한 청해진은 동아시아 해상 무역의 중심지로 번영을 누렸어.
하지만 골품 제도라는 신분 제도의 한계와 지배층의 사치로 농민 봉기가 이어졌고, 결국 혼란을 틈타 나라를 세우는 데 성공한 견훤과 궁예로 인해 신라는 후백제와 후고구려, 신라로 나뉘어 후삼국으로 분열되었어.

바다 동쪽의 융성한 나라 해동성국 발해

고구려를 계승하여 대조영이 고구려 유민과 말갈인들을 이끌고 세운 나라가 발해야. 발해는 고구려를 계승하여 씩씩하고 독창적인 문화를 발전시켜 나갔지. 9세기 전반 선왕이 지배하던 시기에 발해는 고구려의 옛 땅을 대부분 되찾았어. 이 무렵에 중국에서는 발해를 '바다 동쪽의 융성한 나라'라는 뜻을 가진 '해동성국(海東盛國)'이라고 불렀대.

용어 해설

동아시아(東 동녘 동, Asia)
오늘날의 중국, 우리나라, 일본, 몽골을 포함하는 지역으로 유교, 불교, 한자, 젓가락 사용, 벼농사 등의 문화적 공통점을 갖는다.

방파제(防 막을 방, 波 물결 파, 堤 둑 제)
파도를 막기 위하여 항구에 쌓은 둑

화랑도(花 꽃 화, 郞 사나이 랑, 道 길 도)
신라 시대에 만들어진 청소년 조직으로 신라의 삼국 통일에 크게 기여하였다.

골품 제도(骨 뼈 골, 品 등급 품, 制 억제할 제, 度 법도 도)
신라에서 만들어진 신분 제도로 왕족을 성골, 귀족을 진골이라 하였으며, 이후 6개의 두품으로 나누어 정치적·사회적 활동을 제약하였다.

중앙 집권 국가란?

'중앙 = 왕'이라고 생각하면 돼. 모든 권력이 왕에게 집중되려면, 왕의 명령을 전달할 신하와 왕을 지켜줄 군대, 그리고 이들을 유지할 돈(세금)이 필요하지? 그리고 왕의 말에 절대 복종하기 위한 종교와 법률도 필요해. 왕위를 아들에게 물려주면 왕권이 더욱 확고해 지겠지? 중앙 집권 국가로 발전하면 왕권이 강해져서 영토 확장도 함께 이루어져. 이때가 바로 전성기야.

더 알고 싶어요

한강을 차지하려는 이유는 뭐죠?
한강 유역은 농사짓기에 편리한 물과 평야가 있기 때문이야. 먹고 살기에 풍족한 곳이라 사람이 많이 모여들었지. 강물을 따라 배를 타고 이동할 수 있는 교통도 편리한 곳이었어. 대외적으로는 중국으로 가기에도 좋은 위치였지.

24 | 고려

KOREA

우리나라를 영어로 '코리아'라고 부르는 건 다들 알고 있지? 프랑스어로는 코레, 독일어로는 코레아, 러시아어로는 까레야, 아랍 어로는 코리아라고 부른대. 모두 다 고려(KOREA)에서 온 이름들이지. 아직도 외국에서는 우리나라를 고려라고 부르고 있는 거야. 고려 시대에 우리나라에서 월드컵을 한 것도 아닌데, 어떻게 외국에 알려졌을까?

고려(高麗): 왕건이 고구려를 계승하여 나라를 건국함에 따라 지은 나라 이름으로 북진 정책을 추진하고자 하는 의지가 담겨 있다.

세계에 떨친 이름 KOREA | 고려

고구려의 영토를 회복할 때까지 북진 정책

후삼국의 분열을 끝내고 민족의 재통일에 성공한 사람은 바로 왕건이야. 왕건은 후고구려를 세운 궁예의 부하였지만, 백성을 생각하는 마음이 컸기 때문에 인기가 높았어. 후고구려의 궁예와 후백제의 견훤을 물리치고 고려를 세운 왕건이 가장 중요하게 생각한 것은 북진 정책이었어. '고려'라는 나라 이름도 옛 고구려의 영토를 회복하고, 왕권을 강화하겠다는 뜻이 담긴 거야. 북진 정책은 왕건이 죽은 후 잠시 중단된 적도 있었지만, 고려 말까지 계속 이어졌어.

고려를 세계에 알린 벽란도의 아라비아 상인들

고려는 외국인의 자유로운 출입을 허가한 나라로 무역도 활발했어. 바다 건너 송에서 비단·차·약재·자기 등을 수입하고, 인삼과 먹 등을 수출했지. 송뿐 아니라 평소 친하게 지내지 않던 거란, 여진, 일본과도 교류하며 경제적인 이익을 얻었어. 고려의 수도였던 개경은 늘 외국인으로 북적거렸대. 아라비아 상인들도 개경 근처의 벽란도라는 항구를 통해 들어와 무역을 했다고 해. 우리나라가 '코리아'라는 이름으로 서양 세계에 처음으로 알려진 것은 고려 왕조의 개방적인 대외 정책에서 비롯되었다고 할 수 있어.

고려와 주변 국가의 무역 활동

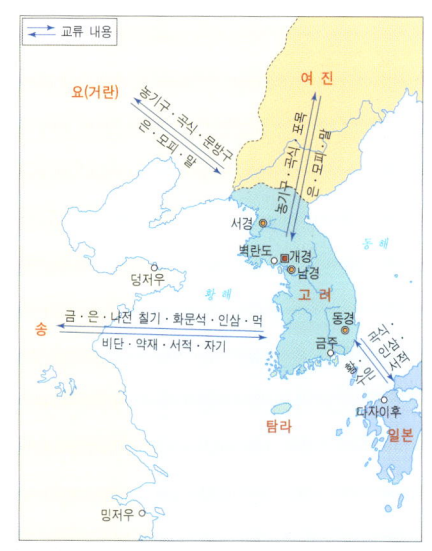

고려는 거란과 송 등 여러 나라와의 관계에서 온건책과 강경책을 적절히 활용하면서 실리적인 대외 정책을 통해 국익을 추구하고자 했어.

통일 신라에 비해 고려가 발전한 점

귀족이 아닌 양인도 과거 시험을 통해 관리가 될 수 있었어.

세금이 신라 때보다 줄었고, 백성들의 생활을 보호하는 기관도 생겼어.

중앙 관리가 파견되어 왕명을 지방까지 전하였고, 지방의 호족은 향리가 되어 지방관을 도왔어.

누가 쳐들어오든 물리친다 | 외침의 극복

10~11세기 고려 ↔ 거란

북진 정책에 불만을 품은 거란은 고려에 모두 3차례에 걸쳐 침입했어. 1차 침입 때에는 서희가 거란의 장수 소손녕과 담판을 벌여 싸우지 않고도 강동 6주를 획득할 수 있었어. 거란과 교류하고 싶어도 거란과 만날 수 있는 땅이 부족하다고 말했거든. 2차 침입에는 양규가 이끄는 고려군이 거란을 크게 격파하였고, 3차 침입에는 강감찬이 지휘한 고려군이 귀주 대첩에서 큰 승리를 거두었어.

12세기 고려 ↔ 여진

고려는 별무반이라는 특별 부대를 편성하여 여진족을 물리치고 동북 9성을 세웠어. 그 뒤 힘이 커진 여진족은 금을 세우고 거란을 공격했어. 금은 거란을 멸망시키고 고려에 압력을 가해 왔지. 이렇게 되자 고려는 신하들의 반대를 무릅쓰고 금과 사대의 예를 맺어 평화 관계를 유지했어. 하지만 북진 정책은 한동안 중단될 수밖에 없었지.

13세기 고려 ↔ 몽골

40여 년 간에 걸친 몽골과의 전쟁으로 국토는 황폐해졌어. 결국 고려의 왕들은 이후 80여 년 간 몽골이 세운 원의 간섭을 받아야만 했어. 하지만 이때에도 결코 주권을 상실하지는 않았어.

14세기 고려 ↔ 홍건적, 왜구

고려 말의 상황은 몹시 혼란스러웠어. 북쪽으로부터는 홍건적이, 남쪽으로부터는 왜구가 침입해 왔거든. 이들을 물리치는 과정에서 성장한 신흥 무인 세력의 대표인 이성계는 이후 조선을 세우게 돼.

용어 해설

벽란도(碧 푸를 벽, 瀾 물결 란, 渡 건널 도)
예성강 하구에 위치한 고려 시대의 대표적인 무역항으로 수심이 깊어서 외국의 배들이 드나들기에 좋았다.

담판(談 말씀 담, 判 판가름할 판)
서로 의논하여 옳고 그름을 판단함

별무반(別 다를 별, 武 굳셀 무, 班 차례 반)
윤관의 건의에 따라 기병 부대인 신기군, 보병 부대인 신보군, 승병 부대인 항마군으로 구성된 별무반을 편성하였다.

사대(事 섬길 사, 大 큰나라 대)
약자가 강자를 섬김

장인 정신(匠 장인 장, 人 사람 인, 精 깨끗할 정, 神 정신 신)
물건 만들 때 만드는 사람이 예술혼을 불어 넣어 만듦

고려의 명품 문화 | 문화의 발달

팔만대장경은 몽골의 침입에 맞서 부처님의 힘으로 나라를 구하려고 만든 불경이야. 16년에 걸쳐 총 81,258개의 목판 양면에 글자를 새겨 넣었는데, 글자체가 모두 동일하고 아름다워.

세계 최초로 목판 인쇄술은 중국에서 발명되었지만 세계 최초로 금속 활자를 발명한 나라는 고려야. 우리나라에서 만든 《직지심체요절》이 현재까지 존재하는 것 중 최고로 오래된 금속 활자로 인쇄한 책이지. 비록 지금은 프랑스에 있지만, 자랑스러운 우리 문화재야.

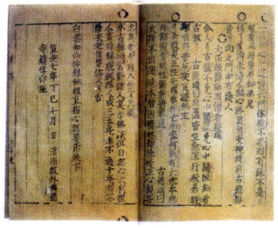

고려청자는 누구나 알고 있는 우리의 대표적인 문화 유산이야. 특히 무늬를 그려서 칼로 파낸 자리에 색이 있는 흙으로 채워 넣고 두 번을 굽는 상감 청자는 장인 정신이 없으면 만들 수 없어. 중국에서조차 고려청자의 인기는 매우 높았다고 해.

더 알고 싶어요

평등한 세상을 꿈꾼 만적의 난
로마 제국에서 노예들이 평등한 세상을 꿈꾸며 스파르타쿠스의 난을 일으켰다면, 고려에는 '만적의 난'이 평등한 세상을 꿈꾸며 일어났어. 만적은 최충헌의 노비로 신분 해방 운동을 주도하였으나, 사전에 발각되어 실패했어.

25 | 조선

민족 문화의 발달

내가 바로 조선을 건국한 태조 이성계다.

지난 토요일, 우리 반은 동구릉에서 오리엔티어링을 했어. 지도를 보고 아홉 개의 왕릉을 모두 뛰어다니며, 무덤 속 왕에 대한 문제를 풀고 선생님께 도장을 받아 오는 게임이었지. 억새풀이 자라난 이성계의 건원릉, 영조의 원릉, 임진왜란을 이겨낸 선조의 목릉이 인상적이었어. 동구릉은 서울과 경기도 주변 40여 개의 왕릉과 함께 2009년 유네스코의 세계 문화 유산으로 지정되었어.

동구릉 : 경기도 구리시에 위치한 조선의 대표적 왕릉이 모여 있는 곳으로, 태조 이성계를 비롯해 9개의 능이 있으며, 시기별로 다양한 왕릉의 형태를 볼 수 있다.

중앙 집권 체제의 확립 | 유교와 양반 문화

국가 체제를 정비한 15세기

조선을 세운 이성계는 한양을 수도로 삼고, 유교 중심의 정치를 실현하기 위해서 각종 제도를 마련했어. 태조부터 《경국대전》이 만들어지는 성종 때까지의 100년 동안 조선은 국방을 튼튼히 하고, 살기 좋은 나라를 만들기 위해 과학을 발전시켜 나갔지. 특히 세종 대왕은 '훈민정음'을 만들어 세계에서 가장 과학적인 문자를 만들었고, 발명가 장영실을 통해 우리나라 농업을 한 단계 올려 놓았어.

양반이 주름잡은 16세기

조선은 과거라는 시험을 통해서 문신(文臣)과 무신(武臣)의 관리를 선발했는데, 이들을 중심으로 정치가 이루어졌기 때문에 '문반+무반=양반 사회'라고 이야기하지. 16세기에 이르러 양반의 권력이 강해지자 성종은 사림이라는 새로운 세력을 끌어들여 왕권을 강화시키려고 했어.
이들은 기존에 있던 양반들과의 세력 다툼 끝에 4차례의 사화를 겪게 되었지만, 농촌에서 향약과 서원을 중심으로 살아남았지. 그러나 양반 사회의 분열을 틈타 임진왜란이라는 큰 전쟁이 일어났어. 조선은 이순신 장군과 의병의 활약으로 전쟁에서 승리했지만, 국토는 황폐해지고 인구는 줄어드는 등 큰 어려움에 처했어.

조선의 위대한 CEO, 세종 대왕

세종 대왕은 신분보다는 실력 중심으로 인재를 선발했어. 그래서 장영실은 비천한 출신이었지만 세종 대왕의 큰 후원을 받으며 발명을 계속할 수 있었어. 또 세종은 언제나 공부하는 지도자였으며, 백성을 위하는 지도력을 갖춘 왕이었지. 더불어 권력을 가진 부유층보다 사회적 약자인 백성과 농민을 배려하는 정책을 추진한 왕이었어. 이런 그의 지도력을 뒷받침해 준 지원 부대가 바로 집현전이야.

? 불패의 신화, 이순신

세계의 모든 해군 사관학교에서 배울 정도로 유명한 우리의 이순신 장군은 임진왜란에서 23전 23승으로 단 한 번도 패한 적이 없는 불패의 장군이야. 조석 간만의 차가 심한 우리나라의 서남 해안에서 조류의 흐름을 파악한 후 원하는 시간과 원하는 장소가 아니면 절대로 싸우지 않는 철저한 계획으로 전투를 지휘했어. 이순신 장군이 있었기에 일본군이 서남 해안을 따라 북으로 진격하는 것을 막을 수 있었고, 보급로를 차단하여 전라도 곡창 지대를 지킬 수 있었어. 최후의 노량 해전에서도 "싸움이 위급하니 내 죽음을 알리지 말라."라는 말을 남긴 우리 민족의 전설이야.

임진왜란 이후 조선의 변동 | 실학과 서민 문화

임진왜란의 상처를 극복한 17세기

임진왜란 후 광해군은 국토와 국방, 백성들의 생활 안정을 위해 새로운 계획을 세워야 했어. 임진왜란에 군사를 보낸 명나라는 힘이 약해졌어. 그런 와중에 북쪽에서는 여진족이 후금을 세워 중국을 위협하더니 급기야 청나라로 이름을 고친 후 세력을 확장하고 있었어. 명은 광해군에게 도와 달라고 했고, 청은 도와주지 말라고 했지. 광해군은 실리 외교를 택하면서 현명하게 이 위기를 넘겼어. 그러던 와중에 인조가 왕위에 오르면서 정묘호란과 병자호란이 일어났어. 이후 조선의 양반들은 점점 당파를 나뉘어 치열하게 다투었어. 그러나 서민들은 모내기법을 발전시키고 상업과 수공업을 발전시키면서 왜란과 호란의 상처를 극복해 나갔지.

꽃처럼 피어나는 새바람의 18세기

양반에게 실망한 서민들은 탈춤과 민화 등을 통해 양반 사회를 풍자하는 서민 문화를 발달시켰어. 그리고 정약용, 박지원, 박제가 등의 학자들은 농업과 상업을 통해 국가를 강하고 부유하게 만들자는 새로운 학문인 실학(實學)을 발전시켰지. 한편 영조와 정조는 탕평책을 실시하여 모든 당파의 사람을 골고루 관직에 오르게 하는 방법으로 국가를 안정시키려 했어.

조선 후기의 서민 문화

용어 해설

사화(士 선비 사, 禍 재앙 화)
조선 중기에 사림파들이 기존에 있던 세력에게 밀려 크게 화를 당한 사건

탕평책(蕩 쓸어버릴 탕, 平 화평할 평, 策 꾀 책)
조선 영조와 정조 시기에 당쟁을 막기 위해 각 세력 간의 균형을 유지한 정책

외척(外 바깥 외, 戚 겨레 척)
어머니쪽의 친척. 즉 외가 친척

쇄국(鎖 쇠사슬 쇄, 國 나라 국) 정책
조선 시대에 외국과의 교류를 금지하였던 정책

근대화(近 가까울 근, 代 시대 대, 化 될 화)
서양의 시민 혁명과 산업 혁명의 결과 만들어진 사회를 닮아가는 것. 우리나라에서는 곧 서양화를 의미하는 말로도 쓰임

조선의 근대화 | 개화기

문화의 충격 19세기

정조의 갑작스런 죽음 이후 3대 60여 년 간 어린 왕들이 왕위에 오르면서 왕의 외척들이 정치를 하는 세도 정치가 이어졌어. 국가의 기본은 무너지고, 백성들의 생활은 몹시 어려워졌으며, 농민들의 반란이 계속되었지. 이때 권력을 잡은 흥선 대원군은 왕권을 강화하기 위해 노력했지만, 다른 나라와의 교류를 막는 쇄국 정책으로 우리나라의 근대화를 늦어지게 했어. 일본과 1876년 강화도 조약을 맺으며 강제로 문호를 개방한 우리나라는 이후 근대화를 해야 할 것인가 말 것인가, 한다면 어떤 방향으로 할 것인가에 대해서 많은 시행착오를 겪어야만 했어.

근대화를 위한 노력

더 알고 싶어요

을사조약은 무효!
을사조약은 우리나라의 외교권을 일본이 가져가고 통감을 두어 통치한다는 치욕적인 문서야. 이 문서에는 을사5적이라 불리는 이완용, 박제순 등의 사인이 있을 뿐, 고종의 도장은 찍혀있지 않아. 게다가 이 조약의 첫머리에는 무슨 조약인지 명칭도 없고, 유효 기간도 없어 국제 조약으로 인정받기 힘들어. 을사조약이 무효라면 일본이 우리나라 대신 다른 나라와 맺은 모든 조약과 한·일 합방을 맺으며 국권을 빼앗아 간 것도 모두 무효야!

26 | 일제 강점기
일제의 침입과 민족의 저항

할머니는 광복절만 되면 독립운동을 하시던 증조 할아버지 이야기를 해주시곤 해. 3·1 운동 당시 태극기를 흔들며 '대한 독립 만세'를 외치다 감옥에 갇히셨지만, 의지를 꺾지 않으셨대. 할머니께서는 우리가 이 땅에서 편히 살고 있는 건 다 그분들 덕분이라고 하셨어. 난 미래에 태어날 우리 후손들에게 어떤 조상이 되어야 할까?

광복절(光復節): 일본의 식민 지배에서 벗어난 것을 기념하고, 대한민국 정부 수립을 경축하는 날. 8월 15일

사랑하는 나의 님은 갔습니다 | 빼앗긴 조국

불평등 조약을 강요한 일본

미국에게 강제로 문호를 개방당한 일본은 똑같은 방법으로 우리나라에 접근했어. 운요호라는 배를 이끌고 우리나라에 들어와 어슬렁거리니 공격하는 건 당연하잖아? 하지만 이 사건을 계기로 강화도 조약을 맺으며, 일본은 우리나라에 첫 발을 내딛었어. 강화도 조약은 우리나라가 외국과 맺은 최초의 근대적 조약이기도 하지만 불평등한 조약이었어. 일본이 우리나라의 해안을 마음대로 측량할 수 있다거나, 일본인이 우리나라에서 잘못한 일에 대하여 우리나라에서 재판할 수 없다는 조항이 담겨 있었거든.

우리나라를 집어삼킨 일본

한반도를 차지하고 싶어하는 나라들은 많았어. 일본은 우선 청·일 전쟁에서 승리하면서 한반도에 대한 우월한 지위를 차지했어. 마음에 들지 않으면 왕비인 명성 황후마저도 죽였지. 그리고 러·일 전쟁에서 승리하면서 러시아를 몰아낸 후, 1905년 을사조약을 맺어 외교권을 빼앗고 통감을 두어 통치했어. 고종은 을사조약이 옳지 않다는 사실을 알리려고 네덜란드 헤이그에 특사를 파견했지만 실패했고, 이를 계기로 황제의 자리에서 쫓겨났어. 군대가 해산당하고 경찰권도 일본이 가져갔지. 일본은 영국과는 영·일 동맹을, 미국과는 가쓰라-태프트 밀약을 맺었어. 이제 방해 세력이 없어지면서 1910년 한·일 합방이라는 강제 조약을 맺어 우리나라의 주권을 완전히 빼앗아 갔어.

국채 보상 운동

1907년 시작된 국채 보상 운동은 일본에게 진 빚 1,300만 원을 갚아 국권을 회복하려는 것이었어. 이 정신은 1998년에는 IMF 외환 위기를 극복하기 위한 금모으기 운동이 이어졌지.

의병 부대의 모습

을사조약 이후에는 임진왜란 때와 마찬가지로 우리 민족은 어려움을 당할 때마다 의병이 들불처럼 일어나 열심히 싸웠어.

독도는 일본 땅인가요?

영토 다툼이 있을 때, 국제법으로는 오랫동안 점유하는 나라가 권리를 주장할 수 있는 조항이 있어. 독도는 울릉도에서 90km 떨어진 곳으로, 맑은 날에는 두 개의 섬이 뚜렷이 보여. 일본에서는 독도와 가장 가까운 섬에서도 독도가 잘 보이지 않아. 또 옛 책을 보면 삼국 시대부터 우리 땅으로 관리하고 있었어. 조선에서는 3년마다 관리를 보냈다는 기록이 있고, 일본에서도 독도가 조선의 영토임을 기록한 문서가 나오고 있어. 조선의 안용복이라는 어부는 일본에 가서 우리 땅임을 밝히고 돌아왔고, 광복 후에도 홍순칠 대장이 독도 수비대로 활동했지. 그러니 독도는 당연히 우리 땅이야.

빼앗긴 들에도 봄은 오는가 | 일제의 통치 정책

1910년 조선을 차지한 일본은 '조선 총독부'를 만들어 '무단 통치'를 했어. 헌병 경찰을 두어 일본에 협조하지 않는 사람을 잡아들이고, 억압하는 방법이었지. 토지 제도를 바꾼다며 조선 땅의 40%를 빼앗아갔어. 하지만 3·1 운동을 계기로 무력만으로는 통치가 어렵다는 것을 깨닫고, 친일파를 만들어 교묘히 우리 민족을 분열시켰지. 신문을 만들게 하면서 마음에 들지 않는 기사는 삭제하고, 학교도 만들었지만 기술 교육만 시켰어. 일본에 쌀이 부족하자 산미 증식 계획이라는 걸 내세워 우리 쌀을 가져가 버렸어. 제2차 세계 대전이 일어날 무렵 우리 민족은 일본에게 모든 것을 빼앗겨야만 했어. 강제로 군대에 끌려가야 했고, 일본어를 사용하고, 일본인처럼 신사 참배를 하고, 일본 이름을 사용하고, 일본군의 위안부로 여자들이 끌려가는 등 온갖 아픔과 고통을 겪어야만 했지. 일본은 우리의 정신도 지배하고 싶어했지만, 우리 민족은 그렇게 약하지 않았어.

용어 해설

통감(統 거느릴 통, 監 볼 감)
일제가 설치한 통감부의 장관으로, 정치와 군사에 관련된 모든 일을 결정하는 사람

특사(特 특별할 특, 使 부릴 사)
특별한 임무를 띠고 파견하는 외교 사절

밀약(密 비밀로 하다 밀, 約 맺을 약)
몰래 맺은 비밀 약속

친일파(親 친할 친, 日 날 일, 派 가르다 파)
일제 시대에 일본에 협력하여 그들의 침략 정책을 도와준 무리들

신사(神 정신 신, 社 모일 사) 참배
일제 시대에 일본의 정신을 우리에게 강요하기 위해서 일본의 신에게 참배를 강요한 일

대한 독립 만세 | 민족의 저항

일본이 한 가지 잊은 것은 우리 민족이 강하다는 거야. 모든 것을 빼앗긴 듯이 보였지만, 우리는 결코 정신을 빼앗기지 않았어. 1919년 3월 1일 민족 대표 33인이 독립을 선언하면서 3·1 운동이 시작되었어. 안타깝게 숨진 유관순을 대신해 수백 만의 유관순이 독립을 외치다 당당하게 죽어갔어. 3·1 운동을 계기로 대한민국 임시 정부가 세워져 우리가 독립 국가임을 알리고 외교 활동도 시작했지. 김좌진 장군은 청산리에서 일본군을 맞아 큰 승리를 거두었어. 국내외에서 계속 된 독립운동은 민족 독립의 밑바탕이 되었어.

유관순

이화 학당의 학생이던 유관순은 고향인 천안에서 독립운동을 주도했다는 죄명으로 재판을 받았어. 재판 중 의자를 집어던져 당시 여성으로서 최고형인 7년 징역형을 받았지. 지하 감옥에 갇혀서도 모진 고문을 이겨내고 대한 독립 만세를 외치다가 열일곱 꽃다운 나이에 서대문 형무소에서 심한 고문으로 죽었어.

민족 대표 33인의 삶 – '앞으로도 계속 독립운동을 할 것인가?'라는 일본인 재판관의 질문에 대한 답변

권동진
"그렇다. 독립이 될 때까지는 어떻게든지 독립운동을 멈추지 않고 할 것이다."
독립운동을 한 댓가로 권동진은 3년간 옥살이를 했어. 그후에는 신간회를 조직하여 부회장으로 활동하였고, 광복이 되는 그날까지 그야말로 독립운동에 온몸을 바쳤어.

나용환
"이렇게 말하면 비겁하다 생각할지 모르나, 실제 나는 정치에 무관심하므로 총독 정치에 불만이 없다. 그러므로 앞으로는 독립운동을 하지 않겠다."
안타깝게도 민족 대표 중에는 재판 과정에서 이처럼 자신이 품었던 초기의 신념을 접은 사람들도 있었어.

최린
"그렇다. 나는 끝까지 독립운동을 할 것이다."
아마 당시 최린의 마음은 진심이었을 거야. 하지만 최린은 시간이 지나면서 결국 친일파로 마음을 바꾸었으며 일제의 정책에도 적극적으로 참여했어. 물론 일본 제국을 위한 전쟁에도 적극적으로 참여했어.

한용운
"그렇다. 언제든지 그 마음을 고치지 않을 것이다. 만일 몸이 없어지면 정신만이라도 영세토록 가지고 있을 것이다."
한용운은 시를 통해 일제에 저항했고, 신간회에 가입했으며, 불교를 통한 청년 운동도 했어. 옥살이를 반복하다 병을 얻어 중풍으로 죽었지만, 그의 말처럼 영원히 독립의 열망을 가지고 있었어.

27 대한민국

한강의 기적

1940　　1950　　1960　　1970　　1980　　현재

앨범을 꺼내보면 지나간 나의 역사를 만날 수 있지. 다섯 살 때 찍은 사진 속에 나는 시청 앞 광장에서 얼굴에 태극기를 그리고, 빨간 티셔츠를 입고, '대~한민국'을 외치고 있어. 사진 속의 사람들 모습은 모두들 행복해 보여. 지금 우리나라는 수없이 많은 어려움을 극복하고 세계 속의 대한민국으로 발전하고 있는 중이야. 꿈은 이루어진대.

대한민국(大韓民國) : 고조선부터 시작해서 고대의 삼한에 기원을 두고 있다는 의미에서 대한민국이라 이름하였다.

한 민족 두 개의 국가 | 남한만의 대한민국 정부 수립

1945년 8월 15일, 꿈에 그리던 광복을 맞아 새로운 정부를 세우려는 움직임이 여기저기서 분주하게 이어졌어. 그런데 한반도에 아직 남아 있는 일본군을 돌려보낸다는 이유로, 미국과 소련이 각각 들어왔어. 38도선을 경계로 북쪽은 소련군이, 남쪽은 미군이 점령했지.

38도선은 이렇게 단순한 경계선이었지만, 시간이 지나면서 또 다른 전쟁의 시작이 되었어. 혼란 수습을 위해 모스크바에서 열린 회의에서 영국, 미국, 소련의 외무장관들은 5년 동안의 신탁 통치를 결정했어. 신탁 통치란 우리나라가 스스로를 다스릴 능력이 없으므로 일정기간 동안 다른 나라가 통치해 준다는 거야. 남한에서는 이를 반대했고, 북한에서는 소련의 지시를 받은 공산주의자들이 반대하다가 나중에 찬성하게 되었어. 결국 유엔에서는 한반도 문제를 논의하게 되었고, 남한만이라도 총선거를 실시해서 정부를 만들려고 했지. 김구는 반대했지만, 1948년 남한만의 총선거로 대한민국 정부가 수립되었어. 물론 북한에도 새로운 정부가 만들어졌지.

민족 지도자 김구

"저는 대한민국 임시 정부의 문지기라는 생각으로 마지막까지 임시 정부를 지켰습니다. 나의 소원인 통일된 국가를 위해 남북 협상을 주도했지만 실패했습니다. 통일된 조국 건설을 위해 38선을 베고 쓰러질지언정 일신의 구차한 안일을 취하여 단독 정부를 세우는 데는 협력하지 아니할 것입니다."고 말했어.

민족의 분단 | 6·25 전쟁

소련, 중국과 비밀리에 조약을 맺은 북한은 1950년 6월 25일 남한을 침략했어. 전쟁 시작 3일만에 서울이 북한의 손에 넘어갔고, 부산으로 임시 수도를 옮긴 우리나라는 유엔군의 인천 상륙 작전으로 서울을 되찾을 수 있었어. 우리 군대는 다시 북쪽으로 계속 진군하여 압록강까지 올라갔지만, 북한과 손을 잡은 중국군이 쳐들어 오면서 밀려 내려오기를 반복하며 38도선 부근에서 치열한 전투가 3년간이나 계속되었어.

1953년 7월 27일 휴전 협정이 맺어져 우리 민족은 씻을 수 없는 비극의 상처를 남기고 오늘에 이르게 되었어. 6·25 전쟁은 미국과 소련이 소리없는 전쟁을 치르는 '냉전'이라는 상황에서 우리 민족끼리 서로 총부리를 겨눈 슬픈 전쟁이야.

더 알고 싶어요

기네스북에 오른 방송 프로그램이 있다면서요?

〈이산가족 찾기〉는 기네스북에 오른 세계 최장 시간 생방송이야. 생사조차 모르는 가족들을 찾기 위한 열망으로 가득한 방송이었지. 이산가족이 없는 사람도 눈물을 흘릴 정도로 가슴 아픈 사연들이 많았어.

아~ 우리 대한민국 | 정치·경제의 발전

한강의 기적

6·25 전쟁이 끝난 후 우리나라는 국민 총생산이 60달러 정도밖에 되지 않는 전 세계에서도 가난한 나라에 속했어. 농업을 중심으로 경제 활동을 해 왔고, 일제 시대를 거치면서는 우리 기업이 성장할 수 없었기 때문이야. 계속되는 경제 개발 계획으로 1960년대에 경공업이 발달하였고, 1970년대에는 중화학 공업이 발달했어. 새마을 운동을 통해 농촌의 근대화를 이루는 한편, 전국을 1일 생활권으로 만드는 고속 국도가 개통되었어. 시속 300km로 달리는 KTX 만큼이나 빠른 경제 성장을 이뤄낸 거야. 1997년 IMF 외환 위기를 겪었지만, 현재 우리나라는 세계 10위권을 넘나드는 경제력을 가진 국가가 되었어. 지금은 농촌과 도시, 지역 간의 차별 없이 누구나 행복한 세상을 만들어 가고 있어.

깨어있는 시민들의 단결이 만들어 가는 민주주의

대한민국 정부의 초대 대통령으로 이승만 대통령이 선출되었어. 하지만 독재 권력을 유지하려 했던 이승만은 학생과 시민들의 4·19 혁명으로 물러나야만 했어. 이후에 들어선 정부에서도 혼란이 계속되자, 군인이었던 박정희가 5·16 군사 정변을 일으켜 권력을 잡았지. 대통령의 자리에 오른 박정희는 경제 성장에 중점을 두어 눈부신 경제 발전을 이룩했어. 하지만 유신 체제라는 새로운 헌법을 만들어 독재를 할 수 있는 기반을 닦다가 결국 암살당했지. 이후에도 전두환의 군사 정부가 이어지자, 이에 저항하는 5·18 광주 민주화 운동이 일어났어. 그리고 자유롭고 평등한 세상을 만들기 위해 1987년 6월 민주 항쟁이 벌어졌지. 이러한 민주화 운동을 통해 우리나라의 민주주의는 시민들과 함께 성장했어. 지금은 국민의 손으로 직접 뽑은 대통령이 5년을 임기로 우리나라를 통치하고 있어. 우리나라의 민주주의 역사는 서양에 비해 매우 짧지만, 많은 시민들의 희생을 통해 오늘날까지 발전해 온 거야. 앞으로도 우리 대한민국은 누구나 행복한 꿈을 꿀 수 있고, 그 꿈을 이룰 수 있는 나라를 만들어가기 위해 해야 할 숙제가 많아.

용어 해설

외무(外 바깥 외, 務 일 무)장관
외교에 관한 사무를 맡아 보는 장관

유엔(UN)
제2차 세계 대전 후에 만들어진 세계 평화를 유지하기 위한 국제 단체로 국제 연합이라 부른다.

임시 정부(臨 임시 임, 時 때 시, 政 법 정, 府 마을 부)
외국의 침략으로 인해 국내 정부가 무너지고 외국에 임시로 세운 정부

국민 총생산(GNP)
일정한 기간 내에 한 나라의 국민이 생산해 낸 생산물의 모든 가치를 합한 것

유신(維 바 유, 新 새로울 신) 체제
1972년 박정희 대통령의 특별 선언으로 대통령의 장기 집권과 독재를 보장한 정치 체제

6월 항쟁

'민주주의는 피를 먹고 자라는 꽃' 이라는 말이 있어. 그만큼 많은 사람의 희생이 뒤따른다는 뜻이야.

쓰레기통에서 핀 장미꽃, 4·19 혁명

이승만 대통령은 나라를 일으키고 경제를 살리기는커녕 권력에만 욕심을 부렸어. 실망한 국민들이 이승만 정부에게 등을 돌리자 1960년 3월 15일 부정 선거를 저질렀어. 감시를 받으며 3~5명씩 공개 투표하기, 죽은 사람을 투표하게 만들기, 미리 투표함에 표 넣기 등 해서는 안 될 일들을 했어. 이때 마산 상고 1학년 김주열 학생이 부정 선거에 반대하는 시위에 참가했다가 20일 만에 시체로 발견되었어. 시민의 분노는 전국으로 확산되었고, 4월 19일은 우리 역사에서 잊을 수 없는 피의 화요일이 되었지. 꽃 같은 학생들과 시민들이 경찰과 충돌했고, 제자들의 희생을 볼 수만 없었던 대학 교수들도 동참했어. 노동자, 농민, 구두닦이까지 민주화를 외치며 거리로 나왔지. 결국 이승만은 권력에서 스스로 물러났어. 깨어있는 시민들의 단결이 만들어 낸 민주주의의 승리였어. 당시 외국의 신문들은 4·19 혁명을 '쓰레기통에서 핀 장미꽃' 이라고 표현했어.

개념이 쏙쏙 | 스물네 고개

1 은나라에서 거북의 등껍질이나 짐승의 뼈에 새긴 ○○ 문자는 오늘날 한자의 기원이 되었어. ( )

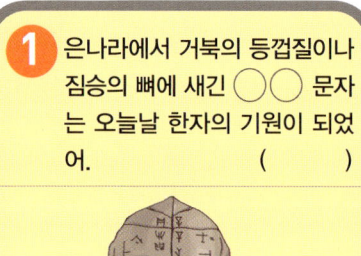

2 제자백가 사상을 알맞은 것끼리 바르게 연결해 봐.

- 공자, 맹자 •   • 도가
- 노자, 장자 •   • 유가

3 최초로 중국을 통일한 임금으로 거대한 무덤인 만리장성을 남긴 왕은 누구일까? ( )
① 이성계
② 주원장
③ 진시황

4 다음과 같은 것들이 만들어진 시대를 써 봐. ( )
- 한지   • 한자
- 비단길 • 사마천의 《사기》

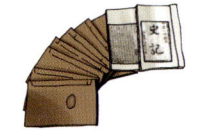

5 중국의 수나라는 대운하를 건설하며 발전했지만, 우리나라의 ○○○와(과)의 전쟁으로 쇠퇴했어. ( )

힌트 을지문덕이 살수대첩에서 이 나라를 크게 물리쳤어.

6 당나라 때 초록색, 갈색, 흰색으로 색을 칠해 만든 도자기는 무엇일까? ( )

당나라의 3색이라구~

7 송나라가 국방력이 약했던 이유는 뭔지 아니? ( )
① 임금이 없어서
② 뗀석기를 사용해서
③ 문신 중심의 정치 구조여서

힌트 군사력이 약한 송은 남쪽으로 쫓겨나 남송이 되었지.

8 다음 중 원나라를 세운 유목 민족은 누구일까? ( )
① 여진족
② 몽골 족
③ 위구르 족

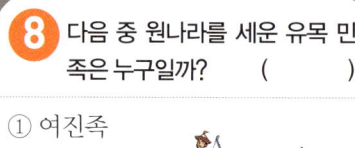

9 명나라의 환관이었던 ○○의 대원정으로 중국은 아프리카까지 이르는 넓은 지역에서 조공을 받았어. ( )

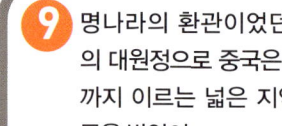

10 한족이 아닌 다른 민족이 세운 나라를 두 개 골라 봐. (,)

- 은 • 주 • 진 • 한
- 수 • 당 • 송 • 원
- 명 • 청

11 청나라가 영국과 불평등한 난징 조약을 맺게 된 원인은 ○○ 전쟁 때문이야. ( )

힌트 양귀비 열매로 만든 거야.

12 중국 혁명의 아버지인 ○○은(는) 신해혁명으로 아시아 최초의 공화정을 수립했어.
① 쑨원
② 장제스
③ 위안스카이

스물네 고개 | 중국, 일본, 대한민국

16 일본 헤이안 시대에 한자를 변형해서 만든 일본 문자는 무엇일까?
(   )

일본 짓풍 지팡구 재팬

17 일본의 막부가 이동한 곳을 순서대로 나열해 봐.
㉠ 가마쿠라
㉡ 무로마치
㉢ 에도
(   )

24 대한민국에서는 1960년 4월에 학생을 비롯한 국민들이 이승만 자유당 정부의 부정부패, 부정 선거에 항의하여 일으킨 역사적 사건은 무엇일까?
(   )

15 중국 국민당과 공산당의 내전에서 패배한 국민당은 ○○○(으)로 이동하여 경제 발전에 힘쓰고 있어. (   )
① 홍콩
② 마카오
③ 타이완

18 일본에서 천황 중심의 입헌 군주제 국가를 수립한 개혁을 ○○○○○(이)라고 해.
힌트 낡은 제도를 새롭게 고친다는 뜻을 가지고 있어.

23 조선에서는 열일곱의 어린 여학생이었던 ○○○이(가) 일본에 저항하여 대한 독립 만세를 외치다 서대문 형무소에서 죽어갔어. (   )

14 경제 개발에 힘쓰고 있는 중국은 최근 동부의 해안에 ○○○○을(를) 만들어 개방 정책을 실시하고 있어. (   )
① 운하
② 비단길
③ 경제 특구

19 일본이 제2차 세계 대전 중에 태평양을 사이에 두고 전쟁을 했던 나라는? (   )
① 영국
② 미국
③ 프랑스

22 거북선을 이끌고 임진왜란을 승리로 이끈 장군은 누구인가?
(   )
힌트 23전 23승을 거둔 조선 최고의 장군이야.

13 다음 (   )안에 알맞은 말을 써 봐.
우리나라에서 3·1 운동이 일어나자 그 영향을 받아 중국에서는 (   )이(가) 일어났어.

20 ○○○○○은(는) 북진 정책으로 고구려의 영토를 만주까지 넓혔어.
힌트 땅을 광장히 넓혔다는 뜻의 이름을 가진 분이야.

21 고려의 문화 유산에 ○ 표시를 해 봐.
• 팔만대장경
• 청자
• 경복궁
• 직지심체요절

세계사 개념사전 83

떠나자, 서울로!

1392년 조선의 수도가 된 이래 600년이 넘는 역사를 가진 서울은, 우리나라의 과거와 현재, 미래를 고스란히 간직하고 있어. 아름다운 한강을 중심으로 역사가 흐르는 세계적인 도시이지.

경복궁

서울에 있는 5개의 궁궐 중 가장 먼저 세워진 조선의 정궁이야. 임진왜란 때 불타 없어진 것을 흥선 대원군이 다시 세웠어. 일제 시대에는 이곳에 조선 총독부가 세워져 있었는데, 지금은 철거한 후 문화재 복원 사업을 통해 조선 왕조의 향기를 느낄 수 있는 공간으로 거듭 태어나고 있어.

남산 한옥 마을

지하철 3호선 충무로 역으로 나오면 한옥 마을을 쉽게 만날 수 있어. 조선의 대표적인 양반 마을에서 제기차기와 굴렁쇠 굴리기, 윷놀이, 투호 던지기 등의 놀이를 즐겨보고 싶지 않니? 아마도 전생에 양반으로 살았던 기억이 떠오를지도 몰라. 우리가 지금 살고 있는 모습을 담은 타임 캡슐이 묻혀있기도 하지. 저녁 7시 이후에는 레이저 쇼를 볼 수 있는 N남산타워에 가면 서울이 한눈에 내려다 보여. 그 뿐인 줄 알아? 테디베어 박물관에 가면 과거 한양의 모습을 귀여운 곰 인형을 통해 볼 수 있어.

서대문 형무소 역사 박물관

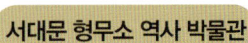

독립운동을 하다 감옥에서 고생하신 강우규 할아버지와 유관순 누나 등 많은 독립 투사들을 만날 수 있는 진짜 감옥이야. 고문을 체험해 보고, 사형장의 으스스한 느낌을 통해 나라 사랑하는 마음을 되새겨 볼 수 있어.

시청 앞 광장

2002 월드컵의 대표적인 응원 장소로 서울 시민들의 열린 문화 공간으로 활용되는 곳이야. 시냇물 줄기를 따라가면 물소리 맑은 청계천과 연결되어 있어.

4·19 기념 공원

우리나라의 민주주의 역사는 짧지만, 많은 분들이 사람답게 사는 세상을 만들기 위해서 목숨을 아끼지 않았어. 이곳에서 그분들께 감사의 마음을 갖는 건 당연하겠지?

남대문 시장

21세기의 활기찬 대한민국을 보고 싶다면 당연히 이곳이지. 새벽부터 밤 늦은 시각까지 쉬지 않고 앞을 향해 꿈을 키워 나가는 사람들의 생동감 넘치는 모습을 만날 수 있어. 노점상에서 파는 매운 떡볶이도 꼭 한 번 먹어 봐.

국립 중앙 박물관

우리나라가 자랑하는 세계적인 문화재를 한 곳에 모아 놓은 역사 박물관이야. 주제에 따라 시대별로 정리되어 있어서 교과서에서만 보던 유물들을 쉽게 찾아 볼 수가 있어.

28 | 인더스 문명 INDIA

| B.C.2500 | B.C.2000 | B.C.1500 | B.C.1000 | B.C.500 | 1 |

세계 스카우트 총회가 우리나라에서 열렸을 때 난 세계의 스카우트 친구들을 만날 수 있었어. 친구들을 만나 이름을 물어보고, 어느 나라 사람인지도 물어 보았어. 한 친구가 자기가 '인디언'이라고 했어. "그럼 아메리카 대륙에서 왔구나?" 했더니, 인도에 산다지 뭐야? 인도에 사는 사람들도 인디언이야? 도대체 누가 진짜 인디언이야?

인더스 문명 : 인더스 강 유역에서 B.C. 2,500년 무렵에 형성되어 B.C. 1,500년 무렵까지 있었던 고대 문명

발달된 계획 도시 | 인더스 문명

4천 년 간 드러나지 않았던 문명

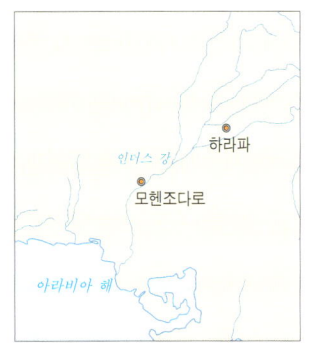

인더스 문명의 유적지

인도에서 최초로 문명이 들어선 곳은 인더스 강 유역이야. 인도(INDIA)라는 나라 이름과 힌두(Hindu)교란 종교가 모두 이 강의 이름인 Indus에서 나온 것처럼, 인더스 강은 인도의 역사와 문화가 태어난 곳이야.

하라파, 모헨조다로를 비롯한 인더스의 크고 작은 도시에 관한 이야기는 4,000여 년 동안 전혀 알려지지 않다가 1921년, 영국의 고고학자 존 마셜이 '하라파'의 언덕을 조사하던 중 우연히 2만 명이 살던 고대 도시의 흔적을 찾아냈어. 그로부터 1년 뒤, 하라파에서 조금 떨어진 인더스 강변의 '모헨조다로'라는 마을 근처에서 또 하나의 큰 도시 유적을 발견했지. 하라파 유적지는 훼손이 심해 실체를 알아볼 수 없어 모헨조다로 유적지를 통해 인더스 문명을 살펴볼 수 있어.

최고의 목욕 시설을 갖춘 모헨조다로

모헨조다로 도시의 언덕에는 대형 목욕탕, 회의장, 사원, 곡물 창고가 있는데, 가장 놀라운 건 넓이가 90m^2나 되는 벽돌로 지어진 대형 목욕탕이야. 그리고 도시의 평지에는 수많은 벽돌집과 상점, 우물이 있어. 여기에서도 놀라운 건 개인집마다 갖추어진 목욕탕과 화장실, 상하수도 시설이야. 얼마나 수준 높은 문명이었는지 상상이 되지? 게다가 오물을 버리는 하수도는 거리와 평행을 이루면서 1m당 2cm씩 낮아지도록 정밀하게 지어졌어. 또 하수 찌꺼기가 모이는 구덩이가 따로 있고, 그 구덩이에는 내려가는 계단이 있는데, 하수 찌꺼기를 치우기 위해 만든 것으로 보여. 그리고 냄새가 나지 않게 하수도를 벽돌로 덮어두었지만, 그래도 냄새가 날까봐 거리쪽으로는 문을 내지 않았어. 참 정교하게 만들어진 도시지?

모헨조다로의 대형 목욕탕

집집마다 목욕탕이 갖춰져 있고, 또 대형 목욕탕이 도시의 중심에 있는 걸 보면, 이곳은 제사를 지내기 전에 사람들이 몸을 씻었던 곳으로 사용되었을 것으로 보여.

더 알고 싶어요

누가 진짜 인디언이지?

인더스 강의 원래 이름이 신두였어. 이것의 페르시아 발음은 힌두, 영어 발음은 인디아, 한자로 쓰면 인도이지. 그래서 인디언은 인더스 강에 살던 사람들이 맞아. 그런데 콜럼버스가 아메리카 대륙을 인도로 착각해서, 그 원주민을 인디언이라고 부른데서 또 하나의 인디언이 탄생했어. 우리가 흔히 부르는 그 인디언말이야. 하지만 원주민들을 인디언이라고 부르는 건 잘못된 표현이야.

인도 문화의 기초를 닦다 | 갠지스 문명

아리아 인의 이동

기원전 1500년 무렵 중앙아시아에 살던 유목 민족이었던 아리아 인이 인도로 이동해 왔어. 이들이 처음 이주한 곳은 인더스 문명이 발달했던 인더스 강 유역이었지. 아리아 인들은 점차 유목 생활에서 벗어나 농사를 짓고 정착 생활을 시작했어.

그런데 기원전 1,000년 무렵 아리아 인들은 당시로는 획기적인 철제 무기, 철제 농기구와 같은 기술의 발전을 이루면서 갠지스 강 지역으로 정착지를 확대하기 시작했어. 철기를 사용하면서 농업 생산력이 늘어났어. 이를 바탕으로 도시가 생겨났고, 전쟁도 많아졌어.

벗어날 수 없는 신분의 굴레, 카스트 제도

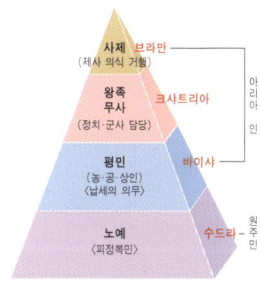

전쟁을 벌여 정착지를 확대해가던 아리아 인들은 원주민을 노예로 삼았는데, 자신들과 원주민을 구분하다 보니 고유의 신분 제도인 카스트 제도가 만들어지기 시작했지. 전쟁을 주관하는 무사나, 하늘에 제사를 지내 전쟁의 성공을 비는 제사장의 역할이 커지면서 그들이 지배 계급이 되었고, 농업이나 목축에 종사하는 사람들은 지배를 받아야 했지. 이렇게 만들어진 카스트 제도는 처음부터 계층 구분이 뚜렷했던 것은 아니었어.

자연을 신처럼 섬기는 브라만교

아리아 인들은 자연 현상에도 신이 깃들여 있다고 믿었어. 그래서 제사를 매우 성대하게 치렀고, 제사 의식도 점차 체계화되었어. 브라만(제사장)만이 모든 제사 의식을 주관할 수 있었기 때문에 브라만 계급의 영향력은 강해질 수밖에 없었지. 그래서 성직자들은 최고의 신분으로 자리 잡았고, 제사를 주관하는 브라만들을 중심으로 브라만교가 만들어졌어. 이후 카스트 제도와 브라만교는 인도 문화에 중심 축이 되었지.

용어 해설

고고학자(考 헤아릴고, 古 옛고, 學 배울학, 者 사람자)
유물과 유적을 통하여 옛 인류의 생활, 문화 따위를 연구하는 사람

주관(主 주인주, 管 맡다 관)
어떤 일을 책임지고 맡아 관리함

인도 수상들

유럽인처럼 생긴 얼굴에서부터 흑인과 크게 다르지 않은 얼굴까지 정말 다양하지? 인도에는 아리아 인의 이동부터 수많은 이민족이 이동해 왔기 때문에 다양한 혈통이 섞여 있어.

브라만교의 제사 의식

불, 물, 연기를 이용해 제사를 지내는 브라만교의 제사 의식은 정말 복잡해. 그러니 그 의식을 주관하는 브라만의 권위는 높아질 수밖에 없지.

접촉하면 안 되는 사람들 '불가촉 천민(不可觸賤民, untouchable)'

발자국도 지워야해.

불가촉 천민이란 카스트의 4신분에도 속하지 못한 사람들로, 소를 죽이거나 죽인 소를 치우는 일, 가죽을 만드는 일, 똥·오줌을 치우는 일, 청소, 시체 처리, 세탁 등 가장 더럽고 힘든 일을 해. 이들은 자기 발자국을 지우기 위해 빗자루를 가지고 다녀야 했고, 불가촉 천민을 보기만 해도 오염된다고 해서 밤에만 활동하게 했던 지역도 있을 정도로 차별이 심했어. 인도 정부는 1947년 독립과 함께 카스트 제도를 폐지하고, 1955년에 〈불가촉 천민법〉을 만들어 불가촉 천민에 대한 종교적·직업적·사회적 차별을 금지했어. 그러나 인도에는 아직도 카스트의 영향력이 강하게 남아 있어서 종교적·사회적·문화적 차별을 받으며 절대적인 가난속에서 아직도 힘들게 살고 있어.

29 | 불교

세상에 자비와 평등을

B.C.2000　B.C.1500　B.C.1000　B.C.500　1　A.D.500

오늘은 음력 4월 8일 석가탄신일이야. 학교에 안 가도 되기 때문에 난 석가탄신일이 참 좋아. 학교에 가지 않는 대신 가족들과 함께 집 근처에 있는 절에 가 보기로 했어. 절로 가는 거리 곳곳에 색색의 연등이 달려 있어서 정말 부처님 오신 날을 축하하는 축제 같았어. 그런데 부처님은 어느 나라 사람이야? 중국 사람? 일본 사람?

석가탄신일 : 석가모니가 태어난 날을 기념하는 날. 음력 4월 8일
부처 : '석가모니'의 다른 이름. 진리의 깨달음을 얻은 자를 의미

누구나 부처가 될 수 있다 | 불교의 성립

브라만교와 카스트 제도에 대한 불만

기원전 6세기 인도는 상업과 교역이 발달하면서 빈부의 차이가 커졌고, 그만큼 가난한 사람들의 어려움도 커졌어. 그런데 브라만교는 어렵고 딱딱한 제사를 강요하면서 그 의식을 진행하는 브라만 계급의 권위만 높아갔지. 하지만 제사 의식을 위해 농사에 필요한 소를 잡아야 하는 등 엄청난 비용을 감당해야 하는 백성들에게는 고통이었지. 게다가 카스트 제도에 의한 신분 차별도 큰 고통이었어. 남녀 차별은 더 심해서 딸이 태어나면 '가장 큰 슬픔이요, 최고의 불행이다.' 라고 할 정도였어.

평등을 강조한 불교

브라만교와 카스트 제도에 불만을 느낀 많은 사람들은 새로운 종교를 바라게 되었어. 이 때 석가모니는 자비와 평등을 내세우며 불교를 창시했어. 그는 많은 희생물을 바치는 제사보다 올바른 행동이 중요하고, 누구나 욕심을 버리고 수행하면 얼마든지 구원을 얻을 수 있다고 했어. 이런 가르침은 평등을 바라던 수드라뿐만 아니라, 크샤트리아와 바이샤에게도 인기였어. 세력을 키워가던 크샤트리아와 장사를 통해 부자가 된 바이샤들은 거만한 브라만교보다 누구나 거룩한 위치에 설 수 있다는 불교가 마음에 들었던 거지. 석가모니는 부자와 가난한 자, 신분이 높은 자와 낮은 자, 남녀를 차별하지 않았어. 가르침을 들으려는 사람이라면 누구에게나 가르침을 전달했지.

Quiz 잠깐 퀴즈

* 정답을 알고 싶다면, 를 잘 읽어 보세요.

? 석가모니의 일생

인도의 왕자로 태어나 풍요롭게 생활하던 고타마 싯다르타는 어느 날 길에서 늙은 노인, 처참한 병자, 관에 누운 시체를 보고 충격에 빠졌어. 고민 끝에 고통을 피하고 평화롭게 살 수 있는 방법을 찾기로 결심했지. 29살에 궁을 떠나 하루에 고작 콩 한 알을 먹으며 수행하기도 했어. 그러나 오랜 시간 수행해도 깨달음을 얻을 수 없었어. 그러다가 보리수 나무 아래에서 조용히 눈을 감고 49일 동안 명상을 한 끝에 '진리를 깨달은 자' 곧 부처(Buddha)가 되었지. 그가 바로 석가모니 부처야. 그때 석가모니가 깨달은 진리는 수많은 제자들을 통해 여러 곳으로 전파되었어.

부처의 가르침이 온 세상에 | 불교의 전파

스스로 불교도가 된 아소카 왕

불교가 크게 발전한 것은 마우리아 왕조의 아소카 왕 때였어. 정복 전쟁을 통해 남부를 제외한 인도 전역을 통일한 아소카 왕은 칼링가 전투에서 참혹한 전쟁의 모습을 보고 생명을 죽이지 않는 불교도가 되기로 결심했어. 불교도가 된 아소카 왕은 스스로 채식주의자가 되었고, 비폭력의 정신을 최대한 실천했어. 그리고 백성을 자비로 다스리겠다는 다짐을 새겨 넣은 돌기둥을 각지에 세워 불교를 퍼뜨렸어. 또 불교 학자들을 모아 불교 경전을 체계적으로 정리하고, 인도의 곳곳에 수많은 불탑을 짓고 사원을 건축했어. 이런 가운데 불교는 인도 남부, 실론 섬을 비롯하여 동남아시아까지 퍼져나가 세계 종교로 발전할 수 있게 되었어. 소승 불교는 마우리아 왕조 때에 발달한 개인의 깨달음을 중시하는 불교를 말해.

중생을 구제하라!

소승 불교는 동남아시아 지역으로, 대승 불교는 중국·우리나라를 비롯한 동북아시아로 전파되었어.

소승 불교는 개인의 깨달음을 중시한 데 비해 대승 불교는 많은 사람들이 깨달음을 얻을 수 있게 ==구제==해야 한다고 주장했어. '큰 수레에 중생을 싣고 ==극락==으로 간다.'는 뜻에서 '대승'이라 했고, 그 이전의 불교는 '소승'이라 부르게 됐어. 이때부터 부처는 깨달음을 얻은 인간이 아니라, 하나의 신으로 섬기게 되었어. 쿠샨 왕조의 전성기를 연 카니슈카 왕은 대승 불교를 널리 전하고 사원과 탑을 세우는 데 열중했어. 그리고 알렉산드로스 대왕의 침입 이후 그리스 인이 인도에 진출하면서 ==헬레니즘== 문화와 인도 문화가 섞이기 시작했는데, 이 문화를 쿠샨 왕조의 중심지였던 간다라 지방의 이름을 따서 '간다라 미술'이라고 해.

용어 해설

창시(創 비롯할 창, 始 처음 시)
어떤 사상이나 학설 따위를 처음으로 시작하거나 내세움

중생(衆 무리 중, 生 날 생)
모든 살아 있는 무리

구제(救 구원할 구, 濟 건널 제)
목숨을 구함

극락(極 지극할 극, 樂 즐길 락)
불교에서 말하는 천국. 괴로움이 없으며 지극히 안락하고 자유로운 세상

헬레니즘(Hellenism)
알렉산더 대왕의 동방 원정에서 시작되어, 그리스와 오리엔트가 서로 영향을 주고받음으로써 생긴 역사적 현상

마우리아 왕조와 쿠샨 왕조의 영토

그리스 인처럼 생긴 부처님

처음 인도인들은 부처를 너무 존경한 나머지 감히 부처의 얼굴을 상상할 수도 없었어. 더구나 조각으로 만드는 것은 안 된다고 생각해 빈 의자나 발 모양만 만들어 부처를 표현했어.

그런데 그리스 문화를 바탕으로 한 헬레니즘 문화가 간다라 지방에 전파되면서 부처의 얼굴을 표현하는 불상이 만들어지기 시작했어. 그리스에서는 신도 인간의 모습을 하고 있었거든.

그리스 조각상을 보고 표현했기 때문에 초기 불상은 젊은 서양 남자의 모습을 하고 있어. 간다라 미술은 중앙아시아, 중국, 우리나라, 일본까지 퍼져나가 위대한 불교 예술품들을 많이 만들어내게 되었어.

헬레니즘 문화가 전파된 이후 시간이 지나면서 그리스 문화의 영향에서 벗어나 가늘고 꼬리가 긴 눈에 낮은 코, 둥그런 얼굴로 변화해 갔어. 지금 흔히 볼 수 있는 불상처럼 말이야.

30 힌두교

인도인의 민족 종교

텔레비전에서 갠지스 강에서 몸을 씻는 사람들을 본 적이 있어. 그런데 그 강에서 머리를 감는 사람, 양치질을 하는 사람, 옷을 벗고 몸을 씻는 사람이 많았어. 게다가 그 옆에서는 그 물을 마시는 사람도 있었어. 너무 놀라운 광경이었지. 인도 사람들은 도대체 갠지스 강이 어떤 의미이길래, 갠지스 강으로 사람들이 모여들어 그런 광경을 만들어내는 걸까?

힌두교 : 고대 인도에서 발생한 종교로, 여러 신들의 존재를 믿는다.

브라만교에서 힌두교로 | 힌두교의 성립과 발전

굽타 왕조의 번영

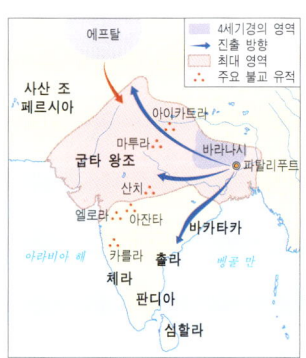

쿠샨 왕조가 약해진 뒤, 북인도에는 4세기부터 굽타 왕조가 성장했어. 특히 찬드라 굽타 2세는 영토나 문학 면에서 오늘날 인도의 모습을 갖추는 데 큰 역할을 했지. 그는 인도 남부까지 진출하고 동으로는 중국, 서로는 로마로 이어지는 육지길과 바닷길을 차지했어. 또한 적극적으로 땅을 개간하여 농토를 넓히고, 쌀과 밀, 사탕수수를 재배하여 세금도 충분히 걷을 수 있었어. 한편 주요 도시에 대학을 세워 학문과 종교를 장려하는 등 인도 문화를 풍성하게 만들었어.

인도인들이 믿는 종교

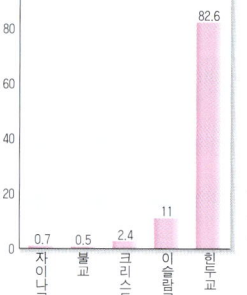

힌두교 82.6%
이슬람교 11%
크리스트교 2.4%
자이나교 약 0.7%
불교 0.5%

브라만교에서 힌두교로

불교가 성립되면서 브라만교가 비판을 받게 되자, 브라만교는 새로운 변화를 찾기 시작했어. 지나치게 형식적이던 교리를 정리하여 쉽게 만들고, 인도 각지의 민간 신앙을 받아들이는 등 여러 가지 노력을 기울여 굽타 왕조 때에 이르러서 힌두교로 발전할 수 있었어. 힌두교는 불교의 부처도 많은 신들 중 하나로 흡수해 버렸어. 힌두교가 인도의 주요 종교가 된 데에는 굽타 왕조의 힘이 컸지.

굽타 왕조에 접어들면서 왕권이 전보다 강해져서 왕들은 신의 후계자로 불렸고, 때로는 만물을 이끄는 신으로 여겨졌어. 그런 굽타 왕조의 왕들이 보기에 왕의 권위를 한껏 드높여 나라를 힘있게 다스리는 데에는 불교보다 힌두교의 신이 나아보였던가 봐. 그래서 힌두교를 지원하면서 자신도 신의 위치에 서려 했던 거야. 이제 불교는 힌두교에 밀리기 시작했고, 이민족의 침략을 받아 불교 사원이 파괴되면서 더욱 쇠퇴하여 힌두교의 일부처럼 여겨지게 되었어.

더 알고 싶어요

왜 힌두교도들은 갠지스 강에서 목욕하나요?
힌두교도들은 갠지스 강이 비슈누 신의 발뒤꿈치에서 흘러나온 물이라 생각해서 신성하게 생각해. 그래서 갠지스 강에서 목욕을 하면 그동안 지은 죄가 모두 씻겨 내려간다고 믿는대.

힌두교와 함께 더 강해진 카스트 제도

힌두교가 발달함에 따라 그 동안 불교의 자비와 평등 사상에 힘입어 다소 느슨해졌던 카스트 제도의 힘이 다시 강해지기 시작했어. 힌두교에서는 자신의 카스트에 따른 의무를 충실히 지켜야만 종교적으로 구원을 얻을 수 있다고 했거든.

또한 이민족의 침략과 이동으로 어수선해진 사회 분위기를 다잡기 위해 신분을 엄격히 구별하기 시작했어. 전통적인 신분 관념에다 직업적인 구분까지 더해 수많은 사람을 카스트의 틀 속에 넣고 그에 따라 움직이게 했지. 이제 카스트 제도는 더욱 폭넓고 다양하면서도, 더 강력하고 뿌리 깊게 사람들의 삶을 결정하는 신분의 벽이 되었어. 힌두교와 카스트 제도는 이렇게 힌두 사회를 지탱하는 중심축이 되었지.

용어 해설

개간(開 개척할 개, 墾 개간할 간)
거친 땅이나 버려 둔 땅을 일구어 논밭이나 쓸모 있는 땅으로 만듦

교리(敎 종교 교, 理 다스릴 리)
종교적인 원리나 이치

십진법(十 열 십, 進 더할 진, 法 법 법)
0, 1, 2,…, 9의 10개의 숫자를 한 묶음으로 하여 1자리 올려가는 방법. 사람의 열 손가락을 보고 만들어졌다고 함

인도 고전 문화의 황금기 | 고전 문화의 발달

굽타 왕조가 다스리던 4~6세기는 정치가 안정되고 상업이 발전했어. 이를 바탕으로 예술이 발달하면서 인도의 전통 문화가 되살아났어. 그래서 이 시기를 '인도 고전 문화의 황금기' 라고 부른대.

문학	《마하바라타》	옛부터 전해 오던 신화적인 이야기를 정리하여 인도 역사와 인도 사람들의 생각, 힌두교의 정신까지 모두 담고 있는 인도 문학의 고전이야.
사회	《마누 법전》	각 카스트의 종교적 의무와 규범을 담고 있는 힌두교 최고의 종교·법률서. 이 법전은 오늘날까지도 인도인들의 일상생활에 많은 영향을 미치고 있어.
자연 과학	아리아바타	원주율을 3.146으로 계산해서 지구 둘레를 측정했으며, 지구가 둥글고 스스로 돈다고 주장한 학자야.
	바라하미히라	세상 모든 것은 무게에 따라 끌어당기는 힘이 있음을 발견한 학자야.
	수학	• 인도 고유의 '비어 있다.' 는 개념 즉, 공(空)을 바탕으로 '0' 이라는 숫자를 발명했어. • 일반적인 숫자보다 훨씬 큰 수로 '무한' 이란 개념을 사용하였고, 십진법을 사용해.
미술	아잔타 석굴 사원	현무암 산을 파서 만든 아잔타 석굴 사원은 모두 29개의 석굴이 있고, 그 안에 2~7세기 사이에 제작한 탑, 불상, 벽화 등이 인도 고유의 아름다움을 보여 주고 있어.
	엘로라 석굴 사원	34개의 석굴군으로 이루어져 있는데, 초기에는 불교 사원이, 후기에는 힌두교와 자이나교 사원이 많이 만들어졌어. 같은 장소에 여러 종교의 유적이 같이 있다는 것이 참 흥미롭지?

춤추는 시바신

힌두교 신화에 나오는 신으로서 원래는 부와 행복을 의미하는 신이었으나, 나중에 창조와 파괴의 신이 되었다. 10개의 팔과 4개의 얼굴을 가졌고, 눈은 셋이며 용의 독을 마셔 목이 검푸르대.

인도 수학

인도는 일찍이 아리비아 숫자를 만들어낸 수학 강국이야. 우리에게 아라비아 숫자로 알려진 숫자는 인도 숫자의 모양을 손질한 거야. 인도 수학은 수의 원리를 깨닫고 논리적이고 창의적으로 문제를 푸는 것으로, 요즘 우리나라에서도 큰 인기래.

? 힌두교도들은 왜 소를 먹지 않나요?

처음부터 힌두교인들이 소고기를 먹지 않은 것은 아니야. 인구가 증가하고 농경이 점차 확대되면서 쟁기를 끌 소의 중요성이 커졌어. 심지어 소똥까지도 땔감이 부족한 때에 연료로 쓰이니, 이렇게 여러모로 중요한 소를 사람들이 다 먹어버리면 안 되겠지? 이런 상황에서 브라만이 소는 힌두교의 신 중 시바신이 타고 다니는 운송 수단이라고 말하게 되면서, 신이 타고 다니는 신성한 가축을 사람이 먹을 수 없다 하여 소고기를 먹지 않는 교리가 생겨난 거야.

31 | 무굴 제국

이슬람과 힌두가 만났을 때

500　700　900　1100　1300　1500

얼마 전 인도의 테러 소식을 뉴스에서 봤어. 80명이나 사망하고 우리나라 사람들도 인질로 잡혀 있다가 겨우 탈출했대. 테러를 일으킨 사람들은 이슬람교를 믿는 사람들이라는데 왜 그런 끔찍한 테러를 저지른 걸까? 인도 사람들은 힌두교를 많이 믿는다고 하던데, 인도에 이슬람교가 들어온 건 언제일까?

무굴 제국 : 16세기 전반에서 19세기 중엽까지 인도 지역을 통치한 이슬람 왕조 (1526~1857년)

'이슬람'이 들어오다 | 인도의 분열과 이슬람의 침입

인도의 분열을 틈타 들어온 이슬람 세력

6세기 말부터 굽타 왕조가 약해지고 인도를 이끌 큰 세력이 없자, 이슬람 세력이 차츰 손을 뻗기 시작했어. 8세기에는 인도 서북 지방에 자리 잡은 이슬람 세력이 인도 북부를 자주 침략하여 북인도 지역은 차츰 이슬람 세력에게 넘어갔고, 자연스럽게 이슬람의 문화와 종교가 스며들었어. 13세기 초에는 인도의 중심지인 델리가 이슬람의 손에 들어가게 되면서 이슬람의 인도 지배가 시작되었지. 델리에 세워진 최초의 이슬람 왕조는 다섯 번의 왕조 교체를 거치며 인도 북부를 지배했어.

처음 이슬람 세력은 힌두교 신전을 파괴하고, 힌두교나 자이나교의 종교 의식을 금지했으며, 포로나 죄인들을 강제로 이슬람교로 개종시켰어. 하지만 나중에는 이슬람교로 개종하는 것을 강요하거나 힌두 사원을 공격하지도 않았고, 힌두교 행사를 너그럽게 눈감아 주기도 했어.

고유의 문화를 발전시켜 온 남인도

북인도가 이슬람의 침입을 받는 동안 데칸 고원을 중심으로 한 남인도는 어땠을까? '데칸'이라는 말은 '남쪽'을 뜻하는 말이지만, '시골, 뒤처진 곳'이라는 의미도 있어. 하지만 남인도 사람들은 기원전 12세기에 메소포타미아와 이집트로 가는 바닷길을 열었고, 동남아시아 지역에도 인도 문화를 퍼트릴 만큼 발달된 지역이었어. 15세기 명나라 정화의 함대는 오래 전부터 인도인이 다니던 항로를 따라한 거래.

남인도 지역의 왕조는 드라비다 족 고유의 정치 체제를 마련해 갔고, 전통 신앙을 믿고 자신들만의 장례 풍습을 유지했어. 특히 여성의 지위가 북인도보다 훨씬 높아 여성이 행정에 참여하기도 하고, 가정에서도 상당한 대우를 받았어. 또한 남인도는 북인도의 종교를 서서히 받아들여 문화를 발달시켰어. 북인도에 힌두교가 자리 잡은 시절에는 불교와 자이나교를, 이슬람교가 널리 퍼진 시절에는 힌두교를 지켜갔어.

통일보다 분열이 더 자연스러운 나라

북인도	남인도
분열기·이슬람의 침입 (7~13세기)	힌두교를 믿는 여러 왕조가 나누어 다스림
이슬람 왕조 – 델리 술탄 왕조(13~16세기)	
무굴 제국(16~19세기)	

생산력이 낮고 교통이 발달하지 못했던 시기에 인도와 같은 거대한 땅을 하나로 통일한다는 것은 어려운 일이었어. 실제로 인도가 영국에 의해 지배당하기 이전에는 한 번도 통일을 이루지 못했으니까 말이야. 인도의 동부, 서북부, 그리고 남부에는 늘 서로 다른 왕조가 있었고, 서북부 지역에는 이슬람을 비롯한 수많은 이민족의 이동과 국가 간의 대결로 대단히 복잡한 역사가 펼쳐졌어.

더 알고 싶어요

인도인은 이슬람교를 어떻게 생각했을까?

힌두교와 카스트 제도의 신분 차별에 신음하던 인도의 하층민들은 이슬람 세력을 반겼어. 알라 앞에는 모두가 평등하다는 교리에 끌렸던 거야. 자신의 세력을 키우려는 목적으로 이슬람교를 받아들이는 인도인들도 많았고, 전쟁을 피하거나 좀더 나은 위치에 서기 위해 종족 단위로 개종하는 사람들도 있었지.

이슬람이 인도에 세운 제국 | 무굴 제국

무굴 제국의 성립

1526년, 몽골의 후손인 티무르의 5대손 바부르가 인도의 새 주인이 되었어. 바부르의 세력이 북인도의 중심지인 델리와 아그라를 차지하면서, 무굴 제국이 탄생한 거야. 무굴 제국의 전성기는 악바르 왕 때였어. 그는 인도 북부와 아프가니스탄을 포함하는 대제국을 건설하고, 정치·경제·사회 등 여러 분야에서 무굴 제국의 기틀을 마련했지. 악바르 왕 자신은 이슬람교도였지만, 힌두교를 차별하지 않고 힌두교도에게 물리던 세금을 없애고 벼슬도 할 수 있는 기회를 줬어. 나아가 힌두교도의 공주와 결혼하여 이슬람교도와 힌두교도 사이의 화합을 실천했지.

용어 해설

개종(改 고칠 개, 宗 근본 종)
믿던 종교를 바꾸어 다른 종교를 믿음

고원(高 높을 고, 原 언덕 원)
보통 해발 고도 600미터 이상에 있는 넓은 들판

제국(帝 임금 제, 國 나라 국)
황제가 다스리는 나라

세밀화(細 가늘 세, 密 빽빽할 밀, 畵 그림 화)
섬세하게 그린 작은 그림

무굴 제국의 번영과 쇠퇴

무굴 제국의 영토

무굴 제국은 17세기 아우랑제브 왕 때에 인도의 대부분을 차지하며 크게 발전했어. 하지만 아우랑제브는 아버지 샤자한을 감옥에 가두고 두 형을 죽이고 왕위에 올랐어. 또한 이슬람교를 믿지 않는 힌두교도에게 엄청난 세금을 매기고, 수많은 힌두교 신전을 파괴한 후 그 자리에 이슬람 사원을 세웠어. 무굴 제국은 아우랑제브 왕 이후 국력이 급속히 약화되었고, 이러한 가운데 영국을 비롯한 서양 세력의 침략을 받아 어려움을 겪게 되었지.

악바르 왕이 문맹?

악바르는 글을 읽을 수 없었대. 그래서 그는 많은 그림을 넣고 이를 설명하는 방식으로 책을 만들게 했어. 문맹이면서도 공부를 게을리하지 않으려는 악바르의 노력은 사건이나 풍경을 섬세하게 그리는 세밀화를 발전시켰어.

이슬람 문화와 힌두 문화의 만남

16세기 무굴 제국의 등장으로 이슬람교는 인도 사회에 깊이 파고들어 힌두 문화와 이슬람 문화가 융합된 문화를 만들었어. 힌두 문화의 바탕 위에 이슬람교의 유일신 사상을 받아들인 시크교는 우상 숭배를 거부하고 카스트 제도를 부정하여 큰 호응을 얻었어. 한편, 무굴 제국의 지배자들은 인도인들과의 원활한 소통을 위해 힌두 어, 페르시아 어, 아랍 어 등을 혼합하여 우루두 어를 만들었는데 오늘날에도 사용되고 있어. 건축에서는 타지마할 묘당과 같은 뛰어난 작품이 나타났어. 타지마할은 이슬람 사원의 양식에 연꽃 무늬를 비롯한 인도 고유의 문화를 잘 조화시켜 인도·이슬람 문화의 특징을 잘 보여 주고 있어.

샤자한이 사랑했던 왕비, 뭄타즈 마할

타지마할의 주인공 뭄타즈 마할은 열네 번째 아이를 출산하다가 39세의 젊은 나이로 세상을 떠났다고 해.

사랑하는 아내를 위하여!

타지마할은 '인간이 만든 최고의 걸작품', '세계에서 가장 아름다운 무덤'이라는 칭찬이 끊이지 않아. 타지마할은 샤자한이 사랑하던 왕비 뭄타즈 마할이 죽자 그녀를 기리기 위해 만든 무덤이야. 아름다웠던 왕비를 잃은 슬픔에 샤자한은 그의 온갖 예술적 정열과 국력을 쏟아 22년 동안 무덤을 짓는 데 열중했어. 평소에도 건축에 관심이 많았던 그는 세계 각지의 솜씨 있는 장인들을 불러 모으고, 백색의 대리석 외에도 보석들을 동원하여 세계에서 가장 아름다운 무덤을 만들어냈어.

32 세포이 항쟁
영국에 대한 인도인의 저항

콜럼버스는 향신료를 찾아 인도로 떠났대. 당시 향신료가 서양인들에게 엄청난 인기를 끌었기 때문이지. 그럼 향신료를 찾아 인도에 정말 많은 나라들이 갔을 텐데 그 많은 나라들 중 인도를 차지한 나라는 어느 나라일까? 다른 나라 사람들이 들어오면서 인도에는 어떤 변화가 있었을까?

향신료 : 음식에 맵거나 향기로운 맛을 더하는 조미료. 고추, 후추, 파, 마늘, 생강, 겨자, 깨 등이 있음

인도의 지배자, 영국 | 동인도 회사

영국이 인도를 차지하다!

무굴 제국은 아우랑제브 황제가 죽은 후 세력이 약해져 조그만 왕국이 되었어. 그리고 여러 개의 작은 나라들이 세워졌지. 16세기 이후 유럽의 수많은 상인들이 인도에 와서 면화, 차, 향신료를 사갔고, '동인도 회사'라는 무역 회사를 세우기도 했는데, 이 중 영국과 프랑스는 무굴 제국이 약해진 틈을 타 인도를 차지하기 위해 경쟁하고 있었어. 그러던 1757년, 영국이 프랑스와의 전투에서 승리함으로써, 인도를 차지하게 되었어.

굶주림에 허덕이는 인도 사람들

영국은 인도에서 면화를 강제로 재배했고, 나무를 엄청나게 베어가 숲이 파괴되었어. 게다가 값싼 영국의 면제품이 대량으로 들어오면서 인도의 많은 섬유 공장이 문을 닫았고, 수공업자들은 일자리를 빼앗겼지. 인도의 면직물 공업도 우수했지만, 영국에서 기계로 찍어낸 값싼 면직물에 밀릴 수밖에 없었어. 그 후 영국은 인도에서 값싸게 면화를 사들여 영국에서 면직물을 만들어서 다시 인도에 팔았어. 영국 사람들은 점점 부자가 되었고, 인도인들은 점점 가난해졌어.

영국에 맞서 들고 일어나다 | 세포이의 항쟁

동인도 회사는 자체적으로 군대를 모아 인도 각지에 세워진 작은 나라들을 하나씩 정복해 나갔어. 동인도 회사의 병사들은 대부분 영국인이었지만 인도 병사도 많았는데, 이들을 '세포이'라고 해.
그런데 시간이 갈수록 세포이의 불만이 쌓여갔어. 게다가 영국은 인도의 종교를 무시했지. 그러던 중 소기름과 돼지기름이 묻은 새 총이 지급되자 세포이의 항쟁이 일어났어. 인도 북부에서 시작된 세포이의 항쟁은 금세 전국으로 확산되었어. 2년 동안 계속된 항쟁은 결국 영국군에게 진압되었지.

영국인의 생활

인도에 온 영국인들은 인도 하인을 거느리는 등 사치스러운 생활을 했어.

더 알고 싶어요

소와 돼지의 기름 때문에 세포이의 항쟁이 시작되었다고요?

세포이에게 지급된 새 총에는 총을 손질하기 위한 소기름과 돼지기름이 칠해져 있었어. 소는 힌두교에서 신성하게 생각하는 동물이었고, 돼지는 이슬람교에서 더러운 동물로 여겨 접촉하는 것조차 피하는 동물이었지. 그러니 힌두교도와 이슬람교도로 이루어진 세포이들은 분노할 수밖에 없었던 거야. 이 일을 계기로 그동안 쌓여왔던 불만이 폭발하면서 세포이의 항쟁이 시작됐어.

영국의 직접 지배 시작!

세포이 항쟁을 겪은 영국 사람들은 깜짝 놀랐어. 영국은 민족과 종교가 다양해 서로 잘 뭉치지 못하던 인도인들을 무시했거든. 그런데 한번 뭉치면 인도인들도 아주 무서워진다는 것을 알게 된 거야. 그리고 영국은 이제 더 이상 '동인도 회사'라는 무역 회사를 통해 인도를 지배하는 것이 어렵다는 것을 깨달았어. 경제적 이익만 챙기다 보니 못된 짓도 서슴지 않았기 때문에 인도인들이 화가 났다고 생각한 거야. 그래서 영국 국왕이 인도를 직접 다스리게 했어. 이제 델리를 중심으로 조그맣게 남아있던 무굴 제국은 무너지고, 영국령 인도 제국이 세워지게 되었지.

국산품 애용, 인도인에게 자치를 | 인도 국민 회의

인도 국민 회의 탄생!

비록 세포이 항쟁이 실패로 끝났지만, 이 일을 통해 인도인들은 민족 의식을 키우게 되었어. 여러 개의 나라로 분열되어 있던 인도가 외부의 큰 적을 만나면서 국민 의식이 생겨난 거야. 전국적인 조직인 인도 국민 회의도 탄생하게 되었어. 처음 인도 국민 회의는 영국의 지원을 받아 만들어졌어. 영국에 좋은 감정을 가진 인도의 지식인을 중심으로 인도 국민 회의를 만들어서 영국에 대한 나쁜 감정을 누그러뜨리려는 생각이었지. 그래서 처음에 인도 국민 회의는 영국에 협조하면서 인도인의 권리를 찾아보려 했어.

힌두교도와 이슬람교도를 이간질시키다

그런데 1905년 영국이 '벵골 분할령'을 발표했어. 벵골 지방을 이슬람교도가 사는 동쪽과 힌두교도가 사는 서쪽으로 나누겠다는 거지. 영국에 반대하는 민족 운동의 중심지인 벵골 지역을 둘로 나누고, 힌두교도와 이슬람교도의 대립을 부추겨서 민족 운동을 약화시키려는 게 영국의 목적이었어.

하지만, 벵골 분할령은 인도 국민 회의를 비롯한 인도 국민 전체의 거센 반발을 가져 오는 계기가 되었어. 인도인들은 영국산 면제품을 불태우고, 모든 국민들이 하나로 똘똘 뭉쳐 시장·가게·공장 문을 닫은 채 격렬하게 저항했어. 그리고 이 일을 계기로 영국에 협조적이던 인도 국민 회의는 영국에 반대하는 민족 운동에 앞장서게 돼. 이처럼 인도인의 강력한 반발에 부딪히자, 결국 영국은 벵골 분할령을 취소했어.

용어 해설

동인도 회사
유럽 여러 나라에서 아시아의 무역을 독점하기 위해 아시아 각국에 세운 회사

항쟁(抗 겨룰 항, 爭 다툴 쟁)
맞서 싸움

영국령
영국의 영토

분할(分 나눌 분, 轄 다스릴 할)
나누어 권한을 가지고 통제하거나 지배함

이때 우리는?

인도가 영국의 식민지가 되어가던 그때, 우리나라는 일본의 식민지가 되었어. 1905년 을사조약으로 외교권을 빼앗긴 후, 1910년 주권을 완전히 빼앗기고 일본의 지배를 받게 돼. 그러나 일본의 지배에 맞서 3·1 운동을 비롯한 독립운동을 끊임없이 벌였지.

인도 국민 회의 4대 강령

영국 제품 불매

국산품 애용

인도인의 자치

국민 교육

인도와 영국의 관계 한눈에 정리하기

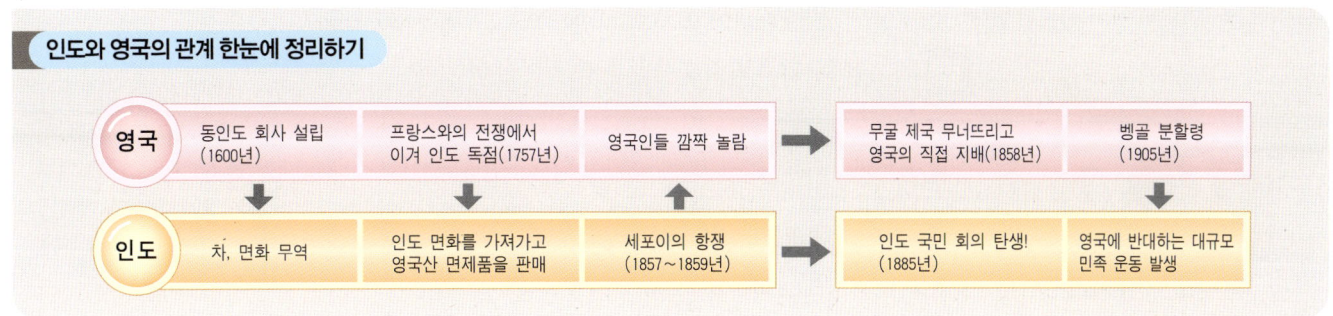

33 | 간디

위대한 영혼의 소유자

1750　　1800　　1850　　1900　　1950　　2000

아이들끼리 힘을 모아 우리 반 친구를 괴롭히는 나쁜 친구를 때려줬어. 그런데 선생님은 우리를 불러서 혼내시고, 게다가 벌까지 주셨어. 우리 반 친구를 괴롭히는 나쁜 아이를 때려준 건데 왜 혼나야 하는지 솔직히 이해가 잘 안됐어. 선생님은 우리에게 폭력이 아닌 말로 해결했어야 한다고 말씀하셨지. 간디가 했던 비폭력의 방법으로 말이야. 간디가 이야기한 비폭력이 도대체 뭘까?

간디(1869~1948) : 영국으로부터의 독립운동을 지도한 인도의 정신적·정치적 지도자로, 독립운동가 겸 법률가, 정치인

소심한 변호사에서 민족 지도자로 | 간디의 일생

소심한 변호사

간디는 1889년 인도의 항구 도시에서 상인 집안의 막내로 태어났어. 유난히 여리고 수줍음 많았던 그는 아들의 말을 믿어주는 아버지와 힌두교의 전통을 성실하게 지키는 어머니 아래서 성실함과 정직함을 배우며 자랐지. 열여덟살 때 인도의 대학에 입학했지만, 강의를 따라갈 수 없어 한 학기만에 학교를 그만두었어. 그후 고향으로 돌아갔다가 주변 사람들의 권유에 따라 영국 유학을 떠나게 되고, 유학한지 3년 후 드디어 영국 변호사 자격 시험을 통과했어. 그러나 귀국한 뒤 맡은 첫 변호에서 간디는 소심함 때문에 지고 말았어.

인생을 바꾼 남아프리카 시절

변호사 사무실 운영비도 못 벌고 있던 간디는 남아프리카의 인도인 회사에서 변호사를 구한다는 소식을 듣고 남아프리카로 떠나게 돼. 이 곳에서 간디의 일생을 바꿀 사건을 만나게 되지. 그는 남아프리카 열차의 1등석에 앉아 있었는데, 갑자기 짐과 함께 열차 밖으로 쫓겨나야 했어. 당시 남아프리카에서 인도인은 1등석에 앉을 수 없도록 법으로 정해놓았거든. 남아프리카의 낯선 역에 버려진 24살의 변호사 간디는 인도인의 차별을 없애기 위해 싸우기로 결심했어. 간디는 남아프리카에서 인도인의 차별을 없애기 위해 20여 년 동안 싸웠고, 결국 인도인에 대한 차별법이 모두 폐지되기에 이르렀어. 이 때 **부당**함에 맞선 그의 가장 강력한 무기는 '**비폭력**, **불복종**, **비타협**'이었어.

인도인이 생각하는 간디

인도의 모든 지폐에는 간디가 들어있을 정도로 인도인에게 간디는 소중한 사람이야.

네루가 딸에게 보낸 편지

> 3·1 운동은 조선 민족이 단결하여 자유와 독립을 찾으려고, 수많은 사람들이 죽거나 일본 경찰에 잡혀가 모진 고문을 당하면서도 굴하지 않았던 숭고한 독립 운동이었다. (중략) 조선에서 대학을 갓 나온 젊은 여성과 소녀들이 학생 신분으로 투쟁에 참가해 중요한 역할을 하였다는 것을 듣는다면, 너도 틀림없이 깊은 감동을 받을 것이다.

나중에 인도의 수상을 지낸 네루가 독립운동을 하다 감옥에 갇혔을 때 딸에게 보낸 편지야. 네루가 우리나라의 독립운동을 얼마나 가치있게 평가했는지를 알 수 있겠지?

간디가 기차 밖으로 신발 한 짝을 던진 이유는?

간디가 막 출발하려는 기차에 올라탔어. 그 순간 신발 한 짝이 벗겨져 플랫폼 바닥에 떨어졌지. 이미 기차가 움직이고 있었기 때문에 간디는 그 신발을 주울 수 없었어. 그러자 간디는 얼른 나머지 신발 한 짝을 벗어 그 옆에 떨어뜨렸어. 함께 있던 사람들이 놀라 이유를 물었지. 간디는 미소를 지으며 대답했어. "어떤 가난한 사람이 신발 한 짝을 주웠다고 상상해 보십시오. 그에게는 한 짝뿐인 신발이 아무 쓸모가 없을 것입니다. 하지만 이제는 나머지 한 짝마저 갖게 되지 않았습니까?"

인도의 완전한 독립을 위해 | 독립운동가 간디

인도로 돌아온 민족의 지도자

1915년, 간디는 45세의 나이에 인도로 돌아왔어. 당시 인도는 영국의 자치권 보장 약속을 믿고 영국의 전쟁에 협조해 제1차 세계 대전을 치르고 있었어. 그러나 전쟁이 끝난 후 영국은 약속을 뒤집고, 인도인의 독립운동을 탄압하는 법을 만들었어. 우리나라의 3·1 운동, 중국의 5·4 운동이 일어났던 1919년, 인도에서도 대규모 독립운동이 일어났고, 독립운동의 지도자 간디의 방법은 역시 비폭력이었어. 하지만 영국은 비폭력 시위대에게 무차별 총격을 가했고, 영국의 잔인함은 오히려 인도인들을 더욱 단결하게 했어.

25일간 쉬지 않고 걸어간 소금 행진

1930년 대공황 때문에 경제적 어려움을 겪고 있던 영국은 인도인들에게 소금을 비싼 값에 영국으로부터 수입해서 먹을 것을 강요하는 〈소금법〉을 만들었어. 그러자 간디는 하루 60km씩 25일간 쉬지 않고 걸어가 직접 바닷물로 소금을 만들면서 '소금 행진'을 벌였어. 그의 뒤를 각계각층의 인도인들이 함께 했고, 이 일로 간디는 6만여 명의 인도인과 함께 감옥에 갇혔지. 감옥에 있는 동안 간디의 단식이 시작되었고, 세계의 언론은 간디의 건강을 계속 뉴스로 보도했어. 부담을 느낀 영국 정부는 그를 풀어주었지만 석방된 후에도 간디는 영국에 대해 계속 저항했어.

마침내 이뤄낸 인도의 완전한 독립

제2차 세계 대전이 일어나자, 인도인들은 영국인들에게 강력히 저항하면서 독립운동을 벌여 나갔어. 그 결과 영국인들은 더 이상 인도를 지배할 수 없다는 사실을 깨달았어. 1947년 8월 15일 인도는 드디어 200년간의 영국 통치에서 벗어나 완전한 독립을 이루었어. 그러나 영국인들은 힌두교와 이슬람교로 나누어 독립 협상을 진행해 이들의 대립을 부추겼지. 결국 힌두교의 인도와 이슬람교의 파키스탄으로 따로따로 독립하게 되었어. 이후 서로 다른 종교 때문에 싸움과 갈등이 계속되었어. 간디는 78세의 몸으로 단식을 하며 둘의 갈등을 풀어보려 했고 이슬람교도를 편드는 것으로 오해한 힌두교 신자에게 총을 맞아 1948년 암살당하고 말았어. 지금은 인도인들은 그를 '마하트마(위대한 영혼)', '인도 건국의 아버지'라고 부른대.

간디와 네루는 아직도 인도인들의 가슴에 살아 있는 위대한 사람들이야. 하지만 여러 면에서 서로 달랐어. 독립운동을 할 때도 강한 방법도 쓰고자 했던 네루와 달리, 간디는 온건하고 평화로운 방법을 원했거든. 그럼에도 불구하고 서로의 장점이 인도의 독립운동에 반드시 필요하다는 것을 잘 알고 있었기 때문에 아버지와 아들의 관계처럼 함께 독립운동을 이끌어갔어. 그래서 독립 후 총리로 네루를 적극 추천한 사람도 간디였지. 네루는 간디의 죽음에 대해 이렇게 표현해 전 국민을 울렸대. "우리의 삶을 따뜻하게 밝혀 주던 태양이 졌다."라고 말이야.

네루와 간디

용어 해설

부당(不 아닐 부, 當 마땅할 당)
이치에 맞지 않음

비폭력(非 아닐 비, 暴 온당할 타, 協 도울 협)
폭력을 쓰지 않거나 반대함

불복종(不 아닐 불, 服 복종할 복, 從 쫓을 종)
명령이나 결정 따위에 그대로 따르지 않음

비타협(非 아닐 비, 妥 온당할 타, 協 도울 협)
타협하지 않음

자치권(自 스스로 자, 治 다스릴 치, 權 권세 권)
스스로 다스릴 수 있는 권리

대공황(大 큰 대, 恐 두려울 공, 慌 다급할 황)
세계적으로 경제가 크게 혼란한 현상

단식(斷 끊을 단, 食 먹을 식)
일정 기간 동안 의식적으로 음식을 먹지 아니함

소금 행진

이 외에도 간디는 "집요하게 거부하되 폭력 없이 공개적으로 한다." "진정한 힘이란 물리적 수단 속에 있는 것이 아니다. 꺾을 수 없는 의지 속에 있는 것이다."와 같은 말을 하며 계속 비폭력으로 맞섰어.

34 | IT 강국, 인도

성장하는 인도 경제

친구들과 함께 서점에 갔다가 'IT 강국...' 으로 시작하는 제목의 책을 봤어. 난 당연히 우리나라에 관한 책이라고 생각했어. 그런데 인도 이야기더라구. 하지만 난 인도하면 갠지스 강에서 목욕하는 힌두교 신자들, 소가 지나가도 기다려주는 사람들, 고대 문명의 신비를 간직한 나라 이런 것들이 생각나거든. 그런데 뜸금없이 IT 강국이라니 너무 안 어울리는데? 인도가 어떻게 IT 강국이 되었을까?

IT : Information Technology, 정보화 사회를 만들기 위한 기술

IT 강국 인도 | 인도의 경제 성장

영국에서 독립한 후 인도는 정치에서는 민주주의를, 경제에서는 자본주의와 사회주의를 섞어서 나라의 발전을 꾀했어. 그러다가 1990년대 IMF 외환 위기를 겪은 후 경제 개방을 더 많이 하면서 높은 국민 소득 증가를 이루어 세계의 주목을 받고 있지. 특히 IT 산업은 인도 경제의 중심으로, 세계 2위의 소프트웨어 수출국이야. 그렇다면 인도가 IT 강국으로 성장하게 된 배경은 뭘까?
첫째, 인도 정부의 적극적인 지원을 들 수 있어. 인도 정부는 80년대 후반부터 소프트웨어를 중심으로 IT 산업을 키우기 위해 노력해서 IT 산업에서 일하는 사람이 초기에 6,800명이던 것이 2007년에는 70만 명으로 늘어났대.
둘째, 인도는 질 높은 교육을 받은 우수한 인재들이 많아. 영어가 공용어 중 하나이고, 19×19단 암기로 계산력이 빠른 것도 장점이야. 또 인도인은 노벨상을 6번이나 수상했을 정도로 수학과 과학 실력이 뛰어나지.
셋째, 우수한 인력에 비해 인건비가 낮은 것도 큰 장점이야. 그래서 미국과 영국의 기업들이 앞다퉈 인도의 IT 기업에 일을 맡기고 있대.
넷째, 인도는 IT 분야와 관련하여 미래의 큰 시장이 될 것으로 보여. 인도의 영화 산업 규모는 세계 최대로 극장표 판매량이 일 년에 28억 장이고, 영화도 일 년에 1,200편을 제작하고 있어. 인도 영화의 경쟁력과 우수한 IT 기술이 결합하면 애니메이션, 3D 영상 등이 발전할 가능성이 매우 높지.

볼리우드는 인도 뭄바이의 옛지명인 봄베이와 미국 영화의 중심지인 헐리우드를 합쳐서 만든 말이야. 헐리우드에 비교할 만큼 뭄바이가 영화의 중심지라는 뜻이 담겨 있는 거지. 볼리우드의 영화는 인도뿐 아니라 중동, 아프리카, 동남아시아에서도 인기가 높아. 또한 인도 사람들이 많이 이주한 영국, 캐나다, 오스트레일리아, 미국에서도 인기가 높대.

더 알고 싶어요

영화를 즐기는 인도인들?

극장에서 박수를 치거나 야유를 보내면 어떨까? 우리나라에서는 매너 없는 행동이라고 비난받을 일이지만, 인도에서는 흔히 있는 일이래. 멋있는 주인공이 나타나면 휘파람을 불며 박수를 치고, 악역을 맡은 사람이 나오면 야유를 보내기도 해. 영화 중간중간 춤과 노래가 나오면 박수치고 노래 부르면서 영화를 즐기지. 영화 관람료도 매우 저렴해서 인도인들은 영화를 즐겨 본대. 영화의 내용은 거의 대부분 착한 사람은 복 받고 나쁜 사람은 벌을 받는 거래. 또 화려한 집과 멋진 배우가 등장하고 있대. 아마 현실에서 누릴 수 없는 것을 영화를 통해 누리고 싶은 인도인의 마음이 깔려 있는 걸지도 몰라.

인도의 발전을 가로막는 것들 | 현재 인도의 문제

인구가 너무 많아

인도의 인구는 12억으로, 세계에서 중국 다음으로 인구가 많아. 게다가 인구는 계속 증가하고 있어. 인도 정부는 우리나라의 가족 계획 사업을 도입해서 출산율을 낮춰보려고 했지만 성과를 거두지 못했어. 아기를 많이 낳는 하층민의 경우 교육을 못 받아 가족 계획 사업을 홍보하기 어려웠대. 인도의 경제 발전 문제는 인구 문제와 연결된다고 할 정도로 인구 문제 해결은 매우 중요해.

공식 언어가 17가지나 돼

인도는 땅이 넓다보니 지방마다 쓰는 언어가 약간씩 달라서 현재 약 700개의 언어가 사용되고 있어. 헌법에서 인정하는 공식 언어만 해도 17개나 돼. 인도의 주(州)는 언어에 따라 나뉘기 때문에 주마다 사용하는 언어가 달라. 그 중 가장 많이 사용하는 언어는 전 인구의 45%가 사용하는 힌디 어야. 하지만 힌디 어를 표준어로 하는 데 반대가 심해서 현재도 영어가 공용어로 쓰이고 있어.

힌두교와 이슬람교의 싸움이 자꾸 일어나

인도는 지난 수천 년 동안 외부의 침략을 자주 받았는데 그 중에서도 이슬람의 영향이 가장 오랫동안 지속되었어. 이 때문에 다양한 언어와 종교가 자리 잡았고 주민들이 생활 방식도 다양해졌어. 종교 간에 서로 싸울 때도 있었지만 대부분은 잘 지냈어. 그런데 영국의 식민 지배를 거치면서 분위기가 달라졌지. 그리고 200여 년간에 걸친 영국의 지배로부터 독립하면서 힌두교 중심의 인도, 이슬람교 중심의 파키스탄으로 나뉘게 되었어. 그런데 독립할 당시 국경선이 종교 집단을 경계로 정확하게 그어지지 못했기 때문에 국경에서는 여전히 종교 갈등 문제가 일어나고 있어.

카스트 제도가 여전히 남아 있어

3,500년이나 묵은 인도의 카스트 제도는 너무나 단단해서 그 신분의 벽을 뛰어넘기가 쉽지 않아. 게다가 '닿기만 해도 부정해진다.'는 인도인들의 생각이 담겨있는 '불가촉 천민' 문제는 인도가 급히 해결해야 할 숙제야. 1955년 〈불가촉 천민법〉이 만들어져 공식적으로는 이들에 대한 종교적·사회적·직업적 차별을 금하고 있어. 그리고 입학이나 취업, 의식의 일정 비율을 배정하는 등 차별을 없애기 위한 정책을 실시하고 있어. 하지만 대다수의 불가촉 천민은 아직도 가난에 시달리며 인간 이하의 취급을 받으며 살고 있어.

용어 해설

소프트웨어(Software)
컴퓨터 프로그램 및 그와 관련된 문서들을 통틀어 이르는 말

인건비(人 사람 인, 件 물건 건, 費 쓸 비)
사람을 부리는 데에 드는 비용

도입(導 인도할 도, 入 들 입)
기술, 방법, 물자 등을 끌어들임

관습(慣 익숙할 관, 習 익힐 습)
어떤 사회에서 오랫동안 지켜 내려와 그 사회 성원들이 널리 인정하는 질서나 풍습

남편따라 불길 속으로 – 사티

인도에는 남편이 죽으면 죽은 남편을 화장할 때 아내도 같이 불 속에 뛰어드는 '사티' 라는 오랜 관습이 있어. 사티를 한 여인은 신으로 모셔지고, 이 여인을 모신 사원이 세워지게 돼. 이 이상한 관습은 아직도 있는데, 1997년도에 사티가 한 번 행해졌고, 아직까지 5년에 한 번 꼴로 나타나고 있어. 마을 사람이나 친척들이 그 여자에게 환각제를 먹여서 남편 화장하는 데 같이 밀어 넣어서 죽이기도 한대.

 **나렌드라 자다브 – 불가촉 천민에서 인도의 영웅으로!**

'인도의 살아 있는 영웅'이라 불리는 나렌드라 자다브는 불가촉 천민 출신임에도 불구하고 인도 중앙은행 수석 경제 보좌관, 인도 푸네대학 총장 자리에 올랐어. 세계의 언론은 그를 인도의 미래를 이끌어갈 차기 대통령으로 평가하고 있지. 동물보다 못한 취급을 받아야 했던 사람들인 불가촉 천민으로 태어난 나렌드라 자다브! 그는 태어난 신분을 절대 바꿀 수 없는 인도의 절대적 신분 제도를 무너뜨리면서 지금의 자리에 올라 인도의 살아 있는 영웅이 되었어.

한눈에 들여다보기 | 떠나자, 인도로!

나마스떼(안녕하세요!) 인도에는 10억 명의 사람들이 살고 있어. 사람이 많다보니 종교와 문화도 참 다양해. 인도 고유의 종교인 힌두교는 인도인들의 생활 깊숙이 자리 잡고 있어서 인도를 여행하다 보면 곳곳에서 힌두교 사원을 볼 수 있어. 또 부처가 태어난 곳, 부처가 깨달음을 얻은 곳 등을 다니며 불교의 아름다움을 느낄 수 있지. 그뿐인 줄 알아? 이슬람 세력의 지배를 받았기 때문에 이슬람 사원도 볼 수 있고, 영국의 지배를 받을 때 세워진 영국식 건물 사이를 누비다 보면 마치 그 거리가 인도가 아닌 것처럼 느껴진다니까. 이제 인도의 신비한 매력 속으로 여행을 떠나볼까?

랄 킬라(Red Fort)

델리가 인도의 수도였다는 것을 가장 잘 보여주는 곳이야. 델리 성이라고도 하고, 붉은 사암으로 되어 있어서 '붉은 성'이라고도 불러. 타지마할을 건축한 샤자한이 쌓은 것으로, 무굴 제국 전성기의 건축 기술을 볼 수 있는 곳이지.

자미 마스지드

델리 최대의 모스크(이슬람 사원)로 한꺼번에 2,000명의 예배자가 들어갈 수 있대. 건축광 샤자한의 마지막 건축물이자 인도와 이슬람 양식이 융합된 무굴 건축의 걸작이야.

타지마할

무굴 제국의 황제 샤자한이 사랑했던 아내의 죽음을 슬퍼하며 세운 것이야. 아그라 시는 타지마할을 보러온 사람들로 넘쳐나지. 타지마할은 아침, 태양빛이 가득한 한낮, 석양 무렵의 모습이 다르다고 해.

간디 슴리티

인도 건국의 아버지 간디가 암살당하기 전까지 살았던 곳이야. 지금은 기념관이 있어서 간디가 쓰던 침대와 사진, 간디의 행적을 따라 만들어 놓은 작은 인형들이 전시되어 있어.

아그라 성

무굴 제국의 악바르 황제가 수도를 델리에서 아그라로 옮기면서 건축하기 시작해서 그의 손자인 샤자한이 완성했어. 샤자한이 말년에 아들인 아우랑제브에 의해 갇힌 곳이 바로 이곳이야. 샤자한은 강 건너 사랑하는 아내가 묻혀있는 타지마할을 바라보다 끝내 숨을 거두었대.

카주라호 사원군

카주라호는 도시 전체가 거대한 유적지야. 힌두교와 자이나교 사원을 보고 싶다면 이곳을 꼭 가 봐. 벽면을 수놓은 수많은 조각들을 통해 중세 인도의 부조를 한눈에 볼 수 있지.

불교의 성지

불교의 4대 성지를 아니? 석가모니가 태어난 룸비니, 깨달음을 얻은 부다가야, 처음 말씀을 전한 사르나트, 열반에 들어간 쿠시나가라! 이 중에서도 가장 성스러운 곳은 바로 깨달음을 얻은 부다가야야. 지금은 국제 사원으로 꾸며져 세계의 절을 다 볼 수 있어.

다르질링

히말라야 산맥 남동쪽 기슭에 있고, 7~8월에도 16℃ 정도로 시원한 곳이야. 1883년 영국이 이 곳에 차를 재배하기 시작하면서 발전했대. 다르질링 히말라야 철도는 세계 문화 유산으로 지정되어 있어.

엘로라 석굴 사원 / 아잔타 석굴 사원

엘로라 석굴 사원은 인도 종교의 다양한 모습을 보여 주는 곳이야. 불교뿐 아니라 힌두교와 자이나교의 석굴도 포함되어 있는데, 굴수는 모두 34개나 된대.
한편 아잔타 석굴 사원은 인도의 대표적인 고대 불교 석굴 사원이야. 현재는 인도뿐 아니라 세계가 인정하는 불교 예술의 보물 창고라 할 수 있는 곳이야.

35 | 앙코르 와트
인간이 만든 기적

앙코르 와트가 캄보디아라고?

| 1 | A.D.200 | 400 | 600 | 800 | 1000 |

이번 겨울 방학에 가족들과 동남아시아로 여행을 가기로 했어. 너무 신나! 빨리 방학이 왔으면 좋겠어. 나는 앙코르 와트를 꼭 가보고 싶어. 1주일간의 여행 중 앙코르 와트만 3일간 볼 예정이라고 해서 정말 좋아. 언젠가 엄마가 '앙코르 와트는 캄보디아다.' 라는 말이 있을 정도라고 말씀해 주셨어. 앙코르 와트가 그렇게 대단한 곳인지 빨리 가서 내 눈으로 확인해 봐야지!

캄보디아: 인도차이나 반도의 남서부에 있는 나라

인도와 중국 사이 | 인도차이나

동남아시아는 인도의 동쪽, 중국의 남쪽에 있어. 당연히 인도 문화와 중국 문화가 커다란 영향을 미쳤지. 그 영향이 얼마나 컸는가를 알 수 있는 대표적인 표현이 베트남, 라오스, 캄보디아를 포함하는 인도차이나라는 말이야. 이 지역이 중국, 인도와 비슷한 지역이라고 생각하면 곤란해. 나름대로 **독자적인 문화**를 가꾸어 왔기 때문이야. 인류의 조상 가운데 하나인 **자바 원인**의 뼈는 이 지역의 오랜 역사를 증명한다고 볼 수 있지. 또한 베트남, 캄보디아, 라오스, 타이, 말레이시아, 인도네시아 등에서 발견된 청동북은 이 지역의 독특한 문화를 잘 보여 주고 있어. 이렇게 동남아시아만의 독특한 문화가 있었기 때문에 중국과 인도의 영향을 받으면서도 전혀 다른 그들만의 문화를 만들어낼 수 있었던 거야. 예를 들어볼까? 중국의 영향을 받아 **가부장적인** 유교 문화가 전해졌지만 중국에 비해 여성 활동이 활발했고, 인도에서 힌두교의 영향을 받았지만 카스트 제도는 받아들이지 않았어. 그리고 이슬람과 서양 세력의 침략을 받으면서도 고유의 독자적인 문화를 유지했지.

인도차이나

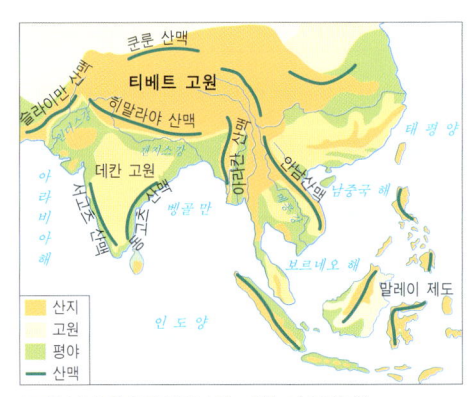

지도를 보니 왜 인도차이나라고 했는지 알겠지?

동남아시아 국가들의 변천

위 지도는 현재 동남아시아의 여러 나라를 표시한 거야. 지금도 나라가 이렇게 많은데 과거에는 얼마나 복잡했겠어. 오른쪽 표와 나라를 잘 연결시키면서 옛날의 나라들과 지역을 연결시켜 보면 정리가 될 거야.

지역별로 참 많은 나라가 있었지? 이 왕조들을 모두 다 외울 필요는 없어. 하지만 지도와 왕조표를 함께 보다 보면 앙코르 왕조가 있었던 곳에 앙코르 와트가 있었을 것이라고 상상할 수 있을 거야. 그 정도면 충분하니까 너무 부담 갖지 말도록 해.

청동북

청동북은 동남아시아에서 볼 수 있어.

전통을 만들어가다 | 동남아시아 초기 국가

베트남 북부 : 안남

베트남 북부 지역은 기원전 3세기부터 서기 11세기까지 중국의 지배와 독립이 여러 번 반복됐어. 중국의 오랜 지배에도 독자적인 문화를 유지해 오던 베트남 사람들은 기원후 40년, 중국(한나라)의 지배에 저항하여 쯩니, 쯩짝 자매를 중심으로 반란을 일으켰어. 그러나 3년 만에 반란은 진압되었고, 중국의 지배를 더 강하게 받았지. 한편, 이 지역은 여제사장이 제사를 주관하던 전통이 이어져 여성의 중요성이 무척 컸고, 여성이 배우자를 선택하는 풍습도 있었대.

베트남 남부 : 참파

참파는 주로 바다를 누비며 생활했기 때문에 어업과 항해술이 발달했어. 배를 이용해 중국, 인도, 페르시아를 잇는 교역의 중심지 역할을 했어. 참파는 200년에 등장하여 1692년에 멸망할 때까지 1,400년간 베트남 남부를 지배했어. 참파의 후손인 참족은 현재 베트남의 소수 민족 중 하나야.

캄보디아 : 푸난-진랍-앙코르

푸난은 바다를 통해 인도와 교역하며 번성했어. 푸난은 후에 진랍으로 교체되었다가 9세기에는 앙코르 왕조로 이어졌지. 앙코르는 저수지를 만들어 논농사에 활용하였고, 농사가 잘 되니 나라의 힘도 강해져 12세기에 강한 왕국을 만들었어. 그 힘을 보여주는 것이 바로 앙코르 와트야.

수마트라 : 스리비자야

지금의 인도네시아 수마트라 섬에는 7세기에 스리비자야라는 나라가 생겼어. 이 지역은 인도와 많은 교류를 하며 인도 문화가 전해졌어. 스리비자야 왕국은 중국과 인도를 오가는 주요 바닷길을 장악하여 동남아시아의 대표적인 해상 무역 국가로 발전했지.

자바 : 사이렌드라

자바 섬에서 8세기부터 급속도로 성장한 사이렌드라는 발달한 농업을 바탕으로 왕국을 이루었어. 사이렌드라를 시작으로 자바에서는 보로부두르 사원과 같은 수준 높은 문화 유산을 창조한 왕조들이 들어섰어. 이후 스리비자야와 사이렌드라는 통합되었지.

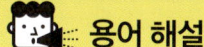

용어 해설

독자(獨 홀로 독, 自 스스로 자)
남에게 기대지 않고 자기 혼자

자바 원인(Java, 猿 원숭이 원, 人 사람 인)
자바 섬에서 발견된 화석 인류. 약 40만 년 전에 살았으리라 추측되며, 호모 에렉투스라는 학명으로 부름

가부장(家 집 가, 父 아버지 부, 長 우두머리 장)
가정에서 최고의 권력을 가지는 사람

주관(主 주인 주, 管 맡다 관)
어떤 일을 책임을 지고 맡아 관리함

한 제국을 혼쭐 낸 베트남의 자매

중국의 지배가 심하던 시절, 쯩짝의 남편이 중국인 관리에게 큰 피해를 입자 성격이 괄괄한 쯩짝은 동생 쯩니와 함께 군사를 일으켜 순식간에 65개 성을 함락해 버렸지. 이후 쯩짝은 나라를 세워 왕이 되었지만 3년 후 대군을 이끌고 쳐들어온 중국 한나라 군대에 패하고 말았어. 이 당시 우리나라에서도 고구려가 한의 지배에 저항하고 있었지. 그런데 여성이 군사를 일으킬 정도면 베트남에서 여성의 지위가 절대로 낮지 않았음을 짐작할 수 있어.

세계 최대 불교 사원, 보로부두르

772년 사이렌드라 왕조 때 자바 섬 중앙에 세운 대승 불교 사원이야. 보로부두르의 높이는 31.5m나 돼. 커다란 종모양의 탑을 수십 개 쌓아 그 자체로 거대한 탑 모양을 하고 있으며, 세계적인 불교 유적으로 손꼽히는 곳이지.

 동양의 기적, 앙코르 와트

신에 비유할 만큼 강력한 왕권을 가졌던 앙코르 왕조의 수리아바르만 2세는 자신의 무덤이면서 '수도의 사원'이라는 뜻을 가진 앙코르 와트를 만들었어. 12세기에 세워진 앙코르 와트는 힌두교에 나타나는 신의 세계를 표현했어. 넓은 대지 위에 건물을 쌓고, 주위에는 둥글게 연못을 파 바다를 표현했으며 히말라야의 봉우리를 상징하기 위해 건물 둘레에 벽을 쌓기도 했어. 이런 힌두교 철학에다 불교의 조각 솜씨가 더해져 웅장함과 섬세함이 함께 하는 세계 최대의 종교 유적이 탄생된 거야. 유럽 사람들은 앙코르 와트를 보고 '동양의 기적'이라고도 했대.

36 | 말라카 왕국 이슬람 해상 왕국

동남아시아 여행 두 번째 코스는 싱가포르야. 지도에서 싱가포르를 찾아보려 했는데 잘 찾을 수가 없었어. 몇 번을 다시 찾아 보니 말레이시아 끝부분에 조그맣게 '싱가포르'라고 쓰여 있지 뭐야? 1인당 국민 소득 5만 달러를 넘을 정도로 잘 사는 나라라고 하는데, 영토는 매우 작은 도시 국가였어. 이렇게 작은 나라가 어떻게 세계적인 무역과 금융의 중심지가 될 수 있었을까?

싱가포르: 동남아시아에 있으며, 섬으로 이루어진 도시 국가

현재의 나라들이 보이네 | 동남아시아의 민족 국가 형성

베트남 : 끈질기게 싸운 나라, 대월

베트남은 쯩니·쯩짝의 반란 이후에도 중국에 대해 끊임없이 독립 투쟁을 벌여 마침내 907년 당이 멸망하면서 독립할 수 있었어. 그 후 베트남은 스스로를 황제의 나라라고 할 정도로 세력을 키우고, 문자를 만들어 독자적인 문화를 발달시켰지. 그 힘을 바탕으로 13세기에 세계를 뒤흔든 몽골 군이 침략했을 때는 세 번이나 물리치기도 했어.

그러나 15세기에 명나라가 침략해 베트남을 신하의 나라로 삼으려 하자 베트남 인들은 끈질기게 싸웠고, 10년 만에 명나라 군대를 물리친 후 발전의 기틀을 마련할 수 있었어. 그 후 남쪽에 있는 참파를 공격하여 17세기에 마침내 참파를 손에 넣음으로써 육지와 바다를 아우르는 인도차이나의 강국으로 떠오르게 돼.

13세기의 동남아시아

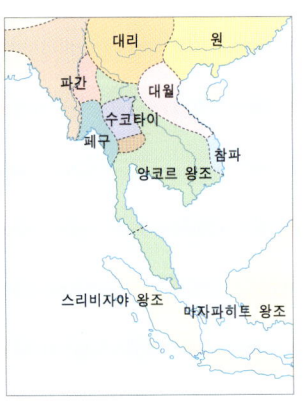

타이 : 새롭게 등장한 나라, 수코타이·아유타야

오늘날 타이의 역사의 시작은 수코타이! 중국 남서부에 살던 타이 족이 이동하여 12세기 무렵 현재의 타이 중부에 도착했어. 하지만 당시는 앙코르 왕조가 크게 발전하던 시기라, 앙코르 왕의 지배를 받아야 했지. 이후 앙코르 왕조가 차츰 약해지자, 타이 족은 13세기 중엽에 최초의 국가를 세우게 돼. 그들이 되찾은 자유는 무엇과도 바꿀 수 없는 소중한 것이어서 왕조의 이름은 '자유의 새벽'이란 뜻의 수코타이라고 했어. 수코타이 왕국은 중국의 법률, 제도 등을 많이 본받았지만, 타이 문자를 만들어 쓸 만큼 문화 능력을 가진 나라였고, 불교를 국교로 정하면서 많은 불상을 조각했어.

수코타이의 뒤를 이어 14세기에는 아유타야 왕국이 들어섰어. 아유타야는 수코타이를 점령하고, 미얀마와 말레이 반도까지 손에 넣었지. 이후 앙코르 왕국을 무너뜨리면서 대국으로 발전했어. 인도네시아 쪽으로 해병을 보내 군사력을 과시하고 명나라와도 적극적으로 교류하면서 약 400년간 번영을 누렸어.

 **더 알고 싶어요**

출가하라고 휴가를 주는 나라

타이에는 '일시적 승려' 제도가 있어. 이 제도는 직장에서 일하는 남자들도 3개월간 출가할 수 있도록 휴가를 주는 제도지. 소승 불교의 나라인 타이는 이미 6세기 무렵부터 남자라면 일생에 한 번 승려 생활을 경험하는 관습이 생겼을 정도로 신앙심이 깊은 나라야. 그래서 타이 정부는 직장을 그만두지 않고도 출가할 수 있게 일시적 승려 제도를 만들었어.

36 | 말라카 왕국

인도네시아 : 인도네시아의 뿌리, 마자파히트

13세기 말, 자바 섬에 마자파히트 왕국이 등장했어. 이 곳 사람들은 상인 기질이 아주 뛰어났던 것 같아. 자바 섬의 쌀을 주요 수출품으로 삼아 상아와 보석, 면직물 등을 중국이나 이슬람 상인들과 흥정하며 부를 쌓았거든. 또 후추, 정향과 같은 향료 무역을 독점하여 빠르게 번영의 길로 들어섰어. 이 시기 마자파히트 왕국은 3만 여 명의 군사와 1,000척의 군사용 배를 가지고 있을 만큼 강대국이었어. 오늘날의 인도네시아 대부분과 말레이 반도를 거느린 대제국이었지. 마자파히트 사람들은 힌두교를 믿었지만, 사이렌드라 왕국 시절의 불교나 이슬람 상인들의 신앙도 두루 존중해 주었어. 그래서 다양한 문화가 어울리며 발전 해 나갈 수 있었지.

그런데 15세기 말부터 세력이 약해진 마자파히트 왕국은 아유타야 왕국의 침략과 중국의 세력 확대로 위협을 받다가, 서서히 세력을 키우던 이슬람 세력에 의해 무너져버렸어. 하지만 오늘날 인도네시아 인구의 70%가 자바 섬에 살게 된 것도, 그들 스스로 하나의 겨레라고 생각하게 된 것도 다 마자파히트 왕국 덕분이래.

> **마르코 폴로가 본 자바 섬 – 대왕의 영토**
> 자바라는 섬의 둘레는 3,000마일이나 되며 세계에서 가장 큰 섬이라고 한다. 이 섬은 어느 대왕의 영토이다. 주민들은 우상을 섬기는데 어떤 나라에도 공물을 보내지 않고 있다. 실로 풍요로운 섬이다. 후추, 육두구, 감송향, 고량화, 필등가, 정향나무 등 한 마디로 말해 상상할 수도 없는 고가의 향료를 생산하고 있다. 갖가지 상품과 상인들을 실은 엄청난 수의 배가 이 섬으로 찾아온다. 그들은 이 거래에서 큰 이익을 올린다. 이 섬의 풍요로움은 말로 설명하기가 어려울 정도다.

말레이시아 : 이슬람 해상 왕국, 말라카

왼쪽 지도를 보면, 바닷길을 통해 중국이나 인도로 가는 가장 빠른 길은 말라카 해협을 지나는 길이란 걸 알 수 있을 거야. 게다가 말라카 해협에는 무역풍이라는 바람까지 불어줘서 배가 아주 순조롭게 지나갈 수 있지. 이런 지리적인 장점을 가진 곳에 스리비자야에 이어 최대의 무역 국가가 등장했어. 바로 말라카 왕국이야.

말라카는 원래 인도에서 이주해 온 사람들이 사는 작은 마을이었어. 15세기 스리비자야의 한 왕족이 말라카로 건너와 지배층이 되어 터를 닦으면서 무역항으로 급속히 성장하게 되었어. 말라카는 바닷길을 주름잡던 이슬람 상인들과 손잡기 위해 왕 스스로 이슬람 교로 개종하고 이슬람 국가를 선포했어. 말라카 항구는 중국, 베트남, 자바, 아유타야, 인도, 페르시아, 아라비아 상인들이 북적거리는 무역의 최대 중심지였어. 하지만 유럽 인들이 동남아시아를 침략하면서 바닷길의 길목인 말라카를 가장 먼저 침략했기 때문에 말라카의 지위는 오래가지 못했어.

🔍 용어 해설

과시(誇 자랑할 과, 示 보일 시)
자랑하여 보임

출가(出 날 출, 家 집 가)
불교 용어로 세상의 인연을 버리고 절에 들어가 수행을 하는 것을 의미

정향(丁 넷째천간 정, 香 향기 향)
말린 정향나무의 꽃봉오리인데, 성질이 따뜻하고 맛이 매워서 향료로 쓰임

무역풍(貿 바꿀 무, 易 바꿀 역, 風 바람 풍)
중위도에서 열대 지방으로 부는 바람으로 일 년 내내 불기 때문에 항해에 자주 이용된다.

싱가포르의 발전

싱가포르는 오늘날 세계적인 무역과 금융의 중심지로 떠오르고 있어. 싱가포르가 지금의 자리에 오르게 된 것은 말라카 해협에 위치해 있기 때문이야. 500년 전에도 말라카 해협을 차지하고 번성했던 말라카 왕국이 있었지. 말라카 왕국은 국제 무역의 길목이면서 사람 살기 좋은 곳에 위치해 인구 5만~10만의 전성기를 누렸어. 그 말라카 왕국을 보면, 지금 싱가포르의 번영이 이해가 되지?

동남아시아의 역사를 한눈에

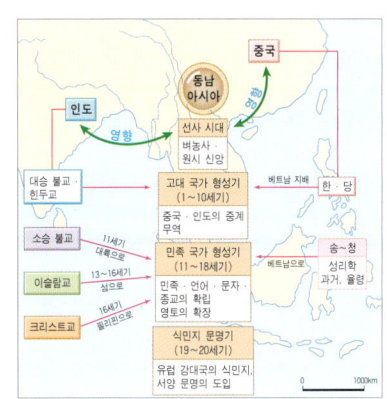

세계사 개념사전 **105**

37 호치민

베트남의 독립 영웅

이번 동남아시아 여행의 세 번째 코스는 베트남이야. 우리가 가장 먼저 갈 곳은 베트남에서 가장 큰 도시인 호치민 시! 어? 그런데 호치민은 사람 이름이래. 도시 이름에 사람 이름을 붙인 거지. 호치민은 도대체 어떤 사람이길래 베트남의 가장 큰 도시에 그 이름을 붙인 걸까?

호치민 시: 베트남에서 가장 큰 도시, 남베트남의 수도 사이공으로 있다가, 베트남이 하나로 통일되면서 1975년에 호치민 시로 이름이 바뀌었다.

동남아시아로 온 유럽 인 | 유럽 인의 침략

동남아시아 나눠 먹기

동남아시아는 16세기부터 유럽인의 침략을 받게 돼. 가장 먼저 침략을 받은 나라는 해상 왕국 말라카였어. 포르투갈은 16세기 초에 말라카를 점령하고 무역을 독점했고 에스파냐는 필리핀을 식민지로 삼았지. 한편, 영국은 동쪽으로 손을 뻗어 미얀마와 말레이 반도를 식민지로 만들었어. 영국에 져서 인도를 놓친 프랑스는 베트남으로 진출했고, 중국과 전쟁을 벌여 승리한 후 캄보디아를 합쳐 인도차이나 반도를 차지했어. 한편, 네덜란드는 20세기 초 자바와 그 주변의 섬들을 정복해 인도네시아 지역을 식민지로 삼았어. 뒤늦게 경쟁에 뛰어든 미국은 에스파냐에게서 필리핀을 빼앗았지.

나홀로 독립을 유지한 타이

타이는 동남아시아에서 유일하게 독립을 유지한 나라야. 왕들의 훌륭한 외교 정책으로 독립을 지켜낼 수 있었어. 라마 4세는 왕이 되기 전 27년간 승려 생활을 하면서 유럽의 선교사들에게 영어와 학문을 배우고 국제 관계에 눈을 떴어. 왕이 된 후에는 서양 문물을 적극적으로 받아들이면서 서양과 불평등한 통상 조약을 맺더라도 독립을 유지할 수 있는 방향을 택했어. 뒤를 이은 라마 5세 역시 유연한 외교로 국가적인 위기를 넘겼지. 결국 인도에서 동쪽으로 진출하던 영국과 베트남에서 서쪽으로 진출하던 프랑스가 타이를 완충 지대로 남겨두기로 하면서 독립을 보장받았어. 이후 타이는 제1차 세계 대전 때 연합국으로 전쟁에 참여하여 불평등한 조약을 고쳤고, 청년 장교들의 쿠데타가 일어나 입헌 군주국이 되었어.

강대국들이 동남아시아를 차지하려는 이유

 안녕하세요. 인터뷰를 하게 돼서 영광입니다. 그런데 왜 동남아시아를 식민지로 삼기 위해 그렇게 애쓰고 계신가요?

 가장 큰 이유는 유럽에서 동아시아의 중국, 한국, 일본으로 통하는 교통의 요지이기 때문입니다.

 그럼 그 넓은 동남아시아를 식민지로 삼으려니 고생이 이만저만이 아니었을 것 같은데, 어떠십니까?

 뭐, 그렇지도 않습니다. 예를 들어 인도네시아는 섬이 많아 강력한 왕권이 성립되기 어려웠던 탓에 오랫동안 여러 개의 작은 왕국들로 나뉘어 있었거든요. 그러니 각각의 왕국은 힘이 약해 침략하기도 쉬웠습니다.

 아, 그렇군요. 그럼 동남아시아를 침략한 또 다른 이유가 궁금해지는데요?

 동남아시아 지역은 자원이 풍부하고, 열대 기후 지역으로 식물이 잘 자라 유럽 인들이 좋아하는 귀한 향료도 많이 나기 때문에 경제적으로도 유리하지요.

더 알고 싶어요

사고 원인이 지도 때문이라고?

말라카 해협은 일찍이 사고가 많이 나는 위험한 해협으로 공포의 대상이 되었던 때가 있었어. 그 원인은 바로 지도에 있었대. 말레이시아를 지배했던 영국과 인도네시아를 지배했던 네덜란드가 과거에 만들었던 지도를 이어 붙여서 만든 지도라서, 지도가 잘못된 게 많았나 봐. 하지만 지금은 인공위성을 이용해 정확한 지도를 만들었다고 하니, 혹시 이곳을 지나더라도 걱정하지 않아도 돼.

독립을 위해 싸운 영웅들 | 동남아시아의 민족 운동

필리핀 독립의 아버지, 호세 리살

필리핀의 부유한 집안에서 태어난 호세 리살은 에스파냐 유학 시절에 '우리의 조국은 필리핀'이라고 외치며 각종 언론 활동을 벌였어. 또, 에스파냐가 필리핀을 얼마나 가혹하게 통치하고 있는지를 폭로하기 위해 《나에게 손대지 마라》라는 소설도 썼어. 당황한 에스파냐 정부는 호세 리살을 추방했지만, 유럽을 무대로 활동을 계속했어. 31세가 되던 해에는 위험을 무릅쓰고 필리핀으로 돌아와 독립운동을 펼치다 체포되어 처형당했지. 이렇듯 호세 리살과 같은 지식인 중심의 초기 독립운동은 필리핀 독립운동에 주춧돌이 되었어. 1896년에는 무장 투쟁 조직이 만들어져 에스파냐에 저항했고, 이후에는 필리핀의 독립을 지지한다던 미국이 에스파냐를 몰아내고 그 자리를 차지하자, 미국에 대한 무장 투쟁으로 이어졌어.

인도네시아의 국모, 카르티니

카르티니가 태어났을 당시 인도네시아는 네덜란드의 식민지였어. 부유한 집안에서 태어난 그녀는 네덜란드 인 학교에서 공부하면서 민족 의식을 키워 나갔어. 그녀는 25세의 나이로 죽었지만, 그녀가 죽기 전에 친구들과 주고받은 편지를 모은 책 《어둠에서 빛으로》가 출판되면서 그녀의 뜻이 널리 알려지게 되었지. 그녀의 편지에는 여성 교육의 필요성, 학교를 세우겠다는 꿈, 서민들과 함께 생활하겠다는 희망이 간절하게 표현되어 있었어. 이후 카르티니의 이름을 딴 학교들이 곳곳에 생겨나 인도네시아 민족 운동에 큰 영향을 끼쳤고 독립운동도 활발하게 일어났어. 인도네시아에서는 지금도 그녀의 생일을 국경일로 지정해 그녀의 정신을 기리고 있어.

베트남의 독립 영웅, 호치민

베트남의 초기 민족 운동은 유학자들을 중심으로 이루어졌고, 20세기에 들어서는 서양 문물을 받아들여 힘을 키우자는 운동도 있었어. 그 후 제1차 세계 대전 중에서 프랑스에 협력하는 조건으로 독립을 약속받았지만, 프랑스는 약속을 지키지 않았어. 1919년 호치민을 파리 강화 회의에 〈베트남 인민의 8항목의 요구〉를 제출했지만 전혀 받아들여지지 않았지. 그 후 그는 공산당에 가입하였고, 1930년에는 베트남 공산당을 만들어 본격적인 독립 투쟁을 시작했어. 제2차 세계 대전 후에는 혁명을 일으켜 베트남 민주 공화국(북베트남)을 세웠어. 그러나 전쟁이 끝나고 프랑스가 다시 베트남에 돌아오자, 9년 동안 프랑스와 전쟁을 벌여 프랑스를 쫓아냈어. 프랑스가 떠난 뒤에는 미국이 들어왔고 미군과도 오랫동안 전쟁을 벌였어. 평생을 조국 독립과 해방을 위해 산 그는 1969년 세상을 떠났지만, 베트남 사람들은 그를 기리며 '사이공'이라는 도시에 그의 이름을 붙였대.

용어 해설

식민지(植 심을 식, 民 백성 민, 地 땅 지)
정치적·경제적으로 다른 나라에 속해서 국가로서의 주권을 빼앗긴 나라

유연(柔 부드러울 유, 軟 약하다 연)
부드럽고 연함

완충 지대(緩 느릴 완, 衝 찌를 충, 地 땅 지, 帶 띠 대)
대립하는 나라들 사이의 충돌을 피하기 위해 설치한 중립 지대

입헌 군주국(立 설 입, 憲 법 헌, 君 임금 군, 主 주인 주, 國 나라 국)
왕이 헌법에서 정한 제한된 권력을 가지고 다스리는 정치 체제

무장 투쟁(武 무사 무, 裝 꾸밀 장, 鬪 싸움 투, 爭 다툴 쟁)
목적을 이루기 위하여 무기를 가지고 조직적으로 벌이는 군사 행동

호세 리살이 처형 전날 밤 남긴 시

마지막 이별

안녕, 사랑스런 나의 조국
나의 모든 것을
사랑하는 조국 필리핀에
내가 밟았던 그 땅에
내 삶의 깊은 사랑을 남기고 가네
나는 가려네
고문하는 사람도 없고,
압제자의 권력이 반드시 파괴되는 그 곳으로
신념 때문에 죽지 않고, 신이 다스리는 그 곳으로

카르티니의 편지

나는 우리 민족이 고통 받고 있는 지금, 도움이 되는 무엇인가를 하려 합니다. (중략) 나는 우리 자바 인 내부의 잠재력을 개발하는 데 노력할 것입니다. 1월 중으로 여학생을 위한 작은 학교가 세워질 것입니다. 그래서 우리는 좋은 선생님을 찾고 있습니다. 선생님을 구할 때까지는 내가 직접 가르칠 생각입니다.

38 | 동남아시아의 발전

문화의 백화점

동남아시아 여행 사진을 블로그에 올리려고 사진을 정리하다보니 신기한 걸 발견했어. 엄청 큰 불교 사원, 화려한 힌두교 사원, 흰색의 단아한 이슬람 사원, 유럽풍의 교회 건물……. 정말 다양하지? 게다가 옷도 다채로워. 자주색 승복, 검은색 차도르, 화려한 사리 등등 동남아시아에는 정말 없는 게 없는 것 같아.

차도르: 이슬람교도 여성들이 외출할 때 얼굴을 가리기 위해 하는 네모진 천
사리: 힌두교도 여성들이 허리와 어깨를 감고 남은 부분으로 머리를 싸는 천

종교란 종교는 다 있다! | 다양한 종교

힌두교

힌두교는 인도에서 시작되어 동남아시아 전역으로 번지면서 거대한 힌두교 신전이 곳곳에 지어졌어. 다른 종교가 동남아시아에 들어오기 전에는 넓게 퍼져 많은 사람들이 믿었지만, 지금은 인도네시아의 세계적 관광지인 발리 섬에만 그 모습이 남아있어.

불교

300년 무렵에 인도의 승려들이 동남아시아에 불교를 전파했어. 대부분의 왕국은 힌두교와 불교, 양쪽 모두의 신전을 지었지. 캄보디아, 라오스, 타이, 미얀마는 불교 국가의 모습이 두드러진 나라들이야. 11세기경부터 동남아시아에 전파된 소승 불교를 받아들였거든. 한편, 중국과 가까이 있어 유교 문화가 발달한 베트남은 대승 불교가 발달했어.

이슬람교

이슬람교는 13세기경부터 인도 상인들을 통해 동남아시아에 전파되었어. 15세기 이슬람 상인과 손잡기 위해 말라카가 이슬람교로 개종한 후 이웃 국가들도 개종하면서 지금의 인도네시아와 말레이시아를 중심으로 널리 퍼지게 되었어. 말레이시아, 인도네시아, 필리핀 남부까지 이슬람 문화권이 넓게 퍼져 있어.

크리스트교

16세기에 포르투갈, 스페인이 동남아시아에 들어와 크리스트교를 전파하자 이슬람교와 크리스트교 두 종교의 대립이 생겼어. 포르투갈은 아직 이슬람화가 덜 진행되었던 동티모르나 플로레스 같은 곳에서, 스페인은 필리핀에서, 크리스트교 전파에 성공했어. 현재 필리핀은 세계 최대의 크리스트교 국가라는 말을 들을 정도로 크리스트교의 비중이 크지만 이슬람교와의 갈등이 심각해.

종교 분포 지도

싱가포르는 중국인, 말레이 인, 인도인 등이 함께 사는 다민족 국가이고 불교, 이슬람교, 크리스트교가 조화를 이루고 있어.

더 알고 싶어요

빨간 게들아, 어디 가니?

인도네시아의 자바 섬 남쪽에는 크리스마스 섬이라는 특이한 이름의 섬이 있어. 섬 면적의 60% 정도가 국립 공원으로 지정되어 있을 만큼 자연이 잘 보존되어 있는 곳이야. 이 섬에는 1년에 몇 달 동안 정말 특이한 광경이 펼쳐진대. 빨간 게들이 번식을 위해 11월~1월 사이에 1억 2천 마리가 바다로 이동한대. 놀랍지? 이 시기에는 게들이 도로, 들판, 심지어 집안까지도 들어올 정도라서 마치 섬 전체를 빨간 담요로 덮은 것 같은 착각이 들 정도라고 해.

동남아시아의 현재는? | 독립 후의 모습

베트남 : 저항의 베트남

9년간의 전쟁 끝에 프랑스를 물리친 베트남은 미국과 맞서야 했어. 미국이 남베트남에 자유주의 정부를 세워 북베트남을 압박했거든. 이것이 바로 15년간 지속된 베트남 전쟁이야. 베트남 인들은 호치민의 지도 아래 끝까지 싸워 1976년 미군이 철수하고, 통일된 베트남 사회주의 공화국이 탄생되었어.

미얀마 : 군사 독재 정권에 맞선 민주화 운동

미얀마는 독립 후 공산화되었어. 오랫동안 이어져 온 사회주의 체제가 무너지고 1988년 민주화의 목소리가 높아지면서 시위가 일어나자 혼란을 틈타 강력한 군사 독재 정권이 등장했어. 이에 아웅산 수치를 중심으로 국민들과 승려들까지 합세해서 민주화를 요구하는 시위가 일어나고 있지.

캄보디아 : 앙코르 왕국의 후예, 내란의 상처

제2차 세계 대전이 끝난 뒤 캄보디아 왕은 중립을 선언했어. 그런데 미국 편이 된 군대와 정치인들이 왕을 쫓아내고, 공산 세력도 탄압했어. 1975년 공산 세력이 캄보디아를 지배하자, 반대파에 대한 보복을 벌이다 1979년 권력에서 쫓겨났어. 아직도 캄보디아는 경제적인 어려움에 처해 있어.

필리핀 : 독재를 물리쳐 민주화를 이루다

필리핀은 미국으로부터 독립한 후 1965년 마르코스가 대통령이 되면서 독재 국가가 되었어. 그런데 국민들에게 아주 인기가 높던 지도자가 1983년 마르코스에 의해 암살을 당하자 1986년 2월 사람들이 민주화 투쟁에 나서게 되었고, 그 결과 마르코스는 물러났어. 필리핀에 민주화 시대가 열리게 된 거지.

말레이시아 : 말레이 인의 나라

1946년 말레이 사람들은 '통일 말레이 민족 기구'를 만들어 독립을 추진했어. 싱가포르는 이 연방에서 빠져나가고, 말레이 반도의 11개 주에다 북보르네오까지 포함해서 말레이시아 연방이 되었어.

인도네시아 : 하나된 나라

1949년 인도네시아 민족주의 지도자들이 모여 인도네시아 연방 공화국의 독립을 선포했어. 이는 1년 뒤에 인도네시아 공화국으로 바뀌었어.

동티모르 : 독립을 선포한 나라

인도네시아의 동쪽에 있는 티모르 섬은 동쪽 지역은 포르투갈, 서쪽 지역은 네덜란드의 식민지가 되었어. 제2차 세계 대전 후 서쪽 지역은 인도네시아의 영역이 되었지만 동쪽 지역은 포르투갈의 식민지로 남아 있었어. 그런데 포르투갈로부터 독립하자, 인도네시아가 이 지역을 일방적으로 자기 땅으로 만들었어. 이때부터 동티모르 인들은 독립을 위해 수십 년간 싸워왔고, 결국 2002년 국제적인 지원을 받아 동티모르의 독립을 선포했어.

용어 해설

개종(改 고칠 개, 宗 마루 종)
믿던 종교를 바꾸어 다른 종교를 믿음

압박(壓 누를 압, 迫 닥칠 박)
강한 힘으로 내리누름

군사 독재(軍 군사 군, 事 일 사, 獨 홀로 독, 裁 결단하다 재)
군인이 국가 권력을 도맡아서 강압적으로 다스리는 일

민주화(民 백성 민, 主 주인 주, 化 될 화)
민주적으로 되어 가는 것. 또는 그렇게 되게 하는 것

연방(聯 잇닿다 연, 邦 나라 방)
자치권을 가진 다수의 나라가 공통의 정치 이념 아래에서 연합하여 구성하는 국가

동남아시아 국가의 독립

동남아시아 국가들은 끊임없이 계속되어온 독립 투쟁의 결과 제2차 세계 대전 후에 드디어 독립을 이룰 수 있었어. 동남아시아 국가들은 ASEAN(아세안, 동남아시아 국가 연합)에 10개국이 가입하여 동남아시아 지역의 발전을 위해 협력하고 있어.

한글을 쓰게 된 인도네시아 찌아찌아 족

인도네시아의 바우바우 시에서는 2009년부터 한글로 만든 교과서로 찌아찌아 말을 배우고 있어. 찌아찌아 족은 자신들의 말을 기록할 문자가 없어서 전통 문화가 사라질 위기에 처해 있었어. 그런데 한글은 놀랍게도 찌아찌아 말을 발음 그대로 가장 잘 표현할 수 있대. 가르친 지 1주일 만에 한글을 읽을 수 있게 되었다면서 가르치는 선생님도 깜짝 놀랐대.

한눈에 들여다보기 | 떠나자, 동남아시아로!

동남아시아는 우리와 가까운 나라야. 지리적으로도 가깝고, 우리나라에 일하러 오는 사람들도 많고, 결혼도 많이 하잖아. 또 동남아시아는 교통의 요충지이기 때문에 다른 문화의 영향을 많이 받아 문화의 백화점이라고 불릴 정도야. 그럼, 동남아시아로 떠나 볼까? 미얀마는 소승 불교를 믿는 국가여서 가는 곳마다 불교 유적을 만날 수 있지. 소승 불교의 나라 타이는 남자라면 일생에 한 번 승려 생활을 할 정도로 신앙심이 깊은 나라야. 또 동남아시아에서 유일하게 독립을 유지했지. 캄보디아는 소승 불교 국가로 앙코르 와트가 유명하지. 베트남은 중국, 몽골, 프랑스, 미국의 침입을 물리친 끈기의 나라야. 중국의 영향을 받아 유교, 대승 불교, 젓가락 사용 등 우리나라와 비슷한 점이 아주 많아. 인도네시아는 이슬람 상인들의 영향으로 이슬람교를 믿는 사람들이 많아.

파간 불탑 유적지
파간은 미얀마 최초의 통일 왕조였던 파간 왕조의 수도로, 오늘날에도 수많은 불교 유적이 남아 있어.

슈웨다곤 파고다
높이 100m의 거대한 불탑인데, 황금, 다이아몬드, 루비, 사파이어로 장식되어 있어서 해가 뜨는 아침과 석양 무렵에는 온통 황금빛으로 반짝인대. 정말 화려하지? 미얀마의 상징이야.

수코타이 역사 도시
타이 족이 세운 최초의 통일 왕조는 '자유의 새벽'이란 뜻의 수코타이 왕조! 타이의 역사가 시작된 이곳은 도시 전체가 세계 문화 유산으로 지정되었어.

타이 왕궁
라마 5세가 차크리 왕조 100주년을 기념하여 세운 3층 건물이야. 몸체는 대리석으로 만들어 유럽 양식을 따랐고, 지붕은 타이 고유 양식을 살렸지. 타이의 독립을 지켜낸 라마 5세의 정신을 볼 수 있어.

아유타야 역사 도시
수코타이를 이은 아유타야 왕조의 수도로 번성하던 도시야. 시가지에는 많은 운하망이 상하 좌우로 통해서 수상 생활을 하는 사람이 많아. 도시 전체가 세계 문화 유산이래.

앙코르 와트

이곳에 들어서면 신의 세계인지, 인간의 세계인지 구별이 안 돼! 대표적인 힌두교 사원인데, 불교의 조각까지 더해지면서 동양의 기적이라 불리는 곳이야.

프레아 비헤아르 사원

10~11세기에 지어진 시바신을 모신 대규모 힌두교 사원. 타이와 캄보디아의 국경 지대에 위치해 있어서 두 나라간의 소유권을 두고 분쟁이 일어나고 있대.

호치민 시

베트남에서 가장 큰 도시! 원래 사이공이라고 불렸는데, 1975년 베트남의 독립 영웅 호치민의 이름을 따서 호치민 시라고 했어.

후에 기념물 집중 지대 (The Complex of Hue Monuments)

아름다운 자연환경에다가 왕조 시대의 문화와 예술이 다 모여 있어. 베트남 사람들이 자랑스러워 하는 곳이래.

성자 신전 (My Son Sanctuary)

남부 베트남에 있었던 참파 왕국의 신전이야. 베트남 고유의 문화가 힌두교 문화를 만나서 변화하는 모습을 볼 수 있어.

보로부두르 사원

사원의 불탑이 특징적인데, 여러 개의 탑을 쌓아올려 하나의 탑처럼 보이게 한 것이 놀랍지? 대승 불교 경전의 내용을 잘 표현한 동남아시아 예술의 걸작품이야.

발리 섬의 힌두 축제

인도네시아의 약 90%가 이슬람교를 믿는데, 힌두교를 믿는 유일한 섬이 바로 발리 섬이야. 힌두 축제가 열린다고 하니, 힌두교가 뭔지 알고 싶다면 한번 가봐!

필리핀

필리핀은 에스파냐의 지배를 받다가, 미국의 지배를 받게 되었어. 그래서 교회, 성당을 많이 볼 수 있지. 필리핀 바로크 양식의 4개의 교회가 세계 문화 유산으로 지정됐어. 바로크 양식과 필리핀 고유의 건축 양식이 결합된 교회야.

39 | 오리엔트

해가 뜨는 곳

B.C.4000　B.C.3000　B.C.2000　B.C.1000　1　A.D.1000

은희네 학교에서 골든벨 퀴즈 대회가 열렸어. 세 번째 문제는 세계 4대 문명 중 오리엔트 문명을 두 개 고르는 거였지. 오리엔트가 '동쪽의' 라는 뜻이니까 당연히 '인더스 문명, 황하 문명'을 골랐는데 틀렸대! 인더스와 황하 문명이 다른 두 문명보다 더 동쪽에 있잖아. 동서남북도 모르는 사람들이 붙인 이름 아니야?

오리엔트 : 해가 뜨는 동쪽이라는 뜻으로, 메소포타미아 문명과 이집트 문명을 가리키는 말. 유럽의 고대 문명이 영향을 받았다는 뜻에서 유럽 인이 붙인 이름

역사가 시작된 땅 | 메소포타미아 문명

문명의 시작 수메르 인

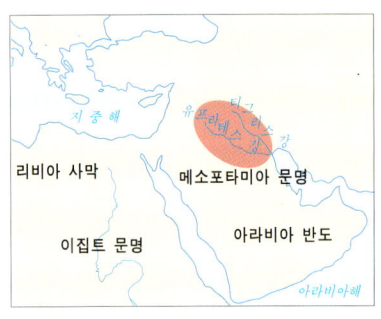

메소포타미아란 '강과 강 사이의 땅'이라는 뜻이야. 지도에서 보는 것처럼 티그리스 강과 유프라테스 강 사이에 있는 지역이지. 이곳은 큰 강 주변에 있어서 농사짓기에 무척 유리해. 인간이 최초로 농사를 짓고 문명을 일구어 나간 곳도 바로 이곳이야.

수메르 인들은 이곳에 최초의 도시인 예리코를 만들고 문자와 청동기를 사용하면서 최초의 문명을 만들었지. 이 지역은 외적을 막아 줄 산이 없고 주변이 넓게 펼쳐져 있어 다른 민족의 침입을 많이 받았기 때문에 여러 나라가 세워졌다 망하기를 반복했어.

태음력, 60진법, 쐐기 문자

강가에 살던 메소포타미아 인들은 갑자기 비가 많이 올 때를 대비해서 사람들이 함께 둑을 쌓고 저수지를 만들어 농사를 지었어. 또 정확한 날짜를 알아야 씨를 뿌리는 등의 시기를 알 수 있어 농사에 유리하기 때문에 달의 움직임을 관찰해서 태음력을 만들었어. 또 장사를 해서 돈을 많이 벌려면 수학을 잘 해야겠지? 그래서 숫자를 계산하는 방법으로 60진법을 만들었어. 60분이 모여서 1시간이 되는 시계 계산은 60진법을 이용한 거야. 그리고 찰흙으로 만든 점토판에 갈대 끝으로 그어 표시한 쐐기 문자를 만들어 기록했어. 별을 보고 점을 치는 걸 좋아한 이 사람들은 도시마다 다른 신을 섬기는 다신교를 믿었어. 지구라트는 거대한 신전으로 가장 유명하지.

이 지역은 기원전 1,800년경, 바빌로니아 왕국의 함무라비 왕 때 처음으로 통일되었어. 함무라비 왕은 《함무라비 법전》을 만들어 통치했지만, 그가 죽은 후 이 지역은 아주 복잡한 역사가 이어졌어.

 더 알고 싶어요

눈에는 눈 이에는 이, 함무라비 법전

인류 최초의 법전인 함무라비 법전의 모습이야. 높이 2.5m, 둘레 1.8m의 돌비석에 282개의 법조문이 쐐기 문자로 새겨져 있어. 사진은 비석의 머리 부분인데, 함무라비 왕이 태양신에게 법전을 받는 모습이 조각되어 있어.

재판을 받기 위한 사람은 이 비석에 와서 내용을 읽고 들으라. 이 비석은 그대들에게 법을 가르치고 그대들의 권리를 지킬 것이다. 함무라비는 나라의 주인이며 백성의 아버지이다.

- 아들이 그의 아버지를 때렸을 때에는 그 손을 자른다.
- 자유인의 눈을 멀게 한 자는 그 눈을 멀게 한다.
- 천민의 눈을 멀게 하거나 뼈를 부러뜨린 자는 은 1마나의 형에 처한다.
- 남의 노예의 눈을 멀게 하거나 뼈를 부러뜨리면 그 노예 가격의 반을 지불한다.

나일 강의 선물 | 이집트 문명

통일 왕국 이집트

메소포타미아 지역과 달리 이집트 지역은 외적의 침입을 많이 받지 않았어. 주변이 바다와 사막으로 둘러싸여 있어서 다른 민족이 침입하기 어려웠거든. 그래서 오랫동안 이집트 왕국은 통일을 유지할 수 있었어.

태양신의 아들, 파라오

파라오(태양신의 아들)라고 부르는 이집트의 왕들은 모든 땅을 소유하고, 정치와 종교에서 가장 큰 권력을 가지고 있었으며, 살아있는 신으로 숭배를 받았어. 다신교 사상을 바탕으로 엄청나게 많은 신을 숭배했던 이집트 인들은 파라오가 죽으면 다시 부활한다고 생각했어. 그래서 파라오를 위해 거대한 무덤인 피라미드를 만들고, 시체를 미라로 만들었지. 피라미드 안에는 '사자의 서'라는 편지를 넣었어. 아래 그림에서 피라미드 안에서 무덤이 있는 곳의 위치를 찾아봐.

 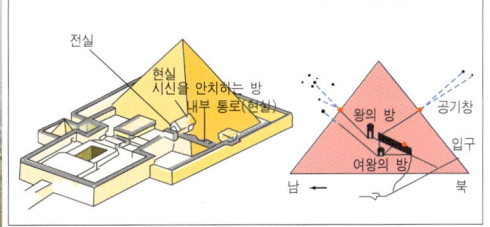

태양력, 10진법, **파피루스**에 새긴 그림 문자

새나 짐승 모양으로 생긴 문자를 그림 문자라고 하는데, 강변에서 자라는 파피루스를 엮어 만든 종이에 기록했어. 나일 강 주변에서 농사를 짓던 이집트 인들은 해마다 일정한 시기에 강물이 넘친 후, 다시 줄어드는 걸 알아냈어. 덕분에 비옥한 토양이 해마다 쌓여서 힘들지 않고도 늘 풍년이 들었지. 이런 상황들이 태양의 움직임과도 관련이 있다는 걸 알고 태양력을 만들어 농사에 이용했어. 한편, 물이 빠진 후 농경지를 정리하고 다시 신전을 건축하기 위해서는 땅을 잘 측량해야만 했어. 그래서 측량술과 수학이 발달했지. 그리고 미라를 만드는 과정에서 의학도 발달했어.

용어 해설

태음력(太 클 태, 陰 음달 음, 曆 책력 력)
달이 변화하는 주기를 가지고 만든 달력

60진법(進 더하다 진, 法 법도 법)
60가지의 숫자로 수량을 표시하는 방법. 주로 시간을 계산할 때 사용된다. 한편, 우리는 일상 생활에서 주로 10진법을 사용하고 있다.

쐐기 문자(文 글월 문, 字 글자 자)
현재까지 알려진 최초의 문자로 수메르 인들이 갈대끝을 뾰족하게 만들어 점토판에 표시했던 문자

태양력(太 클 태, 陽 볕 양, 曆 책력 력)
지구가 태양의 주위를 한 바퀴 도는 데 걸리는 시간인 약 365.25일을 기본으로 하여 계절에 맞게 계산된 달력

파피루스(Papyrus)
이집트 나일 강 지역에서 자라는 식물로 줄기를 이용하여 밧줄, 돛, 천, 종이를 만든다.

나일 강의 변화와 농업 및 달력의 관계

이집트 사람들은 한번 불어난 강물이 다시 불어날 때까지 365.25일이 걸린다는 걸 알게 되었어. 이 자료를 기준으로 한 달은 30일, 1년을 12달로 나누어 달력을 만들었어.

미라 만들기

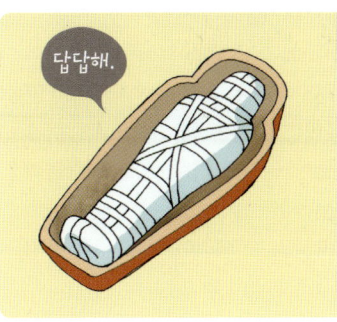

1. **장기 제거**: 시신의 옆구리를 정교한 칼로 자른 후 장기를 꺼내. 몸의 중심이라고 믿었던 심장만 남겨놓지. 뇌는 가늘고 긴 갈고리를 콧구멍으로 넣어 끄집어 내.

2. **나트론**: 장기를 제거한 몸에 건조제인 나트론을 채워 넣어. 그리고 피부의 탄력을 유지하도록 송진, 기름, 각종 방향제로 처리하지.

3. **카노피 항아리**: 시신 하나에 카노피 항아리는 모두 4개야. 각 항아리에 죽은 사람의 몸에서 꺼낸 간, 폐, 위장, 그리고 나머지 내장을 담아.

4. **배**: 죽은 자들은 배를 타고 저승으로 항해를 간다고 생각했어. 그래서 배를 함께 넣었어.

40 알파벳

표음 문자의 탄생

B.C.1400   B.C.1200   B.C.1000   B.C.800   B.C.600   B.C.400

어렸을 때 우리 집에는 여기저기에 낱말 카드가 붙어 있었어. '냉장고', '의자', '가방' ……. 낱말 카드를 보면서 일부러 외우려 하지 않아도 그냥 한글을 알게 되었던 것 같아. 요즘 한자 공부를 하고 있는데, 영 외워지질 않네! 영어 시간에 배우는 알파벳은 그나마 한글처럼 소리나는 대로 읽고 쓰면 되는 게 얼마나 다행인지 몰라. 세종 대왕이랑 알파벳 만든 분들한테 고마울 따름이야.

표음 문자(表音文字) : 하나의 문자가 하나의 소리를 내는 문자

문자와 종교의 기초를 만들다 | 페니키아와 헤브라이

페니키아와 헤브라이

기원전 1,200년경, 이집트의 세력이 약해질 무렵 지중해 동쪽에 페니키아와 헤브라이가 있었어. 두 나라는 서로 다르게 발전하다 사라졌지만, 그들의 문화는 유럽에 전파되어 큰 영향을 끼치며 오늘날까지 이어지고 있어.

알파벳의 뿌리를 만든 페니키아

페니키아와 헤브라이의 영역

오리엔트 문명을 이어받은 페니키아 인들은 해안선을 따라서 시돈, 티루스 등 여러 도시를 만들었어. 특히 상업 활동을 잘 했던 이들은 더 많은 돈을 벌기 위해 배를 타고 멀리 지중해로 나가기도 했지. 지중해와 흑해 연안에 식민지를 만들고, 멀리 아프리카 북부에도 도시를 건설했어. 이처럼 페니키아 인들이 지중해를 누비며 다녔기 때문에 오리엔트 문명은 더 넓은 지역으로 퍼질 수 있었어.

상업에 종사하던 페니키아 사람들은 장사한 내용을 장부에 기록하기 위해 글자가 꼭 필요했어. 그런데 사물의 생김새를 응용해서 만든 상형 문자는 글자의 종류도 많고, 뜻도 다 달라서 배우기 힘들었어. 그래서 이집트의 그림 문자와 메소포타미아의 쐐기 문자를 변형해서 22글자의 표음 문자를 만들었어. 이 표음 문자는 페니키아 인들의 활동과 함께 그리스로 전해져서 오늘날 알파벳의 뿌리가 되었어. 그리고 아라비아 문자의 형성에도 큰 영향을 끼쳤대.

문자의 의미	이집트 문자	페니키아 문자	그리스 문자	라틴 문자	로마 문자
황소의 머리		(a) Aloph	Aa (a) Alpha	A	A
집		(b) Beth	B (b) Beta	B	B
모서리		(g) Gimel	Γ (g) Gamma	C / C	C / C
창		(d) Daleth	D (d) Delta	D	D
기뻐하다		(h) He	E (e) Epsilon	E	E

페니키아 문자가 알파벳으로 변화한 과정
어때? 페니키아 문자가 로마 문자와 많이 비슷하니?

페니키아의 상선

장사를 아주 잘했던 페니키아 사람들은 자줏빛 염료와 목재, 올리브 기름, 포도주 등을 오리엔트 지역의 왕실에 팔고, 이집트에서는 금과 금 세공품, 파피루스 등을 가져와 무역을 했어.

더 알고 싶어요

카르타고 vs 로마, 포에니 전쟁

지중해 여러 곳에 식민지를 건설했던 페니키아는 북아프리카에 카르타고라는 식민지를 만들었어. 카르타고에 살던 페니키아 사람들을 영어로는 Poenikia라고 하는데, 이 사람들과 로마 간에 지중해를 둘러싸고 일어난 전쟁이 바로 포에니(Poeni) 전쟁이야. 누가 이겼는지 궁금하면 로마편을 읽어 봐.

선택받은 민족 헤브라이

페니키아 인들이 도시를 건설할 무렵, 이웃에 있는 팔레스타인 지역에는 헤브라이 인들이 자리잡기 시작했어. 이 사람들은 농사를 지으면서 헤브라이라는 나라를 세워 발전했지. 지혜의 왕으로 알려진 솔로몬이 통치하던 시기가 가장 전성기였어. 솔로몬이 죽고 난 후 북쪽의 이스라엘과 남쪽의 유대로 나뉘었다가 각각 멸망하고 말았어. 그들의 역사는 《구약성서》에 자세히 기록되어 있지.

헤브라이 인들은 유일신인 여호와로부터 선택받은 민족이라는 의식이 강하고, 약속받은 땅에서 축복을 누린다는 사상 때문에 많은 민족들로부터 끊임없는 탄압을 받았어. 그 후 2,000년 동안 이스라엘이라는 나라는 지도에서 사라졌지만, 그들이 믿었던 유대교는 지금도 크리스트교와 이슬람교 등의 교리에 영향을 미치고 있어. 지금은 유대교를 믿는 이들 민족을 유대 인이라 부르고 있어. 유대 인들은 아직도 메시아를 기다리고 있어. 유대교와 크리스트교, 이슬람교의 공통된 점을 찾아볼까?

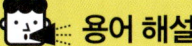

용어 해설

상형(象 모양 상, 形 형상 형) 문자
사물의 모양을 본 따서 만든 글자

유일신(唯 오직 유, 一 하나 일, 神 신령 신)
오직 하나밖에 없는 신

메시아(Messiah)
초인간적 예지를 가지고 이스라엘을 통치하는 왕, 또는 예수 그리스도

기병대(騎 말탈 기, 兵 군사 병, 隊 떼 대)
기병으로 편성한 부대

해독(解 풀 해, 讀 읽을 독)
잘 알 수 없는 암호나 기호 등을 읽어서 품

- 여호와는 오직 하나 뿐인 신이며, 다른 신은 절대 섬겨서는 안된다.
- 여호와가 천지를 창조했다.

- 너는 내 앞에서 다른 신들을 가지지 말라. 우상을 만드는 것을 금지한다. → 크리스트교
- 알라 외에 다른 신은 없으며, 무함마드는 신이 보낸 예언자이다. → 이슬람교

무자비한 힘으로 이룬 통일 | 아시리아

여러 민족이 세운 여러 국가가 번갈아 등장하고 민족 간에 전쟁이 자주 일어나던 기원전 7세기에 최초로 메소포타미아, 시리아, 이집트 등 서아시아 세계를 통일한 나라가 있어. 바로 아시리아지. 니네베를 수도로 한 아시리아는 강력한 철제 무기와 전차, 무자비한 기병대 등을 중심으로 이 지역을 통일했어. 그리고 정복당한 지역의 사람들을 노예로 삼아 가혹하게 통치했지. 결국 아시리아는 반란이 끊임없이 일어나 오래가지 못해 망하고 말았어.

이집트 문자의 해독

많은 사람들은 이집트 문자가 중국의 한자처럼 뜻을 담고 있는 문자라고 생각했어. 그런데 나폴레옹이 이집트에서 로제타 석이라는 돌을 가지고 돌아왔어. 여기에는 세 가지의 글자가 씌어 있었지. 이집트 그림 문자, 민중 문자, 그리스 문자가 바로 그것이야. 이를 통해 이집트 문자를 해독할 수 있게 된거야. 로제타 석은 지금은 영국 박물관에 전시되어 있어.

 고향을 잃은 유대인들은 2,000년 동안 어디서 어떻게 살았나요?

이스라엘과 유대가 아시리아와 바빌로니아에게 각각 망한 후 헤브라이 인들은 계속 다른 민족의 지배를 받아야만 했어. 알렉산드로스 제국의 지배를 받았고, 뒤이어 로마 제국의 지배를 받았지. 다시 한 번 나라를 세워보려고 여러 차례 반란을 일으켰지만 성공하지 못했어. 2세기 하드리아누스 황제 때부터는 유대 인들이 예루살렘에 가는 것도 금지시켰어. 특히나 열심히 메시아의 탄생을 기다리던 이들은 실제로 온 메시아인 예수를 못 알아보고 십자가에 못 박아 죽게 했다고 해서 탄압이 시작되었어. 직업 선택의 자유가 없어지고, 거주지가 제한되었지. 일반적인 직업을 가질 수 없게 된 유대인들은 로마 가톨릭에서 직업으로 여기지 않았던 금융업을 통해 돈을 많이 벌었대.

41 | 페르시아

최초의 세계 제국

B.C.1500　B.C.1000　B.C.500　1　A.D.500　1000

친구네 집에 놀러갔는데, 너무 예쁜 고양이가 있었어. 길고 하얀 털에 귀족 같은 눈동자, 우아한 자태를 지닌 황제 같은 고양이였어. 그 고양이의 품종은 페르시아 고양이래. 집에 와서 페르시아라는 나라를 찾아봤는데, 그런 나라가 없는 거야. 엄마 말씀이 페르시아는 이란의 옛날 이름이래. 페르시아는 어떤 나라였을까?

페르시아 : B.C. 6세기부터 A.D. 7세기까지 이란 고원을 지배했던 나라. 이란 남서부의 '파르스'라는 땅 이름에서 유래했다.

다시 서아시아를 통일하다 | 아케메네스 왕조 페르시아

수천 개의 눈과 귀

기원전 6세기 서아시아를 다시 통일한 나라는 아케메네스 왕조의 페르시아였어. 특히 다리우스 1세는 지중해 연안과 메소포타미아 지방, 인도의 서북부 지역에 이르는 넓은 영토와 많은 민족을 다스렸지. 이제 그에게는 새로운 통치 방법이 필요했어. 아시리아처럼 힘으로만 사람을 다스리면 곧 멸망한다는 걸 알고 있었거든. 그래서 조직과 제도를 통해 나라의 모든 상황을 꿰뚫어 보는 방법을 택했어. 다리우스는 주요 도시를 연결하는 '왕의 길'이라는 도로를 만들고, 일정한 간격마다 역참을 두었어. '왕의 귀' 혹은 '왕의 눈'이라 부르는 왕의 관리들은 이 역참에서 쉬거나 말을 갈아타기도 하고 숙소로 이용했지. 상인들이 3개월이나 걸리던 수사와 사르데스를 연결하던 길을 왕의 신하들은 단 1주일만에 달려서 신속하게 왕의 명령을 전달했대. 왕의 길은 사신뿐 아니라 상인들도 활발하게 이용하면서 상업이 크게 발달했어.

정복왕 다리우스

다리우스는 정복한 지역의 백성들에게 관대한 정책을 폈어. 자신은 조로아스터교를 믿었지만, 다른 민족의 언어와 종교를 인정해 주었지. 페르시아의 지배를 받으면서도 이집트 인들은 이집트 어로 말하고, 파피루스에 그림 문자로 기록했어. 헤브라이 인들에게도 잃어버린 땅으로 돌아가 신전을 세우도록 허락했어.

페르시아 제국 내에 있는 모든 민족의 대표들은 페르시아 왕에게 1년마다 한 번씩 찾아와 인사를 드리고 선물을 바치고 돌아갔지. 이런 방법으로 반란이 일어나지 않도록 하면서 다양한 문화가 꽃 필 수 있었고, 200년간이나 서아시아를 지배할 수 있었어. 영토를 더 확장하고 싶었던 페르시아는 그리스 세계와 3차례에 걸친 페르시아 전쟁을 치뤘지. 그러나 이 전쟁에서 지고 난 후 점점 약해지더니 알렉산드로스 대왕에게 정복당했어. 그래도 페르시아는 여러 지역에서 발달한 오리엔트 문명을 하나로 통합한 나라였어.

페르시아의 영토

다리우스 왕의 불사조

다리우스 왕을 지키는 군대는 불사조라는 별명을 갖고 있었어. 불사조는 죽지 않는다는 뜻이야. 언제 어디서나 숫자를 세어 봐도 늘 1만 명이었거든. 한 명도 죽지 않았냐고? 그건 아니야. 죽은 사람만큼 바로 보충하는 것이 비결이었지.

불을 숭배한 조로아스터교

페르시아의 조로아스터가 만든 조로아스터교는 선한 신의 상징인 불을 숭배하는 종교야. 이 종교에 따르면, 세상에는 선한 신과 악한 신이 존재하는데, 사람들은 스스로 신을 선택해서 따를 수 있어. 악의 신을 선택하는 사람들 때문에 전쟁과 살인이 끊이지 않는 거지. 조로아스터가 죽고 3,000년이 되면 세상에 종말이 오는데, 그때 구세주가 나타나서 천국과 지옥에 있는 모든 사람이 부활하고 최후의 심판을 한대. 이때 악한 신을 믿었던 사람은 멸망하고, 선한 신을 믿은 사람은 새로운 세상으로 가게 돼. 이러한 교리는 구세주의 출현, 죽은 자의 부활, 그리고 최후의 심판 등의 내용을 포함하고 있어서 크리스트교와 이슬람교에 영향을 끼쳤어.

제국의 부활 | 사산 왕조 페르시아

동서양 문화의 교류, 파르티아

기원전 4세기 후반 아케메네스 왕조 페르시아는 알렉산드로스에게 무너졌어. 하지만 알렉산드로스 제국은 오래가지 않았고, 다시 이 지역에는 이란인이 세운 파르티아가 등장했지. 파르티아는 동양과 서양의 중심에 위치하고 있어서 무역으로 번영을 누렸어.

이란 고전 문화의 부흥, 사산 왕조 페르시아

3세기 초에는 사산 왕조 페르시아가 파르티아를 멸망시키고 이란에서 메소포타미아에 이르는 대제국을 건설했어. 사산 왕조 페르시아는 로마 제국, 비잔틴 제국과 경쟁할 정도로 세력이 강한 나라였어. 조로아스터교를 국교로 삼았지만 서양으로부터 크리스트교가, 동양으로부터 불교가 들어왔지. 이런 종교를 모두 융합한 새로운 종교인 마니교도 만들어졌어. 아케메네스 왕조 페르시아에서 발전했던 이란의 전통 문화를 다시 부활시킨 사산 왕조 페르시아의 문화는 미술과 공예 분야가 특히 발전했어. '문명의 호수'라는 별명을 가진 페르시아에서는 다양한 문화가 섞였어. 그리고 서쪽으로는 로마, 동쪽으로는 중국을 거쳐 한국과 일본에까지 영향을 미쳤지. 우리나라의 유리병과 코발트를 원료로 하는 푸른빛은 페르시아에서 전해진 거야. 400여 년 이상을 발전하던 사산 왕조는 651년 이슬람 제국에게 멸망했어.

용어 해설

역참(驛 역참 역, 站 역마을 참)
왕의 명령을 지방까지 전달하기 위해 설치한 교통과 통신, 숙박 기관

관대(寬 너그러울 관, 大 큰 대)
마음이 너그럽고 이해심이 많음

종말(終 마칠 종, 末 끝 말)
일이나 현상의 맨 끝에 해당하는 것. 예를 들면 지구의 종말

구세주(救 구원할 구, 世 세대 세, 主 주인 주)
어려움이나 고통 속의 세상에서 구제해 주는 이

코발트(Cobalt)
철에 속하는 금속으로, 철보다는 무겁고 단단한 회백색의 금속

문화의 전파

사산조 페르시아 사냥무늬접시   고구려 기마수렵도

말을 타고 뒤를 돌아보며 활을 쏘아 사냥하는 파르티아식 활쏘기 방법은 페르시아에도 전해졌어. 그래서 만들어진 문화재가 사냥무늬접시야. 어때, 고구려와 비슷하지?

Quiz 어느 나라의 물병일까요?

①    ②    ③    ④

정답은 ①사산조 페르시아, ②중국, ③우리나라의 신라, ④일본이야. 넷 다 비슷하지?
문화재를 통해서 살펴보면, 서아시아의 고대 문화가 중국을 통해 우리나라와 일본에까지 전파되었다는 걸 한눈에 알 수 있어.

42 무함마드 — 이슬람교의 창시자

"알라를 따르라."

도덕 시간에 선생님이 우리 반 학생들의 종교를 조사하셨어. 잘 듣고 있다가 자신이 믿는 종교가 나오면 손을 번쩍 들라고 하셨지. "자, 기독교 믿는 친구 손들어 보세요. 8명, 불교 믿는 친구 8명, 이제 이슬람교 믿는 친구 손들어 봅시다." 그러자 아이들이 일제히 "이슬람교요?" 하면서 크게 웃었어. 선생님께서는 우리나라에는 이슬람교도가 많지 않지만, 세계 3대 종교 중 하나라고 말씀하셨어.

이슬람 : 유일신 알라에게 '절대 복종' 혹은 '순종'을 뜻하는 아랍 어

알라의 예언자 무함마드 | 사막의 종교, 이슬람교

혼란한 아라비아 사회

7세기의 아라비아 반도는 부족마다 섬기는 신이 다른 다신교 사회였어. 한편 동양과 서양의 중심에 자리 잡아 무역이 활발했던 메카와 메디나는 도시로 번영을 누렸어. 사회가 발전하면서 빈부 격차가 심해지고, 귀족과 평민 사이에 불평등이 커졌지. 부족 간에 전쟁도 자주 일어나 사회가 무척 혼란스러웠어.

무함마드의 이슬람교 창시

아라비아의 상인 출신인 무함마드는 40세에 메카 근처의 히라 산에서 명상을 하던 중 천사 가브리엘로부터 알라의 계시를 받았어.

헤지라와 아라비아 반도의 통일

622년, 무함마드는 자신을 박해하는 귀족들을 피해 메디나로 피신을 가야했어. 이곳에서 그는 이슬람교의 교리를 정리하고, 정치와 종교가 일치하는 이슬람 공동체를 만들어 세력을 길렀어. 군사 활동도 지휘했지. 이슬람교에서는 622년을 '헤지라'라고 해서 이슬람교의 원년으로 삼고 있어. 세력을 키운 무함마드는 630년 메카를 평화적으로 점령했고, 이곳에 있던 모든 우상을 파괴했어. 그리고 메카를 성지로 삼고, 영토를 넓혀 아라비아 반도를 통일했어.

이슬람교의 경전인 쿠란

무함마드가 알라로부터 받은 계시를 모은 책이 쿠란이야. 그리고 그의 말과 행동을 담은 책으로는 하디스가 있지. 이 책은 번역하지 않고 꼭 아랍 어로 읽도록 되어 있어서 아랍 어의 발전을 가져왔어.

더 알고 싶어요

이슬람교도는 왜 돼지고기를 먹지 않죠?

이슬람교가 만들어진 곳은 비가 거의 내리지 않는 건조 기후 지역이야. 사람들은 주로 풀을 찾아 돌아다니는 유목 생활을 하고 있어. 그런데 돼지는 땀샘이 퇴화해서 더위를 잘 이겨내지 못해. 게다가 말이나 양처럼 이동을 잘하면 좋았을 텐데 그렇지 못하거든. 유목 생활에 적합하지 않다는 거지. 그래서 쿠란에 '돼지고기는 불결하니 먹지 말아라.'라고 적고 아예 처음부터 금지시킨 거래.

"너나 잘하세요~"

사막을 넘어 뻗어가는 이슬람 | 이슬람의 팽창

정통 칼리프 시대의 영토 확장

무함마드가 죽고 난 후 이슬람교 지도자들은 칼리프라 부르는 후계자를 선출했어. 처음 4명의 칼리프가 지배했던 시기를 정통 칼리프 시대라고 해. 이 시기에 칼리프들은 아라비아 반도를 넘어 이집트와 시리아까지 오리엔트 지역을 정복했어. 하지만, 4명의 칼리프 중 3명이 암살당할 정도로 사회는 몹시 혼란스러웠어.

이슬람 왕조의 성립과 이슬람 문화의 발달

5번째 칼리프부터는 선출하지 않고 아들에게 세습되었어. 이때부터를 옴미아드 왕조라고 해. 이 시기에도 영토 확장이 활발하게 이루어졌어. 이슬람교로 개종하면 세금을 줄여주었기 때문에 이슬람교는 정복지로 빠르게 전해져 서아시아, 북부 아프리카, 남부 유럽에 이슬람 왕조가 세워졌어. 특히 9세기의 바그다드는 인구 150만 명의 세계 최대 도시로, 대학과 정신 병원도 있었대. 중국의 비단, 동남아시아의 향료, 중앙아시아의 은, 아프리카의 노예, 유럽의 목재 같은 상품이 모이는 곳이었지.

이슬람의 팽창

원래 초록색 부분에서 시작된 이슬람교는 정통 칼리프 시대(분홍색)와 옴미아드 왕조(주황색)를 거쳐 남부 유럽, 북부 아프리카, 서아시아에 걸치는 넓은 영역에 이슬람 국가를 세웠어.

모스크와 아라베스크 무늬

첫 번째 사진이 모스크이고, 두 번째 사진이 아라베스크 무늬야. 보통 모스크는 둥근 지붕과 주변에 뾰족한 탑(미나레트)으로 이루어져 있어. 내부는 우상 숭배를 금지하기 때문에 신을 표현하는 그림이나 조각은 없는 대신에 식물 모양이나 선, 도형, 문자를 이용한 아라베스크 무늬가 장식되어 있지.

인도 숫자를 도입해 아라비아 숫자를 만들었어. 알칼리, 알코올 등의 과학 용어도 이슬람에서 사용한 거야.

신밧드의 모험으로 우리에게도 잘 알려진 《아라비안나이트》가 이 시기에 아랍 어로 정리되었어.

이슬람 상인들은 무역을 통해 중국의 발명품을 유럽에 소개했어. 물론 우리나라의 신라와도 교류했지.

발달된 문화를 바탕으로 이슬람 세계는 각 지역으로 팽창하면서 발전했는데, 중세 유럽의 십자군 전쟁과 관련 있는 셀주크 튀르크도 이슬람교도였어.

이슬람교도의 5가지 의무

예배: 전 세계 어디에 있든지 하루 다섯 번씩 메카를 향해 절을 해야 해.

신앙 고백: 유일한 신인 알라에게 복종한다고 고백해야 해.

헌금: 불쌍한 사람을 위해 재산의 일부를 나누어 주어야 해.

라마단(금식): 라마단 기간에는 해가 떴을 때 음식을 먹으면 안 돼.

성지 순례: 죽기 전에 꼭 한 번은 메카에 성지 순례를 다녀와야 해.

43 | 오스만 제국

이슬람 세계의 지배자에서 약소국으로

도서관에서 《형제의 나라 터키》라는 책을 보았어. 우리와는 생김새도 다르고, 문화도 다른데 왜 우리나라랑 형제의 나라라고 하는지 모르겠어. 그래서 아빠께 여쭈어 봤더니 6·25 전쟁 때 군대를 보내 우리를 도와 준 나라였대. 터키의 옛날 이름이 오스만 제국이었다는데, 제국이라는 말이 붙은 걸 보면 큰 나라였나 봐.

오스만 제국 : 오토만 제국이라고도 하며, 14세기부터 터키 공화국이 수립될 때까지 발전했던 나라

이슬람의 새로운 지배자 | 오스만 제국

이슬람교를 믿었던 셀주크 튀르크가 십자군 전쟁 이후 쇠퇴하자 이 지역은 한동안 혼란에 빠졌어. 그 틈을 타 셀주크 튀르크의 지배를 받던 오스만 튀르크는 오늘날의 터키 지역에 오스만 제국을 세웠어. 오스만 제국은 1453년 비잔티움 제국을 정복한 후, 이스탄불로 이름을 고쳐 수도로 삼으면서 발전하기 시작했어.

오스만 제국이 가장 전성기에 달했던 것은 술레이만 1세 때의 일이야. 그는 동쪽으로는 이란을 서쪽으로는 이집트와 북부 아프리카를 점령한 후 동서양을 잇는 대제국을 건설했어.

술탄이 사는 궁궐 안 은밀한 곳에는 술탄의 여자들만 거주하는 하렘이라는 곳이 있어. 하렘에서 가장 큰 힘을 가진 여인은 술레이만의 아내 중 하나였던 록셀란이야. 원래는 노예 출신인데, 뛰어난 미모와 음악적 재능으로 술탄을 휘어잡아 아들을 넷이나 낳았지. 자기 아들을 후계자로 만들기 위해 술레이만을 움직여 다른 왕자들을 모두 반역으로 몰아 죽이는 끔찍한 일도 서슴지 않았어. 물론 그 과정에서 자기 아들도 2명이나 죽었어. 원래 오스만 제국에서는 왕이 될 왕자 한 명을 제외한 나머지 왕자들은 모두 죽였거든. 술탄의 권력을 강화시키기 위해서는 반란이 일어나면 안 되기 때문에 만들어진 무서운 풍습이었지.

한편으로 무척이나 넓은 땅을 통치하기 위해 오스만 제국은 종교적인 관용을 베풀어 주었어. 이슬람교만을 인정해 주는 것이 아니라 굳이 이슬람교를 믿지 않아도 세금만 잘 내면 다른 종교도 인정해 주는 정책을 편 거지. 이 덕에 오스만 제국 내에는 수많은 종교와 문화가 한데 어우러져 다양한 문화가 함께 발전할 수 있었어.

터키 연표

- 1038~1157 셀주크 튀르크
- 1299~1923 오스만 제국
- 1923~ 터키 공화국

더 알고 싶어요

성소피아 성당에서 이슬람 예배를?
비잔티움 제국을 멸망시키고 콘스탄티노플을 점령한 오스만 제국이 가장 먼저 한 일은 성소피아 성당에 들어가 메카를 향해 예배하는 것이었대. 물론 성소피아 성당은 이슬람 사원인 모스크로 개조되었지. 크리스트교도에게 이보다 더 가슴 아픈 일이 또 있었을까?

120

이빨 빠진 호랑이 오스만 제국 | 열강의 침입과 반란

넓은 영토를 자랑하던 오스만 제국은 여러 가지 문제를 안고 있었어. 외부에서는 강대국이 시시탐탐 손길을 뻗쳐 영토를 빼앗으려 했고, 제국 내에서는 지배를 받던 다른 민족들이 끊임없이 독립을 요구했지.
오스만 제국은 서양식 군대를 만들고 개혁을 시도했지만 강대국의 간섭으로 성공하지 못했어. 그 와중에 1838년에는 영국의 강요로 개항까지 했지. 오른쪽 그림에서처럼 이제 막 알에서 깨어나고 있는 오스만 제국을 향해 독수리(영국), 사자(프랑스), 북극곰(러시아)이 발톱을 세우고 있는 거야. 어느 한 나라도 만만치 않았지만, 특히 러시아는 큰 위협이었어. 오스만 제국 안에서 살고 있는 슬라브 족을 보호한다면서 계속 전쟁을 걸어왔거든.

위로부터 내려온 은혜 | 탄지마트

헌법과 의회 중심의 개혁과 실패

오스만 제국은 지배층이 중심이 되어 '은혜를 베푸는 개혁'이라는 의미에서 탄지마트(은혜 개혁)를 실시했지. 이 개혁으로 헌법과 의회가 만들어지고, 교육 제도가 서양식으로 바뀌었어. 개혁에 필요한 많은 돈은 조세 제도를 바꾸어 채우려 했지만, 개혁을 반대하는 세력과 강대국의 간섭으로 성공하지 못했어. 이 와중에 제6차 러시아·튀르크 전쟁의 패배로 영토의 일부를 러시아에게 주었지.
이 틈을 타 세르비아를 비롯한 일부 민족은 독립에 성공했어. 게다가 영국과 오스트리아는 러시아에게 땅을 준 것 때문에 불만을 갖기 시작했지. 결국 전쟁을 피하기 위해 러시아에게 준 것보다 더 많은 땅을 떼어 주었어. 탄지마트는 좌절되고 영토도 작아졌어. 그러자 예전처럼 술탄에게 모든 권력을 집중시키는 정치가 부활하면서 헌법과 의회는 정지되었어.

또 한 번의 혁명과 오스만 제국의 붕괴

민주주의의 열망을 가진 청년들과 군대 장교들의 혁명으로 다시 헌법과 의회가 부활했어. 다른 민족들의 독립 운동은 거세어지고 강대국의 간섭도 더욱 심해졌지. 제1차 세계 대전에 참전했지만, 패하는 바람에 모든 식민지를 잃어버렸어. 이렇게 약소국이 되어 버린 오스만 제국은 결국 붕괴되었고, 이후 터키 공화국이 수립되었어.

용어 해설

튀르크(Turk)
초원 지대에서 생활하던 유목 민족으로 중국에서는 돌궐이라고 부른다. 오늘날 터키(Turkey) 주민의 대부분은 이들의 후손이다.

관용(寬 너그러울 관, 容 용이하다 용)
너그럽게 용서하고 받아들이는 것

개조(改 고칠 개, 造 지을 조)
좋지 않게 고쳐 만들거나 바꿈

위협(威 위엄 위, 脅 으를 협)
힘으로 억누르고 강제로 협박함

은혜(恩 은혜 은, 惠 은혜 혜)
하나님이 인간에게 베푸는 사랑처럼 고맙게 베풀어 주는 혜택

조세(租 구실 조, 稅 세금 세) 제도
국가가 국민으로부터 강제로 거두어들이는 금전의 통일된 체계

붕괴(崩 무너질 붕, 壞 무너질 괴)
스스로 분해되어서 허물어져 무너짐

오스만 제국을 노리는 강대국들

이때 우리는?

1299 오스만 제국 건국 … 1392 조선 건국
1838 오스만 제국 개항 … 1876 조선 개항

튤립 정원에서 흘러나오는 커피 향기

이슬람교에서는 술을 마시지 못하도록 해서 오스만 제국에서는 술 대신에 차를 마시며 대화를 나누는 문화가 발달했어. 여자가 끓여준 커피 맛을 보고 남자가 결혼을 결정할 정도로 커피를 즐겨 마셨대. 또 오스만 제국 사람들은 주로 '카프베'라고 부르는 곳에서 커피를 마시며 친목을 도모했는데, 카프베가 변해서 오늘날의 '카페'가 된 거야. 커피 향기 가득한 카프베에는 이곳이 원산지인 튤립 정원이 있었다고 해. 상상해 보면 참 낭만적이었을 것 같지 않니?

44 | 아랍 민족주의

알라의 이름으로 아랍 민족은 하나!

1500　1600　1700　1800　1900　현재

뉴스를 보시던 아빠가 걱정스럽게 말씀하셨어. "석유 값이 자꾸 올라서 걱정이야. 이제는 자가용 대신 지하철을 이용해야겠어." 그래서 내가 한마디했지. "주유소가 있는 곳은 모두 석유가 나는 곳 아니에요?" 아빠는 어이없는 표정으로 "우리나라는 석유가 한 방울도 나오지 않아. 모두 수입해야 한단다."라고 하시네.

아랍 민족주의: 아랍 민족은 하나라는 생각으로 아랍 민족의 단결과 통일을 꾀하는 운동

이슬람에 부는 근대화 바람 | 아랍의 근대화 운동

알라의 이름으로 하나가 되자는 아프가니의 외침

이란에서는 18세기 말에 카자르 왕조가 세워졌어. 하지만 주변의 다른 나라들과 마찬가지로 영국, 러시아 같은 강대국의 간섭이 이어졌어. 북쪽에 자리 잡고 있어 얼지 않는 항구가 필요했던 러시아는 남하 정책을 펼치면서 계속 밀고 내려왔어. 러시아 세력이 강해지는 것을 꺼리던 영국은 러시아의 남하를 막고, 인도를 지키기 위해 함께 침입했지. 이란 내부에서는 강대국의 간섭에서 벗어나 헌법을 만들려는 움직임이 일어났어.

이란에서 태어난 자말 아드딘 알 아프가니는 이슬람 신학과 철학을 공부한 사람이야. 인도에서 세포이 항쟁을 목격한 후부터 그는 제국주의에 맞서야 한다고 생각했어. 강대국의 간섭으로부터 벗어나려면 아랍 민족이 이슬람교를 중심으로 뭉쳐서 단결해야 한다고 주장했지. 이집트에서 청년들을 모아 영국에 대항하는 운동을 하다가 추방을 당하기도 했어. 하지만 그의 지도를 받은 청년들이 중심이 되어 영국에 대항하는 운동을 계속해 나갔지.

"한 마리의 하이에나(영국)가 2억의 이슬람교도를 잡아먹고 있습니다. 인도를 삼키고도 배가 부르지 않아 아랍 민족을 향해 입을 쩍 벌리고 있습니다. ……이란의 왕도 이미 영국이 하자는 대로 하고 있는 가슴 아픈 일이 벌어지고 있어요. 왕이 나라를 팔아먹고 있습니다. 담배에 대한 판매권이 영국으로 넘어갔다니, 우리는 이제 담배 불매 운동을 전개합시다."

고향인 이란에서도 추방당한 아프가니는 오스만 제국으로 가서 이슬람을 하나로 모으는 운동을 전개했어. 하지만 술탄은 아프가니를 의심하고 술탄의 궁궐에 가둬버렸고, 그는 그곳에서 숨을 거두었어. 하지만 서아시아 각지를 돌면서 이슬람 세계의 단결을 호소했던 그의 외침은 헛되지 않아 20세기에 아랍 민족주의의 길이 열렸어.

아프가니가 죽고 난 후 이란은 헌법과 의회도 만들었어. 하지만 여전히 영국과 러시아의 틈바구니에서 벗어나지 못했지. 근대화는 제대로 이루어지지 못했고 영국과 러시아에 의해 나뉘어졌어.

이란 연표

- BC 525 ~ 330 : 아케메네스 왕조 페르시아
- 248 ~ AD 226 : 파르티아
- AD 226 ~ 651 : 사산조 페르시아
- 1502 ~ 1736 : 사파비 왕조
- 1796 ~ 1925 : 카자르 왕조
- 1925 ~ 1979 : 팔레비 왕조
- 1979 ~ : 이란

44 | 아랍 민족주의

쿠란의 가르침으로 돌아가자는 압둘 와하브의 외침

이슬람교가 처음 일어난 땅인 아라비아 반도에서는 이란보다 먼저 이슬람 운동이 일어나고 있었어. 압둘 와하브는 이슬람교가 세워진 당시의 순수함을 되찾아야 한다고 말했어. 그리고 사우드 가문의 후원을 받아 와하브 왕국이라는 나라를 세웠어. 오스만 제국에게 망했지만, 이후 찬란한 아랍의 문화를 되살리자는 운동의 밑거름이 되었지.

오스만의 지배에서 이집트의 변화

이집트는 오랫동안 오스만 제국의 지배를 받아왔지. 이집트에 원정 온 나폴레옹을 격퇴한 사람은 무함마드 알리였어. 이 일로 능력을 인정받은 그가 이집트의 총독으로 임명되면서, 이집트에도 변화가 일기 시작했어. 그는 유럽식의 학교 제도를 도입하고, 산업을 발전시켰어. 또 행정 제도를 바꾸고 유럽식의 군대를 만들었으며, 여러 가지 사회 시설을 건설했어. 오스만 제국으로부터 독립도 얻어냈지. 하지만 근대화를 위한 그의 노력 역시 영국의 간섭으로 성공을 거두지는 못했어.

이집트는 영국의 돈으로 철도를 놓았고, 프랑스와 손을 잡고 수에즈 운하를 건설했어. 그런데 여기서 무엇보다 중요한 건 이 모든 일에 사용된 돈이 이집트의 돈이 아니었다는 거야. 다 외국의 빚이란 얘기지. 갚아야 할 빚이 많아지면서 외국의 간섭도 심해졌어. 군인이었던 아라비 파샤는 '이집트 인을 위한 이집트'를 주장하면서 외국 세력을 몰아내는 운동을 벌였어. 하지만 영국은 우수한 무기로 무장한 군대를 보내 이들을 진압한 뒤 이집트를 보호국으로 삼았어. 안타깝게도 국가의 운명을 걸고 만들었던 수에즈 운하마저 영국에게 넘어가고 말았지.

용어 해설

추방(追 쫓을 추, 放 놓을 방)
일정한 지역이나 조직의 밖으로 쫓겨나는 형벌의 하나

술탄(Sultan)
이슬람교에서 칼리프에게 인정을 받은 지배자에게 내리던 칭호. 오스만 제국의 최고 황제를 뜻하는 말이 됨

원정(遠 멀 원, 征 칠 정)
먼 곳으로 싸우러 나감

운하(運 움직일 운, 河 강물 하)
배의 이동이나 농사를 짓기 위해서 땅에 만들어 놓은 인공 물길

보호국(保 보전할 보, 護 보호할 호, 國 나라 국)
보호 조약을 맺고 한 나라가 다른 나라의 외교와 군사를 보호해 주는 것. 국제법상으로 보호를 받는 나라는 온전한 주권 국가는 아니다.

수에즈 운하

수에즈 운하는 지중해와 홍해 사이를 연결하는 세계 최대의 운하야. 총 길이가 162.5km나 되고, 폭은 160~200m, 깊이는 19.5m지. 전체 구간을 통과하는 데에는 약 15시간이 걸릴 정도로 당시에는 굉장한 건설이었어.

1859년 공사를 시작해서 완성하는 데 10년이나 걸렸어. 수에즈 운하가 만들어 지기 전에는 유럽에서 인도로 갈 때, 아프리카를 돌아서 가야만 했지. 지도에서 보는 것처럼 운하를 통과하면 바로 갈 수 있게 되어서 항로를 10,000km나 단축시켰어.

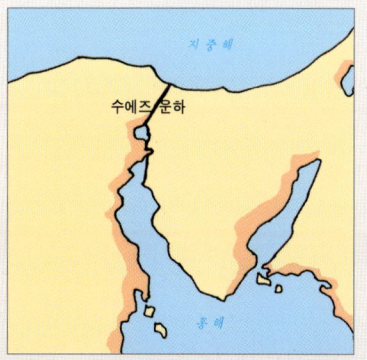

원래는 120일이 걸렸던 항해 시간을 80일로 단축시키는 대단한 효과를 가져왔어. 특히 석유가 많이 매장되어 있는 서남아시아와 북부 아프리카를 연결해 주기 때문에 더욱 중요해졌지. 현재 하루 100여 척의 선박이 이용하고 있어.

세계 대전과 이슬람 세계 | 변혁과 독립의 서아시아

제1차 세계 대전 후 서아시아

제1차 세계 대전 중 오스만 제국은 독일편에 섰다가 독일이 패배하면서 모든 식민지를 빼앗기고 약소국이 되었어. 이 위기에 맞서기 위해 무스타파 케말을 중심으로 술탄을 폐지하고 터키 공화국을 만드는 등의 개혁이 일어났지. 초대 대통령의 자리에 오른 케말은 과감한 근대화 정책을 펴서 터키의 기초를 닦았어. 그리고 제1차 세계 대전의 패배를 교훈삼아 제2차 세계 대전에는 참전하지 않았어.

아랍 민족들은 제1차 세계 대전 중에 강대국들로부터 전쟁에 협력한다면 승리한 후 독립을 인정해 주겠다는 약속을 받았어. 그래서 전쟁에 함께 뛰어들었지만, 강대국들의 약속은 지켜지지 않았어. 그래서 각 나라에서는 독립운동이 활발하게 펼쳐졌지. 아프가니스탄, 이라크 왕국, 사우디아라비아 왕국은 결국 독립을 이루었어. 이집트도 영국으로부터 독립을 약속 받고 제1차 세계 대전 때 영국에게 협조했지만, 약속은 지켜지지 않았어. 이집트 사람들의 끊임없는 독립운동 끝에 영국군이 물러갔지만, 고생고생해서 만든 수에즈 운하만은 되돌려 받지 못했어.

제2차 세계 대전 후의 서아시아

전 세계를 전쟁의 소용돌이 속으로 몰아넣었던 제2차 세계 대전이 끝나자 서아시아에도 큰 변화가 일기 시작했어. 새로운 국가들이 많이 탄생하게 되었거든. 레바논과 시리아는 프랑스로부터, 요르단은 영국으로부터 독립했어. 한편, 이란과 이라크는 제1차 세계 대전 후 세워졌던 왕정을 폐지하고 공화국을 수립했어. 그리고 이집트는 국제 여론에 힘입어 영국으로부터 수에즈 운하에 대한 관리권을 넘겨받았지.

독립을 이루긴 했지만, 서남아시아의 나라들은 계속 어려움을 겪어야 했어. 서양의 강대국들이 석유 자원이 풍부하고 유럽과 아시아, 아프리카를 연결하는 이 지역에 대한 권리를 포기하려 하지 않았기 때문이지. 또 민주주의가 뿌리 내리지 못해 팔레스타인 지역에서는 민족 간의 갈등이 끊이지 않았어.

하나가 된 아랍 민족 | 현대의 서아시아

와하브 운동에서 시작된 이슬람의 하나되기 운동은 아프가니를 거쳐 뿌리를 내리더니 제1·2차 세계 대전과 전쟁 후의 혼란을 겪으면서 무르익어갔어. 또한 아랍 연맹을 결성해서 서로 뭉치기 시작했지. 특히 현대 문명을 지배하는 석유 에너지의 창고인 이 지역에서는 석유를 무기로 삼아 강대국들에 저항하기 시작했어. 1968년 아랍 석유 수출국 기구(OPEC)를 만들어 석유 생산량을 조절하면서 세계의 석유값을 움직이기 시작했어. 또한 1973년과 1978년 2차례에 걸쳐 석유로 인한 큰 혼란이 일어나기도 했고, 미국과 이라크 간에 전쟁이 일어나기도 했어. 한편, 아직도 팔레스타인 난민 문제는 원만한 해결책을 찾지 못하고 있지.

이라크 어린이의 편지

> 사람들은 이라크에 폭탄을 떨어뜨린다고 하면, 군복을 입은 군인들이 그 피해를 받을 거라고 생각합니다. 하지만 이걸 알아야 합니다. 이라크에 살고 있는 2,400만 명 중 절반 이상이 15살이 되지 않은 아이들이라는 것을요. 그러니 이라크에 폭탄을 떨어뜨릴 때 저 같은 어린아이를 떠올려야 합니다. 저는 여러분이 죽이려는 바로 그 아이입니다. 이것이 이라크 어린이들의 현실입니다.

제1차 세계 대전 이후의 서아시아

이때 우리는?

1884 : 갑신정변
1905 : 을사조약으로 일본에 외교권을 빼앗김
1919 : 3·1 운동
1945 : 8·15을 맞아 일본으로부터 독립

팔레스타인과 중동 전쟁

 **한눈에 들여다보기**

떠나자, 서아시아와 북부 아프리카로!

이곳은 이스라엘을 제외하고, 거의 이슬람교를 믿는 사람들이 살고 있는 곳이야. 이집트의 나일 강과 메소포타미아의 티그리스·유프라테스 강 유역은 고대 문명이 처음 등장한 곳이지. 아주 옛날에는 농사짓기에 적당한 습한 곳이었는데, 지금은 대부분 건조 기후 지역이라 비가 거의 내리지 않고, 사막이 많아. 동양과 서양의 중간에 있어서 문화가 합쳐지는 곳이기도 해.

이집트

피라미드는 죽은 왕의 부활을 꿈꾸며 만든 왕의 무덤이야. 왕의 계곡과 왕비의 계곡에 많은 피라미드가 있는데, 내부에 있는 미라는 이미 도굴해 가버렸대. 거대한 스핑크스, 람세스 2세가 신들에게 제사를 지내기 위해 만든 아부심벨 신전의 거대한 모습을 보면 '어떻게 만들었을까' 하는 신비감이 절로 들지.

피라미드

미라

스핑크스

아부심벨 신전

터키

동양과 서양의 문화가 어우러진 곳이 바로 터키야. 이스탄불의 성소피아 성당은 처음엔 크리스트교 성당이었지만, 이슬람교의 모스크로 바뀌었고 지금은 박물관으로 이용되고 있어. 거대한 블루 모스크의 푸른 모습과 화산재로 형성된 카파도키아의 신기한 바위 모습은 정말 멋지지?

블루 모스크

카파도키아

에베소 도서관

이스라엘

예루살렘은 유대교, 크리스트교, 이슬람교 모두에서 성지라고 주장하는 곳이야. 통곡의 벽은 로마 제국에게 파괴된 이스라엘 성전 중 유일하게 남아있는 유적이래. 이곳에서 슬피 우는 유대 인들이 많아서 붙여진 이름이야. 알 아크사 모스크는 이슬람 왕국에서 지어놓았어.

이스라엘 통곡의 벽

예루살렘 성과 이슬람 사원 (알 아크사 모스크)

사우디아라비아

이슬람 교도라면 누구나 성지 순례를 가야 한다는 메카는 무함마드의 고향이야. 그리고 예언자의 도시라는 뜻을 가진 메디나는 무함마드가 박해를 피해 피난을 가면서 이슬람 공동체를 처음으로 만들었던 곳이지.

메카 하람 성원

메디나의 예언자 성원

요르단

고대 유적지인 페트라는 세계 7대 불가사의 중 하나래. 영화 인디아나 존스 3에서도 등장했던 곳이지. '사막에 핀 꽃'이라는 별명에 어울리게 요르단이 가장 자랑하는 세계 문화 유산이야.

페트라 고대 유적지

이란

이란의 옛 이름은 페르시아였다는 건 알지? 아케메네스 왕조 페르시아의 다리우스 왕 때 만들어진 페르세폴리스 유적은 당시 메소포타미아 문명과 오리엔트 문명을 융합한 세계 문화의 중심이었어. 짐승이 양쪽으로 버티고 있는 거대한 문을 통과해서 각 나라의 사신은 왕에게 인사를 왔을거야.

페르세폴리스

45 유목 민족

이동하며 사는 민족

B.C.1500　B.C.1000　B.C.500　1　A.D500　1000

여름 방학 때 친구들이랑 몽골 문화촌에 갔어. 몽골의 전통 집이 가장 먼저 눈에 띄더라구. 그곳에서 친구들과 몽골의 전통 집을 만드는 체험에 참여했어. 집 만드는 과정이 생각보다 쉬웠고, 텐트를 치는 것처럼 짧은 시간에 집을 만들 수 있었어. 더 놀라운 건 내부가 매우 튼튼하다는 거야. 이렇게 쉽게 집을 만들도록 한 건 몽골 사람들이 이동 생활을 했기 때문이래. 몽골 사람들은 왜 이동하면서 살았던 걸까?

유목 : 한곳에 머물지 않고 물과 풀밭을 찾아 옮겨 다니면서 가축을 기르는 것

가축이 먹을 풀을 찾아서 | 유목 민족

유목 민족은 초원 지대에 살아

유목 민족의 활동지

초원 지대는 비가 잘 오지 않기 때문에 농사에 불리해. 그래서 사람들은 가축을 기르며 살았어. 가축이 먹이가 되는 풀을 다 뜯어 먹으면, 물과 풀을 찾아 새로운 곳으로 이동해야만 했지.

이동 생활을 하는 유목 민족에게 가장 중요한 건 말이었어. 말을 타고 가축을 돌보기도 하고, 적과 싸우기도 하고, 다른 곳으로 이동할 때도 중요하게 쓰였지. 그 외에도 말은 생활에 필요한 여러 가지 것들을 주기도 했어. 말의 고기나 젖을 먹을 수도 있었고, 심지어 말똥까지도 말려서 연료로 쓸 정도니, 정말 유목 민족에게 없어서는 안 될 소중한 존재였겠지?

유목 민족이 너무 무서워

유목 민족은 말을 몸의 일부처럼 잘 다루었어. 말을 타고 흙먼지를 일으키며 순식간에 나타났다, 흩어졌다를 반복하며 적의 혼을 쏙 빼놓았어. 멀리서도 활을 쏘아 맞히고, 말을 탄 자세에서 몸을 완전히 뒤로 틀어 활을 쏘는 능력도 있었어. 그러니 농경 민족에게는 공포의 대상이었지. 이렇게 초원 지대에서 살았던 유목 민족에는 ==스키타이==, 흉노, 훈, 선비, 유연, 돌궐, 위구르, 거란, 여진, 몽골 등이 있어. 초원 지대에 강력한 국가가 세워지면 이들의 흩어졌던 힘이 하나로 모아져서 주변 지역까지 세력을 확대했어. 그 과정에서 유목 민족은 인류 역사에 굵고 뚜렷한 자국을 남겼지.

유목 민족의 생활

유목 민족의 생활이 좀 수준이 낮게 느껴지니? 절대 그렇지 않아. 돌아다녀야 하는 생활 방식과 전쟁 때문에 많은 문화재를 남길 수 없어서 그렇지 남아 있는 문화재들을 보면 하나같이 훌륭하고 아름답거든. 유목 민족의 천막집을 우리가 흔히 보는 텐트 정도로 생각하면 안 돼. 그 안에 들어가 보면 가정집 못지 않아. 풀을 찾아 돌아다닐 때도 이들은 참 현명해. 한곳에서 풀의 씨를 말릴 정도로 오래 머물지 않아 자연을 훼손하지 않거든. 소똥도 처음에야 냄새가 나지만 바짝 말리면 냄새 하나 없는 청정 연료가 되지. 이제 유목 민족을 바라보는 시선도 바뀌어야겠지?

더 알고 싶어요

우리랑 유목 민족이 무슨 상관이에요?

신라 왕족 중에 김알지라는 사람이 있어. 그런데 지금 일부 역사학자들 사이에서는 김알지가 유목 민족인 흉노의 왕족이었다는 설이 나오고 있어. 중국이 혼란을 겪던 시절 우리나라의 신라로 들어왔을 거라고 생각하는 거지. 무덤 양식, 유목 민족들만이 사용하는 그릇, 금을 숭배하는 문화 등 비슷한 것들이 아주 많대. 그리고 청나라를 세운 여진의 왕족은 신라 사람이라는 설도 있어. 어지러웠던 통일 신라 말기에 고려의 지배를 피해 북쪽으로 이주한 사람들이 여진의 왕족이 되었다는 거야. 청나라 왕족의 성도 중국에서는 드문 김씨래.

초원의 전설 | 스키타이

초원 지대에서 가장 이른 시기에 활약했던 민족은 스키타이 인이야. 서아시아 초원에 최초로 유목 국가를 세웠지. 스키타이는 신속한 기마 전술로 아케메네스 왕조 페르시아와 200년 동안이나 남북으로 대립할 정도로 강한 국가였어. 스키타이 인은 어떤 사람들이었을까? 항아리에 새겨진 그림이나 무덤에서 나온 뼈를 분석해 보면 스키타이 인이 어떤 모습일지 상상해볼 수 있어. 스키타이 인은 페르시아 계 유럽 인종으로, 큰 키에 건강한 체구를 가졌으며, 광대뼈가 나오고 털이 많았던 사람들이었어.

스키타이 인은 허리띠의 버클이나 칼집, 마차 등을 꾸밀 때 사슴, 말, 곰, 호랑이 같은 동물 모양 장식을 많이 사용했어. 이런 장식은 시베리아를 거쳐 동아시아 지역에도 영향을 미쳤지. 우리나라 청동기 시대의 동물 모양 장식도 스키타이의 영향을 받은 거야.

스키타이의 동물 모양 장식

스키타이 인들은 동물의 민첩함을 얻으려는 바람에서 강하고 빠른 동물 문양으로 무기를 장식했어.

스키타이의 영향을 받은 우리나라의 청동 조각품

진·한 제국이 두려워한 나라 | 흉노 제국

몽골 고원에서 일찍이 스키타이 인의 영향을 받은 흉노족은 진이 중국을 통일할 무렵부터 중국 북쪽 지역의 국경을 위협했어. 흉노가 어떤 계통의 사람들인지 정확히 알 수는 없지만, 천하를 통일한 진시황도 흉노의 존재를 두려워할 정도로 큰 세력이었어. 진시황은 몽염 장군을 보내서 흉노를 밀어내고 만리장성을 쌓아 흉노족을 막는 데 많은 노력을 기울였어.

북쪽으로 밀려난 흉노는 자기들이 살던 곳을 되찾기 위해 진과 한을 끊임없이 공격했지. 한은 흉노를 정벌하기 위해 많은 수의 군대를 동원했지만, 결과는 흉노의 승리! 한의 고조는 산에서 일주일 동안 포위되었다가 가까스로 구출되었고, 패배한 한은 흉노와 굴욕적인 화친 조약을 맺어야만 했어. 이후 고조는 "흉노와 전쟁하지 말라."는 유언을 남겼을 정도였다고 하니, 흉노 제국의 힘이 어느 정도였는지 짐작이 가지?

이렇게 강했던 흉노 제국은 기원전 1세기와 서기 1세기에 한나라의 대대적인 공격을 받은 뒤 몇 개의 부족으로 나뉘어졌어. 그 중 남흉노는 중국땅으로 내려갔고, 북흉노는 서쪽으로 진출했는데, 그들이 바로 훈 족이야.

흉노와 한의 화친 조약

1. 흉노와 한은 형제 관계를 맺는다.
2. 한이 황제의 딸을 흉노의 선우에게 시집 보내고, 매년 엄청난 양의 술, 비단, 곡물을 흉노에게 바친다.
3. 만리장성을 경계로 서로 침범하지 않는다.

비운의 여인, 왕소군

흉노 왕에게 시집간 비운의 여인, 왕소군을 알고 있니? 흉노에게 패한 한나라는 많은 양의 재물을 바치는 것 외에도 흉노 왕에게 황실의 여자를 보내야만 했어. 한나라의 황제는 화가가 그려온 초상화를 보고, 가장 못생긴 여자를 골라서 보내기로 했지. 그런데 당시 황제의 후궁으로 있던 왕소군은 화가에게 뇌물을 한 푼도 주지 않았고, 이것이 내심 불만이었던 화가는 왕소군을 가장 못생기게 그렸어. 결국 왕소군이 흉노에게 보내지게 되었지. 그녀가 떠나는 날 그녀를 처음 보게 된 황제는 깜짝 놀랐어. 그녀의 용모와 행동거지가 무척이나 아름다웠던 거야. 황제는 뒤늦은 후회를 해야 했고, 상상 밖의 미인을 만난 흉노의 왕은 너무 너무 좋아했다고 해~.

게르만 족을 이동시키다 | 훈 제국

훈 족이 누구인지에 대해서는 의견이 많지만, 대체로 흉노족의 후손으로 보고 있어. 그들은 튼튼한 갑옷을 입고 말을 타고 달리면서 정확한 활 솜씨를 자랑했어. 훈 족의 위대한 지도자 아틸라가 흑해 연안으로 쳐들어 오면서 유럽 사회를 뒤바꾸는 계기가 된 게르만 족의 대이동이 시작되었지. 훈 족은 유럽 인들에게 그야말로 공포의 대상이었어. 훈 족은 아틸라 왕 때 대제국을 건설하여 프랑스를 공격하고 동로마 제국을 위협하기도 했지만, 아틸라가 죽은 후 제국은 급속하게 무너지고 말았어.

유라시아에 걸친 대제국 | 돌궐 제국

흉노 제국이 쇠퇴한 후 뒤를 이은 건 유연과 선비였어. 유연은 몽골 초원의 오아시스 도시에 유목 국가를 세웠고, 선비족은 중국의 화북 지방으로 내려가 북위를 세웠어. 당시의 강자였던 유연 제국을 멸망시킨 건 튀르크 족이었어. 중국에서는 그들을 '돌궐'이라 했는데, 돌궐은 몽골 어로 '강하다'란 뜻을 가진 말이야. 돌궐은 중앙아시아에서 만주 지방까지 역사상 처음으로 유라시아에 걸친 대제국을 이루었어. 당이 건국될 당시에 돌궐의 세력이 어찌나 강했던지 당을 세운 이연은 돌궐에게 신하의 예를 갖추기도 했다고 해. 그러나 그들은 지배자의 세력 다툼과 당태종의 공격으로 동돌궐 제국과 서돌궐 제국으로 분열되어 세력이 약해지고 말았어.

돌궐의 뒤를 잇다 | 위구르 왕국

위구르는 돌궐과 같은 튀르크 계 민족이야. 위구르는 8세기 중엽 돌궐의 힘이 약해지고, 당나라에 내분이 일어나자 이를 기회로 힘을 키워 몽골 지역에 나라를 세웠어. 그들은 중국의 내분을 잘 이용했는데, 중국에서 '안사의 난'이 일어나자 군대를 파견하여 당나라를 도와주었지. 그리고는 그 대가로 당에게 많은 공물을 요구하며 중국으로 세력을 확대했어. 이들은 상업 활동에도 뛰어나 동·서 교통로를 이용한 중계 무역을 하기도 했어. 그러나 9세기 중엽, 같은 튀르크 계 민족인 키르키즈에게 멸망당하고 말았어.

용어 해설

스키타이(Scythai)
고대 그리스 인은 흑해 북쪽 돈 강에서 프루트 강에 이르는 초원 지대를 스퀴티아(Skythia)라고 부르고 그 초원에 살았던 페르시아 계 민족을 스퀴트 인이라고 불렀다.

굴욕(屈 굽을 굴, 辱 욕되게할 욕)
남에게 억눌려 업신여김을 받음

화친(和 화목할 화, 親 친할 친)
서로 의좋게 지냄

선우(單 오랑캐이름 선, 于 어조사 우)
흉노의 최고 지배자, 왕

유라시아(Eurasia)
유럽과 아시아를 하나로 묶어 부르는 이름

훈 족이 얼마나 무서웠으면…

"훈 족은 이 세상에서 가장 못생긴 족속이다. 그들은 들의 뿌리를 먹고 산다. 게다가 고기를 요리할 줄도 모른다. 그들은 안장과 말 등 사이에 날고기를 넣은 채 하루 종일 말을 타고 돌아다니다가 그 날고기를 그대로 먹는다!" 로마의 한 역사가는 훈 족에 대해 이렇게 썼어. 훈 족이 너무 무섭고 싫었나 봐!

이때 우리는?

위기에 빠져 있던 신라는 수에 도움을 청하고 수의 등장에 위협을 느낀 고구려는 돌궐과 연합하여 수에 대항했어.

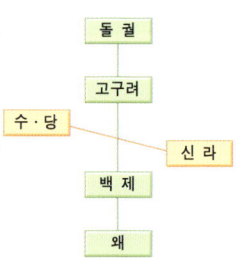

아틸라, 저를 구해주세요!

구해 주세요!

훈 족의 아틸라가 로마 제국을 시도 때도 없이 공격해서 유럽 인들이 아틸라를 '신이 내린 천벌'이라고 생각했던 그때, 서로마 제국 황제의 여동생 호노리아는 궁전에서의 생활이 너무 지루해 아틸라에게 이런 편지를 썼어. "와서 저를 구해주세요! 그렇게만 해 준다면 당신과 결혼하겠어요!" 호노리아의 편지를 받은 아틸라는 황제에게 편지를 보냈어. "황제의 누이 호노리아와 결혼하기로 약속했소. 결혼 선물로 당신 제국의 절반을 원하오. 지금 당장 그것을 가지러 가겠소!" 아틸라는 곧바로 로마를 공격했고, 로마의 황제는 거액의 돈을 지불한다는 조건으로 아틸라에게 화친을 청해야만 했어. 아틸라는 화친을 받아들이고 로마에서 물러갔지. 그럼 호노리아랑 결혼은 했냐고? 아틸라가 비출혈(코피)로 죽고 말았기 때문에 둘의 결혼은 이루어지지 못했지.

45 | 유목 민족

유목 민족 vs 농경 민족

구분	유목 민족	농경 민족
생활 방식	소, 말, 낙타, 양, 염소 등의 가축을 키우며 가축들이 먹을 물과 풀을 찾아 이동하며 생활했어.	농사지으며 살다보니 당연히 정착 생활을 했어. 씨를 뿌리고 나서는 식물이 다 자라 수확할 때까지 기다려야지!
주요 생산물	우리가 갖고 있는 건 가축들에게서 얻을 수 있는 고기, 우유, 치즈, 모피, 말 등이야.	우린 농사를 지어 수확한 곡식과 채소와 면직물·견직물 등의 천을 갖고 있어.
요리 방법	냉(冷) – 육포, 요구르트, 치즈 • 이동하면서 먹기 쉽게 말려! • 우유가 상하지 않게 오래 보관하려면 발효를 시켜야지!	온(溫) – 밥, 국 추수한 후 보관하고 있던 곡물을 따뜻하게 익혀 먹어야지!
재산	우리들의 넓은 초원! 음식은 다 같이 나눠먹지. 부족한 건 농경 민족에게서 빼앗아오면 돼.	내 땅, 내 집 내가 농사지은 내 것이야. 다른 사람은 손대지 마.
문화	약(弱) 계속 이동해야 해서 문화의 보존이 힘들어!	강(强) 계속 정착해서 살아가니까 문화가 잘 보존되지.
군사	강(强) 험한 자연을 헤치며 이동 생활을 하다보니 말도 잘 타게 되고, 활도 잘 쏴서 군사력이 강할 수밖에 없지.	약(弱) 한 곳에 정착해 살아가는 안정된 생활을 계속하니까 군사력은 별로 중요하지 않아.
정치	부족제 같은 핏줄을 타고난 씨족들이 함께 생활해. 여러 씨족들이 모여 부족을 이루는데 부족장이 부족을 다스리지.	군현제 우리집 주소는 ○○군 △△현. 중앙에서 황제가 보낸 관리가 우리를 다스리지.

게르 모델 하우스로 여러분을 초대합니다.

우리 모델 하우스에 오신 걸 환영합니다. 자! 모델 하우스를 천천히 둘러보도록 하지요. 천막을 흰색 천으로 덮어서 여름철에는 강렬한 햇빛을 막아주고, 천막 밑자락을 돌돌 말아 걷어올리면 통풍과 온도 조절 기능을 할 수 있지요. 게르의 원형 구조는 겨울의 강한 바람을 막아준답니다.
자! 그럼 게르 안으로 들어가 보실까요? 출입구를 기준으로 왼쪽은 남자가 오른쪽은 여자가 차지하는데, 무기 같은 건 남자 자리인 왼쪽에 놓고, 조리 기구 등은 여자 자리인 오른쪽에 놓습니다.
무엇보다 게르의 가장 뛰어난 점은 손쉽게 해체하고 조립하여 이동이 매우 쉽다는 점이죠. 게르는 가장 초보적이고, 원시적인 형태의 합리적인 건축이라고 할 수 있어요.

46 정복 왕조 — 중국을 정복한 왕조

오늘은 중화반점에서 중국 요리를 시켜먹기로 했어. 그런데 전화번호가 생각이 안 나서 인터넷 검색으로 찾았더니 중화반점이라는 이름이 정말 많지 뭐야. 중화는 중국의 문화가 최고이고, 다른 민족은 오랑캐라고 생각하는 거잖아. 그런데 이상하다! 세상의 중심인 중국을 정복한 오랑캐가 있다는데, 그럼 그 오랑캐들은 뭐야?

중화 사상(中華思想): 중국인들이 세상의 중심이고, 가장 발달한 문화를 가지고 있다는 의식

오랑캐: 다른 민족을 얕잡아 부르는 말

이제는 중국 대륙을 차지해 볼까 | 정복 왕조

10세기에 당나라가 무너지고 중국 대륙이 여러 나라로 분열되자, 북방의 유목민들이 중국 땅으로 밀고 들어갔어. 예전의 유목 민족들은 필요한 물자만 챙기고 돌아갔지만, 거란족과 여진족은 중국 땅의 일부를 차지하고 계속 지배하려 들었어. 이렇게 들어선 유목 민족의 나라를 '정복 왕조'라고 해. 그러나 수가 적은 유목 민족이 인구도 많고 문화 수준도 높은 한족을 지배하기란 쉽지 않았어. 그래서 나름대로 여러 방법을 생각해 내게 되지. '이중 정책'은 정복 왕조가 어렵게 찾아낸 통치 비법이야. 유목 민족은 전통을 지켜 자신들의 힘을 계속 유지하기 위해 부족제로 다스리고, 정착해서 농사짓고 사는 농경민은 중국의 전통적인 군현제로 다스리는 이중 정책을 쓴 거지.

힘겨웠던 중국 정복

요의 영역

거란족이 세운 나라 | 요

몽골 고원 동쪽의 초원 지대에 살던 유목 민족인 거란족은 당에 조공을 바치고 있었어. 그런데 당의 혼란기를 이용해 거란족의 야율아보기가 흩어져 있던 부족 전체를 통합하여 나라를 세우고, 자신을 '황제'라 칭했어. 세력을 키운 거란족은 926년 발해를 멸망시켰고, 곧이어 중국의 연운 16주를 점령한 후 나라 이름을 '거란'에서 중국식인 '요'로 바꿨어. 이제 강대국이 되었으니, 다음 목표는 중국 땅을 차지하는 거지! 요나라는 중국으로 쳐들어가려 하고, 송나라는 연운 16주를 되찾으려 하면서 두 나라의 대립은 계속되다가 결국 요나라의 승리로 끝났어. 송은 매년 많은 은과 비단을 주고 침략하지 않는다는 약속을 받아냈으니, 결국 돈으로 평화를 산 셈이지. 정복 왕조의 틀을 처음으로 만든 요나라는 1125년 남송과 금의 공격을 받아 멸망하게 돼.

이때 우리는?

요나라는 송나라를 공격하기에 앞서 고려와 친선 관계를 다져 놓으려 했어. 그러나 고려에게 거절당하자, 세 차례나 고려를 공격했어. 고려는 서희와 강감찬의 활약에 힘입어 거란의 침입을 물리칠 수 있었지.

스키타이	흉노	유연	돌궐	위구르	요·금	몽골	몽골 제국	타타르 오이라트	청
페르시아	진·한	위·진·남북조	수	당	5대 10국	송	남송		명

탕구트 족이 세운 나라 | 서하

탕구트 족은 티베트 계의 유목 생활을 하던 민족인데, 당의 혼란기를 이용해 중국으로 이동해서 정착하기 시작했어. 탕구트 부족 중 하나인 탁발부는 황소의 난이 일어났을 때 당을 도운 공로로 당 황제의 성씨인 이씨 성도 하사받았어. 이후 탕구트는 점차 독립된 세력이 되어 갔고, 송나라는 탕구트 세력을 무시할 수 없어서 탕구트 족장을 서평왕이라 부르며 좋은 관계를 유지했지. 그런데 서평왕의 지위를 이어받은 이원호가 탕구트의 여러 부족을 통합했어. 그러고는 송으로부터 독립하여 스스로를 황제라 부르고 나라 이름을 '대하'로 정했어. 송나라에서는 서쪽에 있다 하여 '서하'라고 불렀지.

이원호는 서하를 세운 후 송에 대등한 관계를 요구했으나, 송이 인정하지 않자 여러 차례 전쟁이 벌어지게 돼. 결과는 서하의 승리였어. 군사력이 약했던 송은 요에 그랬던 것처럼 서하에게도 비단과 은을 주며 평화를 구할 수밖에 없었지. 그 뒤 서하는 비단길을 통한 동서 무역의 이익을 독점하면서 크게 세력을 넓혔고, 농경과 유목, 불교 문화가 결합된 독창적인 문화를 발달시켰어. 하지만 1227년 몽골에게 멸망하고 말았어.

여진족이 세운 나라 | 금

금나라의 영토

여진족은 퉁구스 계의 민족으로 수·당 시대에는 말갈이라고 불렸고, 쑹화 강과 만주 동부 지역에서 유목 생활을 하면서 고려와 국경을 마주보고 있었어.

1113년, 요에 저항하던 여진족의 아구타는 흩어져 있던 부족의 힘을 모아 여진족을 통일한 후 곧바로 요를 공격해 큰 승리를 거두었고, 다음해인 1115년에는 '금'을 건국하면서 스스로를 황제라 했어. 금나라가 강성해져 가는 것을 가만히 지켜보던 송은 기회는 이때다하며 요가 차지한 연운 16주를 빼앗으려고 금과 손을 잡았어. 금은 송을 도와 요를 무너뜨렸지. 연운 16주는 송이 차지하는 대신, 송은 요에 세금을 바친다는 조건이었어. 그런데 요를 멸망시킨 후 송은 약속을 지키지 않았어. 게다가 요와 힘을 합쳐 금을 치려고 했어. 화가 난 금은 대군을 동원해 송을 공격해 승리를 거두었어. 결국 금이 송의 수도를 점령한 후 중국의 화북 지방을 모두 차지하고, 송은 남쪽으로 밀려가 '남송'이 되었어. 이후 약 150년간 중국에는 화북의 금과 강남의 남송이라는 두 나라가 마주하게 되었는데, 남송은 금의 신하가 되어 매년 금과 은을 바쳐야만 했어. 그런데 금은 한족과 섞여 살면서 그들의 문화에 빠져 들었어. 이때 북방에서는 유목 민족 특유의 강인한 기풍을 가진 몽골 족이 성장하고 있었고, 자기 고유의 부족적 특성을 잃어버린 금은 건국 120년 만에 몽골 족에게 멸망하고 말았지.

용어 해설

여진족(女 계집 여, 眞 참 진, 族 겨레 족)
퉁구스 계의 민족으로 수·당 시대에는 말갈이라고 불림. 발해의 지배를 받기도 함

연운 16주(燕 연나라 연, 雲 구름 운, 十 열 십, 六 여섯 육, 州 고을 주)
만리장성 이남에 있는 16개의 주. 방어는 쉽지만 공격은 어려운 북방 방어의 요지

하사(下 아래 하, 士 선비 사)
임금이 신하에게, 또는 윗사람이 아랫사람에게 물건을 줌

대하와 서하

대하가 새우냐고요? 아니지요. 탕구트 족이 세운 나라가 대하이고, 중국 사람들은 서하라 부른답니다.

탕구트 족은 나라 이름을 '대하'라고 했어. 대하는 중국의 고대 왕조인 하를 계승했다는 뜻을 나타내고 있지. 그런데 중국의 역사책에서 고대의 하와 구분하기 위해 중국의 서쪽에 있다 하여 '서하'라고 불러 이 이름이 널리 알려지게 된 거야.

더 알고 싶어요

유목 민족은 야만인이라면서요?
머나먼 과거의 일은 남겨진 기록을 통해 알 수 있겠지? 그런데 불행히도 유목 민족은 그들의 역사에 대한 기록을 남기지 않았어. 유목 민족과 싸웠던 서양인, 중국인들은 기록을 남기고 말이야. 그러니 우리는 유목민들에게 피해를 당한 서양인, 중국인의 자료를 통해 그들을 악마 같은 존재로 알게 된 거야.

내가 악마라고?

47 | 칭기즈 칸

세계를 정복한 자

800　　1000　　1200　　1400　　1600　　1800

가족들과 외식을 하러 식당에 갔는데, '칭기즈칸'이라는 요리가 있더라. 어린 양고기를 샤브샤브처럼 먹는 요리인데, 왜 요리 이름이 칭기즈칸일까? 그리고 서양에서는 우는 아이를 달랠 때 '칭기즈 칸' 온다고 한대. 그러면 아이들은 울음을 딱 그친다고 하던데, 칭기즈 칸은 도대체 어떤 사람일까?

칭키즈 칸 : 몽골 제국의 제1대 왕(1167~1227), 본명은 테무친. 동서양에 걸친 대제국을 건설하였다.

몽골의 힘을 하나로! | 칭기즈칸

작은 부족장의 아들로 태어나 칸이 되기까지!

테무친은 몽골의 여러 부족 중 작은 부족장의 아들로 태어나 어릴 때 아버지를 잃고 이웃 부족장의 도움을 받으며 자라야 했어. 그는 어려서부터 몽골 인들이 하나로 뭉쳐야 한다고 생각했기 때문에 정복 전쟁에 나섰지. "나를 따르지 않는 자는 반드시 죽이겠다. 그의 천막을 깔아뭉개서, 캄캄한 밤중에 말을 달려 그곳을 지나가더라도 걸리는 게 없도록 만들어 버리겠다." 테무친이 몽골의 부족들을 정복하면서 했던 말이래. 무시무시하지? 테무친은 드디어 몽골 족을 통일하고 칭기즈 칸이라는 이름을 얻게 되었어.

한 손에는 화살, 한 손에는 육포!

몽골군은 정말 강해서 유럽 인들은 이 무시무시한 군대를 지옥이란 뜻의 '타르타투스'라고 부를 정도였어. 이런 군사력은 전 부족 구성원을 전사로 만드는 군사 조직과 세 살부터 말을 탄다는 타고난 기마 능력, 활 솜씨, 용맹함 등에서 나왔어. 이슬람 상인들이 안정된 무역로를 얻기 위해 몽골 족을 도운 것도 큰 힘이 되었지. 그런데 칭기즈 칸의 세계 정복을 위한 중요한 에너지원이 육포라면 믿을 수 있니? 육포는 휴대가 간편하고, 오래 두고 먹을 수 있으면서도 단백질을 보충해 주는 중요한 식량이었어. 말 위에서 식사하고, 말 위에서 잠자며 신속한 기동력으로 세계를 제패할 수 있었던 것 아닐까?

칭기즈 칸이 본 예순베이

나의 부하 예순베이는 아무리 싸워도 지치지 않아. 그래서 모든 사람들이 자기 같은 줄 알아서 자기만큼 못하면 버럭 화를 내지. 그런 사람은 절대 지휘관이 될 수 없어!

비상 식량 보르츠

보르츠는 소고기나 양고기를 말려 절구에 넣어 빻아 가루를 낸 것으로, 소의 방광(오줌보) 안에 넣어 보관해. 전쟁시에 비상 식량으로 사용되는데, 소 1마리 분량의 고기가 들어가서 1년치 식량으로 사용될 정도였어.

과거 1천 년 동안 인류사에 가장 큰 영향을 미친 인물

1995년 12월, 미국의 〈워싱턴 포스트〉지는 지난 천 년 동안 인류 역사에서 가장 중요한 인물로 칭기즈 칸을 꼽았어. "칭기즈 칸은 사람과 과학의 교류를 통해 지구를 좁게 만들어 세계를 뒤흔들고 근본적인 변화가 오게 만들었다."고 선정 이유를 말했어. 강력한 리더십, 불굴의 의지, 진취적 기상으로 천하를 평정했던 칭기즈 칸을 세계가 주목하고 있어. 그래서 칭기즈 칸은 '세계를 움직인 가장 역사적인 인물(1997년 4월 뉴욕 타임즈 선정)'로 뽑히기도 했고, 500대 기업 CEO들이 뽑은 서기 1,000년대 밀레니엄 최고의 리더(1997년 〈포춘〉지 선정)로 뽑히기도 했어.

역사상 가장 넓은 제국 | 몽골 제국의 영토 확장

바람처럼 왔다가 잿더미를 남기다

칭기즈 칸은 여러 부족을 제압한 후, 초원을 가로질러 서방 원정에 나섰어. 중앙아시아에 걸쳐 있는 초원길과 비단길을 장악해 상업적 이득을 얻기 위해서지. 먼저 서하를, 이후 서쪽으로 나아가 중앙아시아를, 더 서쪽으로 들어가 러시아 남쪽 들판까지 정복했어. 이로써 초원길과 비단길이 완전히 몽골의 손에 들어오게 되었어. 유럽, 이슬람 제국, 중국까지 계속되는 몽골의 정복 전쟁은 처참하기 그지없었고 도시 곳곳이 파괴되고 불에 탔어. 유럽 사람들은 몽골군의 침략을 신이 내린 채찍이거나, 사탄의 저주가 현실로 나타났다고 여겼지.

하나가 되는 유라시아

몽골 제국의 영역은 서구와 인도를 제외한 유라시아 대륙의 대부분을 포함하고 있었어. 인류 역사에 나타났던 나라 중에 제일 큰 제국이지. 칭기즈 칸과 그 후손들이 이러한 세계 제국을 불과 70여 년만에 건설했다고 하니, 정말 대단하지?

몽골이 다스리는 세계는 넓고 다양했어. 당연히 갖가지 문화가 몽골 제국 안으로 들어왔고, 다시 각 지역으로 퍼져나가 바야흐로 하나의 울타리 속에서 움직이는 시대가 된 거야. 몽골 제국이 이루어낸 평화는 동·서 교류의 새로운 장을 열었고, 유라시아 세계는 하나로 통합되었어.

세계를 하나의 네트워크로 연결하다

현대 세계가 인터넷으로 하나가 되듯이 몽골 제국에도 세계를 하나로 묶는 놀라운 제도가 있었어. 바로 강력한 군사력을 바탕으로 정비한 교통 통신망인 역참제! 몽골 제국의 도로망은 유라시아 전 지역을 잇는 거대한 네트워크를 만들었어. 도로에는 약 40km마다 역참이 설치되어 말·식량·숙소를 제공했는데, 무려 1,500개 정도가 있었다고 해. 사람이 살지 않는 초원이나 사막에까지 설치했을 정도래! 교통로를 왕래하는 관리, 사절에게는 특별한 통행증이 발급되어 관리들은 말을 바꿔 타면서 하루에 450km를 달릴 수 있었어. 게다가 "황금판을 머리에 이고 걸어도 안전하다."고 할 정도여서 상인이 빈번하게 왕래했어. 이 정도면 진정한 세계 제국이라 할 수 있겠지?

용어 해설

칸(Khan)
몽고·터키·타타르·위구르에서 최고 지배자를 부르던 말이다. 나라별로 알아보면 지배자의 칭호를 알아보면 흉노족은 선우, 돌궐과 몽골은 칸, 중국은 황제라고 불렀다.

기동력(機 틀 기, 動 움직일 동, 力 힘 력)
전투 상황에 따라 재빠르게 병력이나 무기, 장비 따위를 이동시킬 수 있는 능력

초원(草 풀 초, 原 근원 원)길
몽골, 남부 시베리아, 중국 화북, 흑해 북쪽을 잇는 교통로

비단(緋 붉은빛 비, 緞 비단 단)길
중국과 서아시아·지중해 연안 지방을 연결하였던 고대의 무역로이며, 실크 로드라고도 함

칭기즈 칸의 어록

집안이 나쁘다고 탓하지 말라.
나는 아홉 살 때 아버지를 잃고 마을에서 쫓겨났다.

가난하다고 말하지 말라.
나는 들쥐를 잡아먹으며 연명했고, 목숨을 건 전쟁이 내 직업이고 내 일이었다.

배운 게 없다고, 힘이 없다고 탓하지 말라.
나는 내 이름도 쓸 줄 몰랐으나 남의 말에 귀 기울이면서 현명해지는 법을 배웠다.

너무 막막하다고, 그래서 포기해야겠다고 말하지 말라.
나는 목에 칼을 쓰고도 탈출했고, 뺨에 화살을 맞고 죽었다 살아나기도 했다.

적은 밖에 있는 것이 아니라 내 안에 있었다.
나는 내게 거추장스러운 것은 깡그리 쓸어버렸다.
나를 극복하는 그 순간 나는 칭기즈 칸이 되었다.

역참제

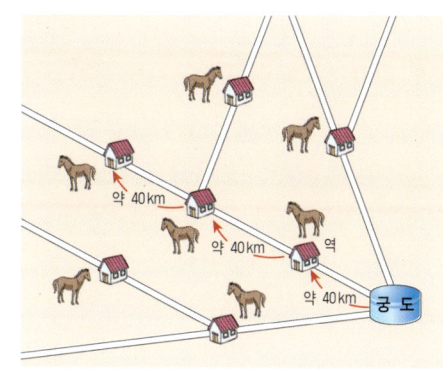

48 몽골

지워진 역사

정말 이상해. 칭기즈 칸 이후 그 드넓은 초원 지대에 아무도 안 살았을 리 없는데, 여러 책을 뒤져봐도 그 이후에 사람들이 어떻게 살았는지, 어떤 나라들이 있었는지에 관한 이야기가 없어. 거기에 살던 사람들이 몽땅 사라진 것도 아닐 테고……. 다른 나라에 모조리 흡수된 걸까?

칭기즈 칸 : 몽골 제국의 제1대 왕. 몽골 족을 통일하고 세계 제국을 건설하였다.

칭기즈 칸의 후예들, 그 후…… | 몽골

초원으로 돌아간 몽골

한족의 명나라에게 패한 원은 북만주 지역으로 가서 독자적인 역사를 만들어 갔어. 스스로를 '북원'이라고 칭하고 계속 명을 괴롭혔지. 그러는 사이 고향 땅인 몽골 벌판은 오이라트 족이 차지해 버렸지만, 칭기즈 칸의 후예들이 1552년 그들을 쫓아내고 다시 몽골 지역의 주인이 되었어. 이들은 이때 티베트 불교를 받아들였지.

그런데 뒷날 몽골은 청에게 정복당하고 말아. 이로써 역사상 처음으로 몽골 고원이 중국의 지배를 받게 된 거지. 중국인은 인구가 급격히 증가하자 식량이 부족해져서 농사지을 땅을 찾아 몽골 땅에까지 들어가 살게 된 거야.

러시아는 탐내고, 중국은 지키려 하고……

몽골에 다시 한번 회오리바람을 일으킨 나라는 러시아야. 러시아가 몽골 고원에 나타났을 때 긴장한 건 청나라였어. 그러던 중 중국에서는 1911년 신해혁명으로 청 왕조가 무너져 버려. 이 기회를 놓치지 않고 몽골의 귀족들은 몽골의 독립을 선언했어. 하지만 중국은 쉽사리 몽골을 포기하지 않았어. 1915년 중국, 몽골, 러시아 3국은 협정을 맺어 몽골이 중국에 법적으로 속해있다는 것을 인정하는 범위에서 자치를 인정했어.

둘로 나뉘게 된 몽골

1917년 러시아 혁명이 일어나자 중국은 몽골을 직접 지배하려고 자치를 취소해 버렸어. 화가 난 몽골 인들은 주권을 되찾기 위한 활동을 벌였지. 그러다가 1924년 소련의 도움으로 외몽골에 몽골 인민 공화국을 세웠어. 한편, 내몽골 지역은 제2차 세계 대전 중에 일본의 식민지가 되었어. 전쟁이 끝나자 외몽골 군대가 내몽골에 들어가 통일을 이루려 했지만, 성공하지 못하고 내몽골은 중국의 자치구로 남아야 했어. 이때부터 내몽골 자치구와 몽골 인민 공화국(외몽골)이 분리되어 지금까지 다른 길을 걸어오고 있어.

외몽골과 내몽골

몽골의 한가운데에 고비 사막이 떡 버티고 있어서 이 사막을 경계로 위쪽이 외몽골, 아래쪽이 내몽골이야.

더 알고 싶어요

몽고반점이 뭐예요?

보통 아이들이 태어나면 엉덩이에 푸르딩딩한 큰 점이 있는데, 이 점을 몽고반점이라고 해. 몽고반점은 보통 생후 3~5년 사이에 사라지고, 대부분 사춘기 이전에 사라져. 몽골 인종에게 나타난다고 해서 몽고반점이라고 해. 그런데 왜 '몽고'라는 말을 쓰냐고? 지금은 몽골이라는 말이 표준어가 되었지만 얼마 전까지만 해도 몽고라고 했어. 그런데 '몽고'라는 말에는 몽골 인들을 무시하는 뜻이 담겨 있어. 중국인들이 몽골은 무식하고 고루하다는 뜻을 붙여 '몽고'라고 했거든.

유목 민족의 현재는? | 현대의 모습

외몽골 – 몽골국

외몽골(몽골 인민 공화국)은 소련에 이어 두 번째로 공산 국가가 되어 소련과 긴밀한 관계를 유지하다 1992년 몽골 인민 공화국에서 '몽골국'으로 이름을 바꾸고 시장 경제를 도입했어. 현재 공산 국가였을 때 무시받던 칭기즈 칸, 몽골 문자, 티베트 불교와 같은 전통을 되살리려는 움직임이 활발하게 일어나고 있어.

내몽골 – 중국 내몽골 자치구

중국의 테두리 안에 자치구로 남게 된 내몽골에 살고 있는 주민 중 대부분은 한족이고, 몽골 족은 소수에 지나지 않아. 그런데 이들 몽골 인들은 중국의 문화에 잘 적응해서, 몽골 어를 아는 사람은 아주 조금밖에 안 된대.

티베트 – 중국 티베트 자치구

청의 지배를 받던 티베트는 1912년 청이 무너지자, 독립을 선언했어. 1949년 중화 인민 공화국이 성립되면서 중국군이 티베트에 쳐들어왔고, 1959년 '티베트 사태'가 일어나 중국의 속국이 되자, 달라이 라마는 인도로 망명했어. 그는 인도에 티베트 망명 정부를 수립하여 불교 문화의 보존에 힘쓰고, 티베트의 독립을 요구하는 활동을 벌이고 있어.

위구르 – 중국 신장 위구르 자치구

위구르 인은 이슬람교를 믿는 투르크 계 민족이야. 위구르 인이 살던 땅은 '서역'이라 불리던 곳으로, 청나라 때 중국의 지배를 받게 되었어. 청은 러시아를 몰아내고 '새로운 영토'라는 뜻의 '신장'으로 불렀어. 중국의 자치구가 된 위구르 인들은 계속 분리·독립운동을 벌여왔는데, 1990년대 이후 우즈베키스탄, 카자흐스탄 등의 독립이 자극이 되어 더 본격화되고 있어. 그러나 중국은 지하자원이 풍부한 신장을 포기하지 않고 있어.

중앙아시아의 유목 민족들

중앙아시아의 유목 민족은 러시아 제국에 포함되었다가, 소련으로 통합되었어. 그리고 소련의 붕괴를 계기로 1990년을 전후하여 분리·독립하게 돼. 이렇게 생겨난 중앙아시아의 독립 국가는 카자흐스탄, 투르크메니스탄, 우즈베키스탄, 타지키스탄, 키르기스스탄이야. 카스피 해 주변의 천연가스와 석유 자원 등으로 주목받고 있대.

용어 해설

티베트 불교
티베트를 중심으로 하여 발전한 불교. 라마교라고도 함

속국(屬 무리 속, 國 나라 국)
다른 나라의 지배를 받는 나라

달라이 라마(Dalai Lama)
티베트 불교의 우두머리인 법왕을 부르는 호칭. 14대 달라이 라마 노벨평화상 수상

망명(亡 망할 망, 命 목숨 명)
정치적 탄압이나 종교적·민족적 압박을 피하기 위해 외국에 도피하여 보호를 요청하는 행위

중국은 왜 소수 민족을 독립 안 시켜 줘?

하나를 독립시키면 56개나 되는 소수 민족이 다 독립할 텐데 그럼 어떡하니? 그래서, 분리·독립운동을 군사력을 동원해서 강력하게 막고 있어.

중앙아시아의 독립 국가

현대인들은 유목민?

핸드폰, 노트북, PDA, MP3, 디지털 카메라 등의 최첨단 디지털 장비를 몸에 갖추고 사는 21세기형 인간을 디지털 노마드라고 해. 그런데 노마드(nomad)가 뭐냐고? 노마드는 유목민을 뜻하는 영어 단어야. 유목민이 싱싱한 풀을 찾아 늘 거주지를 옮겨 다녔던 것처럼 현대인들은 항상 변화와 새로움을 추구하고 있어. 또 유목민이 역참제를 통해 세계를 연결했던 것처럼 인터넷을 통해 지구촌 어디라도 갈 수 있는 현대인에게 노마드라는 이름은 참 잘 어울리지?

 **한눈에 들여다보기** | # 떠나자, 중앙아시아로!

유목 민족은 싱싱한 풀을 찾아 이동 생활을 했기 때문에, 그들의 역사는 기록으로 남아있는 게 별로 없어. 그래서 유목 민족 중에 우리가 가장 잘 알고 있는 건 칭기즈 칸 뿐일 걸? 유목 민족은 문명 세계를 침략한 야만인으로 생각해오던 때도 있었어. 하지만 최근에는 인터넷, 핸드폰, 노트북을 가지고 자유롭게 이동하는 현대인들을 '디지털 노마드'라 부르며 유목 민족의 생활 방식에 대해 높은 평가가 내려지고 있어.

카자흐스탄
세계에서 아홉 번째로 면적이 넓은 나라로, 약 120개 민족으로 구성되어 있는데, 우리 민족인 카레이스키도 많이 거주하고 있어. 원유 매장량이 세계 17위에 이르는 중앙아시아 최대의 자원 대국이야.

우즈베키스탄
세계적인 면화 생산국이며, 카레이스키라고 불리는 우리 동포가 가장 많이 살고 있는 곳이기도 해. 부하라 역사 지구 사마르칸트는 실크로드의 무역 중심지였던 곳으로 세계 문화 유산으로 지정되어 있어.

키르기스스탄
산지가 92% 산악국이라 '중앙아시아의 스위스'라는 별명을 가지고 있어. 소련에 의해 국경선이 나뉘었기 때문에 이웃나라에 같은 민족이 살고 있어 영토·민족 분쟁이 일어나기도 해.

투르크메니스탄
투르크멘 족의 나라라는 뜻으로, 국토의 대부분이 낮은 평야야. 자원이 풍부하여 가스 매장량이 세계 15위이며, 석유 매장량도 많아.

타지키스탄
타지크 인들의 나라라는 뜻의 타지키스탄은 파미르 고원에 걸쳐 있어 국토의 93%가 산지야. 이슬람 부흥 운동이 일어나 국내의 사회·문화·정치에까지 영향력이 커지고 있어.

내몽골 자치구

내몽골 초원

칭기즈 칸 사당에서 1년에 한 번씩 제사를 지내는 칭기즈 칸의 후예, 내몽골인! 외몽골과 나뉘어져 지금 중국 내 자치구로 남아있어. 현재 내몽골에는 몽골 인보다 중국인이 더 많이 살고 있어. 몽골 인 중에 몽골 어를 아는 사람이 극소수에 불과해 몽골의 문화가 잊혀져 가고 있어.

고비 사막

내몽골과 외몽골을 구분하는 사막이야. 고비란 몽골 어로 '풀이 잘 자라지 않는 거친 땅'이란 뜻이래. 고비 사막은 모래로 된 지역이 적고, 넓은 초원 지대도 포함하고 있어.

오르혼 계곡

몽골 제국의 수도 카라코룸이 있던 곳으로, 수많은 유물들이 흩어져 있어. 또, 돌궐의 업적을 나타낸 오르혼 비문이 발견되었어. 유목민의 생활·문화와 그들의 중심지 형성에 대해 알 수 있는 곳이야.

간단 사원

몽골은 티베트 불교를 받아들였다고 했지? 그 흔적을 보고 싶다면 울란바토르에 있는 몽골 최대의 불교 사원인 이곳에 가봐. 사원 이름은 '완전한 즐거움을 주는 위대한 사원'이란 뜻이야.

신장 위구르 자치구

우루무치

위구르 인들은 투르크 계 이슬람 세력의 후예들이야. 지금은 중국 내 자치구로 묶여있지만, 끊임없이 분리·독립을 꾀하고 있어. 2009년 7월 '우루무치 소요 사태'가 일어나 세계의 이목을 집중시켰어.

티베트 자치구

달라이라마의 궁전

티베트는 달라이 라마가 인도에 망명 정부를 세우고 끊임없이 독립을 요구하고 있어. 망명 정부의 활동으로 티베트 문화가 세계에 널리 알려지면서 티베트 독립에 대한 관심도 높아졌어. 2008 베이징 올림픽 때 티베트의 독립 의지를 세계에 알리기도 했어.

세계사 개념사전

개념이 쏙쏙 — 스물네 고개

1 인도의 신분 제도는 ○○○○ 제도야.　(　　) 제도
힌트 브라만, 크샤트리아, 바이샤, 수드라로 나뉘어져.
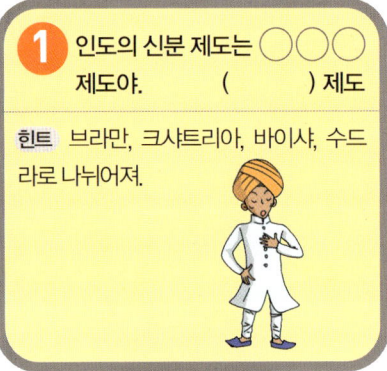

8 힌두교도들이 비슈누 신의 발 뒤꿈치에서 흘러나온 물이라 생각해서 매우 신성하게 생각하는 강은?　(　　)
① 나일강　② 인더스강　③ 갠지스강
힌트 이 강에서 목욕을 하면, 그 동안 지은 죄가 모두 씻겨 내려간다고 믿어서 목욕을 하는 사람들이 많아.

9 인간이 만들어낸 기적이라는 앙코르 와트 사원이 있는 나라를 알고 있니?　(　　)
힌트 타이, 베트남과 국경이 접해 있는 나라야.
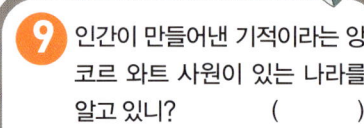

2 불교는 어느 나라에서 생겨났을까?　(　　)
① 중국　② 인도　③ 우리나라
힌트 힌두교를 믿는 사람이 많아.
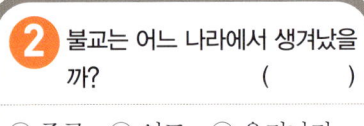

7 인도에서 이슬람 세력이 나뉘어져 만들어진 나라를 알고 있니?　(　　)

10 말라카 왕국은 바닷길을 주름잡던 ○○○ 상인들과 손잡기 위해 ○○○교로 종교를 바꿨어.　(　　)
힌트 알라를 믿는 종교야.

3 힌두교도가 신성하게 생각하는 동물은?　(　　)
① 소　② 돼지　③ 오리

6 인도 독립 운동을 이끌었으며, 비폭력을 주장한 사람을 써 봐.　(　　)
힌트 위대한 영혼(마하트마)라고 부르지.

11 동남아시아의 여러 나라들이 주권을 잃어갈 때, 나홀로 독립을 유지한 나라는?　(　　)
힌트 영국이 지배하던 캄보디아와 프랑스가 지배하던 사이에 있어 완충 지대로 정해진 나라야.

4 맞으면 ○, 틀리면 × 표시를 해 봐.　(　　)
무굴 제국 시대에 만들어진 타지마할은 무덤이다.
힌트 사랑하는 아내를 위해 만들어졌어.

5 동인도 회사를 차려 인도를 지배한 나라는?　(　　)
힌트 프랑스와의 싸움에서 이긴 후, 인도를 독점할 수 있었어.

12 다음 중 동남아시아에 없는 종교는?　(　　)
① 힌두교　② 이슬람교　③ 불교
④ 크리스트교　⑤ 답 없음
힌트 동남아시아는 바닷길의 길목에 위치해 다른 문화의 영향을 많이 받았어.

스물네 고개 | 인도, 동남아시아, 서아시아, 중앙아시아

16 조로아스터교에서 숭배하는 것은 무엇일까? ( )
① 불 ② 물 ③ 흙

17 이슬람교의 창시자는 누구일까? ( )
힌트 이슬람교를 믿는 나라에는 이 이름을 가진 사람이 정말 많아.

24 다음은 어느 나라에 속해 있을까?
- 내몽골 자치구 • 티베트 자치구
- 위구르 자치구

15 알파벳의 기초인 표음 문자를 만든 나라는? ( )
① 헤브라이 ② 페니키아
③ 아시리아 ④ 페르시아

18 비잔티움 제국을 정복하고, 비잔티움을 이스탄불로 고쳐 수도로 삼은 나라는? ( )

23 뉴욕타임즈에서 세계를 움직인 가장 역사적인 인물로 뽑힌 사람은 누구일까? ( )
힌트 몽골 제국을 만든 사람이야.

14 다음 중 이집트 문명에 해당하는 것을 골라봐.
• 태양력 • 태음력 • 60진법
• 10진법 • 쐐기 문자

19 ○○○ 운하는 지중해와 홍해 사이를 연결하는 세계 최대의 운하야. ( )
힌트 이집트가 외국에 돈을 빌려 만들었어.

22 다음에 들어갈 말을 찾아봐.
중국의 송을 남쪽으로 내려 보냈던 여진족이 세운 나라는 ○나라이다. ( )
① 금 ② 은 ③ 동

13 다음에서 설명하는 나라를 써 봐. ( )
중국, 몽골, 프랑스, 미국의 침입을 물리쳐 낸 끈기의 나라! 중국 문화권의 영향을 받아서 유교, 대승 불교, 젓가락 사용 등 우리나라와 비슷한 점이 아주 많아.

20 아랍 인이 살고 있던 팔레스타인 지방에 유대 인이 들어와 세운 나라를 써 봐. ( )
힌트 지금도 아랍 인과 유대 인의 싸움이 일어나고 있는 곳이야.

21 한 곳에 머무르지 않고, 가축이 먹을 풀을 찾아 이리저리 옮겨 다니는 민족을 ○○ 민족이라고 해.
힌트 영어로는 Nomad라고 해.

세계사 개념사전 141

서양의 역사

지중해

49	고대 그리스	144
50	알렉산드로스	148
51	로마 제국	150
52	로마 문화	154

떠나자, 남부 유럽으로!   156

동유럽

53	게르만 족	158
54	봉건 제도	160
55	로마 가톨릭	162
56	고딕 양식	164
57	비잔티움 제국	166

떠나자, 동유럽으로!   168

58	십자군 전쟁	170
59	중세 사회의 변화	172
60	중앙 집권 국가	174

스물네 고개   178

북서부 유럽

61	르네상스	180
62	신항로 개척	184
63	종교 개혁	186
64	절대 왕정	188
65	영국 혁명	192
66	산업 혁명	194

○ 떠나자, 북서부 유럽으로! 198

67	프랑스 혁명	200
68	나폴레옹	202
69	자유주의	204
70	민족주의	206
71	제국주의	210
72	제1차 세계 대전	212
73	민주주의	216
74	러시아 혁명	218
75	전체주의	222
76	제2차 세계 대전	224
77	냉전	228
78	베를린 장벽의 붕괴	230
79	유럽 연합	234

○ 스물네 고개 236

아메리카

80	마야, 아즈텍, 잉카	238
81	미국 혁명	240
82	라틴아메리카의 독립	242
83	미국의 서부 개척	244
84	남북 전쟁	246
85	경제 공황	248
86	라틴아메리카의 변화	250
87	대중문화	252

○ 떠나자, 미국으로! 254

아프리카

88	아프리카의 황금 왕국	256
89	노예 무역선	258
90	식민지 쟁탈전	260
91	아프리카의 해	262

○ 떠나자, 아프리카로! 264

○ 스물네 고개 266

49 고대 그리스

민주주의와 올림픽의 고향

1400　1200　1000　800　600　400　B.C. 200

스카우트 수련회에서 미니 올림픽을 열었어. 우리 조장 언니가 깡통에 횃불을 담아 들고 뛰다가 불을 붙이면 경기가 시작되는 거야. 불이 붙는 순간 우리는 박수를 쳤지. '보다 빠르게, 보다 멀리, 보다 높게' 구호를 외치면서 훌라후프를 통과해 장애물 달리기, 릴레이 미션 수행하기 같은 흥미진진한 경기를 진행했어. 이런 올림픽은 고대 그리스에서 처음 시작되었대.

민주주의(民主主義) : 국민이 권력을 가지고 그 권력을 스스로 행사하는 제도, 또는 그런 정치를 실현하기 위한 사상

높은 산과 섬이 많은 그리스 | 폴리스의 탄생

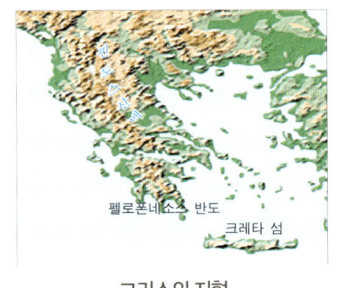

그리스의 지형

에게 문명

아테네의 아크로폴리스

아크로폴리스에 가면 시내가 한눈에 보여. 그리스 인들은 이런 높은 곳에 신전을 만들었어.

지금부터 약 4,000년 전 그리스의 에게 해를 둘러싸고 에게 문명이 나타났어. 에게 문명이 사라지고 난 후 그리스에 무슨 일이 있었는지는 잘 몰라. 하지만 마을과 마을이 모여 작은 나라들이 생겨났어. 그리스의 지도를 볼래? 높은 산과 섬이 많고 해안선이 복잡해서 지역 간에 교류가 쉽지 않다는 걸 알 수 있을 거야. 그래서 큰 나라가 아닌 작은 도시 국가(폴리스, polis)가 생겨났어. 폴리스들은 대체로 한가운데에 있는 높은 언덕에 아크로폴리스라는 신전을 만들었어. 신전 아래에 있는 아고라라는 광장은 토론과 상업 활동을 하는 장소로 사용했지. 폴리스는 점점 많아져서 200~250개가 있었대.

폴리스들은 같은 신들을 섬기고 동족 의식도 강했기 때문에 4년마다 한 번씩 모여 올림피아 제전을 열었어. 올림푸스의 신들에게 시와 운동 경기로 제사를 지내는 거야. 각종 운동 경기 중 달리기, 창던지기, 원반던지기, 멀리뛰기, 레슬링의 5종목이 가장 중요한 경기였어. 우승자는 월계수 잎으로 만든 월계관을 받고, 훌륭한 시민이자 병사로 존경을 받았대. 지금의 올림픽은 그리스의 정신을 이어받아 1896년 프랑스의 쿠베르탱이 세계인의 평화를 기원하는 축제로 만든 거야.

그런데 올림피아 제전은 남자들만 참여할 수 있었어. 여자들은 구경을 하는 것조차도 어려웠지. 왜냐하면 남자들이 옷을 벗고 경기를 진행했기 때문이야. 그리스 인의 옷은 큰 천 하나를 접어서 어깨에 끈으로 고정시킨 뒤 허리를 묶어주는 형식이었는데, 이 옷은 뛰기만 하면 벗겨졌대.

파르테논 신전

아테네의 아크로폴리스에 있는 신전이야. 아테네의 수호신인 아테나 여신을 위한 곳이지.

누군가 독재를 할까봐 걱정돼 | 민주 국가 아테네

고대 아테네의 민주 정치

그리스의 수많은 폴리스 중 가장 발전한 곳은 아테네였어. 해안가에 있는 아테네는 일찍부터 바다를 통해 상업 활동을 하면서 많은 돈을 벌었지. 차츰 평민 중에도 장사로 돈을 많이 번 사람들이 방패와 창을 스스로 구입해서 전투에 참가하기 시작했어. 이들을 중장 보병이라고 해. 전쟁에서 이길 때마다 당연히 이들의 목소리는 커져만 갔어.

온갖 무기로 무장한 중장 보병

시민들은 지위가 높아지면서 정치에 참여해 자신들의 목소리를 내고 싶어 했어. 그러자 솔론은 재산을 많이 가진 사람들에게 정치에 참여할 수 있는 기회를 주었어. 그렇지만 귀족과 평민의 대립은 끊이지 않았고, 대립을 이용해 독재자가 나타나기도 했어. 클레이스테네스는 여러 개혁을 통해 귀족 세력을 약화시키고 평민들의 권리를 향상시키는 제도를 만들었어. 그중 대표적인 것이 도편 추방제야. 종이가 없던 그리스에서 매년 시민이 참여하는 민회를 열고, 도자기 조각(도편)에 독재를 할 것 같은 사람의 이름을 적는 거지. 6,000표 이상이 나온 사람은 10년 동안 국외로 추방당했대. 관리를 뽑을 때는 추첨 제도나 돌아가면서 공평하게 한 번씩 했고, 중요한 일들은 회의를 통해 결정했지. 이렇게 직접 모든 일을 함께 결정하는 방법이 오늘날 민주주의의 시작이 되었어.

현대의 민주 정치와 닮은 점, 다른 점

모든 일을 직접 결정하기는 했지만 여자와 외국인, 노예는 제외시켰기 때문에 아테네의 민주 정치를 제한된 직접 민주 정치라고 불러. 현대의 국가들은 아테네와 비교할 수 없을 만큼 영토가 넓고 인구가 많기 때문에 한곳에 모일 수가 없어. 그리고 사회가 너무 복잡해서 모든 일을 함께 결정할 수도 없어. 그래서 시민을 대표해서 시민의 의사를 전달해 줄 사람들을 선거로 뽑아서 대신 정치를 하도록 하고 있어. 물론 여자도 선거에 참여할 수 있지. 그래서 현대의 민주 정치를 평등한 간접 민주 정치라고 부르고 있어.

그리스의 특이한 편지

고대 그리스 인들은 전쟁할 때 중요한 군사 편지를 비밀로 보냈어. 편지를 전할 전령의 머리를 일단 빡빡 밀고 내용을 머리통에 문신으로 새기는 방법이 있었대. 머리카락이 다 자라고 난 다음에 보내면 감쪽같이 못 알아봤겠지? 그런데 머리가 다 자라려면 좀 오래 걸렸겠지?

도편 추방제

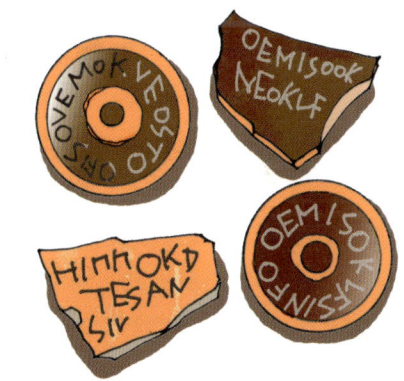

- 알 림 -
테미스토클레스 추방!
이번 민회에서 6,003표를 얻은 테미스토클레스를 10년 간 추방함

이처럼 그리스 인들은 도자기 조각에 독재의 싹이 보이는 자의 이름을 썼대.

❓ 트로이의 목마 이야기는 사실인가요?

그리스는 트로이와의 오랜 전쟁이 힘들었어. 그래서 커다란 목마를 만들어 트로이 성문 앞에 가져다 놓았지. 그리스 인들이 목마를 선물로 놓고 도망갔다고 생각한 트로이 사람들은 목마를 성 안으로 들여놓고 술잔치를 벌였는데, 깊은 밤 목마에 숨어 있다가 튀어나온 군사들의 공격으로 전쟁은 그리스의 승리로 끝났어. 옛날이야기로만 전해지던 이 이야기는 슐리만이 트로이 유적지를 발굴하면서 사실로 밝혀졌어. 우리가 알고 있는 선녀와 나무꾼 이야기도 사실일지 몰라.

노예들의 반란이 걱정돼 | 군사 국가 스파르타

> **용어 해설**
>
> **도시(都 도읍 도, 市 시장 시) 국가**
> 신전, 왕궁, 공공시설 등을 중심으로 성벽을 둘러싼 도시로 정치적으로 독립하여 국가를 이룸
>
> **동족(同 같을 동, 族 겨레 족) 의식**
> 하나의 민족이라는 동질감
>
> **제전(祭 제사 제, 典 경전 전)**
> 제사 의식을 뜻하는 말로 문화, 예술, 체육 따위가 성대하게 열리는 행사를 의미하기도 함
>
> **중장 보병(重 무거울 중, 裝 꾸밀 장, 步 걸음 보, 兵 군사 병)**
> 칼, 창, 방패를 들고 걸어다니며 전투를 하는 병사
>
> **선거(選 뽑을 선, 擧 들 거)**
> 집단 내에서 대표자를 뽑는 일

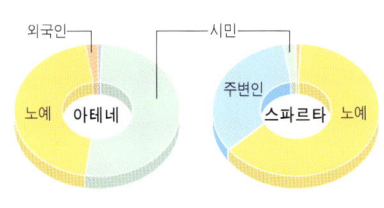

인구 구성

펠로폰네소스 반도의 남쪽에 위치한 스파르타는 땅이 넓고 토지가 비옥해서 농사가 특히 잘되는 곳이었어. 하지만 이곳에 처음부터 살던 사람들은 노예가 되었고, 정복한 사람들이 시민이 되어 이곳을 다스렸어.

시민이 많은 수를 차지했던 아테네와 달리 전체 인구 중 10% 정도 밖에 안 되는 스파르타의 시민들은 혹시 노예들이 반란을 일으킬까 늘 걱정해야만 했어. 그래서 모든 시민은 군인이 되는 군사 국가를 만들게 되었지. 남자들은 집단생활을 하면서 군사 훈련에 집중했고, 여자들도 체육 활동을 했어. 건강한 아이를 낳아 군대에 보내려면 어머니도 건강해야 했기 때문이지. 그리고 남자들이 전쟁을 나갔을 때 혹시 노예들이 반란을 일으키면 여자들이 막아 내야만 했거든. 아들 6명이 전쟁터에서 모두 죽은 스파르타의 어머니는 자랑스럽게 "스파르타여, 나는 너를 위하여 죽으라고 아들 여섯을 낳은 것이다."라고 했대.

그리스의 쇠퇴 | 페르시아 전쟁, 펠로폰네소스 전쟁

기원전 6세기 말에 메소포타미아 지역을 통일한 페르시아를 기억하지? 페르시아가 영토를 넓히면서 그리스 지역과 맞닿게 되었어. 그리스를 침략하려는 페르시아에 맞서 아테네와 스파르타를 중심으로 그리스의 많은 폴리스들은 똘똘 뭉쳐서 함께 싸웠어. 이 전쟁에서 그리스는 승리를 거두었고, 페이디피데스는 42.195km의 마라톤 평원을 달려 승리의 소식을 전한 최초의 마라토너가 되었어.

아테네는 이 전쟁을 승리로 이끌면서 민주주의와 문화가 크게 발전했어. 아테네의 세력이 강해지자 함께 전투에 참여했던 스파르타는 이를 시기하면서 전쟁을 일으켰어. 결국 그리스의 폴리스들은 아테네와 스파르타를 중심으로 두 패로 갈라졌어. 이렇게 시작된 펠로폰네소스 전쟁에서 스파르타가 승리를 거두었지만, 결국 전쟁에 지친 폴리스들은 마케도니아의 왕 필리포스에게 정복당하고 말았어.

페리클레스의 연설

> 우리의 제도를 민주주의라 부른다. 왜냐하면, 소수의 특권계급이 아닌 우리들 시민자신의 손으로 통치가 이루어지기 때문이다.

 어느 소년의 거짓말

스파르타에서는 7살이 되면 군대에 들어가 훈련을 받았어. 식량은 늘 부족하게 주고 모자란 것을 훔쳐 먹도록 교육받았지. 식량 훔치기보다 더 나쁜 건 훔치다가 걸리는 것이었어. 물론 이때를 대비해서 거짓말도 교육받았어. 스파르타의 어린이라면 누구나 알고 있는 이야기가 있어. 어느 날 배가 고픈 소년이 여우 한 마리를 훔쳤대. 다른 사람에게 들키지 않기 위해 옷 속에 집어넣었는데 그만 군인에게 딱 걸렸지 뭐야. 옷 속에 무엇이 들어있냐고 묻자 "아무 것도 아닙니다."라며 계속 거짓말로 외치던 소년이 갑자기 쓰러졌어. 여우가 소년의 가슴살을 다 파먹었기 때문이야.

서양 문화의 뿌리인 그리스의 문화

그리스 사람들은 자유롭고 독특한 문화를 만들어 냈어. 다른 지역에서는 신이 용, 괴물, 번개 등의 모습을 하고 있었지만, 그리스에서는 신들도 인간과 똑같은 모습을 하고 있다고 생각했어. 인간처럼 사랑을 나누고, 질투를 하고, 부부 싸움도 한다고 믿었던 거지. 인간처럼 생긴 신들을 조각하면서 발전시킨 그리스 문화의 특징을 우리는 인간 중심적인 문화라고 해.

올림푸스의 12신

최고의 신 제우스	 최고의 여신 헤라	 바다의 신 포세이돈	 순결의 여신 아르테미스
 지혜의 여신 아테네	 사랑의 여신 아프로디테	 전쟁의 신 아레스	 곡식과 땅의 여신 데미테르
 술과 사랑의 신 디오니소스	 음악과 예언의 신 아폴로	 불과 대장간의 신 헤파이토스	 신들의 전령 헤르메스

신을 인간처럼 표현하면서 인간에 대해서 더 많은 관심을 갖게 되었지. 자연에 대해서도 객관적이고, 과학적으로 생각하기 시작했어. 또 시민들은 아고라 광장에서 자유롭게 토론할 수 있었기 때문에 소크라테스, 플라톤, 아리스토텔레스 같은 철학자가 탄생할 수 있었던 거야. 그리고 신들을 모습을 조각한 미술과 신전을 만든 건축, 신들의 이야기를 담은 연극도 함께 발달했지. 호메로스는 트로이 전쟁의 이야기를 담은 《일리어드》와 《오딧세이》를 썼어. 슐리만이 트로이를 발굴해야겠다는 꿈을 키우게 해 준 것이 바로 이 책이야. 그리스 문화는 알렉산드로스 제국과 로마 제국을 거쳐 오늘날 서양 문화로 이어졌지.

50 알렉산드로스

그리스 문화 + 오리엔트 문화

B.C. 500   B.C. 400   B.C. 300   B.C. 200   B.C. 100   1

박물관에서 〈실크로드 불교 미술 특별 전시회〉를 한다고 해서 친구들과 함께 갔어. 부처님의 모습을 그린 그림과 다양한 조각이 전시되어 있었어. 그런데 내가 알고 있던 부처님의 모습과는 달라. 커다랗고 동그란 쌍꺼풀 진 눈, 오똑한 코, 계란보다 더 갸름한 V라인 얼굴, 게다가 길게 풀어헤친 최신 유행 스타일의 파마머리까지. 어라? 부처님이 서양 사람인가?

오리엔트 문화 : 동방의 문화라는 뜻으로, 유럽 인의 관점에서 보았을 때 동쪽에 있던 메소포타미아와 이집트 문명을 모두 이르는 말

대제국을 건설한 야망의 사나이 | 알렉산드로스

기원전 356년 그리스 반도의 북쪽에 있는 마케도니아에서 알렉산드로스가 태어났어. 아버지인 필리포스 왕은 그리스를 통일하고 페르시아를 정복할 계획을 세웠지만 암살당했어. 알렉산드로스는 어린 시절 그의 아버지가 그리스의 폴리스들을 점령할 때마다 "아버지는 내가 왕이 되어 정복할 폴리스를 하나도 남겨 놓지 않는구나!"라고 탄식했다고 해. 이후 20살에 왕이 된 젊은 청년 알렉산드로스는 아버지를 이어 페르시아 원정길에 올랐어. 알렉산드로스가 앞장서서 싸운 이수스 전투에서 다리우스 3세를 물리치고, 인더스 강 유역까지 정복했어. 알렉산드로스는 인도까지 갈 생각이었지만, 병사들이 10년 동안 계속된 전쟁에 지쳐 결국 원정은 중단되었어. 유럽, 아시아, 아프리카에 걸친 대제국의 정복자 알렉산드로스는 고향에 돌아왔지만, 33세의 젊은 나이에 갑자기 죽었어. 그후 그의 제국은 이집트, 마케도니아, 시리아 등으로 갈라지고, 기원전 1세기 경에는 모두 로마에게 정복당했어.

알렉산드로스 대왕의 동서 융합 정책

① 페르시아의 전제 군주정을 계승하기
② 페르시아 인을 관료로 채용하기
③ 그리스 병사와 페르시아 여성을 집단 결혼시키기
④ 도시 알렉산드리아(약 70여 곳)를 곳곳에 세워 그리스 인을 동방에 이주시키기
⑤ 그리스 어를 공용어로 사용하기

알렉산드로스가 개척한 영토

더 알고 싶어요

알렉산드로스의 최후

항상 왼쪽 어깨 위에 애완용 원숭이를 얹고 다녔던 알렉산드로스 대왕은 33세의 젊은 나이에 갑자기 열이 나고 온몸이 마비되면서 의문의 병으로 죽었어. 당시의 의학으로는 열병이라는 것 말고는 무슨 병인지 알 수 없었어. 그런데 요즘에는 원숭이에게 물린 새끼손가락에 균이 들어가서 파상풍으로 죽었을 거라고 말하는 사람들이 많아.
10살 이상의 아이들이 파상풍을 막으려면 성인용 TD 예방 접종을 꼭 해야 해.

알렉산드로스는 12살 때부터 3년 동안 유명한 그리스 철학자인 아리스토텔레스에게 철학, 문학, 정치를 배웠어. 그리스 문화를 좋아했던 그는 특히 호메로스의 작품을 매우 좋아해서 전쟁에 나갈 때도 손에서 놓지 않았대. 또한 알렉산드로스는 정복한 지역에 그리스 인을 옮겨 살게해서 그리스 문화를 전파하는 데 힘썼어. 이렇게 해서 '그리스 문화와 같은 문화'라는 뜻인 헬레니즘 문화가 탄생했지.

헬레니즘 문화 | 알렉산드로스 대왕과의 인터뷰

용어 해설

암살(暗 어두울 암, 殺 죽일 살)
정치적으로 중요한 사람을 몰래 죽임

원정(遠 멀 원, 征 칠 정)
먼 곳으로 싸움을 하러 나감

헬레니즘(Hellenism)
알렉산드로스의 동방 원정에서부터 만들어지기 시작하여 이후 300여 년 간 발전한 그리스와 유사한 문화

비중(比 견줄 비, 重 무게 중)
어떤 물질의 질량과 그것과 같은 크기의 표준 물질의 질량과의 비율

 대왕님께서는 원정에 나선지 10년 만에 대제국을 세우셨는데, 그 비결이 있다면?

 자기 나라를 확장하는 데 목숨을 바치는 건 당연하지요. 나의 명령을 지키지 않는 사람은 악한 사람입니다. 나는 절친한 친구 파르메니오도 죽였을 만큼 의지가 굳은 사람입니다.

 대왕이 정복한 땅에 그리스 인들을 많이 이주시킨 이유는 무엇입니까?

 그리스 문화를 세계에 퍼뜨리는 가장 좋은 방법은 사람을 이주시키는 겁니다. 물론 결혼이 가장 효과적이기 때문에 나는 스스로 페르시아의 공주와 결혼했고, 관리들과 병사들도 페르시아 여성들과 결혼했습니다. 우리는 모두 그리스 어를 사용합니다.

 그럼, 그리스 문화와 대왕님이 만든 헬레니즘 문화의 차이점은 무엇입니까?

 그리스 문화는 폴리스가 바탕이지만, 헬레니즘 문화는 폴리스를 넘어 더 큰 세계를 중시합니다. 때문에 그리스 인이냐 아니냐는 중요하지 않죠. 그리고 폴리스라는 공동체보다는 개인이 더 중요합니다.

 그리고 헬레니즘 세계에서는 과학이 무척 발달한 걸로 알고 있습니다. 대왕님은 어떻게 생각하십니까?

 네, 아리스타르코스는 지구가 움직인다는 지동설을 발표했죠. 에라토스테네스는 지구의 둘레를 측정해 미래의 후손들을 깜짝 놀라게 했고, 아르키메데스는 비중의 원리를 발견했죠.

 미술에 있어서도 헬레니즘 시대에는 아름다운 조각상들이 많이 있는 것으로 아는데요.

 라오콘 상과 비너스 상은 인체의 아름다움을 솔직하게 표현하고 있죠.

 인도에까지 영향을 미친 간다라 미술의 특징에 대해 간단히 설명해 주시겠습니까?

 그리스 문화의 영향을 받아 간다라 지방 사람들이 부처님을 사람처럼 조각하기 시작한 데서 유래했습니다. 원래 인도 사람들은 신을 조각하지 않았는데, 그리스의 인간적인 문화의 영향을 받은 거죠. 그래서 초기 간다라 미술의 불상은 그리스 인을 닮았습니다. 중국과 한국은 물론 일본에도 영향을 미쳤다고 하니 흐뭇합니다.

라오콘 상

트로이 전쟁 때 성문을 열어주지 말자고 했던 신관과 그의 두 아들이 저주를 받아 뱀에게 휘감겨 죽는 장면을 조각한 거야. 고통이 느껴지지 않니?

알렉산드리아

알렉산드로스는 세계 곳곳에 자신의 이름을 딴 알렉산드리아라는 도시를 70여 개나 만들었어. 이집트의 알렉산드리아가 가장 유명한데, 이곳에는 팔로스라는 100m도 넘는 등대가 있었대. 왕실의 후원을 받는 도서관도 있었는데, 70만 개가 넘는 파피루스 두루마리에 쓰여져 있는 그리스 학자들의 책들로 채워져 있었대. 여기서 발달한 학문은 이슬람으로 이어져 큰 발전을 가져왔어.

51 | 로마 제국

모든 길은 로마로 통한다

B.C. 800 | B.C. 400 | 1 | A.D. 400 | 800 | 1200

초보 운전자인 우리 아빠는 매일 길을 잃어버려. 어떤 날은 차선 변경을 못해서 고속 국도를 타고 휴전선까지 갈 뻔했다니까. 그때마다 베스트 드라이버인 우리 엄마는 '모든 길은 우리 집으로 통하게 돼있으니 천천히 가라.'고 하시지만, 아무래도 아빠는 불안하신 가봐. 그러고 보니 고속 국도에 항상 '서울'이라는 도로 표지판이 있네? 우리나라의 모든 도로가 서울로 향하는 이유는 뭘까?

제국(帝國) : 황제가 넓은 땅을 다스리는 나라

이탈리아를 통일하다 | 로마 공화정

로마는 테베레 강변의 작은 도시 국가로 출발했어. 전설에 의하면 로물루스와 레무스라는 쌍둥이들이 늑대의 젖을 먹고 자라나 나라를 세웠는데, 로물루스의 이름을 따서 로마(Rome)라고 했대.

로마는 점점 주변 지역으로 영토가 넓어지고, 상업 활동을 하면서 부유해져 갔어. 그리스와 마찬가지로 평민들이 자기 돈으로 방패와 창 같은 무기를 사서 군대에 갔기 때문에 영토가 넓어질 때마다 평민들의 권리도 높아졌지. 귀족 대표인 집정관과 원로원에 맞서기 위해 평민의 권리를 지켜주는 호민관과 평민회를 뽑고, 평민의 권리를 보장하는 12개의 법을 만들어 로마 여기저기에 비석처럼 세워 두었어. 마침내 기원전 3세기 무렵에는 귀족과 평민들 간에 법률적 평등이 이루어졌지. 이 힘을 바탕으로 귀족과 평민은 신분의 장벽을 무너뜨리고 이탈리아 반도 전체를 통일했지. 로마의 특징은 공화정이야. 로마도 처음에는 왕이 다스렸어. 하지만 귀족들이 힘을 모아 왕을 몰아냈지. 이처럼 왕 없이 시민의 대표가 통치하는 정치를 공화정이라고 해.

지중해는 로마의 호수 | 포에니 전쟁

국력이 강해진 로마가 지중해 주변 지역으로 진출하자 한 가지 문제가 생겼어. 당시 지중해에서 가장 강력한 나라인 카르타고와 부딪히게 된 거야. 결국 두 나라 사이에 포에니 전쟁이 일어났지. 카르타고의 한니발 장군은 놀랍게도 코끼리 부대를 이끌고 알프스 산맥을 넘어 로마를 공격하기도 했어. 당시 군인들은 방패를 이용하여 거북이 등껍질 모양으로 대열을 맞추어 싸웠는데, 코끼리에게 밟히지 않으려고 대열이 흩어지는 걸 노린 거야.

3차례에 걸친 한니발의 공격에서 로마의 스키피오 장군이 승리하면서 지중해는 로마의 바다가 되었어. 그리고 로마가 계속 주변으로 영토를 넓혀가면서 지중해는 로마의 품 안에 완전히 들어와서 로마의 호수가 되었지. 그래서 로마는 당시 가장 넓은 땅을 차지한 나라가 되었어.

 **더 알고 싶어요**

병아리랑 로마가 무슨 상관이죠?

뭐, 특별한 상관이야 없지. 그래도 병아리와 관련된 로마의 이야기가 있으니 한번 들어볼래? 황제 호노리우스는 그가 아끼는 병아리에게 '로마'라는 이름을 붙였대. 410년 고트 족 군대가 로마 시에 쳐들어왔을 때, '로마를 잃었다.'는 보고를 받고 황제는 너무 슬퍼했대. 그런데 누군가 그 로마가 병아리가 아니라 수도 로마라고 말하자 안심했다는군.

병아리와 관련된 이야기가 또 있어. 로마 인들은 병아리들이 음식을 먹는 것을 보고 점을 치기도 했어. 클라우디우스는 병아리들이 배멀미로 아무 것도 먹지 않자 "먹이를 먹지 않겠다면 물이라도 먹게 하라."며 바다에 내던졌어. 결국 그 전투에서 패했는데, 정말 병아리의 저주였을까?

농민이 망하면 나라도 망한다 | 포에니 전쟁 이후

포에니 전쟁(기원전 264~기원전 146)에서 승리한 후 로마는 정복한 지역의 대농장에서 노예를 시켜 농사를 지었어. 덕분에 로마에는 싼값의 곡물들이 들어왔어. 그러나 로마에서 작은 땅에 농사를 지으며 살던 농민들은 죽을 맛이었지. 포에니 전쟁이 일어나는 동안 군사로 나가 싸우느라 땅을 버려둔 탓에 농토는 황폐해져 수확량은 줄고, 그나마 수확한 곡물도 대농장에서 들여온 값싼 곡물들 탓에 제 값에 팔리지 않으니 망할 수밖에 없었거든. 평민들의 삶이 위태로워지면서 로마 공화정에도 위기가 닥쳤어. 이때 그라쿠스 형제는 호민관이 되어 농민들을 살려야 한다고 개혁을 외쳤어. 부자들의 토지 소유를 제한해 농민들을 키우려 했지만 결국 실패했어. 한편, 사회 문제가 더욱 심각해진 틈을 타 카이사르는 독재 정치를 꿈꾸었어. 하지만 로마의 원로원과 시민들은 공화정이 무너지는 걸 원하지 않았지. 결국 카이사르는 믿었던 사람들에게까지 배신당하면서 최후를 맞이했어.

로마의 평화(PAX ROMANA) | 제정의 시작

카이사르의 양자였던 옥타비아누스는 권력을 장악하고 황제의 자리에 올랐어. 로마 정치의 대명사인 공화정은 막을 내린 거야. 하지만 로마 시민들은 공화정에 대한 애착이 강했어. 혼란을 수습하며 사회를 안정시킨 카이사르도 공화정을 지지하는 사람들에게 암살당할 정도였거든. 그래서 옥타비아누스는 스스로를 '로마 제 1의 시민'이라 낮춰 부르며 황제가 아니라고 했어. 원로원은 겸손한 태도를 취하는 그에게 존엄한 자라는 뜻으로 '아우구스투스'라는 칭호를 주었고, 로마는 황제가 다스리는 제정을 시작하게 되었어. 네르바에서 마르쿠스 아우렐리우스 황제 때까지 연이어 등장한 다섯 명의 훌륭한 황제를 오현제라고 해. 이 시기에는 훌륭한 사람을 양자로 삼아 황제 자리를 물려주었기 때문에 문화가 발전하고 영토가 확장될 수 있었어. 아우구스투스 때부터 오현제 시대까지의 약 200년 동안을 'Pax Romana(로마의 평화 시대)'라고 해. 당시 로마는 세상의 중심이었어.

로마의 오현제

난 오현제 중 첫 번째인 네르바야. 65세에 황제 자리에 올랐기 때문에 특별한 업적은 없어. 내가 가장 잘 한 일은 양아들을 잘 뽑아 훌륭한 사람이 왕위를 잇도록 한 거야. 미련한 사람이 왕이 되면 얼마나 힘든지 역사책을 읽어보면 금방 알 수 있을 걸.

난 두 번째인 트라야누스야. 파르티아를 정복하고 로마 역사상 최대의 영토를 차지했어. 나 잘했지?

하드리아누스야. 세 번째지. 난 정복 활동을 중단하고 로마 제국을 안정적으로 다스리는 데 힘썼어. 서민들의 마음을 가장 잘 이해하는 황제였지.

네 번째인 안토니우스 피우스야. 나라를 아무 탈 없이 다스린 것이 나의 업적이야. 물론 똑똑한 양자도 잘 얻었지.

난 다섯 번째인 마르쿠스 아우렐리우스야. 전쟁터에서도《명상록》이라는 책을 쓴 철학하는 황제지. 하지만 난 로마에게 한 가지 잘못을 저질렀어. 똑똑한 양자를 들이지 않고, 미련한 내 친아들에게 황제 자리를 물려주면서 로마는 혼란해졌거든.

로마의 만찬

로마의 연회에서는 밤새도록 갖가지 요리가 나왔어. 동그랗게 누워 춤과 노래, 시, 곡예를 즐기며 먹다가 배가 부르면 토하고 또 먹었대.

전채 요리	메인 요리	디저트
• 소금에 절인 성게 알젓을 채운 암퇘지의 젖망울 • 버섯조림, 후추가 든 생선 기름 소스를 곁들임 • 성게, 양념, 벌꿀, 기름, 계란의 소스를 곁들임	• 사슴찜구이, 양파 소스, 루우(일종의 약초) • 여리고산 대추, 건포도, 기름, 벌꿀을 곁들임 • 산비둘기 통구이나 앵무새 찜구이, 홍학과 대추야자 조림 • 돼지고기와 잣을 채운 쥐고기 • 무화과나무와 월계수 잎을 삶아 벌꿀을 치고 빵가루를 묻혀서 구운 햄	• 장미를 밀가루로 바른 프리카세 • 벌꿀을 묻히고 호두와 잣을 채운 씨 없는 대추 • 아프리카산 스위트 와인의 핫케이크, 벌꿀 곁들임

병들어 가는 로마 제국 | 군인 황제 시대

오현제 시대가 끝나면서 로마는 흔들리기 시작했어. 오현제 중 마지막 황제인 마르쿠스 아우렐리우스는 자기 아들에게 황제를 물려주었어. 다른 오현제는 아들이 없었는데, 아우렐리우스에게는 아들이 있었거든. 아버지가 똑똑하다고 아들이 똑똑하라는 법은 없잖아? 아우렐리우스의 아들 코모두스는 사치스럽고 방탕했어. 그 후의 황제들도 마찬가지였어. 심지어 황제를 죽이고 새로운 황제가 된 군인들이 생겨나기 시작했어. 황제가 되고 싶은 군인이 황제를 죽이면 또 다른 군인이 새 황제를 죽이고 또 죽이고. 235년부터 284년까지 50년 동안 황제는 26번이나 바뀌었어. 대부분 2년도 채 못가서 암살 당했지. 이 시기를 군인 황제 시대라고 해. 이 시기에 로마는 병이 들고 말았지.

용어 해설

원로원(元 으뜸 원, 老 어른 로, 院 집 원)
고대 로마 시대의 실질적인 지배 기관으로 귀족 대표 회의

호민관(護 보호할 호, 民 백성 민, 官 벼슬 관)
백성의 권리를 보장하기 위해 선출된 관리

평민회(平 보통 평, 民 백성 민, 會 모일 회)
고대 로마에서 평민의 대표로 구성된 회의로 점차 중요성이 커졌다.

포에니 전쟁(Punic Wars)
로마와 카르타고 간에 지중해를 둘러싸고 벌어진 3차례의 전투. 포에니라는 말은 페니키아라는 뜻으로 카르타고를 부르던 말이다.

나라 안에 반란은 계속되고, 페르시아와 게르만 족이 침입하고, 농촌은 어려워져 가고, 상공업과 도시는 쇠퇴하는 등 총체적인 어려움에 처했어.
병든 로마를 살려 보려고 디오클레티아누스와 콘스탄티누스는 죽을 힘을 다 했어. 콘스탄티누스는 수도를 콘스탄티노플로 옮기고 박해하던 크리스트교를 인정해 주는 정책까지 사용했지. 313년 콘스탄티누스 대제는 모든 사람에게 신앙의 자유를 인정해 주고, 크리스트교도에게 법적 권리를 보장해 준다고 발표했어. 이게 바로 밀라노 칙령이야. 하지만 제국의 쇠퇴는 막을 수가 없었고, 395년 로마 제국은 동·서 로마로 쩍 갈라져 분리되었어. 이후 동로마 제국(비잔티움 제국)은 천 년을 더 유지했지만, 서로마 제국은 게르만 족의 침입으로 476년 멸망하고 말았어.

로마의 폭군

티베리우스: 나에게 복종하지 않는 사람은 모조리 다리를 부러뜨릴 테다.

칼리굴라: 맹수들이 먹는 고기 값이 많이 든다고? 죄수들을 맹수들에게 먹도록 주어라.

클라우디우스: 난 아내가 바람났다는 걸 알고, 아내의 친구 300명을 한꺼번에 죽였지.

네로: 내 어머니는 아버지를 죽이고 나를 황제에 앉혀 주셨지만, 난 어머니를 죽였어. 또 기독교인들을 십자가에서 처형했어.

로마에 영향을 준 아프리카 문화

로마는 북부 아프리카의 넓은 지역을 차지했어. 그래서 건축이나 정치에 많은 영향을 끼쳤지. 알제리에 있는 타무가디에는 도로, 개선문, 광장, 공중 목욕탕이 남아있어. 마치 로마에 온 것 같은 착각이 들 정도지. 하지만 로마도 아프리카 문화의 영향을 받았어. 그래서 로마 여자들은 머리를 빨갛게 물들이고 양털로 만든 가운을 걸쳤어. 건물은 알록달록한 대리석으로 장식하고 벽에는 아프리카의 풍경을 그림으로 그렸대. 이렇게 문화는 서로 주고받는 거야.

로마 노예들의 생활

로마 사람들은 노예가 없으면 살 수가 없었어. 로마 시민이 잘 먹고 잘 사는 건 다 노예 덕분이었지. 로마 인들이 생각하는 도구는 세 가지 종류가 있는데, 첫 번째는 그냥 도구, 두 번째는 말 못하는 도구인 가축, 세 번째는 말하는 도구인 노예야.

노예라고 해서 매일 밭 갈고, 빨래하는 사람들만 생각한다면 로마를 제대로 이해하지 못 한 거야. 로마 시대에도 그리스 지역에서는 철학이나 과학, 문화 등이 화려하게 꽃피고 있었어. 그래서 그리스 지역 사람들은 로마의 부자집에 선생님으로 가서 일하기도 했지. 특히 그리스 선생님은 인기가 많았대. 로마의 문화를 담당하는 사람들도 노예였어. 잔치가 있을 때마다 악기를 연주한다거나 노래를 부르는 등의 일을 했지. 로마의 영토가 넓어지면서 각 지역의 음악이 모두 로마로 흘러 들어와 이 시대에 음악이 많이 다채로와졌다고 해.

신분 평등을 꿈꾼 노예, 스파르타쿠스

난 로마의 검투사 스파르타쿠스야. 로마의 검투사로 사는 건 정말 힘든 일이야. 전쟁 포로로 잡혀 와서 노예가 된 후 굶주린 사자와도 싸워봤고, 동료 검투사와도 싸웠어. 반달처럼 생긴 도끼, 그물, 삼지창 등 닥치는 대로 공격 무기를 바꿔가며 무조건 이겨야만 했어. 피를 흘리며 무릎을 꿇게 되는 순간이 바로 내가 시체가 되는 날이거든. 검투사 양성소에서 훈련받던 어느 날 70명의 검투사를 이끌고 탈출에 성공했지. 그리고 또 다른 7만 명의 노예들과 함께 반란을 일으켰어. 늘 죽음을 상대로 싸우던 우리에게 로마군을 상대하는 건 어려운 일이 아니었지. 3년이나 버텼지만, 결국 로마군을 당해내지 못했어. 나를 포함해서 최후의 6,000명은 줄지어 십자가에 매달려 죽음을 맞이했어. 평등한 세상은 언제쯤 오는 걸까?

52 | 로마 문화

로마에서는 로마법을 따른다

어제 우리 반에 새로 친구가 전학을 왔어. 그런데 전학 온 첫날부터 청소 당번은 이렇게 정해야 한다는 둥, 반장이 맘에 안 드니 다시 뽑아야 한다는 둥, 급식 배식 방법을 바꿔야 한다는 둥. 하루 종일 옛날 학교랑 비교하면서 새로운 규칙을 다시 만들자고 하는 거야. 그래서 똑똑한 우리 반장이 "로마에서는 로마법을 따르는 거야."라고 한마디했어. 그런데 이건 또 무슨 소리지?

법(法) : 어길 때 처벌을 할 수 있는 사회 규범. 국가 및 공공 기관이 제정한 법률

아직도 쓰이는 법률과 건축 | 로마의 실용 문화

로마에서는 로마법을 따른다

로마 사람들은 오리엔트 문화, 그리스 문화, 헬레니즘 문화 위에 남다른 점을 더했어. 넓은 땅에서 생활하기에 꼭 필요한 건물이나 도로 등을 만들고, 많은 사람들이 모여 살면서 필요한 법을 만들었지. 우선 로마의 법에 대해 알아볼까? 평민의 권리가 점점 높아져갔던 로마에서는 이것을 잘 정리해 두어야 했어. 그래서 로마 최초로 만든 법이 바로 12표법이야. 새로운 법이 바뀔 때마다 귀족과 평민의 권리는 점점 동등해져 갔어. 처음에는 로마에 살고 있는 시민들에게만 적용되던 법이 로마 제국 전체에 미치기 시작했지.

모든 길은 로마로 통한다

넓은 영토를 잘 통치하기 위해서 무엇보다도 군대와 세금이 중요했어. 그래서 정복한 도시와 도시를 로마와 연결했어. 최대한 빠른 시간에 이동하도록 하기 위해서 높은 산에 터널을 뚫고, 강과 계곡에 다리를 연결하고, 직선 도로를 만들었어.

이 도로를 통해 지방에서 일어난 반란을 진압할 군대가 신속하게 이동했고, 세금을 황제에게 전달했으며, 관리가 지방으로 파견되고, 사람과 물자가 이동했어. 도로와 도로로 연결된 도시에는 공중 목욕탕, 광장, 개선문, 콜로세움 등의 건축물이 만들어졌어. 도시에 사람들이 모이면서 수도교를 만들어 물을 끌어오고, 하수도 시설도 만들었지.

그런데 로마에서는 어떻게 도로를 만들었을까? 먼저 도로를 만들 곳의 기초를 단단하게 해. 그 위에 흙과 돌을 덮지. 그리고는 큰 자갈과 평평한 돌을 빈틈없이 깔아 도로의 윗면을 만들어. 도로의 가운데 부분은 약간 볼록하게, 도로의 양쪽 끝은 기울어지게 만들어 비가 오면 물이 빠질 수 있도록 했어. 얼마나 잘 만들었는지 아피아 가도는 아직도 사용되고 있어. 요즘의 도로도 마찬가지 방법으로 만들어.

수도교

로마 시는 인구가 늘어 개울물이나 우물물만으로는 충당할 수 없게 되자, 근처 산에서 물을 끌어왔어. 골짜기를 건널 때는 1층이나 2~3층으로 된 아치형 수도교를 세웠지. 물은 맨 윗층에 만든 콘크리트 수도를 따라 높은 곳에서 낮은 데로 흘러갔고, 1층과 2층은 사람과 말이 걸어갈 수 있었대. 이러한 수도교 중 몇 개는 오늘날까지도 남아 있어.

더 알고 싶어요

로마에서 목욕하는 법

우선 수증기로 찬 뜨거운 열탕에 가서 앉아 있다가 땀이 흐르면 뜨겁고 건조한 방에 가 노예에게 몸을 맡기지. 노예는 올리브 기름을 바른 후 금속 갈고리로 때를 밀고 마사지를 해 주었어. 마사지가 끝나면 온탕으로 가서 수영을 한 후 마지막으로 차가운 냉탕에서 목욕을 끝내지. 사람들은 목욕탕에서 체력 단련을 하고, 친구도 만나고 레슬링이나 체조도 했대. 가장 유명한 카라칼라 욕장은 1,600명이 한꺼번에 들어갈 수 있었어.

크리스트교가 국교가 된 사연 | 크리스트교

크리스트교의 탄생

로마의 지배를 받던 유대 인들은 자신들을 해방시켜 줄 메시아를 고대하고 있었어. 이때 나타난 예수는 사랑과 믿음을 통해 누구든지 구원을 받을 수 있다고 가르쳤어. 이것은 유대 인만이 특별히 선택받은 민족이라는 유대교의 생각을 부정한 것이지. 예수를 메시아로 믿고 따르는 사람이 늘자, 유대교 지도자들은 예수를 반역자로 고발하여 십자가에 못박혀 죽게 했어. 하지만 예수의 가르침은 베드로와 바울로의 전도로 로마 제국 전체에 퍼져 나갔어. 가난한 사람들, 억압받던 노예와 여성들 사이에 널리 퍼져 나간 크리스트교는 거대한 로마 제국의 넓은 영토 덕분에 세계 종교로 커나갔어. 각 지역에 교회가 생기고 신약 성경이 만들어졌지.

크리스트교를 박해한 황제

로마의 군인 황제는 걸핏하면 다른 군인에게 암살당했어. 그래서 생각해 낸 것이 군인들에게 황제를 신의 대리인이라고 여기고 섬기게 하는 것이었어. 그런데 크리스트교를 믿는 사람들은 이것을 우상 숭배라고 생각하며 따르지 않았기 때문에 로마로부터 박해를 받았지. 특히 디오클레티아누스 황제 때에는 전국적으로 수백만 명의 교인을 학살했어. 콜로세움에서 사자의 먹이가 되기도 하고, 네로 황제는 로마에 화재가 났을 때 크리스트교도의 소행이라고 하기도 했어. 박해를 피해 지하로 숨어든 사람들은 지하 무덤인 카타콤베에 숨어서 예배를 드렸지.

로마 제국의 국교가 된 크리스트교

로마 제국의 힘이 기울어가자 크리스트교에 의지하는 사람이 눈덩이처럼 불어났어. 위기를 수습하기 위해 313년 콘스탄티누스 황제는 크리스트교를 이용해 황제권을 강화하기로 결심했지. 그는 크리스트교도는 아니었지만, 밀라노 칙령을 발표해 크리스트교를 인정하는 명령을 내렸어. 크리스트교를 믿는다고 더 이상 괴롭힘을 당하지 않아도 된 거야. 그리고 수도도 그의 이름을 딴 콘스탄티노플로 옮겨 새로운 발전을 꾀했어. 덕분에 로마는 안정을 되찾을 수 있었어. 그 후 80년이 흐른 392년 독실한 신자였던 테오도시우스 황제에 의해 크리스트교는 로마의 국교가 되었어. 이제는 국가의 보호를 받으며 다른 종교를 억압하는 위치로 바뀌게 된 거야.

용어 해설

개선문(凱 이길 개, 旋 돌 선, 門 문 문)
전쟁에서 이기고 돌아온 군사를 환영하기 위하여 세운 문같은 형태의 건축물

메시아(Messiah)
구세주, 구원자라는 뜻으로 이스라엘을 통치하는 왕, 예수 그리스도를 말한다.

유대교(유태교: 猶 원숭이 유, 太 클 태, 敎 가르칠 교)
유대민족이 믿는 유일신 신앙의 종교로 유대 인들만 선택되었다는 선민 의식을 가지고 있다.

신약 성경(新 새로울 신, 約 맺을 약, 聖 성인 성, 經 경시 경)
예수의 행적과 제자들의 전도 여행 및 편지글을 담은 크리스트교의 성경

박해(迫 다칠 박, 害 해로울 해)
못살게 굴어서 해롭게 함

콜로세움에 있는 구멍들

로마는 원형의 아치와 그리스의 기둥 양식에 독자적인 돔 양식까지 융합하여 건축을 발전시켰어. 유난히 바깥쪽에 구멍이 많이 뚫린 콜로세움은 전쟁으로 인한 총알 자국이 아니라 당시에 사용된 로마 특유의 콘크리트 양식과 아연 때문이야.

B.C.(기원전)와 A.D.(기원후)의 기준

6세기에 디오니시우스 엑스구스라는 로마의 신부가 A.D.(Anno Domini, '주님의 해'라는 뜻의 라틴어)라는 용어를 만들어 냈어. 예수가 태어나던 해를 기준으로 연대를 계산하는 거야. 그런데 여기에는 문제가 있어. 당시에는 0의 개념이 아직 없었던 시절이라 0년부터 시작한 것이 아니라 1년부터 시작했대. 당연히 문제가 생길 수밖에 없었지. 요즘에 와서 사람들은 당시의 계산이 처음부터 잘못됐다는 생각을 하고 있어. 많은 사람들이 예수는 B.C. 4년에 태어났다고 해. 그럼 B.C.는 뭐냐고? 예수가 태어나기 전이라는 의미야. 즉, 'Before Christ'의 첫 글자를 따서 B.C.라고 했어.

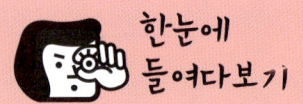 **한눈에 들여다보기**

떠나자, 남부 유럽으로!

세계인들이 가장 좋아하는 여행지는 남부 유럽이야. 특히 이곳엔 고대 그리스와 로마의 찬란한 문화 유산이 많아 볼거리가 풍부하고, 여행객이 많이 모이는 곳이지. 청명한 여름의 날씨 덕분에 어느 곳에서든 여름을 즐기기에 딱이야. 언제나 밝은 모습으로 인생을 즐기는 이곳 사람들과 함께 올레~를 외쳐봐!

포르투갈

신항로 개척에 앞장선 포르투갈에는 항해와 관련된 유적들이 많아. 포르투갈의 땅끝 마을이라고 할 수 있는 까보다로까에는 "이곳에서 땅이 끝나고 바다가 시작된다."는 멋진 문구가 새겨진 탑이 있어. 수도인 리스본에는 선박을 환송하던 벨렘탑이 우뚝 솟아있지. 항해에서 돌아온 모험가들은 제로니모스 성당에서 왕을 만났대. 이곳에는 바스코 다 가마의 무덤도 있어.

까보다로까

제로니모스 수도원 성당

벨렘탑

에스파냐

이곳에는 이슬람 왕국이 세워지기도 했어. 아라베스크 무늬로 장식된 알함브라 궁전은 이슬람의 모습을 잘 보여 주고 있지. 천 년의 도시 똘레도와 아직도 만들어지고 있는 천재 건축가 가우디의 사그리다 파밀리아를 만나 봐.

사그리다 파밀리아

알함브라 궁전

똘레도

포르투갈 에스파냐 지중해

53 | 게르만 족

최초의 유럽 연합을 만든 프랑크 왕국

| 1 | A.D.200 | 400 | 600 | 800 | 1000 |

난 유럽 여행을 가기 위해 준비 중이야. 학교 안가는 토요일마다 도서관에서 역사책을 열심히 읽고, 유럽에서의 간단한 인사말을 익히고 있어. 역사를 안다는 건 그 나라의 과거와 현재, 미래를 모두 꿰뚫어 보는 능력이 있다는 거잖아. 그런데 이상한 점이 있어. 독일, 이탈리아, 프랑스는 서로 다른 나라인데, 옛날 역사는 똑같아. 옛날에 한 나라였는데 왜 갈라지게 된 걸까?

유로 : 유럽 연합의 화폐 명칭. 1999년부터 사용하기 시작하였다.

훈 족에게 밀려난 게르만 족 | 게르만 족의 대이동

로마 제국으로 밀려들어온 게르만 족

게르만 족은 원래 북유럽 발트 해 연안에서 수렵·목축·농경 생활을 하며 살았어. 그런데 인구가 늘면서 토지가 부족해지자, 따뜻하고 기름진 땅을 찾아 남쪽으로 이동했지. 시간이 흘러 로마 제국 시대에는 많은 게르만 인들이 로마 제국의 국경 지역에서 평화롭게 살았어.

하지만 이 평화는 삽시간에 깨졌어. 4세기 말경, 훈 족이 흑해 연안에 거주하고 있던 게르만 족을 쫓아내 버린 거야. 훈 족에 밀린 게르만 족은 대이동을 하기 시작했지. 게르만의 여러 부족들은 다뉴브 강을 건너 로마 영토로 엄청난 수가 밀려와 곳곳에 게르만 왕국을 세웠어.

게르만 족이 세운 나라들

게르만 족의 대이동(4세기 ~ 6세기)

서로마 제국으로 들어온 게르만 족은 앵글로색슨 7왕국, 프랑크 왕국, 부르군드 왕국, 서고트 왕국, 동고트 왕국, 롬바르드 왕국, 반달 왕국 등의 나라를 세웠어. 여기저기에 게르만 족의 나라가 세워졌기 때문에 지금도 북서부 유럽 인의 대부분은 게르만 족이야. 당시 게르만 사회에 대해서는 기록이 별로 남아 있지 않아 잘 알 수가 없어. 하지만 카이사르가 게르만 족의 거주지인 갈리아 지방을 정복하며 쓴 《갈리아 전기(戰記)》에 그들의 모습이 나와 있어. 토가를 입고 추위에 떨어야 했던 로마 인들에 비해 바지를 만들어 입던 게르만 족의 문화는 후일 많은 영향을 끼치게 돼.

훈 족의 아틸라 왕

전 유럽을 정복했던 무시무시한 왕이야. 당시 로마 인들은 그의 이야기만 들어도 대문을 꼭꼭 잠가버렸대. 훈 족은 중앙아시아의 초원 지대에 살던 유목 민족으로, 중국사에서는 흉노라고 기록하고 있어. 훈 족은 4세기에 이동하기 시작해 다뉴브 강 주변에서 50년 동안 머물다 동고트 족을 정복하고, 서고트 족을 압박해 게르만 족의 대이동을 일으켰지. 4세기 말에는 지금의 헝가리 등을 지배하고 동서 로마 제국을 무서움에 떨게 했어. 하지만 아틸라 왕 이후 급속히 약해졌고 다른 민족과의 혼혈로 지금은 민족 자체가 사라졌지.

이때 우리는?

- 375년 : 게르만 족의 대이동 개시
- 372년 : 고구려에 불교가 전래됨
- 427년 : 고구려 장수왕 평양 천도

최초의 유럽 연합 | 프랑크 왕국

프랑크 왕국이 살아남은 까닭은?

게르만 족이 세운 나라들은 대부분 다 망해버렸지만, 프랑크 왕국은 살아남았어. 이유가 뭘까? 다른 게르만 국가들과 달리 이동 거리가 짧았기 때문이야. 왼쪽 지도에서 보면, 반달 왕국은 엄청나게 많이 이동한 것을 알 수 있지. 프랑크 왕국은 사실 이동했다기보다는 자기들이 살던 지역을 점점 확장해 나갔다고 볼 수 있어. 그리고 무엇보다도 클로비스 왕 때 크리스트교로 개종한 덕분에 로마 인들과 교황에게 환영을 받았지. 마지막으로 다른 민족과의 싸움이 적었기 때문이야. 이슬람이라든지 동로마 제국과는 거리가 멀어 공격을 덜 받았거든. 클로비스가 죽은 후 카롤루스 마르텔은 이슬람의 공격에서 큰 승리를 거두면서 서유럽을 이슬람 세계로부터 보호하는 역할을 했어. 그의 아들 피핀은 교황의 허락을 받아 왕의 자리에 올랐지. 피핀은 교황에게 라벤나 부근의 땅을 바쳤는데, 이것이 오늘날 교황령의 시초가 되었어. 프랑크 왕국은 교황과 협조하면서 발전할 수 있었어. 물론 교황도 프랑크 왕국 덕분에 이슬람 세력에게 점령당하지 않을 수 있었고 말이야.

카롤링거 르네상스

프랑크 왕국이 가장 크게 발전한 건 카롤루스(샤를마뉴라고도 함) 대제 때야. 그는 서로마 제국이 멸망한 이래로 가장 넓은 땅을 차지했어. 로마 교황으로부터 서로마 제국을 이어받은 크리스트교의 수호자라는 의미로 서로마 제국 황제의 왕관을 받았어. 그 시기에는 영토도 넓었을 뿐 아니라, 문화도 크게 발전했어. 특히 그는 자신의 땅에 살고 있는 사람들을 크리스트교로 개종시키고 교육도 시켰는데, 그러기 위해서 필수적으로 읽기와 쓰기가 중요했어. 당시에는 글자를 아는 사람이 거의 없었기 때문에 그는 학교를 세우고, 로마체라는 글자체를 만들어 글자를 통일시켰지.

이 시기가 바로 그의 이름을 딴 '카롤링거 르네상스'라는 문화 발전이 이루어진 때야. 하지만 프랑크 왕국도 카롤루스가 죽으면서 아수라장이 돼버렸어. 프랑크 왕국에는 왕이 죽으면 아들들이 영토를 나누어 갖는 관습이 있었어. 관습에 따라 카롤루스가 죽은 후 영토는 세 아들 로타르, 샤를 2세, 루드비히에게 나누어졌지. 이중 장남인 로타르가 먼저 죽으면서 다시 나머지 두 동생이 나누어 갖게 되었어. 이 땅이 오늘날 프랑스, 독일, 이탈리아가 되었어. 그러니까 옛날 이 세 나라의 역사는 같을 수밖에 없는 거지.

용어 해설

게르만 족
백인종이며 키가 크고 눈이 푸르다. 원래는 스칸디나비아 반도 지역에 살다가 이동하여 독일, 영국, 네덜란드 등을 만들었다.

흉노(匈 오랑캐 흉, 奴 종 노)
중국 진나라와 한나라 때 몽골에서 활약하던 유목 민족

개종(改 고칠 개, 宗 종묘 종)
종교를 바꿈

교황령(敎 종교 교, 皇 임금 황, 領 거느릴 령)
로마 교황이 통치하는 땅으로 바티칸 시티를 말한다.

시초(始 비로소 시, 初 처음 초)
맨 처음 시작함

노르만 족의 이동

4세기경 게르만 족의 이동에 이어 9~10세기경에는 노르만 족(바이킹)의 이동이 이어졌어. 노르만 족이 이동하면서 노르웨이, 덴마크 같은 나라가 만들어지고, 일부는 러시아를 만들기도 했어.

바이킹 뷔페

늘 바다를 떠돌아다니던 바이킹들은 '스뫼르고스보르드'라는 방법으로 음식을 먹었어. '스뫼르'는 빵과 버터, '고스'는 고기류, '보르드'는 식탁이라는 뜻이야. 오랜만에 만난 동족들과 함께 식사할 때 자신들이 가지고 있는 음식을 모조리 들고 나와서 큰 상에 올려놓고 먹고 싶은 만큼 덜어 먹는 방법이야. 이제는 전 세계에 퍼져 오늘날의 뷔페가 되었어. 일본에서는 아직도 뷔페를 바이킹 요리라고 부른대. 우리나라도 돌잔치나 결혼식에 가면 뷔페식 상차림을 흔하게 볼 수 있어.

54 | 봉건 제도

당신은 나의 주인, 나는 당신의 종

우리 반은 조별로 돌아가며 청소를 하는데, 조장인 영주가 자기는 청소를 하나도 안 하면서 잔소리만 하는 거야. 그런데 빨리 집에 가려면 어쩔 수 없이 영주 말을 들어야만 했어. 청소를 빨리 하기 위해 선생님께서 조장 말을 들으라고 했거든. 자기가 꼭 우리들의 주인인 것처럼 구는 게 못마땅해서 다음엔 나도 꼭 조장을 해보고 싶다고 선생님께 말씀드릴 생각이야.

주종 관계(主從關係): 기사는 여러 명의 주군을 섬기는 경우가 많았다. 이에 따라 피라미드 형태를 이룬 주종 관계는 매우 복잡한 구조를 지니고 있었다.

왕과 영주의 정치적 계약 관계 | 봉건 제도

게르만 족에게는 종사(從士) 제도라는 것이 있었어. 자기보다 힘 세고, 권력이 큰 사람에게 충성을 맹세하고, 보호를 받는 제도였지. 한편 로마에는 은대지 제도라고 해서 신하에게 땅을 주는 제도가 있었어. 이 두 제도가 합쳐져 새롭게 만들어진 제도가 바로 봉건 제도야. 제후가 왕에게 충성을 맹세하면 왕은 제후를 보호해 주고, 마찬가지로 기사는 제후에게 충성을 맹세하고 제후는 기사를 보호해 주는 거지. 이 과정에서 계약이 맺어지는데, 땅을 매개로 이루어지기 때문에 맨 마지막에 있는 농민까지 지배할 수 있었어. 특이한 것은 서로 충성과 보호의 의무를 지키지 않으면 언제든지 관계가 깨질 수 있다는 거야. 또 권력이 왕에게 집중되는 정치가 아니라 땅을 나누어 받은 각 지방으로 쪼개지는 지방 분권적인 체제인 것도 특징이야.

봉건제 사회에서 기사가 되려면 14년이라는 시간이 걸렸어. 기사의 아들은 7살이 되면 다른 기사의 성에 가서 훈련을 시작해. 처음에는 귀부인의 시중을 들며 예의범절을 배우지. 14살이 되면 종자로 승격되는데, 기사와 함께 말을 타고 사냥도 하고 전쟁에도 나가. 전쟁터에서는 기사의 창과 방패를 들고 다니다 주인의 창이 부러지면 다른 창을 건네주거나, 깃발을 들고 다니지. 자그마치 14년을 이렇게 지내야 21살 때 기사로 서임될 수 있었어. 하지만 서임식은 돈이 많이 들어 결국 기사가 되지 못하는 사람도 많았대.

봉건 제도

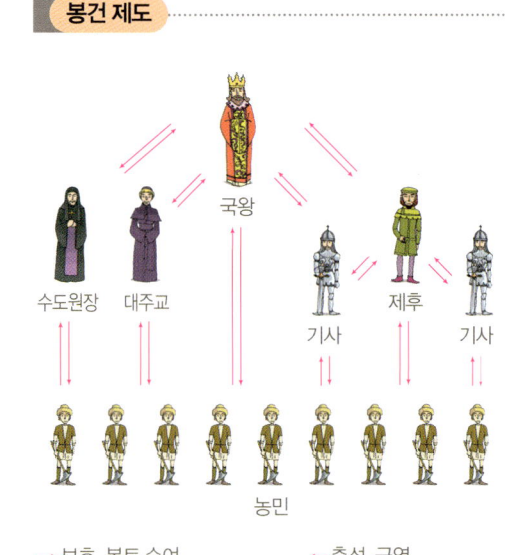

→ 보호, 봉토 수여　← 충성, 군역
↑ 부역, 세금의 납부 의무　↓ 영주의 보호

완전 무장한 기사

기사가 가장 소중히 여기는 갑옷은 100여 개의 철판과 280개의 못을 이용해서 만들어. 갑옷의 가격은 그 당시 집 한 채의 값이었는데, 무게만도 45kg이나 나갔다고 해. 그럼 기사가 전쟁 준비를 마치면 무게가 얼마나 나갈까? 우선 기사 몸무게 80kg + 갑옷 무게 45kg + 말 갑옷 50kg = ?

에휴~. 말은 정말 힘들었겠다. 무거운 갑옷을 입으면 기사는 고개조차 마음대로 돌릴 수 없었어. 게다가 얼굴도 다 가렸으니 전쟁터에서 알아볼 수도 없었지. 그래서 사용한 것이 문장과 깃발이야. 혹시 깃발이 쓰러지면, 종자는 얼른 가서 다시 일으켜 세워야만 했어.

영주와 농노의 경제적 관계 | 장원 제도

중세 유럽이 정치적으로 계약 중심의 봉건 제도를 가지고 있었다면, 경제적으로는 농노의 노동을 중심으로 한 장원 제도를 유지하고 있었어. 장원이란 보통 영주의 지배를 받는 작은 단위의 마을을 말하는데, 이곳에서 영주는 왕과 같은 권력을 누렸어.

영주의 성은 보통 장원의 한가운데 있어서 장원을 한눈에 살펴볼 수 있지. 교회는 정말 중요한 곳이야. 중세인들은 교회를 떠나서는 태어날 수도 죽을 수도 없다는 걸 보여 주는 대표적인 종교 시설이지. 농노들은 교회에 십일조를 바치고 교회의 행사에 참여했어.

촌락은 농노들이 거주하는 지역이야. 노예와는 달리 약간의 재산을 가질 수 있었고 자유롭게 가족을 구성할 수 있었어. 하지만 고대 노예와 마찬가지로 거주 이전의 자유는 없었어.

장원은 3포제에 따라 농업이 이루어졌는데, 춘경지, 추경지, 휴경지로 나누어 돌아가며 농토를 쉬게 해 주는 방법이었어. 그전까지는 휴경지와 농경지로 나누어 2포제로 운영하다가 3포제가 되었으니 농사짓는 땅이 늘어나 생산이 증가한 건 당연했지. 농경지가 길쭉한 이유는 소가 쟁기를 끌기 쉽게 하기 위해서야. 소가 쟁기를 끌면서 땅을 깊이 갈게 되자, 생산력이 높아져 경제가 발전하는 기초가 되었어.

밀을 가루로 빻는 제분소와 수차도 장원에서 없어서는 안 될 시설들이지. 장원에는 영주가 운영하는 시설물들이 많이 있어서 영주에게 사용료를 지불하고 사용해야만 했어.

용어 해설

제후(諸 모두 제, 侯 임금 후)
봉건 시대에 일정한 영지를 가지고 그 땅과 백성을 통치하는 권력을 가진 사람

계약(契 맺을 계, 約 맺을 약)
사람이나 조직 간에 서로 지켜야 될 의무와 권리에 대하여 글이나 말로 정해두는 약속

분권(分 나눌 분, 權 권세 권)
권력을 분산시킴

서임(敍 차례 서, 任 맡길 임)
벼슬 자리를 내림

하늘과 땅 차이, 영주와 농노

 영주인 저는 주로 성에서 연회를 베풀며 지내고 있습니다.

 일주일 중 3일은 영주님 밭에서 일을 하고, 4일은 제 밭에서 일을 합니다.

 모든 시설물은 농노들이 사용할 수 있도록 만들었죠. 저는 그저 약간의 시설 사용료만 받고 있습니다.

 저희 집에는 화덕이 있는데도, 영주님의 시설을 강제로 사용해야 합니다. 당연히 세금도 많이 내죠.

? 토너먼트가 원래는 마상 시합이었다면서요?

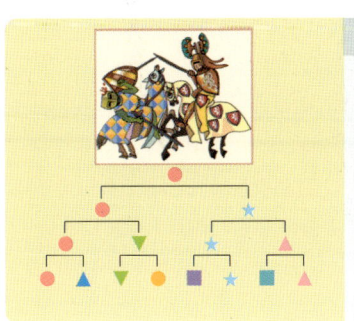

프랑스에서 처음 생긴 마상 시합은 기사들이 자신의 솜씨와 용기를 과시하기 위해서 하던 가짜 전투였어. 1대 1로 무장한 기사들이 창으로 밀어 상대방을 말에서 떨어뜨리는데, 갑옷을 입었기 때문에 말에서 떨어진 기사는 혼자 일어나기도 힘들었다고 해. 승리한 기사에게는 최고의 명예가 따라 다녔어. 독일에서는 마상 시합에 참가한 적이 있느냐 없느냐를 놓고 귀족의 혈통을 따지기도 했어. 전투적인 경기가 되면서 진 사람을 포로로 잡아 몸값으로 돈벌이를 하는 사람도 생겨났어. 이 방식이 지금은 운동 경기할 때 많이 사용되는 토너먼트 방식이야.

55 | 로마 가톨릭

교황은 해, 황제는 달

900　1000　1100　1200　1300　1400　1500　1600

노처녀 이모 시집가던 날, 우리 가족은 서둘러서 출발했는데 차가 너무 막혀서 1시간이나 늦고 말았지 뭐야. 결혼식이 다 끝나 버리면 어쩌나 걱정하면서 발만 동동 굴렀는데, 웬 걸? 성당에서 하는 결혼식은 앉았다 일어났다 하면서 노래도 부르고 떡도 먹고……. 1시간은 더 있다가 끝났어. 중세 유럽 사람들은 교회를 떠나서는 태어날 수도 죽을 수도 없었다는데, 예배 시간이 너무 길어서 그런가?

로마 가톨릭 교회: 교황을 사도(使徒) 베드로의 후계자로 믿으며, 세계 교회의 최고 지도자로 받드는 크리스트교의 교파

중세를 지배하는 힘 | 크리스트교의 전성기

유럽을 하나로 묶어주는 힘, 교회

'교회를 떠나서는 태어날 수도 죽을 수도 없다.'라는 말이 나올 정도로 중세 교회의 힘은 막강했어. 농민들은 영주의 지배를 받았지만, 정신적으로는 교황의 가르침을 따르며 생활했거든. 꼬박꼬박 십일조를 내고, 세례를 받고, 고해 성사 등의 의식을 지켜야 했어. 지키지 않을 경우 신도의 자격을 빼앗는 파문을 당했거든. 그렇게 되면 법의 보호를 받을 수 없었고, 죽어서 지옥에 간다고 생각했지. 성직자들은 자신들을 통하지 않으면 신의 은총과 구원을 받을 수 없다고 가르쳤어. 자연히 교회의 영향력은 곳곳에 미쳤고, 정치적으로는 조각조각 흩어져 있던 유럽을 하나로 묶어 주는 역할도 했어.

> **중세의 신분 구분**
>
> 중세 유럽 사회는 '싸우는 사람, 일하는 사람, 기도하는 사람'의 세 신분으로 구성되었다고 생각하면 편해. 당시 사회는 영주와 성, 농민과 오두막, 성직자와 교회당 위에 성립되었기 때문이야.

교회의 부패와 타락

교회는 국가의 지원을 받으면서, 농민들에게 세금을 거두는 한편, 왕과 영주에게 기증받은 땅이 계속 늘어나면서 부자가 되었어. 성직자들은 아기를 낳기도 하고 자리를 사고팔기도 하면서 타락하기 시작했지. 이렇게 교회가 타락하게 된 이유는 무엇일까? 가장 큰 이유는 성직자에 대한 임명권이 황제에게 있었기 때문이야. 황제에게 뇌물을 주고 성직자가 된 사람은 세금도 많이 걷고, 부정부패도 많이 저질렀지. 당연히 대부분의 성직자는 무식했고, 자격을 갖추지 못한 사람들이었어. 여기에 맞서 클뤼니 수도원에서는 성직자가 깨끗한 생활을 해야 한다고 개혁을 주장하기도 했어.

> **성직자의 부정부패**
>
>

 교황은 어떻게 뽑나요?

교황(pope)은 그리스 어의 아버지(pappas)라는 말에서 유래했어. 교황이 죽으면, 전 세계에 있는 80여 명의 추기경이 모여 후보자 추천 없이 새로운 교황을 선출하는데, 3분의 2 이상의 찬성을 얻을 때까지 투표가 계속돼. 물론 모든 과정은 비밀이기 때문에, 투표 용지나 관련 문서는 불에 태워. 이때 흰 연기가 피어오르면 교황이 선출되었다는 표시이고, 검은 연기가 오르면 아직 선출하지 못했다는 표시야. 2013년에 제266대 교황으로 선출된 아르헨티나 출신 프란치스코 1세는 1282년 만에 탄생한 첫 비유럽권 교황이면서 첫 남미 출신의 교황이야.

황제, 교황에게 무릎을 꿇다 | 교황권의 절정

고개 숙인 황제, 카노사의 굴욕

교회의 영향력이 커지면서 교황권도 함께 성장했어. 11세기 후반, 교황권은 황제권과 어깨를 나란히 할 정도까지 커졌어.

교황권과 황제권의 대립

나 그레고리우스 7세는 클뤼니 수도원의 정신을 이어받아 교회의 개혁을 주장하고 있소. 성직자의 결혼과 성직자 자리를 판매하는 것은 이제 금지요. 이런 개혁을 실현하기 위해서 황제가 가지고 있는 성직 임명권을 나에게 주시오.

지금 무슨 말을 하고 있는 거요. 절대로 그럴 수 없소. 나 하인리히 4세의 명령으로 교황 당신은 이제부터 파면이요, 파면!

무슨 소리! 교황의 자격으로 당신이야말로 파문이요! 이제 당신 이름은 생명책에서 지워졌고, 죽어서도 절대로 구원을 받지 못할 거요.

누가 이겼을까? 많은 제후들이 교황의 편을 들면서 교황의 승리로 끝났어. 하인리히 4세는 교황이 있는 카노사 성에서 3일을 빌어서 용서받을 수 있었지. 교황권이 황제권을 이긴 이 사건 카노사의 굴욕이라고 해.

교황권의 최고 전성기, 교황 인노켄티우스 3세

카노사의 굴욕 이후 점점 교황권이 강해져 '교황은 해, 황제는 달'이라는 말까지 생겼어. 교황권의 전성기였던 13세기에 교황 인노켄티우스 3세의 말을 들어 봐.

> 우주를 창조한 하나님은 위대한 두 개의 빛을 탄생시켰다. 둘 중 더 위대한 빛인 태양은 낮을 지배하고, 약한 빛인 달은 밤을 지배한다. 마찬가지로 더 강한 지배자인 교황은 영혼을 지배하고, 약한 지배자인 황제는 육체를 지배한다. 교황은 해, 황제는 달과 같다. …… 모든 사람들은 예수 그리스도에게 무릎을 꿇듯이, 그리스도의 대리인인 교황에게 복종해야 한다.

절대적인 권력을 갖게 된 교황은 이제 신앙 생활뿐 아니라 정치에도 깊이 관여했어. 여전히 부정부패도 계속되었기 때문에 성직자들에게 대항하는 사람들도 생겨났지. 하지만 가톨릭 교회는 이 사람들을 마녀로 몰아 종교 재판을 열고 처형했어.

용어 해설

십일조(十 열 십, 一 하나 일, 租 조세 조)
소득의 십분의 일을 바치는 헌금

세례(洗 씻을 세, 禮 예도 례)
기독교에 처음 들어온 사람의 죄를 씻기 위해서 물로 행하는 의식

고해 성사(告 아뢸 고, 解 풀 해, 聖 성인 성, 事 일 사)
세례받은 신자가 죄를 지었을 때 신부에게 죄를 고백하고 하나님께 용서받는 일

파문(破 깨뜨릴 파, 門 문 문)
사제의 의리를 끊고 내쫓음

굴욕(屈 굽을 굴, 辱 욕되게할 욕)
남에게 억눌리고 무시당함

파면(罷 그만둘 파, 免 면할 면)
임명권을 가진 사람이 일방적으로 관직을 박탈하는 일

카노사의 굴욕

신성 로마 제국의 황제 하인리히 4세가 무릎을 꿇은 채, 클뤼니 수도원장과 카노사 성의 백작 부인에게 교황과의 화해를 주선해 달라고 간청하고 있어. 그레고리우스 7세는 이 상황을 편지 속에 다음과 같이 적고 있어. '하인리히는 사흘 동안 내내 성문 앞에 서서 맨발로 교황인 나에게 위로를 간청했다. 눈물이 멈추지 않았다!'라고 말이야.

연금술이 뭐예요?

중세 유럽 사회는 신학이 최고의 학문으로 자리잡으면서 과학이나 문화는 크게 발달하지 못했어. 반면 이슬람 사회는 세계적으로 화려한 문화를 꽃피우고 있었지. 이슬람 세계에서 유럽으로 전해진 것 중 하나가 연금술이야. 연금술은 돌을 금으로 변화시키는 방법이지. 교황과 싸워 이기려면 많은 돈이 필요했던 황제들은 몰래 지원해 주기도 했어. 현자의 돌이라고 알려진 이 돌을 먹으면 죽지 않는다고 알려져서, 교회에서는 연금술사를 마술사라고 부르며 엄격하게 금지했어. 천 년 동안 몰래 이어져 오던 연금술은 유럽의 근대 과학에 큰 영향을 끼쳤어.

56 고딕 양식

나의 신앙심을 저 하늘 끝까지

와우, 멋있다!

가족들과 함께 떠난 유럽 여행은 정말 즐거웠어. 중국과는 달리 유럽은 성당이 많았어. 그중에서도 파리의 한 작은 성당은 첨탑이 높고 뾰족했는데, 스테인드글라스로 장식된 창으로 햇살이 얼마나 신비롭게 쏟아지던지 저절로 두 손이 모아지는 거 있지? 난 크리스트교 신자도 아닌데, 신앙심이 막 생기는 것 같더라니까.

고딕 : '고트 족식'이라는 뜻으로, 르네상스 미술가들이 중세 시대의 미술을 야만적이라 멸시하여 부른 것에서 유래한다.

중세 유럽 사람들의 신앙심 | 신 중심 문화

철학은 신학의 시녀

중세 유럽에서 가장 중요한 학문은 신을 연구하는 신학이었어. 인간에 대해서 연구하는 학문인 철학은 '신학의 시녀'라는 별명을 갖고 있었지. 신학에서 가장 중요한 것은 어떻게 성경에 있는 내용을 증명할 수 있는가였어. 아우구스티누스는 믿음으로 구원받는 사람은 천국에 가고, 구원받지 못한 사람은 지옥에 간다고 했어. 그래서 신앙적인 체험과 신의 계시가 중요하다고 했지. 그러므로 인간의 이성은 전혀 중요하지 않았어. 그렇지만 이슬람으로부터 들어온 과학이 발달하고, 사회가 발전하면서 이성이 점점 중요해지기 시작했어. 토마스 아퀴나스는 《신학대전》이라는 책에서 과거 신앙만을 중시하던 것에서 벗어나 신앙과 이성을 조화시켜 중세 신학을 한 단계 높였어.

뾰족한 첨탑은 신의 손가락

중세 유럽의 미술은 교회 건축을 중심으로 발달했어. 중세 유럽 사람들은 고딕 양식의 성당을 지어 자신들의 신앙심을 아낌없이 표현했어. 신의 손가락이라고 불리는 뾰족한 첨탑, 웅장한 기둥을 떠받치고 있는 높은 천장, 오색찬란한 빛을 내뿜는 스테인드글라스(색 유리창)는 천국을 향한 열정을 표현한 거야. 성당 벽에는 글을 모르는 사람도 알 수 있도록 성경 이야기를 조각해 두어서 돌로 된 성경이라고 불렀어. 지금도 유럽을 여행가는 사람들은 중세 사람들의 신앙심을 느끼기 위해 그때 지어진 성당에 가고 있어.

더 알고 싶어요

기사도는 없어졌나요?

1908년 로버트 배든 포웰 경이 소년들에게 기사도 정신을 이어받도록 만든 것이 바로 스카우트야. 맡은 바 책임을 다하고, 남을 도와주며, 국가와 세계에 이바지한다는 정신을 가진 세계적인 운동이지. 물론 우리나라에는 이미 화랑도 정신이 있지만 말이야. 그리고 "Lady First! (숙녀 먼저!)" 들어봤지? 우리가 알고 있는 에티켓들은 기사도 정신에서 비롯된 것들이 많아.

독일에 있는 퀼른 대성당

프랑스에 있는 노트르담 대성당

성당 내부에 장식된 스테인드글라스

이때 우리는?

1145 : 고려의 김부식은 《삼국사기》를 편찬했어.
1234 : 금속 활자로 《상정고금예문》을 간행했어.

스쿨, 칼리지, 유니버시티 | 대학의 등장

중세 유럽의 아이들은 교회나 수도원에 딸려있는 학교에서 공부했어. 왜냐하면 읽고 쓸 줄 아는 사람은 주로 성직자들이었기 때문이지. 덕분에 99%에 이르던 문맹률이 60% 정도가 되었어. 이런 학교를 스콜라(Schola)라고 불렀는데, 여기서 스쿨(School)이라는 말이 생겨났지.

도시와 상공업이 발달하면서 본격적인 학교가 필요해졌어. 그래서 이탈리아의 볼로냐 교회 주변에서는 학생들이 유명한 법학자를 교회로 초대해서 강의를 들었어. 반대로 프랑스의 파리에 있는 유명한 신학자들은 학생들을 교회에 불러 모아 신학을 강의했지. 이렇게 학생들이 중심이 되어 만든 유니버시티(University)와 교수가 중심이 되어서 만든 칼리지(College)가 오늘날 대학의 시초가 되었어. 대학에서는 철학, 법학, 의학, 신학을 주로 가르쳤는데, 이 중 신학이 가장 어려워서 졸업하려면 15년의 세월이 걸렸대. 게다가 책 1권 값이 교수의 6개월치 월급이랑 똑같아서 강의 내용을 모두 받아 적었다고 하니, 학생들이 정말 힘들었겠지?

용어 해설

첨탑(尖 뾰족할 첨, 塔 탑 탑)
교회와 같은 건물에 세우는 뾰족한 탑

스테인드글라스 (Stained Glass)
색유리를 붙이거나 유리에 색을 칠하여 무늬나 그림을 나타내는 장식용 유리

계시(啓 열 계, 示 보일 시)
사람으로서는 알 수 없는 일을 신의 지혜로 깨우쳐 알게 함

이성(理 다스릴 이, 性 성품 성)
동물과 비교하여 인간만이 갖는 생각하는 능력

음유(吟 읊을 음, 遊 놀 유) **시인**
중세 유럽에 각 지역을 떠돌아다니며 시를 읊었던 시인

사랑과 정열을 그대에게 | 기사도 문학

글자를 아는 인구가 점점 많아지면서 문학도 발달하게 되었어. 이때 유행한 이야기들은 주로 기사들의 모험, 사랑, 기사도 정신에 대한 내용이었지. 영국의 《아서 왕 이야기》, 프랑스의 《롤랑의 노래》, 독일의 《니벨룽겐의 노래》가 유명해. 기사도 문학을 통해 중세 기사의 뛰어난 무예와 충성심, 귀부인에 대한 존경과 자신의 명예를 소중히 여기는 기사 정신을 잘 알 수 있어. 음유 시인들은 영주의 성을 돌면서 기사들의 이야기를 시로 읊거나 노래로 만들어 불렀어.

참~ 쉬운 '기사와 사랑에 빠지기'

 스스로 예쁘다고 소문을 내보세요. 기사들의 연애 편지가 속속 도착할 거예요.

10년 정도는 얼굴을 보여주지 않고, 답장만 보내며 애를 태우세요.

 자, 이제 연애가 끝났으면 결혼은 다른 남자와 합니다. 참 쉽죠~잉?

아름다운 이야기 – 롤랑의 노래

롤랑의 노래는 기사도 이야기의 대표작이야. 샤르트르 대성당에 아름다운 스테인드글라스로 남겨져 있지. 트럼프에 실제 인물을 상징하는 카드가 있는데, 다이아몬드◆J가 바로 롤랑을 상징하는 카드야.

이슬람과의 전쟁이 계속되는 동안 적이 카롤루스 왕에게 거짓 항복을 제안했어. 롤랑은 적의 뜻을 알고 반대하지만 간신 가늘롱은 왕을 설득해 협상권을 얻어냈지. 롤랑은 사신으로 가늘롱을 추천하고, 롤랑이 자신을 죽이려한다고 오해한 가늘롱은 복수를 다짐했지. 적과 내통한 가늘롱은 후방에 롤랑을 남기고 돌아갔어.

하지만 거짓 항복한 적은 뒤에 남은 롤랑의 부대로 대군을 이끌고 쳐들어가 무지막지하게 짓밟아 버렸대. 용맹하기도 하지만 자존심이 강한 롤랑은 위험할 때 불라고 남겨준 뿔피리도 불지 않은 채 끝까지 싸웠어. 하지만 자신도 목숨이 다함을 느끼고, 주변에 60여 명의 군사만이 남게 되자 그제서야 뿔피리를 불었어.

길게 울리는 뿔피리 소리를 듣고 위험한 일이 벌어졌음을 직감한 카롤루스 왕은 말머리를 돌려 롤랑에게로 갔어. 하지만 롤랑은 이미 적들에게 처참하게 죽어 있었지. 복수를 다짐한 왕은 적을 모두 쳐부수고, 롤랑과 그밖의 군사들의 시신을 가지고 본국으로 돌아왔어. 그리고 간신 가늘롱에게 큰 벌을 내렸어.

57 비잔티움 제국

동유럽의 새로운 문화

B.C. 500 … 1 … A.D. 500 … 1000 … 1500 … 2000

나와 지영이는 사회과 부도에서 유럽의 도시 이름 찾기 놀이를 하고 있었어. 지영이가 내게 콘스탄티노플과 비잔티움을 찾아보래. 못 찾고 울상이 되자, 지영이는 "콘스탄티노플, 비잔티움은 이스탄불의 옛날 이름이야." 하며 웃었어. 이스탄불은 왜 이렇게 이름이 여러 번 바뀌게 된 걸까?

콘스탄티노플: 콘스탄티누스의 도시라는 뜻
비잔티움: 동로마 제국의 수도가 된 콘스탄티노플을 부르는 명칭
이스탄불: 이슬람 세력에게 정복당한 후 다시 바뀐 이름

동서양에 걸친 천 년의 제국 | 비잔티움 제국

대제국을 만든 유스티니아누스

동로마 제국은 콘스탄티노플을 비잔티움이라고 바꾸고, 이곳을 중심으로 발전했어. 그래서 보통 비잔티움 제국이라고 알려졌지. 특히 유스티니아누스 대제 때 크게 번영을 누렸어. 그는 황제가 되기 전에 신분이 매우 낮은 테오도라라는 여자와 결혼했지만, 황후가 된 테오도라는 내조의 여왕으로 알려졌어. 532년 성소피아 성당을 짓느라 무거운 세금에 시달리던 시민들이 반란을 일으켰을 때 일이야.

유스티니아누스 대제(중앙)

가운데 있는 사람이 바로 유스티니아누스야. 자세히 보면, 오른쪽 발로 옆에 있는 신하의 발을 밟고 있는 게 보이지? 그리고 황제의 머리 뒤에는 성인에게만 있는 광배가 있어. 황제의 권력이 그 누구보다도 막강하다는 걸 보여 주는 모자이크야.

이 말에 힘을 얻어 반란을 진압한 유스티니아누스는 더 훌륭하게 왕권을 강화시켜 나갈 수 있었어. 영토를 확장해서 지중해를 품에 안았고, 《유스티니아누스 법전》을 만들어 질서를 바로 잡았지.

비잔티움 제국의 발전

당시 콘스탄티노플은 인구가 50만 명이나 되는 당시에 가장 큰 도시였어. 아름다운 성소피아 성당이 건축되고, 학문과 미술이 발달하면서 서유럽과는 다르게 독자적으로 발전해 나갈 수 있었어.

성소피아 성당

성소피아 성당은 정사각형으로 만든 건물 위에 둥근 돔을 지붕으로 올려놓았어. 이런 건축물은 비잔티움 양식의 특징이야. 내부는 모자이크로 장식했어. 주변에 있는 뾰족한 기둥들은 나중에 오스만 제국에서 만든 거야.

비잔티움 제국의 천 년 유지 비결

서로마 제국이 게르만 족의 침입으로 멸망한 후에도 동로마 제국은 1,000년이나 더 유지되었어. 그 비결은 무엇이었을까?

첫째, 위치 때문이야. 비잔티움 제국은 동양과 서양의 중심에 있었기 때문에 상업으로 부유한 나라를 만들기에 좋은 위치였어.

둘째, 종교 때문이야. 게르만 족의 침입을 받은 서로마 교회는 게르만을 전도하기 위해서 많은 성상을 만들었거든. 비잔티움 제국의 황제는 성상 숭배를 금지했기 때문에 로마 교황과 다툼이 잦았어. 결국 동서 로마 제국의 교회는 둘로 갈라졌지. 서유럽의 로마 가톨릭과 동유럽의 그리스 정교로 말이야. 그리스 정교는 황제가 교황의 위치를 겸하는 강력한 위치를 차지했어.

셋째, 민족 때문이었지. 유스티니아누스가 죽은 후 제국은 작아졌어. 결국 그리스 인종 중심 국가가 되었지. 그리스 어를 공용어로 사용하는 그리스 인종이 그리스 정교를 중심으로 유지했으니 단결이 잘될 수밖에.

넷째, 군사 제도도 큰 영향을 끼쳤어. 테마라는 땅을 받은 농민은 땅에 대한 대가로 군대에 가야 했어. 땅을 지키기 위해서 황제에게 충성하고 전쟁에서 열심히 싸웠지.

그러나 11세기부터 비잔티움 제국은 계속된 이민족의 침입으로 영토가 크게 줄기 시작했어. 13세기 이후부터 십자군 전쟁과 흑사병으로 국력은 더욱 약해졌고, 결국 15세기 중엽에 오스만 제국에게 망하고 말았지.

슬라브 족이 세운 나라 | 러시아와 동유럽, 발칸 반도

유스티니아누스가 죽고 난 후 발칸 반도 지역에는 슬라브 족이 대규모로 이주하기 시작했어. 슬라브 족은 동슬라브, 서슬라브, 남슬라브로 나뉘는데, 현재의 동유럽에 살고 있던 서슬라브 족들은 폴란드와 체코·슬로바키아, 동슬라브 족들은 러시아의 기원이 되었어. 발칸 반도로 이주한 남슬라브 족들은 당시 이 지역의 지배 국가였던 비잔티움 제국으로부터 크리스트교와 여러 문화를 받아들였지. 비잔티움 제국이 약해지면서 남슬라브 족들이 새로운 주도 세력으로 등장하게 됐어. 하지만 이들 역시 오스만 제국에게 멸망당하고 말았어. 나중에 오스만 제국으로부터 독립해서 세르비아, 크로아티아, 슬로베니아, 마케도니아, 몬테네그로, 불가리아 등의 나라로 독립했지. 비잔티움 제국의 문화는 오늘날 동유럽과 북아시아의 대부분을 이루는 이들 슬라브 족에게 이어졌어.

용어 해설

독자(獨 홀로 독, 自 스스로 자)적
다른 것과 구분되는 혼자만의 특유한 것

성상(聖 성인 성, 像 모양 상)
크리스트교에서 성모 마리아나 예수 등 성인을 묘사한 그림은 성화라고 하고, 조각은 성상이라고 한다.

그리스 정교(正 바를 정, 敎 가르칠 교)
그리스 정교회라고도 하며, 로마 가톨릭에서 성상 숭배 문제로 떨어져 나간 종교. 교리는 가톨릭과 비슷하나, 예배 의식이 다르다.

슬라브 족(Slav, 族 겨레 족)
유럽의 동부와 중부에 살며, 슬라브 어를 사용하는 민족을 통틀어 부르는 말

이콘과 아이콘

원래 그리스 정교의 성화를 가리키는 러시아 말이 바로 이콘(성상화)이야. 그리스 정교가 발달한 비잔티움 제국에서 특히 이콘이 발달하면서 많은 그림들이 그려졌어. 성스러운 그림을 뜻하는 이콘이 컴퓨터 바탕 화면에 사용하는 아이콘이 되었대.

이때 우리는?

유스티니아누스의 전성기인 6세기에 신라는 법흥왕이 통치했어. 골품 제도가 정비되고, 불교가 인정을 받고, 율령을 통해 왕권을 강화하고 나라의 기초를 다졌지.

비잔티움 제국의 비밀 무기 '그리스의 불(Greek fire)'

비잔티움 제국이 이슬람 제국의 쉴 새 없는 공격에 맞서 사용했던 비밀 무기의 이름은 '그리스의 불'이야. '로마 인의 화약'이라고도 부르는데, 황·주석·수지·소금·경유·정제유를 혼합한 젤리같은 물질이래. 만드는 방법이 비밀이라 지금까지도 정확한 건 알 수 없어. 이걸 항아리에 담아 날려 보내기도 하고 호스 모양의 관을 이용해 이슬람 인의 함선 등 목표물에 발사! 한번 폭발해서 불이 붙으면 물로도 끌 수 없어 특히 해전에서 효과가 있었대.

 **한눈에 들여다보기**

떠나자, 동유럽으로!

동유럽이라는 이름은 동쪽에 있는 유럽이기도 하지만, 서유럽과 다른 문화를 가지고 있다는 의미도 있어. 오랫동안 유럽 전역을 지배했던 합스부르크 왕가의 문화 예술에 대한 관심 때문에 이곳의 문화는 도도하면서도 우아한 매력이 넘치지.

오스트리아

합스부르크 왕가가 오랫동안 수도로 삼았던 오스트리아의 빈은 도시 자체가 거대한 미술관이야. 세계적인 미술 애호가인 합스부르크의 소장품이 전시된 빈 미술사 박물관에는 꼭 가봐야겠지? 고딕 양식으로 지어진 슈테판 성당과 합스부르크 왕가의 여름 궁전인 쇤브룬 궁전의 모습을 감상해 봐.

쇤브룬 궁전

슈테판 성당

빈 미술사 박물관

헝가리

헝가리는 동양인의 후예인 마자르 족이 세운 나라지. 동유럽 공산주의 국가들 중에서 가장 먼저 개방한 나라이기도 해. 수도인 부다페스트는 도나우 강을 사이에 두고, 왕궁이 있는 부다 지역과 서민이 사는 페스트 지역으로 나뉘어져. 헝가리를 건국한 7명의 어부 모습을 새긴 어부의 요새와 부다 왕궁, 제 2차 세계 대전 당시 나치에게 희생당한 사람들에 대해 전시해 놓은 테러하우스가 있어.

테러하우스

어부의 요새

부다 왕궁

폴란드

폴란드에는 세계 문화 유산으로 지정된 바르샤바 역사 지구가 있어. 특히 폴란드 하면 떠오르는 '피아노의 시인, 쇼팽'의 심장이 잠들어 있는 성십자가 교회는 폴란드 정신을 상징하기도 해. 성십자가 교회 옆에 있는 동상은 지동설을 말했던 코페르니쿠스의 동상이야.

성십자가 교회

체코

천 년의 역사를 간직한 체코의 프라하는 특별한 곳이야. 고딕 양식의 신앙심을 보여주는 틴 성당은 무척이나 아름다운 성당으로 알려져 있어. 시가지를 연결하는 까를 교 위의 화가들이 그려주는 초상화는 관광객의 마음을 사로잡기에 딱이지. 프라하 성의 아름다운 야경과 나무 인형극의 즐거움도 놓치지 마.

까를 교
틴 성당

인형극

루마니아

드라큘라가 어느 나라 사람인 줄 알아? 바로 루마니아야. 드라큘라로 유명한 시기쇼아라에는 흑색 교회라는 특이한 이름의 교회가 있어. 합스부르크 왕가의 습격으로 화재가 나서 교회 벽이 시커멓게 그을린 후부터 생긴 이름이래. 드라큘라 성으로 알려진 브란 성은 사실 블라드 체페쉬와 아무 상관이 없다. 방이 440개나 되는 이 성의 가장 꼭대기가 영주의 방이야. 아마도 음산한 분위기 때문에 이런 이름이 붙은 것 같아.

흑색 교회
브란 성

불가리아

불가리아에 있는 네세바르는 흑해 연안에 자리 잡은 고대 마을이야. 별명은 흑해의 진주. 3,000년의 역사를 지닌 곳으로 헬레니즘의 영향이 아직도 남아있지.

58 십자군 전쟁

예루살렘을 되찾기 위한 전쟁이었지만…

세상에서 제일 잔인한 전쟁이 뭔지 알아? 바로 종교 전쟁이래. 신을 위해서 싸우면 죽고 난 후의 세계까지도 보장받을 수 있다고 믿기 때문에 종교적인 열정이 강해 잔인한 전쟁이 된대. 요즘에도 종교 간의 갈등은 세계적인 문제가 되고 있어. 십자군 전쟁에서는 우리 또래의 어린 아이들까지 전쟁에 참가하여 노예로 팔려가기도 했대. 정말 신이 그걸 원했을까?

십자군(十字軍) : 11세기 말~13세기 말 사이에 이슬람으로부터 예루살렘을 되찾기 위해 일어난 대규모의 군사를 뜻한다.

무엇을 위한 전쟁이었나? | 십자군 전쟁의 원인

사회가 발전하면서 유럽은 인구도 증가하고, 식량 생산도 늘었으며, 상업과 도시가 발달하게 됐어. 안정이 되면 누구나 조금씩 욕심을 부리게 되나 봐. 유럽 인들은 좀더 밖으로 나가고 싶었어. 아시아로 말이야. 그런데 아시아로 가는 길에 셀주크 튀르크가 있었어. 예루살렘을 차지한 이들은 크리스트교인들의 성지 순례를 방해했지. 그리고 비잔티움 제국의 영토를 침범했어. 비잔티움의 황제는 교황에게 도움을 요청했어. 교황 우르바누스 2세는 "예루살렘으로 가는 순례자가 박해를 받고 있습니다. 예루살렘 성지를 되찾으러 가야 합니다. 신이 그것을 원하십니다."라고 하며 십자군 전쟁을 시작했어.

누구를 위한 전쟁이었나? | 십자군 전쟁의 과정

1096년 1차 십자군은 계획대로 예루살렘을 점령했지만 곧 빼앗기고 말았어. 다시 전쟁은 계속되었지만, 예루살렘에 가까이 가보지도 못했지. 심지어 4차 십자군은 베네치아 상인들의 조정으로 비잔티움 제국의 콘스탄티노플을 점령해서 라틴 제국이라는 엉뚱한 나라를 만들기도 했어. 십자군의 이름으로 약탈과 학살이 이어져서 피가 강같이 흐르기도 했대. 약 200년에 걸쳐 8차례나 일어난 십자군 전쟁은 분명히 신이 원하는 전쟁은 아니었을 거야.

5차 십자군은 소년 십자군

1212년 십자군에 대한 열기가 식어갈 즈음 프랑스의 한 양치기 소년이 수도원을 찾아와 "하나님이 저에게 소년 십자군을 이끌고 성지를 해방하라고 하셨어요."라고 했어. 그리고 이 소년의 소식을 들은 3만 여 명의 소년이 배를 타고 예루살렘으로 함께 떠났지. 소년 십자군이 예루살렘에 가기만 하면 싸우지 않고도 이길 수 있다는 믿음에서였어. 하지만 욕심 많은 배 주인은 예루살렘으로 가지 않고 이집트로 배를 돌렸어. 폭풍까지 만나 7척의 배 중 5척의 배에 탄 소년들만 살아남았어. 배 주인은 소년들을 노예로 팔아버렸어.

이때 우리는?

십자군 전쟁 (1096~1270) 당시 우리나라는 고려 시대였어. 여진족을 정벌하기도 했고, 몽골의 침입으로 전쟁을 벌이기도 했어.
- 1107 : 고려 윤관의 여진 정벌
- 1170 : 무신정변
- 1196 : 최충헌의 집권
- 1231 : 몽골의 1차 침입 시작

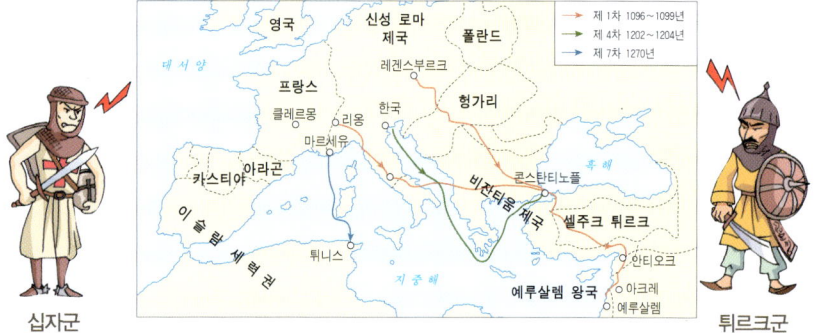

난 몽골족이다!

무엇을 얻고 무엇을 잃었나? | 십자군 전쟁의 결과

십자군 전쟁이 길어진 것은 성지인 예루살렘을 되찾자는 순수한 의도 말고 다른 욕심을 가진 사람들이 많았기 때문이야. 자신들의 욕심을 채울 때까지 십자군을 이용한 거지.

용어 해설

셀주크 튀르크
10세기에 튀르크 민족이 중앙 아시아로부터 이주할 때, 셀주크라는 우두머리가 이끈 유목 민족

예루살렘
현재 이스라엘에 있는 수도로 유대교, 크리스트교, 이슬람교에서 모두 성지라고 우겨서 언제나 분쟁이 끊이지 않는 지역

성지 순례(聖 성인 성, 地 땅 지, 巡 돌 순, 禮 예도 례)
순례자가 종교적 의무나 은총을 위하여 종교가 처음 발생한 곳을 찾아가는 것

학살(虐 사나울 학, 殺 죽일 살)
대규모의 사람을 가혹하게 마구 죽임

유수(幽 그윽할 유, 囚 가둘 수)
잡아서 가둠

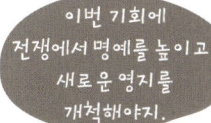

전쟁이 끝난 후 이들은 어떻게 되었을까? 우선 십자군 전쟁을 소리 높여 외쳤던 교황은 체면이 말이 아니게 됐어. 200년에 걸쳐 일어난 전쟁이 결국 패배로 끝났고, 전쟁 기간 동안 여기저기서 일어난 무자비한 학살로 사람들은 교회라면 치를 떨게 되었지. 교황권은 바닥으로 떨어지고 말았어. 반면 내심 미소짓게 된 사람들도 있어. 바로 황제와 상인들이야. 교황과 권력을 다투던 황제는 사람들이 교황에게 등을 돌리면서 자연스럽게 황제권이 강화되었어. 여러 차례 전쟁을 지휘하면서 사람들에게 영향력이 강해진 것도 배경이 되었지. 상인들도 이익을 봤어. 전쟁에서야 졌지만 동방과의 교류가 활발해지고, 상업과 도시가 더욱 발달하면서 돈을 많이 벌게 되었거든.

십자군 원정 그 후

교회의 분열 | 아비뇽 유수

십자군 전쟁 후 교황권이 약해져 프랑스 왕과 또 한 번의 승부가 벌어졌어. 카노사의 굴욕 기억하지? 교황과 황제가 부딪혀서 교황이 이겼잖아. 하지만 두 번째 싸움에선 교황이 져서 로마 교황청을 버리고 프랑스의 아비뇽까지 끌려갔지. 교황의 자리를 오래 비워둘 수 없었던 로마 교황청에서는 새로운 교황을 또 뽑았어. 교황이 두 명이 되면서 크리스트 교회는 분열되기 시작했어.

드라큘라는 루마니아의 영웅?

15세기에 루마니아에 살았던 블라드 체페쉬는 터키의 침략에 맞서 용맹하게 싸운 사람이야. 원래 이름은 블라드 3세인데, 포로들을 잔인하게 죽여서 가시, 꼬챙이라는 뜻의 체페쉬라는 별명이 붙었어. 굵은 가시가 박힌 바퀴가 사람 몸 위를 지나가게 하기, 꼬챙이를 항문으로 찔러 입으로 나오게 하기 등등…… 정말 잔인하지? 블라드의 또 다른 별명은 '드라큘라'야. 아버지인 블라드 2세 때부터 전쟁 중에 용 그림을 가문의 상징으로 이용했는데, 루마니아 어로 용은 '악마'라는 뜻의 '드라쿨'이야. 드라큘라는 용의 아들 혹은 악마의 아들이라는 뜻이지.

59 | 중세 사회의 변화

도시의 공기는 자유를 만든다

900 1000 1100 1200 1300 1400 1500 1600

오늘 아침 서울 시내의 도로는 생각만 해도 지옥같았어. 크고 낡은 트럭이 시커먼 매연을 내 얼굴에 잔뜩 뿌리고 갔거든. 그리고 유난히 도로에 자동차가 많았어. 집에 돌아가니 콧속이 까매졌어. 이래서 도시의 공기가 나쁘다고 하는가 봐. 그런데 책을 읽다 보니 옛날 유럽에서는 '도시의 공기는 자유를 만든다.' 라고 했대. 자유를 만들어 주는 공기는 아마 깨끗한 공기겠지?

도시(都市) : 일정한 지역의 정치 · 경제 · 사회 · 문화의 중심이 되는 사람이 많이 사는 곳

자유는 도시 시민의 특권 | 도시의 등장

봉건 제도가 정착되면서 사회도 안정되었어. 장원에서는 삼포제에 의해 춘경지와 추경지, 휴경지를 번갈아 가면서 농사를 지었기 때문에 토지가 황폐해지는 것을 막을 수 있었지. 또 소가 쟁기를 끌기 시작하면서 수확량이 늘어났어. 식량 생산이 많아지자 자연히 인구가 증가하고, 먹고 남는 농산물은 시장에 내다 팔기 시작했어. 이렇게 시장이 형성된 곳에 상인과 수공업자들이 모여서 집을 짓고 살았지. 이것이 중세 상업 도시의 시작이야.

주변에 성을 쌓고 살았기 때문에 중세 도시에 살던 사람들을 '성벽(Burg) 안에 사는 사람(Burger)' 이라는 뜻에서 '부르주아' 라고 부르기 시작했어. 물론 지금의 부르주아는 자본가 계급을 뜻하는 용어로 쓰이고 있지만, 처음에는 도시 안에서 사는 귀족도 아니고 평민도 아닌 법률가, 의사, 부유한 상인들을 뭉뚱그려 부르던 말이었어. 도시 주변의 농촌을 상대로 장사를 하던 상인들은 점점 멀리 나가 상업 활동을 하기 시작했지. 그러면서 이탈리아의 피렌체, 제노바, 독일의 함부르크, 뤼베크, 프랑스의 상파뉴 같은 도시들이 번영을 누렸어.

초기에 도시는 주변의 장원을 지배하는 영주의 지배를 받았지만 돈을 벌게 되면서 영주에게 자치권을 사들였어. 도시에는 황제의 군대도 함부로 들어갈 수 없었지. 이제 도시 안에는 침범할 수 없는 자유가 넘쳐흘렀어.

중세의 도시 이름

룩셈부르크, 함부르크 ……
유럽의 도시 이름에는 왜 이렇게 '부르크' 라는 말이 많이 들어가죠?

'부르크(Burg)' 라는 말은 성이라는 뜻이야. 중세 유럽 사람들은 성을 쌓고, 성 안에서 자유롭게 생활했어.

성을 쌓으면 출입을 마음대로 할 수 없잖아요?

그렇지. 대신에 왕이라 하더라도 함부로 간섭할 수 없었어. 이것을 자치권이라고 해.

고대 아테네, 중세 함부르크, 근대 런던, 현대의 뉴욕

청동기 시대 때 고대 문명 발상지에 처음으로 도시가 나타났어. 이어 아테네나 로마에서도 상업 활동을 하면서 고대 도시가 발달했지.

중세 도시는 다른 먼 지역과 상업 활동을 통해서 발달했어. 이탈리아, 프랑스, 독일 같은 나라의 도시들이 중세 때 발달한 도시들이지.

산업 혁명

근대 도시는 산업 혁명을 통해 발달한 도시들을 말하는데, 영국을 시작으로 세계 각지에 만들어진 공업 도시들이야.

현대 도시는 여러 가지 기능을 골고루 갖추고 발달해서 복합 도시라고 불러.

이유도 모른 채 죽어가는 사람들 | 흑사병

쥐가 옮기는 검은 죽음, 페스트

세상에 전염병처럼 무서운 것도 없을 거야. 인류 역사에는 많은 전염병이 있었지만 가장 많은 사람들의 목숨을 앗아간 공포의 병이 바로 페스트야. 이 병에 걸리면 몇일 간의 잠복기를 거친 후에 열이 나고 머리가 아파지면서 잠을 못잘 정도로 괴롭다가 서서히 몸이 마비되기 시작해. 피부가 겹쳐지는 부위마다 붓고 고름과 커다란 반점이 생기지. 그리고는 온몸이 점점 검게 변해서 5일 안에 죽기 때문에 흑사병이라고 불러. 감염된 환자는 거의 100%에 가까운 사망률을 보이는 무서운 병이야. 한 번 페스트에 전염된 사람이 기침을 하거나 가래를 뱉으면서 주위의 사람들에게 급속도로 빠르게 전염되어 갔어.

유럽 인구의 1/3이 감소하다

1346년 현재의 우크라이나 남쪽에서 시작된 페스트는 지중해를 거쳐 이탈리아 남부에 상륙했고, 이어 북쪽의 프랑스, 독일, 북유럽 등으로 퍼져나갔어. 프랑스 부르고뉴 지방의 어느 마을에 있는 교회의 명부에 보면, 평소 인구가 1,200~1,500명 정도였고, 매달 5명 정도의 사망자가 있었대. 그러던 것이 1348년 8~10월에는 680명이 죽었다고 기록되어 있어. 흑사병으로 불과 3개월 동안에 인구가 절반으로 줄어든 거야. 특히 인구가 밀집된 도시나 수도원 같은 곳은 흑사병이 순식간에 퍼져버렸어. 페스트는 신분이나 계급, 직업을 가리지 않고 퍼져나가 결국 유럽 인구의 1/3을 사라지게 만들었어.

살아남은 사람들이 얻은 것

농촌에서도 많은 농노가 흑사병으로 죽어갔어. 당연히 장원에서는 농사지을 일손이 부족할 수밖에 없었겠지? 영주들은 얼마 남지 않은 농노들에게 일을 시키기 위해 이전보다 잘 해줄 수밖에 없었어. 세금도 많이 줄고, 영주의 땅에서 일하는 대신 돈을 내게 되면서 자신의 땅에서 열심히 농사지었고, 먹고 남는 것이 생기면 시장에 내다 팔아 돈을 벌게 되었어. 그리고 돈을 내고 농노의 신분에서 벗어나는 사람도 많아졌지. 하지만 농노를 더 괴롭히는 영주도 있었어. 여기에 맞서 영국과 프랑스에서는 농민 반란이 일어나기도 했지. 결국, 농민의 저항과 농노 해방으로 장원이 무너지면서 중세 봉건 사회도 무너졌어. 흑사병의 공포에서 살아남은 사람들은 농노의 신분에서 벗어난 자영 농민이 되어 자유롭고 평등한 사회를 향해 첫 걸음을 내딛게 된 거야.

용어 해설

쟁기
논과 밭을 갈아엎는 데 쓰이는 농기구. 소에게 멍에를 매어 끌도록 한다.

자본가(資 재물 자, 本 근본 본, 家 집 가)
많은 돈을 가지고 빌려주거나 혹은 노동자를 고용해서 기업을 운영하는 사람

잠복기(潛 감출 잠 伏 엎드릴 복, 期 기약할 기)
병균이 몸 안에 들어와서 반응을 일으키는 데 걸리는 기간으로 질병에 따라 다르다.

명부(名 이름 명, 簿 장부 부)
어떤 일에 관련된 사람의 이름, 주소 등을 적어 놓은 장부

흑사병과 농민의 임금

흑사병이 유행하기 전인 1340년대 옥스퍼셔 장원에서 제임스는 2실링 받던 농부였어.

흑사병의 유행

흑사병이 유럽을 훑고 지나간 1350년대 초가 되면서 제임스는 10실링 6펜스의 임금을 받게 되었지. 무려 5배나 임금이 상승한 거야.

365+1=자유

고대의 노예보다야 훨씬 나아졌지만, 농노는 거주지를 옮길 자유가 없었어. 죽을 때까지 태어난 장원에서 생활해야만 했지. 그런데 영주의 간섭을 피해 장원을 탈출하는 농노들이 있었어. 물론 영주는 이런 사람들을 잡으려고 온갖 노력을 다 했지. 영주의 입장에서는 소중한 재산을 잃는 거나 마찬가지거든. 그래서 도망친 농노는 만약 잡히게 되면 죽기 직전까지 매를 맞아야만 했어. 그런데 단 하나의 예외가 있었어. 만에 하나 도시로 도망가서 365일 하고도 1일을 더 피해 다녔다면 자유민으로 풀어주었대. 어때, 일단 한 번 도시로 도망가 볼 만 하지?

60 중앙 집권 국가

영주의 힘이 국왕에게로

우리 반은 늘 단합이 안 된다고 담임 선생님께 꾸중을 듣던 반이었어. 그런데 다른 반과 피구를 하다 보니 서로 감싸주고, 공을 연결해서 패스도 해 줬어. 줄다리기에서는 전체가 힘을 하나로 합쳐 우승까지 했어. 이렇게 다른 집단과 경쟁을 하게 되면, 우리 집단은 오히려 단합이 된대. 국가도 마찬가지야.

중앙 집권(中央集權): 국가의 통치 권력이 지방에 분산되어 있지 않고 중앙 정부에 집중되어 있는 통치 형태

골칫거리가 만들어 낸 중앙 집권 | 대헌장(1215)

영국은 오랫동안 독자적인 문화가 없던 나라였어. 노르만 공국의 윌리엄이 영국을 정복하면서부터 처음으로 영국만의 문화가 만들어지고 왕권이 조금씩 강해지기 시작했지. 그런데 13세기에 등장한 존 왕은 싸우면 싸울수록 땅을 잃어버리고 군사력이 약해졌을 뿐 아니라, 돈도 줄어들었어. 프랑스와 싸우기만 하면 지고, 교황에게 덤비다가 또 지고, 세금을 더 많이 걷으려다가 귀족의 반란까지 일어나게 되었어. 하는 수 없이 귀족들이 시키는 대로 63개의 요구 조건이 담긴 '대헌장(마그나 카르타)'에 사인을 했지. 골칫덩어리 존 덕분에 민주주의로 일단 한 발을 내딛은 거야. 지방의 영주가 세력을 갖던 이전까지와는 다르게 국왕과 의회, 관리, 상비군이라는 조직이 만들어져 중앙 집권이 가능해지기 시작했어.

대헌장

제1조 영국 국교회를 신봉하는 것은 자유이다.
⋮
제12조 국왕은 과세나 봉건 공납을 부과할 때 봉신 의회(성직자, 귀족만 참가)의 승인을 받아야 한다.

국왕은 마음대로 할 수 있는 사람이 아니라, 국왕이라도 법을 지켜야 한다는 원리가 세워진 데에 큰 의의가 있어. 또한 귀족들의 특권을 확인한 문서이기도 해. 이 문서는 무슨 일이든 귀족의 회의를 통해서 허락을 받아야 한다는 내용이야. 그리고 귀족으로 구성된 회의가 처음 만들어져서 오늘날의 의회가 시작되었어.

왕권을 강화한 프랑스 왕 필리프 4세 | 삼부회

프랑스는 14세기가 되자 왕권이 강해지기 시작했어. 왕이 된 필리프 4세는 교황의 간섭에서 대항하려다 보니 군대와 군대를 유지하기 위한 돈이 필요했어. 그래서 영국처럼 의회를 만들어 왕이 필요한 것들을 얻어냈지. 이렇게 만들어진 삼부회는 성직자와 귀족, 평민 등 각 신분 대표가 참가하는 회의야. 필리프 4세는 삼부회의 도움으로 왕권을 강화하고 중앙 집권 국가를 만들어 나갈 수 있었어. 하지만 그 후 삼부회는 오랫동안 열리지 않았어.

❓ 백년 전쟁(1337~1453), 이게 왜 백 년이지?

백년 전쟁이라고는 하지만 영국과 프랑스는 100년도 넘게 싸웠어. 아니 그보다는 100년 넘는 기간 동안 가끔씩 싸웠다고 하는 편이 옳을 거야. 20년 동안 한 번도 안 싸운 적도 있고, 여러 차례에 걸쳐 휴전 회담이 오가기도 했어. 게다가 당시 기사들은 전쟁이 일어날 경우 1년에 40일 간은 전쟁터에 있어야 한다는 의무 조항이 있었어. 그래서 40일은 열심히 싸웠지. 그것도 날씨가 맑은 여름철만 골라서 말이야. 하지만 이 기간이 지나면 곧장 자기 영지로 돌아가 버렸대.

전쟁으로 강화된 중앙 집권 | 백년 전쟁과 장미 전쟁

백년 전쟁

14세기, 프랑스의 왕위 계승을 두고 영국과 프랑스 사이에 백년 전쟁이 일어났어. 영국은 프랑스에 많은 땅을 가지고 있어서 프랑스 문제에 자주 끼어들었거든. 하지만 사실은 플랑드르 지방에서 생산되는 질좋은 모직물과 포도주에 대한 이익 때문에 일어난 거였어. 전쟁은 줄곧 영국에게 유리했고, 전쟁터가 되어버린 프랑스는 영국군들의 약탈에 시달려야 했어.

그러던 어느 날, 프랑스에 잔다르크가 혜성처럼 등장하면서 사정은 달라졌어. 잔다르크는 프랑스를 구하라는 신의 계시를 받고 전투에 뛰어들었는데, 싸울 때마다 승리를 안겨주었어. 게다가 전쟁 막바지에는 신무기인 대포가 등장해 놀라운 성능을 과시했지. 사기가 높아진 프랑스는 전쟁을 승리로 끝낼 수 있었어. 백년 전쟁은 큰 변화를 낳았어. 전쟁 준비를 해야 했던 프랑스의 왕은 많은 세금을 걷을 수 있는 권리를 얻고, 강력한 군대를 만들었어. 또 국토가 통일되면서 중앙 집권 국가로 성장하는 기반이 만들어졌어. 한편, 영국은 대륙으로 확장하려는 야망을 버리고 섬나라로 발전하기로 결심했지.

장미 전쟁

백년 전쟁이 끝난 후 영국에서는 장미 전쟁이 일어나 또 한번 전쟁의 소용돌이에 휘말려야 했어. 장미 전쟁이란 붉은 장미를 문장으로 하는 랭카스터 가와 흰 장미를 문장으로 하는 요크 가 간에 일어난 왕위 계승을 둘러싼 다툼이야. 이 전쟁은 랭카스터 가의 헨리 7세가 요크 가의 엘리자베스와 결혼해서 튜더 왕조를 여는 것으로 끝났지. 장미 전쟁도 왕권 강화에 도움을 주었어. 전쟁 중에 왕권 강화에 걸림돌이 되는 귀족들이 많이 죽어서 강력한 중앙 집권 국가로 가는 기틀을 마련할 수 있었거든.

붉은 장미 문장의 랭카스터 가와 흰 장미 문양의 요크 가는 결혼으로 화해하며 튜더 왕조를 열었어.

결혼으로 하나가 된 에스파냐 | 에스파냐의 탄생

8세기 이후 이슬람 세력은 계속 유럽의 남쪽에 쳐들어와 이베리아 반도의 대부분을 차지해 버렸어. 그러나 크리스트교 국가들은 이슬람 세력에 대항하기 시작했고 이 과정에서 국왕 중심의 국가가 만들어졌어. 그리고 차츰 이슬람 세력을 몰아내기 시작했어. 한편, 이 지역에서는 대표적인 크리스트교 국가였던 카스티야의 이사벨라 여왕과 아라곤의 페르디난도가 결혼하면서 에스파냐라는 강력한 왕국이 탄생했지. 에스파냐는 이슬람의 마지막 세력이 있던 그라나다를 점령하고 유럽의 강국으로 성장했어. 철저한 가톨릭 신앙을 기반으로 문화를 발전시킨 에스파냐는 포르투갈과 함께 해상 왕국이 되어 신항로 개척을 후원했어.

용어 해설

공국(公 공변될 공, 國 나라 국)
중세 유럽에서 큰 나라로부터 공(公)의 칭호를 받은 군주가 다스리는 작은 나라

휴전 회담(休 쉴 휴, 戰 싸울 전, 會 모일 회, 談 말씀 담)
전쟁을 쉬기 위해 양국 대표가 모여서 하는 회의

약탈(掠 노략질할 약, 奪 빼앗을 탈)
폭력을 써서 남의 것을 억지로 빼앗음

문장(紋 무늬 문, 章 글월 장)
국가나 단체 또는 집안을 나타내기 위해 사용하는 상징으로서 문자나 그림으로 되어 있다.

더 알고 싶어요

잔다르크는 마녀라던데……

오를레앙이라는 시골 구석에서 가축을 기르던 어린 소녀, 잔다르크의 등장으로 영국은 다 이겨가던 전쟁에서 패배했어. 콩피에뉴 전투에서 영국군에게 사로잡힌 잔다르크는 영국에서 재판을 받아야 했지. 영국의 입장에서 보면, 신의 계시를 받아 프랑스를 이기게 했다는 걸 인정할 수 없었어. 신은 우리 편이어야 하는데, 적군인 프랑스 편을 들었다고 하면 어떤 백성들이 믿고 따르겠어? 결국 7번에 걸친 종교 재판 끝에 잔다르크는 1431년, 마녀라는 죄목으로 화형을 당했어. 가톨릭 교회에서는 1920년 그녀를 성인으로 추대했어. 트럼프의 ♣Q 카드는 잔다르크를 상징하는 여왕의 카드야.

영국과 프랑스의 연표

영국인은 예전에 많은 민족의 지배를 받았어. 1~2세기에는 로마 제국에 속해 있었고, 8~10세기에는 노르만 족의 지배를 받았지. 10세기 초에는 프랑스 북부의 노르만 족에게 지배를 받으면서 노르만 왕가가 형성되었어. 이때부터 고유의 왕조가 형성되어 수많은 왕조를 거쳤고, 시민 혁명을 거쳐 오늘날 엘리자베스 2세 여왕의 입헌군주제 국가에 이르렀어.

영국

● **노르만 정복**
노르만 족이 프랑스 북부 노르망디 해안가에 세운 노르만 공국의 윌리엄이 영국을 정복했어. 로마에 이어 또 한번의 문화적 변화가 일어난 시기야. 윌리엄은 영국 왕이면서 동시에 프랑스 왕의 신하였어.

● **의회 만들기**
프랑스의 영향에서 벗어나 독자적인 의회를 처음으로 만들게 되었어. 영국의 의회는 상원과 하원으로 나뉘어 발전했지.

◀◀ 1337~1485 ◀◀ 1265 ◀◀ 1215 ◀◀ 1066 ◀◀ B.C. 55

● **백년 전쟁, 장미 전쟁(1455~1485)**
처음에는 영국이 유리했지만, 잔다르크의 등장으로 결국 프랑스가 승리했어. 이후 장미 전쟁을 거치면서 중앙 집권 국가의 기틀이 마련되었어.

● **대헌장**
존 왕이 전쟁에만 나가면 지고 돌아오는 일이 반복되자 왕과 귀족의 사이는 점점 멀어졌어. 귀족들은 왕에게 대헌장(마그나 카르타)에 서명하도록 했어. 왕권은 약해지고, 세금을 내는 이들의 대표자 회의인 의회의 씨앗이 뿌려졌지.

카이사르의 침략으로 로마 제국의 일부가 되었어.

● **청교도 혁명과 명예혁명**
청교도 혁명으로 권리청원을, 명예혁명(1688)으로 권리 장전을 승인했어. 왕은 군림하나 통치하지 않는 입헌 군주제 국가로 발전하게 된 거지.

● **차티스트 운동**

1534 ▶▶ 1628 ▶▶ 18세기 ▶▶ 19세기 ▶▶ 20세기 ▶▶

헨리 8세의 종교 개혁과 엘리자베스 1세의 절대 왕정이 실시되었어.

● **산업 혁명**
풍부한 노동력과 지하자원, 정치적 안정 등을 기반으로 기계에 의한 대량 생산이 이루어지는 산업 혁명이 시작되었어.

제1·2차 세계 대전에 참전하여 영국이 소속된 연합국의 승리로 끝났어.

60 | 중앙 집권 국가

로마 제국 시대에 갈리아 지방이라고 불리던 프랑스는 게르만 족의 대이동으로 수립된 프랑크 왕국이 분리되면서 국가가 만들어지기 시작했어. 국가라는 의식이 부족했던 프랑스는 영국과의 백년 전쟁을 통해 왕의 권력이 강한 국가를 만들어 나갔어. 그러나 절대 왕정의 강력한 권위에 대항하는 프랑스 대혁명으로 세계사에 큰 영향력을 미치면서 자유롭고 평등한 사회를 만들어 나갔지.

프랑스

프랑크 왕국의 건설
서프랑크가 프랑스 단일 왕조로 발돋움하게 되었어.

루이 14세의 절대 왕정
'짐은 국가다.'라고 말했던 태양왕 루이 14세의 등장은 유럽의 문화를 바꾸어 놓았어.

B.C. 52 ▶▶ 5세기 ▶▶ 1337~1453 ▶▶ 1589~1789(부르봉 왕조) ▶▶

- 카이사르의 갈리아 지역 정복으로 500년 간 로마의 지배를 받았어.

백년 전쟁(1337~1453)
처음에는 영국이 유리했지만, 잔다르크의 등장 이후 결국 프랑스의 승리로 끝났어. 전쟁을 하는 동안 하나의 국가와 국민이라는 의식이 싹트고, 왕을 중심으로 한 중앙 집권 국가를 만들기 시작했어.

나폴레옹 시대

나폴레옹의 정복 활동으로 프랑스 혁명의 이념이 유럽 전체 지역으로 확산되었어.

- 연합국으로 참전했어.

◀◀ 20세기 ◀◀ 제1·2차 세계 대전 ◀◀ 1830 ◀◀ 1804~1815 ◀◀ 1789~1804

- 유럽 연합의 중심 국가로 발돋움하고 있어.

- 1830년의 7월 혁명과 1848년의 2월 혁명으로 노동자의 권리가 커졌어.

프랑스 대혁명
앙시앵 레짐(구제도)에 대한 불만으로 시작된 프랑스 혁명은 인권 선언을 중심으로 자유롭고 평등한 세상을 만들려는 시민 혁명이었어.

세계사 개념사전 **177**

 개념이 쏙쏙 | **스물네 고개**

1 오늘날의 ○○○은(는) 그리스의 폴리스들이 4년마다 올림푸스 신들에게 제사를 지내던 축제에서 그 기원을 찾을 수 있어. (　　　)

힌트 2012년에는 영국 런던에서 열릴 예정이야.

8 기원전 27년 최초로 로마의 황제가 된 사람은 누굴까?
(　　　)

힌트 원래 이름은 옥타비아누스였는데, 스스로를 로마 제 1의 시민이라고 불렀어.

9 다음 속담에 공통적으로 들어가는 나라는 어디일까?
- 모든 길은 ○○(으)로 통한다.
- ○○은(는) 하루아침에 이루어지지 않았다.
- ○○에서는 ○○법을 따른다.
(　　　)

2 민주주의의 고향인 그리스의 아테네에서 투표에 참가할 수 있는 사람은 누구일까? (　　　)
① 시민　② 여자
③ 노예　④ 외국인

7 ○○○○은(는) 독재 정치를 하려다 공화정을 유지하려는 원로원의 반대에 부딪혀 죽음을 맞았어.
(　　　)

10 예수가 하나님에 대한 믿음과 이웃에 대한 사랑을 가르치며 전파한 종교는 뭘까? (　　　)
① 유대교　② 힌두교
③ 라마교　④ 크리스트교

3 ○○○○에서는 소수의 지배층이 피지배층의 반란을 막기 위해 어려서부터 강력한 군사 훈련을 시켰어. (　　　)
① 로마　② 그리스
③ 스파르타　④ 마케도니아

6 포에니 전쟁의 승리로 ○○○은(는) 로마의 호수가 되었어.
(　　　)

힌트 유럽 대륙과 아프리카 대륙 가운데 있는 바다야.

11 크리스트교로 개종하면서 발전한 프랑크 왕국이 만든 나라가 아닌 걸 골라봐. (　　　)
① 영국　② 독일
③ 프랑스　④ 이탈리아

4 그리스 문화의 특징은 ○○ 중심적이야. (　　　)

힌트 인간처럼 생긴 그리스 신들은 인간처럼 질투도 하고 사랑도 하지.

5 ○○○○○○의 대원정을 통해 그리스 문화와 오리엔트 문명을 융합한 헬레니즘이 탄생했어.
(　　　)

힌트 그리스 윗쪽에 있는 마케도니아에서 태어나 그리스의 철학자 아리스토텔레스에게 교육을 받았어.

12 바이킹이라고 불리는 ○○○ 족이 이동해서 노르웨이가 생겼어.

힌트

스물네 고개 | 지중해, 동유럽

16 중세에 만들어진 샤르트르 성당은 ○○ 양식으로 만들어졌어.

힌트 하늘을 찌를듯한 뽀족탑에 당시의 신앙심을 담았어.

17 중세 유럽에서 기사들의 모험담을 담은 다음과 같은 문학을 ○○○○ 문학이라고 해.

· 아서 왕 이야기 · 니벨룽겐의 노래
· 롤랑의 노래

(   )

24 카스티야의 이사벨라와 아라곤의 페르디난도가 결혼하면서 만들어진 ○○○○○은(는) 왕권을 강화시키면서 발전했어.

(   )

15 교황 그레고리우스 7세와 황제 하인리히 4세의 성직 임명권을 둘러싼 싸움에서 교황이 승리한 사건은?

(   )

힌트 황제는 카노사 성에서 3일 동안 교황에게 빌어야만 했어.

18 이스탄불의 옛 이름에 해당하지 <u>않는</u> 것은 무엇일까? (   )

① 베네치아
② 비잔티움
③ 콘스탄티노플

23 영국과 프랑스 간에 일어났던 백년 전쟁은 ○○○○○의 등장 이후 프랑스의 승리로 끝났어. 이 전쟁으로 두 나라 모두 왕권이 강화되었지.

(   )

14 중세의 장원에서 살던 농노의 생활을 골라 봐.

㉠ 거주 이전의 자유
㉡ 약간의 재산 소유
㉢ 영주의 시설물 사용
㉣ 마상 경기에 참가

(   )

19 비잔티움 제국에서 만든 ○○○○ 성당은 오스만 제국이 침입한 후 모스크로 개조되었다가 지금은 박물관으로 쓰이고 있어. (   )

22 중세 유럽 인구 중 3분의 1에 해당하는 목숨을 앗아간 전염병은 ○○○(이)야.

(   )

힌트 쥐들이 옮긴다고 알려진 이 병에 걸리면 피부가 검게 변하면서 죽어가.

13 중세 유럽의 봉건 제도는 땅을 매개로 시도 **충성**과 **보호**를 맹세하는 ○○ 관계였어.

(   )

힌트 충성과 보호의 의무를 지키지 않으면 언제든지 계약을 깰 수 있었지.

20 이슬람으로부터 예루살렘을 되찾기 위해 8차례나 일어난 ○○○○○(으)로 결국 교황권이 몰락했어.

(   )

21 중세에 만들어진 도시의 이름이 <u>아닌</u> 것을 찾아 봐. (   )

① 함부르크
② 알렉산드리아
③ 아우크스부르크

힌트 중세 도시의 성벽 안에 살던 사람들을 부르주아라고 불렀어.

61 | 르네상스

인간과 자연에 대한 재발견

| 1200 | 1300 | 1400 | 1500 | 1600 | 1700 |

영어 단어는 너무 외우기 힘들어. 똑같은 A라도 발음이 그때그때 다르잖아. 그런데 내가 오늘 한 가지 알아낸 게 있어. re로 시작하는 영어 단어는 '다시 ~한다. 원래대로 돌아간다.' 라는 뜻을 가지고 있는 것이 많아. reaction(다시 반응하다), repeat(다시 따라하다), recover(다시 회복하다), remark(다시 알아차리다). 그런데, 르네상스(renaissance)는 뭘 다시 한다는 뜻이지?

르네상스 : 부활, 재생이란 뜻의 프랑스 어. 그리스·로마의 문화적 전통이 다시 살아났다는 의미에서 사용되는 용어이다.

그리스·로마 문화의 부활 | 이탈리아의 르네상스

다시 살아난 인간 중심적인 문화

이탈리아는 옛날 로마 제국이 있던 곳이야. 지중해 한가운데 있는 반도 국가라서 여기저기에서 무역을 통해 돈을 많이 번 도시들이 생겨났어. 돈으로 자치권을 사들여 영주나 교황의 간섭에서 벗어난 피렌체, 베네치아, 피사, 밀라노 같은 도시에서는 인간에 대해 관심을 갖기 시작했어. 가톨릭이 세력을 떨치던 중세에는 감히 표현할 수 없었던 인간의 아름다움과 자연의 과학 원리에 눈을 뜬 거야. 그리고 신도 인간처럼 표현하던 고대 그리스와 로마 문화를 다시 부활시키려는 움직임이 나타났어. 이를 바탕으로 예술과 문학에 나타난 새바람을 르네상스라고 해. 르네상스는 인간이 가진 능력을 잘 발휘할 수 있는 시기였어. 그래서 신이 아닌 인간이 역사의 중심에 서게 된 획기적인 사건이었어.

예술이 발달한 이탈리아의 르네상스

이탈리아의 르네상스에서는 미술과 건축이 발달했어. 대표적인 미술가로는 레오나르도 다 빈치, 미켈란젤로, 라파엘로, 보티첼리 등이 있어. 르네상스가 화려하게 꽃핀 피렌체의 우피치 미술관에 가면 이들의 작품을 만날 수 있지. 피렌체의 르네상스가 발달할 수 있었던 건 메디치 가문의 후원 덕분이었어.

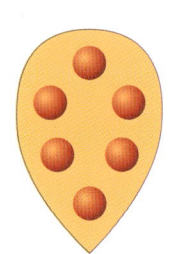

〈메디치 가문의 문장〉

메디치 가문은 상업으로 성공해 교황청의 재산을 관리하면서 유럽에 16개 지점을 거느렸던 큰 부자가 되었어. 피렌체 시의 세금 중 65%를 낼 정도로 부유했지만, 별 볼일 없던 집안이었기 때문에 예술을 이용해 피렌체의 정치를 좌우한 거야. 그래서 얻은 별명이 '르네상스의 보호자'야. 그 덕에 3명의 교황과 2명의 프랑스 왕비를 배출하면서 이제 유명한 가문이 되었어. 메디치라는 이름은 메디코(의사)에서 유래한 것으로 생각되는데, 6개의 둥근 알약이 가문의 문장이었던 걸 보면, 조상 중에 의사가 있었던 것 같아.

시대별 미의 여신

고대 로마에서 표현한 미의 여신

중세 때 표현한 미의 여신

르네상스 때 표현한 미의 여신

미의 여신에 대한 그림을 보면, 르네상스에서 고전 문화가 부활되었다는 걸 한눈에 비교할 수 있어.

교황처럼 걱정없는 사람은 없다!?
| 알프스 이북의 르네상스

세르반테스의 《돈키호테》

르네상스는 16세기에 알프스 산맥을 넘어 유럽으로 전해졌어. 알프스 산맥의 북쪽에 있던 독일은 도시와 상업이 발달한 이탈리아와는 사정이 달랐어. 아직도 왕권이 강하지 못한 반면 교황의 세력이 막강한 지역이었어. 당연히 사람들을 괴롭히는 영주나 기사도 여전히 존재했지. 이런 상황에서 인간을 중시하는 르네상스가 전해지자 교회와 영주에 대한 불만을 글로 나타내기 시작했어. 종교와 사회에 대한 비판 의식을 담은 책들이 만들어져 사람들에게 퍼져나갔어. 교황에게 짓눌려 지낼 때가 언제인가 싶게 사회를 비판하기 시작한 거야. 이제 사회 분위기가 확 달라진 거지.

세르반테스의 《돈키호테》라는 책 읽어봤니? 시골에 살던 남자가 기사도 문학을 너무 많이 읽어서 스스로 기사라고 착각하는 이야기야. 이 책에는 중세 기사에 대해서 우스꽝스러운 이야기로 풍자하는 내용이 많이 나와.

네덜란드의 에라스무스는 《우신예찬》, 즉 어리석은 신을 칭찬한다는 제목의 책을 써서 교황과 교회에 대해 비판했어.

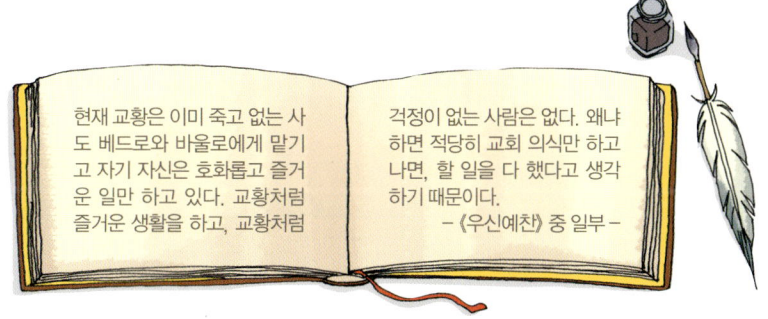

> 현재 교황은 이미 죽고 없는 사도 베드로와 바울로에게 맡기고 자기 자신은 호화롭고 즐거운 일만 하고 있다. 교황처럼 즐거운 생활을 하고, 교황처럼 걱정이 없는 사람은 없다. 왜냐하면 적당히 교회 의식만 하고 나면, 할 일을 다 했다고 생각하기 때문이다.
> — 《우신예찬》 중 일부 —

교황이 신앙심은 제쳐두고 지나치게 사치스럽고 방탕한 생활을 하면서, 예배 의식만 강조하고 있다고 비꼬고 있는 거야. 얼마 전까지만 해도 교황의 말이라면 뭐든지 다 따르고 믿었는데, 이런 말을 하다니, 정말 대단하지?

영국의 토마스 모어는 《유토피아》라는 책에서 자기가 꿈꾸는 평등하고 아름다운 세상을 표현했어. 물론 이 책의 내용은 영국은 평등하지도, 아름답지도 않은 나라라는 뜻이 숨어 있는 거야. 영국의 셰익스피어는 《로미오와 줄리엣》, 《햄릿》, 《리어왕》 등 영어로 된 희곡을 통해 영어의 수준을 한층 높였지. 르네상스 전까지만 해도 자기 나라 말로 글을 쓴다는 걸 상상도 할 수 없었는데, 이제 각 나라 말로 된 문학 작품들이 등장하기 시작한 거야.

루벤스가 안토니오 코레아를 그린 이유

임진왜란 때 네덜란드 상인에게 총을 산 일본은 돈 대신 우리나라 사람을 잡아다가 노예로 주었대. 그중 4명의 노예가 이탈리아 메디치 가문에 팔려가 집안일을 맡아보았는데, 안토니오 코레아라고 불린 사람이 특히 인정을 받았다고 해. 그는 시실리 섬에서 농장 관리자로 일하면서 '코레아'라는 마을을 만들었어. 이 마을 사람들은 아직도 우리나라를 할아버지의 나라라고 생각하고 있어. 코레아나 시청 입구에 걸려있는 〈한복 입은 남자〉라는 이 그림은 르네상스 시대에 메디치 가문의 주문으로 당시의 유명한 화가인 루벤스가 그린 명작이야.

유럽을 바꾼 동양의 발명품들 | 르네상스의 과학

변화하는 우주관 : 천동설에서 지동설로

중세에는 인간의 이성이 무시당하고, 신앙만이 중요했기 때문에 과학이 발달할 수 없었어. 예를 들어 천지창조에 대한 내용이나 우주가 지구를 중심으로 돌고 있다는 천동설의 내용을 부정하면 죽음을 당해야 했거든. 반면 르네상스 시대 사람들은 현재 살고 있는 세상과 자연에 대한 관심이 깊었어. 자연을 있는 그대로 관찰하고 탐구했지.

중세의 우주에 관한 생각에 처음으로 반대한 사람은 코페르니쿠스였어. 그는 한 번도 천체 망원경을 통해 우주를 보지는 못했지만, 이전의 연구들을 토대로 지구가 태양의 둘레를 돌고 있다는 걸 알아냈어. 하지만 죽을 때까지 자신의 주장을 입 밖에 내지 못하고,《천체 회전에 관하여》라는 책을 쓰고 죽었어. 그의 의견을 믿었던 갈릴레이는 직접 천체 망원경을 제작해서 코페르니쿠스의 지동설을 과학적으로 증명해 냈어. 물론 끝까지 주장하지 못하고 종교 재판관 앞에서는 천동설이 옳다고 서명했지만, "그래도 지구는 돌고 있다."라는 말을 남겼어.

용어 해설

획기적 (劃 그을 획, 期 기약할 기, 的 과녁 적)
어떤 시기를 전혀 새롭게 보이도록 할 만큼 뚜렷이 구분되는 것

풍자 (諷 욀 풍, 刺 찌를 자)
문학 작품에서 현실의 문제점을 비꼬면서 비웃음

유토피아 (Utopia)
현실에서는 아무 곳에도 존재하지 않는 인간이 꿈꾸는 나라

부정 (不 아닐 부, 正 바를 정)
올바르지 않다고 단정하거나 반대함

천체 (天 하늘 천, 體 몸 체)
우주에 존재하는 모든 물체

부흥 (復 다시 부, 興 일어날 흥)
쇠퇴하였던 것이 다시 일어남

르네상스의 발명품들이 가져온 변화의 물결

화약
중국 송나라에서 발명된 화약은 이슬람 상인들에 의해서 유럽에 전해졌어. 화포가 만들어지면서 전투하는 방법이 바뀌어 중세 기사들은 몰락하고 말았지.

멀리 있는 적도 죽일 수 있는 화약의 등장으로 기사 계급이 몰락했어.

나침반
역시 중국 송나라에서 발명된 것으로, 아라비아를 거쳐 유럽으로 전해졌어. 나침반은 먼 바다를 건너 다른 대륙으로 갈 수 있는 길을 열어 주었어. 유럽 인들이 신항로를 개척하게 한 일등공신은 바로 나침반이야.

방위를 정확히 알게 되면서 신항로 개척에 나섰어.

활판 인쇄술
구텐베르크가 금속 활자로 인쇄하는 기술을 발명하면서 많은 책을 빠른 시간에 찍어내게 되었어. 책값이 싸지고, 성경이 번역되어 출판되면서 일반인도 성경을 읽게 되었지. 하지만 금속 활자는 우리나라가 세계 최초인 거 알지?

많은 사람들이 책을 읽게 되면서 종교 개혁이 일어나게 되었어.

우리나라의 르네상스

조선 후기의 정조는 임진왜란 이후 혼란했던 정치를 바로잡고, 법을 다시 만들었으며, 규장각을 만들어 학문을 발달시켰어. 아름다운 수원 화성도 이때 만들어졌지. 경제가 발전하면서 서민 문화도 발전해서 세종 대왕 시절처럼 많은 발전이 이루어졌어. 우리나라에서는 이 시기를 조선 후기 문예 부흥이라고 해.

이때 우리는?

1392: 이성계가 조선을 건국했어.
1446: 세종대왕이 훈민정음을 반포했어.
1592: 임진왜란이 일어났지.

르네상스 미술관

르네상스는 중세 미술의 형식과 틀을 벗어나 살아 숨쉬는 인간의 생명력과 균형 잡힌 아름다움을 조각과 그림으로 아름답게 표현했어. 특히 레오나르도 다 빈치는 미술과 과학 기술, 해부학 등 다방면에서 천재성을 보여 준 대표적인 르네상스 인이야. 성시스티나 성당의 천장과 벽에 그림을 남긴 미켈란젤로는 사다리 위에 누워서 그림을 그리다가 시력을 잃기도 했대. 막대한 재산을 가진 가문과 교황이 예술가들을 후원하면서 전성기를 누렸던 르네상스의 미술품들을 만나보자.

레오나르도 다 빈치 〈모나리자〉

얀 반 에이크 〈아르놀피니 부부의 초상〉

얀 반 에이크 〈붉은 터번을 두른 남자〉

레오나르도 다 빈치 〈최후의 만찬〉

미켈란젤로 〈피에타〉

미켈란젤로 〈다비드〉

16세기에 알프스 이북으로 넘어간 르네상스는 미술에 있어서도 이탈리아의 르네상스와는 많이 달랐어. 홀바인은 인간의 아름다움을 과장되게 표현하기 보다는 사실에 가깝게 세밀하게 그려 넣었어. 그리고 일상적인 사람들의 생활 모습을 친근하게 담아냈지.

홀바인 〈챙이 넓은 모자를 쓴 청년의 초상〉 홀바인 〈다람쥐를 안고 있는 귀부인과 찌르레기〉

62 신항로 개척

인도로 가는 새로운 바닷길을 찾아서

1200　　1300　　1400　　1500　　1600　　1700

1491년 스페인령 지브롤터 해협에서 사람들은 이렇게 생각했대. "No More Ahead(더 이상은 없다, 여기가 지구의 끝이라는 뜻)" 옛날 사람들은 지구가 네모 모양이라고 생각해서 수평선을 지나면 절벽 아래로 뚝 떨어진다고 믿었거든. 지금도 이런 생각을 하냐고?

아~니! 1492년 콜럼버스가 이곳을 지나며 "More Ahead(앞으로 계속 갈 수 있음)"라는 걸 증명했어.

신항로 개척: 15~16세기 유럽이 지중해를 거치지 않고 동방과 신대륙으로 가는 새로운 항로를 찾으려는 움직임

인도를 향한 꿈 | 마르코 폴로의 《동방견문록》

십자군 원정 후 동양에서 향료와 비단, 도자기 등이 유럽으로 전해지면서, 동양에 대한 관심이 커진 가운데 베네치아의 상인인 마르코 폴로가 중국 원나라에 다녀온 후 쓴 《동방견문록》이 알려지기 시작했어. 사람들은 후추가 많이 나는 인도에 꼭 가고 싶었지. 후추는 유럽 인의 주식이었던 고기의 맛을 좋게 하고, 누린내 제거에 꼭 필요했거든. 그리고 당시 후추는 같은 무게의 금과 거래될 정도로 비싸서 무역을 하면 큰 돈을 벌 수 있었어. 그런데 육지로 걸어가면 중간에 오스만 제국이라는 이슬람 국가가 떡 버티고 있어서 어려움이 이만저만이 아니었어. 그러니 다른 길을 찾아야 한다는 게 큰 문제였지.

어느 선원의 항해 일기

우리는 마젤란 해협을 통과하여 태평양에 도달했다. 석 달하고도 20일을 더 항해했는데, 그동안 식량이 턱없이 부족했다. 오줌 냄새가 풍기는 비스킷을 먹고, 노랗게 썩은 물을 마셨다. 돛대에 씌워놓은 소가죽을 벗겨 바닷물에 불려 먹기도 하고, 톱밥과 쥐까지도 먹어 치웠다.

새로운 길을 찾아 나선 사람들 | 탐험가

바스쿠 다 가마의 인도 항로 발견

신항로 개척은 돈이 많이 드는 사업이었어. 당시 부유한 나라 중 하나였던 포르투갈은 바르톨로메우 디아스가 얼떨결에 아프리카의 남쪽에 도착한 것에 희망을 걸었지. 그 후 바스쿠 다 가마를 선장으로 다시 배를 꾸려 인도로 가는 항로를 찾는 데 성공했어.

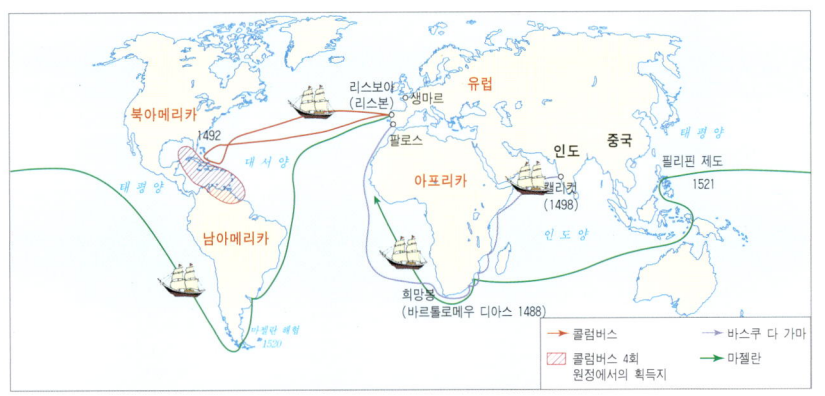

더 알고 싶어요

《동방견문록》에는 무슨 내용이 써 있어요?

"인도 해안에 있는 쿠알름 왕국에서는 후추가 밀처럼 흔하다.…… 말리바르 왕국의 왕은 머리부터 발끝까지 진주로 치장을 하고…… 중국보다 더 동쪽 끝으로 가면 지팡구라는 황금의 나라가 있다. 이 섬나라의 궁전 하나하나는 순금으로 되어 있다. 궁전 안에 있는 방들도 모두 손가락 두 개 폭 두께의 순금으로 깔려있다." 마르코 폴로는 거짓말쟁이인가 봐!

콜럼버스의 아메리카 상륙

콜럼버스는 지구가 둥글기 때문에 동쪽으로 가도 인도에 갈 수 있지만, 서쪽으로 가도 인도에 도착할 수 있다고 생각했어. 물론 맞는 말이지. 하지만 그는 유럽과 아시아 사이에 있는 아메리카 대륙이나 태평양을 몰랐기 때문에 그런 생각을 한 거야.

당시 포르투갈이 혼자 향료 무역을 독차지할까 봐 걱정했던 에스파냐의 이사벨라 여왕은 콜럼버스를 후원해서 새로운 항로를 개척하도록 했어. 1492년 콜럼버스는 이제껏 몰랐던 새로운 땅에 도착했지. 그리고 인도의 서쪽일 거라 생각해서 서인도라고 이름을 붙였고 죽을 때까지 이곳을 인도라고 생각했어. '아메리카'라는 이름은 인도가 아닌 새로운 땅이라는 걸 안 후 아메리고 베스푸치라는 사람이 자신의 이름을 따서 지은 거야.

마젤란의 세계 일주

콜럼버스가 찾아간 곳이 인도가 아니라는 걸 안 에스파냐는 몹시 실망했어. 바로 그때, 마젤란이 새로운 제의를 해왔어. 아메리카 대륙의 남쪽을 돌아 서쪽으로 인도를 향해 가는 항로를 발견하겠다고 했지. 에스파냐는 배 3척과 선원, 식량을 주었어. 지금은 마젤란 해협이라 불리는 남아메리카의 해협을 겨우 통과했을 때, 그를 기다리는 건 넓고 넓은 태평양이었어. 정말 지구가 이렇게 크다는 생각은 못한 거지. 겨우 태평양을 건넌 그는 필리핀에서 원주민들과 싸우다가 죽고, 그의 부하들이 탄 1척의 배는 3년 만에 간신히 에스파냐에 돌아왔어. 비록 마젤란은 죽었지만, 최초의 세계 일주로 기록에 남았어. 그리고 서쪽으로만 계속가면 제자리에 돌아올 수 있다는 걸 보여 줌으로써 지구가 둥글다는 것을 증명했어.

마침내 하나가 된 세계 | 진정한 세계사의 시작

신항로의 개척으로 이제 전 세계가 활발하게 접촉하게 되었어. 지구상의 여러 지역과 문명이 영향을 주고받으며 참된 의미의 세계사를 만들었지. 다른 지역도 마찬가지지만, 유럽에도 큰 변화가 일어났어. 동양에서 향신료·비단·차·면직물 등의 새로운 물건들이, 아메리카 대륙에서는 감자·옥수수·담배 같은 새로운 작물이 들어왔어. 또 금이나 은 같은 귀금속이 대량으로 들어오면서 물가가 크게 올랐고, 큰 시장과 기업이 등장하고 상업이 발달했어. 그리고 유럽 각국은 아시아와 아메리카에 새로운 손을 뻗기 시작했지.

용어 해설

향료(香 향기 향, 料 헤아릴 료)
식품이나 화장품에 넣어서 향이 나게 하는 것

주식(主 주인 주, 食 먹을 식)
밥이나 빵과 같이 사람이 끼니를 잇기 위해 주로 먹는 음식

항로(航 배 항, 路 길 로)
배가 다니는 바닷길

후원(後 뒤 후, 援 도울 원)
뒤에서 도와 줌

해협(海 바다 해, 峽 골짜기 협)
양쪽이 넓은 바다로 통해있는 육지 사이에 낀 좁은 바다

신항로 개척의 두 얼굴

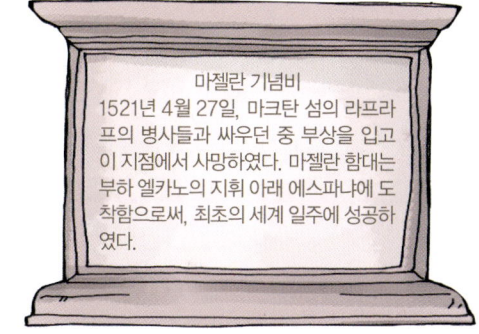

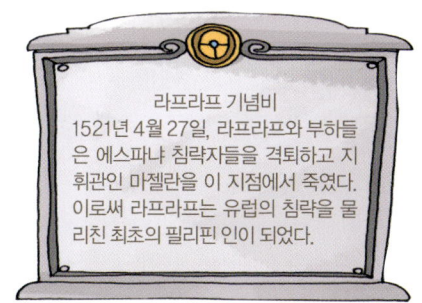

필리핀에는 미국이 세운 마젤란 기념비와 필리핀이 세운 라프라프 기념비가 나란히 서있어.

콜럼버스는 아메리카 인디언에게도 영웅일까?

콜럼버스가 아메리카 대륙에 도착한지 500주년이 되던 1992년, 과테말라 출신의 원주민 여성 인권 운동가 리고베르타 멘추가 노벨 평화상을 수상했어. 그녀는 콜럼버스가 찾아온 이후 계속 된 인디언에 대한 억압과 차별에 맞서 싸워왔지. "콜럼버스의 신대륙 발견은 백인에게는 축제였지만, 원주민에게는 억압의 시작일 뿐입니다. 백인들이 아메리카 땅에 발을 들여 놓은 이후, 우리들은 언제 죽을지 모르는 공포와 고통 속에서 살아왔습니다." 그녀에게 콜럼버스는 영웅이 아니었어. 그리고 사람들이 계속 살았던 아메리카를 신대륙이라 부르는 것도 다 유럽 인의 시각만을 담은 거야.

63 종교 개혁

오직 믿음과 신의 은총으로

우리 선생님은 잘못을 하면 옐로우카드를, 칭찬받을 일을 하면 그린카드를 주셔. 그린카드를 받으면 청소를 면제받을 수 있지. 그런데 우리 반 골칫덩어리 지섭이가 자기가 받은 그린카드를 청소하기 싫어하는 애들한테 돈을 받고 판 거야. 이 사실을 안 선생님은 화가 너무 많이 나셨나 봐. 지섭이는 지금 레드카드를 받고 일주일째 청소 중이야. 어떻게 돈을 받고 청소 면제권을 팔 생각을 했나 몰라!

종교 개혁(宗敎改革) : 16~17세기 유럽에서 일어난 크리스트 교회의 혁신 운동

지금의 교회는 썩었다 | 루터의 종교 개혁

면벌부에 반대하는 95가지 이유

가톨릭 교회의 부패가 심각해지자, 교회를 개혁하자는 이야기가 흘러나왔어. 마침 교황 레오 10세는 성 베드로 대성당을 고쳐 지을 계획을 세우고, 각 지역의 신부들에게 헌금을 걷어오라고 했지. 그런데 독일에서는 이 돈을 모으기 위해 '면벌부'를 판매했어. 죄를 지으면 받아야 하는 벌을 면죄해 준다는 거야. 교황도 판매를 허락했지. 권력이 약한 독일의 황제는 교회에서 하는 일에 대해 비판하지 못했어. 하지만 신학 대학의 교수였던 루터는 비텐베르크 성당 벽에 면벌부에 반대하는 이유 95가지를 적어서 붙였어. 그는 오직 성경에 따른 믿음만 있으면 구원받을 수 있고, 모든 사람은 신 앞에서 평등하다고 주장했지. 루터의 ==반박문==은 4주일 만에 전 유럽에 퍼졌어.

루터와 한편이 된 제후와 농민들

교황과 황제를 피해 숨어 지내던 루터는 성경을 독일어로 번역했어. 당시 성경은 어려운 ==라틴 어==로 써있어 성직자만 읽을 수 있었는데, 이제는 평민들도 성경을 읽을 수 있게 된 거야. 종교 개혁은 성경과 함께 퍼졌고, 황제와 사이가 나쁜 제후들, 가난한 농민들이 루터파 신교도가 되었어. 반면, 이들을 핍박하던 교황과 황제가 한편이 되어서 둘 사이에 전쟁이 일어났어. 루터파 신교는 오랜 싸움 끝에 1555년 정식 종교로 인정받았지.

누구 말이 맞을까?

런던 탑을 떠도는 귀신

런던 탑은 영국 왕실의 성이면서 동시에 반역을 일으킨 죄인을 가두는 악명 높은 감옥이기도 했어. 고문, 처형 등이 많이 이루어졌기 때문에 권력 투쟁의 상징 같은 존재야. 1100년부터 900여 년 동안 많은 사람이 이곳에서 최후를 맞이했어. 《유토피아》를 쓴 토머스 모어가 사형을 당했고, 사자왕 리처드 1세의 동생 존은 전쟁에서 졌다는 이유로 사형당했으며, 헨리 8세의 아내였던 앤 불린과 캐서린 하워드도 이곳에서 사형당했어. 엘리자베스 1세도 왕위에 오르기 전에 잠시 갇혀 있었지. 아직도 억울하게 죽은 사람이 귀신이 되어 런던 탑 어딘가에 떠돌고 있다는 소문이 많아.

구원 받을 사람은 정해져 있다 | 칼뱅의 종교 개혁

예정설을 주장한 칼뱅

스위스의 제네바에서 종교 개혁을 일으킨 칼뱅은 루터와 중요한 차이가 있어. 루터는 믿음으로 구원받는다고 했지만, 칼뱅은 예정설을 주장했지. 구원을 받을 지 못 받을 지는 예정되어 있다는 건데, 그렇다면 이걸 어떻게 알 수 있을까? 만약 직업이 가방을 파는 상인이라면 부지런하고 성실하게 가방을 팔아서 돈을 많이 벌면, 신의 축복을 받았다고 생각한다는 거야. 그래서 선택 받았다는 믿음을 가지고 열심히 일하라고 말했어.

칼뱅의 예정설

나 칼뱅은 이렇게 생각합니다. 인간이 죽은 후에 구원을 받을 수 있는가, 없는가는 신에 의해 미리 정해져 있습니다. 인간의 어떤 행위도 그것을 바꿀 수는 없습니다. 따라서 인간은 자신이 구원받을 수 있다는 믿음으로 열심히 일하고 경건하게 생활해야 합니다. 그 결과 재산이 모인다면 그것은 신의 축복이지요.

저와 같은 상인들은 칼뱅의 생각에 힘을 얻었습니다. 부자가 천국에 들어가는 건 낙타가 바늘구멍을 통과하는 것만큼이나 어렵다는데, 칼뱅의 주장에 따르면 오히려 부자는 축복받은 거 아닙니까?

도시에 살면서 돈을 버는 데 열중하고 있던 상인이나 수공업자들이 좋아한 건 너무나 당연한 일이었어. 이후 칼뱅의 종교 개혁은 프랑스와 네덜란드, 영국 등 유럽 각 지역으로 퍼져나갔어.

신교 대 구교

새로운 종파인 신교(루터파와 칼뱅파)와 예전부터 있었던 구교(가톨릭 교회)가 충돌하면서 종교 전쟁이 일어났어. 역사상 가장 잔인한 전쟁으로 알려진 독일의 30년 전쟁은 대규모의 국제 전쟁으로 확산되었지. 이 전쟁으로 신교도들은 종교의 자유를 얻었고, 신교와 구교 간의 전쟁은 사라졌어.

엉뚱한 곳에서 시작된 영국의 종교 개혁
| 영국 국교회

에스파냐 공주 출신 캐서린은 영국의 왕 헨리 8세와 결혼해 메리 1세를 낳고 아들을 낳지 못했어. 왕위를 물려줄 아들을 원하던 헨리 8세는 젊은 시녀 앤 불린과 다시 결혼하기 위해 교황에게 이혼을 요청했지. 한편, 캐서린은 딸 메리 1세를 위해 이혼을 거절하고 교황에게 도움을 요청했어. 에스파냐의 눈치를 보던 교황은 이혼을 허락하지 못했지. 교황과 완전히 등을 돌린 헨리 8세는 앤과 결혼해 버렸어. 그리고 '수장령'을 통해 영국왕은 영국 교회의 우두머리이며, 교황으로부터 독립한다고 선언했어. 이렇게 만들어진 것이 바로 ==영국 국교회==(성공회)야. 영국의 종교 개혁은 신앙 문제와는 전혀 상관없는 왕의 이혼 문제에서 시작된 거지.

용어 해설

반박문(反 돌이킬 반, 駁 논박할 박, 文 문서 문)
반대하는 내용을 담은 글이나 문서

라틴 어(Latin, 語 말씀 어)
이탈리아 어파에 속하는 언어로 오늘날의 프랑스 어, 이탈리아 어, 에스파냐 어, 포르투갈 어의 근원이 되었다. 지금까지 사용하는 지역은 없지만, 아직도 로마 가톨릭에서 쓰이고 있다.

영국 국교회(國 나라 국, 敎 종교 교, 會 모일 회)
성공회라고도 하며, 영국의 왕이 우두머리가 되어 예배 의식이 행해지는 신교의 하나. 대부분의 의식은 구교와 유사함

마녀(魔 마귀 마, 女 계집 녀) **사냥**
18세기 유럽의 가톨릭 교회가 이단자를 마녀로 몰아 화형에 처하던 일

더 알고 싶어요

마녀 사냥이 뭐죠?

종교 개혁으로 많은 사람이 신교를 믿게 되자 가톨릭 교회는 큰 위기를 맞았어. 그래서 생각해 낸 것이 악마나 흡혈귀, 마녀 같은 존재를 만들어 거짓 소문을 퍼뜨리고 사람들이 다시 가톨릭 신앙 생활을 하도록 만드는 거였어. 주로 혼자 사는 나이 많은 여자, 하녀, 과부들을 스스로 마녀라고 할 때까지 고문했어. 높이 매달았다가 바닥으로 뚝 떨어뜨리기, 손톱 찌르기 등의 고문을 했지. 손과 발을 묶고 물에 집어넣어서 떠오르면 마녀, 안 떠오르면 마녀가 아니라고 했어. 많은 여자들이 빗자루로 하늘을 날았다는 이유로 재판을 받고 화형당했어. 정말 어이없지?

64 | 절대 왕정

짐이 곧 국가다

선배님들이 붙여준 우리 선생님 별명은 엘리자베스 1세래. 아침엔 일찍 오시고, 오후엔 늦게 가시기 때문에 우리는 아무도 선생님께서 출근, 퇴근하시는 걸 본 적이 없어. "난 학교와 결혼했다."고 하셨다나? 게다가 그 번뜩이는 카리스마란! 눈빛 한번에 모든 아이들이 꼼짝 못하는데, 숨조차 쉬기 힘들다니까. 무조건, 절대 복종이야!

절대 왕정(絶對王政) : 왕이 국가의 모든 권력을 장악하고 관료제와 상비군을 기반으로 절대적인 권력을 행사하는 정치 형태

강력한 왕권이 수립되다 | 절대 왕정

'절대주의'를 영어 사전에서 찾아보면 Absolutism이라는 단어가 나와. 절대적 혹은 무조건이라는 뜻의 Absolute에서 생긴 말인데, 강력한 왕권을 뜻해. 우리는 절대주의, 혹은 절대 왕정이라고 말하고 있어.

관료 제도와 상비군

중세 유럽의 왕들은 제후들에게 땅과 권력을 나누어 주고, 왕이라 하더라도 재판권과 세금을 걷는 권한을 간섭하지 않았어. 그러나 16세기경 봉건 제도가 무너지면서 왕은 직접 세금을 걷고 자신의 명령을 전달하기 위해 지방에 관리를 파견했어. 왕은 체계적인 관료제를 만들어 오늘날의 공무원처럼 유지했어. 또, 나라를 지키고 지방의 반란을 막기 위해 상비군을 만들었지. 왕은 관료와 군인들에게 월급을 주기 위해 큰 돈이 필요했어. 그래서 왕은 상공업에 종사하는 시민들과 손잡고, 그들의 경제 활동을 적극적으로 도와주고 그 대가로 세금을 거두어 들였어.

왕권신수설과 중상주의

강력한 왕권을 뒷받침하기 위해 등장한 사상은 왕의 권력은 신이 주었다고 생각하는 '왕권신수설'이야. 그리고 상공업 활동을 하는 시민들을 도와주고, 외국 상품의 수입을 억제하기 위해서 상업을 중시하는 '중상주의' 경제 정책을 폈어. 이를 위해 아시아나 아프리카에 식민지를 만들었지.

절대 왕정의 구조

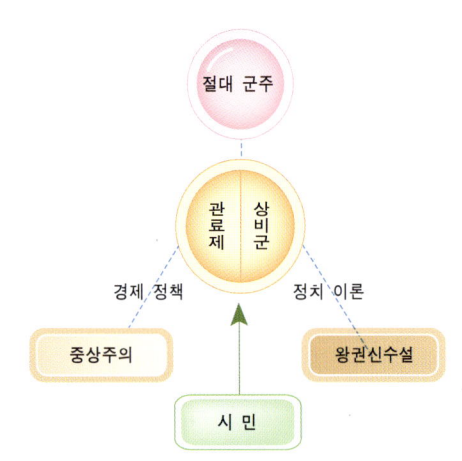

절대 왕정은 관료제와 상비군을 기본으로 하여 시민 계급과 손잡고 세금을 걷어 왕권을 강하게 유지했어. 정치적으로는 왕권신수설을, 경제적으로는 중상주의를 채택했지.

 엘리자베스 1세 여왕은 결혼을 못 한건가요, 안 한건가요?

헨리 8세는 앤 불린과 결혼하기 위해 종교 개혁을 한 것으로 유명하지. 이 둘 사이에서 태어난 엘리자베스 1세는 어려서 어머니의 사형과 아버지의 연이은 재혼으로 인해 상처를 많이 받았대. 여왕의 자리에 올라서도 사랑하는 사람과의 결혼보다는 국가의 이익을 위해 정략결혼을 해야만 하는 처지였어. 엘리자베스 1세 여왕의 지위에 맞는 사람을 찾기 위해 수십 번의 중매가 오갔지만, 결국 결혼을 하지 않았대. 종교적인 신념과 지도자로서의 역할 때문에 결혼을 안 한거야.

천하무적 서유럽 왕들 | 서유럽의 절대 왕정

무적 함대를 거느린 에스파냐의 절대 군주

펠리페 2세는 아버지에게 물려받은 빚이 산더미처럼 많아 최초로 파산을 신고한 왕이기도 해. '서류왕'이라는 별명을 얻을 정도로 열심히 일해서 강력한 나라를 만들었지. 당시 세계 최고의 해군인 무적 함대를 거느리고 여러 전쟁에서 승리를 얻어 그가 통치하던 시절의 에스파냐는 '해가 지지 않는 나라'라는 별명을 얻을 정도였지.

하지만 영국의 엘리자베스 1세에게 무적 함대가 무너지고 난 후 급속도로 나라가 어려워졌어. 그리고 또 한 번의 파산을 맞았지. 지나치게 가톨릭을 강요하는 정책 때문에 신교를 믿던 네덜란드가 독립을 한 것이 국가 경제에 큰 타격을 주었거든.

국가와 결혼한 영국의 절대 군주

엘리자베스 1세 여왕의 아버지인 헨리 8세는 그녀의 어머니인 앤 불린과 결혼하기 위해 종교 개혁을 감행한 사람이야. 엘리자베스 1세는 아버지의 뒤를 이어 영국 국교회를 확립시켰어. 그래야 자신의 출생이 떳떳할 수 있으니까 그랬던 거지. 그녀는 눈에 가시 같았던 에스파냐보다 더 강력한 나라를 만들고 싶어했어. 그래서 에스파냐 바다를 누비던 해적 드레이크에게 귀족의 칭호를 내려주었어.

네덜란드가 독립운동을 할 때도 엘리자베스 1세가 도와줬어. 드디어 열이 잔뜩 오른 무적 함대를 격파하고 난 후 대서양은 영국의 앞바다가 되었지. 이후 동인도 회사를 설립하고 각국으로 세력을 펼쳤어. 엘리자베스 1세 여왕은 한 남자의 사랑을 받는 아내 대신에 영국인이 가장 사랑하는 위대한 여왕의 길을 선택한 거야.

짐은 곧 국가라고 선언한 프랑스의 절대 군주

태양왕 루이 14세는 어린 나이에 왕이 되어 정치는 마자랭이 대신했는데, 늘 사람들의 반란에 시달려야만 했어. 그래서 마자랭이 죽고 직접 통치하게 되면서 강한 왕이 되어야 한다고 스스로 생각했지. 그는 중상주의를 채택해서 돈을 벌어들였어. 그 돈으로 강력한 군대를 기르고, 사람들에게는 '눈에 보이는 신, 태양왕'이라고 부르게 했지.

아름다운 베르사유 궁전을 지은 것도 그 때문이야. 태양왕에 걸맞는 예술적인 감각을 살리는 일을 많이 했지. 유럽 문화의 중심에는 항상 루이 14세가 있었어. 다만, 말년에 전쟁에서 계속 졌다는 게 흠이야. 루이 14세는 프랑스 자체였어.

태양왕 루이 14세의 왕권

거울의 방

베르사유 궁전의 화려함의 극치를 보여 주는 거울의 방은 루이 14세의 통치 기간을 상징하는 17개의 벽면으로 나누어져 있고, 578개의 거울로 장식되어 있다. 여기에서는 주로 가면 무도회 등 화려한 파티가 열렸다고 해.

더 알고 싶어요

서유럽이 동유럽보다 절대 왕정이 빨랐던 이유는 뭐죠?

동유럽은 지형이 복잡하고, 숲이 많아. 또 당시 서유럽에 비해 경제적·기술적으로 낙후되어 있었어. 그리고 동유럽에는 봉건주의를 뒤집을 만한 사건이 별로 일어나지 않았던 반면, 서유럽에서는 여러 사건들이 연이어 일어나면서 봉건제가 해체되고 있었어. 그래서 동유럽에는 봉건주의를 뒤흔들만한 왕권이 등장하기가 힘든 상황이었지.

강한 나라를 만들자 | 동유럽의 절대 왕정

프로이센의 군주는 국가의 제일가는 심부름꾼이다

프리드리히 대왕이 프로이센의 왕이 되었을 때, 그는 정신을 바짝 차려야만 했어. 너무 많은 강대국에 둘러싸여 있었거든. 그는 스스로를 '국가 제일의 심부름꾼' 이라 하여 계몽 군주로 부르면서 군사 전략을 세웠어. 국가의 모든 통치 조직을 직접 다스리고 오스트리아 왕위 계승 전쟁에서도 직접 지휘를 담당했어. 독재처럼 보일 수도 있지만, 국민을 위해 한 일이라고 해. 커피를 특히 좋아해서 아침엔 7~8잔, 오후엔 한 주전자의 커피를 마셨대.

서유럽과 같은 러시아를 추진한 절대 군주

표르트 대제는 알렉세이 황제의 14번째 아들로 태어나 형, 누나와 함께 공동으로 황제의 자리에 올랐어. 정치는 누나가 했고, 그는 궁전에서 쫓겨나 시골의 작은 마을에서 교육도 못 받고 자랐지. 그렇지만 혼자 공부해서 결국 나라를 직접 다스리게 되었어. 영국, 네덜란드, 독일을 다니며 배 만드는 기술과 대포 만드는 기술을 배워 러시아에 돌아왔어. 그는 러시아도 서유럽처럼 변해야 한다고 생각해서 황제의 권력을 절대적으로 만들고 각종 개혁과 전쟁에 착수했지. 스웨덴과 싸워 겨울에도 얼지 않는 항구를 얻어 내고, 상트 페테르부르크를 통해서 유럽에 가는 통로를 만들었으며, 시베리아로 진출하여 영토를 넓혔어.

강력한 나라를 이끈 러시아 민족의 자긍심

예카테리나 2세는 독일 출신으로 러시아의 여자 황제의 자리에 올랐어. 러시아를 새롭게 도약시키기 위해서 그녀는 자신을 먼저 훈련시켰다고 해. 그녀는 법전을 만들고, 정치를 개혁하고, 주변국들과 외교면 외교, 전쟁이면 전쟁, 어디 한군데 빈틈없이 일을 처리했지. 덕분에 폴란드와 알래스카까지 영토를 넓혔어.

시대를 앞서 복지 국가를 꿈꾼 오스트리아 군주

요제프 2세는 아버지가 죽은 후 왕위를 계승했지만, 사실상 어머니인 마리아 테레지아의 통치가 계속 이어졌어. 불행하게도 그는 천연두로 아내를 두 번이나 잃었어. 그 후 행복한 삶에 대해 깊이 고민했다고 해. 그래서 빈에 최고 시설의 종합 병원을 만들고, 교육 제도를 정비하여 최고의 교수들을 모셨지. 잘 훈련된 군대를 만들고, 귀족들에게도 세금을 내도록 함으로써 평등한 사회를 만들고자 했어. 요제프 2세는 공공 복리 증진이 매우 중요하다고 생각했지만, 너무 시대를 앞서가는 생각이었어.

용어 해설

관료제(官 벼슬 관, 僚 관리 료, 制 억제할 제)
질서와 권위를 가지고 짜여진 전문적인 관리들과 군대, 공공 기관의 조직

상비군(常 항상 상, 備 갖출 비, 軍 군사 군)
특별한 경우를 대비해 평상시에도 군사 훈련을 하며 유지하는 군대

파산(破 깨뜨릴 파, 産 자산 산)
빚을 진 사람이 빚을 완전히 갚을 수 없을 때, 빚을 갚아야 할 대상에게 모든 재산을 공평하게 나누어 주는 일

무적 함대(無 없을 무, 敵 대적할 적, 艦 싸움배 함, 隊 떼 대)
1588년 에스파냐의 펠리페 2세가 영국을 공격하기 위해 편성한 대함대로, 영국 해협을 항해하던 중 영국 함대의 공격으로 패배하였다.

동인도 회사(東 동녘 동, 印 도장 인, 度 법도 도, 會 모일 회, 社 모일 사)
신항로를 개척하면서 유럽 각국이 아시아의 무역을 독점하기 위해서 세운 회사. 영국, 네덜란드, 덴마크, 프랑스, 스웨덴 등의 국가에서 세움

수염을 자르는 표트르 대제

표트르 대제는 수염이 러시아의 발전되지 못한 모습을 보여 주는 거라며 먼저 수염을 잘랐어. 다른 귀족들에게도 신분의 상징이었던 수염을 자르도록 했어. 반대하는 귀족에게는 수염세를 내도록 했지.

귀족 중의 귀족, 합스부르크 왕가

1547년경 합스부르크의 영토

유럽 최고의 명문 가문인 합스부르크 왕가는 원래 신성 로마 제국의 슈바벤 지역을 다스리던 가문이었어. 하지만 정략결혼을 통해 조금씩 세력을 확장하더니 오스트리아를 중심으로 독일, 에스파냐, 포르투갈, 동유럽의 모든 왕실과 관련을 맺었어. 나중에는 유럽의 절반 정도를 통치했던 대단한 가문이지. 합스부르크 왕가의 후원으로 오스트리아의 빈은 당시 예술의 중심지가 되었어. 그리고 식민지 정복을 통해 저 멀리 아메리카 대륙의 멕시코와 아시아의 필리핀까지 통치했어. 우리가 알고 있는 왕과 왕비 중에는 합스부르크 출신이 아주 많아.

마리아 테레지아

원래 신성 로마 제국에서는 여자가 왕위를 이어받을 수 없지만, 아버지는 법을 바꾸어 나와 남편에게 왕위를 물려주셨어. 특히 프랑스의 반대가 만만치 않았지만, 내 힘으로 왕위를 다졌지. 난 훌륭한 정치가로 계몽 활동을 했어. 많은 민족으로 구성된 합스부르크 가를 지키기 위해서였지. 평생 남편을 섬기면서 16명의 자식을 낳았어. 그리고 모든 자식들을 유럽의 왕실과 정략 결혼시켰어. 난 합스부르크 가의 가장 위대한 군주이자 수퍼 우먼이야.

마리 앙투와네트

난 마리아 테레지아의 막내딸로 태어났어. 어머니는 프랑스와 관계를 유지하기 위해 나를 14살의 어린 나이에 프랑스의 루이 16세와 정략 결혼을 시키셨지. 남편과는 취미도 맞지 않았고, 대화도 통하지 않아 늘 외로웠어. 프랑스 왕실은 너무 답답했어. 파티를 즐기던 나에게 사람들이 했던 말은 프랑스 재정을 좀먹는 악녀라는 말뿐이었어. 결국 프랑스 대혁명이 일어났고, 친정으로 도망가려다 붙잡힌 뒤 단두대에서 처형당했어.

시씨

난 오스트리아 황제인 프란츠 요제프의 눈에 띄어 합스부르크 가의 황후가 되었어. 남들은 부러워하는 자리였지만, 결혼 생활은 불행한 날들의 연속이었지. 황실의 예법은 매우 엄격했고, 난 유럽을 끝없이 여행하면서 방랑했어. 하지만 문화와 예술에 큰 관심을 갖고 있어서 덕분에 합스부르크 가가 유럽 문화의 중심을 이루도록 하기도 했지. 외아들이 권총 자살로 생을 마감하면서 내 인생도 끝이 났어. 새 황태자 페르디난드 대공이 사라예보 사건으로 총에 맞으면서 제1차 세계 대전이 일어났고 합스부르크 가문이 멸망했어. 난 비운의 황후로 알려졌어.

찰스 5세

난 에스파냐의 합스부르크 왕가 출신이야. 내 얼굴의 턱 선 잘 보이지? 우리 집안에는 씻을 수 없는 유전병이 있어. 바로 주걱턱인데, 순수한 혈통을 만들기 위해 친척끼리 결혼하다보니 생긴 병이래. 커다란 턱 때문에 우리 집안 사람들은 대체로 침을 많이 흘리고, 딱딱한 음식을 잘 못 씹어. 우리 집안의 아이들은 10살이 되기 전에 절반 정도가 죽기도 했는데, 이것도 친척끼리 결혼했기 때문에 생긴 거래. 그러다보니 대가 끊겨서 에스파냐 왕위 계승 전쟁, 오스트리아 왕위 계승 전쟁이 생기는 건 당연한 결과 아니겠어?

65 영국 혁명

왕 중심의 정치에서 의회 중심의 정치로

1600 | 1700 | 1750 | 1800 | 1850 | 1900

오늘은 기다리고 기다리던 내 생일. 내가 왕이 된 것처럼 기분이 너무 좋아. 엄마, 아빠는 내가 원하는 선물과 먹을 것을 다 사주시고, 친구들도 내가 하고 싶은 대로 하도록 해 주거든. "왕으로 태어나면 얼마나 좋을까? 매일 생일처럼 행복하겠지?"라고 하니 엄마는 "왕이라고 뭐든 다 마음대로 할 수 있는 줄 아니? 특히 영국 왕은 그렇지 못했단다."라고 하신다. 영국에는 왕보다 더 높은 사람이 있었나?

의회(議會) : 국민의 의사를 대신해 말하고 입법을 담당하는 합의 기관

왕 마음으로 하는 정치는 그만 | 청교도 혁명

의회의 권리를 선언한 권리 청원

엘리자베스 1세는 자식이 없어서 스코틀랜드의 왕 제임스가 영국 왕이 되었어. 두 나라의 왕이 된 셈이지. 당시 영국은 스코틀랜드, 잉글랜드, 아일랜드로 나눠져 있었거든. 우리가 알고 있는 영국은 '잉글랜드'를 말하는 거야. 제임스 1세는 "왕의 권리는 신으로부터 받은 것이고, 국왕은 법 위에 있다."고 하면서 마음대로 했어. 의회를 무시하고, 가톨릭 신자와 청교도를 억압했지. 제임스 1세의 아들 찰스 1세는 아버지보다 더했어. 강제로 의회를 해산시켰지. '젠트리'라는 새로운 세력이 많이 진출하면서 달라진 정치를 원하던 의회는 1628년 '권리 청원'서를 왕에게 보냈어. 의회의 허락없이 왕 마음대로 세금을 거둘 수 없다는 것이 주된 내용이었지. 의회의 권리를 선언한 셈이야. 잦은 전쟁으로 돈이 필요했던 찰스 1세는 마지못해 허락해 주었어.

권리 청원(1628)의 내용
이후 누구도 의회의 승인 없이는 기부금, 세금, 기타 어떠한 세금 부과도 강요당하지 않는다. … 또, 의회의 승인 없이 체포되거나 사람을 가두지 아니한다.

왕이 없는 나라를 꿈꾼 청교도 혁명

의회와 충돌을 빚던 찰스 1세는 의회를 해산해 버리고 11년 동안이나 열지 않았어. 하지만 곧 금고는 바닥났고 전쟁 비용 마련을 위해 의회를 열 수밖에 없었지. 의회가 거부하자 왕은 힘으로 의회를 탄압했어. 이 과정에서 왕을 지지하는 사람들과 의회를 지지하는 사람들 사이에 싸움이 벌어졌어.
전쟁은 결국 크롬웰이 이끄는 의회를 지지하는 사람들의 승리로 끝났지. 이들이 바로 젠트리이자, 주로 청교도였기 때문에 청교도 혁명(1649)이라고 해. 더 이상 독재를 원치 않았던 크롬웰은 군대를 이끌고 찰스 1세를 처형한 후 공화국을 선포했어. 드디어 왕이 사라진 거야. 국민이 뽑은 대표자들에 의해 다스리는 나라를 공화국이라고 해. 이로써 영국은 '왕이 통치하지 않는 나라'가 되었어.

청교도 혁명부터 명예혁명까지

- 제임스 1세
- 찰스 1세 → 청교도 혁명(1628), 권리 청원
- 크롬웰 → 공화정 선포
- 찰스 2세 → 다시 왕정으로
- 제임스 2세 → 명예혁명(1689)
- 윌리엄&메리 → 권리 장전 승인
- 조지 1세 → 내각 책임제 실시

더 알고 싶어요

런던 대화재로 런던이 달라졌다?

1666년 런던의 한 빵가게에서 불이 났어. 때마침 불어 닥친 거센 바람과 목재 건물이 많았던 탓에 화재는 4일 동안 계속되었고, 총 13,000여 채의 집이 불탔지. 끔찍한 화재를 겪은 뒤 런던 사람들은 중요한 건물을 돌로 짓기 시작했어. 화재로 중요한 건물들이 불타 없어지자 크리스토퍼 렌 경은 세인트폴 대성당을 비롯해 50여 개의 교회를 설계했고, 그 덕에 런던에는 우아한 새 건물들이 아주 많이 자리 잡으면서 새롭게 변신했어. 화재가 일어나기 1년 전에 유행했던 페스트도 불길 속으로 사라졌다고 하니, 대화재가 꼭 나쁜 것만은 아닌가 봐.

왕은 군림하나 통치하지 않는다 | 명예혁명

크롬웰이 '수호'하는 나라

크롬웰은 영국으로 수입되는 상품은 반드시 그 물건을 생산하는 나라의 배나 영국의 배로만 나르도록 한 항해법을 만들었어. 덕분에 그동안 무역을 통해 바다를 지배하던 네덜란드를 물리치고, 영국이 유럽 최고의 해양 대국이 되는 길이 열렸어. 그러나 크롬웰은 나라를 지키기 위해서라며 '영국의 수호자'라는 의미의 '호국경'을 자처하면서 점점 달라지기 시작했어. 거의 왕처럼 행동한 거야. 게다가 청교도 신앙을 바탕으로 엄하게 나라를 다스려서 국민들은 크롬웰을 싫어하게 되었지. 크롬웰이 병으로 죽자, 다시 왕의 통치를 바라는 사람들이 생길 정도였어. 덕분에 프랑스로 피신해 있던 찰스 1세의 아들이 환영을 받으며, 찰스 2세로 왕위에 올랐지. 영국은 다시 '왕이 다스리는 나라'가 되었어.

의회가 중심이 되어 나라를 이끌어 가다

찰스 2세와 뒤를 이은 제임스 2세는 가톨릭 신자였기 때문에 가톨릭을 보호하고, 왕 마음대로 정치를 했어. 국민들과 의회는 영국이 가톨릭 나라가 될까 봐 두려웠지. 고민 끝에 네덜란드의 오렌지 공 윌리엄과 결혼한 제임스 2세의 딸 메리에게 왕이 되어달라고 부탁했어. 둘은 모두 신교를 믿었거든. 윌리엄과 메리가 군대를 이끌고 영국에 들어오자 제임스 2세는 결국 프랑스로 달아나 버렸어.

왕위에 오른 윌리엄과 메리는 의회의 허락을 받지 않고서는 어떤 법도 만들지 않고, 세금도 부과하지 않겠다고 맹세하는 '권리 장전(1689)'에 도장을 찍었어. 이 문서로 더 이상 왕의 독재는 불가능해졌지. 한 방울의 피도 흘리지 않고 마음에 들지 않는 왕을 바꾼 이 사건을 '명예혁명'이라고 해. 이로써 왕은 있으나 법에 의해 통치하고, 의회가 중심이 되어 나라를 이끌어 가는 '입헌 군주제'가 탄생되었어.

윌리엄과 뒤를 이은 앤 여왕은 자식이 없었기 때문에 독일의 하노버 가문에서 태어난 조지 1세가 왕위를 물려받았어. 독일 사람인 조지 1세는 영어도 잘 못하는 데다 영국 사정을 잘 몰랐기 때문에 의회에서 다수를 차지한 정당이 책임을 지고 정치를 하는 '내각 책임제'를 실시하기로 했지. 다수당의 우두머리가 총리를 맡고, 정치는 총리와 총리가 만든 정부가 담당하면서 '왕은 <mark>군림</mark>하나, 통치하지 않는다.'는 전통이 세워졌어.

용어 해설

청교도(淸 맑을 청, 敎 교령 교, 徒 무리 도)
'순수함'이라는 라틴 어에서 유래한 청교도는 '국교회'보다 완벽한 개혁을 통해 순수한 종교를 추구한 사람들로 '영국의 칼뱅파 신교도'

젠트리(Gentry)
귀족과 자기 토지를 소유한 농민 사이의 중간계층으로 넓은 토지를 소유한 지주, 법률가, 의사, 부유한 상인

청원(請 청할 청, 願 바랄 원)
국민이 국가에 대하여 불만 또는 희망 사항을 알려서 고쳐야 할 부분을 요구하는 것

군림(君 임금 군, 臨 임할 림)
임금으로서 나라를 거느림

권리 장전(1689)의 내용

1조 국왕은 의회의 동의 없이 법의 효력을 정지시키거나, 법 집행을 정지시킬 수 없다.
4조 국왕이 의회의 승인 없이 왕이 쓰기 위한 세금을 징수할 수 없다.
6조 의회의 동의가 없는 한, 평상시에 왕국 내에서 군대를 소집하거나 유지할 수 없다.
9조 의회 안에서 말하고 토론하고 의논하는 것은, 의회 아닌 어떤 곳에서도 고발당하거나 심문당하지 않는다.

《걸리버 여행기》의 진실은?

조나단 스위프트가 쓴 《걸리버 여행기》는 영국 사회를 비판하는 소설이야. 특히 15cm도 안 되는 작은 사람들이 사는 소인국 릴리퍼트는 당시 잉글랜드의 정치 모습을 보여 준대. 높은 굽을 신는 트라멕산 파와 낮은 굽을 신는 슬라멕산 파가 서로 자기네 구두를 신어야 한다며 싸우는데, 걸리버가 보기엔 굽 차이가 2mm도 안 되니 우스울 수밖에. 스위프트는 릴리퍼트를 통해 영국이 자랑스럽게 생각하는 명예혁명이 가난한 백성들 눈으로 보면, 가진 사람들이 자기 몫을 챙기려는 모습일 뿐이고, 백성들 생활에 별 도움이 되지 못한다는 걸 비꼬아 표현한 거지.

66 | 산업 혁명

기계를 이용한 대량 생산

울산에 있는 삼촌댁에 놀러갔다가, 삼촌께서 일하시는 자동차 공장에 가 봤어. 평소 멋진 자동차를 만드시는 삼촌이 너무 부러웠는데, 공장에 가보게 되어 너무 좋았어. 그런데 웬걸? 어떤 곳은 부품만 만들고, 어떤 곳은 색깔만 입히고, 어떤 곳은 열심히 앞문만 끼고 있는 거야. "자동차 한 대를 삼촌이 다 만드시는 거 아니었어요?" 했더니, 삼촌께서 웃으시면서 이렇게 말씀하셨어.
"그럴 능력도 안 되지만, 그렇게 되면 자동차 하나 만드는 데 시간이 엄청 걸릴 걸?" 하셨어.

필요는 발명의 어머니 | 기계의 발명

사람의 손을 대신한 기계, 방적기와 직조기

영국은 원래 모직물 공업이 발달한 나라였는데, 18세기부터는 면직물을 찾는 사람들이 부쩍 늘어나기 시작했어. 면은 물빨래도 가능하고, 옷 이외에 여러 재료로 이용할 수 있을 뿐더러 쌌거든. 사람들은 '어떻게 하면 면을 빨리, 많이 만들어낼 수 있을까?' 고민하기 시작했지. 그래서 사람의 손을 대신할 새로운 기계들이 하나 둘씩 발명되기 시작했어.

면직물을 만들려면 실을 만들어야겠지? 실 만드는 기계를 방적기라 하는데, 하그리브스가 '제니 방적기'를 만든 이후 방적기의 발명이 잇따랐어. 이로 인해 실 생산량은 최고 300~400배나 늘었고, 옷감 짜는 기계인 직조기도 만들어졌어. 덕분에 옷감을 대량 생산할 수 있게 되었지.

방적기나 직조기는 너무 크고 비싸기 때문에 부유한 사업가들이 공장을 지어 여러 대의 기계를 한꺼번에 설치하기 시작했어. 이제 사람들은 공장의 기계 앞에 줄지어 서서 실을 뽑고, 옷감을 만들었어. 처음부터 끝까지 혼자서 다 하는 것이 아니라 한 사람이 한 가지 작업만 하루 종일 하게 되었지.

기계를 움직이는 새로운 방법, 증기 기관

지금은 전기로 기계를 움직이지만 옛날에는 풍차, 물레방아처럼 바람이나 물의 힘으로 움직였어. 그런데 물이 흐르는 힘을 이용해 기계를 움직이려면 물가에만 공장을 세워야 하는 단점이 있었어. 이때 제임스 와트가 증기의 힘을 이용한 '증기 기관'을 만들어 이런 어려움을 해결했어. 증기 기관이 널리 사용되자, 석탄이 더 많이 필요해졌어. 증기 기관은 석탄을 때서 생기는 수증기를 이용하는 것이었거든. 그래서 석탄 생산도 활발해지고 생산량도 많이 늘어났어.

또한 기계의 재료인 값싸고 질 좋은 철 생산은 필수였어. 덕분에 철도 대량으로 생산하게 되었지. 기계들이 꼬리에 꼬리를 물면서 발명되고, 관련 산업이 덩달아 발전하면서 산업에서 '혁명'이 일어난 거야.

제니 방적기

하그리브스가 발명한 실뽑는 기계야. 손으로 돌리는 물레 대신 자신의 딸 제니가 우연히 물레를 뒤집어버린 것에 힌트를 얻어 만들었기 때문에 딸 이름을 따서 '제니' 방적기라고 했어.

와트의 증기 기관

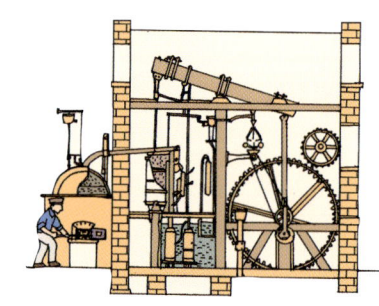

이전에도 증기 기관은 있었지만 석탄을 너무 많이 사용해야 하는 단점이 있었어. 와트의 증기 기관은 석탄을 적게 쓰면서도 힘은 훨씬 크게 낼 수 있었지. 엄청난 힘을 이용해 기계뿐 아니라 차나 배도 증기의 힘으로 갈 수 있게 되었으니 가히 혁명적이라 할 수 있겠지?

굴뚝 연기로 덮인 유럽 | 산업 혁명의 확산

산업 혁명은 철도를 타고 달린다

공장에서 대량으로 생산된 상품들은 국내에도, 다른 나라에도 팔아야 이득이 생겨. 그러니 빠르고 값싸게 상품을 운반하고, 원료도 나를 수 있다면 그것보다 더 좋은 것이 없겠지? 이것을 충족시킨 것이 바로 스티븐슨이 만든 증기 기관차야. 기관차가 있으면 달릴 수 있는 길, 철도가 있어야겠지? 1830년 리버풀에서 맨체스터까지 승객과 상품을 함께 운송하는 철도가 최초로 뚫리면서 유럽 여러 나라에도 철도가 건설되었어.

본격적인 철도 시대가 열리면서 영국에서 생산된 상품은 전 세계로 팔려 나갔고, 새로운 기계와 기술도 다른 나라로 퍼져 나갔어. 19세기 중반에 영국은 전 세계 석탄의 2/3, 면제품의 1/2 이상을 생산할 정도로 세계 경제를 지배하면서 '세계의 공장'이라는 별명이 생겼어. 빅토리아 여왕이 다스리던 영국은 전성기를 맞이한 거야. 이를 자랑하기 위해 1851년 런던에서 '만국 박람회'를 열었어. 최신 기계들과 새로운 상품이 전시된 만국 박람회는 다른 나라의 산업 발전을 자극했고, 영국에서 시작된 산업의 변화는 전 세계의 생활을 새로운 모습으로 바꿔 놓았어.

유럽과 미국으로 퍼진 산업 혁명

영국에서 시작된 산업 혁명은 19세기에 전 유럽으로 퍼져 나갔는데, 대부분 정부가 이를 주도했어. 그중 독일은 통일을 준비하는 과정에서 국가가 나서서 계획적으로 대규모 공장을 만들고 철도, 도로 등을 건설하면서 산업을 발전시켰지. 프랑스와의 전쟁에서 승리한 덕에 얻은 알자스와 로렌 지방의 풍부한 철과 배상금은 독일의 산업 발전에 날개를 달아 주어 눈부신 발전을 이뤄냈어.

미국은 남북 전쟁이 끝나면서 산업에 큰 변화가 나타났어. 노예가 해방되면서 공장에서 일할 사람이 늘어나고, 때맞춰 인구도 증가해 상품 생산의 필요성이 커졌어. 여기에 1869년에 미국 대륙을 횡단하는 철도가 완성되면서 산업은 날개를 단 듯이 빠르게 성장해 나갔어.

18세기 면직물 산업에서 시작된 변화는 19세기 후반에 이르러 거의 모든 산업 분야로 빠르게 확산되었어. 그야말로 산업 분야에 혁명이 일어난 거지. 더불어 과학 기술도 발전하고, 과학 기술은 산업을 더욱 발전시켰어.

최고로 빠른 '로켓'

세계 최초로 산업 혁명이 일어난 영국에서는 리버풀-맨체스터라는 최초의 철도 회사도 생겨났어. 이 회사에서는 어떤 기관차를 사용할 것인가를 결정하기 위해 기관차 경주 대회를 열었지. 이 대회에서 스티븐슨과 그의 아들은 '로켓'이라는 이름의 기관차를 만들어 참가해서 우승했어. 로켓 호는 시속 46km로, 지금이야 우스운 속도지만 당시에는 가장 빨랐기 때문에 이후 그 이름을 따서 '로켓'이 만들어진 거야.

놀라운 철도

만국 박람회가 열린 영국의 수정궁

유리 30만 장과 웅장한 철제 빔으로 만들어진 전시장에는 무려 600만 명이 몰려들어 대성황을 이루었어.

영국에서 산업 혁명이 일어난 까닭

넓은 시장	풍부한 노동력과 지하자원	경제적 풍요	정치·사회적 안정
국내 시장이 발전되어 있었을 뿐 아니라 세계 곳곳에 있는 식민지는 영국 제품을 내다 파는 시장이 되었어.	두 차례에 걸친 인클로저 운동으로 농촌을 떠난 농민들이 공장 노동자가 되었고, 인구도 많이 증가했기 때문에 노동력이 풍부했어. 또, 철과 석탄 같은 자원이 풍부해서 공장을 움직이고, 기계를 만들 수 있었어.	인클로저 운동으로 일찍부터 모직물 공업이 발전했고, 식민지와의 무역에서 많은 돈을 벌어들여서 경제적으로 풍요로웠어.	프랑스를 비롯한 유럽이 프랑스 혁명과 나폴레옹 전쟁을 할 동안 영국은 명예혁명 이후 정치와 사회가 안정되면서 경제 발전에 힘을 쏟을 수 있었어.

달라진 세상, 변화하는 생활 | 산업 혁명의 결과

용어 해설

모직물(毛 털 모, 織 짤 직, 物 만물 물)
털실로 짠 물건을 통틀어 이르는 말

인클로저 운동
모직 공업이 발달하면서 땅 주인이 양을 키워 더 많은 돈을 벌기 위해 토지를 목장으로 바꾸는 일

생산성(生 날 생, 産 낳을 산, 性 모습 성)
노동을 들여 만들어 낸 생산물의 양

산업 혁명으로 나타난 변화

산업 혁명으로 전혀 다른 모습이 여기저기에서 나타났어. 가장 큰 변화는 공업에서 나타났지. 옛날에 물건을 만들려면 집이나 소규모의 작업장에서 가족들을 중심으로 만들었지. 이런 걸 가내 수공업(家內手工業)이라고 해. 가내 수공업에서는 한두 사람이 몇 단계에 걸쳐 물건을 만들었기 때문에 시간도 많이 걸리고, 물건도 조금밖에 만들 수 없었어. 하지만 산업 혁명으로 공장에서 기계로 일을 나누어 물건을 만들다 보니 짧은 시간 안에 많은 물건을 만들 수 있었지. 두 번째 변화는 산업 사회가 되었다는 거야. 수백만 명에 달하는 인구가 농촌에서 도시로 이동하면서 대규모 공업 도시가 생기고, 농업 중심 사회에서 산업 사회로 바뀌었어. 마지막으로 자본가가 등장하고 중산층이 성장한 것도 산업 혁명 이후에 나타난 변화야. 돈을 투자해 공장을 만들고 노동자를 고용해 이윤을 얻는 자본가가 등장하고 중소 상공업자가 중심인 중산층의 힘이 커지면서 이들의 요구로 선거권이 확대되기 시작했어.

산업 혁명이 가져다 준 아픔

방적기와 방직기 등 기계가 보급되면서 이전에 옷 만드는 기술을 가진 사람들이 일자리를 잃고 공장에서 쫓겨나게 되었어. 분노와 절망에 빠진 사람들은 공장을 습격해 기계를 부수기 시작했어. 이걸 러다이트 운동이라고도 해. 그들은 밤마다 가면을 쓰고 나타나 기계를 부수고 공장을 허물었는데, 정부는 이들을 교수형에 처하거나 추방하는 등 강력하게 처벌했어.

공장에서 일하는 사람들은 하루에 12~14시간 이상 일해야 했어. 단순하고도 고된 일을 아주 적은 임금을 받으면서 말이야. 작업장은 어두침침하고 먼지로 둘러싸여 있는 등 아주 나쁜 환경이었지. 여성이나 아이까지 공장에 나가 일해야 했어. 그래서 1840년대에는 임금과 작업 환경을 개선하기 위한 '노동 조합'이 만들어지고, 일하는 시간을 하루 10시간 이하로 정하는 법을 만들기도 했어. 도시에는 적은 임금을 받으며 비참하게 살아가는 노동자들이 넘쳐나는데, 자본가들은 호화 주택을 짓고 편안한 생활을 누리면서 이전보다 빈부 격차가 커졌어. 당연히 노동자들과 자본가들의 대립이 심해졌지. 많은 사람들이 한꺼번에 농촌을 떠나 도시로 몰려드는데, 도시에는 이들을 감당할 아무런 시설도 없었어. 살 집도, 화장실도 부족하고 상하수도 시설조차 제대로 마련되지 않아 전염병이 유행하면 많은 사람들이 앓기도 했지.

산업 혁명 속의 어린이

지금 이 어린이는 몰골이 말이 아닌 것 같은데요, 도대체 몇 살 때부터, 얼마나 일을 해 온 건가요?

여섯 살 때부터 이곳에서 새벽 5시부터 밤 7시까지 총 14시간을 일하고 있습니다. 일이 많으면 밤 9시까지도 해야 합니다.

그런데 이 상처는 도대체 뭡니까? 그리고 다리는 어쩌다가 이렇게 되었나요?

채찍으로 맞은 자국입니다. 시간이 지나도 흉터가 사라지지 않네요. 일을 게을리 한다며 공장장이 때린 것입니다. 하루 종일 기계 앞에 서서 일하다 보니 13살 때부터 무릎이 휘고 발목이 약해졌습니다.

어린이 노동이 문제가 되자 영국에서는 1833년에 13세 이하의 어린이들은 하루 8시간, 일주일에 6일 이상 일하지 못하도록 하는 공장법이 만들어지고 1842년에는 10세 이하의 어린이나 여자를 광산 노동자로 고용하지 못하도록 법을 만들었어.

전 짐승이 아니에요.

산업 혁명을 고발한 찰스 디킨스의 소설, 《올리버 트위스트》

고아인 올리버는 가난한 사람들을 모아둔 수용소에서 자랐는데, 그곳의 심한 학대를 견디다 못해 런던으로 도망쳤어. 그러나 나쁜 사람들한테 끌려가 소매치기 죄를 뒤집어쓰고 경찰에 체포되고 말아. 좋은 신사의 도움을 받기도 했지만, 다시 나쁜 사람들 손에 넘어가 도둑질을 하다 부상당하는 등 고생을 하지만 결국에는 좋은 신사 덕분에 그의 양자가 되어 행복하게 산다는 내용이야. 소설 속의 올리버 트위스트가 살았던 시대는 산업 혁명이 한창이던 시기였어. 찰스 디킨스는 올리버 트위스트를 통해 당시 노동자들과 어린 아이들의 비참한 생활을 고발하려고 했던 거야.

자본주의 신문 | 돈이 세상을 지배한다

자본가로 성장한 부르주아 - 로버트 필

총리 로버트 필은 요즘 젊은이들이 가장 닮고 싶어 하는 사람 1위 자리를 몇 년 째 지키고 있다. 그가 부르주아의 성공 신화를 보여주기 때문이다. 그의 할아버지는 부유한 지주로 땅을 담보로 은행에서 돈을 빌려 면직물 공장을 세워 기반을 마련했다. 아버지는 공장에 기계를 대량으로 들여 놓으면서 15,000명의 노동자를 거느린 대공장으로 만들어 놓았고, 아들을 정치가로 키우기 위해 교육에 특별한 관심을 가졌다고 전해진다. 덕분에 로버트 필은 21살에 하원 의원, 30대에 장관이 되고 나중에는 총리까지 된 것이다.

로버트 필은 부유한 상공업자, 법률가들이었던 부르주아가 장사와 무역으로 큰 돈을 모으고, 그 돈으로 공장을 세워 이윤이 남을 만한 곳에 투자하는 자본가로 성장한 대표적인 인물이다.

최은희 기자

땅을 잃은 농민, 노동자로 변신

요즘 공장에서 일하는 대부분의 노동자들은 농촌에서 쫓겨난 농민들이다. 산업 혁명은 이들의 값싼 노동력 덕택에 가능했다 해도 지나친 말이 아니다. 이들은 땅을 가진 지주들이 모직물 산업이 발전하면서 양을 기르기 위해 그 곳에 살던 농민들을 쫓아내고 울타리를 치는 '인클로저 운동'이 일어나면서 쫓겨난 사람들이다. 인클로저 운동으로 도시로 쫓겨 온 노동자들의 생활 수준은 이전보다 더 못한 경우가 대부분이다. 너무나 열악한 상황 속에서 고된 노동으로 혹사당하고 있는 것이다.

가진 것이라곤 아무것도 없이 자신의 노동력을 팔아 하루하루를 살아가는 노동자들이 고대 로마 시대에 토지를 소유하지 못한 가난한 자유민을 뜻하는 라틴 어 'Proletari'와 비슷하다 하여 '프롤레타리아'라고 부르기도 한다.

김수민 기자

자본주의를 진단하다

산업 혁명 이후 달라진 생활의 변화를 한 마디로 표현하는 '자본주의'라는 신조어가 등장해 화제다. 자본주의란 기계나 공장, 돈을 가진 자본가가 노동자의 노동력을 사서 생산 활동을 함으로써 이윤을 추구하는 경제 구조를 말한다.

이제 우리 사회는 자본 즉, 돈을 가진 사람이 모든 권력을 소유하고, 이들이 가진 자본이 곧 힘이 되는 사회로 변화되고 있다. 하지만 평민들은 노동자로 이름만 바뀌었을 뿐 자본가에게 노동력을 빼앗기는 것은 여전하다. 노동자들의 삶은 나아지지 않고, 기계의 부속품쯤으로 여겨지면서 신분 대신 돈의 지배를 받게 된 것이다.

김준오 기자

'새 술은 새 부대에' - 새로운 경제 이론 -

아담 스미스의 《국부론》이 경제학계에 신선한 충격을 주고 있다. 그는 국가의 재산을 늘리기 위한 방법으로 두 가지를 제안하고 있다. 첫째, 한 사람이 물건 하나를 만드는 데 모든 힘을 쏟을 것이 아니라 분업을 통해 생산성을 높여야 한다는 것이다. 둘째, 국가는 개인이나 기업의 경제 활동에 간섭하지 말아야 한다고 주장한다. 개인이 자신의 이익에 따라 경제 활동을 하다 보면 '보이지 않는 손' 즉, 시장에 의해 알아서 조절될 것이라는 의견이다.

맬서스의 《인구론》을 둘러싸고 찬반 논쟁이 뜨겁다. 그는 인구 증가를 식량이 뒷받침하지 못하므로 인구 증가를 막기 위해 노동자들의 임금을 적게 주어야 하고, 가난한 사람도 구제해서는 안 된다고 주장한다. 노동자들이 여유가 생기면 자녀를 더 낳을 것이라는 이유에서이다. 자본가들은 적극 찬성하고 나선 반면, 많은 노동자들은 분노하고 있다.

이서연 기자

아담 스미스 　　 맬서스

 ## 떠나자, 북서부 유럽으로!

우리가 알고 있는 유럽의 많은 선진국들은 대부분 북서부 유럽에 있어. 알프스 산맥과 피레네 산맥을 경계로 그 위쪽에 있는 나라들이지. 과거에 하나의 역사를 가지고 있어 서로 언어와 문화가 비슷하면서도 나라마다 독특한 특색이 있어. 역사 및 문화 유적과 자연 경관이 어우러져서 전 세계의 많은 관광객이 모이는 곳, 대학생이 되면 누구나 한 번쯤 배낭메고 기차 여행을 가고 싶어하는 이곳으로 우리도 한번 떠나 볼까!

영국

유럽의 서쪽에 있는 섬나라 영국은 역사적으로 많은 희생을 거치면서 민주주의를 발전시킨 나라야. 여왕이 살고 있는 버킹엄 궁전에서는 아직도 근위병의 교대식을 날마다 볼 수 있고, 산업 혁명이 처음 일어난 나라답게 시간 엄수를 상징하는 시계탑을 볼 수 있어. 신기한 이야기 하나 해줄까? 대영 박물관에는 우리나라 문화재도 전시되어 있지만, 영국 문화재는 찾아볼 수 없어.

웨스트민스터 사원

국회 의사당과 빅밴

대영 박물관

버킹엄 궁전의 근위병 교대식

런던 브리지

이층 버스

프랑스

루브르 박물관

세계에서 가장 많은 관광객이 모이는 나라는 프랑스야. 베르사유 궁전에서 화려한 궁정 문화를 보았다면, 콩코드 광장에서 민주주의를 느껴 봐. 파리에서 가장 높은 곳에 있는 샤크레쾨르 대성당에서 바라본 야경은 한 폭의 그림같지. 에펠 탑은 엘리베이터를 타고 올라가는 것도 좋지만, 668계단을 걸어서 올라가면 훨씬 더 기억에 남을 걸? 오르내리는 외국인 친구들과 '봉주르~' 하면서 인사하는 것도 잊지 마.

몽마르뜨 언덕의 샤크레쾨르대성당

에펠 탑

콩코드 광장

노트르담 성당

베르사유 궁전

독일

베를린 장벽

우리나라처럼 분단 국가였다가 통일한 독일에는 분단의 상징인 베를린 장벽이 45km나 늘어서 있었지. 하지만 지금은 대부분 파손되고, 일부분이 마치 미술관처럼 벽화로 단장된 채 남아있어. 독일이 동독과 서독으로 나뉘어져 있던 시절에는 오직 허가받은 사람만이 브란덴부르크 문으로 통과할 수 있었대. 이 문은 독일의 상징과도 같아. 로렐라이의 전설이 흐르는 라인 강변에는 오래된 성들이 많아 중세 유럽의 모습을 볼 수 있어.

브란덴부르크 문

라인 강변의 고성

네덜란드, 스위스, 노르웨이

풍차

네덜란드 하면 역시 풍차의 나라지. 치즈, 튤립, 나막신 등 네덜란드를 상징하는 것들은 많아. 스위스는 그림 엽서처럼 아름답지? 알프스를 오르는 산악 열차의 레일은 톱니처럼 생겼어. 유럽의 꼭대기라고 불리는 융프라우요흐에 오르면 우리나라의 매운 컵라면을 먹을 수 있어. 덴마크의 수도인 코펜하겐은 세계적으로 아름다운 도시 중 하나야. 인어 공주처럼 동화 같은 일들이 기다리고 있을 지도 몰라.

융프라우요흐

코펜하겐

67 | 프랑스 혁명
자유와 평등을 외치다

오늘 아빠하고 국기 맞추기 게임을 했어. 그런데 비슷한 것이 많아서 자꾸 틀리는 거야. "세 가지 색깔 국기가 너무 많잖아. 너무 성의 없는 거 아니예요?" 하며 의아해 했더니 아빠가 웃으시며 "프랑스가 프랑스 혁명의 의미를 살려 빨강, 파랑, 흰색의 삼색기를 국기로 정했는데, 이후 삼색기를 국기로 정한 나라가 많아진 거야." 하시는 거야. 프랑스 혁명이 뭐길래 국기까지 비슷하게 만든 거지?

혁명(革命): 비합법적인 수단으로 국가 체제나 정치 체제를 바꾸는 일

불평등한 제도에 반기를 들다 | 프랑스 혁명의 원인

'태양왕 루이 14세' 생각나니? 그야말로 최고의 권력을 누리던 루이 14세의 뒤를 이은 루이 15세와 루이 16세가 베르사유 궁전에서 화려한 생활을 누리고 있을 때, 프랑스 사람들이 모두 행복하게 잘 살았던 건 아니었어. 당시 프랑스는 성직자, 귀족, 평민의 세 신분으로 나뉘어 있었지. 제1신분인 성직자와 제2신분인 귀족들은 많은 땅을 가지고 있으면서도 한 푼의 세금도 내지 않고 높은 관직을 독점한 반면, 인구의 대부분을 차지하는 제3신분인 평민은 무거운 세금을 부담하면서도 정치에 참여할 수가 없어서 자기들의 권리를 주장할 수 없었어.

특히 제3신분을 대표하는 판사, 변호사, 부유한 상인과 같은 시민 계급은 너무 불공평하다는 생각에 불만이 쌓여갔지. 국민들의 권리를 중요시한 루소의 주장에 공감하고 있던 시민들은 아메리카 사람들이 영국 국왕에게 대항해 독립 전쟁을 하는 것을 보면서 자극을 받았어. 잘못된 제도를 없애고 자유롭고 평등한 사회를 건설해야 한다고 생각한 거야.

혁명 전의 프랑스의 사회 구조

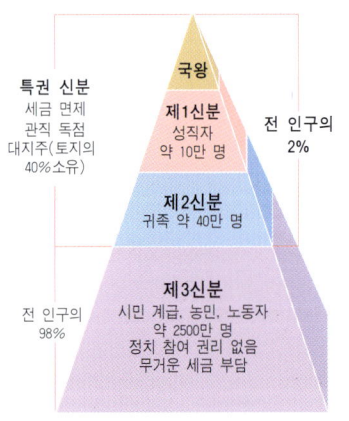

자유롭고 평등한 시민 사회를 꿈꾸다 | 프랑스 혁명의 의의

프랑스 혁명 때 제3신분인 시민 계급은 똘똘 뭉쳐 절대적인 권력을 누리던 왕과 귀족에 맞서 싸웠고, 결국 그들을 내쫓았어. 시민 계급은 왕과 귀족을 내쫓는데 그치지 않고, 불평등하고 불합리한 제도를 하나씩 없애기 시작했어.

혁명의 구호로 내걸었던 자유, 평등, 박애의 이념은 이후에 다른 나라에까지 전파되었어. 사람들은 어떻게 하면 자유를 잃지 않는 범위 내에서 평등한 사회를 만들 수 있을까 고민하기 시작했지.

결국 같은 모습은 아니지만, 그 나라의 상황에 따라 자유롭고 평등한 시민 중심의 사회를 건설하기 위해 노력했어. 프랑스 혁명 덕분에 새로운 사회로 변화하는 길이 열린 셈이지.

루소의 주장, 사회 계약설

혁명일지 | 프랑스 혁명의 전개

1. 삼부회를 소집하다(1789.5)

루이 16세는 사치스러운 생활과 계속된 전쟁으로 재정이 파산 직전에 이르자 귀족들도 세금을 내라는 제안을 했고, 당연히 귀족들은 반발했어. 그래서 루이 16세는 삼부회를 소집했어.

2. 국민 의회 결성하다(1789.5)

삼부회가 열렸지만 투표 방식을 둘러싸고 대립했어. 그러자 왕은 평민 대표들이 투표하지 못하도록 문을 걸어 잠궈 버렸어. 화가 난 평민 대표들은 '국민 의회'를 결성했어.

3. 바스티유 감옥을 습격하다(1789.7)

루이 16세가 국민 의회를 무력으로 해산시키려 한다는 소식을 들은 파리의 시민들은 분노했어. 사람들은 바스티유 감옥을 습격했고, 파리를 점령했어.

4. 인권 선언을 발표하다(1789.8~1791.10)

국민 의회는 인간과 시민의 권리를 널리 알리는 인권 선언을 발표했어. 이것은 인간은 자유롭고 평등한 권리를 가지고 태어났고, 나라의 주권은 국민에게 있음을 선언한 문서야.

5. 혁명에 반대하는 나라들과 전쟁을 하다(1792.4~1792.9)

이웃 나라의 왕들은 혁명이 자기 나라로 번질까 봐 두려워 대 프랑스 동맹을 만들어 쳐들어왔지. 많은 사람들이 군대에 지원해 연합군에 맞서 용감히 싸웠어. 이후 혁명을 주도한 사람들 사이의 다툼 끝에 '국민 공회'가 선포되었어.

6. 루이 16세를 처형하고 공화정을 선포하다(1792.9)

국민 공회는 공화정을 선포하고 루이 16세를 처형했어. 왕이 없어진 프랑스는 투표로 뽑힌 대표자들이 다스리는 공화국이 된 거야.

7. 로베스피에르의 공포 정치(1793.6~1795.10)

로베스피에르는 농민의 세금 부담을 없애고, 물가를 억제하는 정책을 시행하기도 했지만, 혁명을 지킨다는 이유로 혁명에 반대하는 사람들을 기요틴으로 모두 죽였어. 감옥에 갇힌 사람이 50만 명이나 되면서 사람들은 공포에 떨기 시작했고, 기요틴은 공포 정치의 상징이 되었어.

8. 총재 정부 수립과 나폴레옹의 쿠데타(1795.10~1799.11)

계속되는 공포 정치에 점차 사람들은 불만을 나타내기 시작했고, 결국 로베스피에르는 기요틴에서 처형되었어. 국민 공회는 법을 바꾸어 의회가 선출한 5명의 총재가 다스리는 총재 정부를 수립했어. 하지만 혼란은 계속되었고, 외국과의 전쟁에서 유명해진 나폴레옹이 쿠데타로 정권을 장악했어.

용어 해설

반기(反 돌이킬 반, 旗 깃발 기)
반대를 나타내는 행동이나 표시

사회 계약설(社 모일 사, 會 모일 회, 契 맺을 계, 約 맺을 약, 說 말씀 설)
사회나 국가가 자유롭고 평등한 개인들의 합의나 계약에 의해 발생하였다는 학설

삼부회(三 석 삼, 部 나눌 부, 會 모일 회)
성직자, 귀족, 평민 출신 의원으로 구성된 프랑스의 신분제 의회

기요틴(Guillotine)
프랑스 혁명 때 의사인 기요탱이 발명한 사형 집행 기구

쿠데타
무력으로 정권을 빼앗는 일

공포 정치

패션에도 혁명을 일으키다

프랑스 혁명은 패션에도 새로운 바람을 몰고 왔어. 프랑스 혁명에 참가했던 사람들은 프리지앙 모자에 상퀼로트라는 바지를 즐겨 입었거든. 프리지앙 모자는 로마에서 자유의 몸이 된 노예들이 자유의 상징으로 썼기 때문에 혁명 때 빨간색 원뿔 모양의 프리지아 모자를 자유의 상징으로 썼다고 해. 상퀼로트는 프랑스어로 '반바지를 입지 않은'이라는 뜻으로 넓고 긴 통바지야. 당시 귀족들이 반바지(퀼로트)를 입고 양말을 신었기 때문에 귀족들에 반대한다는 의미로 입은 거래.

68 나폴레옹

유럽 정복의 꿈

드라마 〈베토벤 바이러스〉를 본 이후 난 베토벤의 팬이 됐어. 그래서 열심히 책을 뒤적이다 보니, 베토벤이 나폴레옹에게 바치기 위해 교향곡을 작곡했다지 뭐야. 〈보나파르트〉라는 제목으로 교향곡 3번을 작곡하고 있던 베토벤은 나폴레옹이 황제가 되었다는 소식을 듣고 실망한 나머지 곡을 바치는 것을 그만두고 제목도 〈영웅〉으로 바꿨대. 베토벤은 무엇 때문에 나폴레옹에게 실망한 걸까?

프랑스 혁명의 계승자를 자처하다
| 나폴레옹의 유럽 정복

스스로 황제의 관을 쓰다

혁명을 통해 왕을 없앤 프랑스에 황제가 탄생했어. 바로 나폴레옹이었지. 도대체 어떻게 된 걸까? 혁명으로 불안정한 시기에 사람들은 더 이상 정부를 믿을 수 없게 됐고, 강력한 지도자가 나타나 나라를 안정시켜 주길 원했어. 바로 그때 나폴레옹이 등장한 거야. 나폴레옹은 총재 정부를 무너뜨리고 통령 정부를 세워 혁명에 반대하는 세력을 물리쳤어. 또한 영국과 조약을 맺어 혁명이 널리 퍼지는 것을 막으려던 대 프랑스 동맹을 무너뜨리면서 최고의 스타로 떠올랐지.

나폴레옹은 법을 고쳐 죽을 때까지 나라 일을 책임지는 종신 통령이 되어 사회 질서를 회복하고 경제와 교육을 발전시키는 데 힘썼어. 또 법을 정비해 《나폴레옹 법전》을 편찬했지. 이 법전은 귀족들의 특권을 폐지하는 등 프랑스 혁명의 정신을 고스란히 담고 있대. 결국 프랑스 혁명의 계승자를 자처했던 나폴레옹은 1804년에 국민들의 열렬한 지지를 받으며 황제의 자리에 오를 수 있었어. 평민들이 힘을 모아 없앤 왕을 평민들이 다시 세운 거지.

유럽 대륙을 양손에 거머쥐다

나폴레옹이 황제에 오르자 영국은 유럽 여러 나라들과 또 다시 프랑스에 반대하는 동맹을 맺게 돼. 나폴레옹은 군대를 이끌고 프랑스에 대항하는 나라들을 차례로 물리쳤어. 나폴레옹이 매번 승리할 수 있었던 힘의 원천은 전쟁을 치르면서 군인들의 애국심이 강해지고, 공을 세우면 신분에 관계 없이 승진시켜 주었기 때문이야. 그러나 영국만은 마음대로 되지 않았어. 넬슨 제독에게 트라팔가르 해전에서 패했거든.

그러나 나폴레옹은 러시아와 오스트리아를 격파하고 '라인 연방'을 만들어 우두머리가 되었어. 결국 영국을 제외한 프로이센, 네덜란드, 이탈리아 등 여러 나라를 정복하면서 프랑스 군의 힘을 전 유럽에 떨치게 되었지.

나폴레옹 법전 내용

혁명 때부터 만들기 시작한 법전을 나폴레옹이 직접 60차례가 넘는 회의를 주도한 끝에 만들었는데, 《로마법 대전》, 《함무라비 법전》과 함께 세계 3대 법전의 하나로 오늘날 세계 법률 제도의 모델이 되고 있다. 모든 사람이 법 앞에 평등하다는 것과 종교 선택과 양심의 자유, 재산권 보장, 농노제 폐지 등의 내용을 담고 있어.

나폴레옹 대관식

무너진 유럽 정복의 꿈 | 나폴레옹의 몰락

'자유 사상'을 전파하고, '민족의식'을 일깨우다

유럽 여러 나라들은 처음에 나폴레옹이 이끄는 프랑스 군대를 열렬히 환영했어. 나폴레옹이 자유를 가로막고 인권을 탄압하는 사람들을 몰아내자고 했기 때문이지. 프랑스의 정복 전쟁 과정에서 프랑스 혁명의 정신인 '자유'가 널리 전파되고 있었던 거야. 그러나 얼마 지나지 않아

사람들은 나폴레옹이 단지 이웃 나라를 정복하고, 사람들을 무참히 죽이는 사람이라는 것을 깨닫게 되었어. 환호는 저항으로 바뀌었지. 특히 에스파냐에서의 격렬한 투쟁은 나폴레옹을 괴롭혔어. 이제 유럽 여러 나라에서는 나폴레옹의 지배에 저항하는 과정에서 '민족의식'이 싹트기 시작한 거야.

실패로 끝난 대륙 봉쇄령과 러시아 원정

불가능은 없다며 승승장구하던 나폴레옹의 영광은 10년이 못 되어 무너졌어. 영국에 내린 대륙 봉쇄령 때문이었지. 대륙 봉쇄령은 영국에 경제적 타격을 주고 유럽 대륙의 시장을 확보하기 위해 내린 결정이야. 그러나 정작 큰 타격을 입은 것은 영국에서 공업 제품을 수입하던 대륙의 모든 국가, 특히 러시아였어. 러시아는 대륙 봉쇄령을 어기고 영국과 무역을 계속했지. 화가 난 나폴레옹은 60만 대군을 이끌고 1812년 러시아 원정을 떠났지만 크게 패하고 말았어. 이 소식이 전해지자 유럽의 동맹군은 1814년 나폴레옹 군대를 격파시키고, 그를 엘바 섬으로 귀양보냈어.

백일 천하로 막을 내리다

프랑스 왕으로 즉위한 루이 16세의 동생 루이 18세가 세상을 혁명 전으로 돌려놓으려 하자 국민들은 불만을 품었어. 이 틈에 나폴레옹은 엘바 섬을 탈출해 파리로 돌아와 다시 황제가 됐지만, 오래가지 못했어. 그를 인정하지 않던 나라들이 연합군을 만들어 프랑스에 쳐들어왔거든. 워털루 전투에서 영국과 프로이센의 공격으로 패배하면서 1815년 나폴레옹 시대는 막을 내려. 다시 권력을 잡은 시간이 100일 정도였기 때문에 이를 '백일천하'라고 해.

용어 해설

자처(自 스스로 자, 處 곳 처)
자기를 어떤 사람으로 여겨 그렇게 처신함

민족의식(民 백성 민, 族 겨레 족, 意 뜻 의, 識 알 식)
자기 민족의 존엄과 권리를 지키고, 민족의 단결과 발전을 꾀하려는 집단적 의지나 감정

승승장구(乘 탈 승, 勝 이길 승, 長 길 장, 驅 몰 구)
싸움에 이긴 형세를 타고 계속 몰아침

대륙 봉쇄령
유럽 대륙 국가들이 영국과 통상하는 것을 막고, 영국 선박의 대륙 출입을 금지한 조치

나폴레옹 군대와 병조림

나폴레옹 군대의 이동 속도가 빨랐던 것은 아페르라는 사람이 발명한 병조림을 이용한 덕분이었대. 병 안에 고기와 채소를 넣어가지고 원정을 다녔는데 휴대에 편리하고 불을 피우지 않아도 되기 때문에 빠를 수밖에 없었어. 이 사실을 안 영국은 병조림을 능가하는 새로운 제품을 만들었으니 그게 바로 통조림이야.

나폴레옹의 러시아 원정 실패는 식량 때문이었다?

나폴레옹은 러시아 원정의 실패 원인을 추위 때문이라고 말했지만, 러시아 원정 당시 날씨는 보기 드물게 따뜻했대. 그럼 진짜 원인은 무엇이었을까? 바로 식량이야. 정확한 이유는 모르지만 당시 러시아의 모스크바에서 큰 화재가 나면서 식량을 전혀 구할 수 없었대. 가지고 다니기에 무거운 식량이나 보급 물자를 현지에서 주로 해결했던 나폴레옹 군은 굶주림에 시달릴 수밖에 없었지. 결국 러시아는 철수하는 나폴레옹 군대를 추격해 크게 무너뜨렸어. 물론 추위도 한 몫 했대. 군대가 철수할 때부터 엄청나게 추워지면서 많은 군사들이 얼어 죽었으니까.

69 | 자유주의
자유와 권리를 향한 거대한 움직임

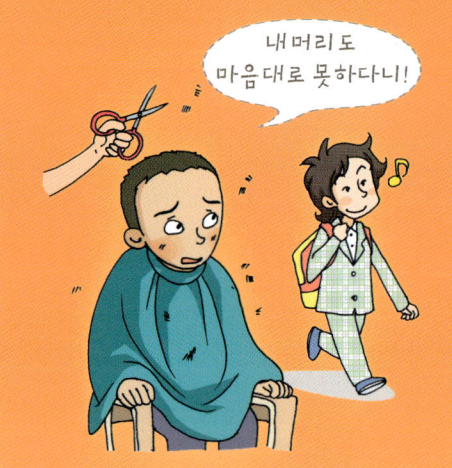

중학교 3학년인 우리 오빠는 요즘 매일 아침 거울 앞에서 30분씩이나 머리를 만지면서 신경질을 내고 있어. 요즘 학생부장 선생님이 바뀌면서 매일 교문에서 용모가 단정한 지를 검사하신대. 어쨌든 오빠가 거울 앞에서 버릇처럼 하는 말이 있어. "내 머리도 내 마음대로 못해? 자유가 있던 옛날이 그립다." 우리 오빠는 너무 유별난가 봐.

자유주의(自由主義) : 자유와 평등 사상을 바탕으로 개인이 정치나 신분에 얽매이지 않고 힘에 의한 억압이나 부담에서 벗어날 것을 강조한 사상

프랑스 혁명 전으로 돌아가고파 | 빈 체제

나폴레옹이 엘바 섬으로 귀양을 가고 난 후 1814년 유럽 각 나라의 대표들이 오스트리아 빈에 모여서 회의를 했어. 빈 회의의 주제는 나폴레옹 때문에 혼란해진 유럽 정치를 어떻게 해야 할지였어.
오스트리아의 재상으로 빈 회의를 주도한 메테르니히는 자유를 탄압해야 한다고 주장했어. 프랑스 혁명 이전의 왕 중심 체제로 되돌려 놓자는 메테르니히의 원칙에 모두 공감했어. 하지만 나폴레옹 전쟁 이전에 차지하고 있던 영토를 되찾기 위해 다투느라 쉽게 결론이 나지도 않았지. 이렇게 빈 회의를 통해 형성된 유럽의 새로운 질서를 '빈 체제'라고 해.

빈 회의를 주도한 메테르니히

자유주의 불꽃이 타오르다 | 7월 혁명과 2월 혁명

또 다시 타오른 혁명의 불길, 7월 혁명

빈 체제는 왕이나 귀족들에게만 유리한 옛날로 돌아갈 것을 강조했기 때문에, 이를 비판하는 목소리가 여기저기서 흘러나오기 시작했어. 특히 목숨 걸고 혁명에 참여했던 프랑스 사람들의 좌절은 더욱 컸어. 결국 빈 체제가 무너지는 데 결정타를 가한 것은 프랑스의 7월 혁명과 2월 혁명이야.
루이 18세의 뒤를 이어 왕위에 오른 샤를 10세는 루이 16세의 동생이었어. 그 형의 그 동생이라고 샤를 10세는 백성의 말에 전혀 귀를 기울이지 않고 신문 기사까지도 미리 내용을 검사받게 했어.
너무 화가 난 사람들은 들고 일어났어. 혁명이 일어난 거야. 1830년 7월에 일어나 단 사흘 만에 끝난 혁명이야. 분노한 파리 시민들은 거리에서 마차와 수레를 뒤엎고, 도로를 포장한 돌을 뜯어내서 바리케이드를 친 후 혁명을 진압하러 온 군대와 충격전을 벌였어. 결국 샤를 10세는 영국으로 달아나 버리고, 루이 필립이 새 국왕이 되었어. 루이 필립은 '시민 국왕'이라고 불렸대. 모든 것을 국민이 원하는 대로 해야 했기 때문이지. 7월에 일어나 왕을 바꾼 이 사건을 7월 혁명이라고 해.

 **회의는 춤춘다**

빈 회의가 여러 나라 간의 대립으로 진행이 잘 안 되자 메테르니히는 오스트리아의 위상을 높일 목적으로 매일 연극 공연이나 호화로운 무도회를 열었어. 그때 빈에서는 화려하고 경쾌한 왈츠가 유행했는데, 여러 나라의 외교관들은 왈츠에 푹 빠져서 회의는 안 하고, 대부분의 시간을 파티와 춤을 즐기며 보냈대. 오죽하면 당시 빈 회의 모습을 지켜보던 사람이 "회의는 춤춘다. 그러나 진척은 없다."라고 말했다니까. 결국 회의 기간 동안 아낌없이 쏟아 부은 비용 때문에 왕실의 돈이 바닥나고, 빈 사람들은 왈츠에 빠져 정치에 무관심해졌으니 '춤바람'이 무섭긴 무섭지?

노동자의 권리를 보장하고 선거권을 확대하라, 2월 혁명

루이 필립은 처음에는 시민들의 의견을 들어주었지만 시간이 지나면서 달라졌어. 가난한 노동자들은 무시하고, 돈이 많은 시민들에게만 선거권을 주었지. 결국 노동자들과 새로 등장한 상공업자들이 1848년에 다시 한번 일으킨 혁명이 바로 '2월 혁명'이야. 결국 루이 필립은 도망가고 프랑스 혁명 이후 두 번째로 공화정이 선포되었고 새 헌법을 만들어 21살 이상의 모든 남자들은 선거권을 갖게 되었지. 압도적인 표차로 두 번째 공화국의 대통령이 된 사람은 놀랍게도 나폴레옹의 조카인 루이 나폴레옹이야.

2월 혁명이 성공했다는 소식이 알려지자, 혁명의 불길이 온 유럽으로 번져 나갔어. 오스트리아에서는 3월 혁명이 일어나 메테르니히가 추방되었고, 이탈리아와 독일에서는 통일 운동이 일어나기 시작했어. 영국에서는 노동자들이 선거권을 요구하는 운동이 일어났지.

의회를 통해 자유주의를 이뤄내다 | 영국의 개혁

유럽 대륙에서는 피를 흘리며 혁명으로 자유주의를 실현한데 비해, 일찍부터 의회 정치가 발전한 영국은 의회에서 법을 고쳐가며 자유주의를 이루었어. 1832년 선거법을 고쳐서 재산이 있는 도시의 상공업자들에게 선거권이 주어졌고, 영국 국교회를 믿지 않는 사람들에게도 시민의 자유와 권리를 보장해 주었어. 또한 〈곡물법〉과 〈항해법〉을 폐지하여 자유 무역을 허락해 줌으로써 자유주의 경제 체제가 확립되었어. 이것은 당시 영국이 세계 경제의 중심이자, 넓은 식민지가 있었기 때문에 가능한 일이었지.

하지만 재산이 없는 도시의 노동자나 농민들은 여전히 선거를 할 수 없었기 때문에 노동자들을 중심으로 '차티스트 운동'을 벌였어. 여러 차례 전개된 차티스트 운동은 비록 실패로 끝났지만, 19세기 후반에 이르러 보수당과 자유당에 의한 양당 정치가 발전하면서 결국 농민과 노동자에게도 선거권이 주어지고, 이들의 요구는 대부분 수용되었어. 영국의 양원제 의회는 17세기 영국에서 처음 등장해 18세기에 유럽과 미국으로 전해진 정치 체제야. 양원제 의회는 상원과 하원으로 구성되는데, 상원은 성직자와 귀족들로, 하원은 국민들이 직접 뽑은 대표자들로 이루어져 있어.

영국의 선거권 확대 과정

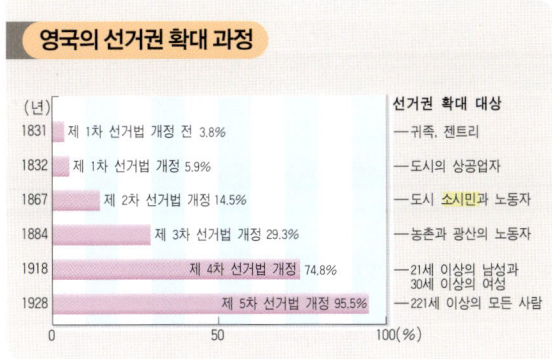

용어 해설

재상(宰 재상 재, 相 서로 상)
왕을 돕고 모든 관원을 지휘하고 감독하는 일을 맡아보던 2품 이상의 벼슬

바리케이드(Barricade)
적의 침입이나 공격을 막기 위해 길목 등에 임시로 설치해 놓은 장애물

곡물법(穀 곡식 곡, 物 물건 물, 法 법 법)
지주들을 보호하기 위해 외국에서 수입한 식량에 비싼 세금을 내게 한 법

항해법(航 배 항, 海 바다 해, 法 법 법)
영국으로 수입되는 상품은 반드시 상품의 생산국이나 영국의 배로만 나르도록 한 법

소시민
자본가와 노동자 사이의 중간 계층

영국의 양당 정치

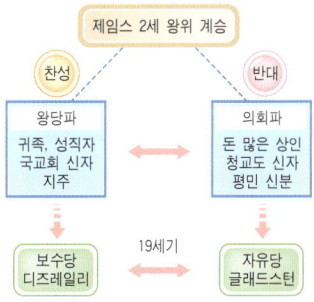

보수당을 이끌었던 디즈레일리와 자유당을 이끌었던 글래드스턴은 선의의 경쟁을 통해 의회 정치를 확립하고, 영국의 자유주의 발전에 공헌했어.

차티스트 운동의 요구 사항

70 | 민족주의

민족의 독립과 통일을 추구하다

1600　1700　1750　1800　1850　1900

우리 오빠는 못 말리는 축구광이야. 이탈리아의 AC 밀란을 너무 좋아해서 티셔츠랑 기념품을 잔뜩 사더니, 요즘은 독일의 바이에른 뮌헨 팀에 열광하고 있어. 그런데 오늘 TV를 보니 독일과 이탈리아라는 나라가 200년 전에는 없었대. 땅을 차지하고는 있었지만, 오스트리아나 프랑스의 간섭을 받는 작은 나라일 뿐이었대. 독일과 이탈리아는 어떻게 힘센 나라들을 물리치고 통일하여 하나의 나라가 되었을까?

통일을 이끌어낸 강력한 힘 | 민족주의

안으로는 민족의 마음을 하나로 모으고, 밖으로는 다른 나라의 지배에서 벗어나 자유와 독립을 추구하는 것이 민족주의야. 19세기 유럽에서는 자유주의가 확산되면서 개인의 자유뿐 아니라 민족의 자유도 중요한 문제로 떠올랐고, 결국 이탈리아와 독일이 통일을 이루었지.

1400년 만에 하나 된 이탈리아 | 이탈리아의 통일

이탈리아의 부흥을 원했던 가리발디

여러 나라로 분열되어 오스트리아의 지배를 받던 어려운 시기에 가리발디는 통일을 위해 몸 바친 사람이었어. '청년 이탈리아당'에 가입해 통일 운동을 벌이다 1860년에는 '붉은 셔츠당'이라는 의용군을 조직해 시칠리아와 나폴리를 정복했어. 가리발디는 하나의 이탈리아 공화국을 만들어야 한다는 희망을 품고 있었지만, 통일이라는 큰 뜻을 이루기 위해 시칠리아와 나폴리를 사르데냐 국왕에게 바쳤지.

이탈리아의 통일을 주도한 사르데냐 왕국

프랑스에서 2월 혁명이 일어난 후부터 통일 운동은 사르데냐 왕국의 카보우르가 주도했어. 그는 총리로 임명된 후 산업을 육성하고 군대를 개편하였으며 전쟁을 통해 이탈리아의 통일에 공헌했어. 카보우르는 프랑스의 도움을 얻어 오스트리아와의 전쟁에서 승리하면서 북부와 중부 이탈리아를 통합했어. 이때 남부 이탈리아를 통합한 가리발디가 정복한 땅을 사르데냐 왕국에 바치면서 로마와 베네치아를 제외한 왕국이 세워졌어. 이탈리아 왕국이 성립되면서 서로마 제국 멸망 후 1,400년 만에 비로소 이탈리아라는 이름으로 하나가 된 거야(1861). 이후 프로이센-오스트리아 전쟁, 프랑스-프로이센 전쟁 때 프로이센 편에 가담해 싸웠는데, 모두 프로이센이 이긴 덕에 베네치아와 교황령까지 점령하면서 통일을 완성했어(1870).

더 알고 싶어요

이탈리아는 파스타가 통일한 것이다?

파스타는 '밀가루를 물과 반죽한 것'이란 뜻이야. 우리가 즐겨먹는 스파게티는 파스타의 한 종류라고 할 수 있지. 이탈리아 영화감독 마리오 솔다티는 "이탈리아를 통일시킨 것은 가리발디가 아니라 매일 식탁에 올라오는 김이 모락모락 나는 파스타 냄비였다."라고 말했대. 통일될 때까지 작은 나라들로 나뉘어 독립적인 문화를 가지고 있던 이탈리아 사람들에게, 지역마다 만드는 방법은 다르지만 매일 즐겨 먹는 파스타는 '우리는 하나'라는 공동체 의식을 심어주는 역할을 했다는 거지. 지금 파스타는 이탈리아뿐 아니라 전 세계의 입맛을 통일시킨 건 아닐까?

'철'과 '피'로 이뤄낸 독일 제국 | 독일의 통일

힘에 의한 통일을 추구한 프로이센의 비스마르크

프랑스의 동쪽에 독일어를 사용하는 38개의 작은 주들이 '독일 연방'이라는 이름으로 살고 있었는데, 이중 통일 운동에 앞장 선 나라가 프로이센이야. 프로이센을 중심으로 맺은 관세 동맹은 독일 통일의 첫걸음이 되었어. 독일 내 연방 국가 간의 관세를 없애고, 화폐나 도량형 등을 통일하면서 경제적 기반을 만들었어.

1862년에 재상이 된 비스마르크는 프로이센의 왕이 독일 연방을 이끄는 하나의 국가를 만들겠다는 다짐을 했어. 비스마르크는 통일을 위해 우수한 무기와 강력한 군대가 필요하다고 생각했지. 결국 의회의 반대를 무릅쓰고 '철혈 정책'을 내세우며 군비를 확장했어.

오스트리아, 프랑스와의 전쟁

'철혈 재상'이란 별명을 얻은 비스마르크 덕에 강력한 군대를 가지게 된 프로이센은 우선 독일 통일에 가장 위협이 되었던 오스트리아와 전쟁을 벌여 가볍게 승리했어. 승리 후 프로이센은 북부 지방 국가들을 중심으로 '북독일 연방'을 결성했지. 그 후 프랑스와의 전쟁에서도 승리하자, 이제까지 지켜만 보고 있던 독일 남쪽의 여러 나라가 북독일 연방에 합세했어. 오스트리아, 프랑스 두 나라와의 전쟁은 독일 사람들에게 '민족의식'과 '애국심'을 심어주었지.

독일 제국의 탄생

비스마르크는 프로이센의 빌헬름 국왕을 '독일 황제'로 인정해 달라고 북독일 연방의 주들을 설득했어. 결국 빌헬름 1세는 당시 비스마르크가 점령한 프랑스의 베르사유 궁전에서 독일 제국의 황제로 즉위했지(1871). 이전에 독일을 지배했던 신성 로마 제국을 계승한 두 번째 제국이기 때문에 '제2제국'이라고 해. 제2제국에서 가장 강력한 권력을 가진 사람은 빌헬름 황제가 아니라 비스마르크였어. 통일 후 약 20년 동안이나 재상을 지낸 비스마르크는 독일의 지위를 강화해 유럽의 강대국이 되었어. 하지만 비스마르크의 강력한 힘에 의한 통일은, 당시에는 최선책이었을지는 모르지만 결코 올바른 선택은 아니었다는 비판을 받았어.

 **용어 해설**

가리발디
가리발디는 당시 누구보다 이탈리아 사람들을 일깨우고 애국심을 심어 주는 데 커다란 역할을 했고, 지금도 이탈리아의 국민 영웅으로 추앙받고 있다.

의용군(義 옳을 의, 勇 용감할 용, 軍 군사 군)
사회나 국가가 위험에 처했을 때 자발적으로 일어나 무장하고 싸우는 군대

관세(關 빗장 관, 稅 세금 세)
상품이 한 나라의 국경을 통과해 거래될 때 부과하는 세금

군비(軍 군사 군, 備 갖출 비)
국가의 안전을 수호하고 국권을 유지하기 위한 군사상의 방비

독일의 황제 즉위식을 베르사유 궁에서?

이웃 국가인 프랑스와 독일은 오랫동안 대립해 왔어. 하지만 프랑스는 나폴레옹 전쟁을 거치며 거의 전 유럽을 손에 넣을 정도로 강해진 반면, 독일은 여러 나라로 흩어져 그다지 힘이 없었어. 그런데 프로이센이 프랑스를 이겼으니 독일 사람들 입장에서는 너무나 뿌듯했지. 프랑스의 베르사유 궁전에서 독일 황제 즉위식을 한 것은 프랑스를 이긴 것에 대한 독일의 자신감의 표현인 셈이야. 프랑스는 이 사건을 잊지는 않았어. 제1차 세계 대전에서 독일이 패했을 때, 베르사유 궁전에서 똑같이 갚아줬거든.

 전보의 앞뒤만 살짝 잘랐을 뿐인데, 전쟁까지?

프랑스 대사가 에스파냐 왕위 계승 문제에 프로이센은 개입하지 말아 달라는 부탁을 하기 위해 휴양지 엠스로 빌헬름 1세를 찾아갔어. 빌헬름 1세는 이를 부드럽게 거절했고, 프랑스 대사는 정중한 태도로 물러났지. 빌헬름 1세는 회담 내용을 비스마르크에게 전보로 알렸어. 이것이 바로 '엠스 전보'야. 독일의 통일을 위해 어떻게든 프랑스를 자극해 전쟁을 하려 했던 비스마르크는 일부러 전보의 앞뒤 내용을 잘라서 발표했어. 살짝 편집된 엠스 전보는 독일 사람들에게는 프랑스 대사가 자신들의 왕에게 무례한 짓을 한 것으로 보였고, 프랑스 사람들에게는 자기 나라 대사가 독일의 왕에게 모욕만 당하고 쫓겨난 것처럼 보였지. 결국 비스마르크가 의도한 대로 두 나라는 전쟁을 하게 되었어.

이탈리아와 독일의 연표

도시 국가로 출발해 지중해 전역을 지배하는 대제국으로 성장한 로마 시대에 이탈리아는 유럽 정치의 중심지였어. 하지만 서로마 제국이 멸망한 후부터 지역별로 다른 정치 체제를 유지하며 발전하다 르네상스로 유럽 문화의 중심지로 화려하게 부활했어. 그러나 여러 나라의 지배를 받다가 19세기에야 통일 왕국이 탄생했지. 이후 무솔리니와 전체주의로 인해 제2차 세계 대전에서 패했지만, 많은 노력 끝에 오늘날 패션과 문화의 중심지로 각광받고 있어.

이탈리아

◀◀ 870 ◀◀ 476 ◀◀ B.C.27 ◀◀ B.C.146 ◀◀ B.C.6세기 ◀◀

● **서로마 제국의 멸망**
게르만 족의 이동으로 사회가 혼란해지다 동서 로마로 분리되었어. 서로마 제국은 476년 게르만 족에 의해 멸망하고, 동로마 제국은 1,000년 동안 지속되었어.

● **지중해 지역의 통일**
기원전 3세기 카르타고와 포에니 전쟁에서 승리한 후 점차 영토를 확장해 지중해 연안의 거의 모든 지역을 지배하게 되었어.

● **메르센 조약**
프랑크 왕국의 카롤루스가 죽은 후 메르센 조약으로 영토가 나뉘어 프랑스·독일·이탈리아의 원형이 이루어졌어.

● **로마 제정의 시작**
카이사르의 뒤를 이어 정권을 장악한 옥타비아누스는 군대 지휘권과 주요 관직을 독점하여 사실상 황제와 같은 지위를 누리게 되었어. 이때부터 제정이 시작된 거야.

● B.C. 8세기에 로물루스와 레무스에 의해 건설된 로마는 6세기에 로마 공화정을 세웠어.

● **무솔리니와 제2차 세계 대전**
제1차 세계 대전 이후 불안한 상황에서 전체주의를 지향하는 무솔리니가 등장했어. 제2차 세계 대전 때 독일, 일본과 함께 싸웠으나 연합군에게 패했지.

● **합스부르크 왕가의 지배**
유럽에 전쟁이 생길 때마다 이탈리아 각지는 강한 나라들의 희생양이 되어 지배자가 계속 바뀌었어.

▶▶ 15세기 ▶▶ 16세기 중반~18세기 ▶▶ 1861 ▶▶ 20세기

● **르네상스**
지중해 무역을 통해 부유해진 시민들이 고대 그리스와 로마 문화를 부활시키고 새로운 시각으로 인간과 자연을 바라보는 르네상스가 일어났어. 피렌체의 메디치 가문과 교황의 후원으로 예술가들은 마음껏 기량을 펼칠 수 있었지.

● **이탈리아 왕국의 성립**

이탈리아 대부분의 영토를 통합해 이탈리아 왕국이 탄생되었어.

70 | 민족주의

독일은 게르만 족의 나라야. 게르만 족은 로마 북쪽에서 살다가 이동해서 서로마 제국을 멸망시키고, 프랑크 왕국을 거쳐 신성 로마 제국이 되면서 로마의 맥을 이었어. 1871년에 프로이센의 비스마르크가 주장한 철혈 정책에 힘입어 나라가 통일되면서 오늘날 독일의 바탕이 마련되었어. 제1·2차 세계 대전의 패배로 정치·경제적인 어려움을 겪었지만, 모두 극복하고 1990년에 독일 연방 공화국으로 동독과 서독이 통일되었어.

독일

● 게르만 족의 이동
훈 족의 공격으로 게르만 족의 대이동이 시작되었어. 이들은 여러 왕국을 건설했는데, 그중 프랑크 족의 클로비스가 강력한 프랑크 왕국을 건설했어.

● 신성 로마 제국 건국
동프랑크의 오토 1세가 교황으로부터 황제로 인정받아 신성 로마 제국을 건국했어.

B.C.4세기 ▶▶ 4세기 ▶▶ 481 ▶▶ 962 ▶▶ 1577~1648 ▶▶

● 게르만 족 등장
비슷한 문화와 전통을 갖는 공동체를 형성하며 살았어.

● 프랑크 왕국 성립
프랑크는 다른 게르만 족과는 달리 가톨릭으로 개종하고 활발한 정복 활동으로 영토를 확장했어. 카롤루스 대제 때 최고 전성기를 누리며, 서유럽 문화의 기틀이 마련되었어.

● 종교 개혁과 30년 전쟁
루터가 면벌부를 판매하는 가톨릭 교회를 비판하고, 신앙과 성서에 의해서만 구원받을 수 있다고 주장하면서 종교 개혁이 시작되었어. 이후 종교 개혁은 전 유럽으로 확산되었고, 종교 전쟁인 30년 전쟁이 일어났어.

● 히틀러와 제2차 세계 대전
독일 민족의 영광을 되찾자며 나치스 당을 만든 히틀러는 제1차 대전 패전과 대공황으로 어려움에 처한 독일 사람들을 부추겨 제2차 세계 대전을 일으켰지만 연합국에 패했어.

● 독일 제국 탄생
프로이센의 비스마르크는 강력한 철혈 정책을 바탕으로 주변 나라를 물리치고 빌헬름 1세를 황제로 한 독일 제국을 선포했어.

◀◀ 1932~1945 ◀◀ 1871~1918 ◀◀ 1871 ◀◀ 18세기

● 제국주의와 제1차 세계 대전
해외 진출을 적극 추진하며 제국주의 국가로 발전한 독일은, 삼국 동맹의 중심국으로 제1차 세계 대전에 참여했으나 패했어.

● 프로이센의 프리드리히 대왕
국가의 일등 심부름꾼을 자처한 계몽 군주 프리드리히 대왕은 오스트리아와의 전쟁을 통해 영토를 넓히고, 여러 가지 제도 개혁을 통해 프로이센을 강대국으로 만들었어.

세계사 개념사전 **209**

71 | 제국주의
자본주의가 만들어 낸 힘의 정치

| 1800 | 1900 | 1925 | 1950 | 1975 | 2000 |

내가 책을 너무 안 읽는다고 걱정하시던 엄마가 《해가 지지 않는 나라 영국》이라는 책을 건네주셨어. 제목이 이상해 책을 조금 읽어 보았어. 19세기에 영국은 세계 각 대륙에 식민지를 만들었는데, 식민지가 얼마나 많은지 한 곳에서 해가 지면 다른 곳에서는 해가 떴기 때문에 그런 별명이 생긴 거래. 어떻게 영국은 넓은 영토를 차지할 수 있었을까?

제국주의(帝國主義) : 강한 군사력과 경제력으로 다른 나라나 민족을 정벌하여 식민지로 삼는 침략주의적인 경향이나 국가 정책

세계를 시장으로 삼다 | 제국주의

19세기 후반에 과학 기술이 발달하고, 산업 혁명이 본격적으로 진행되면서 자본주의가 크게 성장하기 시작했어. 기업은 쌓여가는 상품들을 팔 곳이 필요해졌고, 돈을 가진 은행은 남는 돈을 투자할 곳을 찾아야 했지.

이들이 찾아낸 해결책이 바로 식민지야. 식민지에서 싼 값에 원료를 구입하고, 적은 임금을 주고도 일을 시켰어. 또, 만든 물건을 팔거나 남는 돈을 투자할 새로운 시장이기도 했지. 하지만 식민지가 되어 모든 자원을 빼앗기는 걸 좋아할 나라가 어디 있겠어? 그러니 총, 칼로 누를 수밖에.

이렇게 자본주의가 발달한 국가들이 자기 나라의 이익을 위해 약한 나라를 무력으로 침략해 식민지로 삼는 것을 제국주의라고 해. 제국주의 국가들은 자기 나라를 벗어나 세계를 시장으로 삼기 위한 치열한 경쟁을 시작한 거야.

강한 자만이 살아 남는다! | 제국주의의 논리

영국의 찰스 다윈은 "생물체는 살아남기 위해 환경에 적응하는 과정에서 점차 진화했다."고 하는 '진화론'을 발표해서 당시 사람들을 충격에 빠뜨렸어. 그런데 진화론을 인간 사회에도 그대로 적용해 '인간 사회 역시 철저하게 살아남기 위한 경쟁이고, 경쟁에서 살아남은 사람들이 사회를 발전시킨다.'고 주장하는 사람들이 생겨났어.

이런 주장 덕분에 제국주의 국가들은 이제 거리낄 것이 없어졌어. 세실 로즈는 "영국인이 지배하는 세계가 넓으면 넓을수록 많은 나라가 행복할 것이라고 믿는다."라고 했대. 즉, 백인이 황인이나 흑인보다 정신적·신체적으로 우월하므로 유럽 사람들이 아프리카나 아시아를 지배하는 건 정당한 일이자, 신성한 의무라고 제국주의를 거짓 포장하고는 다른 나라를 침략한 거야.

제국주의 국가들은 더 많은 식민지를 확보하기 위해 치열한 경쟁을 했어. 경쟁에 뒤처지지 않으려면 강해져야 하고, 강해지기 위해 군사력 강화는 필수였지. 군사력 강화를 위한 군비 경쟁으로 국제 관계는 매우 위태로워졌어.

 더 알고 싶어요

박람회에 원주민을 전시한다고?

1889년 프랑스 혁명 100주년을 기념하기 위해 파리 만국 박람회가 열렸어. 여기에는 식민지관이 따로 있었는데, 실제 살아있는 아프리카 원주민들을 울타리 안에 가둬 놓고 한 달 동안 그 안에서 생활하도록 했대. 당시 학자들은 원주민을 야만인 즉, 인간 이하라고 평가했어. 놀라운 것은 1903년 일본의 오사카 박람회 때도 우리나라 사람을 비롯한 32명의 살아 있는 사람들이 전시되었다는 거야.

시장도 되고, 원료 공급지도 되고 | 식민지

식민지를 차지하기 위한 경쟁을 처음으로 시작한 것은 영국과 프랑스였어. 두 나라가 주도하던 식민지를 차지하기 위한 경쟁에 독일, 미국, 일본 등도 뛰어들면서 점차 그 경쟁은 치열해지기 시작했어. 제국주의 국가들이 주로 침략한 곳은 아시아, 아프리카, 태평양 지역이었어. 이 지역은 공업 생산에 필요한 여러 가지 원료가 풍부했거든.

매력적인 시장으로 떠오른 인도와 중국

인도와 중국은 넓은 땅과 자원, 많은 인구를 가지고 있어 일찍부터 유럽 강대국들이 가장 가지고 싶어하는 매력적인 시장이었어. '영국 제국주의의 꽃'이라 불리던 인도는 프랑스를 무찌른 영국에게 넘어갔어. 경쟁에서 진 프랑스는 베트남과 캄보디아로 진출해 이 지역을 차지했지. 중국은 영국, 프랑스, 독일, 러시아 등 여러 나라에게 이권을 빼앗기고 정치적 간섭을 심하게 받는 등 거의 식민지 상태가 되었어.

여러 나라의 침략으로 누더기가 되어버린 아프리카

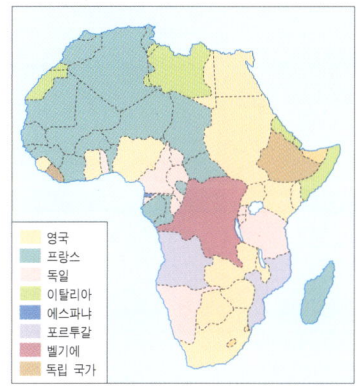

가는 길이 험해서 접근이 쉽지 않았던 아프리카의 상황이 유럽에 알려지자 여러 강대국들은 금과 다이아몬드의 대륙 아프리카로 달려갔어. 결국 라이베리아와 에티오피아를 제외한 전 지역이 유럽의 식민지가 되어 아프리카 대륙은 여기저기를 꿰매서 만든 누더기처럼 되어 버렸어. 경쟁이 치열하면 싸움이 나기 마련이야. 영국은 북쪽의 이집트와 남쪽의 케이프타운을 남북으로 연결하는 정책을 추진하고, 프랑스는 서쪽의 알제리와 동쪽의 마다가스카르 섬을 동서로 연결하는 정책을 추진하다 파쇼다에서 전쟁이 날 뻔한 '파쇼다 사건'이 발생하기도 했어.

먼저 차지하는 사람이 임자가 된 태평양

여러 가지 자원의 보고였던 태평양의 섬들도 예외가 될 수는 없었어. 발 빠르게 움직인 영국은 오스트레일리아와 뉴질랜드를, 독일은 마셜 제도와 캐롤라인 제도, 네덜란드는 인도네시아, 미국은 필리핀, 하와이, 괌 등을 차지했어.

용어 해설

식민지(植 심을 식, 民 백성 민, 地 땅 지)
정치·경제적으로 다른 도시나 나라의 지배를 받는 영토

진화(進 나아갈 진, 化 될 화)
일이나 사물 등이 점점 발전해 가는 것

군비(軍 군사 군, 備 갖출 비)
전쟁을 하기 위하여 갖춘 군사 시설이나 장비

이권(利 이로울 이, 權 권세 권)
이익을 얻을 수 있는 권리

보고(寶 보배 보, 庫 곳 고)
귀중한 것이 많이 나거나 간직되어 있는 곳을 이르는 말

로마 제국도 제국주의인가요?

제국주의는 법에 의한 명령이라는 로마 시대의 임페리움(Imperium)에서 비롯된 말로, 다른 나라를 정복해 지배하는 것을 말해. 하지만 로마 제국과 19세기의 제국주의는 달라. 로마 제국은 식민지에서 세금이나 공물 등을 바치고, 로마 황제에게 충성을 약속하면 평화를 보장해 주었어. 하지만, 19세기 후반에 등장한 제국주의 국가들은 식민지의 정치와 경제 분야뿐 아니라, 사회와 문화 분야까지 지배해서 필요한 모든 것을 식민지에서 얻으려고 했어. 결국 제국주의의 식민지가 된 국가들은 세금을 더 내면 되는 것이 아니라 생활의 전체를 송두리째 다른 나라에게 빼앗기게 된 거지.

식민지에 공장도 건설해 주면, 제국주의가 꼭 나쁜 건 아니잖아요?

다식민지를 위해서야.

제국주의 국가들은 식민지에 도로와 철도를 건설하고, 의료 시설이나 학교 교육을 보급했어. 하지만 이러한 일들이 식민지에 살고 있는 사람들을 위해서라기 보다는 그 지역을 더 쉽게 지배하기 위한 방법인 경우가 많았지. 철도나 도로를 건설해야 약탈한 원료를 빨리 실어 올 수 있고, 기초 교육을 시켜야 자신들과 의사 소통이 잘 돼 더 효율적으로 약탈할 수 있기 때문이야. 겉으로 보기에는 식민지를 위해 무언가를 하는 것 같지만, 그 목적은 식민지의 철저한 수탈에 있기 때문에 제국주의 지배를 받았던 나라들 가운데는 오늘날에도 경제적으로 어려운 나라들이 많아.

72 | 제1차 세계 대전

제국주의 VS 제국주의

| 1800 | 1900 | 1925 | 1950 | 1975 | 2000 |

오늘은 정말 짜증나는 날이야. 반 전체가 선생님께 혼나고 벌 청소를 하느라 늦게 끝났거든. 집에 와 곰곰이 생각해 보니, 이게 다 두 친구 때문인 것 같아. 원래 대한이랑 민국이는 힘이 세고 운동도 잘해서 따르는 친구들이 많았거든. 그런데 얼마 전 두 친구가 크게 싸운 이후로 대한이랑 친한 아이들 그룹과 민국이랑 친한 아이들 그룹이 형성되었어. 반 전체가 두 패로 나뉘면서 조금씩 부딪치기 시작했는데, 오늘 점심 시간에 제대로 한번 싸웠지 뭐. 억지로 화해는 했지만, 과연 사이가 다시 좋아질 수 있을까?

식민지를 둘러싼 경쟁 | 삼국 동맹과 삼국 협상

제국주의 국가들이 식민지를 차지하기 위해 서로 치열한 경쟁을 벌이다 보니 어느새 더 이상 차지할 땅이 없어졌어. 이제 다른 나라의 식민지를 넘보기 시작하면서 전쟁의 기운이 싹텄어. 독일 제국을 통일한 후, 비스마르크는 프랑스를 고립시키기 위해 오스트리아, 이탈리아와 삼국 동맹을 맺었어. 프랑스에만 신경 쓰는 비스마르크를 해임한 빌헬름 2세는 범게르만주의를 주장하며 발칸 반도를 거쳐 서남아시아로 진출하려 했지. 뒤늦게 식민지 경쟁에 뛰어든 독일의 팽창에 위기를 느낀 프랑스, 러시아, 영국은 삼국 협상을 체결했어. 이제 유럽은 삼국 동맹과 삼국 협상의 두 세력으로 나뉘어 팽팽히 맞서게 되었어.

범게르만주의와 범슬라브주의 대립

범게르만주의
- 독일, 오스트리아
- 게르만 민족의 정치적 통합
- 히틀러와 나치스 당에 영향, 독일의 팽창을 주장하여 제 2차 세계 대전 발생에 영향

↔

범슬라브주의
- 러시아, 세르비아
- 슬라브 민족의 정치적·문화적 통합
- 발칸 반도의 슬라브 민족을 러시아가 후원함

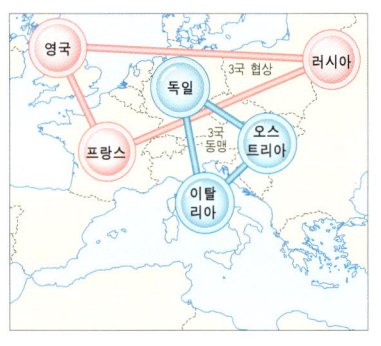

프랑스를 고립시키려 했던 독일은 오히려 삼국 협상 국가에게 포위되 버렸어.

삼국 동맹
- 프랑스의 고립이 목적
- 독일, 이탈리아, 오스트리아가 참여함

↔

삼국 협상
- 독일의 팽창 막기
- 영국, 프랑스, 러시아가 참여함

삼국 동맹과 삼국 협상

유럽의 화약고 발칸 반도

발칸 반도는 오랫동안 오스만 제국의 지배를 받다 오스만 제국이 쇠퇴하자 19세기부터 민족 운동이 활발했던 지역이야. 그러나 워낙 다양한 민족과 종교가 복잡하게 얽혀 있다 보니, 이해관계가 서로 엇갈리는 경우가 많아 싸움이 일어날 만한 이유를 많이 안고 있었어. '유럽의 화약고'라는 별명도 이 때문에 얻은 거야.

유럽의 화약고 | 발칸 반도를 둘러싼 대립

날카롭게 대립하던 두 세력은 드디어 아프리카의 모로코에서 맞붙었어. 간신히 전쟁의 위기는 넘겼지만 발칸 반도에서 또다시 붙었지. 당시 세르비아 인들은 발칸 반도에 흩어져 있던 슬라브 족을 모아 하나의 큰 나라를 만들고 싶어 했어. 발칸 반도에 욕심을 내던 러시아는 세르비아를 지원했지. 하지만 오스트리아가 세르비아의 세력 확장에 대응하여 발칸 반도의 일부를 차지하면서 두 차례에 걸친 발칸 전쟁이 일어났고, 유럽은 점점 불안에 떨게 됐어.

종군 기자 브라이언의 기자 수첩 | 제1차 세계 대전

사라예보에 울린 총성, 비극이 시작되다(1914.7.28)

드디어 오스트리아가 세르비아에 선전 포고를 했다. 오스트리아 황태자 부부가 보스니아의 수도 사라예보에서 19살 세르비아 청년의 총에 맞아 죽은 지 꼭 한 달만의 일이다. 신문사에 종군 기자로 가겠다고 미리 허락받기는 했지만, 막상 전쟁이 시작되니 걱정이 앞선다. 분명히 독일은 오스트리아를, 러시아는 세르비아를 지원하고 나설 것이다. 아무래도 이 전쟁은 쉽게 끝날 것 같지 않다.

지루한 참호전, 전쟁은 더디고(1916.2.21)

엄청난 추위에 참호 속에서 웅크리고 있은 지 벌써 며칠 째. 독일과 프랑스가 밀고 밀리는 접전을 거듭해 하루하루가 지옥같다. 어제 있었던 전투를 생각해 보면 지금도 아찔하다. 취재를 하던 동료가 기관총에 맞아 죽고, 전투기에서 쉴새 없이 폭탄이 떨어져 많은 군인들이 죽었다. 안 펴지는 손가락에 입김을 불며 수첩을 정리해 본다.

예상을 깨는 날들의 연속이었다. 이탈리아가 연합국 측으로 돌아서고, 오스만 제국과 불가리아가 삼국 동맹 측에 가담했을 때만 해도 동맹 측의 승리로 끝날 것 같았는데, 지금은 한치 앞을 내다볼 수 없다.

독일의 필살기, 무제한 잠수함 작전(1917.2.1)

독일이 연합국으로 향하는 배는 중립국 배라도 무조건 침몰시킨다는 무서운 작전을 선언했다. 그동안 영국이 해상을 막아 독일로 들어가는 물자를 통제한 것에 대한 보복인 듯 싶다.

그렇지 않아도 바다의 물귀신으로 통하는 독일의 잠수함 U보트 때문에 많은 사람들이 죽었는데, 이번 작전으로 군인보다 민간인 피해가 더 클 것 같아 걱정이다. 그동안 중립을 선언하고 군수품을 팔아 돈 버는 데 열중했던 미국이 가만히 있을지 의문이다.

미국은 입장, 러시아는 퇴장(1917.4.6)

예상이 적중했다. 독일이 영국 여객선을 공격해 100명이 넘는 미국인들이 죽자 미국은 기다렸다는 듯 참전을 선언했다. 미국이 서부 전선에 참전하면 분명 연합군 측이 유리해질 것이다. 지난 3월 러시아에 레닌이 이끄는 혁명이 일어났다는 소식을 들었는데, 발등에 떨어진 불을 끄기도 바쁜 러시아가 전쟁에 계속 참여할 수 있을까?

독일의 항복으로 막은 내리고(1918.11.11)

아! 드디어 4년 반에 걸친 전쟁이 끝났다. 지난 9월 불가리아부터 시작해 10월에 오스만 제국, 11월에 오스트리아까지 항복하면서 종전을 예상했지만, 전쟁이 끝난 것이 믿어지지 않는다. 끝까지 버티던 독일도 혁명이 일어나 공화국이 선포되면서 마지못해 항복하였다.

제1차 세계 대전 지도

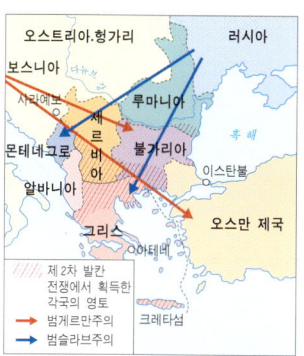

더 알고 싶어요

신무기들의 축제, 제1차 세계 대전

독가스 : 독가스를 만든 독일의 하버는 독가스로 전쟁을 빨리 끝내 인명 피해를 줄일 수 있다고 믿었어. 결국 암모니아 합성법으로 노벨 화학상까지 받았지. 독가스에 대한 대책으로 방독 마스크가 만들어졌어.

탱크 : 영국은 '탱크'라는 암호명을 가진 전차를 개발했어. 탱크는 기관총 제압, 철조망 파괴, 육군 보호, 적의 포병을 제압하는 1석 4조의 역할을 했어.

전투기 : 정찰 및 지상 공격 임무에 대응하기 위해 프랑스에서 개발했어.

잠수함 : 독일 잠수함 U보트는 영국 해군력에 도전했어. 잠수함은 수상 선박에 부딪치면서 폭파하는 어뢰를 발사할 수 있어서 파괴 능력이 무시무시했어.

패자를 향한 철저한 복수 | 베르사유 체제

파리 강화 회의와 베르사유 조약

드디어 전쟁이 끝났어. 사람들은 이제껏 이렇게 많은 국가가 참여하고, 많은 사람이 죽은 전쟁을 본 적이 없었지. 이제는 잿더미에서 어떻게 일어설 것인지를 궁리할 차례였어. 1919년 연합국 지도자들이 프랑스의 베르사유에 모여 '파리 평화 회의'를 연 것은 바로 전쟁 뒷처리 때문이었어.

이 회의에서 가장 입김이 센 나라는 미국, 영국, 프랑스였어. 그중 미국 대통령 윌슨은 전후 문제의 처리를 위한 14개 원칙을 제시했는데, 중요한 것은 두 가지야. 첫째는 나라마다 군대와 무기를 줄이고 '국제 연맹'을 만들어 모든 나라가 가입하자는 거였어. 둘째는 민족의 문제는 민족 스스로 결정하자는 것으로 '민족 자결주의'라고 해. 각 민족의 독립을 보장하자는 거야.

승전국 대표들이 죄인으로 표현된 독일을 단두대로 처형하는 모습으로 풍자하고 있어.

하지만 실제 결정된 내용은 패전국에 대한 철저한 보복이 대부분이었어. 첫째, 삼국 동맹국들의 국경선을 완전히 새로 그려주기로 했어. 패전국의 식민지를 독립시키기로 한 거야. 둘째, 전쟁에 책임이 큰 독일 벌주기였어. 독일에게는 거의 천벌 수준이었지. 막대한 전쟁 피해와 손실을 연합국 모두에게 배상하고, 해외 식민지도 모조리 토해내야 했을 뿐 아니라 무기도 거의 다 빼앗겨 알몸이 되다시피 했거든. 독일은 강하게 항의했지만 연합국 지도자들은 눈 하나 깜짝하지 않았지. 어쨌든 베르사유 조약의 체결로 형성된 국제 질서를 베르사유 체제라고 해.

평화를 위한 노력, 국제 연맹

윌슨의 제안에 따라 42개국이 참가하는 국제 연맹이 1920년 스위스 제네바에 세워졌어. 앞으로 문제가 생기면 싸우지 말고 국제 연맹에서 토론으로 결정하고, 그 결정에 따르자는 것이 주된 내용이었지. 국제 연맹은 국가 간 문제를 평화적으로 해결하는 것을 목적으로 하는 최초의 대규모 국제 기구인 셈이야. 그러나 미국은 의회의 반대로 참여하지 못했어. 유럽 인들 일에 왜 미국이 끼냐는 거지. 국제 연맹을 만든 이후 여러 나라는 군비를 줄이기 위한 회의를 수차례 열어 전쟁을 불법으로 정하고, 국가 간의 문제는 무조건 평화적으로 해결한다는 조약을 체결하는 등 평화를 유지하기 위해 노력했어.

 **용어 해설**

고립(孤 외로울 고, 立 설 립)
다른 사람과 어울리지 않거나 못해 외톨이가 됨

참호전(塹 구덩이 참, 壕 도랑 호, 戰 싸울 전)
적과 싸우기 위해 땅을 파서 구덩이를 만든 참호에 의지하여 공격과 방어를 하는 전투

필살기(必 반드시 필, 殺 죽일 살, 技 재주 기)
사람을 반드시 죽이는 기술

군수품(軍 군사 군, 需 구할 수, 品 물건 품)
군대 유지와 전쟁 수행에 필요한 물품

천벌(天 하늘 천, 罰 벌할 벌)
하늘이 내리는 큰 벌

 이때 우리는?

윌슨의 민족 자결주의에 자극 받아 우리나라에서는 무력을 앞세운 일본의 통치에 저항해 3·1 운동이 일어났어. 3·1 운동은 우리나라뿐 아니라 우리 민족이 있는 해외 여러 지역까지 확산되었고, 중국의 5·4 운동과 인도의 독립운동에도 큰 영향을 주었어.

최고의 여성 스파이, 마타 하리

독일 최고의 무용수로 인기 스타였지.

말레이 어로 '새벽의 눈동자'라는 뜻의 마타 하리는 오늘날 매혹적인 여성 스파이의 대명사로 알려져 있어. 독일 최고의 무용수로 인기를 누리던 마타 하리는 스파이가 되기에 최고의 조건을 갖추고 있었지만 스파이로서의 활약은 그리 뛰어나지 못했어. 연합국 배의 항로와 탱크의 출현을 독일에 알려준 것이 전부였대. 결국 수상한 행동으로 프랑스 첩보부에 잡히면서 스파이 활동도 끝났어. 그런데 어떻게 마타 하리가 스파이의 대명사가 되었을까? 바로 프랑스 정부 때문이었어. 당시 프랑스는 군사들의 사기가 바닥에 떨어지자 마타 하리를 새로운 화제 거리로 내세워 국민들의 관심을 돌리려 했던 거야. 결국 재판에서 마타 하리는 화려한 경력을 가진 최고의 스파이로 포장된 거지.

개념일보 | 세계는 지금(1920년)

상처뿐인 영광, 프랑스

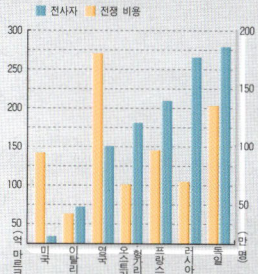

제1차 세계 대전의 국가별 피해

전승국 중 전쟁 피해를 가장 많이 입은 나라는 프랑스라고 전문가들은 입을 모은다. 전쟁이 끝난 후 어마어마한 전쟁 복구 비용과 물가 인상으로 현재 프랑스는 몸살을 앓고 있다. 더구나 독일이 전쟁 배상금을 제 때에 지불하지 못하고 있어 어려움은 더 큰 것으로 보인다. 독일 최대의 공업 지대인 루르 지방을 점령한 것은 어떻게 해서든 경제를 살려보려는 몸부림으로 봐야할 것이다. 하지만 프랑스의 전망이 그리 어둡지만은 않다. 점차 정치가 안정을 찾으면서 경제가 회복되는 추세에 있기 때문이다. 박찬근 기자

새롭게 떠오른 스타, 미국

요즘 미국이 국제 무대에 새로운 스타로 떠오르고 있다. 미국이 제1차 세계 대전에서 가장 큰 혜택을 얻은 나라라는 것은 미국도 인정할 것이다. 전쟁으로 유럽 대륙이 잿더미가 된 반면, 전쟁에 참여만 했을 뿐 자기 땅에서 전쟁을 하지 않아 피해가 크지 않은데다, 전쟁 물자를 팔아 큰 이익을 얻었기 때문이다.

현재 미국은 유럽에 가장 많은 돈을 빌려준 나라이다. 미국은 경제력을 바탕으로 점차 국제 무대에서 영국을 제치고 '1인자'로 떠오르고 있다. 이제 미국은 더 이상 예전의 '영국의 식민지'가 아니라 '슈퍼 스타'인 것이다.

김형중 기자

달라진 세계 지도

독일과 오스트리아 등 패전국이나 러시아의 지배를 받던 민족들은 민족 자결주의 원칙에 따라 독립의 기쁨을 맛보고 있다. 이에 따라 동유럽에는 새로운 국가가 여럿 탄생하고 있다.

오스트리아-헝가리 제국이 분리되면서 4개 국가가 탄생했다. 오스트리아 동쪽은 헝가리, 북쪽은 체코슬로바키아, 남쪽은 크로아티아, 보스니아, 세르비아, 불가리아 일부까지 포함해 유고슬라비아라는 새로운 나라가 탄생했다. 폴란드는 러시아와 독일로부터 벗어나 독립 국가가 되었다. 핀란드와 이른바 발트 3국으로 불리는 에스토니아, 라트비아, 리투아니아는 러시아에서 독립하였다. 한편, 오스만 튀르크 제국은 소아시아를 뺀 모든 영토를 잃고 터키가 되면서 지도상에서 아예 사라졌다. 김준오 기자

각국이 상실한 영토

절망의 독일 경제

요즘 독일에서는 빵 한 조각을 사기 위해 장바구니 가득 돈다발을 넣고 시장으로 향하는 진풍경이 펼쳐지고 있다. 새롭게 수립된 바이마르 공화국은 패전의 상처와 과다한 전쟁 배상금을 감당할 능력이 없다는 것이 모든 학자들의 전반적인 의견이다.

▶ 장작보다 싼 지폐를 연료로 사용하는 주부

엄청난 액수의 배상금을 갚기 위해 경제를 생각하지 않고 계속 마르크 화를 찍어낸 결과 상상을 초월한 물가 상승과 대규모의 실업 사태로 이어진 것이다.

이러한 틈을 타 국가 사회주의 독일 노동자당(나치스)의 대표 히틀러의 인기가 날로 상승하고 있다. 히틀러가 추락하는 독일 경제와 국민들의 마음 두 마리 토끼를 다 잡을 수 있을지 의문이다.

이윤서 기자

시기	우표 한 장 값
1920년	10페니(0.1마르크)
1922년	3(마르크)
1923년 1월	40
1923년 7월	3000
1923년 10월	1,000,000
1923년 12월	10,000,000,000
3년간 1000억배 상승	

▶ 우표 값 변화로 본 독일의 물가 인상

73 민주주의

국민이 나라의 주인이다

| 1800 | 1900 | **1925** | 1950 | 1975 | 2000 |

오늘은 국회의원 선거 날이라 학교에 안 갔어. 엄마를 따라 투표소에 갔더니 '민주주의의 꽃은 선거입니다. 투표하세요.'라고 적힌 광고지가 있었어. 선거가 왜 민주주의의 꽃인지 여쭤 보았더니, 엄마가 "투표를 통해 나라의 중요한 정책을 결정할 대표를 뽑으니까, 선거를 통해 민주주의를 실현시킬 수 있다는 의미야."라고 하셨어. 그럼 아빠는 민주주의의 꽃을 밟고 낚시터에 가신 거야?

민주주의(民主主義) : 국민이 국가의 주인으로서 국가 권력을 스스로 행사하는 정치 체제

이젠 공화정이 대세 | 민주주의의 발전

민주적인 헌법을 만든 바이마르 공화국

1918년 11월 제1차 세계 대전이 끝날 즈음 독일에서는 혁명이 일어나 빌헬름 2세가 물러나고 공화국이 들어섰어. 공화국의 헌법이 바이마르에서 제정되었다고 해서 바이마르 공화국이라고 해.

1919년 8월 완성된 〈바이마르 헌법〉은 당시의 헌법 가운데 가장 민주적이었어. 나라의 권력은 국민으로부터 나온다는 원칙 아래 20세 이상의 남녀에게 평등하게 선거권을 주었거든. 또 나라 일을 대통령 중심으로 운영하는 대통령제를 선택하고, 대통령도 국민이 직접 선거를 통해 선출하도록 했어. 지금의 헌법과 비교해도 전혀 손색이 없을 정도야. 그만큼 〈바이마르 헌법〉이 20세기 세계 여러 나라의 헌법에 미친 영향이 크다는 증거지.

유럽 정치의 새로운 흐름, 공화정

독일과 함께 패배한 오스트리아나 오스만 제국에서도 제국이 무너지고 공화정이 수립되었어. 왕이나 몇몇 사람들의 의견이 아닌 국민이 국가의 주인이 되는 정치의 실현이야말로 전쟁을 막는 유일한 방도라고 생각한 거야.

또한 독일, 오스트리아나 오스만 제국의 지배를 받다가 독립한 나라들도 대부분 공화정을 선택했어. 아일랜드는 영국으로부터 자치권을 얻어 에이레 공화국을 세워 오랫동안의 꿈을 실현했어.

이렇게 유럽에서는 공화정이 대세를 이루면서 민주주의가 크게 발전했고, 국민의 정치 참여도 확대되었어. 여러 나라에서 하나 둘씩 **선거권**의 제한을 없애고, 남녀 평등의 **보통 선거**를 실시했지.

더 알고 싶어요

감옥에서 강제 급식을?

"건장한 남자 넷이 여성의 팔, 다리를 꼼짝 못하게 붙잡고 철제 기구로 입을 벌린 후 길이 1.2m의 굵은 호스를 목구멍에 집어 넣고 음식물을 주입했어."

병원의 환자 이야기냐고? 아니야! 1910년 영국의 감옥에서 일어난 일이야. 당시 **참정권** 운동을 하다 감옥에 갇힌 여성들이 단식 투쟁을 하자 이들의 의지를 꺾기 위해 음식을 강제로 먹인 거야. 그녀들은 감옥에서도 서로를 의지하고 격려하며 투쟁을 다짐했대. "무릎 꿇고 살기보다 서서 죽기를 원한다. 투쟁!" 이러한 끈질긴 노력으로 마침내 영국 정부는 1918년 처음으로 여성들에게 선거권을 인정해 주었어.

여성에게도 투표할 권리를 | 선거권 확대

여성들의 선거권 확대

지금이야 당연한 일이지만, 100년 전만 해도 여성들은 아무리 능력이 있어도 참정권이 없어서 정치에 참여할 수가 없었어. 그러나 제1차 세계 대전이 끝난 후에는 상황이 달라졌어. 남자들이 전쟁터로 나간 뒤 여자가 일을 도맡아 하거나, 공장에서 무기를 만드는 데 참여했거든. 여성들이 전쟁에서 세운 공이 남성 못지않게 큰데, 계속 여성들만 차별을 당할 이유가 없잖아?

이를 기회로 여성들은 조직적인 시위와 운동을 통해 참정권을 요구하는 목소리를 높여 갔어.

"우리에게도 투표할 권리가 있다. 여성에게도 선거권을 달라!"고 외치며 거리를 행진하고, 공개 연설을 하거나 단식 농성을 하기도 했어. 미국과 유럽뿐만 아니라 세계 곳곳에서 여성 참정권 요구가 폭발적으로 일어났지. 결국 유럽의 여러 나라들은 하나 둘씩 여성의 참정권을 인정하기 시작했어. 1918년 영국은 일정 금액 이상의 세금을 내거나 학위를 취득한 30세 이상 여성에게 투표권을 인정하고, 1928년에는 21세 이상의 모든 여성에게 남성과 동등하게 선거권을 주기로 했어.

독일은 〈바이마르 헌법〉에, 미국은 1920년 여성의 선거권을 헌법에 명시했고, 독일과 오스트리아도 여성들의 참정권을 인정했어. 19세기부터 오랫동안 전개되어온 여성 참정권 운동이 드디어 결실을 맺은 거야.

세계 최초로 여성에게 선거권을 보장한 뉴질랜드

세계 최초로 여성에게 참정권이 보장된 나라는 뉴질랜드야. 이 역시 뉴질랜드 여성들의 끈질긴 노력 덕분이었지. 1886년 '여성 기독교인 금주(술 안 마시기) 동맹'이 처음으로 여성의 선거권을 주장하기 시작해 캐서린 셰퍼드라는 여성이 시작한 서명 운동이 확산되면서 1893년에는 뉴질랜드 여성 인구의 1/3에 해당하는 사람들의 서명을 받아냈어. 결국 의회는 1893년 여성의 선거권을 인정하지 않을 수 없게 되었지.

세계 최초로 여성에게 선거권을 보장한 나라답게 현재 뉴질랜드는 막강한 여성 파워를 자랑하고 있어. 총리를 비롯해 국회의장, 대법원장이 모두 여성이고, 여성 의원은 전체 의석의 1/3을 차지하고 있을 정도야.

용어 해설

방도(方 모 방, 道 길 도)
어떤 일을 하거나 문제를 풀어가기 위한 방법과 도리

선거권(選 뽑을 선, 擧 들 거, 權 권세 권)
선거에 참가하여 투표할 수 있는 권리

보통(普 널리 보, 通 통할 통) 선거
선거에 자격을 두지 않고, 일정한 연령에 이른 국민이면 누구나 선거권을 가지게 하는 선거

참정권(參 참여할 참, 政 정사 정, 權 권세 권)
국민이 나라의 일에 직접, 간접적으로 참여하는 권리

취득(取 가질 취, 得 얻을 득)
자기 것으로 만들어 가짐

평등(平 평평할 평, 等 같을 등) 선거
선거 하는 사람이 똑같이 한 사람이 한 표씩 행사하는 선거

바이마르 헌법

1조 독일은 공화국이다. 국가 권력은 국민으로부터 나온다.
22조 국회의원은 20세 이상의 남녀 보통 선거, 평등 선거, 직접 선거, 비밀 선거로 선출한다.
159조 노동 조건 및 경제 조건을 보호하고 개선하기 위한 단결의 자유는 모든 사람과 직업에서 보장된다.

세계 최초의 여성 대통령과 총리는?

이사벨 페론 / 비그디스 핀보가도티르 / 시리마보 반다라나이케

현재 여성이 대통령인 나라나 총리를 맡고 있는 나라는 생각보다 많아. 그럼 세계 최초의 여성 대통령은 누구인지 알고 있니? 아르헨티나의 이사벨 페론이야. 대통령 후안 페론의 부인으로, 부통령으로 당선되었으나, 남편이 병으로 죽자 대통령직을 이어서 했어. 국민들의 직접 선거를 통해 탄생된 최초의 여성 대통령은 1980년 아이슬란드의 비그디스 핀보가도티르였어. 세계 최초의 여성 총리는 1960년부터 세 차례나 총리로 당선되었던 스리랑카의 시리마보 반다라나이케야. 그녀의 남편도 총리였고, 딸 역시 스리랑카의 대통령이 되었으니 그야말로 정치가 집안인 셈이야.

74 러시아 혁명

노동자와 농민의 나라를 꿈꾸다

오늘 텔레비전을 보다가 깜짝 놀랬어. 러시아의 붉은 광장에 레닌이라는 사람의 묘가 있는데, 80년 넘게 유리 상자 안에 살아있을 때의 모습 그대로 보관되어 있는 거야. 미라도 아니고 어떻게 이런 일이 있을 수 있지? 알고 보니 죽기 전의 모습을 유지할 수 있도록 혈액 대신 방부제를 넣어서 시신을 오랫동안 보존하고 있는 거래. 러시아에는 레닌의 시신을 관리하는 위원회까지 따로 있대. 도대체 레닌은 어떤 사람이길래 죽어서도 이렇게 특별 대우를 하는 거지?

러시아에 분 변화의 바람 | 러시아의 발전

농노를 해방시킨 알렉산드르 2세

러시아의 계몽 군주 예카테리나의 뒤를 이은 차르들은 유럽이 빠르게 변화하고 있을 때, 그저 영토를 늘리는 데만 열중하면서 마음껏 권력을 누렸어. 그런데 알렉산드르 2세는 유럽에 비해 뒤떨어진 러시아를 현대적인 나라로 만들고 싶어 했어. 유럽처럼 산업 혁명을 하고 싶은데, 국민들은 대부분 귀족들에게 묶인 농노이고……. 그래서 그는 1861년에 농노 해방을 선언했어. 자유인이 된 사람들은 농사지을 땅이 필요했지만 귀족들이 순순히 자기 땅을 내줄 리가 없잖아? 그래서 정부에서 돈을 빌려 지주에게 토지를 사고, 돈은 49년 동안 갚아나가기로 한 거야. 하지만 그만한 돈을 가진 농민이 많지 않았어. 결국 농민들의 처지는 나아진 것이 없었지.

농민이 변해야 나라가 산다

도시의 대학생과 지식인들은 국민의 대부분인 농민의 생각이 바뀌면 더 나은 사회를 만들 수 있을 거라 생각했어. 이러한 움직임을 '브나로드(민중 속으로)' 운동이라고 해. 이들은 농촌으로 들어가 러시아의 현실을 일깨워 주고, 농민들의 생각을 바꾸려고 애썼어. 이 운동에 참여한 지식인들을 '나로드니키'라고 하는데, 이들의 열정적인 활동에도 불구하고 농민들은 별 반응이 없었어. 결국 브나로드 운동은 정부의 탄압으로 이 운동을 주도한 많은 사람이 체포되면서 실패로 끝났어.

차르의 권력 독점이 계속된 러시아

알렉산드르 2세의 뒤를 이은 알렉산드르 3세는 차르가 되자마자 러시아 사람들이 그동안 누려 왔던 여러 가지 자유를 다시 빼앗았어. 특히 귀족들한테 농민들을 마음껏 억압해도 된다는 권리를 허락해 주고, 대신 귀족들은 차르의 무한한 권력을 인정했지. 농민들은 그저 굶어 죽지 않을 만큼만 먹으며 목숨을 이어가고 있었어.

이때 우리는?

러시아의 '브나로드' 운동은 우리나라에도 영향을 주었어. 일제 시대에 동아일보사가 주축이 되어 농촌 계몽 운동인 '브나로드' 운동이 활발하게 진행되었어.

더 알고 싶어요

모스크바와 시베리아의 공통점은?

모스크바의 'Mosk'는 '늪지대', 'Va'는 '물', '늪지대의 물'이라는 뜻이야. 러시아의 지명은 유독 '~스크', '~그라드'라는 이름이 많아. '스크'와 '츠크'는 거리를 나타내고, '그라드'는 원래는 산이나 언덕이라는 의미인데, 도시를 의미하는 말이야. '시베리아'의 'Sibir'는 몽고어로 '늪지대'를 의미한대. 결국 시베리아와 모스크바는 이름은 다르지만 의미는 같다고 할 수 있지.

세계를 뒤흔든 러시아 혁명 | 러시아 혁명의 전개

'빵과 평화'를 외친 '피의 일요일'(1905.1)

러·일 전쟁에서 패하면서 러시아는 경제적으로 매우 어려워졌어. 그래서 10만 명이 넘는 굶주린 노동자들과 그 가족들은 개혁 요구를 담은 청원서를 가지고 니콜라이 2세를 만나러 궁전으로 향했어. 그들이 원한 건 단지 '빵과 평화'였어. 그러나 그들한테 돌아온 것은 군대의 총탄 세례였지. 이날 이후 노동자들은 차르를 더 이상 믿지 않게 되었고, 이 사건은 러시아 혁명의 불씨가 되었어.

차르의 통치를 무너뜨린 3월 혁명(1917.3)

제1차 세계 대전이 일어나자, 니콜라이 2세는 600만이 넘는 군대를 파견했어. 그러나 굶주림에 시달리던 노동자와 병사, 농민들은 '소비에트'를 만들고, "빵을 달라! 차르 타도! 전쟁 반대!"를 외치며 도시 곳곳을 누볐어. 전쟁에 지친 병사들까지 차르의 진압 명령을 거부하고 시위대에 가담하자 결국 니콜라이 2세는 자리에서 물러나고, '러시아 공화국 임시 정부'가 들어섰어.

최초의 사회주의 정부를 탄생시킨 11월 혁명(1917.11)

임시 정부는 여러 개혁을 했지만 토지 문제를 해결하지 않았고, 전쟁도 그만두려 하지 않았어. 레닌과 그를 따르는 사람들이 조직한 볼셰비키 당을 중심으로 2천 5백 명 이상의 무장을 한 농민, 노동자, 병사들이 러시아 정부가 있는 상트 페테르부르크로 몰려가 임시 정부를 몰아내고 권력을 잡았어. 레닌은 볼셰비키 당을 공산당으로 바꾸고 전쟁도 멈추었으며 토지의 개인 소유를 폐지했어. 세계 최초로 노동자와 농민의 정부를 내세운 사회주의 국가가 탄생한 거야.

혁명에 반대하는 세력을 몰아내다(1919~1920)

소비에트 정부는 대지주의 토지를 농민들에게 나누어 주고, 주요 회사나 공장, 철도, 전기, 수도 등을 나라 소유로 만들었어. 그러나 혁명에 반대하는 귀족과 지주, 자본가들이 거세게 저항했지. 하지만 노동자, 농민, 병사들은 치열한 싸움 끝에 이들을 모두 물리쳤어.

소비에트 사회주의 공화국 연방 탄생(소련, 1922.12)

제1차 세계 대전과 내전으로 산업 시설은 폐허가 되고, 여러 나라의 견제로 무역도 끊기면서 경제 상황은 최악이 되었어. 어려움을 극복하기 위해 레닌은 공산화의 속도를 늦추고 '신경제 정책'을 실시했지. 개인 기업을 허용하고, 유럽의 자본과 기술을 부분적으로 받아들인 거야. 이후 수도를 모스크바로 옮기고, 러시아 소비에트 사회주의 공화국을 중심으로 15개 공화국이 모여 '소비에트 사회주의 공화국 연방(소련)'이 수립되었어.

용어 해설

계몽(啓 열 계, 蒙 입을 몽)
잘 모르거나 어리석은 사람을 가르쳐서 깨우치는 것

차르
러시아의 황제 칭호

소비에트(Soviet)
러시아 어로 '평의회' 노동자, 농민, 군사 대표자로 구성됨

볼셰비키
러시아 어로 '다수파'를 의미하며, 레닌을 지지한 사람들을 의미하기도 함

상트 페테르부르크란

러시아 혁명의 중심 도시인 상트 페테르부르크는 독일식 이름이라는 이유로 제1차 세계 대전 후 '페트로그라드'로 바뀌었다가 레닌이 죽은 후 '레닌그라드'로 불렸어. 이후 1991년 소련이 해체되면서 다시 상트 페테르부르크가 되었어.

더 알고 싶어요

노동자와 농민의 세상을 꿈꾼 혁명가 레닌
블라디미르 레닌은 1870년 교육자의 아들로 태어났어. 차르를 암살하려다 붙잡혀 사형당한 형의 영향을 받아 혁명에 뜻을 두었어. 레닌은 러시아의 주인은 차르와 귀족, 부자들이 아니라 농민과 노동자, 병사들이라고 생각했어. 그래서 지하 신문을 만들고 사회주의 정당을 만들다 체포되어 시베리아로 유배되기도 했고, 해외로 추방되기도 했어. 그러던 중 러시아에서 3월 혁명이 일어나자 국내로 돌아와 11월 혁명을 이끌었어. 이후 약 5년 동안 혁명의 지도자로서 새로운 나라를 만들기 위해 노력하다 1924년에 죽었어.

사회주의 신문 | 노동자와 농민의 세상을 꿈꾸다

경제 진단
'사회주의', 자본주의의 대안인가?

산업 혁명은 우리 사회에 커다란 변화를 가져왔다. 그러나 달라진 사회의 달콤한 열매를 모든 사람이 똑같이 얻지는 않았다. 현재 노동자들의 임금은 낮고, 작업 환경은 말할 수 없이 열악해서 죽도록 일하고도 빵 한 조각 얻기 힘든 실정이다. 넘치는 이윤으로 배를 불리며 점차 자기 목소리를 내는 자본가의 모습과는 대조적이다.

이러한 현실을 반영이라도 하듯 요즘 사회주의라는 사상이 등장해 노동자들의 큰 호응을 얻고 있다. 사회주의는 '모든 사람이 함께 일하고, 골고루 나누어 가지는 평등한 세상'을 만드는 것이 목적이다. 토지나 공장 같은 생산 수단을 지주나 자본가만이 가질 것이 아니라 사회가 함께 소유하고, 개인은 능력에 따라 일하고 일한 만큼 나누어 가지면 된다는 것이다. 따라서 앞으로 노동자들이 하나로 뭉쳐 노동 조합을 결성하고, 정당을 만들어 자신들의 목소리를 내고 권리를 찾으려는 움직임이 활발할 것으로 보인다.

최유진 기자

비교 내용	자본주의	사회주의
중점 사상	자유	평등
경제 행위 목적	개인의 이익	사회의 이익
재산 소유	개인 소유, 기업의 개인 관리	공동 소유, 기업의 국가 관리
경제 운영	수요와 공급을 시장에서 결정	사회가 계획을 세워서 수요와 공급 결정

특집 인터뷰
오언의 뉴래너크 공장

영국의 오언이 스코틀랜드에 자리한 뉴래너크 공장에서 지금까지와는 전혀 다른 방법으로 공장을 운영하는 것이 화제가 되고 있어 그를 만나 보았다.

Q: 공장의 규모가 매우 큰데 돈은 어떻게 마련했나?
맨체스터에서 방적기를 만들어 돈을 꽤 모았다. 내가 돈을 모은 것은 많은 사람들 덕분이다. 그러니 이제는 그들에게 돌려줄 때가 되었다고 생각한다.

Q: 공장은 어떻게 운영하고 있나?
나는 노동자들에게 좋은 환경을 제공해서 자발적으로 열심히 일하는 분위기를 만들어 주려고 노력하고 있다. 그래서 노동자들은 하루에 10시간 이상 일하지 못하도록 하고, 노동자들이 일할 동안 아이들을 돌볼 수 있도록 유치원도 만들었다.

Q: 공장 운영의 진정한 목적은 무엇인가?
나는 '모든 사람이 함께 일하고 골고루 나누어 가지는 평등 세상'을 만드는 것이 꿈이다. 이 공장이 잘 운영되면 미국에서도 만들어 볼 생각이다.

채은수 기자

화제의 책 | 마르크스의 《자본론》

마르크스가 《자본론》을 출간해 화제가 되고 있다.

마르크스는 1848년에 영원한 동료이자 후원자인 엥겔스와 함께 《공산당 선언》에서 자신의 생각을 펼친 바 있다. 그는 《공산당 선언》에서 개인의 토지 소유 금지, 소득에 따라 세금 내기, 모든 사람에게 의무적으로 노동 시키기, 이윤이 아닌 인간의 필요에 따른 생산을 주장했었다.

실제로 독일에서 일어난 혁명에 참여했던 그는 '만국의 노동자여! 단결하라. 그대가 잃을 것은 쇠사슬뿐이고, 그대가 얻을 것은 온 세계다.'라는 말로 전 세계의 노동자들을 자극했었다.

그는 이번에 출간한 《자본론》에서 자본주의를 이론적으로 철저하게 비판하고, 그의 주장을 총정리한 것으로 보인다. 마르크스 말에 따르면, 인류의 역사는 '가진자와 못 가진자들의 투쟁의 역사'이고, 결국은 노동자가 자본가에게 대항해서 혁명을 일으킬 것이라고 한다.

김호연 기자

74 | 러시아 혁명

러시아는 슬라브 족의 나라야. 키예프 공국의 블라디미르 때 세력을 확장했지만, 13세기부터 오랫동안 몽골의 지배를 받기도 했어. 15세기에 몽골로부터 벗어났고 17~18세기 표트르 대제 이후 강대국으로 성장했지. 1917년에 차르의 독재에 대항해 세계 최초로 사회주의 혁명인 러시아 혁명이 일어났어. 소련은 사회주의의 대표적인 국가로 제2차 세계 대전 후 냉전 체제를 겪기도 했으나, 1991년 해체되면서 사회주의가 막을 내렸고 현재는 혼란하지만 변화와 발전을 꾀하고 있어.

러시아

키예프 공국
게르만 족이 이동하면서 슬라브 족이 거주하기 시작했어. 이후 키예프 공국이 수립되었어.

이반 대제(이반 3세)
모스크바의 이반 3세는 영토 확장에 힘써 노브고로트를 정복하고, 1480년에 모스크바 대공국을 몽골 족의 지배에서 해방시켰어. 그는 비잔틴 제국의 문화를 받아들여 모스크바를 발전시켰어.

B.C.10세기 ▶▶ 880~12세기 ▶▶ 1237 ▶▶ 1480 ▶▶ 1682~1725 ▶▶

(B.C.10세기)
슬라브 족이 살기 이전 남러시아쪽에 스키타이 인 등이 살았어.

킵차크 한국
몽골 족인 바투가 서방 원정 후에 킵차크 한국을 수립하면서 몽골의 지배를 받게 되었어.

표트르 대제
표트르 대제가 차르가 되면서 러시아는 황제의 나라가 되었어. 그는 영토를 확장하고, 상트페테르부르크를 건설해 서유럽 진출의 통로를 마련하고, 시베리아로 진출했어.

소련 해체, 러시아 공화국

군부의 쿠데타로 고르바초프가 축출되었어. 이후 소련이 해체되면서 독립 국가 연합(CIS)을 결성하고 러시아 공화국의 옐친 대통령이 실질적인 지도자가 되었어.

러시아 혁명
차르의 독재와 제1차 세계 대전으로 많은 사람들이 죽고 가난이 극심해지자 농민, 노동자들이 레닌을 중심으로 혁명을 일으켜 최초의 사회주의 국가를 만들었어.

◀◀ 1991 ◀◀ 1924~1953 ◀◀ 1917 ◀◀ 1861

스탈린의 독재 정치

1928년부터 경제 개발 5개년 계획을 추진해 공장은 국가 소유가 되고, 중공업을 집중 육성하면서 철저한 공산화 정책을 폈어. 그러나 그 과정에서 국민의 인권과 자유를 빼앗고 많은 사람을 죽였지.

알렉산드르 2세의 농노 해방령
알렉산드르 2세는 러시아의 변화를 위해 노력했어. 특히 농노를 해방시켜 주었는데, 그다지 큰 효과는 없었어.

75 | 전체주의

All for one, One for all

반 단합 대회를 위해 며칠 전부터 모둠별로 재미난 프로그램도 짜고, 먹을 것도 준비했어. 그런데 하필 어제 밤부터 너무 아픈 거야. 하는 수 없이 선생님께 빠지겠다고 말씀드렸지. 그런데 선생님께서 "아픈 건 알지만, 오늘은 반 전체의 단합을 위한 자리야. 네가 빠지면 전체가 아니지 않니? 그러니 좀 참고 같이 해라."라고 하시는 거야. '전체를 위해 개인을 희생하는 건 당연한 건가?'

전체주의 : 개인보다 사회·집단·국가가 중요성을 강조하는 것으로, 민족이나 국가의 이익을 위해 개인의 자유를 희생해야 한다는 사상

자본주의, 위기를 만나다 | 세계를 휩쓴 대공황

늘어난 생산량, 줄어든 소비

1929년 미국에서 모든 경제 활동이 혼란에 빠지는 '경제 공황'이 발생했어. 갑자기 왜 이런 일이 일어났을까? 제1차 세계 대전 얼마 후 미국의 경제는 눈부시게 성장했어. 그런데 생산이 늘어난 데 비해 노동자들의 임금은 크게 오르지 않았기 때문에 많은 상품들을 다 살 수는 없었어. 상품이 팔리지 않자 재고가 쌓여가면서 기업은 하나 둘씩 문을 닫고, 실업자는 넘쳐났지. 세계 경제를 주도하던 미국에서 시작된 경제 공황은 단숨에 여러 나라로 퍼졌어. 당시 유럽의 여러 나라는 전쟁 후 폐허가 된 것을 복구하기 위해 미국에게 많은 돈을 빌렸어. 그런데 미국에 공황이 발생하면서 빌려 주었던 돈을 다시 가져가자 유럽의 은행들은 파산하지 않을 수 없었던 거야. 전 세계가 한 순간에 경제 공황의 늪에 빠지게 되었어.

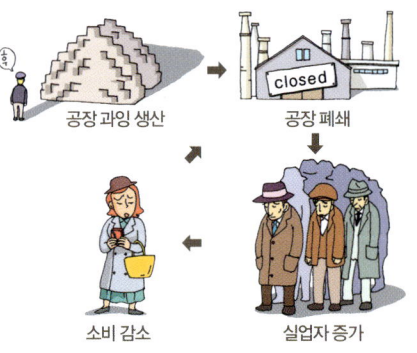
대공황의 원인

대공황 극복을 위한 여러 나라의 정책

미국의 루스벨트 대통령은 대공황을 극복하기 위해 국민에게 '새로운 거래'를 제안했어. 바로 뉴딜 정책이야. 미국은 국가가 적극적으로 경제에 개입해서 생산을 조절하고, 대규모 공공 사업을 벌여 일자리를 만들어 주면서 차츰 대공황의 늪에서 빠져나오기 시작했어.

식민지가 많은 영국과 프랑스는 자기 나라에서 너무 많이 생산된 물건을 식민지에 떠넘기고, 무역을 활발하게 하기 위해 세금을 조절하는 등의 방법으로 공황을 극복하려고 했어. 하지만 다른 나라에 비해 산업 발전도 늦고 식민지도 거의 없었던 이탈리아나 전쟁 배상금으로 허덕이던 독일은 이 어려움에서 도무지 빠져나올 수가 없었어. 자연히 사회가 혼란스러워졌지.

길게 늘어선 실업자 행렬

더 알고 싶어요

세계 최초의 고속도로, 아우토반

아우토반은 원래 바이마르 공화국에서 처음 만들기 시작했어. 그러나 본격적으로 만들어지기 시작한 건 1930년대 히틀러 때야. 당시 독일은 대공황 때문에 실업자가 거리마다 넘쳐났거든. 히틀러는 도로를 만드는 큰 사업을 벌여 실업자들에게 일자리를 주려고 6년에 걸쳐 만들었어. 무려 3,000km에 달하는 아우토반은 세계 최초의 자동차 전용 도로로, 독일을 자동차 대국으로 만드는 데도 큰 역할을 했어. 미국의 '인터스테이트 하이웨이'와 우리나라의 '고속도로'는 바로 아우토반이 모델이었대. 그러나 제2차 세계 대전 때 아우토반으로 단기간에 다른 나라를 침략하고, 비행기 활주로로 이용하면서 침략의 상징이 되기도 했어.

오직 국가와 민족의 이익만을 위해! | 전체주의

무솔리니와 이탈리아의 파시스트

1883년 이탈리아에서 태어난 베니토 무솔리니는 한때 초등학교 교사를 하기도 했지만, 말과 글로써 자신의 의견을 표현하는 걸 훨씬 잘해서 〈전진(Avanti, 아반띠)〉의 편집장이기도 했어. 그는 "강력한 지도자가 있으면 이탈리아는 위대한 로마 제국의 영광을 되찾을 수 있다. 중요한 것은 개인보다 국가와 민족이다. 지도자를 하늘같이 떠받들고 무조건 복종해야 한다!"라고 주장하자 따르는 사람들이 많아졌어. 제1차 세계 대전의 승전국임에도 불구하고 오히려 경제가 어려워져 살기가 힘들어졌거든. 무솔리니는 자신을 지지하는 사람들을 모아 '파시스트 당'을 만들었어. 파시스트들의 생각을 '파시즘'이라고 하는데, 이후 모든 전체주의를 의미하는 말이 되기도 했어. 1922년 39살에 최연소 총리가 된 무솔리니는 20년 동안이나 권력을 잡고 독재를 했어. 1929년 대공황의 여파로 경제가 더욱 어려워졌을 때 무솔리니가 선택한 방법은 침략이었어.

히틀러와 독일의 나치스

1889년 오스트리아에서 태어난 아돌프 히틀러는 자기를 독일인이라고 해서 제1차 세계 대전이 일어났을 때, 독일군에 들어가서 싸웠어. 전쟁이 끝나자 '나치스(국가 사회주의 독일 노동자당)'라는 정당에 들어가 1921년에 우두머리가 됐지.

1929년 미국에서 시작된 대공황이 유럽을 강타했을 때, 독일은 엄청난 배상금에다 살인적인 물가 인상으로 가난에 찌들어 있었어. 바로 그때, 히틀러는 "실업자에게 일자리를 마련하고 경제도 살리겠습니다. 또 터무니없는 전쟁 빚을 지게 한 베르사유 조약을 깨고 독일을 가장 강한 나라로 만들겠습니다."라고 약속했어. 히틀러의 인기는 날로 높아져 1934년에 총통이 되었고, '제3제국'이 시작된 거야. 하지만 히틀러는 어느새 독재자가 되었어. 경제가 살아나고 실업자 수가 줄긴 했지만, 군사 조직과 게슈타포(비밀 국가 경찰)를 이용해 국민을 감시하고, 신문이나 글을 통해 나치스를 비판하는 것을 금지했어. 이후 히틀러는 군비를 강화하고, 베르사유 조약도 깨뜨리고, 오스트리아를 합병했어. 또, 유대 인·집시·장애인 등은 능력이 부족할 뿐 아니라 해를 끼치는 사람들이니 따로 떨어져 있게 하거나 없애야 한다고 믿었어. 결국 유대 인들을 집단 수용소에 가두고 죽이기까지 했어.

용어 해설

개입(介 끼일 개, 入 들 입)
자신과 직접적인 관계가 없는 일에 끼어듦

파시스트(Fascist)
Fasci(파시)는 다발로 묶은 막대에 도끼를 단 물건인데, 고대 로마의 집정관의 권위를 상징한다. 온 국민이 막대 다발처럼 똘똘 뭉쳐 강한 나라를 만들어야 한다는 뜻을 담고 있다.

총통(總 거느릴 총, 統 거느릴 통)
대통령과 총리를 겸한 최고 관직

제3제국
나치스 정권의 공식 명칭. 신성 로마 제국, 비스마르크가 통일한 제국에 이은 제국이라는 의미

합병(合 합할 합, 倂 나란히할 병)
둘 이상의 기구나 단체, 나라를 하나로 합침

지크 하일

'지크 하일!(승리)'을 외치는 사람들의 모습이야. 원래 파시스트의 인사법인데 나치스들이 따라한 거야.

나치스 기의 의미

나치스의 상징은 바로 하켄크로이츠야. 우리말로 바꾸면 '갈고리 십자가'지. 원래 하켄크로이츠는 유럽 백인의 원조인 아리안 족 최고의 상징이었대. 1920년 나치스 당이 결성되자, 히틀러는 나치스 당의 상징으로 도입했어. 독일 민족이 아리안 족의 정통 후예라는 것을 강조하고, 아리안의 승리를 위해 싸워서 과거의 영광을 되찾자는 의미에서야.

히틀러 신화의 창조자, 괴벨스

"대중을 지배하는 자가 권력을 장악한다."고 말한 괴벨스는 전 국민에게 라디오를 공급해 히틀러가 하는 일을 모두 알렸어. 사람들에게 나치스의 사상을 자연스럽고도 무의식적으로 받아들이게 하기 위해서였지. 1935년에는 세계 최초로 정기적인 텔레비전 방송을 시작하면서 라디오와 텔레비전을 이용해 의도적인 거짓말을 하기 시작했어. 괴벨스는 99가지의 거짓과 1개의 진실이 적절하게 배합되었을 때 100%의 거짓보다 큰 효과를 낸다고 믿었거든. 또 적에 맞서려면 무엇보다 대중들의 한없는 증오를 활용해야 한다고 주장해 600만 명의 유대 인을 학살하는 데 결정적인 영향을 미쳤어.

76 | 제2차 세계 대전

전체주의 국가의 침략 전쟁

1800　1900　1925　1950　1975　2000

어제는 오랜만에 책을 읽느라 잠을 못 자서 피곤해. 선생님께서 《안네의 일기》를 읽고 독후감을 써오라는 숙제를 내주셨거든. 안네는 나치를 피해 숨어 지내면서도 희망을 잃지 않았던 용기 있는 아이야. 그런데 일기 중에 이해가 안 가는 부분이 있더라. "언젠가 이 끔찍한 전쟁도 끝나겠지. 유대 인이 아니라 다시 사람이 되는 날이 언젠가는 올 거야." 다시 사람 되는 날이라니, 그럼 안네는 사람이 아니었나?

유대인 안네…

손을 맞잡은 전체주의 국가 | 추축국와 연합국

1936년 에스파냐에서 내전이 일어났을 때 파시스트 정권이 수립되도록 도와주다 가까워진 독일과 이탈리아가 조약을 맺었고, 얼마 후에는 독일과 일본이 협정을 맺었어. 독일의 나치스 정부, 이탈리아의 파시스트 정부, 일본의 군국주의 정부가 손을 맞잡은 거야. 이들은 모두 전체주의 나라들이고, 이들이 뭉치는 것은 곧 평화를 위협한다는 걸 의미해.

일본은 1937년에 중국으로 쳐들어 가 중·일 전쟁을 일으켰어. 독일의 히틀러는 1938년에 오스트리아를 합병하고, 체코슬로바키아의 수데텐을 차지했지. 히틀러는 베르사유 조약을 깨고 비밀리에 군사를 훈련시켜 백만 명이 넘는 군사를 가지고 있었어. 1939년에는 아예 체코슬로바키아를 집어삼켰어. 그리고는 폴란드를 차지하기 위해 소련의 스탈린과 만나 '불가침 조약'을 맺었지. 독일군이 폴란드로 진격할 때 소련이 눈감아 주는 대신 폴란드의 서쪽은 독일이, 폴란드의 동쪽은 소련이 나눠 먹기로 한 거야.

제 1차 세계 대전이 끝난지 겨우 20여년 만에 유럽 대륙에 또 다시 전쟁이 일어났어. 제 2차 세계 대전은 제 1차 세계 대전에 비해 규모가 더 컸어. 세계의 모든 나라들이 추축국과 연합국으로 나뉘어 전쟁 속으로 뛰어들었거든. 전 세계의 땅, 바다, 하늘이 모두 전쟁터로 변하면서 파괴의 정도도 심각했어.

에스파냐 내전이 문학과 예술에 미친 영향

1936년 에스파냐에 프랑코 장군이 이끄는 파시스트 세력이 쿠데타를 일으키면서 전쟁이 일어났어. 독일과 이탈리아가 프랑코를 지원하고, 세계 각지에서 스스로 무기를 들고 달려온 5만여 명의 사람들이 반대편에 서서 싸웠어.

전쟁에 참여했던 헤밍웨이, 앙드레 말로 등의 작가는 이 경험을 소재로 책을 써서 세계에 에스파냐 내전을 고발했어. 전쟁의 잔인함을 가장 충격적으로 표현한 것은 에스파냐 출신의 화가 피카소였어. 나치스의 신무기를 시험한다는 이유로 게르니카 지방의 민간인을 향해 50톤의 폭탄을 퍼부어 폐허가 된 마을의 모습을 화폭에 그대로 표현했지.

 **같은 사건, 다른 기억. 전쟁의 아픔을 치료하는 방법은?**

2005년에 독일, 프랑스, 폴란드의 젊은이들이 파리에서 베를린, 바르샤바에 이르는 3,000km 길을 따라 역사 바로 보기 여행을 떠났대. 제 2차 세계 대전의 현장을 찾아 다니며 용서와 화해를 생각하고, 유럽 인이라는 공동의 미래를 찾기 위한 거였지. 제 2차 세계 대전 후 법적으로 배상금 문제가 해결되었지만, 독일 정부와 기업은 약 6조 원이라는 기금을 마련해 재단을 만들었어. '기억, 책임 그리고 미래'라는 이름의 이 재단은 제 2차 세계 대전 당시 독일 정부와 기업에 의해 강제로 일한 사람들에 대한 배상까지도 책임지고 있대. 또한 프랑스와 독일은 학생들의 교육을 위해 '공동 역사 교과서'를 만들었어. 우리나라와 일본, 중국이 이 나라들처럼 하는 날은 언제가 될까?

전 세계로 번져 나간 전쟁 | 제2차 세계 대전

독일군 폴란드 공격(1939.8)

새벽 6시 독일의 폭격기들이 폴란드의 수도 바르샤바를 급습했어. 제2차 세계 대전이 시작된 거야. 영국과 프랑스는 이틀 뒤에 독일에 선전 포고를 하고, 여러 나라가 여기에 합세했어. 이 나라들을 '연합국'이라고 해. 한편 독일, 이탈리아와 그 동맹국은 '추축국'이라고 해. 소련은 폴란드 동부와 발트 3국을 합병했어.

무솔리니와 히틀러

독일의 프랑스 점령(1940.6)과 독일군에 저항한 영국(1940.8)

독일은 서쪽으로 네덜란드, 벨기에를 점령한 후 프랑스로 쳐들어가 프랑스 영토의 2/3를 손에 넣었어. 프랑스 정부는 독일과 휴전 협정을 맺으면서 남부의 '비시'라는 도시에 정부를 세웠지. 하지만 프랑스의 드골 장군은 런던에 망명 정부를 세우고 독일에 맞서 싸우며 '자유 프랑스 운동'을 벌였어.

히틀러는 유일하게 남은 적인 영국을 물리치려고 U보트를 이용해 영국으로 향하는 배들을 모조리 가라앉혔어. 하지만 영국은 처칠을 중심으로 하늘에서 벌인 전투에서 독일군을 이겼어. 영국에 패한 독일군은 방향을 바꾸어 발칸 반도를 점령하고 아프리카로 진격했지.

폭격으로 무너진 집 앞에 앉아 있는 아이들

독일의 소련 기습 침공(1941.6)과 일본의 진주만 공격(1941.12)

거의 전 유럽을 차지한 독일은 약속을 깨고 소련을 기습적으로 침공했어. 이때 미국이 전쟁에 뛰어들어 연합국을 지원하자, 소련도 독일과의 동맹을 깨고 연합국에 가담했어. 이 무렵 미국과 영국이 만나 〈대서양 헌장〉을 발표해 전쟁 후 평화 원칙을 밝혔지. 일본은 중·일 전쟁 후 경제적으로 어려움을 겪자, 자원이 풍부한 동남아시아로 진출해 인도차이나 반도를 점령했어. 그러자 미국이 영국, 중국, 네덜란드와 함께 일본을 둘러싸고 경제적 압박을 가했지. 일본은 하와이의 진주만을 기습 공격하면서 태평양 전쟁이 시작되었어.

연합군의 총반격과 이탈리아 항복(1941~1943)

여름부터 연합군의 총반격으로 상황은 바뀌기 시작했어. 미국은 미드웨이 해전에서 일본을, 소련은 스탈린그라드에서 독일을, 영국은 아프리카에서 독일을 크게 물리쳤어. 또한 연합군이 시칠리아 섬에 상륙하면서 무솔리니의 파시스트 정권이 무너졌어. 이 시기 유고슬라비아에서는 티토를 중심으로 독일에 대항해 활발한 활동을 벌였어.

미드웨이 해전

연합국 최대의 적, 독일의 U보트

U보트는 바다 밑을 무리지어 다니다 물자를 나르는 배를 발견하면 한꺼번에 달려들어 침몰시키는 전술로, 2천 척 이상을 침몰시켜서 연합군에게 큰 타격을 주었어.

전쟁을 바꾼 암호기, 에니그마

그리스 어로 '수수께끼'란 뜻의 에니그마는 수많은 이의 목숨을 좌지우지했던 독일군의 암호 기계야. '울트라'란 암호명으로 불렸는데, 이 암호기를 해독하면서 연합군은 독일군의 폭격 시기, 위치 방법을 알 수 있었대.

더 알고 싶어요

'블록버스터'는 전쟁에서 탄생했다?

영화에서 많은 사람이 본 히트작을 '블록버스터'라고 하잖아. 블록버스터는 원래 제2차 세계 대전 때 영국 공군이 독일의 드레스덴 공격 때 투하한 4~5톤짜리 폭탄 이름에서 비롯되었어. 도시의 한 구역(Block)을 날려(Bust) 버릴 만큼 엄청난 위력의 폭탄이라는 뜻이야.

연합군의 노르망디 상륙 작전(1944.6)과 독일과 일본의 항복(1945.8)

노르망디 상륙 작전을 배경으로 한 영화 〈라이언 일병구하기〉

나중에 미국 대통령이 되는 아이젠하워 장군이 총지휘한 노르망디 상륙 작전이 성공하면서 파리가 독일군으로부터 해방되었어. 이 작전이 성공하면서 연합군은 전쟁에서 확실한 우위를 차지하게 되었지. 연합군이 독일의 수도 베를린을 점령하면서 독일은 무조건 항복을 선언했어. 하지만 일본이 항복하지 않고 끝까지 저항하자, 미국이 히로시마와 나가사키에 원자 폭탄을 떨어뜨리자 일본 역시 항복하면서 인류 역사상 가장 큰 전쟁은 막을 내리게 되었어.

대량 학살에 몸서리치는 세계 | 홀로코스트

제 2차 세계 대전은 치열한 전쟁으로 전쟁터에서 많은 사람들이 죽기도 했지만, 그에 못지않게 강제로 죽음을 당한 사람들이 많았어. '홀로코스트'는 '완전히 태워 바치는 희생 제물'이란 뜻의 그리스 어로, 집단으로 사람들을 죽인 것을 말해.

특히 제 2차 세계 대전 중 나치스가 유대 인을 죽인 것은 유대 인종 전체를 없앨 의도였기 때문에 사람들은 경악을 금치 못했지. 히틀러는 전쟁 전부터 독일인들과 구분하기 위해 유대 인은 '다윗의 별(유대 교와 유대 인의 상징)'이라고 하는 노란색의 육각형 별을 달고 다니도록 했어. 또 강제로 '게토'라고 부르는 지역으로 옮겨 가서 살게 했어. 히틀러는 독일 사람이 세상 어느 인종보다 똑똑하고 뛰어나다고 믿었던 사람이었거든. 그래서 전쟁이 일어나고 나서는 유럽 전역에 흩어져 살던 유대 인을 찾아내 수용소로 몰아넣은 후 노동을 시키고, 기력이 떨어지면 샤워실로 위장한 독가스실에서 죽였어.

일본은 중국 남경에서 30만 명이 넘는 사람들을 죽였어. 한편, 미국이 히로시마와 나가사키에 떨어뜨린 원자 폭탄 때문에 일본을 비롯해 18만 명이 죽었을 뿐 아니라 연합군이 독일을 공격했을 때도 엄청나게 많은 독일인들이 죽었어. 이들은 군인도 아니고 일반인이었어.

심지어 만주에 있는 일본의 731부대에서는 살아있는 사람을 대상으로 생체 실험을 하기도 했어. 생체 실험 대상이 된 그들을 '통나무'란 뜻으로 '마루타'라고 불렀어. 이렇듯 전쟁이 우리에게 남긴 상처는 컸고, 역사를 배우는 우리는 이 잔인한 교훈을 잊지 말아야 해.

앙상하게 뼈만 남은 수용소의 유대 인. 나중에는 가스실에서 죽었어.

아우슈비츠 수용소. 폴란드에 사는 유대 인은 무려 300만 명이나 죽어서 상처도 가장 커.

용어 해설

내전(內 안 내, 戰 싸울 전)
한 나라 안에서 일어나는 싸움

불가침 조약(不 아닐 불, 可 옳을 가, 侵 침노할 침, 條 가지 조, 約 맺을 약)
서로 상대 나라를 침략하지 않을 것을 약속하는 조약

선전 포고(宣 베풀 선, 戰 싸울 전, 布 베 포, 告 아뢸 고)
한 나라가 다른 나라에게 전쟁을 시작한다는 것을 공식적으로 알리는 일

발트 3국
발트 해 동쪽에 자리한 에스토니아·라트비아·리투아니아 세 나라

망명(亡 망할 망, 命 목숨 명)
혁명 또는 정치적 이유로 자기 나라의 억압을 피해 외국으로 옮기는 것

학살(虐 사나울 학, 殺 죽일 살)
고의적으로 한 민족, 한 인종, 한 국가를 없앨 의도로 마구 죽이는 것

정확한 일기 예보는 역사를 바꾼다?

몹시도 거친 날씨가 계속된 어느 날, 연합군 측의 날씨 담당 기상 장교 스태그 대령이 앞으로 36시간 동안 날씨가 좋을 거라고 예보했대.

결국 그의 말을 믿고 1944년 6월 6일에 연합군은 작전을 실시했어. 이 작전이 바로 연합군 승리의 결정적인 계기가 된 노르망디 상륙 작전이야. 독일이 날씨가 계속 안 좋을 거라 생각하고, 경비를 허술하게 하고 있었던 것도 승리의 요인이었대.

개념신문 | 제2차 세계 대전 후 달라진 세계

도쿄 전범 재판, 과연 그들에게 책임은 없는가?

나치스 전당 대회가 개최되었던 뉘른베르크에서 1945년부터 두 차례에 걸쳐서 재판이 개최되었다. 나치스의 핵심 인물과 유대 인 학살에 관련된 209명 중 죽은 사람을 빼고 37명에게 교수형, 종신형 23명, 징역형 4명 등으로 최종 선고한 바 있다. 그들의 죄는 침략 전쟁을 함께 모의하고 실행에 옮긴 죄, 전쟁 범죄, 비인도적 범죄(유대 인 학살)였다.

하지만 뉘른베르크 전범 재판을 모델로 한 이번 도쿄 재판 결과에 대해서 각계의 반응은 결코 호의적이지 않다. 1946년 2월부터 2년 9개월 간에 걸친 재판에서 교수형 7명, 종신형 16명, 유기 징역 2명으로 최종 선고되었지만 최대 책임자인 일본 천황과 남경 대학살의 지휘관을 비롯한 주요 전쟁 책임자들은 아예 피고인 명단에조차 오르지 않았다. 더구나 생체 실험 부대인 731부대의 책임자로 각종 범죄를 일으킨 사람들조차 미국에게 연구 자료를 넘겨주는 대가로 재판받지 않았다는 것은 선뜻 납득이 되지 않는다.

강민주 기자

독립, 축복인가? 대립의 시작인가?

제 2차 세계 대전의 막바지인 1945년 2월에 미국, 영국, 소련의 정상들이 크림 반도에 자리한 얄타에서 가진 회담 내용에 힘을 얻어 그동안 식민지로 억눌려 지냈던 나라들이 독립에 대한 희망으로 한껏 부풀어 있었다.

그 덕에 제 2차 세계 대전이 끝난 후 아시아, 아프리카, 중남미 아메리카에서 80여 개의 나라가 독립의 소중한 꿈을 이루었다. 하지만 얄타 회담의 내용대로 민주 세력을 폭넓게 대표하는 인사들로 임시적인 정부 조직을 구성해야 했음에도 불구하고 이 과정부터 삐걱이기 시작하고, 정부 수립 과정에도 문제가 많이 드러난 것으로 보인다.

독립 전에는 '공동의 적'에 대항하느라 똘똘 뭉쳐 있던 그들이 적이 없어지자 다시 대립하는 모습을 보이는 것인지, 아니면 그렇게 될 수밖에 없는 상황을 주변의 다른 나라들이 만드는 것인지는 알 수 없다.

김소연 기자

얄타 회담에 참여한 루스벨트, 처칠, 스탈린

약속의 땅 VS 빼앗긴 땅, 이스라엘 건국의 두 얼굴

그동안 소문만 무성하던 일이 현실로 드러났다. 이스라엘이 팔레스타인에 나라를 건국한 것이다.

오랫동안 나라 없이 떠돌고, 제 2차 세계 대전 때 대량 학살로 몸서리 쳤던 유대 인들 입장에서 보면 이스라엘 건국은 참으로 감격스러운 일이 아닐 수 없다. 하지만 2,000년 가까이 살았던 삶의 터전을 하루아침에 빼앗기게 될 팔레스타인 사람들 입장에서는 그야말로 날벼락인 것이다.

일부에서는 이 문제의 원인이 강대국의 이중적인 태도라고 지적한다. 제1차 세계 대전 때 영국은 유대 인들에게 전쟁을 돕는 대가로 팔레스타인에 나라를 세워주겠다고 약속한 바 있는데, 같은 약속을 아랍 인들한테도 한 것이다. 게다가 미국 역시 유대 인의 손을 들어주었다. 유대 인과 아랍 인들은 이제 원수지간이 되었다.

박지인 기자

뭉치면 강하다? 국제 연합 탄생

제 2차 세계 대전을 거치면서 국제 연맹이 세계 대전이라는 재난을 막을 능력이 없음이 입증되었다. 특히 국제 연맹이 약속을 지키지 않는 국가에 대해서 이렇다 할 조치를 취할 수 있는 수단이 없는 것은 가장 큰 문제로 떠올랐다. 또한 연맹에 참여하지 않는 나라도 많아서 대표성을 갖는다고 보기도 어려웠다.

국제 연맹의 실패를 거울삼아 이번에 새로이 탄생하는 '국제 연합'은 강대국들이 대부분 참가하고, 무력을 이용해 강력한 조치를 취할 수도 있게 될 것으로 보인다. '안전 보장 이사회'의 결정으로 평화 유지군인 '유엔군'을 파병할 수 있게 된 것이다. 그러나 5개 상임 이사국에게 거부권을 준 것은 너무 강대국에게 힘을 많이 실어주고, 국제 문제를 강대국 중심으로 해결하려는 태도가 아니냐는 불만이 제기되고 있다.

윤지민 기자

77 냉전

The Cold War

요즘 집에 있는 것이 꼭 가시방석에 앉아 있는 것 같아. 엄마와 아빠가 며칠 째 냉전 중이시거든. 밥 먹을 때조차 서로 한 마디도 안 하셔서 체할 지경이야. 심지어 엄마는 며칠 째 내 방에서 주무신다니까. 참 이상하지? 큰 소리를 내며 싸우는 것도 아니고, 폭력이 오가는 것도 아닌데 오히려 더 무섭고 긴장되는 거 있지. 언제 터질지도 모르잖아? 어쨌든 이 냉전이 끝났으면 좋겠어.

냉전(冷戰) : 직접적으로 무력을 사용하지 않고, 경제·외교·정보 등을 수단으로 하는 국제적 대립

자본주의 VS 공산주의 | 냉전 체제

동서로 갈라진 독일

제 2차 세계 대전이 끝나고 연합국은 패한 나라를 어떻게 처리할지 고민하다 독일이 빨리 일어설 수 있도록 도와주기로 합의했어. 제 1차 세계 대전 후 독일에게 엄청난 배상금을 물렸더니 또 다시 전쟁을 일으켰잖아. 그런데 미국, 영국, 프랑스는 독일을 자본주의 나라로, 소련은 공산주의 나라로 만들고 싶어 했어. 양쪽이 팽팽하게 맞서다 동독과 서독으로 나누어 관리하기로 했지. 수도 베를린도 두 동강이 났어. 소련은 독일을 일방적으로 자본주의 국가로 만드는 정책을 펴지 말라며 베를린과 서독을 잇는 모든 철도와 도로를 막아 버렸지. 이를 '베를린 봉쇄'라고 해. 그러자 미국과 영국이 비행기를 이용해 서베를린 쪽에 필요한 물건들을 1년 가까이 날라다 주었어. 결국 소련이 봉쇄를 풀면서 대립은 끝이 났어.

동, 서로 나뉜 독일

동유럽 국가들의 간섭을 강화한 소련

스탈린은 제 2차 세계 대전 때 연합군이 승리하는 데 소련이 큰 힘이 되었다고 생각했어. 그래서 그 힘을 바탕으로 동유럽과 세계 각지에 공산주의를 퍼뜨리고 소련이 중심 역할을 하고 싶어했지. 그래서 각 나라의 공산당을 하나로 연결하는 조직을 만들고 여러 나라에 공산당 정권을 세웠어. 이를 기회로 삼아 소련은 동유럽 국가들에 대한 간섭을 강화했고, 점점 동유럽은 소련에게 끌려가기 시작했어.

유럽의 경제를 일으키는 데 도와준 미국

하지만 미국의 생각은 달랐어. 트루먼 대통령은 '공산주의 세력에 대항해 싸우는 모든 나라를 지원해야 된다.'는 뜻을 밝힌 '트루먼 독트린'을 발표했어. 또 유럽이 전쟁의 폐허에서 일어설 수 있도록 미국이 도와줘야 한다고 주장했지. 그 결과 미국의 국무 장관인 마셜은 그의 이름을 딴 '마셜 플랜'을 발표했어. 마셜은 유럽에 120억 달러나 되는 돈을 유럽에 쏟아부었어.

마셜 플랜

하나된 세계의 꿈은 무너지고, 동서 갈등으로

동서 냉전 체제

제 2차 세계 대전이 끝나고 사람들은 하나된 세계를 꿈꾸었지만, 세계는 점점 미국 중심의 자본주의 세력과 소련 중심의 공산주의 세력으로 나뉘고 있었어. 미국이 서유럽을 중심으로 '북대서양 조약 기구(NATO)'라는 군사 조직을 만들자, 이에 대항해 소련과 동유럽 국가들은 '바르샤바 조약 기구(WTO)'를 만들었어. 또 미국이 마셜 플랜을 실행에 옮기자, 소련은 '코민포름'이라는 공산주의 국가 정보국과 경제 협력 기구인 '코메콘'을 만들었어. 직접 무력을 사용해 싸우진 않았지만, 이들은 경제, 외교, 정보 등 각 분야에서 서로 날카롭게 대립한 거야. 이러한 모습을 마치 차가운 전쟁을 하는 것 같다 해서 '냉전'이라고 해.

냉전은 독일에서 그대로 드러났어. 서독은 마셜 플랜으로 경제가 나아지면서 자본주의 나라로, 동독은 공산주의 나라가 되어 갔지. 처음엔 동독과 서독 사람들이 서로 왔다갔다 했어. 그런데 점점 서독으로 빠져나가는 사람이 늘어나자 동독은 큰 어려움에 빠졌지. 결국 동독이 1961년 동베를린과 서베를린 한가운데 '베를린 장벽'을 세우면서 더 이상 마음대로 오갈 수 없게 되었어. 베를린 장벽은 냉전의 상징이 되었지.

대립과 화합, 그때그때 달라요 | 냉전의 전개

냉전 속 열전, 한국 전쟁

자본주의 세력과 공산주의 세력이 동·서로 나뉘어 대립하던 냉전 시대에도 무력 충돌이 빚어졌어. 바로 우리 민족의 비극인 한국 전쟁(6·25 전쟁)말이야. 1950년 6월 북한이 중국과 소련에 힘입어 한반도를 공산주의로 통일하겠다는 생각으로 전쟁을 일으켰어. 미국은 유엔군을 결성하여 전쟁에 개입했고, 중국도 전쟁에 참여하면서 국제 전쟁으로 변해갔어. 3년에 걸친 전쟁으로 수백만 명이 목숨을 잃었고, 우리나라는 폐허가 되었지.

'냉전의 정점', 쿠바 위기

쿠바 혁명으로 카스트로의 혁명 정부가 미국과 대립하면서 쿠바는 소련에서 많은 무기를 사들이고, 소련과 친하게 지냈어. 1962년 소련의 흐루시초프가 쿠바에 미사일 기지를 만든 것을 알게 된 미국의 케네디 대통령은 소련이 미사일을 철수하지 않으면 쿠바를 공격하겠다고 선언하면서 전 세계가 핵전쟁의 위험에 놓이게 되었어.

그러나 소련이 쿠바에서 미사일을 철수하는 대신 미국도 쿠바의 영토를 보전한다는 데 동의하면서 전쟁은 일어나지 않았지. 이 사건을 '쿠바 위기'라고 해. 쿠바 위기는 냉전 시대의 정점에 놓인 사건이었어.

🎬 용어 해설

봉쇄(封 봉할 봉, 鎖 쇠사슬 쇄)
굳게 막아버리거나 잠그는 것

독트린(Doctrine)
국제 사회에서 한 나라가 공식적으로 내세우는 정책상의 원칙

장벽(障 막을 장, 壁 벽 벽)
둘 사이의 관계를 순조롭지 못하게 가로막는 벽

열전(熱 더울 열, 戰 싸울 전)
무력을 사용하는 전쟁

냉전의 상징, '베를린 장벽' 건설

베를린 장벽이 만들어지면서 사람들이 자유롭게 드나들 수 없게 되자 '체크포인트 찰리'라고 하는 검문소가 생겼어. 연합군과 외국인, 외교관, 여행객들이 동베를린과 서베를린을 드나들 수 있었던 유일한 관문이었어.

🎬 더 알고 싶어요

냉전 시대, 우주 개발 전쟁은 뜨거웠다?

냉전 시대에 미국과 소련은 서로를 누르기 위해 군사력을 키워나간 동시에 우주 개발 경쟁도 뜨거웠어. 두 나라의 자존심을 건 우주 개발 경쟁의 선두는 소련이었지.

1957년 소련이 스푸트니크 1호 인공위성 발사에 성공했거든. 그래서 미국은 바로 다음해 익스플로러 1호 인공위성을 쏘아 올려. 소련은 한발 더 나가 1961년에는 세계 최초로 인간(유리 가가린)을 우주로 보내는 데 성공해. 미국도 질세라 1969년에 아폴로 11호를 발사하면서 암스트롱이 세계 최초로 달에 발자국을 남기는 데 성공했어.

78 베를린 장벽 붕괴

하나 되는 독일, 해체되는 소련

1800　1900　1925　1950　**1975**　2000

얼마 전 텔레비전을 보다 남한과 북한의 이산가족들이 만나는 것을 보았어. 서로 부둥켜 안고 울고, 돌아가신 부모님의 사진을 부여잡고 통곡하는 모습을 보니까 나도 괜시리 눈물이 나더라고.
정말 빨리 통일이 되어서 저런 고통을 느끼는 사람들이 모두 사라졌으면 좋겠어. 그런데 우리처럼 서로 갈라져 있다가 통일이 된 독일 국민들은 얼마나 기뻤을까?

미국도 싫고, 소련도 싫다 | 제 3세계의 등장

1955년 4월 인도네시아의 반둥에서 아프리카와 아시아 29개국 지도자들이 모여서 1회 아시아·아프리카 회의를 했어. 이들은 오랫동안 식민 지배에서 신음했던 나라들이었지. 그래서 강대국 중심의 식민 지배에 반대하고 서로 단결하여 평화를 유지하고 싶었어. 그런데 어느새 세계가 동·서로 나뉘어 강대국들의 힘에 의해 좌우지되는 거야. 이들의 선택은 동·서 어디와도 동맹을 맺지 않겠다는 '비동맹 중립'이었어. '제 3세계'를 선택한 거지.
1961년에는 유고슬라비아의 티토, 인도의 네루, 이집트의 나세르 등이 1차 '비동맹 회의'를 열고 미국, 소련과 군사 동맹을 맺지 않은 모든 국가의 결속을 다짐했어. '제 3세계'의 탄생은 동·서 진영 모두에게 큰 충격을 주었어. 이들은 전 세계 인구의 절반 이상을 차지하고 있었거든. 물론 이들이 강대국에 맞설 정도의 힘은 없었지만 이들의 협력은 미국과 소련 중심의 냉전 질서를 변화시키는 계기가 되었어. 비동맹 회의 참가국이 계속 늘고, 국제 연합에 가입하는 나라가 늘면서 총회에서의 영향력이 점점 세지기 시작했거든.

동서 냉전 체제와 제 3세계

화해의 분위기가 무르익다 | 공존의 시대

미국과 소련, 동행의 길로 들어서다

쿠바 위기를 넘기면서 미국과 소련은 극단적인 대결을 삼가고, 각자 자기들의 체제를 유지하면서 함께 행동하는 사이로 바뀌었어. 스탈린 사망 후 소련의 지도자가 된 흐루시초프는 자본주의 세력과도 평화롭게 공존할 수 있다고 말하며 새로운 외교 정책을 펼쳤어. 미국과 소련은 상대방의 체제를 헐뜯으면서도 각자의 진영 내에서 제일 맏형 역할을 하기 위해 꼭 필요한 사이였던 거야. 각자의 편을 향해 '너희들 마음대로 하다간 쟤들이 우리를 무너뜨릴 거야. 그러니, 이 형 말을 들어!' 이런 식이지. 미국은 공산주의를 막는다는 핑계로 베트남에서 전쟁을 벌였고, 소련은 미국에 맞서기 위해 체코의 민주화 운동을 짓밟았어. 그러나 미국, 소련 둘 다 아무도 나서지 않았어.

더 알고 싶어요

세계의 외교를 바꾼 스포츠

공산권의 중요한 나라인 중국과 미국이 스포츠를 계기로 은근슬쩍 화해하기 시작했어. 서로 쳐다보지도 않던 중국과 미국이 같은 탁구 대회에 참가한 거야. 우선 중국이 자본주의 국가인 일본에 가서, 나중에는 미국이 중국에 가서 탁구 대회를 했어. 스포츠를 계기로 정치권도 만나기 시작하면서 이제 세계는 화해의 시대로 접어들기 시작한 거야.
우리나라도 북한과 정치적으로는 계속 대립하면서도 남북한 단일팀을 만들어 국제 스포츠 대회에 참여한 적이 있어. 스포츠 정신은 정말 위대한 것 같아.

양극 체제에서 다극 체제로

1960년대부터 소련과 미국을 중심으로 여러 나라가 두 개의 진영을 형성한 것이 마치 건전지의 양극과 같다고 해서 냉전 체제를 '양극 체제'라고 해. 하지만 점차 극이 여러 개로 변화하는 움직임이 여러 곳에서 나타나기 시작했어. 다극 체제로 바뀌어 가고 있었던 거야.

첫 번째 변화는 동유럽 국가들이 소련에 반대하는 움직임을 보이기 시작한 거야. 유고슬라비아에서는 일찍부터 소련의 간섭을 받지 않고 독자적으로 나라를 운영했고, 1956년에는 폴란드와 헝가리에서 소련에 반대하는 운동이 일어났어. 또한 1960년대에는 중국이 소련과 국경 문제와 사회주의에 대한 생각 차이로 대립하다 중국이 제3세계의 지도자로 등장했어. 두 번째 변화는 유럽의 경제가 회복되면서 '유럽 공동체(EC)'가 만들어지고, 경제 면에서 미국에서 벗어나기 시작해. 세 번째 변화는 제3세계의 등장이야. 네 번째 변화는 프랑스가 미국과 따로 가겠다며 나토를 탈퇴하고, 서독은 동독을 승인하고 나선 거야. 마지막으로 일본이 눈부신 경제 발전을 하면서 새로운 강자로 떠올랐지.

다극 체제로의 변화는 미국과 소련의 영향력이 예전만 못하다는 것을 의미해. 이런 현상을 반영이라도 하듯 1969년 미국의 닉슨 대통령은 '미국은 아시아 국가 내에서 벌어지는 내란이나 침략에 대해 군사적 개입을 하지 않겠다.'고 선언했어.

동유럽에 분 자유화 바람 | 동유럽의 민주화 운동

1970년대부터 동유럽 사람들은 정부와 당에 대한 불만이 쌓여가고, 불신은 커져만 갔어. 군사비에 막대한 돈을 써서 경제가 말이 아니었고, 소련의 간섭도 계속되었거든.

조선소 전기공에서 대통령이 된 폴란드의 바웬사는 1980년 정부와 공산당의 통제를 받지 않는 '노동자들의 노동조합'을 만들기 위해 '연대'라는 노동조합을 만들었어. 동유럽 중 공업화가 가장 잘 진행된 체코슬로바키아는 자본주의 국가의 기술을 도입하기로 했고, 헝가리는 기업의 자유를 강화했어. 경제 개혁을 시작으로 정치에도 자유화 바람이 불었어. 냉전의 상징인 베를린 장벽이 무너지면서 1989년 헝가리를 시작으로 동유럽 여러 나라에서 민주화를 요구하는 목소리가 높아졌어. 루마니아에서는 민주화를 요구하는 사람들과 이를 탄압하려는 공산당 정부가 대립하면서 피를 흘리기도 했지만, 결국 독재자였던 차우셰스쿠를 몰아냈어. 한번 일어난 자유화 움직임은 결코 꺾이지 않았지.

바웬사의 대통령 당선

드디어 1989년 폴란드에서는 동유럽 최초로 자유 선거를 통해 바웬사가 초대 대통령에 당선되었어. 같은 해 헝가리에서도 자유 선거를 했지. 결국 동유럽의 대부분의 나라에서 공산당 일당 독재가 폐지되고 새로운 정부가 들어서기 시작한 거야. 새롭게 정권을 잡은 것은 대부분 공산당이 아니었고, 자본주의 경제 체제의 도입을 약속했어.

용어 해설

동맹(同 같을 동, 盟 맹세할 맹)
둘 이상의 개인이나 단체가 서로의 목적을 위하여 동일하게 행동하기로 약속함

제3세계
미국을 중심으로 하는 자본주의 세력(제1세계), 소련을 중심으로 하는 공산주의 세력(제2세계), 이 두 세력에 속하는 않는 나라를 의미함

결속(結 맺을 결, 束 묶을 속)
한 덩어리로 묶음

진영(陣 진칠 진, 營 경영할 영)
군대가 진을 치고 있는 곳

체제(體 몸 체, 制 억제할 제)
사회를 하나의 조직으로 볼 때 그 조직의 양식, 상태를 이름

더 알고 싶어요

프라하의 봄이 뭐예요?
1960년대에 체코슬로바키아는 경제 개혁을 실시하면서 이것이 정치의 민주화 요구로 발전하면서 공산당의 권한을 제한하려는 개혁이 추진되었어. 결국 1969년 국민들의 열렬한 지지 속에 서기장이 된 두브체크는 언론의 자유를 인정하면서 '사람의 얼굴을 가진 사회주의'를 추진할 것을 약속했어. 드디어 그동안 공산화로 인해 얼어붙었던 나라에 봄이 온 거야. 그러나 소련은 이런 개혁을 소련에 대한 도전으로 간주해 군대를 동원해서 무력으로 진압했어. 이로써 체코슬로바키아 민주화 운동은 실패로 끝나고 말지. 이 민주화 운동을 '프라하의 봄'이라고 해. 이후 체코슬로바키아는 1993년 연방 분리에 합의하면서 체코와 슬로바키아로 나뉘었어.

무너지는 장벽, 하나의 독일 | 베를린 장벽 붕괴

베를린 장벽 붕괴와 독일의 통일

1961년 베를린 장벽이 만들어지면서 동독 주민들은 죽음을 각오하고 장벽을 뛰어넘었어. 다행히 탈출에 성공하는 사람도 있었지만, 경비병에게 발각되어 죽는 경우도 많았어.

안타까운 모습을 지켜보던 서독과 동독은 점차 변하기 시작했어. 서로의 존재를 인정하고, 함께 국제 연합에도 가입했으며, 1980년대 초부터는 직접적인 교류를 시작했어. 마침 1980년대 동유럽에서 불어 온 개혁과 자유화 바람이 독일의 통일에 힘을 실어 주었어. 그러나 동독 정부는 그 변화를 모른척했고, 여기에 실망한 동독 사람은 200만 명이나 서독으로 탈출했고, 9월에 시작된 민주화 요구 시위는 한 달이 넘도록 계속되었지. 결국 독재 정권을 몰아내는 데 성공하면서, 동독 정부는 자유 총선거를 통해 서독과 통합하겠다는 결정을 내렸어.

마침내 1989년 11월 9일 베를린 장벽의 문이 활짝 열렸어. 문을 여는 데 만족하지 않고 저마다 망치와 삽을 들고 나와 장벽을 허물어뜨리기 시작했어. 벽이 무너지자 2만 명이 넘는 사람들은 서로 부둥켜안은 채 울고 웃으며 기쁨을 나누었어. 다음해 1990년, 합법적인 선거를 통해 마침내 동독과 서독이 하나가 되었지. 나뉘어진 지 41년 만이야.

동독 사람 토르스텐 뢰셔의 통일 적응기

"저는 원래 바이올린 만드는 기술자인데, 동독에서는 볼 수 없는 이름난 바이올린을 만져보고 싶어서 서독으로 왔어요. 제가 동독에서 일했던 '무지마'라는 곳은 2,000여 명의 종업원을 둔 국영 대기업이었는데, 통일 후 민영화가되면서 종업원이 150명으로 줄어들었어요. 공장 주인은 여러 번 바뀌었지만 모두 서독 출신이었어요. '기업의 구조 조정은 돈에 눈이 먼 서독 사람들의 떼돈 벌기 수작'이라는 소문이 나돌기도 했어요. 하루 아침에 일자리를 잃은 고향 사람들은 통일이라는 길몽이 실업자라는 악몽으로 둔갑했다고 한탄했어요. 우체국 직원이셨던 저희 부모님 역시 일찍 퇴직하도록 강요받다시피 했고요.

사회주의 체제에서는 국가라는 아버지가 하나에서 열까지 다 챙겨줬어요. 노동은 신성한 의무였으니 실업은 아예 존재할 수 없지요. 물론 최저 생계를 보장하는 대신 끊임없는 통제와 감시가 따랐지요. 그런데 이곳에 오니 바이올린을 만드는 것 이외에 경쟁이라는 스트레스에 시달리고, 파는 것도 신경 써야 해서 힘들어요. 예전의 동독에서는 만들어서 품질 검사에 합격만 하면 됐거든요. 통일이 되어 오시(동독인)로 베시(서독인) 세상에서 살면서, 삶을 꾸리고 책임지는 것은 국가가 아니라 나 자신이라는 것을 배웠어요.

지금 제가 사는 비스바덴에서는 동독인이라고 업신여김을 받진 않지만, 왠지 정이 좀 없는 것 같아요. 동독 사람들은 인정과 여유가 넘치거든요. 그러나 이건 동독인과 서독인 간의 이해 부족이라기보다는 지방마다 나타나는 차이가 아닐까하는 생각이 들어요."

동독 지역의 변화

동독 지역 지원 액수와 경제성장률

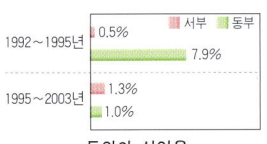

독일의 실업율

독일의 연평균 실질 국내총생산 증가율

통일 이후 동독은 서독 사람들이 들어와 싼 값에 공장을 사고는 많은 사람을 해고해서 실업자들은 점점 늘어만 갔어. 서독은 동독을 자신들의 수준까지 끌어올리기 위해 세금을 쏟아 부었지만, 동독은 늘어가는 실업자와 가난한 사람들의 지역이 되었어.

독일 통일에서 배우는 교훈은?

독일 통일은 너무 짧은 시일 안에 이뤄지면서 예상보다 훨씬 더 많은 어려움에 부딪쳤어. 화폐를 통합하는 과정에서 망하는 동독 회사가 아주 많았고, 이에 따른 실업 문제는 가장 큰 문제였지. 두 지역의 물가, 화폐, 체제 때문에 준비 과정이 꽤 필요했는데 그렇지 못했거든. 통일이 모든 걸 해결해 줄 거라고 믿은 거야. 이를 통해 진정한 통일을 이루려면 체계적인 준비가 필수라는 걸 알 수 있어.

하지만 가장 근본적인 문제는 마음의 장벽이 여전히 남아 있다는 거야. 서로를 인정하기 쉽지 않았거든. 서로의 장점을 인정하고 배우려는 자세가 무엇보다 중요하단 걸 알 수 있지.

고르바초프가 몰고 온 개혁 | 개혁 개방 정책

1986년 소련의 우크라이나 공화국에 있는 체르노빌 원자력 발전소에서 폭발 사고가 있어났어. 수천 킬로미터나 떨어져 있는 터키와 이탈리아, 독일까지 방사능에 오염되는 엄청난 일이었음에도 불구하고 사람들에게 대피하라는 명령이 늦게 내려져 많은 사람들이 큰 피해를 보았어. 바로 한 해 전 소련 공산당 서기장에 오른 고르바초프는 이 사건을 계기로 개혁을 결심했어. 첫 결실은 '글라스노스트(개방) 정책'이었어. 그동안 모든 권력이 일부 공산당에게 집중되고, 국민들에게는 자유가 없었거든. 그런데 개방 정책으로 국민들이 자기 의견이나 생각을 말이나 글로 자유롭게 표현하고, 정부의 잘못을 비판할 수 있게 되었어.

당시 소련은 미국과의 지나친 군비 경쟁으로 하루가 다르게 경제가 나빠지고 있었어. 고르바초프는 자본주의 경제 체제를 일부 받아들이지 않으면 더 이상 소련은 살아남기 힘들 거라고 생각했지. 그래서 페레스트로이카(개혁) 정책을 실시했어. 그동안 정부가 은행과 회사, 공장 등을 소유하고 통제했는데, 개혁 정책 실시로 보통 사람들도 기업이나 은행을 운영하고 관리할 수 있게 되었어. 또한 그동안 서로 앙숙처럼 지내던 미국과 핵무기를 줄이는 조약을 맺고, 자본주의 국가들과도 서로 친한 관계를 만들려고 노력했어.

무너진 사회주의 | 독립 국가 연합의 탄생

1989년 베를린 장벽이 무너진 지 얼마 안 되어 미국의 부시 대통령과 고르바초프 대통령은 몰타 섬에서 세계 평화를 위협하는 냉전이 끝났음을 공식적으로 선언했어. 또한 1991년에는 무기를 서로 줄이기로 결정했어. 그런데 그즈음 미처 예상치 못한 변화가 일어났어. 고르바초프의 개혁 정책에 불만을 가진 공산당이 쿠데타를 일으킨 거야. 그때 러시아 연방 공화국의 대통령이었던 보리스 옐친이 개혁 세력을 이끌고 모스크바에서 쿠데타 세력에 맞서 싸우면서 국민적인 영웅이 되었어. 이 사건으로 공산당 세력은 완전히 약해지고 옐친이 강력한 세력으로 떠올랐어. 옐친은 고르바초프보다 훨씬 더 강력한 개혁을 원했고, 러시아 연방 공화국을 중심으로 한 소련을 만들고 싶어 했어. 결국 1991년 러시아 공화국을 비롯한 11개 공화국이 소비에트 연방을 탈퇴하고 따로 '독립 국가 연합(CIS)'을 결성하면서 마침내 소련은 해체되었어. 1922년 탄생한 인류 최초의 사회주의 국가 소련이 70년 만에 역사 속으로 사라져 버린 거야.

용어 해설

국영(國 나라 국, 營 경영할 영)
나라에서 경영하는 것. 민영은 개인이 경영하는 것

구조 조정(構 얽을 구, 造 지을 조, 調 고를 조, 整 가지런할 정)
기업의 불합리한 점을 고쳐 효율성을 높이는 일

오시(Ossi)
게으르고 불평만 늘어놓는 동독 사람이라고 얕잡아 표현한 것

베시(Wessi)
거드름 피우며 잘난 척하는 서독 사람이라고 비꼬아 표현한 것

방사능(放 놓을 방, 射 쏠 사, 能 능할 능)
물질을 구성하는 원자가 저절로 붕괴해 방사선을 방출하는 성질

소련의 경제 악화

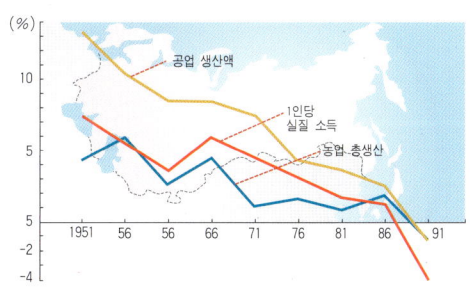

개혁을 주장한 고르바초프

페레스트로이카는 민주주의적인 방법에 의해, 국민에 의하여, 국민을 위하여 실현되는 하나의 혁명 과정이다. 페레스트로이카의 생명력은 민주주의의 발전에 달려 있다.

1990년 대통령제 도입 후 소련의 초대 대통령이 된 고르바초프는 개혁 개방 정책을 폈어.

코카콜라, 이것은 진짜다. -레닌-

❓ 러시아에만 있다. 레닌-코카콜라, 맥-레닌?

코카콜라와 햄버거는 미국을 상징하는 아이콘이자 동시에 자본주의의 상징이 되다시피 한 음식이지. 그런데 소련이 해체되면서 소련과 동유럽 국가 곳곳에 자본주의의 대표적인 음식들이 자리잡았고, 이 과정에서 공산권 문화의 상징인 레닌을 이용한 광고가 많이 등장하고 있어. 자본주의를 뒤엎으려고 했던 레닌이 자본주의의 상징에 쓰이는 것을 알면 레닌의 기분이 어떨까?

79 | 유럽 연합

하나의 유럽

|1800|1900|1925|1950|1975|2000|

지난 겨울 방학 때 엄마랑 이탈리아, 에스파냐, 포르투갈 세 나라를 여행했는데, 넘쳐나는 볼거리와 맛있는 먹을거리로 여행 내내 참 행복했어. 이 지역은 여행하기에 참 편리하더라~. 잠자고 일어나면 다른 나라이고, 국경을 넘어섰는 데도 같은 돈을 사용할 수 있어. 또 사용하는 언어도 비슷한 점이 많아서 나중에는 표지판을 봐도 대충 의미를 알겠더라고. 유럽은 언제부터 같은 돈을 사용하고, 자유롭게 국경을 넘나들 수 있게 되었을까?

같은 뿌리, 다른 열매 유럽 | 유럽 통합 배경

유럽은 민족도, 종교도 다르지만 비슷한 점이 많아. 프랑크 왕국의 카롤루스 대제가 서유럽 세계를 통일하면서 크리스트교와 그리스·로마 문화, 게르만족의 전통이 서로 잘 녹아서 서유럽 문화가 형성된 후, 유럽의 많은 국가들은 다양한 모습으로 발전하였음에도 불구하고 종교와 언어 및 생각하는 방식 등 여러 면에서 비슷한 면이 많았거든. 그러나 한때 세계 역사를 좌지우지했던 유럽이 두 차례의 세계 대전을 치르면서 미국이나 소련의 강대국들에게 점점 밀리게 되었어. 그래서 유럽 사람들은 '하나의 유럽'을 만들려는 시도를 하기 시작했어.

'어머니'를 뜻하는 여러 나라의 언어

- 산스크리트어 : matar
- 프랑스어 : mère
- 그리스어 : μητηρ (mêtêr)
- 갈리아어 : matres, matrebo
- 라틴어 : mater
- 독일어 : mutter
- 영어 : mother
- 아일랜드 고어(古語) : moder
- 이탈리아어 : madre

유럽의 많은 언어들이 라틴 어나 게르만 어에서 갈라져 나온 경우가 많기 때문에 언어도 비슷한 경우가 많아.

경제 공동체를 넘어 정치 공동체로 | 유럽 연합

경제 통합 먼저, 유럽 공동체(EC)

유럽 통합 운동은 서로 앙숙이던 프랑스와 독일의 화해에서 시작됐어. 1950년에 석탄이 풍부한 독일과 철광이 풍부한 프랑스가 경제적으로 협력하고 다음 해에 이탈리아와 벨기에, 룩셈부르크, 네덜란드까지 참여하면서 '유럽 석탄 철강 공동체(ECSC)'가 만들어졌어. 이것이 성공적으로 끝나자 프랑스, 서독, 이탈리아, 네덜란드, 벨기에 등의 나라가 '유럽 경제 공동체'를 만들고, 이후 1967년에는 드디어 유럽의 경제 통합을 목적으로 하는 유럽 공동체(EC)가 만들어졌어. 유럽 여러 나라의 경제 발전과 보다 나은 사회를 만들기 위해 서로 힘을 합하는 것이 목적이었지.

유럽이란 이름의 유래

신화에는 재미있는 이야기들이 많아. 유럽이라는 대륙 이름도 신화에서 탄생했지. 에우로페(Europe)는 그리스 신화에 나오는 여신이야. 제우스가 아름다운 에우로페에게 한눈에 반해 황소로 변해 그녀를 태우고 다녔대. 이때에 돌아다닌 지방을 그녀의 이름을 따서 유럽(Europe)이라고 부르게 되었어. 에우로페는 죽은 뒤 여신으로 숭배되었고, 황소는 하늘로 올라가 황소자리가 되었대. 에우로페는 유로화를 비롯해, 유럽 이사회 등 여러 곳에 유럽의 상징으로 표현되고 있어.

하나의 유럽, 유럽 연합(EU)

경제적 통합으로 출발한 유럽 공동체는 1991년 12월 '유럽 연합(EU)'으로 새롭게 탄생했어. 이제 정치적인 통합도 하나씩 이루어 가려는 것이지. 유럽 중앙 은행을 설립하고, 같은 화폐를 사용하며, 유럽 의회를 만들어 외교와 방위를 함께 의논해 나가기로 한 거야. 유럽 연합의 탄생으로 회원국 사람들은 '유럽 연합 시민'으로서의 권리도 갖게 되었어. 어느 나라에서든 상품뿐 아니라 원하는 직장을 가질 수 있게 되었지. 하지만 해결해야 될 과제도 안고 있어. 2000년대부터 서유럽에 비해 가난한 동유럽 국가들이 가입하면서 국가 간의 경제적 수준 차이가 커지면서 통합에 어려움이 있어. 또 유럽 의회 구성에 반대하는 나라나 사람들을 어떻게 보듬어 나갈지도 과제야.

용어 해설

라틴 어(Latin, 語 말씀 어)
이탈리아 어파에 속하는 언어 중 하나

방위(防 막을 방, 衛 지킬 위)
적의 공격을 막아서 지킴

세계 무역 기구(世 세대 세, 界 경계 계, 貿 바꿀 무, 易 바꿀 역, 機 틀 기, 構 얽을 구)
세계 125개국이 참여하여 결성된 경제 기구

바벨탑(Babel, 塔 탑 탑)
기독교 구약성경에 나오는 탑

미국의 달러에 도전장을 내밀다 | 유로화

2002년 1월 1일 유럽 연합에서는, '유로화'라는 하나의 화폐를 사용하기 시작했어. 유로화가 본격적으로 사용되면서 거래할 때 나타나던 여러 가지 불편한 점이 줄어들었어. 유럽 연합 국가들 간의 거래가 활발해지면서 유로화는 미국의 달러에 버금가는 역할을 하기 시작했지. 지금까지는 미국의 달러가 나라 간의 거래에서 기준이 되는 화폐였거든. 유럽은 그동안 혼자 마음껏 세계 경제를 주름 잡던 미국에 도전장을 내밀고, 유럽의 경제적 이익을 추구하고 있어.

세계는 하나로 | 지역별 경제 협력 체제

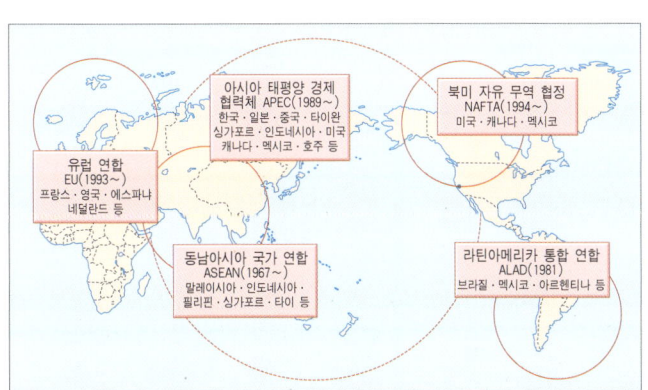

유럽 연합 외에도 서로 협력해서 문제를 해결하려 하고 있어. 세계 무역 기구(WTO)가 생긴 이후 세계가 하나의 시장으로 통합되면서 그야말로 치열한 경쟁이 시작되었지. 그래서 여러 나라들은 지역적으로 가까운 곳끼리 경제 공동체나 협력체를 만들어 협력하고 있어.

유럽 연합기

유럽 연합기는 유럽 인의 역사적 일체감을 표현해. 청색은 유럽 대륙, 원형의 황금색 별은 유럽 시민의 단결을 의미한대. 12개의 별은 12가 완전함과 통일을 상징하기 때문이래.

유럽 연합의 화폐, 유로화

유로화 지폐는 총 7가지로, 앞면은 창문과 출입구 그림으로 열려 있음을, 뒷면은 여러 종류의 다리를 그려 유럽뿐 아니라 세계를 연결한다는 의미를 나타내고 있어. 동전의 앞면은 유럽 연합이 공통적으로 새겨져 있고, 뒷면은 나라별로 달라.

유럽 의회, 프랑스 스트라스부르

'많은 언어를 하나로'라는 의미로 바벨탑을 모델로 지은 건물이래.

개념이 쏙쏙 | 스물네 고개

1 14~16세기에 르네상스가 처음 시작된 나라는 ○○○○(이)야. ( )

힌트 피렌체의 메디치 가문의 후원을 받아 그리스와 로마 문화가 남아 있는 이 나라에서 시작되었어.

8 영국은 혁명을 통해서 왕 중심 국가에서 ○○ 중심 국가로 발전했어.

힌트 명예혁명 이후에 왕은 군림하나, 통치하지 않는다는 전통이 시작되었어.

9 제임스 와트는 물이 끓는 주전자에서 ○○ ○○의 원리를 발견했어. 덕분에 산업 혁명과 교통의 발달을 가져왔어. ( )

2 다음 내용이 맞으면 O, 틀리면 × 표시를 해 봐. ( )

르네상스에서 가장 중요하게 생각한 것은 신(神)이었어.

힌트 르네상스는 중세의 신 중심 사회에서 벗어나 인간을 새롭게 발견하는 운동이야.

7 짐은 곧 국가라고 말한 프랑스의 태양왕은 바로 ○○○ ○야. ( )

힌트 이 왕은 베르사유 궁전을 지어 문화 예술을 발전시키기도 했어.

10 산업 혁명으로 인해 나타난 사회 변화 중 문제점을 골라 봐.

㉠ 철도의 등장
㉡ 어린이들의 노동
㉢ 인구의 도시 집중

( )

3 다음 중 르네상스의 발명품을 찾아 봐. ( )

• 화약   • 종이
• 인쇄술 • 나침반

6 절대 왕정은 왕권은 신이 주었다는 ○○○○○을(를) 주장하고, 경제적으로 중상주의 정책을 폈어.

( )

11 프랑스 혁명은 〈인권 선언〉을 통해 ○○롭고 ○○한 사회를 꿈꿨어. (,)

4 지구가 둥글다는 사실을 세계 일주를 통해 최초로 밝혀낸 사람은 누구일까? ( )

① 마젤란
② 콜럼버스
③ 바스쿠 다 가마

5 종교 개혁을 일으킨 사람과 관련된 내용을 선으로 연결해 봐.

루터 •   • 95개조의 반박문

칼뱅 •   • 예정설

12 ○○○○○은(는) 러시아 원정의 실패로 몰락했지만, 자유 사상을 전파하고 민족의식을 일깨웠어. ( )

힌트 이 사람이 한 말 중 '내 사전에 불가능이란 말은 없다.'라는 말은 친구들도 많이 들어 봤을 거야.

236

스물네 고개 | 북서부 유럽의 역사

16 19세기의 ○○○○ 국가들은 상품의 원료와 시장을 찾기 위해 식민지를 개척했어.
(　　　)
힌트 로마의 이것과는 전혀 다르니 주의해야 해.

17 제1차 세계 대전에서 미국이 참전하는 계기가 된 사건은 어떤 걸까? (　　　)
㉠ 사라예보 사건
㉡ 무제한 잠수함 작전

24 유럽은 현재 ○○○○을 통해서 하나의 유럽으로 통합되고 있어.
(　　　)
힌트 '유로화'라는 화폐를 사용하고 있어.
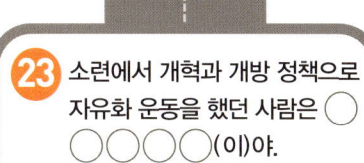

15 철혈 정책을 펴면서 독일을 통일시켰던 대표적인 사람은 누구일까? (　　　)
① 마치니
② 가리발디
③ 카보우르
④ 비스마르크

18 제1차 세계 대전 후 세계 여러 나라에서 보통 선거가 실시되면서 ○○○○가 발전했어.
(　　　)
힌트 독일의 바이마르 공화국은 민주적인 헌법을 만들었어.

23 소련에서 개혁과 개방 정책으로 자유화 운동을 했던 사람은 ○○○○○(이)야.
(　　　)
힌트 소련이 붕괴되면서 동유럽 각 나라도 민주화의 길을 걷고 있어.

14 영국에서 노동자들이 일으킨 선거권 확대 운동을 ○○○○ 운동이라고 해.
(　　　)
힌트 노동자들은 보통 선거와 비밀 선거를 주장했어.

19 제1차 세계 대전 중 사회주의 혁명에 성공한 나라는 ○○○○였어. (　　　)
① 일본   ② 미국
③ 프랑스 ④ 러시아

22 미국과 소련을 중심으로 전 세계가 둘로 갈라진 총소리 없는 전쟁을 ○○(이)라고 해.
(　　　)
힌트 우리나라의 6·25 전쟁도 이러한 상황 때문에 일어난 거야.

13 오스트리아의 메테르니히가 만든 ○○○은(는), 마치 프랑스 혁명이 일어난 적이 없었던 것처럼 유럽의 질서를 되돌리려고 했어.
(　　　)

20 독일의 ○○○은(는) 나치당을 중심으로 전체주의 국가를 만들어 제2차 세계 대전을 일으켰어. (　　　)
힌트 이 사람은 유대인을 학살하기도 했어.

21 일본은 히로시마에 ○○○○이 터지면서 1945년 8월 15일 무조건 항복했어.
(　　　)
힌트 폭발할 때 버섯구름이 발생해.

세계사 개념사전　237

80 | 마야, 아즈텍, 잉카

높은 언덕에서 피어난 찬란한 문화

오늘은 사회 시간에 골든 벨 퀴즈 대회를 했어. 사실 나 사회를 잘 못해서 자신이 없었거든. 그런데 내가 '최후의 1인'이 된 거야. 어떻게 된 거냐고? 결승전 문제가 '다음 문명 중 발생 지역이 다른 하나는?' 이었고, 보기는 ① 아즈텍 문명, ② 잉카 문명, ③ 메소포타미아 문명, ④ 마야 문명이었거든. 사실 내가 아는 건 메소포타미아 문명뿐이라 그냥 3번이라 했어. 그런데 그게 정답인 거야. 그런데 나머지 문명들은 도대체 언제 어디서 생겨난 거야? 4대 문명 말고 또 있었나?

열대 우림에서 꽃피운 문명 | 마야 문명

중앙아메리카의 '어머니 문화'라고 불리는 이 지역 최초 문명은 올멕 문명이야. 올멕은 '고무 사람들'이란 뜻으로 마야 문명의 토대가 되었지. 올멕 인들은 거대한 돌로 두상을 잘 만든 것으로 유명해. 아메리카에서 카카오 나무를 처음으로 기른 사람들이기도 하고.

1세기 이후 마야 인들은 유카탄 반도에서 문명을 탄생시켰어. 다른 문명과 달리 사람이 살기 힘든 열대 밀림에 도시를 세우고, 여러 부족들이 도시 국가 형태를 이루고 살았어. 이 문명이 바로 마야 문명이야. 마야 인들은 그림 문자인 신성 문자를 사용하여 그들만의 독특한 문화를 이룩했는데, 가장 빛나는 것은 수학과 천문학이었대. 그들은 0의 개념을 알았고, 20진법이라는 독자적인 셈법을 바탕으로, 막대기와 점 모양을 이용해 숫자를 나타냈대. 이렇게 뛰어난 수학 실력 덕분에 세계 최고 수준의 천문학을 발전시킬 수 있었지. 그들은 1년이 365.2420일이라고 밝혀냈는데, 오늘날과 비교해 보아도 오차가 거의 없을 정도래.

이 모든 것은 바로 종교에 대한 관심 때문이었어. 마야의 최고신은 창조의 신 '이참나'이고, 왕의 신으로 섬겼던 '쿠쿨칸'이라는 뱀신도 많이 숭배했대. 이 신들을 위해서 거대한 돌로 만든 피라미드와 정교한 사원을 많이 만들었지. 그러나 마야 문명은 9세기를 넘어가면서 크게 쇠퇴하고 말았어.

아메리카 지역 구분

아메리카는 지리를 기준으로 북아메리카, 중앙아메리카, 남아메리카로 나눌 수 있어. 영국 전통과 문화 영향을 많이 받은 곳을 앵글로아메리카, 에스파냐, 포르투갈 등 라틴 족의 문화 영향을 많이 받은 곳을 라틴아메리카라고도 해.

쿠쿨칸의 피라미드와 마야의 달력

마야의 달력은 서로 다른 날짜를 나타내는 그림 문자 20개로 되어 있어. 마야 인들은 세상이 52년마다 한 번씩 끝난다고 믿었대. 그래서 52년마다 피라미드 옆에 새 피라미드를 세우거나, 도시를 버리고 다른 곳으로 이동해 새 도시를 세웠대.

? 아메리카에도 피라미드가?

세계에서 가장 피라미드가 많은 나라는 어디일까? 이집트? 아니야. 정답은 멕시코! 멕시코에는 총 430여 개의 피라미드가 있대. 그리고 이집트와 차이점이 있어. 이집트의 피라미드가 왕의 무덤인데 비해 멕시코의 피라미드는 신성한 제사를 지내는 곳이었대. 특히 '신들의 도시'라는 뜻의 테오티우아칸이라는 고대 도시에는 높이 63m, 한 변의 길이가 225m에 다다르는 거대한 '태양의 피라미드'와 '달의 피라미드'가 있는데, 둘 다 세계 문화 유산으로 지정되어 있지.

멕시코 고원에 자리한 신의 나라 | 아즈텍 제국

1,300년경부터 마야 문명을 계승한 아즈텍 제국이 탄생했어. 자신들을 멕시카라고 불렀던 아즈텍 인들은 멕시코 중부의 텍스코코 호수 가운데 섬들을 연결해 '신이 머무는 곳'이라는 뜻의 거대한 도시 테노치티틀란을 건설했어. 마야 문명의 영향을 받아 그림 문자를 사용하고, 천문학과 달력을 만드는 능력도 아주 뛰어났어. 또, 종교를 매우 중요하게 생각해서 신을 숭배하기 위해 웅장한 사원과 피라미드를 만들었지.

1519년 에스파냐의 코르테스는 아즈텍 제국으로 갔어. 황제 몬테수마 2세는 코르테스와 그의 군대를 무척 환영했대. 그들을 깃털 달린 뱀신 '케찰코아틀'(수염을 기르고 흰 피부를 가진 전설상의 인물)로 착각했던 거야. 그러나 코르테스는 황제를 포로로 잡고, 1521년 아즈텍 제국을 완전히 정복했어. 정복에는 불과 500명의 군사, 총 50개, 말 16마리가 들었을 뿐이야. 코르테스는 테노치티틀란을 폐허로 만들고는 그곳에 '멕시코 시티'를 건설했어.

안데스 고원의 찬란한 태양 | 잉카 제국

멕시코 지역에서 아즈텍 문명이 번영할 즈음, 페루와 칠레 지역에는 잉카 문명이 성장했어. 잉카 인들은 12세기경 안데스 산중에 자리한 쿠스코에 수도를 세우고 세력을 확장했지. 잉카 인들은 골짜기에 계단식 밭을 만들고 농사를 지어 풍요로운 생활을 누렸어. 또, 전국에 걸쳐 3만km가 넘는 훌륭한 돌길을 만들어 넓은 영토를 효율적으로 다스렸지. 정복 전쟁을 통해서 영토를 넓혀가던 잉카 제국은 15세기 중엽 아메리카 최대의 제국이 되었대.

그러나 잉카 제국은 점차 힘을 잃었어. 그때 피사로가 이끄는 에스파냐 군대가 잉카 제국을 공격했어. 피사로는 황제를 포로로 잡고 방을 가득 채울 만큼의 황금을 주면 황제를 풀어 주겠다고 약속했대. 그러나 황금을 손에 넣은 피사로는 황제를 처형하고 1,533년 잉카 제국을 멸망시켰어.

잉카의 수도 쿠스코는 파괴되었지만, 주위를 둘러싼 뾰족한 봉우리들 덕에 에스파냐 사람들에게 발견되지 않았던 마추픽추는 잉카 제국의 문화를 잘 간직할 수 있었대. '오래된 봉우리'라는 뜻을 가진 마추픽추는 가파른 산비탈을 이용해 도시를 건설했어. 잉카 인들이 어떤 방법으로 거대한 돌을 높은 산 정상까지 운반해 건물을 지었는지는 오늘날까지 풀리지 않는 수수께끼로 남아 있대.

용어 해설

토대(土 흙 토, 臺 돈대 대)
어떤 사물이나 사업의 밑바탕이 되는 기초를 비유적으로 이르는 말

오차(誤 그릇할 오, 差 어긋날 차)
실수 또는 잘못

사원(寺 절 사, 院 집 원)
절

안데스(Andes)
남미 중앙의 한 지역

땅 위의 거대한 흔적 나스카 문화

콘돌새   거미

페루 남부에 자리잡은 나스카 인들은 땅 위에 벌새, 거미, 원숭이, 우주인, 삼각형 등 크기가 100m ~ 300m에 달하는 거대한 그림을 남겼어. 이 지역은 비도 거의 안 오는 사막 지형인데, 도대체 이 황량한 사막에 누가, 언제, 어떻게 그린 것일까?

잉카 제국의 마추픽추

잃어버린 잉카 문명을 고스란히 간직한 도시 마추픽추. 유네스코가 지정한 세계 문화 유산이자 세계 10대 불가사의로 지정되어 있어. 특히 거대한 돌을 정교하게 다듬고, 모양이 다른 큰 돌을 정확하게 잘라 성벽과 건물을 세운 잉카 인들의 뛰어난 건축술은 경이로울 정도야.

잉카 제국과 아즈텍 제국은 '전염병'으로 멸망했다?

코르테스의 군대가 테노치티틀란에 갔을 때 천연두에 걸린 사람들이 있었어. 이로 인해 삽시간에 테노치티틀란에 전염병이 퍼졌어. 유럽 사람들은 천연두를 앓으면서 어느 정도 면역력이 생겼지만, 아즈텍 사람들은 그렇지 못해 수많은 사람들이 죽는 바람에 지배 체제가 흔들렸고, 군대의 사기도 떨어졌어. 천연두는 이후 페루의 잉카 제국에 스며들어 갔고, 홍역까지 번지면서 또 다른 정복자 피사로가 잉카 제국을 멸망시키는 데 큰 공헌을 하기도 했대.

81 | 미국 혁명

아메리카 합중국의 탄생

세금 내!

흥. 못 내.

방학하면서 텔레비전과 난 친구가 되었지. 텔레비전 시청을 취미 생활로 하다가 재미있는 사실을 하나 발견했어. 미국 영화에는 아침 출근길에 커피 전문점에 들러 베이글과 함께 커피를 들고 나오는 장면이 자주 나와. 그런데 영국 드라마를 보면 사람들이 하루에도 몇 번씩 홍차를 마셔. 미국은 영국에서 건너 간 사람들이 일궈낸 나라라고 하던데, 차 마시는 문화는 완전히 다른가 봐. 나 똑똑하지 않니? 그나저나 미국 사람들은 언제부터 커피를 즐겨 마신 걸까?

기회와 풍요의 땅 아메리카로 | 아메리카 이주민

1600년대 초부터 유럽 각지에서 사람들이 북아메리카로 몰려들기 시작했어. 이민자는 대부분 영국 사람이 많았는데, 식민지 개발에 관심이 많았던 영국 정부의 지원을 받으면서 그 수는 점차 늘어났어. 대서양을 사이에 두고 유럽과 마주보는 지역에 13개의 영국 식민지가 생겨났어.

대표 없는 곳에 과세할 수 없다 | 미국 혁명

영국의 지배를 거부하다, 보스턴 차 사건

처음 영국은 식민지에 별로 간섭하지 않았기 때문에 식민지들은 의회를 두고 스스로 문제를 해결해 나가고 있었어. 그러나 영국은 북아메리카 식민지를 차지하기 위해 프랑스와 7년에 걸친 치열한 전쟁을 치르면서 돈이 부족해지자, 식민지에서 세금을 더 거둬 해결하려고 했어. 설탕과 차 등의 수입품에 세금을 부과하고, 공공 기관에서 공식적으로 작성한 서류와 출판물에 세금을 내게 한 거야.

식민지 주민들은 "영국 의회에 식민지의 대표자는 한 사람도 없는데, 왜 법을 따라야 해? 대표 없는 곳에는 세금을 부과할 수 없다."며 강하게 반발했어. 상인들은 '영국 상품 안 사기 운동'을 벌이고, 사람들은 '차 대신 커피 마시기 운동'을 벌였어.

그러나 영국의 동인도 회사가 계속 차를 들여오자 화가 난 주민들이 보스턴 항구에 머물고 있던 동인도 회사 배를 습격해 차를 바다에 던져 버렸는데, 이를 '보스턴 차 사건'이라고 해.

인디언으로 위장한 아메리카 주민들이 영국의 배를 습격해 차를 바다에 던져버렸어.

> **Dutch pay(더치페이)는 네덜란드 방식?**
>
> 더치란 네덜란드 사람을 말하는데, 계산에 정확한 네덜란드 사람들이 돈을 내는 방법을 더치페이라고 한 거지. 새로운 곳에 가면 가게부터 만들었다는 말이 나올 정도로 장사 능력이 뛰어난 네덜란드 사람들이 미국에서 정착한 곳이 바로 뉴욕이야. 현재 뉴욕이 세계 금융의 중심인 것은 과연 우연일까?

> **더 알고 싶어요**
>
> **추수 감사절에 칠면조 요리를 먹는 까닭은?**
>
> 청교도들이 처음 아메리카에 도착해 정착한 곳은 플리머스라는 지역이야. 청교도들은 지독한 추위, 식량 부족, 전염병 등으로 많은 사람들이 죽었고, 고생을 심하게 했대. 그러나 1년이 지나면서 사정은 바뀌었어. 인디언에게 옥수수 씨앗을 받고 농사짓는 법까지 배워 풍성한 가을을 맞이할 수 있었던 거야. 정착에 성공한 청교도들은 감사하는 마음에서 인디언들을 초대해 추수한 곡식과 주변에 흔한 칠면조 고기를 대접하고 잔치를 열었어. 그 먼 곳까지 자신들을 인도한 신께도 감사드리면서 말야. 이것이 추수 감사절의 시작이었대. 그래서 지금도 미국 사람들은 추수 감사절이면 칠면조 요리를 먹어.

조지 워싱턴이 이끈 독립 전쟁

보스턴 차 사건을 계기로 영국은 식민지를 더욱 탄압했어. 당시 토머스 페인은 영국으로부터 독립하는 것은 당연하다는 내용의 《상식》이라는 책을 썼는데, 많은 사람들이 공감했대. 마침내 13개 식민지 대표가 필라델피아에 모여 〈독립 선언서〉를 발표하고, 워싱턴을 독립군 총사령관으로 임명했어. 1776년 7월 4일, 전쟁이 시작된 거야.

> **독립 선언서(1776년)**
> 모든 인간은 평등하게 태어났고, 결코 남에게 넘겨줄 수 없는 생명, 자유, 행복의 추구 등의 권리를 신으로부터 받았다. 이러한 권리를 확보하기 위해 인간은 정부를 만들었다. 따라서 정부가 이를 파괴할 때에는 정부를 바꾸거나 없애고, 자신의 안전과 행복을 가장 잘 이룩할 수 있는 새로운 정부를 조직하는 것이 국민의 권리이다.

〈독립 선언서〉는 생명, 자유, 행복의 추구를 인간의 기본권으로 정하고, 주권은 국민으로부터 비롯된다는 국민 주권의 원리 등 민주주의 원리를 반영하고 있어. 영국의 존 로크의 사상을 바탕으로 토머스 제퍼슨이 작성한 것인데, 나중에 프랑스 혁명에 큰 영향을 미쳤어. 전쟁 초기에는 영국군에게 밀려 상황이 좋지 않았어. 그러나 독립에 대한 의지로 똘똘 뭉친 식민지 독립군의 열의와 더불어 영국의 경쟁자였던 프랑스와 에스파냐의 지원 덕에 마침내 승리했어. 결국 영국은 1783년 13개 주의 독립을 승인했지. 드디어 독립이 이루어진 거야.

새로운 나라의 탄생 | 아메리카 합중국

독립을 쟁취한 식민지 대표들은 새로운 헌법을 만들었어. 헌법에는 각 주가 의회를 두고 자치를 하고, 외국과의 조약 등 중요한 문제만 중앙의 정부가 관리하는 '연방제'와 국민의 투표로 뽑힌 대통령과 의회가 나라를 이끌어 가는 공화국으로 출발하기로 한 내용이 담겨 있어. 새 헌법에 따라 첫 대통령이 된 사람은 독립 전쟁을 이끌었던 워싱턴이었어. 수도 워싱턴은 그의 이름을 딴 거래. 이렇게 해서 '아메리카 합중국'이 탄생했어(1789). 미국의 독립 전쟁은 당시 왕의 독재에 시달리던 유럽, 특히 프랑스 사람들에게 커다란 자극을 주어 프랑스 혁명에 영향을 끼쳤어. 또, 정치 제도는 많은 나라에 영향을 주어 현재 미국과 같은 대통령제를 선택하는 나라들이 많아.

용어 해설

이주(移 옮길 이, 住 살 주)
다른 지역이나 나라로 옮겨 와서 사는 사람

추수 감사절(秋 가을 추, 收 거둘 수, 感 느낄 감, 謝 사례할 사, 節 마디 절)
개신교 신자들이 한 해에 한 번씩 가을 곡식을 거둔 뒤에 하나님께 감사 예배를 올리는 날

상식(常 항상 상, 識 알 식)
사람들이 보통 알고 있거나 알아야 하는 것

미국의 국기

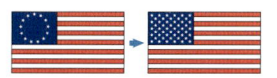

처음 국기를 만들 때 영국 통치로부터 자유를 쟁취한 13개 주를 상징하는 의미에서 13개의 별과 줄무늬를 그려 넣었대. 대륙 회의는 13개 별을 '미국을 대표하는 새로운 별자리'라고 불렀대. 그 후 새로운 주가 생길 때마다 별을 하나씩 추가해 현재는 국기에 별 50개가 그려져 있어.

자유의 여신상

독립 전쟁을 지원했던 프랑스가 미국의 독립 100주년을 기념해 선물한 거야. 왼손에는 독립 선언서를, 오른손 든 횃불은 자유를 상징하는 거래.

미국 혁명은 인디언들에게도 자유를 주었을까?

지금 보면 당연한 내용일지 몰라도 당시 〈독립 선언서〉의 정신은 당시에 정말 혁명적인 것이었어. 그러나 이 원칙이 원래 아메리카 땅의 주인인 인디언에게도 똑같이 적용되었을까? 안타깝게도 답은 'NO'야. 〈독립 선언서〉가 발표되던 그 해에 인디언 체로키 족 마을에 독립군이 수차례 습격을 했고, 2년 후 이로코이 족은 거의 몰살되다시피 했어. 더구나 전쟁에서 승리를 거둔 후 인디언 소유의 땅을 빼앗고 인디언을 몰아냈어. 미국은 영국의 지배에서 벗어나기 위해 싸우면서도 인디언들은 조금도 배려하지 않은 거야. 결국 독립 전쟁은 인디언을 제외한 그들만의 잔치였던 셈이지.

82 | 라틴아메리카의 독립

유럽의 지배에 반기를 들다

> 나 유명한 사람이야. 볼리비아라는 나라 이름은 내 이름을 딴 거야.

라틴아메리카에 있는 볼리비아라는 나라를 아니? 선생님이 그러시는데, 볼리비아는 '볼리바르'라는 사람의 이름을 본따서 나라 이름을 지었대. 볼리바르는 유럽의 침략자들과 맞서 싸워 라틴아메리카의 여러 나라를 독립시킨 유명한 분이래. 그래서 라틴아메리카 사람들은 볼리바르를 '해방자'라고 불렀대. 라틴아메리카에서는 어떤 일이 일어났던 걸까?

금·은에 취한 에스파냐와 포르투갈 | 유럽의 약탈

에스파냐와 포르투갈이 라틴아메리카에 들어와 요구한 것은 금이었어. 이후 대규모 은광이 발견되면서 300년 동안 에스파냐와 포르투갈은 어마어마한 양의 금과 은을 약탈해 갔어. 또한 설탕, 목화, 커피 등을 만들어 내기 위해 원주민들의 땅을 빼앗아 큰 농장을 세웠지. 원주민들은 팔려온 흑인 노예들과 더불어 큰 농장에서 죽도록 고생하며 일해야 했어. 이로 인해 라틴아메리카는 너무나 가난하고 뒤떨어진 생활을 하게 되었어.

독립을 외치다 | 라틴아메리카의 독립

흑인 노예들이 이끈 아이티의 독립

카리브 해의 북쪽에 자리 잡은 작은 섬인 아이티는 프랑스의 식민지였어. 아프리카 출신의 수많은 노예를 동원해 사탕수수와 커피를 경작했기 때문에 농장 주인들과 식민지 지도자들만 풍족하게 살았어. 그러던 어느 날 프랑스에서 혁명이 일어났다는 소식을 들은 노예들이 봉기를 일으킨 거야. 투생 르베르튀르라는 뛰어난 지도자 아래 뭉친 노예들은 에스파냐, 영국, 프랑스의 군대를 모두 격파하고 흑인 노예 국가로서는 최초로 독립의 꿈을 실현했어.

라틴아메리카의 해방자, 볼리바르

19세기 초에는 에스파냐의 식민지였던 라틴아메리카에도 독립의 바람이 불었어. 마침 에스파냐가 나폴레옹과 전쟁을 벌인 것을 계기로 독립운동이 일어났지. 독립 전쟁을 주도한 사람은 크리오요 출신의 시몬 볼리바르였어. 그는 1810년부터 수많은 전쟁을 치렀고, 결국 콜롬비아는 독립을 하게 되었어. 이것으로 만족하지 않고 페루의 독립에도 힘을 쏟았어. 덕분에 1930년을 전후해 모든 국가가 독립을 이루었고, 사람들은 볼리바르에게 '해방자'라는 이름을 붙여주었어. 한때 페루의 일부였던 볼리비아도 독립했는데, 볼리바르를 기념하기 위해 나라 이름을 '볼리비아'라고 했대.

라틴아메리카의 사회 구성

- 크리오요 : 라틴아메리카에 살던 에스파냐인으로, 점차 에스파냐의 지배에서 벗어나려 했어.
- 메스티소 : 백인과 원주민의 혼혈이야. 크리오요에게 고용되었던 사람들로, 점차 자기 목소리를 내기 시작했어.
- 원주민 : 광산이나 농장에서 죽도록 일만 했어.
- 물라토 : 흑인과 백인의 혼혈이야. 노새를 뜻하는 모욕적인 말로, 노예나 다름없는 대우를 받았어.

라틴아메리카의 독립 지도

멕시코의 독립

멕시코는 에스파냐의 식민지 중 가장 많은 인구가 살고, 잘 사는 곳이었어. 그래서 더 많은 통제와 감시 속에 살아야 했어. 원주민의 생활 개선을 위한 노력과 에스파냐에 대한 저항 운동은 번번히 실패했지만, 어려움을 극복하고 독립운동이 본격적으로 시작되었어. 1821년에는 드디어 에스파냐로부터 독립을 선언하고, 국민이 뽑은 대통령을 가진 멕시코 공화국으로 거듭나게 되었지.

일어서는 라틴아메리카 | 라틴아메리카의 변화

라틴아메리카로 세력을 확장하는 미국

메테르니히는 라틴아메리카에서 독립운동이 일어나자, 당장 간섭하려고 했어. 메테르니히의 간섭이 싫었던 미국 대통령 먼로는 유럽이 아메리카 대륙에 간섭하지 않으면 미국도 유럽에 간섭하지 않겠다는 내용의 '먼로 선언'을 발표했어. 유럽의 강대국들이 아메리카 문제에 간섭하지 못하도록 한 먼로 선언은 라틴아메리카가 독립하는 데 크게 기여했어. 하지만 미국 역시 라틴아메리카를 손아귀에 넣고 싶어 했어. 군사적으로 중요한 쿠바를 차지하기 위해서 에스파냐와의 전쟁도 마다하지 않았지. 압도적인 군사력으로 가볍게 승리한 미국은 세력 확장에 박차를 가했어.

멕시코 혁명

멕시코는 정치적으로 독립은 했지만, 경제적으로는 여전히 미국과 영국의 영향이 강했고, 사람들 사이의 갈등도 심했어. 그 틈을 타 디아스 대통령은 무려 30년 이상 대통령 자리에 있으면서 원주민들의 땅을 빼앗아 외국인들에게 팔아먹고, 원주민들을 담배 농장에서 노예처럼 일하게 했어. 그때 프란시스코 마데로라는 사람이 정치적 자유에 관한 책을 쓰고, 전국을 돌며 자유에 대한 연설을 했어. 그러자 디아스 대통령은 그를 감옥에 가두어 버렸어.

더 이상 참을 수 없게 된 국민들은 판초 비야와 사파타를 중심으로 혁명을 일으켰고, 결국 1911년 디아스 대통령은 프랑스로 도망갔어. 그 이후 멕시코는 여러 차례 혼란을 겪다가 새로운 헌법이 만들어지면서 노동자와 농민의 권리가 조금씩 나아졌어.

용어 해설

약탈(掠 노략질할 약, 奪 빼앗을 탈)
폭력으로 남의 것을 억지로 빼앗음

봉기(蜂 벌 봉, 起 일어날 기)
떼 지어 세차게 일어남

박차(拍 손뼉칠 박, 車 수레 차)
어떤 일을 촉진하기 위해 더해 주는 힘

먼로 선언

미국의 먼로 선언은 라틴아메리카의 독립운동에 영향을 끼쳤어.

퓰리처가 기사를 위조했다?

매년 언론과 문학 분야에서 뛰어난 업적을 남긴 사람에게 수여하는 '퓰리처 상'은 세계적으로 권위를 인정받고 있어. 신문사 사장이었던 죠셉 퓰리처의 기금으로 만들었지. 그런데 퓰리처는 신문을 더 많이 팔기 위해 에스파냐와 쿠바 간의 대립을 사실과 다르게 과장된 기사로 포장하여 내보내도록 했어. 거짓말도 지어내고, 하지도 않은 인터뷰를 싣고……. 결국 미국은 전함 메인 호 폭발 사건을 계기로 에스파냐에게 전쟁을 선포했어. 위조된 신문 기사로 국가 간의 전쟁이 발생한 거지.

멕시코 민요 '라 쿠카라차(바퀴벌레)'

흥겨운 가락의 '라 쿠카라차'는 원래 정부에 대항해 싸우던 멕시코 농민들이 부르기 시작한 노래야. 멕시코 농민들은 스스로를 보잘 것 없지만 끈질긴 생명력을 가진 바퀴벌레에 비유했어. 이들을 이끌었던 판초 비야는 군대를 조직해 부자들의 재산과 가축을 빼앗고, 멕시코 군대와 싸워 인기가 높아졌어. 이 민요를 듣고 있노라면 말 위에서 호탕하게 웃는 판초 비야의 모습과 힘겨운 싸움을 하던 멕시코 농민들의 모습이 눈에 선할 거야.

'라 쿠카라차 / 이제 더 이상 살 수가 없어 / 먹을 것이 없기 때문에 / 라 쿠카라차 / 누군가 나를 미소 짓게 하네 / 그는 바로 셔츠를 벗은 판초 비야 / 이미 까란사의 군대는 도망가 버렸네 / 판초 비야의 군대가 오고 있기 때문에'

83 | 미국의 서부 개척

아메리카 원주민들의 희생 위에 이룬 꿈

일요일에 〈파 앤드 어웨이〉라는 영화를 봤어. 아일랜드에서 이민 온 가난한 청년이 주인공이야. 제일 기억나는 부분은 주인공이 말을 달려 깃발을 꽂으면 땅을 주는 경주를 시작하는데, 결국 목숨 걸고 열심히 달린 끝에 자기 땅을 차지하며 기뻐하는 모습이었어. 정말 신나는 일 아니니? 먼저 땅을 차지하는 사람이 임자라니 말이야. 그런데 놀라운 것은 이와 같은 일이 실제로 미국에서 있었던 일이래. 미국에서는 어떻게 이런 일이 가능했을까?

초라한 포장마차에 실은 '부자의 꿈'
| 서부 개척과 영토 확장

프론티어(개척자들)의 시대

독립 혁명을 할 때만 해도 미국은 13개 주가 전부 동쪽의 대서양 연안에 몰려 있었어. 미국은 유럽이 프랑스 혁명과 나폴레옹 전쟁 때문에 정신이 없는 틈을 타 루이지애나를 비롯한 서쪽의 여러 땅을 아주 싼 값에 사들였지.

덕분에 영토가 두 배 이상 넓어졌어. 넓어진 서쪽 땅을 개척하려면 사람이 필요했어. 그래서 새로운 땅을 개척하면 거의 헐값에 땅을 나눠 주는 정책을 폈지. 그런데 땅이 워낙 넓다보니 미국 사람들만으로는 턱없이 부족한 거야. 고민 끝에 유럽 여러 나라에서 사람들을 불러 모았어. 특히 영국에서 많은 사람들이 미국으로 왔어. 이들은 포장마차에 초라한 가재도구를 싣고 먼지를 뒤집어 쓰며 미시시피 강을 넘어 서쪽으로 향했어. 새로운 곳을 찾아 떠나는 프론티어(개척자들)였어. 그들에게는 희망이 있었거든. 조금만 고생하면 내 땅을 가질 수 있다는 희망이.

일확천금을 노린 골드 러시

1848년 캘리포니아에서 금이 발견되었다는 소문이 퍼지면서 너도 나도 일확천금의 꿈을 안고 캘리포니아로 달려갔어. 사금을 골라내기 위해 세숫대야 하나 들고 무작정 달려온 사람들 덕분에 캘리포니아는 순식간에 인구 10만 명의 대도시로 변했어. '49년의 사람들(Forty Niners)'이라는 별명으로 불리는 이들은 거의 모두가 광부들로 금이 발견된 이후 금을 캐려고 달려온 사람들이라는 의미야. 그야말로 황금을 향해 돌진하는 골드러시의 시대가 온 거지. 덕분에 본격적인 서부 개척 시대의 막이 올랐어.

캘리포니아로 온 사람들이 모두 부자가 된 것은 아니야. 금광은 이미 지주들이 차지한 경우가 많았고, 낮에 열심히 사금을 캐서 번 돈을 밤에는 도시로 몰려가 술과 도박으로 다 써버렸기 때문이야. 어쨌든 1850년 캘리포니아는 미국에서 가장 부유한 주가 되었어.

> **더 알고 싶어요**
>
> **서부 개척 시대의 핫 아이템**
>
> 승용차 중에 '왜건식' 승용차는 서부 개척 시대 포장마차에서 이름을 딴 차야.
> 뒷좌석에 짐을 많이 실을 수 있도록 화물칸이 있는 것이 특징이지.
>
> '골드러시'의 꿈을 안고 서부로 달려온 광부들이 입던 '진바지'도 미국 곳곳으로 전파되면서 '진' 바지 미국에 열풍이 불었어. 독일사람 리바이 슈트라우스가 만든 진 바지의 유행 비결은 주머니에 작은 도끼나 돌을 넣어도 뜯어지지 않을 정도로 질기고 튼튼했기 때문이야. 군대의 텐트 천으로 만들었거든. 바지 색깔은 뱀이 싫어하는 '블루'로. 리바이스 청바지의 탄생 비화야.
>
>

새로운 거인으로 성장한 미국

1803년 미국이 프랑스로부터 루이지애나를 헐값에 사들인 것을 시작으로 미국의 영토는 미시시피 강을 건너 서쪽으로 계속 넓어졌어. 에스파냐한테서 플로리다도 사들였어. 또 멕시코로 쳐들어가 텍사스와 캘리포니아를 강제로 빼앗고, 돈을 주고 뉴멕시코를 사들이기도 했어. 게다가 중부 대평원이 대규모 목축에 적합한 곳이라는 사실이 알려지면서, 이곳에 살던 원주민을 쫓아내고 이 지역을 냉큼 차지해 버렸어. 이렇게 해서 새로운 거인, 미국이 탄생한 거야.

무너진 공존의 꿈 | 원주민 학살

'눈물의 길'을 따라 쫓겨 가는 원주민

아직 개척되지 않은 땅보다 도시와 강 주변에 살기를 원했던 사람들은 원주민들의 땅을 넘보기 시작했어. 처음에는 약간의 돈을 주고 땅을 샀지만 원주민들이 땅을 팔려 하지 않자, 1830년에 '인디언 강제 이주법'을 만들어 원주민들을 쫓아내고 땅을 빼앗기 시작했어. 일부 원주민은 무기를 들고 나가 싸우기도 했지만, 결국엔 총으로 위협하는 미군들 때문에 사슬에 줄줄이 엮여서 서부로 끌려갔어. 1,300km가 넘는 험난한 그 길을 원주민들은 '눈물의 길(Trail of Tears)'이라고 불렀어.

좋은 원주민은 죽은 원주민뿐이다

개척자들이 정착한 서부 역시 비어있는 땅이 아니라 원주민이 살고 있었어. 처음 서부로 이주한 사람들은 원주민들의 땅을 뺏지 않겠다고 약속했어. 그러나 그들은 약속을 어겼고 최신식 총으로 무장한 미국 군대가 승리하면서 원주민들은 쫓겨나야 했어. 미국 정부는 '인디언 보호 구역'을 정하고 원주민들을 몰아넣었어. 이제 원주민들은 지정된 장소 외에는 살 수 없게 된 거야. 이에 반발한 원주민들은 격렬하게 저항했지만, 대다수의 원주민들이 거의 전멸했어. 결국 1890년 무렵 모든 아메리카 원주민들은 수용소로 끌려갔어.

재미있는 이야기 하나 해 줄까? 미국이 자랑하는 고성능의 아파치 헬기는 보호 구역에 살기를 거부하고 미군과 맹렬히 싸웠던 아파치 족의 이름에서 유래했어. 아파치 족의 추장 제로니모는 보호 구역에서 죄인처럼 살기를 거부하고 원주민들과 탈출해서 꼬박 1년 동안 게릴라 전을 벌이다 끝내 포로가 되었지. 비록 원주민들을 모두 죽이거나 쫓아내긴 했지만, 그들의 용기에 감동받았던 미국 사람들이 전투기에 용감한 인디언 부족의 이름을 붙인 거야.

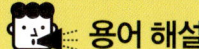 **용어 해설**

사금(沙 모래 사, 金 쇠 금)
해안이나 강바닥의 모래에 섞여 있는 금

개척(開 열 개, 拓 헤칠 척)
거친 땅을 일구어 논이나 밭과 같이 쓸모 있는 땅으로 만드는 것

비화(秘 숨길 비, 話 말할 화)
드러나지 않은 이야기

게릴라 전(guerilla, 戰 싸울 전)
정식 군인이 아닌 사람들이 군인을 상대로 소규모의 제한된 싸움을 벌이는 것을 특징으로 하는 전투 방식

크레이지 호스의 조각상

수 족의 추장이자 '성난 말(크레이지 호스)'라는 이름으로 알려진 원주민 지도자는 보호 구역에 수용되는 것을 거부하고 미국 군대와 싸워서 크게 승리한 사람이야. 인디언들에게는 전설적인 인물이지. 미국 대통령들을 조각했던 사람에게 어느 날 편지가 왔대. "우리에게도 위대한 영웅이 있다는 것을 백인들에게 알려주었으면 한다. 그는 바로 '성난 말'이다." 편지에 감동받은 조각가는 미국 대통령들의 조각상이 있는 러시모어 산에서 27km 떨어진 곳에 세계 최대 크기의 '크레이지 호스'의 조각상을 아직도 만들고 있대.

 시애틀 추장이 미국 대통령에게 보낸 편지

"워싱턴에 있는 대통령이 우리 땅을 사고 싶다는 말을 전해왔다. 하지만 어떻게 땅과 하늘을 사고 팔 수 있나? 우리는 안다. 땅은 사람의 것이 아니라는 것을, 사람이 땅에 속한다는 것을. 우리는 안다, 우리의 신은 당신들의 신이기도 하다는 것을. 우리는 안다, 신은 하나라는 것을. 빨간 사람이든 흰 사람이든 사람은 나뉠 수 없다. 우리는 결국 모두 형제들이다." 원주민들의 땅을 사려고 했을 때 시애틀 추장이 보낸 편지래. 진짜 시애틀 추장이 쓴 편지인지는 명확하지 않지만, 아메리카 원주민들의 자연과 사람에 대한 생각은 가슴 깊이 감동을 전해주고 있어.

84 | 남북 전쟁

서로 다투는 남과 북

|1750|1800|1850|1900|1950|2000|

오늘은 《허클베리 핀의 모험》이라는 책을 읽었어. 자유분방하고 모험심이 많은 '허크 핀'을 보면 꼭 나를 보는 것 같아서 난 이 친구가 아주 마음에 들어. 더군다나 허크 핀은 지옥으로 가겠다는 결심까지 하고 도망친 흑인 노예 짐을 끝까지 도와 줬거든. 나라면 절대로 그렇게 하지 못했을 텐데, 그 용기가 정말 놀라워. 그런데 허크 핀은 왜 친구를 도와주는 데 지옥까지 갈 결심을 하게 된 걸까?

늘어나는 영토, 깊어지는 대립 | 남부와 북부의 대립

19세기 중반 무렵 미국의 남과 북은 전혀 다른 나라처럼 운영되고 있었어. 북부는 대도시와 공장 지대가 많아 산업이 발전했고, 남부는 농장이 발달해 있었거든. 남부에서는 플랜테이션이라는 거대한 농장에서 면화와 담배를 길렀는데, 재배할 때 손이 많이 가는 힘든 일이라 아프리카에서 끌고 온 노예가 꼭 필요했어. 하지만 북부는 상공업이 발달해서 자유로운 노동력이 필요했기 때문에 노예를 풀어주길 원했지.

게다가 무역 정책을 놓고도 서로 다른 의견을 보였어. 북부는 영국 제품의 수입을 규제하고, 관세를 높게 매겨서 북부의 산업을 보호하고 싶었어. 하지만 남부는 영국에 면화를 팔고, 값싼 물건을 수입하기 위해 관세는 낮추고, 규제는 줄여서 자유롭게 무역하자고 주장했어. 그러던 중 1860년에 북부의 지지로 링컨이 대통령에 당선되자 결국 남부의 몇몇 주가 연방을 탈퇴하고 독립 국가를 건설하기로 다짐했어.

북부와 남부의 대립

	북부	남부
산업	상공업 발달	농업-대농장
노예제	반대	찬성
정치	연방 체제	분권 체제
무역	보호 무역	자유 무역
정당	공화당	민주당

갈등은 전쟁을 낳고 … | 남북 전쟁

북부 연방과 남부 연합 간의 치열한 전쟁

링컨은 연방을 지키기로 다짐했기 때문에 연방을 탈퇴한 남부와 전쟁을 할 수밖에 없었지. 결국 1861년에 남북 전쟁이 시작되었고, 4년 동안이나 전투를 벌였어. 링컨이 이끄는 북부 연방은 남부보다 인구가 2배 이상 많았고, 무기 면에서 우수했어. 반면, 남부 연합은 유능한 장군의 지휘 아래 이기고자 하는 정열이 높았어. 그래서 전쟁 초기에는 남부 연합이 유리했지.

북부 연방이 위기에 처하자 링컨 대통령은 1863년 1월 1일 노예 해방을 선언했어. 그러자 "노예들을 위해 피를 흘릴 수는 없다."며 북군들이 탈영하기 시작했고, 그들의 자리를 대신한 것은 해방된 흑인 노예들이었어. 남부에서 탈출한 노예들이 북군에 속속 지원해서 열심히 싸웠거든. 게티즈버그 전투에서 결정적인 승리를 거두면서 결국 남부 연합은 항복을 선언했어.

링컨의 게티즈버그 연설

87년 전 우리 선조들은 자유라는 이념으로 이 땅에 새로운 나라를 세웠고, 인간은 모두 평등하게 태어났다는 믿음을 위해 헌신했습니다. 지금 우리는 엄청난 내전에 휩싸여 자유와 평등을 바탕으로 세운 이 나라가 존립할 수 있느냐 없느냐의 갈림길에 서 있습니다. 우리는 죽음을 두려워하지 않고 명예롭게 죽어간 용사들의 뜻을 위해 더욱 헌신해야 한다는 것, 그들의 희생이 결코 헛되지 않도록 결의를 굳건히 다지는 것, 하나님의 가호 아래 이 나라가 자유롭게 다시 탄생하리라는 것, 그리고 '국민의, 국민에 의한, 국민을 위한 정부'는 이 세상에서 결코 사라지지 않으리라는 것을 다짐해야 합니다.

84 | 남북 전쟁

끝나지 않은 전쟁

남북 전쟁이 끝난 뒤 미국은 다시 한 나라가 되고, 노예 제도가 공식적으로 폐지되었어. 하지만 전쟁이 끝나고 5일 뒤, 링컨 대통령은 남부 연합 지지자들에게 암살을 당하고, 남부의 흑인들은 테러와 폭력, 흑인에 대한 차별에 시달렸어. 또한 법적으로 폐지되었다고 해도 흑인에 대한 차별은 사라지지 않았어. 노예가 해방된지 100년이 지나도록 정치에 참여할 수 있는 권리를 얻지 못했지. 단지 흑인들은 이민 온 사람들과 더불어 싼값에 일을 시킬 수 있는 사람들일 뿐이었어.

자본가, 위기를 기회로! | 미국의 산업 발전

대륙 횡단 철도의 건설과 산업 발전

남북 전쟁은 엄청난 피해를 가져왔지만, 동시에 산업 발달을 촉진시키기도 했어. 전쟁 물자와 군인을 수송하기 위해 대규모 철도 공사가 이루어졌거든. 또 북부의 승리로 끝나면서 산업은 더욱 빠르게 발전했지. 전쟁이 끝나자 대륙을 동서로 가로지르는 철도를 만들기 시작해서 1869년에 최초의 대륙 횡단 철도가 완성되었어. 동부와 중서부, 태평양 연안을 철도로 연결하면서 태평양 연안이 빠른 속도로 발전하게 되었지.

또한 산업 발달을 가로 막던 규제가 사라지면서 넓은 영토와 자원, 풍부한 노동력을 바탕으로 한 공업은 그야말로 눈부시게 발전했어. 영국이 100년에 걸쳐 이룬 것을 미국은 반도 안 되는 시간에 이루면서 세계적인 강대국으로 발돋움했어.

거대 자본가의 등장

철도 건설에 필요한 자본을 댄 것은 모건 가문이었어. 이를 통해 모건 가문은 엄청난 돈을 모아 유명한 금융 회사를 만들었어. 또한 카네기는 미국 최고의 철강 회사로 발전하면서 '철강왕'이란 별명을 갖게 되었지. 이들이 돈을 많이 벌 수 있었던 이유는 '주식 회사 제도'가 한몫을 했지. 이 제도는 여윳돈이 있는 사람들에게 주식을 발행해서 회사에 필요한 돈을 얻어 사업에 투자를 하고, 벌어들인 돈의 일부를 나누어 주는 제도야. 주식에 투자하는 사람들이 늘어나면서 이들은 사업을 훨씬 큰 규모로 확장할 수 있었어. '백만장자'가 된 이들은 정치에도 큰 영향력을 행사했어.

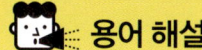

용어 해설

규제(規 법 규, 制 억제할 제)
규정을 정해 일정한 한도를 정하거나 한도를 넘지 못하게 하는 것

관세(關 빗장 관, 稅 세금 세)
수출이나 수입되는 물건에 대해 부과하는 세금

탈영(脫 벗을 탈, 營 경영할 영)
군인이 자기가 속한 군대에서 무단으로 빠져나와 도망가는 것

노예 해방 운동과 《톰아저씨의 오두막집》

비처 스토어가 1852년에 발표한 《톰아저씨의 오두막집》이라는 소설이 폭발적인 반응을 보이며 미국 사람들을 감동시켰어. 이 작품은 흑인 노예 톰이 백인들의 학대에 시달리는 내용으로, 노예 제도를 고발하고 있었어. 사람들은 이 소설로 인해 노예 제도의 문제점에 대해 다시 한 번 생각해 보았고, 결국 노예제 반대 운동의 불길에 기름을 붓는 역할을 했어.

KKK단의 테러

'큐클럭스클랜'(집단이라는 뜻)의 약자 KKK단은 남북 전쟁이 끝난 직후에 설립되어 1870년대까지 계속된 조직으로, 흑인들과 그에 동조하는 세력을 구타하거나 그들의 집을 불태우는 등의 테러를 저질렀어.

내 덕분에 노예가 해방됐어.

링컨은 진정한 노예 해방자였을까?

젊은 시절 상품처럼 취급되는 노예를 목격하고 노예 제도를 없애버리겠다고 다짐했던 링컨이 대통령에 당선되었어. 전쟁 중에 노예 해방을 선언하고, 전쟁 후 남부의 노예들을 해방시켜 주었지. 이후 그의 별명은 '위대한 해방자, 아브라함 링컨'이었어. 하지만 노예 해방에 부정적이었던 대통령 역시 링컨이었어. 남북 전쟁 초기 링컨은 '나의 최고의 목적은 연방을 유지하는 것이지, 노예 제도의 문제는 아니다.' 라고 했어. 그러나 북군이 남군에게 밀리자, 링컨은 노예 해방을 선언했어. 해방시켜 줄테니 노예들은 나가서 싸우라는 말과 더불어 말야.

85 | 경제 공황
자본주의에 닥친 최대의 위기

아니, 이게 뭐야? 난 이제 어쩌지?

경제

1750　1800　1850　1900　1950　2000

"나는 3가지 일을 할 줄 알고, 3개 국어를 하며, 제1차 세계 대전에 나가 3년 동안 싸웠습니다. 3명의 자녀를 두었고, 3개월 동안 일자리가 없었습니다. 하지만 단 1개의 직업을 원할 뿐입니다."
1930년대 초 미국의 한 실업자가 직업을 구하기 위해 거리로 들고 나온 피켓의 내용이야. 도대체 미국 사람들은 얼마나 뛰어나기에 이렇게 능력 있는 사람이 일자리를 구하지 못한 거지? 그럼 영어는 커녕, 국어도 잘 못하는 난 어쩌지?

검은 목요일 | 경제 공황

미국 경제 발전의 빛과 그림자

앞에서 경제 공황에 대해서 얘기했던 거 기억나지? 이번엔 공황이 시작된 미국의 상황을 좀 자세히 알려줄게. 제1차 세계 대전이 끝나고 1920년대에 미국의 많은 공장들과 회사들은 쓸어 담을 정도로 많은 돈을 벌었어. 주식을 사고팔기 위해 사람들이 뉴욕의 주식 시장인 '월스트리트'라는 곳으로 몰려들었어. 돈이 모자라면 은행에서 돈을 빌려서라도 샀어.

그런데 너무 많은 공장이나 회사가 생겨 경쟁이 치열해지다보니 주식을 발행해도 팔기가 어려워졌어. 예전보다 주식 사는 사람들이 줄어든 거야. 1929년 10월 24일 목요일. 주식을 팔려는 사람들이 너도나도 월스트리트로 몰려들었어. 주식 값이 더 떨어지기 전에 주식을 팔려고 나온 사람들로 아수라장이었지. 500만 원 정도 하던 주식이 만 원 밖에 안 되니 그럴 만도 해. 주식 시장이 무너진 이 날을 사람들은 '검은 목요일'이라고 불러.

엄청난 주식 가격 하락으로 생산이 중단되면서 회사나 공장이 문을 닫았고, 실업자가 넘쳐났어. 5,000개의 은행이 문을 닫아 수백만 명의 통장이 쓰레기가 되었지. 상점과 공장에는 팔리지 않는 물건들이 잔뜩 쌓였고, 많은 사람들이 줄을 서서 무료 급식으로 겨우 생활했어. '검은 목요일'에 이어 찾아온 1930년대 경제 혼란을 '대공황'이라고 해.

보이지 않는 손, 신화는 끝났다

이 엄청난 재앙의 원인은 무엇이었을까? 산업 혁명이 시작된 이래 많은 나라들은 애덤 스미스가 주장한 '보이지 않는 손' 이론에 의해 자유 경쟁과 자유 무역을 중심으로 경제를 운영했어. 모두가 자유롭게 자신의 이익에 따라 행동해도 시장이라는 '보이지 않는 손'의 조화로 경제가 발전한다는 믿음은 이제 소용이 없어진 거야. 더 이상 시장에 맡겨두었다간 다같이 망할지도 모른다는 두려움에 새로운 경제 정책을 고민하기 시작했어. 경제 문제에 국가가 적극적으로 개입해야 한다고 생각하기 시작한 거야.

풍요 속의 빈곤

세계 최고의 생활 수준을 자랑하는 포스터 앞에서 실업자들이 식량을 배급받으려고 줄을 서 있다.

더 알고 싶어요

세탁기와 청소기가 여성의 사회 진출을 늘렸다?
인류 역사상 여성을 가장 혹사시킨 가사 노동은 빨래였어. 청소도 만만치 않았지. 그런데 세탁기와 청소기 덕분에 여성들이 힘든 일에서 벗어날 수 있게 되었어. 1920년대에는 전기를 이용한 세탁기와 청소기가 미국 가정에 많이 보급되었어. 심지어 세탁업이라는 새로운 직업이 생겨 세탁물을 맡기기만 하면 다림질까지 해서 주는 거야. 집안일이 줄어든 덕분에 여자들은 신문 기자, 출판사 편집자, 광고 프로듀서 등으로 다양한 분야에 대거 진출할 수 있게 되었어.

국가가 발 벗고 나선 경제 살리기 | 뉴딜 정책

루즈벨트는 대공황으로 인해 나라가 매우 어려웠던 1932년에 미국의 대통령에 당선되었어. 그는 국민들에게 새로운 제안을 하나 했어. 바로 '뉴딜(New Deal)' 정책이야. 정부가 경제 문제에 직접 개입하겠다고 나선 거지. 직장을 잃고 굶주린 사람들에게 일자리를 마련해 주고, 대공황이 다시는 일어나지 않도록 산업을 개혁함으로써 새로운 미국을 만들겠다는 거였어. 미국 경제는 대공황의 늪에서 조금씩 빠져 나올 수 있었고, 이후 세계 여러 나라에 미국과 같이 정부가 경제 문제에 개입하는 정책이 확산되었어.

용어 해설

주식(株 그루 주, 式 법 식)
회사를 꾸려 가는 데 필요한 돈을 마련하기 위해 발행하는 증서

사회 보장(社 모일 사, 會 모일 회, 保 보전할 보, 障 가로막을 장) 제도
질병, 재해, 실직 등의 어려움에 처한 사람들의 생활을 국가가 지원해 주는 제도

재정(財 재물 재, 政 정사 정)
국가나 지방의 자치 단체가 정책을 시행하기 위해 돈을 만들어 관리하고 이용하는 경제 활동

뉴딜정책

- **실업자들에게 일자리 제공**: 국가가 주도하는 대규모 공사를 벌였어. 가장 대표적으로 대규모 댐을 건설하는 테네시 강 유역 개발 사업을 비롯해 도로·다리·공항 건설, 작게는 나무 심기, 산불 끄기뿐 아니라 예술가들에게도 일자리를 제공했어.
- **농업 지원, 산업 부흥**: 정부가 개입해 농업 생산량을 조절하고, 넘치게 생산된 농산물을 정부가 사들여 농민들을 보호했어. 생산 부문마다 최저 가격을 정해 생산을 조절하고, 실업자 구제 계획을 세웠지.
- **노동자들의 권리 보호**: 노동자가 단체를 만들어 자신의 권리를 표현하고 지킬 수 있도록 해 주었고, 최저 임금 제도를 도입해 노동자의 소득을 안정시켰어. 또 일주일에 40시간 이상 일하지 않는 것을 원칙으로 정했어.
- **사회 보장 제도 마련**: 65세 이상의 노인에게는 연금을, 실업자에게는 수당을 제공하기로 했어. 또한 장애인과 능력이 부족한 사람을 위해 정부가 재정을 지원하기로 했지. 이 돈을 마련하기 위해 미국 최초로 기업과 부자들에게 높은 세금을 부과했어.

같은 원인, 다른 해결책 | 여러 나라의 공황 해결책

식민지를 많이 가지고 있던 나라와 그렇지 못한 나라 사이에 공황을 해결하는 방법은 아주 달랐어. 우선 많은 식민지를 가지고 있었던 영국과 프랑스는 본국과 식민지를 하나로 묶어서 자기들끼리 교역하는 것이 다른 나라들과 교역하는 것보다 유리하도록 만들었어. 물론 남아도는 상품은 식민지에게 팔아버렸고, 식민지가 많지 않았던 독일, 이탈리아, 일본은 다른 나라를 침략해서라도 새로운 시장을 얻으려고 전쟁 준비를 시작했지. 옳은 방법은 아니었지만 국민들의 지지는 뜨거웠어.

대공황 해결책

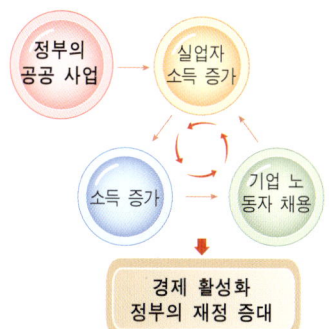

대공황이 발생했을 때, 경제 학자들은 해답을 찾지 못해 갈팡질팡했고, 사회주의자들은 자본주의가 무너지기 시작한다고 떠들어 댔어. 그때 해결사로 나타난 사람이 바로 영국의 케인스였어. 케인스는 간단한 치료약만 있으면 공황을 극복할 수 있다고 생각했어. 바로 정부가 경제 문제에 적극 개입하라는 거야. 즉, 빚을 내서라도 정부가 재정 지출을 늘리면 경제가 다시 활성화될 수 있다는 거지.

'잊혀진 사람들'의 대통령 프랭클린 루즈벨트

어린 시절 앓은 소아마비 때문에 하반신 마비로 살아가던 프랭클린 루즈벨트가 목발을 짚고 대통령이 되었을 때는 최악의 대공황으로 사람들이 공포와 불안, 절망 속에서 살아가던 때였어. 그가 제안한 뉴딜 정책의 정식 명칭은 '잊혀진 사람들을 위한 뉴딜'이었대. '잊혀진 사람들'이란 가난한 사람들을 뜻해. 그는 라디오를 통해 국민들과 대화했대. 어려운 사람들의 아픔을 진심으로 이해하고 희망을 심어준 루즈벨트. 미국 국민은 그에게 무려 4번이나 대통령 자리를 맡겼어.

86 | 라틴아메리카의 변화

라틴아메리카의 혁명 영웅

1750　1800　1850　1900　1950　2000

'너희가 이 편지를 읽게 될 즈음, 나는 더 이상 너희와 함께 있지 못할 거야. 너희는 나를 잊어버릴지 모르지만 아빠는 소신껏 행동했고, 내 자신의 신념에 충실했단다. 아빠는 너희가 훌륭한 혁명가로 자라기를 바란다. 이 세계 어디선가 또 누군가에게 행해질 모든 불의를 깨달을 수 있는 능력을 키웠으면 좋겠다. 그리고 혁명이 왜 중요한지 늘 기억해 주기 바란다.'

체 게바라라는 사람이 마지막으로 자기 아이들에게 남긴 편지인데 너무나 비장하지? 체 게바라는 무엇을 위해 자기를 희생한 걸까?

고통 받는 라틴아메리카 | 라틴아메리카의 시련

제 2차 세계 대전이 끝났을 당시 라틴아메리카 여러 나라들은 대부분 민주 공화제를 선택했어. 그러나 돈이나 권력을 가진 사람들의 이익만 지키는 군부 독재 정권인 경우가 많았어. 그런데 미국은 제 2차 세계 대전 이후 사회주의가 확산되자, 라틴아메리카에 사회주의 체제가 들어서는 것을 막기 위해 독재 정권을 지원했어. 그러다 보니 미국에 의존해 권력을 독점한 사람들이 자기들의 잇속을 채우기에 급급해 부정부패가 심해졌지. 사람들은 가난과 정부의 억압 속에 쿠데타, 게릴라 활동을 벌이기 시작했어.

미국의 뒷마당에서 혁명을 꿈꾸다 | 쿠바 혁명

1928년 아르헨티나에서 부유한 집안의 아들로 태어난 게바라는 의대에 입학했어. 의대에 다니던 중 두 번에 걸쳐 친구와 함께 오토바이를 타고 라틴아메리카 곳곳을 여행하면서 가난한 사람들의 비참한 생활을 보고 충격을 받았어. 특히 미국 소유의 광산에서 노예처럼 일하는 라틴아메리카 사람들의 모습은 그의 인생을 바꿔 놓았지. 이후 게바라는 사람을 치료하는 의사가 아니라 세상을 치료하는 혁명가로서의 삶을 결심하게 돼. 그러던 어느 날 코스타리카에서 우연히 쿠바 사람 피델 카스트로를 만나면서 1959년에 함께 쿠바 혁명을 이끌었어.

당시 쿠바는 미국의 지배 아래 있는 것이나 마찬가지였어. 때문에 쿠바 국민들은 가난과 정부의 억압이라는 이중 고통 속에서 힘겨운 날들을 보냈지. 그런 상황에서 일어난 쿠바 혁명은 여러 나라에게 큰 영향을 주었어. 이후 게바라는 쿠바의 개혁에 힘쓰다가 다른 나라의 혁명을 위해 다시 떠났어. 그가 아르헨티나 사람임에도 불구하고 쿠바나 다른 나라의 혁명에 참여한 것은 라틴아메리카를 독립된 여러 나라의 집합으로 보지 않고 하나라고 생각했기 때문이야. 그는 1967년 볼리비아 산악 지대에서 게릴라 부대를 조직해 활동하던 중 정부군에 잡혀 총살되고 말았어.

게릴라의 유래와 전법은?

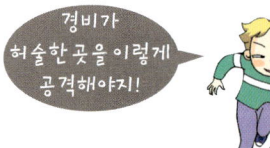

게릴라는 에스파냐 어로 '소규모 전투'를 의미해. 이 단어는 나폴레옹이 에스파냐를 침략했을 당시 에스파냐 사람들의 저항을 게릴라라고 부른 데서 유래되었어. 게릴라는 일정한 진지 없이 소규모 부대가 불규칙적으로 적을 갑자기 공격한 후 신속하게 빠져나와 사람들 속에 숨어버려. 경비가 허술한 기지나 무기를 저장한 곳이 주요 공격 목표였지. 하지만 지역 주민들의 지원 없이는 효과적으로 작전을 수행할 수 없다는 단점이 있어.

더 알고 싶어요

피델 카스트로와 체 게바라

쿠바는 라틴아메리카에서 가장 먼저 식민지가 되었고, 가장 늦게 독립한 나라였어. 그러나 독재 정권과 미국 때문에 진정한 독립을 못 이루었지. 카스트로는 게바라와 함께 쿠바 혁명을 일으키면서 "나는 내 형제의 생명을 앗아간 독재자의 분노를 두려워하지 않는다. 나에게 유죄 판결을 내려라. 역사가 나를 무죄로 할 것이다."라고 말했대. 그러나 권력을 잡은 카스트로는 세계에서 가장 오래 집권한 지도자로 기네스에 오르는 독재자로 바뀌었고, 여전히 쿠바 정치에 큰 영향력을 발휘하고 있어.

혁명은 혁명을 낳았으나… | 라틴아메리카의 정치

쿠데타로 무너진 칠레의 사회주의 실험

쿠바에서 일어난 혁명은 곧 다른 나라로 빠르게 퍼졌어. 각지에서 게릴라전을 펼치거나 쿠데타를 일으켜 미국과 군부 독재에 저항했어. 깜짝 놀란 미국의 케네디 대통령은 라틴아메리카에 많은 돈을 지원하겠다고 약속했어. 하지만 미국은 미국과 친한 세력을 지지하거나 자기 마음에 안 드는 정권을 바꾸고 싶을 때 군부 쿠데타를 지원할 뿐이었어.

이렇게 열악한 상황에서 칠레는 1970년대 세계 최초로 사회주의 정권을 이루어 냈어. 국민 투표라는 민주적 절차를 통해 아옌다가 대통령에 당선된 거야. 아옌다 대통령은 미국의 간섭에서 벗어나려는 정책들을 실시했어. 심각한 빈부 격차를 해결하기 위해 토지를 농민에게 나누어 주고, 모든 주요 자원과 미국계 거대 기업을 나라 소유로 만들었어.

이러한 정책에 국민들은 뜨겁게 지지했지만, 미국의 미움을 받았어. 결국 미국의 지원을 받은 쿠데타로 수만 명이 죽고, 아옌다 정권은 무너지고 말았지. 결국 칠레의 사회주의 실험은 미국의 힘 앞에 실패로 끝나고 만 거야.

아르헨티나의 페론 정권

제 2차 세계 대전이 끝난 뒤 1946년 페론이 아르헨티나의 대통령에 당선되었어. 이전에 군사 정부가 정권을 독차지하고 있던 시절, 페론은 노동·사회복지 장관을 맡아서 일하는 사람이 대접받는 세상을 만들기 위해 노력했어. 덕분에 국민들에게 인기가 치솟았지만 군사 정부는 그를 감옥에 가두었지. 페론을 석방하라는 국민들의 요구가 심각한 상황에 이르자, 어쩔 수 없이 석방하고 대통령을 뽑기 위한 선거를 실시했어.

대통령에 당선된 페론은 예전처럼 가난한 사람들의 생활이 나아지도록 노력했어. 영국과 미국의 손에 넘어간 아르헨티나의 주요 기업을 국가의 이름으로 국민들에게 돌려주었어. 그러나 페론은 어느새 권력을 유지하기 위해 조금이라도 정책에 반대하는 사람들을 가차없이 처단하는 독재자로 바뀌어 가고 있었어. 결국 그는 1955년에 일어난 쿠데타로 9년 만에 물러날 수밖에 없었고, 이후 아르헨티나는 18년 동안 대통령이 아홉 번이나 바뀌는 혼란이 계속되었어.

용어 해설

군부 독재(軍 군사 군, 部 나눌 부, 獨 홀로 독, 裁 마를 재)
군사에 관한 일을 총괄하여 맡아보는 곳을 중심으로 한 세력이 국가 권력을 도맡아서 강압적으로 다스리는 일

쿠데타
무력으로 정권을 빼앗는 일

진지(陣 진칠 진, 地 땅 지)
언제든지 적과 싸울 수 있도록 설비 또는 장비를 갖추고 부대를 배치하여 둔 곳

아이콘(Icon)
많은 사람들이 우러러 보는 우상이나 그를 대표하는 상징적인 것

추대(推 밀 추, 戴 일 대)
어떤 사람을 높은 직위로 오르게 하여 떠받듦

아르헨티나 국민들의 연인, 에비타

페론 대통령의 부인 '에바 페론'은 국민들에게 영원한 '퍼스트 레이디'로 사랑받는 사람이야. 가난한 배우 출신인 그녀는 남편이 대통령이 되면서 가난한 자들의 편에 서서 기금을 모으고, 노동자들을 위해 헌신적으로 일했어. 그래서 국민들은 그녀를 '에비타'라는 애칭으로 부르며 사랑했고, 부통령 후보로까지 추대했어. 그러나 암으로 34살의 젊은 나이에 죽고, 그녀의 이야기는 영화나 뮤지컬로 만들어져 사랑받고 있어.

'시대의 혁명 아이콘' 체 게바라

친구들이 '체(친구)'라고 부른 게바라는 죽었지만 세상 사람들에게 남긴 그 이미지는 아직도 강렬해. 쿠바에선 국민 영웅으로 존경하며 해마다 그의 생일과 죽은 날이 다가오면 곳곳에서 그를 기리는 행사들이 열려. 그는 "태양을 마주할 용기가 있는 젊은이라면, 누구나 뜨거운 가슴을 찾아 헤맬 줄 알아야 한다. 그 길이 돌이킬 수 없는 길이라 할지라도, 심지어 가서 돌아오지 못할 길이라 할지라도."라는 유명한 말을 남겼거든. 하지만 자본주의와 독재에 맞서 싸우다 죽은 게바라가 90년대 후반부터 포스터, 티셔츠, 베지, 라이터 등의 상품에 새겨져 퍼져 나가면서 '상업 문화의 아이콘'으로 떠오르고 있어. 이 사실을 알면 게바라는 과연 좋아할까?

87 대중문화

세계를 정복한 미국 문화

우리 학교 교실 문에는 '다른 반 학생 출입 금지'라는 글귀가 쓰여 있어. 그래서 나랑 제일 친한 옆 반의 친구와는 복도나 화장실에서만 얼굴을 볼 수 있지. 그런데 얼마 전부터 각 반에 붙어 있던 글귀가 전부 없어졌어. 새로 오신 교장 선생님께서 우리 반, 다른 반 구분 말고 서로 자유롭고 사이좋게 지내라고 하셨대. 난 이제 점심 먹고 나면 옆 반 친구에게로 달려가서 신나게 수다 떨면서 놀고 있어. 덕분에 스트레스도 풀려서 행복해.

경제 대국으로 성장한 미국 | 미국의 경제 발전

제1차 세계 대전으로 엄청난 부를 거머쥔 미국에게 제2차 세계 대전은 미국 역사상 새로운 전환점이 되었어. 제2차 세계 대전 후 미국은 정치, 경제, 과학 기술, 군사 등 모든 영역에서 세계 제1의 강국이 되었고, 세계를 주도하기 시작했거든. 물론 1960~1970년대를 지나면서 미국의 경제 성장은 주춤하기는 했지만, 세계 경제에 대한 영향력만큼은 여전히 커. 그래서 세계 모든 나라가 미국의 경제 정책에 주목하지. 미국의 달러는 국제 간의 결제나 금융 거래에 기본이 되는 화폐이고, 해외로 진출한 미국 기업은 점점 다국적 기업으로 성장하면서 세계 경제를 좌지우지하고 있어.

두 차례 세계 대전 모두 미국 땅에서 벌어진 것이 아니었기 때문에 피해가 거의 없었고, 어느 나라 부럽지 않을 정도의 넓은 영토, 풍부한 노동력과 자원, 세계 각지에서 모여든 뛰어난 인재 등 기본 바탕이 탄탄했기 때문에 발전이 가능했던 거야.

빅맥 지수

맥도널드 사의 대표적인 햄버거 빅맥은 전 세계 어느 매장에서나 살 수 있고, 크기와 값이 비슷하기 때문에 각국에서 팔리는 빅맥의 값을 통해 그 나라의 물가를 예측할 수 있다고 해서 '빅맥 지수'라고 해.

세계 문화를 주름 잡는 미국 | 미국의 문화

전 세계 어디를 가나 미국의 코카콜라, 맥도널드, 디즈니 등이 있을 정도로 미국 경제와 문화는 전 세계 사람들의 생활에 깊숙이 들어와 있어. 동유럽에 자유화 바람이 불고, 소련이 해체된 다음 가장 먼저 이들 나라로 달려간 것은 맥도널드나 코카콜라와 같은 미국 대기업이었대. 미국 문화가 그들의 마음을 사로잡은 거지.

19세기 말에 미국과 유럽에서 발전하기 시작한 대중문화는 성장을 거듭하며 전 세계로 확산되었어. 영어는 세계어가 되었으며, 대부분의 나라에서는 미국에서 제작한 영화를 보고, 음반을 듣고 있어. 덕분에 미국은 가만히 앉아서도 '미국식 생활 방식'을 전 세계 어디에나 홍보하고, 퍼뜨릴 수 있게 되었지. 그야말로 미국 문화는 '글로벌 문화'로 성장한 거야. 그래서 프랑스 사람들은 '문화 제국주의'라며 미국을 비판하고 있어.

코카콜라

코카콜라는 만든지 120년이 지나도록 전 세계 200여 개국에서 팔리고 있는 가장 잘 알려진 청량음료이자, 미국과 자본주의를 상징하는 음료수야. 1886년 미국의 펨버튼 박사에 의해 만들어진 코카콜라는 제1차 대전 때 미군들한테 제공되면서 널리 알려지게 되었대.

바쁘다 바빠, 간섭쟁이 미국 | 미국의 독주 체제

미국의 군사력은 러시아를 제외하면 경쟁 상대가 없을 정도야. 미국은 이런 모습이 매우 자랑스러웠나 봐. '팍스 아메리카나(Pax Americana)'라는 말을 만들어 냈거든. '팍스 로마나'에서 따온 말로 '미국 지배에 의한 세계 평화'라는 의미야. 하지만 이 시기 미국은 정말 바빴어. 여기저기 전쟁에 참여하고 간섭하느라고. 공산주의가 퍼지는 것을 막는다는 이유로 한국 전쟁과 베트남 전쟁에 어마어마한 비용을 들여가며 참전했고, 세계에 TV를 통해 생중계까지 해가며 걸프 전쟁(페르시아 만 전쟁)을 주도했어. 테러와의 전쟁을 선포한다는 이유로 아프가니스탄 전쟁을 일으켰고, 대량 파괴 무기를 없애겠다며 이라크 전쟁을 일으켰어. 이렇게 전쟁을 많이 하려면 돈도 많이 들겠지? 그래서 미국은 국방 예산 1위 나라로, 뒤를 잇는 9개 나라의 국방비 합계보다 더 크고, 전쟁 관련 기업이 가장 많은 나라야.

용어 해설

결제(決 결정할 결, 濟 건널 제)
일을 처리하여 끝냄

다국적 기업(多 많을 다, 國 나라 국, 籍 서적 적, 企 꾀할 기, 業 업 업)
한 나라에 본사를 두고, 여러 나라에 계열 회사를 거느리고 세계적 규모로 생산, 판매하는 기업

대중문화(大 큰 대, 衆 무리 중, 文 글월 문, 化 될 화)
이윤 창출을 목적으로 대량으로 생산되며, 대량으로 소비되는 상업주의 문화

적대감(敵 대적할 적, 對 대답할 대, 感 느낄 감)
적으로 여기는 감정

미국의 독주에 반기를 들다 | 도전 받는 미국

막강한 경제력을 바탕으로 세계를 주름잡던 미국은 다른 나라의 눈부신 경제 성장으로 1980년대 후반부터 무역 적자가 심해졌어. 일본의 엔화와 유럽의 유로화가 미국의 달러화에 도전할 정도로 성장했거든. 미국은 강력한 세력으로 떠오른 유럽 연합과 일본에 대항하기 위해 캐나다, 멕시코와 함께 '북미 자유 무역 협정(NAFTA)'을 맺어 북아메리카에 경제 동맹을 만들었어. 또한 중국은 높은 경제 성장을 거듭하면서 미국을 위협하고 있지.

소련이 무너졌음에도 불구하고 미국은 여전히 군사력 강화에 신경 쓰고 있었어. 이러한 미국에 대한 <mark>적대감</mark>을 그대로 드러낸 사건이 바로 9·11 테러야. 가끔씩 미국을 놀래키는 북한의 돌발 행동 역시 미국에 대한 강한 반감을 보여 주고 있지. 라틴아메리카에서도 점차 자신의 목소리를 내기 시작하고 있어. 베네수엘라의 차베스 대통령은 미국의 석유 회사에 당당히 맞서 '국영 석유 회사'를 개혁하면서 미국에 도전장을 내밀고 있어. 브라질은 변화를 추구할 것이라고 한 노동자 출신의 룰라를 대통령으로 뽑으면서 미국을 견제할 것이라는 의지를 강하게 보여 주고 있어.

미군 병사 1인당 군복, 장비 비용

2003년 이라크 전쟁을 바라보는 두 가지 시선

미국 때문에 괴로워!

미국 국방 정책 자문 위원장이었던 리처드 펄은 "이번 전쟁은 미국의 부시 대통령과 영국의 블레어 총리, 오스트레일리아 총리의 용기로 이루어진 특별한 성취이다. 이들은 국민들에게조차 지지받지 못했지만 반드시 이루어야 할 일을 용기있게 감행한 사람들이다. 이번 전쟁은 테러와 대량 살상 무기를 억제하고 중동 지역에 평화를 안겨줄 것이다."라고 했어. 반면 영국의 하원 의장이었던 로빈 쿡은 "이 전쟁은 부도덕하다. 영국 국민 중 어느 누구도 이라크의 후세인이 잔인한 독재자란 점을 의심하지 않는다. 하지만 영국 국민 중 어느 누구도 후세인이 지금 당장 영국에 위협이 된다는 주장도 믿지 않는다. 미국이 정한 시간표에 영국이 강요당하고 있는 것은 아닌가? 영국이 친구와 같은 나라들의 반대를 무릅쓰고 전쟁에 참여하는 것을 반대한다."며 의장직을 사퇴했어.

떠나자, 미국으로!

미국은 영국으로부터 종교의 자유를 찾아 메이플라워 호를 타고 떠나온 102명의 청교도들이 정착해서 세운 나라야. 1776년에 독립했으니까 200년이 조금 넘는 역사를 가지고 있지. 우리나라의 반만 년 역사에 견줄 바는 아니지만, 인디언의 문화와 전 세계 곳곳에서 이민 온 사람들이 만들어내는 다양한 문화가 어우러져 있는 곳이야. 처음 성조기의 별은 초기에 독립 전쟁에 가담했던 13개 주를 상징했지만, 지금은 자그마치 50개의 별들이 빛나고 있어. 미국 본토에 48개 주와 알라스카, 하와이 모두 50개지. 미국 역사 여행, 어디 한번 가 볼까?

인디언 성지 세도나 (네바다 주)

아메리카 대륙을 누비며 살아가던 인디언들에게 유럽인의 진출은 악몽과도 같았어. 독립 전쟁 후 미국은 서쪽으로 영토를 넓혔고, 인디언들은 보호 구역에서 살게 되었지. 이곳은 인디언의 기가 가장 크게 느껴진다는 신성한 땅, 세도나야. 이 인근은 은광이 나오는 것으로 유명해서 미국의 서부 개척 역사를 볼 수 있는 곳이야.

미국 속의 작은 한국 코리아타운

어! 여기도 미국인가? 우리나라에서 보는 풍경과 똑같지? 미국 곳곳에 있는 우리나라 사람들의 거주 지역인 코리아타운이야. 이 동네에서는 전화번호만 알면 자장면도 시켜먹을 수 있대.

태평양의 정열을 담은 하와이 (하와이 주)

역사가 짧고, 처음부터 공화국으로 시작한 미국이지만, 하와이에는 미국에 하나밖에 없는 이올라니 궁전이 자리 잡고 있어. 지금은 현대화되어서 과거 문명의 모습을 보려면 폴리네시안 민속촌에 가야 볼 수 있지. 엉덩이를 빠르게 흔들면서 훌라 춤을 추는 이들의 모습은 언제나 여유가 넘쳐흘러.

이올라니 궁전

라스베이거스(네바다 주), 그랜드 캐년(애리조나 주)

네바다 사막 인근에 있는 그랜드 캐년은 지구의 역사를 보여 주는 신의 작품이야. 자연의 장엄함 앞에서 저절로 숨이 멈춰지는 곳이야. 반면, 사막의 신기루처럼 떠 있는 라스베이거스는 인간이 만들어 낸 엔터테인먼트의 도시이지. 밤마다 펼쳐지는 화려한 조명의 현란함에 온몸이 저절로 흔들려.

그랜드 캐년

라스베이거스

세계의 심장 미국 동부(워싱턴, 뉴욕)

영화나 뉴스에서 많이 봤지? 미국의 대통령이 살고 있는 이곳은 워싱턴 D.C.에 있는 백악관이야. 왼쪽 건물이 바로 대통령 집무실이 있는 곳이고, 오른쪽 건물은 대통령을 보좌하는 행정부의 사무실이 있는 곳이야. 세계 정치의 심장, 미국 대통령의 방은 어디에 있을까? 뉴욕에 있는 자유의 여신상의 원래 이름은 '세계를 밝히는 자유'야. 오른손에는 횃불을 밝히고, 왼손에는 1776년 7월 4일이 새겨진 독립 선언 서판을 들고 있지. 미국의 독립 기념일인 7월 4일을 기념해서 프랑스가 보내준 선물이래. 받침대 부분은 이민 박물관으로 활용되고 있어.

자유의 여신상

초기 정착지인 플리머스(메사추세츠 주)

종교의 자유를 찾아 영국의 플리머스 항을 떠난 일부 사람들은 1620년 12월 21일 지금의 플리머스까지 들어왔는데, 이 날이 미국의 건국 기념일이야. 12월 26일 청교도들이 플리머스에 상륙했고, 이곳에 최초의 요새와 망대를 세웠어. '묘지가 있는 언덕'이라는 뜻의 이 언덕은 이 지역에 도달한 사람들의 무덤이 있어. 고생고생하면서 이 지역까지 들어온 사람들은 첫 해에 반 정도가 추위를 못 이기고 죽었어. 하지만 어렵게 농사를 지어 추수한 작물을 가지고 추수 감사 예배를 드리는 것을 잊지 않았지. 이곳은 미국의 역사가 시작된 곳이야.

세계사 개념사전

88 아프리카의 황금 왕국

황금의 축복을 받은 아프리카

| 1 | A.D. 100 | 500 | 1000 | 1500 | 2000 |

아프리카엔 황금이 그렇게 많다며?

우리 할머니는 금을 너무나 사랑하시는 것 같아. 모임에 나가실 때마다 별로 예쁘지도 않은 누런 금반지에 금목걸이, 금팔찌로 한껏 멋을 부리셔. 게다가 요즘은 금가루가 들어간 화장품을 즐겨 쓰시는 것 같아. 오늘 인터넷 서핑을 하다 보니 예전에 서아프리카에는 황금을 팔아 부자가 된 나라들이 여럿 있었대. 우리 할머니가 아시면 참 부러워하시겠지? 그런데 아프리카는 황금이 그렇게 많은데 왜 지금은 굶주리는 사람이 많은 거지?

인류의 고향 | 울두바이 계곡과 타실리 나제르

최초의 인류인 오스트랄로피테쿠스가 처음 살았던 곳은 아프리카였어. 아프리카 동남부 탄자니아의 울두바이 계곡에서 두 발로 걸어 다닌 <mark>원시 인류</mark>의 발자국이 발견됐는데, 370만 년 전에 만들어 졌다고 추정된대.
또 아프리카 북부의 대부분을 차지하는 사하라 사막도 아주 오래 전에는 물과 나무로 가득한 비옥한 땅이었지. 사하라에 살던 사람들은 농사를 지으면서 야생 동물을 사냥하며 살았어. 사하라 사막 한가운데 1,500m나 되는 타실리 나제르 고원에서 발견된 바위 그림이 이를 증명해 주고 있어.
그런데 언젠가부터 사하라는 먼지와 모래 외에는 아무것도 남지 않은 사막으로 변했어. 그래서 아프리카는 사하라 사막을 기준으로 지중해 해안을 따라 이집트 사람들이 북쪽에, 사막 아래쪽에 아프리카 사람들이 살게 되었어.

타실리 나제르 바위 그림

코끼리나 소를 이용해 농사짓는 모습, 사냥하는 모습 등이 표현되어 있어. '타실리 나제르'는 '강이 흐르는 평원'이라는 뜻이야. 이 지역에는 바위그림이 수천 개나 그려져 있어서 세계 문화 유산으로 지정되어 있지.

황금 무역으로 쌓은 부 | 서아프리카 왕국

금과 소금 무역으로 번성한 가나 왕국

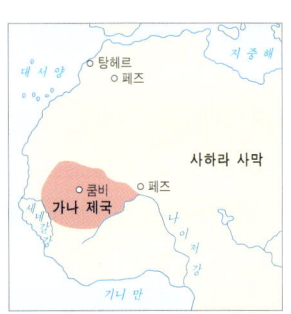

서아프리카에서 탄생한 최초의 제국은 가나 왕국이야. 가나 왕국이 크게 발전한 것은 사하라 사막을 가로지르는 금과 소금 무역 덕분이었어. 아프리카처럼 무더운 곳에서는 건강을 유지하기 위해 소금이 꼭 필요한데, 남쪽 지방에는 소금이 거의 없었거든. 그래서 상인들은 사하라 사막 일대에서 생산되는 소금을 싣고 남쪽으로 가서 금을 샀어. 서아프리카의 금 캐는 사람들이 소금을 사기 위해 북쪽으로 가려면 반드시 가나 땅을 거쳐야 했지. 가나 국왕은 통행료를 물려서 곧 부유해졌어. 8세기에 가나는 서아프리카 해안 전 지역을 차지하는 제국으로 성장했지. 그러나 이슬람교를 거부하자 아프리카의 여러 이슬람 왕국들이 가나를 공격하면서 점점 약해져 갔어.

 **사하라 사막을 넘나든 대상 무역**

아프리카 서부의 도시들은 사하라 사막을 가로지르는 대상 무역(띠 모양으로 무리를 지어 하는 장사)이 이루어지면서 발전하기 시작했어. 어떻게 사막 길을 건너갔냐고? 낙타를 이용하면 충분히 가능했어. 낙타는 무거운 짐도 거뜬히 싣고, 물 없이도 꽤 오랫동안 견딜 수 있을 뿐 아니라 좁은 곳도 쉽게 이동하는 장점이 있거든. 서아시아에서 낙타가 들어오면서 아프리카의 대상 무역은 크게 발전했어. 낙타는 대부분 사막 주변 지대에 살던 유목민이 키웠지. 생각보다 사막은 장점이 많은 길이었어. 지나가는 동안 통행료를 안 내도 되고, 해를 끼치는 무서운 동물도 없었거든. 물이나 식량은 중간중간에 있는 오아시스에서 얻을 수 있었어.

이슬람교를 믿은 황금의 나라 말리 왕국

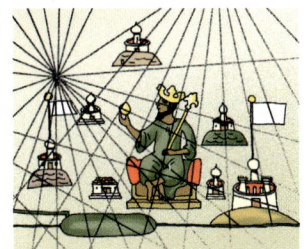

가나 왕국이 멸망한 후 13세기에 말리 왕국은 서아프리카를 대표하는 나라가 되었어. 가나 왕국처럼 금과 소금 무역으로 돈을 벌어들였지. 또한 전 세계에서 생산되는 황금의 2/3를 생산하는 황금 왕국이기도 했어. 말리는 이슬람 왕국이었어. 말리 사람들은 왕을 '만사'라 불렀는데, 가장 유명한 사람은 '만사 무사'야. 이슬람교 신자였던 무사가 메카로 순례가는 것을 계기로 유럽 사람들은 말리 왕국을 알게 되었어. 이븐 바투타가 남긴 여행기에 소개되면서 유명해졌지. 그러나 만사 무사가 죽은 후 약해지기 시작했어.

서아프리카 최대 영토를 가진 송가이 왕국

15세기 후반, 말리 왕국을 누르고 송가이 왕국이 등장했어. '황금 왕국'이라는 명성을 이어 받은 송가이 왕국은 서아프리카 여러 왕국들 중 가장 넓은 영토를 가지고 이슬람교를 보호하는 데 힘썼어. 그러나 안타깝게도 소금 광산과 금광을 탐낸 모로코의 침략으로 16세기 말에 무너졌어.

국제 무역으로 번성한 나라들 | 동아프리카 왕국

에티오피아 고원을 지배한 악숨 왕국

메넬리크가 세웠다고 전해지는 악숨 왕국은 1세기경 에티오피아 지역을 통일했어. 메넬리크는 '현명한 자의 아들'이란 뜻으로, 전하는 바에 따르면 시바 여왕과 솔로몬 왕 사이에서 태어났대. 악숨은 이집트, 인도와의 무역을 통해 아프리카 동북부의 교역의 중심지로 크게 번영했어. 피라미드나 오벨리스크 등의 유적이 당시의 영광을 잘 보여 주고 있지. 4세기경에는 크리스트 교를 받아들이고, 고유 문자를 만들어 썼는데, 이 문자는 현재까지 에티오피아에서 쓰고 있대. 최초의 수도 악숨은 유태인들의 성스러운 '모세의 십계명'이 새겨진 돌판을 담은 궤짝을 보관하고 있는 유태교의 성지이기도 해.

'거대한 돌집' 짐바브웨 왕국

12세기 초 반투 족의 한 무리가 두꺼운 돌로 벽을 쌓아 건축물을 만들기 시작했어. 이 건축물로 둘러싸인 지역은 짐바브웨 왕국의 수도가 되었어. 짐바브웨는 '거대한 돌집'이라는 뜻이야. 지금도 남아있는 '그레이트 짐바브웨'는 사하라 사막 이남의 아프리카에서 가장 큰 고대 건축물로 돌을 깎아서 만들었어. 짐바브웨 왕국은 금과 상아를 팔아서 부자로 잘 살았지만, 19세기에 왕이 살해당하면서 힘이 약해졌어.

용어 해설

원시 인류(原 근원 원, 始 비로소 시, 人 사람 인, 類 무리 류)
지구에 처음 살기 시작한 사람의 총칭

순례(巡 돌 순, 禮 예도 례)
종교적 의미가 있는 곳을 찾아다니면서 참배함

시바 여왕(Queen of Sheba)
에디오피아의 여왕으로, 고대 이집트나 이스라엘 등에 물자를 공급하는 스파이스 로드라는 통상로를 지배했다.

오벨리스크(Obelisk)
고대 이집트에서 태양 숭배의 상징으로 세웠던 기념비

말리 왕국과 송가이 왕국

더 알고 싶어요

가장 비싼 여행, 만사 무사의 메카 순례

만사 무사는 알라에 대한 경의를 표하기 위해서 메카로 순례를 하기로 했어. 만사 무사의 앞에는 비단옷으로 치장하고 순금으로 만든 지팡이를 짚은 500명의 노예들이, 뒤에는 만 명이 넘는 노예와 상인 48,000명, 10톤이 넘는 금을 실은 100마리의 낙타들이 뒤따랐어. 기도를 위해 행렬을 멈출 때마다 그곳에 사원을 짓도록 금을 내놓기도 하고, 가난한 사람들에게 금을 나누어 주기도 했다. 오죽하면 이집트에는 갑자기 금이 넘쳐서 금값이 떨어질 정도였대. 그러나 너무 많은 금을 써버려서 돌아가는 데 드는 경비는 다른 나라에서 빌려야 했어.

89 | 노예 무역선

팔려가는 검은 황금, 노예

1500　1600　1700　1800　1900　2000

'고무도 좋고, 후추도 좋다네. 금도 있고, 상아도 있지. 하지만 검은 상품이 더 좋다네. 나는 세네갈 강가에서 검둥이 600명을 값싸게 사들였다네. 내가 준 것은 포도주와 렌즈와 강철 제품뿐. 그것으로 8배의 이익이 남지. 만약 검둥이가 절반쯤이라도 살아남는다면.'
하이네라는 사람이 쓴 '노예선'이라는 시래. 검둥이라면 흑인을 말하는 거 아닌가? 그런데 흑인이 물건도 아닌데 어떻게 사고 팔아?

상아(象牙) : 코끼리의 위턱에 있는 송곳니가 어금니 모양으로 길게 자란 것

유럽의 새로운 젖줄 | 아메리카

아메리카로 몰려드는 유럽

콜럼버스가 아메리카 땅을 정복한 이후 유럽 사람들에게 아메리카는 마르지 않는 젖줄이었어. 황금 신화에 이끌려 에스파냐와 포르투갈이 16세기에 남아메리카를 정복한데 이어, 영국과 프랑스, 네덜란드는 17세기부터 북아메리카로 몰려들었어.

유럽 사람들은 아메리카에서 가져온 금과 은으로 인도나 중국과의 무역에서 손해를 메울 수 있었어. 당시 유럽은 인도·중국과의 무역으로 원하는 것을 얻었지만 이들 나라에 비해 좋은 상품이 없었던 탓에 수출을 못하고 은으로 물건 값을 지불해야 했거든. 사실상 손해 보는 장사인 셈이었어. 그런데 아메리카에서 금과 은을 가져오니 얼마나 기뻤겠어?

노예의 희생을 부른 담배 농장과 사탕수수 농장

유럽은 아메리카에서 담배와 커피, 면화, 사탕수수 등의 작물을 재배해서 큰 이익을 얻었어. 북아메리카 최초의 노예는 담배 때문에 끌려왔어. 영국인들은 버지니아 식민지에서 담배를 재배했는데, 담배 농사는 엄청나게 힘든 일이었어. 그래서 원주민을 시키거나 영국에 있는 가난한 사람들을 아메리카로 불러들여 계약을 맺어 일을 시켰어. 그러나 유럽 사람들의 담배 열풍으로 담배 경작지가 갈수록 늘어가자, 일손이 부족하게 되었지. 그때부터 노예를 사서 일을 시키기 시작한 거야.

담배와 더불어 유럽 사람들이 열광한 것은 바로 설탕이었어. 설탕의 원료인 사탕수수 재배와 설탕을 만드는 일은 많은 노동력을 필요로 하는 힘든 일이었지. 처음엔 아메리카 원주민을 강제로 노동에 동원했는데, 전염병으로 하나 둘 쓰러지면서 노동력이 턱없이 부족해졌어. 문제의 해결책은 다름 아닌 노예였지. 유럽 사람들은 아프리카의 서남 해안에서 흑인들을 사냥해 왔어. 에스파냐, 포르투갈에 이어 영국과 네덜란드, 프랑스가 본격적으로 노예 무역에 뛰어들었어.

고단한 아프리카의 역사

얼마나 많은 것들을 빼앗아 갔으면 해안가 이름이 노예 해안, 황금 해안 등이었겠어? 흑인 노예들이 가장 많이 끌려간 곳은 사탕수수 재배와 설탕을 생산하는 곳이었어. 사탕수수대를 짓이겨 사탕수수 즙을 짜내고, 이를 가마솥에 끓인 뒤 설탕을 얻는 일을 했지. 특히 50~60°C가 넘는 고열 속에서 해야 하는 가마솥 작업은 견디기가 매우 힘들었대.

더 알고 싶어요

팔리지 않으려면 팔아라? 다호메이 왕국

유럽에서 노예 사냥꾼들이 밀어닥치면서 아프리카에서는 주변 나라의 흑인을 노예로 팔지 못하면 자기들이 노예로 잡혀 팔려가는 것이 그들의 운명처럼 되어버렸어. 이 가운데 아가자 왕이 이끄는 다호메이 왕국은 노예 해안 일대에서 가장 두각을 나타내는 노예 수출 국가로 떠올랐어. 이들은 영토를 넓히고, 포로를 노예로 삼기 위해 끊임없이 주변 나라와 전쟁을 했대.

최고 이익을 보장하는 노예 | 노예 무역

유럽을 살찌운 삼각 무역

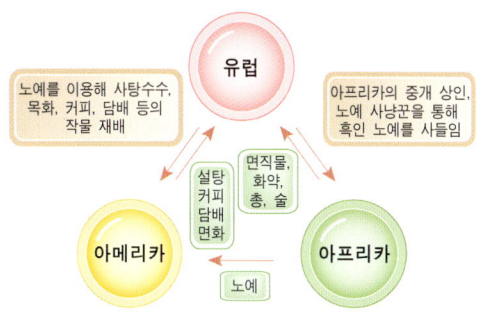

유럽에서 총, 화약, 술, 면직물 등을 싣고 아프리카 서해안에 이르러 흑인 노예와 교환한 뒤 아메리카 대륙으로 건너가 노예를 팔고, 그 돈으로 식민지에서 만들어 낸 설탕, 커피, 담배, 면화를 가지고 유럽으로 돌아오는 무역이 바로 삼각 무역이야. 최대 500% 이익을 얻을 수 있었어.

죽음의 노예 무역선

아프리카 서쪽 해안을 향해 떠나는 노예 무역선은 '노예 해안'이라 불리는 곳으로 가서 싣고 간 상품을 노예와 맞바꾼 후 아메리카로 향했어. 노예가 부족할 때는 직접 노예를 잡아들이는 노예 사냥을 하기도 했대. 아프리카에서 아메리카까지 가는 데 보통 5주 정도 걸렸어.

노예선에는 정원보다 훨씬 많은 인원을 태워서 위생 상태가 형편없었지. 너무 고통스러워 가는 동안 죽거나 자살하는 사람이 많았어. 노예 무역선을 통해 아메리카로 간 노예 수는 1,500~4,000만 명이래. 노예 무역은 산업 혁명 후 자유주의가 확산되면서 점차 사라졌어.

노예의 희생으로 이룬 부 | 유럽의 발전

15세기부터 시작된 아프리카 흑인들의 노예 무역은 주로 영국, 에스파냐, 포르투갈에 의해 이루어졌어. 18세기에 노예 무역이 절정을 이룰 무렵 영국은 에스파냐로부터 노예 무역권을 빼앗아 독점하기 시작했어. 노예 무역은 이익이 많아 국가적인 사업으로 여겨졌거든. 노예를 이용한 삼각 무역으로 가장 덕을 본 나라는 영국이야. 덕분에 영국은 18세기 이후 대서양의 주인으로 성장했지. 영국의 산업 혁명을 이끈 면직물 공업은 바로 삼각 무역으로 얻은 돈을 기반으로 했다고 해도 지나친 말이 아니었어. 결국 영국을 비롯한 유럽 여러 나라의 산업 혁명은 성공은 아프리카 흑인들의 수많은 눈물과 희생 위에 이룬 것이라고 볼 수 있지.

용어 해설

자유(自 스스로 자, 由 말미암을 유)주의
개인이 정치나 신분에 얽매이지 않고 힘에 의한 억압이나 부담에서 벗어날 것을 강조한 사상

거점(據 의거할 거, 點 점 점)
어떤 활동의 근거가 되는 중요한 지점

전진 기지(前 앞 전, 進 나아갈 진, 基 터 기, 地 땅 지)
중요한 일을 지원하기 위하여 가까이에 설치한 근거지

삼각 무역 구조

노예 무역선

노예들은 마치 짐처럼 배 밑바닥 한가득 가지런히 정리되어 쇠사슬에 묶인 채로 누워 있어야만 했어. 배는 아프리카에서 아메리카로 수천 킬로미터를 항해했지. 하지만 몇 달씩이나 음식을 거의 먹지 못했기 때문에 배 안에서 많은 사람들이 죽었어.

노예 무역의 거점 세네갈 고래섬

노예선의 출발지로 가장 좋은 조건을 갖춘 세네갈의 고래섬을 차지하기 위해 유럽 여러 나라는 전쟁을 벌였어. 결국 300여 년 간 이 섬을 아프리카 노예 무역의 전진 기지로 활용했지. 섬에는 잡혀 온 흑인 노예를 가두어두던 '노예의 집'이 그대로 남아 있어. 성인 남자 노예를 고르는 기준은 '몸무게 60kg 이상'이었대. 체격 기준을 통과한 사람들은 앞마당에서 경매에 들어갔고, 몸이 허약하거나 아픈 사람들은 앞바다에 던졌어. 당시 앞바다에는 식인 상어들이 많았다니 결과는 뻔하지.

90 식민지 쟁탈전

강대국들의 결투장이 된 아프리카

1500 1600 1700 1800 1900 2000

어제는 1000 조각짜리 세계 지도 퍼즐에 도전했어. 아프리카의 국경선은 자를 대고 그은 것처럼 반듯한 나라가 많잖아? 각지고 선이 명확하면 맞추기 쉬울 것 같아 처음 몇 조각을 대강 맞춰봤어. 그런데 비슷한 나라들이 너무 많은 거야. 맞추다 보니 정말이지 눈도 아프고, 머리도 조금 아픈 것 같았어. 유럽은 조그만 나라가 여럿이 모여 있어도 모양이 다 다르잖아. 그런데 도대체 아프리카는 왜 반듯한 국경선을 갖게 된 걸까?

부시먼의 땅을 점령한 유럽 | 유럽의 남아프리카 지배

남아프리카를 차지한 유럽

남아프리카에는 산 족이 살고 있었어. '수풀 속에 사는 사람'이라는 뜻의 부시먼으로 더 잘 알려져 있지. 주변에 코이코이 족이 살아서 산 족과 합쳐서 '코이산 족'이라고 불렀어. 또 북쪽에는 반투 족이 한곳에 정착해 농사를 짓고 살았지.

17세기 중반부터 남아프리카에 네덜란드 사람들이 들어오기 시작하면서 그들의 정착지를 '케이프 식민지'라고 불렀어. 코이산 족은 그들의 영토를 지키기 위해 싸웠지만 실패하고 네덜란드의 지배를 받았어. 얼마 후 19세기 초에 영국이 들어와 남아프리카를 빼앗은 후, 남아프리카에 사는 유럽 인을 '보어 인(네덜란드 어로 농부란 뜻)'이라고 불렀어.

그런데 영국 정부가 케이프 식민지의 모든 노예를 풀어주겠다고 한 거야. 보어 인은 분노했어. 아프리카 인은 백인의 노예로 살다가 죽는 게 신의 뜻이라 믿었거든. 그래서 수천 명의 보어 인이 케이프 식민지를 버리고 반투 족이 사는 북쪽으로 올라갔어. 많은 전쟁 끝에 반투 족은 대부분의 영토를 빼앗겼고, 보어 인들은 그곳에서 1854년 '오렌지 자유주'와 '트란스발'이라는 이름의 식민지를 만들고는 스스로를 '아프리카너'라고 부르기 시작했어.

다이아몬드와 금 때문에 일어난 보어 전쟁

영국은 오렌지 강 기슭에서 다이아몬드가, 트란스발에서 엄청난 양의 금이 발견되자 보어 인의 식민지 두 곳이 너무 탐났어. 결국 케이프 식민지 총독이었던 세실 로즈는 부하들에게 트란스발 침공을 허락했어. 그러자 1899년 트란스발과 오렌지 자유주 사람들이 영국에게 선전 포고를 했어. 이 전쟁을 '보어 전쟁'이라고 해.

처음에는 영국이 크게 밀렸지만, 전세가 역전되어 영국이 여러 도시들을 점령했어. 그 후 1902년에 보어 인과 영국인들이 조약을 맺었어. 남아프리카의 모든 식민지를 하나로 묶어 영국의 지배를 받는 남아프리카 연방을 만들기로.

남아프리카의 다이아몬드와 금

1860년대 말, 케이프 식민지 프타운 거리에서 한 어린 아이가 가지고 놀던 돌이 다이아몬드로 밝혀졌어. 나중에는 무려 83캐럿짜리 다이아몬드가 발견되기도 하고, 다이아몬드 대광맥까지 발견되었어. 또, 1880년에는 트란스발에서 대규모의 금광이 발견되었어. 엄청난 양의 다이아몬드와 금이 남아프리카에 있다는 소식을 들은 사람들은 앞을 다투어 이곳으로 몰려들었어.

🍱 더 알고 싶어요

보어 전쟁에서 활약한 보이스카우트

영국 장군 베이든 포엘은 마페킹에서 오랫동안 보어 군과 대치하고 있었어. 갖가지 전술을 짜내던 끝에 눈에 잘 띄지 않는 이 지역 소년들을 적의 형편이나 지형 따위를 정찰하고 탐색하는 데 이용하기로 했어. 결국 마페킹을 탈환해 보어 전쟁을 이기는 데 큰 역할을 했지. 이후 그는 《소년을 위한 정찰 활동(Scouting for Boys)》이라는 책을 썼대. 책이 출판되기 전에 그는 한 섬에서 실험 캠프를 열어 소년들을 훈련시켜야겠다는 자신의 생각을 실행에 옮겼어. 이것이 바로 '보이스카우트'의 시작이야.

유럽 인들의 아프리카 땅따먹기 | 파쇼다 사건

토막토막 잘리는 아프리카

리빙스턴을 비롯한 수많은 탐험가들이 아프리카의 여러 지역을 탐험하면서 아프리카가 유럽에 알려지기 시작했어. 유럽 사람에게 아프리카는 보물 창고이자, 주인 없는 땅이었어. 제일 먼저 아프리카 땅을 차지한 것은 벨기에였어. 벨기에 왕 레오폴드 2세가 핸리 모턴 스탠리를 고용해 콩고로 들어가는 길을 찾고 그 주위를 식민지로 삼은 이후 프랑스, 독일, 영국 등 여러 나라가 아프리카를 차지하기 위해 뒤엉켜 싸우는 쟁탈전이 시작되었어.

결국 1884년 '베를린 회의'를 열어서 이 문제를 해결했어. 한 나라가 아프리카의 한 지역을 점령하면 그 나라의 식민지로 인정하고, 다른 나라는 넘보지 않기로 한 거야. 수천 년 동안 그 땅에서 살아왔던 아프리카의 수많은 부족들을 철저하게 무시한 결정이었지. 1900년에 이르러 아프리카 대륙은 에티오피아와 라이베리아를 제외하고는 모조리 유럽의 차지가 되었어.

아프리카 대륙에서 유럽이 얻은 식민지 크기는 어마어마했어. 자기 땅보다 훨씬 큰 땅을 차지했어. 영국은 32배, 프랑스는 20배, 벨기에는 80배나 되는 땅을 차지했어. 1억 9000만 명 이상의 인구를 가진 아프리카가 인구 400만 명에 불과한 유럽에게 지배당하게 된 거야.

용어 해설

연방(聯 연할 연, 邦 나라 방)
자치권을 가진 다수의 나라가 공통의 정치 이념 아래 연합해 구성하는 국가

스탠리(Stanley, Sir Henry Morton)
리빙스턴을 찾아서 아프리카로 갔던 미국인으로 뉴욕 헤럴드 신문의 기자

횡단(橫 가로 횡, 斷 끊을 단)
도로나 강을 동서로 가로지름

종단(縱 늘어질 종, 斷 끊을 단)
남북으로 건너가거나 건너옴

전도(傳 전할 전, 道 길 도)
기독교의 교리를 세상에 널리 전하여 믿지 아니하는 사람에게 신앙을 가지도록 인도함

영국 vs 프랑스, 파쇼다 사건

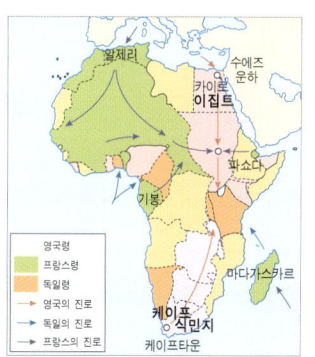

1898년 가을, 이집트령 수단 남쪽 파쇼다에서 영국과 프랑스 군대가 마주쳤어. 파쇼다를 먼저 차지한 나라는 프랑스였지. 당시 프랑스는 아프리카 서쪽의 알제리에서 사하라 사막을 거쳐 동해안의 마다가스카르까지 연결하려는 횡단 정책을 계획하고 있었거든. 한편, 영국은 이집트와 남아프리카 연방을 연결해 아프리카 대륙의 남북을 연결하는 종단 정책을 계획했어. 결국 영국과 프랑스는 팽팽하게 대립했어. 그러나 프랑스가 한발 물러서면서 전쟁의 위기는 넘겼어. 당시 독일과 날카롭게 대립하던 프랑스는 영국의 지지가 필요했어. 결국 나일 강과 콩고 강 유역을 두 나라의 경계로 설정함으로써 마무리되었지.

'아프리카의 사자' 메넬리크

에티오피아를 눈독들인 나라는 이탈리아였어. 이때 에티오피아의 왕 메넬리크는 나라를 지키기 위해 이탈리아와 계약을 맺었는데, 오히려 그것 때문에 이탈리아의 보호령이 되었어. 이탈리아가 이중 계약서를 만들었거든. 결국 메넬리크는 전쟁을 벌였고, 에티오피아는 독립했어. 1896년 아두와 전투는 아프리카가 유럽과 싸워서 물리친 유일한 전투였어. 이 전투로 메넬리크는 '아프리카의 사자'라는 별명을 얻게 되었지.

아프리카 침략의 길잡이라는 누명을 쓴 데이비드 리빙스턴

의사 리빙스턴은 우연히 선교사의 이야기를 듣고 아프리카에 대한 꿈을 키웠어. 그곳에서 병자도 고쳐 주고, 크리스트교도 알리고 싶었어. 특히 노예 무역이 없어지길 바랐어. 탐험 후 리빙스턴은 1858년에 《남아프리카 전도 여행기》라는 책을 출판했어. 책이 엄청난 인기를 끌자, 영국 정부에서 아프리카를 다시 탐험해 달라고 부탁했지. 그는 국가의 지원으로 아프리카를 탐험하면서 지도를 만들었어. 리빙스턴은 진심으로 아프리카가 강해지기를 원했으며, 아프리카에서 살다가 죽었어. 그러나 그가 남긴 지도들은 나중에 유럽 여러 나라들이 아프리카를 침략하는 데 쓰이고 말았어.

91 | 아프리카의 해

독립의 꿈을 이룬 아프리카

| 1500 | 1600 | 1700 | 1800 | 1900 | 2000 |

아프리카의, 아프리카에 의한, 아프리카를 위한 나라!

난 얼마 전부터 엄마랑 같이 매달 만 원씩 기부를 하기 시작했어. 덕분에 저 멀리 아프리카 르완다라는 나라에 친구가 하나 생겼지. 그 친구는 안타깝게도 엄마, 아빠 모두 안 계셔. 두 분 다 같은 나라 사람끼리 싸우는 도중에 돌아가셨대. 그 친구가 사는 동네는 매일 싸움을 해서 언제 죽을지 모르는 공포 속에서 살고 있다고 해. 아프리카는 먹을 것이 없어서 굶어 죽는다는데, 르완다 사람들은 왜 배고픈 것도 아랑곳하지 않고 같은 나라 사람끼리 저렇게 목숨 걸고 싸우는 걸까?

새로운 탄생, '아프리카의 해' | 아프리카의 독립

제국주의 강대국들은 제2차 세계 대전이 끝난 후에도 그들의 보물 창고인 아프리카만은 놓지 않으려고 했어. 그러나 아프리카 여러 나라들은 독립 투쟁을 통해 하나 둘 독립하기 시작했어. 물꼬를 튼 나라는 알제리야. 프랑스 식민지였던 알제리는 1954년 무장을 하고 프랑스에 반기를 든 것을 시작으로, 오랫동안 많은 사람들이 체포되고 죽는 아픔을 겪은 후에 독립을 달성했어.

1957년 영국에서 아프리카 회의를 이끌었던 엔크루마는 영국의 지배에 반대하는 활동을 통해 가나의 독립을 이끌었어. 이후 1960년의 나이지리아를 시작으로 17개 나라가 독립을 이루었지. 그래서 1960년을 '아프리카의 해'라고 해. 1963년까지 아프리카의 대부분 지역이 독립했어. 독립을 통해 자신감을 얻은 아프리카 30개 나라들은 1963년 '아프리카 통일 기구(OAU)'를 만들어 여러 나라 간의 정치·경제의 통합을 꾀하고, '비동맹 중립'을 선언했어.

가나의 초대 대통령 엔크루마는 아프리카 국가들이 독립을 하는 데 중심 역할을 하면서 '아프리카의 해'를 가능하게 했어.

아프리카의 독립국들

독립은 했으나 갈 길은 멀고… | 아프리카의 시련

아프리카 여러 나라는 어렵게 독립은 했지만 또 다른 문제에 부딪혔어. 제국주의 국가들이 마음대로 정해 놓은 국경선 때문에 아프리카 나라들이 서로 싸우기 시작한 거야. 한 나라 안에도 살아온 모습이나 문화가 전혀 다른 부족들이 여럿 섞여 있어서 이들 사이에 다툼이 끊이지 않았어. 또한 몇몇 나라에서는 군인들의 독재가 이어졌고, 심지어 선거도 하지 못하게 하는 군부 독재도 있었어. 오랫동안 식민 지배를 받았던 탓에 경제적으로 홀로 서기가 힘들다는 것도 문제였어.

더 알고 싶어요

왜 아프리카 국기에는 빨간색, 황색, 녹색의 조합이 많을까?

아프리카에서 북아프리카를 뺀 나머지 나라들의 국기는 거의 대부분이 비슷한 색깔 조합으로 이루어져 있어. 가장 많이 쓰이는 빨간색, 황색, 녹색의 '삼색기'는 원래 에티오피아 국기를 따라한 거래. 빨간색은 자유를 찾아 싸우는 사람들의 피, 황색은 천연자원이나 평화, 녹색은 땅과 농산물을 의미한대. 에티오피아는 아프리카에서 유일하게 식민지를 겪지 않은 독립국이잖아. 그런 모습을 본받고 싶었던 거지.

끝이 보이지 않는 고난과 아픔 | 아프리카의 현재

1980년대에 아프리카 인구는 빠르게 늘어나면서 식량이 부족해졌어. 그런데 혹독한 가뭄이 계속 이어졌고, 예전엔 살지 않던 곳까지 사람들이 살기 시작하면서 땅과 숲이 마구 훼손돼 식량을 구하기가 더 어려워졌어.
더구나 1990년대 초부터 에이즈라는 무서운 전염병이 퍼지며 많은 사람들이 죽어갔어. 대부분의 아프리카 사람들이 너무나 가난해서 약을 구할 수가 없었던 탓에 많은 사람들이 죽은 거야. 또한 부족 간, 나라 간의 싸움도 심각해져 갔어. 아프리카는 굶주림, 질병, 끊임없는 다툼의 악순환이 계속되면서 좀처럼 고난의 삶이 끝날 줄 모르고 있어.

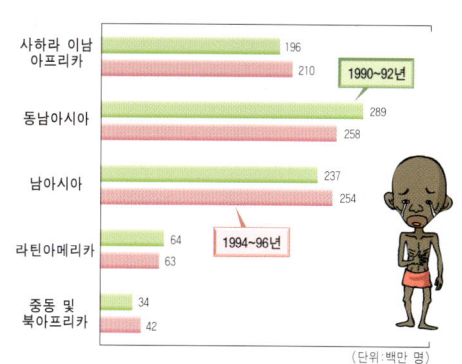

굶주림으로 고통 받는 사람 수

	1990~92년	1994~96년
사하라 이남 아프리카	196	210
동남아시아	289	258
남아시아	237	254
라틴아메리카	64	63
중동 및 북아프리카	34	42

(단위 : 백만 명)

남아공 최초의 흑인 대통령 | 넬슨 만델라

1948년 남아프리카 공화국에서는 인종에 따라 사람을 차별하는 법인 '아파르트헤이트'를 만들었어. 흑인과 백인 간의 결혼은 불법이고, 흑인들은 백인들과 분리되어 전기도 들어오지 않는 좁은 지역에 모여 살아야 했어. 땅을 살 수도 없고, 빌리는 것조차 힘들었어. 심지어는 음식점, 화장실까지 따로 구분할 정도로 흑인에 대한 차별이 아주 심했지. 좋은 것은 모두 백인들 차지였던 거야.
차별이 계속되자 흑인들이 '아프리카 민족 회의'라는 단체를 만들어 저항하기 시작했어. 그런데 1960년 경찰이 시위하는 사람들을 공격하면서 수백 명이 죽거나 다쳤어. 이때부터 흑인들의 저항은 더욱 거세졌지. 저항의 중심에는 '넬슨 롤리흘라흘라 만델라'가 있었어. 만델라는 모든 사람은 평등하다고 말하며 차별 정책에 저항하다, 죽을 때까지 감옥에 갇히는 형벌을 선고받았어. 하지만 전 세계의 양심있는 사람들이 남아프리카 공화국의 차별 정책을 비판하며 만델라가 감옥에서 풀려나기 위한 운동을 벌였지.
결국 만델라는 감옥에 갇힌지 27년이 지난 1990년에 풀려나. 흑인들을 위해 싸운 만델라에게 사람들은 노벨 평화상을 주어 그 공로를 칭찬했어. 드디어 1994년에 만델라는 선거를 통해 남아프리카 공화국의 첫 흑인 대통령이 되었어. 만델라는 대통령 자리에 오르자마자 '진실과 화해 위원회'를 만들어 백인과 흑인 간의 화해와 용서의 기틀을 마련했지.

영국의 만델라 동상

영국 의사당 앞에는 처칠, 디즈레일리 등 영국 총리들의 동상과 나란히 넬슨 만델라 동상이 있어. 영국은 1980년대 남아프리카 공화국의 인종 차별 정책에 반대하는 시위를 3년 넘게 벌였던 나라야. 2007년 동상이 만들어질 당시 영국 총리는 '이 동상은 희망의 상징으로 불의는 결코 영원할 수 없다는 강력한 메시지를 세상에 전하는 것'이라고 말했대.

? 엉덩이 때문에 슬픈 여자 '사끼 바트만'

1810년 남아프리카 공화국 케이프타운 인근에 사끼 바트만이라는 코이코이 부족 여인이 살고 있었어. 그녀의 유난히 불룩 튀어나온 엉덩이를 본 영국 사람은 돈을 벌게 해 준다고 꼬셔서 유럽으로 데리고 갔지. 그녀는 여러 도시를 돌며 자기의 엉덩이와 몸을 그대로 보여 주어야만 했어. 당시 유럽 사람들은 '코이코이 부족'을 사람이 아니라 우수한 유인원 정도로 생각했대. 더 기가 막힌 건 그녀가 죽은 후 뇌와 성기를 따로 분리해 병에 담아 프랑스 인류학 박물관에 전시 보관했다는 거야. 186년이 지난 2002년, 프랑스 정부와 7년간의 협상 끝에 그녀의 유골은 고향으로 돌아갈 수 있었어. 사실 그녀는 코이코이 부족사람들의 미의 기준으로 볼 때는 매우 아름다운 여인이었어. 또한 코이코이라는 부족 이름은 그들의 언어로 사람을 뜻한대. 참 가슴 아픈 일이지?

<!-- 한눈에 들여다보기 -->

떠나자, 아프리카로!

인류의 고향 아프리카는 아시아 다음으로 넓은 대륙이야. 대부분 열대 기후가 나타나 더운 땅이기도 하지. 적도가 지나는 지역은 밀림이 우거져 있고, 북부와 남부에는 거대한 사막이 있으며, 동부에는 고원도 있어서 다양한 기후와 자연환경을 만날 수 있어. 우리가 알고 있는 것처럼 가난하고 전쟁과 질병에 시달리는 사람들도 많지만, 자연과 함께 평화롭게 살아가는 사람들도 많아. '하쿠나 마타타'는 '걱정 하지마. 뭐든지 다 잘 될 거야.' 라는 뜻을 가진 아프리카 어야. 이 말에서 그 사람들의 생활이 느껴지지 않니? 아프리카 사람들을 만나면 '잠보 (안녕)' 라고 인사하는 것도 잊지마!

말리의 그랜드 모스크

말리의 그랜드 모스크(젠네 대사원)는 진흙으로 지은 모스크 중 세계에서 가장 크다고 알려져 있어. 한때, 황금과 소금을 사하라 사막으로 실어 날으며 발전했던 말리는 프랑스의 식민지가 되었다가 독립했는데, 예전에 만들어진 진흙 문화가 지금도 곳곳에 남아있어.

나미비아

바다와 사막이 동시에 만나는 곳이야. 태양빛을 받으면 붉은 빛을 반사하는 강렬한 모래 언덕이 있는 곳이지.

나미브 사막

남아프리카 공화국

남아프리카 공화국의 희망봉은 바르톨로뮤 디아스가 찾아온 이래 유럽 선원들에게 희망을 주는 곳이었어. 인종 차별이 심했던 이곳은 케이프타운을 중심으로 아름다운 해변이 펼쳐져 있어. 2010년 월드컵은 이곳에서 개최되는 거, 알고 있지?

희망봉

케이프타운

사하라 사막

미국의 땅 넓이와 거의 비슷한 사하라 사막은 북부 아프리카의 대부분을 차지하고 있어 낮 기온이 매우 높아. 가장 높았을 때 온도는 리비아의 알아지지야라는 곳으로 58℃래.

케냐의 나이로비

나이로비는 케냐의 수도로 '차가운 물'이라는 뜻을 가지고 있대. 이곳의 나이로비 국립 공원은 사파리로 잘 알려져 있어. 아름다운 자연 속에서 원시의 삶을 느끼려는 사람들로 북적거린대.

탄자니아

탄자니아의 세렝게티는 거대한 생태 보호 구역이야. 서울의 20배나 되는 곳에 200만 마리의 물소, 50만 마리의 톰슨가젤이 살고 있어. 아프리카 최고의 산으로 만년설이 쌓여 있는 킬리만자로 산도 탄자니아에 가면 볼 수 있어.

짐바브웨

빅토리아 폭포의 원래 이름은 모시오아툰야이지만, 리빙스턴이 영국 여왕의 이름을 붙인 후 빅토리아 폭포로 더 유명해졌어. 5개의 폭포가 합쳐져서 커튼 모양의 장관을 이루며 폭포가 만들어진대.

스물네 고개

1 멕시코의 유카탄 반도에서 발달한 ○○ 문명은 숫자와 달력을 사용했어. ( )
① 마야 ② 황하 ③ 인더스

2 아메리카를 인도라고 믿은 콜럼버스는 이곳 원주민을 ○○○(이)라고 불렀어. ( )
힌트 영어로 인도 사람이란 뜻을 담고 있어.

3 영국에서 미국으로 메이플라워호를 타고 건너온 사람들은 ○○의 자유를 찾아서 왔대. ( )
① 직업 ② 이사 ③ 종교

4 미국 독립군 총사령관이었고, 미국의 초대 대통령을 지낸 사람이야. 이 사람의 이름은 미국의 수도가 되었어. 누구인지 알겠니? ( )

5 자유롭고 평등한 나라를 만들기 위해 라틴아메리카 최초의 독립국이 된 나라는 ○○○(이)야. ( )
힌트 카리브 해의 조그마한 섬나라야.

6 에스파냐로부터 라틴아메리카의 독립을 이끌어낸 ○○○○은(는) 라틴아메리카의 해방자라는 별명을 얻었어. ( )
힌트 그의 이름을 따 볼리비아라는 나라가 만들어졌어.

7 미국은 인디언들을 몰아내고 영토를 ○쪽으로 개척해 태평양까지 이르는 넓은 영토를 차지했어. ( )
① 동 ② 서 ③ 남 ④ 북
힌트 이들의 개척 정신을 프론티어 정신이라고 해.

8 미국에서는 공업이 발달한 북부와 농업이 발달한 남부 사이에 남북 전쟁이 일어났어. 이때, 링컨 대통령은 ○○ 해방을 선언해서 북부의 승리를 이끌어 냈어. ( )

9 남북 전쟁 후 미국은 놀랍게 발전했어. 특히 ○○○○○○을(를) 완성하면서 원료와 상품이 빠르게 운송되어 산업 발전의 속도가 빨라졌어. ( )

10 산업 혁명으로 만들어진 발명품들을 선으로 연결해 봐.
스티븐슨 ●   ● 전화
에디슨 ●   ● 전등
벨 ●   ● 증기 기관차

11 제1차 세계 대전 후 미국 윌슨 대통령의 제안으로 만들어진 국제 평화 기구는 ○○○○이야. ( )
힌트 이 기구는 군사력이 없어서 제2차 세계 대전이 일어나는 것을 막을 수 없었지.

12 경제 공황이 일어나자 미국은 ○○ 정책으로 극복했지만, 그렇지 못한 나라들은 식민지를 차지하기 위해 제2차 세계 대전을 일으켰어. ( )

스물네 고개 | 아메리카와 아프리카의 역사

16 서아프리카의 가나 왕국과 말리 왕국이 발전한 것은 사하라 사막을 가로지르는 ○○ 무역 때문이야.
( )
힌트 띠 모양으로 무리를 지어 하는 장사를 뜻해.

17 아프리카 유목 생활에서 반드시 필요한 운송 수단은 무엇일까?
① 소 ( )
② 돼지
③ 낙타
힌트 낙타는 한번에 250kg의 짐을 싣고 소보다 2배나 빨리 움직일 수 있대.

24 ○○ ○○은(는) 유럽이 아메리카 대륙에 간섭하지 않으면 미국도 유럽에 간섭하지 않겠다는 내용이야.
( )
힌트 이 선언은 라틴아메리카의 독립운동에 많은 영향을 끼쳤어.

15 미국과 소련의 냉전 사이에서 일어났던 전쟁을 두 개 고르면?
(,)
① 베트남 전쟁
② 한국 전쟁
③ 중동 전쟁

18 마야 문명을 계승해서 멕시코에서 발달한 ○○○ 문명은 그림 문자를 사용했어. 피라미드 모양의 거대한 신전에서 살아있는 사람의 심장을 제물로 바치기도 했대.
( )

23 남아프리카 공화국에서 인종 차별 정책을 극복하고, 최초의 흑인 대통령이 된 사람은 누구인지 아니?
( )

14 제 2차 세계 대전 후 평화의 소중함을 깨달은 세계는 군사력을 갖춘 국제 기구인 ○○○○을(를) 만들었어.
( )

19 설탕과 담배를 재배하기 위해 아프리카의 검은 황금이 아메리카로 팔려나갔어. 여기서 검은 황금은 무얼 말하는 걸까?
( )
힌트 인류가 간직하고 있는 아픈 역사 중 하나야.

22 1960년, 아프리카에서는 나이지리아를 시작으로 17개 나라가 독립을 했어. 그래서 이 해를 '○○○○의 해'라고 부르기도 해.
( )

13 일본이 하와이의 진주만을 기습 공격한 후 미국은 일본과 ○○○을 사이에 두고 전쟁을 했어. ( )
힌트 전쟁을 지켜보고만 있던 미국은 진주만 기습을 계기로 직접 참여하게 됐어.

20 아프리카를 차지하려고 영토 확장을 하다 파쇼다에서 만난 두 나라를 골라 봐.
· 영국 · 미국 · 독일 · 프랑스
( )

21 쿠바에서 독재 정치를 무너뜨리고, 다른 나라에서도 자유 혁명을 일으킨 사람은 ○○○○(이)야.
( )
힌트 앞길이 보장된 의사를 내팽개치고 다수의 자유를 위해 헌신한 그의 삶을 한 번쯤 우리를 돌아보게 만들어.

세계사 개념사전 **267**

동서양이 만나다

92 동서양을 잇는 길　270

93 동서양에 걸친 제국　272

94 소금의 역사　274

95 설탕의 역사　276

96	후추의 역사	278
97	학교의 역사	280
98	전염병의 역사	282
99	화장실의 역사	284
100	커피의 역사	286
101	전쟁과 무기의 역사	288
102	배의 역사	290
103	돈의 역사	292

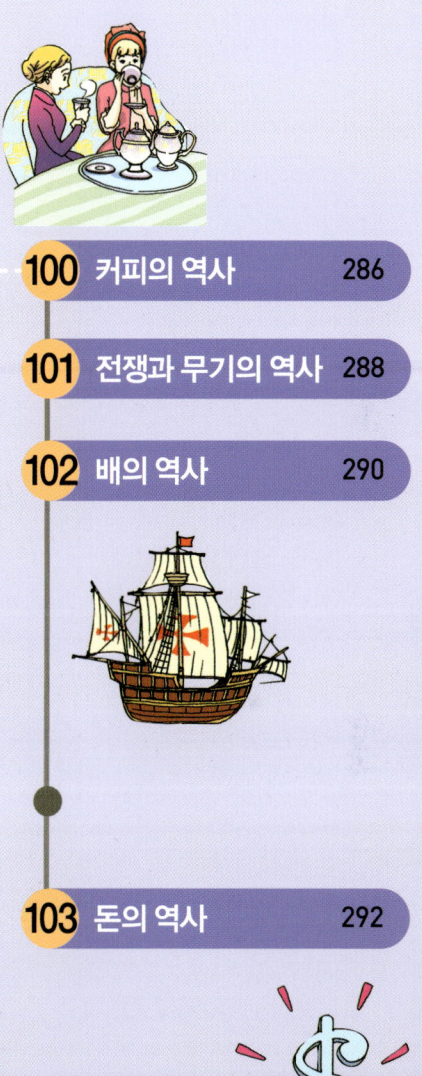

92 | 동서양을 잇는 길 문화도 흐른다

교류의 역사

- 6~3세기 — 스키타이 활동
- 334 — 알렉산더 대왕의 동방 원정 시작
- 200 — 흉노의 한 침입
- 139 — 한나라 장건의 비단길 개척
- 1 — 예수 탄생(기원)
- 105 — 한나라 채륜의 종이 발명
- 6세기경 — 인도 석가모니 탄생
- 610 — 무함마드, 이슬람교 창시
- 751 — 당과 압바스 왕조가 비단길을 놓고 싸움(탈라스 전투) → 중국의 제지술이 유럽에 전해짐
- 834 — 신라 흥덕왕, 사치 금지령
- 840 — 장보고, 당과 일본을 잇는 국제 무역의 중심 역할
- 1100 — 이슬람교도의 인도 침입 시작
- 1217 — 원 건국
- 1271 — 마르코 폴로의 동방 여행 시작
- 1325 — 이븐 바투타의 세계 여행 시작
- 1405 — 명나라 정화의 항해 시작
- 1450 — 구텐베르크, 활판 인쇄술 발명
- 1492 — 콜럼버스, 아메리카 대륙 발견
- 1498 — 바스쿠 다 가마, 인도에 도착
- 1519 — 마젤란의 세계 일주

저 사막을 지나면 누가 살고 있을까? 저 바다를 따라가면 우리와는 다르게 생긴 사람들을 만나게 되는 걸까? 저~기 먼 곳에는 우리보다 더 잘 사는 나라가 있다는데……. 그럼, 좀 위험하긴 하겠지만 힘을 모아 한 번 떠나볼까? 너희들도 같이 갈래?

초원길 — 가장 오래된 유목민의 교역로

유라시아 대륙 북쪽의 넓은 초원 지대에는 유목 민족들이 살았어. 그들은 가축이 먹을 싱싱한 풀을 찾아 이동하며 살았지. 스키타이·흉노·돌궐·위구르·거란·몽골 등이 주인공인데, 이들은 초원에 국가를 세우기도 했어. 유목 민족이 이용했던 초원길을 따라 청동기 문화가 동아시아에 전해졌고, 우리나라도 이 청동기 문화의 영향을 받았어. 초원길은 제일 먼저 사용된 동서 교통로야.

이탈리아 — 마르코 폴로

"난 이탈리아 상인 마르코 폴로야. 열일곱 살 때 아버지를 따라 동방으로 떠났어. 비단길을 통해 중국까지 가는 데 3년이나 걸렸지 뭐야. 그런데 몽골 제국의 황제가 날 예뻐하셔서 그 곳에서 17년간 신하로 일하고 돌아왔어. 올 땐 바닷길로 왔는데, 도중에 본 신비한 나라들을 《동방견문록》에 써 놓았어."

카이로
이집트

- ⇢ 초원길
- → 비단길(사막길)
- → 바닷길(향료길)

아프리카 — 이븐 바투타

"난 모로코의 이븐 바투타라고 해. 난 30년간 세계 여행을 하고 있는데, 한 번 갔던 길로는 또 여행하지 않아! 북아프리카, 아라비아 반도, 동유럽, 인도, 동남아시아, 중국, 심지어 남들이 안 가 본 사하라 사막 남쪽까지 갔다 왔다구! 지구를 세 바퀴 돈 거리만큼 여행을 다닌 거지. 더 궁금하면 내가 쓴 《여행기》를 읽어봐!"

우리나라-경주
신라 경주 귀족 vs 흥덕왕 사치 금지령

"목수건을 짤 때 비취모(캄보디아의 비취새 털)를 사용할 수 없고, 머리빗과 모자에 슬슬전(타슈켄트의 푸른 보석)을 금하며, 말안장에 자단과 침향(자바의 향기 나는 나무)을 사용하지 못하며, 수레의 깔개로 구수탑등(페르시아 양탄자)을 쓰지 못한다."

비단길
사막과 오아시스로 연결된 길

로마에서 중국까지 가는 가장 짧은 길이 바로 사막길이야. 그런데 이 길은 험한 산을 넘고 '살아서 돌아올 수 없는 죽음의 사막'인 타클라마칸 사막을 지나야 하는 험난한 길이었지. 하지만 숙박, 정보 제공, 중계 무역으로 번성했던 오아시스 도시들이 있어서 통과할 수 있었어. 중국의 비단이 이 길을 통해 유럽에 전해져 비단길이라 부르지. 이 외에도 종이, 인쇄술, 화약이 유럽에 전해졌어. 반대로 중국에는 인도의 불교, 조로아스터교, 마니교, 이슬람교, 크리스트교 같은 종교가 비단길을 따라 들어왔어.

바닷길
바다의 실크로드

바닷길은 계절풍을 이용한 항해술이 발달하면서 개척된 길이야. 본래 중국인과 동남아시아 인, 인도인이 이용했는데, 8세기 이후에는 이슬람 상인이 우리나라까지 왕래할 정도로 활발하게 이용했어. 한편 송나라 때에는 나침반을 사용하여 중국 상인들이 활발하게 바닷길을 왕래했고, 명나라 때에는 정화의 원정이 이루어지기도 했어. 바닷길을 따라 향신료와 도자기, 차 등이 교역되었고 동남아시아 지역에 이슬람교가 전파되었어.

93 동서양에 걸친 제국 　서로 만나게 된 문화

거대한 제국의 역사

기원전
- 8세기 ······● 로마 건국
- 594 ······● 페르시아, 아케메네스 왕조 시작
- 525 ······● 페르시아 제국의 이집트 정복, 다리우스 1세 정권 장악
- 330 ······● 알렉산드로스 대왕, 페르시아를 멸망시킴
- 334 ······● 알렉산드로스 대왕, 동방 원정 시작
- 325 ······● 알렉산드로스 대왕, 인도의 펀자브 지방 정복
- 27 ······● 로마, 옥타비아누스 제정 시작

- 1 ······● 예수 탄생(기원)
- 313 ······● 로마 제국의 밀라노 칙령 – 크리스트교 신앙의 자유 보장
- 395 ······● 서로마 제국과 동로마 제국(비잔티움 제국)으로 나뉨
- 476 ······● 서로마 제국 멸망
- 610 ······● 무함마드, 이슬람교 창시
- 618 ······● 당의 건국
- 626 ······● 당태종, 왕위에 오름
- 661 ······● 이슬람, 옴미아드 왕조를 세움
- 1206 ······● 몽골의 테무친, 칭기즈 칸이 됨
- 1260 ······● 쿠빌라이, 몽골 제국의 5대 칸이 됨
- 1299 ······● 오스만 제국이 소아시아에서 일어남
- 1453 ······● 오스만 제국, 콘스탄티노플 점령

동서양의 문물은 실크로드를 통해 만났어. 그런데 이보다 더 강력하게 동서양의 문화를 하나로 만나게 해 준 것이 있어. 바로 제국의 영토 확장을 통한 문화의 융합이야. 전쟁이란 자기의 영토를 넓히기 위해 전쟁을 벌여 정복지의 민족을 힘들게 하는 나쁜 것이지만, 문화로 보자면 동서양의 문화가 만나 새로운 문화가 생겨나기도 했어.

페르시아 제국
최초의 세계 제국

"최초의 세계 제국을 건설할 수 있었던 힘은 바로 '왕의 길, 왕의 눈, 왕의 귀'"

페르시아의 다리우스 1세는 넓은 영토를 다스리기 위해 주요 도시를 연결하는 도로를 만들고, 각 지역에 관리를 파견하여 다스렸어. 이에 따라 상업이 발달하고 지역 간의 교류도 활발하게 이루어질 수 있었지.

페르시아 제국
다리우스 1세의 궁전

이집트 양식, 그리스 양식, 페르시아 양식이 혼합되어 오묘한 조화를 이루고 있어. 이 곳은 제국에 속한 다른 민족의 대표들이 충성의 표시로 왕에게 선물을 바쳤던 곳이야.

알렉산드로스 제국
동서 문화의 융합

마케도니아의 알렉산드로스 대왕은 페르시아 제국을 멸망시키고, 10년 만에 유럽, 아시아, 아프리카에 걸친 대제국을 건설했어. 그는 정복 지역에 알렉산드리아라는 도시를 세우고 그리스 인을 이주시켰어. 그 결과 그리스 문화가 오리엔트 각 지역에 전파되어 헬레니즘 문화가 만들어졌지.

- □ 아케메네스조의 최대 영역
- □ 알렉산더 제국의 영역
- □ 오스만 제국의 영역(17세기)
- □ 몽골 제국의 최대 영역

로마와 비잔티움
서양 문화의 근원, 동양과 교류하다

로마 제국은 실용적인 문화를 바탕으로 당나라 등 동방과 교류했어. 비잔티움 제국은 동서양의 문화 교류에서 중심지 역할을 하며 상업으로 번영을 누렸지.

오스만 제국
세 대륙에 걸친 대제국

무함마드라는 이름을 가진 자가 콘스탄티노플을 점령할 거라는 예언이 진짜 맞았어. 내가 해냈어!

소아시아에서 일어난 오스만 튀르크는 동부 유럽으로 진출하여 이슬람교를 전파했어. 그리고 오리엔트 지방과 북부 아프리카의 이슬람 국가들을 정복함으로써 아시아, 아프리카, 유럽의 세 대륙에 걸친 대제국을 건설했어. 오스만 제국은 지중해를 장악하여 중계 무역으로 발전했는데, 지중해의 무역은 물론이고 아시아와 유럽 사이의 무역까지 중계함으로써 경제적으로 번영을 이루었지.

당 제국
동아시아의 대제국

당은 주변 민족은 물론 중앙아시아까지 정복했고, 비단길을 따라 이슬람 제국과 활발하게 교류했어. 당이 동아시아의 대제국으로 성장함에 따라 수준 높은 당의 문화는 이웃나라로 퍼져나갔지. 동아시아뿐 아니라 인도, 이슬람, 로마까지 교류하며 국제적인 문화를 형성했어.

몽골 제국
세계 최대의 영역!

칭기즈 칸은 흩어져 있던 부족의 힘을 하나로 모아 주변 지역을 정복하고 몽골 제국을 세웠어. 그는 잘 훈련된 병사를 앞세워 아시아에서 동부 유럽에 이르는 대제국을 만들었어. 그후 쿠빌라이가 중국 전체를 지배함으로써 세계 역사상 최대의 영역을 지배한 국가가 만들어졌어. 넓은 영토에 평화가 찾아들자 상인들을 중심으로 국가 간의 교류가 활발해져 동서 무역과 문화 교류가 활발하게 일어났어.

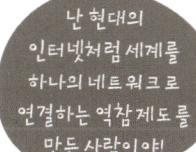

난 현대의 인터넷처럼 세계를 하나의 네트워크로 연결하는 역참제도를 만든 사람이야!

94 | 소금의 역사 — 권력의 상징, 하얀 황금

소금의 여행

기원전

- 인간이 출현한 이후 줄곧 소금은 필수품이었으며 동물들이 소금을 찾아내면 인간이 이를 활용했다.
- **6000** — 중국 윈청 호에서 소금 채취를 시작
- **2800** — 이집트의 염장한 생선이 페니키아와 거래됨
- **252** — 중국의 이빙이 세계 최초로 염정을 파는 굴착 기술 개발. 천연가스가 함께 발견됨
- **116** — 중국의 한에서 소금 전매제 실시. 이때 거두어들인 돈을 장건의 비단길 개척에 사용함
- **1** — 예수 탄생(기원)
- **2세기** — 로마 제국에서 소금에 절인 생선인 가룸을 요리에 이용함
- **1378~1380** — 제노바와 베네치아의 소금 무역 전쟁
- **13~14세기** — 절인 청어와 대구가 네덜란드를 대항해의 시대로 이끔
- **18~19세기** — 소금이 근대 화학의 밑거름이 됨

소금 염이라는 한자는 세 부분으로 나뉘어져. 왼쪽 윗부분은 신하, 오른쪽 윗부분은 소금물, 그리고 아래는 그릇이라는 의미를 담고 있지. 결국 소금은 국가에서 관리한다는 걸 보여 주는 한자야. 인간의 생존을 위해 꼭 필요한 소금은 국가 권력을 상징했어.

중국 — 진, 한의 소금 전매 제도

진나라를 세운 진시황은 소금을 국가에서만 판매하게 하는 전매제를 실시했어. 15년 만에 진이 망한 후 들어선 한나라는 처음에는 소금 전매제를 폐지했다가, 흉노와 싸우면서 돈이 부족해지자 다시 전매제를 실시했어. 소금은 국가의 중요한 사업이었지.

이스라엘 — 성경 속 소돔과 고모라

성경 속에는 매우 방탕한 생활을 하던 도시로 소돔과 고모라라는 곳이 나와. 이 도시를 멸망시키기로 결심한 신은 롯에게 가족을 데리고 돌아보지 말고 피하라고 했는데, 도망가다가 뒤를 돌아본 롯의 아내가 소금기둥이 되었다는 이야기가 있어. 소돔은 지금까지 밝혀진 바로는 소돔산이라는 소금산을 말한대. 소돔산의 소금 기둥들은 모두 롯의 아내일까?

영국 — 전쟁 준비는 소금에서부터

절대 왕정이 통치하던 시절 유럽에서는 전쟁을 하려면 소금부터 준비했어. 식량의 대부분을 차지하던 대구와 청어를 상하지 않게 보관하려면 소금에 절여야 했거든. 또 병사들이 다쳤을 때에도 소금물로 치료했고 월급을 소금으로 주되기도 했어. 소금이 부족하면 전쟁을 할 수가 없었지. 과학이 발달하면서 소금을 대신한 것이 통조림과 냉장고야.

여기 월급이다

이집트 — 미라 제작

이집트의 미라를 만들 때에도 소금은 꼭 필요한 재료였어. 시신을 썩지 않도록 하기 위해서 나트론이라는 소금물 속에 7일간 담가두어야 했거든.

프랑스
프랑스 혁명과 소금

소금은 부의 상징이었어. 손님이 오면 식탁 한가운데에 화려하게 장식된 소금 그릇을 놓고 조금씩 덜어가도록 했거든. 프랑스 혁명의 원인에 대해서도 여러 가지 주장이 있지만, 사치스러운 왕실의 생활을 위해 소금에 대한 세금을 지나치게 많이 걷었기 때문이라는 말도 있어. 소금은 누구나 먹어야 하는 것이었기 때문에 소금세를 높이면 가난한 사람들에게는 큰 부담이 될 수밖에 없었던 거지.

미국, 페르시아 만
소금 개발과 석유 개발

소금이 바다에서만 만들어지는 건 아니야. 암염이라고 해서 소금 바위가 있고, 염정이라는 소금 우물, 염호라는 소금 호수도 소금 생산에 중요한 역할을 해. 소금을 캐기 위해 땅속을 파고 들어가는 굴착 기술은 나중에 석유를 시추하는 기술로 이어졌어. 게다가 석유는 소금 아래층에 매장되어 있는 경우가 많아서 소금을 캐내다가 석유가 발견되는 경우도 많았지.

소금을 캐다가 석유를 발견하다니!

사해
사해 바다에서는 정말 누구나 뜨나?

일반적인 바다의 염분 농도는 약 3~5%인데 사해는 약 30%의 농도를 갖고 있어서 사람이 물에 떠서 책을 읽을 정도래. 신기하게도 물이 들어오는 곳은 있는데, 나가는 곳이 없고 일 년 내내 엄청난 양이 증발하면서 주변을 소금기 있는 땅으로 만들고 있어. 생명체가 살 수 없어서 죽음의 바다, 즉 사해(死海)라는 이름이 붙은 거야.

인도
간디의 소금 행진

영국 정부에서 인도의 소금에 대한 세금을 2배로 올리자 인도의 지도자 간디는 영국에 대항하기 위해 1930년 3월 12일에 78명의 추종자들과 함께 소금을 위한 행진을 시작했어. 비폭력 무저항주의의 승리였지.

우리나라
소금 장사 미천왕

고구려의 미천왕은 포악한 봉상왕의 눈을 피해 어려서 소금 장사를 했다는 이야기도 있어. 또 일제는 천일 제염으로 유명한 우리나라의 서해안에서 강제로 소금을 생산하게 했어. 소금에서 유래한 지명이 아직도 남아있는 경우도 있는데, 서울의 염리동과 염창동이 대표적인 예야.

95 설탕의 역사 — 달콤한 유혹, 설탕

설탕의 여행

기원전 — 벌꿀을 이용하여 단맛을 냄. 인도에서 처음으로 설탕을 만들기 시작

4세기 — 알렉산드로스 대왕의 원정으로 설탕이 서양에 알려짐

1 — 예수 탄생(기원)

7세기~8세기 — 이슬람교도에 의해 사탕수수 재배 및 제조 기술이 유럽으로 전래됨. 동부 지중해의 여러 섬에서 사탕수수 재배

16세기 — 라틴아메리카와 브라질에서 대규모로 재배

17~18세기 — 카리브 해 연안에서 재배

19세기 — 동남아시아의 식민지에서 재배

20세기 — 노예제 폐지에 따라 계약 노동자들에 의한 재배 확대

사탕수수는 기후조건이 적당해야 하며, 토질을 황폐하게 만드는 특성이 있어서 계속 새로운 경작지를 찾아 이동해야 해. 또 설탕을 만들기 위해서는 중노동이 필요하지. 그래서 한때 더운 열대 지방에서 노예 노동을 통해 재배했어. 그런데 지금은 공정 무역 커피가 등장했어. 생산자와 노동자에게 적절한 보상을 통해 경제적으로 자립하도록 도와주는 착한 소비 운동으로 친환경 재배를 통해 여성과 아동 노동자를 보호하자는 운동이야.

영국 — 차에 설탕을 넣는다?

찰스 2세의 아내인 포르투갈 공주는 인도의 뭄바이 섬을 결혼 지참금으로 가지고 왔어. 이 때 차를 마시는 습관도 함께 가져왔지. 차를 마시는 것은 고품격 취미이자 부의 상징이 되었어. 설탕도 상류 사회의 상징적인 물품이었기 때문에 차에 설탕을 넣어 먹는 어처구니 없는 생각은 어쩌면 너무 당연한 건지도 몰라. 그러다가 산업 혁명을 거치면서 노동자들도 차에 설탕을 넣어 먹기 시작했어. 설탕을 넣은 홍차가 국민 음료가 된 거야.

프랑스 — 사탕무의 등장

대륙 봉쇄령으로 타격을 받은 프랑스의 나폴레옹은 사탕무에 관심을 가졌어. 사탕무는 온대 지방에서도 재배가 가능한 작물이거든. 그 후 경쟁적으로 사탕무의 재배가 늘어났어. 덕분에 유럽의 실업자들도 직장을 얻게 되었지. 사탕수수 재배를 위해 끌려온 노예들은 어떻게 됐냐고? 글쎄, 유럽 인들이 알바 아니었겠지.

인도 — 시작은 나라고!

설탕은 인도에서 처음으로 만들기 시작했어.

동남아시아의 국가들 — 플랜테이션의 희생자들

유럽 국가들이 식민지를 차지하려고 열을 올리자 동남아시아 국가들은 대부분 식민지가 되었어. 이곳의 더운 날씨와 원주민의 값싼 노동력, 그리고 유럽 인의 자본이 모여 한 가지 작물만 재배하는 플랜테이션이 시작되었지. 지금은 독립을 했지만, 아직도 한 가지 작물만 재배하던 잘못된 농업 정책으로 어려움을 겪고 있어. 1986년 설탕 가격 폭락으로 농장의 절반 이상이 문을 닫고 40만 명이 직장을 잃어버리기도 했어.

중국
잘 받겠소!

중국 당나라 태종 때 외국의 사신이 설탕을 처음으로 중국에 가져왔어. 중국에서는 송나라 때가 되면 사탕수수를 재배해서 스스로 설탕을 생산하기도 했어.

일본
별사탕 먹자

포르투갈에서 사탕으로 만든 과자, 즉 별사탕(콘페이토)이 전해졌어.

하와이
우리나라 최초의 해외 이민

노예제가 폐지되고, 노동력이 부족해지자 싼값에 아시아의 노동자들이 이주해 와 사탕수수를 재배하기 시작했어. 우리나라에서도 일제 시대 때 노동자들이 하와이로 이민을 와 어렵게 모은 돈으로 독립운동 자금을 대기도 했지. 먼 이국 땅에서 결혼할 상대자를 못 찾은 사람들은 사진으로 신붓감을 구했다고 해.

한국
귀한 물건이오~

우리나라에 처음 설탕이 들어온 건 삼국 시대 때 당나라를 통해서야. 하지만, 설탕은 약으로 쓰거나 왕이 신하에게 하사하는 귀한 음식이었지. 1920년 평양에 처음으로 설탕 공장이 세워졌어. 지금은 우리나라 사람이 좋아하는 15번째 음식이 되었지.

카리브 해 연안의 국가들
사탕수수 있는 곳에 노예가 있다.

17세기에 사탕수수를 재배하기 시작하면서 카리브 해 연안의 섬 전체가 사탕수수밭으로 변해 갔어. 원주민인 카라베 족은 거의 사라지고 아프리카에서 끌려온 흑인 노예들이 대부분을 차지하게 되었어. 이렇게 설탕으로 인해 어떤 지역에 큰 변화가 일어난 것을 '설탕 혁명'이라고 불러. 20세기에 이르러 독립은 되었지만, 오직 한 가지 작물만 재배했기 때문에 필요한 모든 작물은 수입에 의존해야 했어. 그리고 유럽 인들은 정치적으로 불안한 이곳과 더 이상 무역을 하려 들지 않았기 때문에 경제는 점점 어려워져 갔어.

96 후추의 역사 — 새로운 항로를 개척한 향신료의 왕

후추의 여행

기원전

- **8000~5000**: 신석기 집단 거주지의 타다 남은 빵조각에서 향신료가 발견됨
- **2600**: 이집트 파피루스에 최초 기록 (제사용)
- **2800**: 이집트 피라미드 건설 노동자들에게 마늘을 먹임
- **4세기**: 알렉산드로스의 원정으로 향신료 무역이 활성화
- **50**: 로마는 잉글랜드를 침략하여 겨자씨를 가져감
- **1**: 예수 탄생(기원)
- **641**: 이슬람에게 비잔티움 제국이 몰락한 후 향신료 무역 위축 → 이슬람 상인에 의한 향료 무역이 이루어짐
- **11~13세기**: 십자군 전쟁을 통해 유럽의 향신료 무역이 다시 회복됨
- **13세기**: 베네치아와 제노바 간의 향신료 전쟁이 베네치아의 승리로 끝남, 중세의 향신료 무역은 이슬람과 베네치아 상인이 독점
- **15세기**: 향신료 무역을 위한 신항로 개척 시작
- **1511**: 포르투갈, 말라카 섬 진출
- **1602**: 네덜란드 동인도 회사 설립 → 네덜란드의 향료 무역 독점
- **18~19세기**: 향신료가 보편화됨
- **1790**: 향신료를 뇌물로 사용하는 것을 법으로 금지
- **18~19세기**: 향신료를 쉽게 구하게 되면서 가치가 떨어짐

메소포타미아 — 신에게 바치자

향신료를 태우는 신비로운 향기는 신에게 가까이 다가가는 데에 쓰였어. 향을 피우거나 각종 제사 의식에 이용되었지. 성경에는 특히 예배 때 향료를 준비하는 이야기가 많이 나와.

이집트 — 미라를 만드는 재료로 쓰인 향신료

이집트에서 시신을 썩지 않도록 처리하는 건 매우 중요했어. 시신에서 내장을 꺼낸 후 삼나무 기름과 다른 약품들을 발라 물약과 함께 육계가루를 뿌려 한 달간 놓아두었대. 시신을 썩지 않게 했을 뿐 아니라 좋은 냄새도 나게 했지.

그리스, 로마 — 스파이시 루트(spicy route)

고대 그리스와 로마 인들은 후추, 육계, 생강 같은 향신료에 열광했어. 로마 인들은 향신료를 구하기 위해 바닷길을 이용했지. 계절풍을 이용하면 인도까지 40일이 걸렸대.

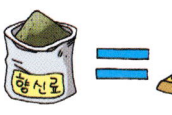

중세의 향신료

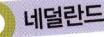

온대 기후 지역인 유럽에서는 열대 지방의 향신료가 너무 귀했어. 향신료가 많이 든 음식을 먹는 것만으로도 부의 상징이었지. 뜨겁고 건조한 음식으로 알려졌던 향신료는 치료제로도 사용되었고, 페스트가 휩쓸고 지나갔을 때에도 사람들은 공기를 깨끗하게 한다고 향신료를 태웠어. 향신료가 같은 양의 금과 거래가 되었을 정도야.

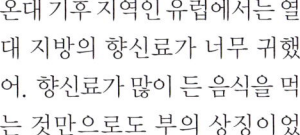

향료 무역을 독점하다

포르투갈 상인들은 향신료를 거래해서 말라카 섬에서 큰 돈을 벌었어. 포르투갈을 제치고 동인도 회사를 설립해서 향신료의 천국인 인도네시아에 진출한 네덜란드는 엄청난 돈을 벌어 들였지. 푸아브르라는 프랑스 인이 몰래 묘목을 훔쳐다가 아프리카에서 재배할 때까지는 네덜란드의 세상이었어.

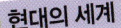

누구나 쉽게 구하는 현대의 향신료

역시 향신료를 뿌려야 제맛이야!

영국과 프랑스의 아시아 진출로 향신료는 점점 구하기 쉬워지면서 한 가지 변화가 일어났지. 1900년 파리의 만국 박람회에서 방문자들은 인도, 중국, 알제리, 아랍 음식을 맛보게 되었어. 이제 다른 나라의 음식에 대한 관심이 싹트기 시작한 거야. 제1, 2차 세계 대전 중에는 대규모의 식품 회사도 만들어졌어. 20세기에 들어서면서 향신료는 넘쳐났고, 이제 더 이상 향신료는 금과 같은 가치를 가지지 않게 되었어.

97 | 학교의 역사   미래의 희망을 만들어 가는 곳

 학교의 여행

우리가 대부분의 시간을 보내는 학교는 언제부터 생겨났을까? 인류의 문명을 대대로 이어갈 수 있도록 전달해 주는 역할을 하는 곳이 바로 학교야. 더불어 살아가는 방법을 익히는 희망의 장소이기도 하지.

- **B.C. 9~8세기** — 스파르타의 군사 교육, 아테네의 노예에 의해 체조와 음악 학교 교육
- **B.C.8~A.D.5세기** — 로마 제국에서 그리스와 유사한 교육 실시, 문법 학교 등장
- **327** — 고구려 소수림왕, 태학 설립
- **575** — 진흥왕, 화랑도 재정비
- **7~13세기** — 중세 기사 교육, 교회 학교 교육

- **992** — 고려, 국자감 설립
- **1088** — 최초로 볼로냐 대학 창립
- **1398** — 조선, 성균관 설립
- **1793** — 프랑스, 콩도르세안 발표 → 모든 시민에게 필요한 만큼의 무상 교육 실시
- **1713** — 프로이센의 프리드리히 1세, 의무 취학령 발표로 5~12세까지 아동은 의무 교육 실시
- **1840** — 독일의 프뢰벨, 킨더가르텐 창시 → 유치원의 시작
- **1883** — 조선 동문학 설립(묄렌도르프가 세운 영어 학교), 원산 학사 설립

이란 — 2,500년 전 바빌로니아의 어느 학부모 편지

어디에 있었니? 너를 찾으러 여기저기에 가 봐도 없더라. 학교에 가지 않고 빈둥빈둥 놀기만 할 거니? 제발 학교에 가거라! 광장에 우두커니 서 있거나 거리를 쏘다니는 짓은 이제 좀 그만 두어라. 주위 분위기에 휩쓸리지 말고, 선생님 앞에서는 예의 바르고 존경하는 마음가짐으로 있어다오. 선생님을 잘 따르면, 너를 잘 돌봐주실 거야. 부탁이다. 애야!

로마 — 고대 노예 선생님

고대 로마 제국에서 선생님의 역할을 한 사람은 노예였어. 부자들은 자기 아들이 좋은 교육을 받을 수 있도록 그리스 출신의 노예를 비싼 값을 주고 사기도 했어. 노예 선생님을 로마 인들이 사용하던 라틴 어로 '파에다고구스' 라고 불러. 이 말이 변해서 지금은 교육학이라는 의미가 되었지. 남자 아이들은 노예 선생님에게서 7살부터 16살까지 읽기, 수학, 웅변 등을 배웠어.

이탈리아, 프랑스 — 중세 교회 학교

중세 유럽은 신 중심의 사회였지. 일반적인 공부도 역시 교회와 수도원에서 이루어졌어. 지금 우리가 주일 학교라고 부르는 교회 학교를 스콜라라고 부르는데, 여기에서 아이들의 교육이 이루어졌어. 스콜라가 변해서 스쿨이 되는 건 알겠지? 이탈리아의 볼로냐 대학, 영국의 캠브리지 대학, 프랑스의 파리 대학 등이 이때 생겼어.

독일
산업 혁명과 의무 교육의 탄생

18세기 영국에서 산업 혁명이 일어나면서, 농업 사회에서 산업 사회로 변화했어. 공장에서 기계가 생산을 하게 되면서 일당이 싼 여자와 어린아이들이 노동자가 되었지. 하루 24시간 중 19시간씩 일하는 아이들이 생겨났어. 만약 5분이라도 지각을 하면, 임금에서 1/4을 빼기까지 했어. 결국 영국에서는 9살 미만의 아이들의 노동을 금지시켰고, 여자와 어린이의 노동은 10시간으로 한정시켰어. 프로이센에서는 최초로 아이들을 위한 의무 교육 제도가 만들어졌어.

우리나라
이화 학당의 초기 수업 모습

1886년 이화 학당이 처음 생겼을 때, 남자 선생님과 여학생들은 기침으로 신호를 주고받았대. 당시에는 남녀 구분이 엄격했거든. 선생님이 교실 밖에서 기침을 하면, 학생들은 모두 운동장을 보고 있다가, 그 사이 교실에 들어온 선생님이 다시 기침을 하면 학생들은 칠판을 보았어. 물론 선생님은 학생을 보지 않고, 칠판만 바라보면서 수업을 했지. 그러다가 수업이 끝나면 다시 선생님이 기침을 하고, 학생들이 운동장을 보는 사이 선생님이 교실 밖으로 나가는 거야. 선생님과 학생이 서로 얼굴을 모르면서도 수업이 가능했을까?

영국
니일의 썸머힐

니일이 1921년 영국에 만든 썸머힐 스쿨은 자유로운 학교야. 철저한 자유로 가득찬 이곳의 학생들은 수업을 듣고 싶으면 듣고, 듣기 싫으면 듣지 않아도 돼. 나체로 수영을 하기도 하고, 담배를 피우기도 해서 얼핏 보면 질서도, 규칙도 없는 듯이 보이지. 하지만 학생 스스로 만든 규칙과 질서를 존중하며 단체 생활에서 서로를 인정하는 방법을 배우는 학교야.

에스파냐
아이들 공화국 벤포스타

아이들이 만들어 가는 나라가 있어. 에스파냐의 오렌세 마을에 있는 벤포스타 어린이 공화국이지. 1956년 실바 신부와 열다섯 명의 빈민 어린이들이 만들었어. 이곳에서는 어린이들이 직접 선출한 어린이 대통령이 있고, 주민 자치 회의를 통해서 법을 만들기도 해. 스스로 만든 화폐도 있고, 서커스 공연 등을 통해 생산 활동을 하기도 해. 이 곳에서 아이들은 학교에 다니면 돈을 받아. 4살에서 15살 사이의 어린이들이 주로 이곳의 주민이고, 마지막 1년 동안에 이들은 세상을 모험하는 교육을 받아.

98 | 전염병의 역사 인간과 세균의 보이지 않는 전쟁

 전염병의 여행

인류가 등장하기 시작하면서 함께 나타난 각종 전염병은 계속 인간을 괴롭혀 왔어. 전쟁으로만 세상이 변하는 건 아니야. 전염병이 세상을 변화시키기도 하지. 역사를 변화시키는 전염병의 힘. 대응책을 만들면 새롭게 변형되어 더 강해지는 세균들. 과연 인간과 세균 중 누가 더 영리할까?

기원전
- 1350 ── 이집트와 히타이트의 전쟁 중 천연두가 최초로 유행
- 430 ── 아테네에서 전염병 유행으로 시민의 1/3 몰살
- 1 ── 예수 탄생(기원)
- 541~542 ── 유스티니아누스 대제 때 역병 유행 → 나중에 흑사병으로 밝혀짐
- 1331~1351 ── 흑사병의 대유행
- 1520 ── 아즈텍 문명에 천연두 유행
- 1802 ── 아이티에 황열병 유행
- 1812 ── 이에 의해 감염되는 발진티푸스로 나폴레옹 군대가 러시아 원정에 실패
- 19세기 ── 결핵의 유행
- 1817~1863 ── 3차례에 걸친 콜레라 유행
- 1899~1909 ── 6차례에 걸친 콜레라 대유행
- 1918~1928 ── 스페인 독감 유행
- 1928 ── 플레밍, 페니실린 발견
- 1943 ── 스트렙토마이신 발견
- 1957 ── 아시아 독감
- 1968 ── 홍콩 독감
- 1977 ── WHO 천연두의 종말 선언
- 2003 ── SARS(사스)
- 2009 ── 신종 인플루엔자

유럽 전체 — 봉건 제도를 무너뜨린 흑사병(페스트)

650년 유럽의 인구는 1,800만 명 정도였는데, 1340년경에는 무려 7,500만 명까지 급증했지. 그런데 지중해에서 스칸디나비아까지 유행병이 발생했어. 그로 인해 4년도 채 되지 않아 유럽 인구의 1/3이 죽음을 맞았지. 인구가 감소하자 노동력이 부족해졌고 결국 영주들은 농노들의 지위를 향상시켜 주거나, 농노와 거래를 해야만 했어. 이로써 중세 유럽의 기본을 이루던 장원 제도가 무너지고 봉건 제도도 몰락했어.

독일, 프랑스 부근 — 낭만주의의 꿈, 결핵

19세기 낭만주의가 퍼지면서 사람들은 결핵을 천재성의 상징이라고 여겼대. 창백한 피부, 붉은 뺨 그리고 피 묻은 손수건을 예술적 열정의 표시라고 생각했어. 1800년대 초까지 결핵으로 유럽 인구의 1/4이 죽었어. 원인을 잘 알지 못하던 시절의 일본에서는 상사병이라고도 불렀지. 1882년 코흐에 의해 결핵균이 알려지자 결핵은 낭만의 상징이 아니라 지구상에서 가장 무서운 균으로 바뀌었어. 아직도 결핵은 여전히 인간이 넘어야 할 산이야.

에스파냐 — 제1차 세계 대전보다 무서운 스페인 독감

20세기에 가장 크게 유행한 것은 스페인 독감이야. 감기에 걸린 듯한 증상을 보이다가 폐렴으로 발전하는가 싶더니 환자의 피부에서 산소가 빠져나가면서 보랏빛으로 변해 죽어가는 병이야. 제1차 세계 대전에서 죽은 사람이 1,500만 명 정도였는데 비해, 스페인 독감으로 5,000만 명이 넘는 사람이 목숨을 잃었어. 제1차 세계 대전은 서둘러 매듭지어졌고, 평화 조약이 맺어졌어. 그리고 독감 예방 접종이 시작되었지. 독감은 그 어떤 무기보다도 무서워.

영국

도시를 청소하는 콜레라

1817년, 인도에 새로운 병이 유행했어. 몇 시간 이내에 건강한 사람을 시체로 만들만큼 격렬한 설사와 구토를 유발했지. 사람들은 페스트가 무서운 병이라고 하지만, 역사상 페스트보다 더 많은 사람이 콜레라로 죽어갔어. 가난과 비위생적인 환경이 만들어낸 병이었지. 이 때문에 상수도와 하수도 시설을 정비하고, 공중 위생법과 공공 의료법이 만들어졌어. 아직도 콜레라의 유행은 계속되고 있으니 조심하자!

라틴아메리카

아즈텍 문명을 정복한 천연두

1519년 코르테즈는 550명의 부하를 끌고 아즈텍 제국에 침입했어. 이 때, 코르테즈는 천연두에 걸려 죽은 군인의 시체를 이용해서 생물학전을 펼쳤어. 단 한 번도 천연두를 경험해 보지 않아 면역성이 없던 아즈텍 인들은 어이없이 죽고 말았어. WHO(세계 보건 기구)는 천연두 균이 지구상에서 완전히 사라졌다고 발표했는데, 미국과 러시아 두 곳의 냉장고에 만약을 위해 보관 중이지.

카리브 해 연안

라틴아메리카를 독립시킨 황열병

모기만이 아프리카를 구할 수 있네!

19세기 초, 아프리카로부터 흑인 노예를 강제 이주시켜 설탕 농장을 하던 유럽 인들이 치명적인 전염병에 걸렸어. 바로 황열병이야. 모기에 의해 감염되는 이 병은 열이 나고, 심하면 눈이 안 보일 정도로 두통이 있으며, 춥고, 격한 구토와 출혈이 있어. 결국 위장 안에서 검게 변한 피가 입 밖으로 튀어 나오면서 피부가 노랗게 변하다가 죽지. 아이티에서 독립을 위한 반란이 일어났을 때, 이를 진압하는 군인들이 황열병에 걸리면서 아이티는 독립을 얻었어.

홍콩

비행기를 타고 날아다니는 사스(SARS, 조류 독감)

옛날처럼 교통이 발달하지 않았다면, 사스는 홍콩에서만 유행하다가 끝났을지도 몰라. 하지만, 요즘 전염병은 교통의 발달과 함께 비행기를 타고 움직이지. 페스트가 유럽을 휩쓸고 중국까지 가는 데 10년이 넘게 걸렸다면, 사스는 홍콩의 비행기를 타고 일주일도 채 되지 않아 전 세계 30개국으로 퍼져나갔거든.

99 | 화장실의 역사   인간임을 깨닫는 겸손의 장소

 화장실의 여행

인간이 등장하면서 화장실은 언제나 인간과 함께 했어. 상수도를 오염시키지 않고 배설물을 흘려 내보내는 건 문명의 기초였어. 특히 큰 도시를 건설할 때의 기본이 바로 화장실 시설이었지. 그래야 질병 없이 건강하게 생활할 수 있으니까.

기원전

- **3500~3000**: 메소포타미아 문명의 하부바카비라 유적에서 상하수도 유적 발전
- **7세기**: 바빌론의 유적지에서 좌식 화장실의 흔적 발견
- **2770~2640**: 이집트 피라미드 무덤 안에 별도의 화장실 공간 발견
- **5세기**: 로마 제국 시대, 목욕장과 화장실 문화 발달
- **1**: 예수 탄생(기원)
- **1084**: 수도원 건물 안에 개인용 화장실이 방마다 설치됨
- **1120**: 독일의 바르트부르크 성에서는 남자용과 여자용으로 화장실을 분리함 → 중세의 화장실은 요강, 성의 지하나 성벽의 돌출된 부분을 이용
- **1333**: 스위스의 슈트라스부르크 사람들은 배설물을 통에 담아 던져 변을 무기로 활용
- **1773**: 수세식 화장실 발명
- **1874**: 독일에 최초의 여자 화장실 설치
- **19세기**: 콜레라가 휩쓸고 가면서 위생 혁명이 일어나 현대식 화장실 정착
- **1879**: 영국의 월터 알콕이 절취선이 있는 두루마리 화장지를 판매

프랑스 — 화장실의 어원(TOILET)

화장실을 부르는 다른 말로는 뒷간, 해우소, 변소, 측간, 똥구당, 정낭, 통싯간, toilet 등이 있어. 이 중 toilet은 프랑스 어의 망토(toile)에서 유래했대. 길을 가다가 화장실이 너무 급할 때, 망토와 양동이를 들고다니는 화장실 업자에게 돈을 내고 망토 안에 들어가서 양동이에 볼 일을 보는 거지.

독일 — 중세 성의 돌출 화장실

중세 유럽에서는 성 안에서 생활하는 것이 매우 불편한 일이었지. 오물을 빨리 제거하기 위해 성벽에 돌출 화장실을 만들어 구멍을 뚫어 놓고 볼 일을 봤어. 대체로 강이 흐르는 곳에 만들었대. 중세 성을 그린 그림을 잘 보면, 하얀 엉덩이가 성 밖을 향해 그려진 경우도 있어.

로마 — 사이좋게 이용하는 로마의 화장실

화장실과 목욕 문화가 발달한 걸로 잘 알려진 로마에서는 사람들이 함께 이용하는 공동 화장실이 있었어. 동그랗게 앉아서 회의도 하고, 함께 배설도 하는 거야. 아래로 물이 흘러서 변이 빠르게 흘러나가고, 뒷편에는 분수가 있어서 쾌적한 환경을 유지했대.

프랑스
베르사유 궁전에 정말 화장실이 없었나요?

태양왕으로 알려진 루이 14세는 자기 자신이 곧 국가였기 때문에 용변 보는 것을 부끄러워할 필요가 없었어. 루이 14세가 요강 위에 앉아 볼 일을 볼 때, 왕을 돕거나 만나는 것은 가장 영예로운 일이었다는군. 당연히 베르사유 궁전에는 화장실도 없었어. 여자들은 선 채로 화려한 여러 겹의 드레스 안에서 볼일을 보았고, 남자들은 기둥과 커튼 뒤에서 해결했대. 결국 지독한 냄새를 없애기 위해 인테리어를 자주 바꾸고 향수를 사용하게 된 거야.

영국
하이힐의 등장

로마에서는 요강을 사용했어. 이 전통은 오래도록 이어졌지. 요강의 갯수를 보면, 그 집의 식구 수를 알 수 있었대. 영국에서는 요강을 비울 때, 창밖으로 던졌어. 재수가 나쁘면, 깨진 요강을 머리에 맞고 죽을 수도 있었지. 사람들은 거리에 흘러 다니는 오물을 피하기 위해서 구두굽이 높은 하이힐을 신기 시작했어.

인도, 인도네시아
손을 차별하는 나라

인도 사람들은 화장실에 갈 때, 바가지를 들고 멀리 간대. 오른손과 왼손을 차별하는 이 나라 사람들은 오른손으로는 밥 먹거나 악수하고, 왼손으로는 화장실을 이용하지. 휴지도 없이 물을 담은 바가지를 가지고 가서 왼손으로 뭘 할까 상상해 봐. 인도네시아의 화장실에도 휴지 대신에 물이 담긴 양동이가 있어.

중국
묻지도 말고 따지지도 말자

중국에서 화장실을 이용해 본 적 있어? 문도 없고, 벽도 없고 여럿이 함께 이용하는 비스듬한 구덩이가 모여 있는 화장실 말이야. 구덩이 아래에는 돼지가 살고 있는 경우도 있었대. 요즘은 80% 정도의 중국 화장실이 문도 있고, 벽도 있어.

100 | 커피의 역사 달고 쓴 인류 최대의 음료수

커피의 여행

6~7세기	아프리카의 에티오피아 고원에서 처음 커피 열매 발견
6~10세기	이슬람교 수도승들이 기도할 때 정신을 맑게 하기 위해 사용
11세기	아라비아의 예멘으로 전파. 처음 재배하기 시작함
12~16세기	메카, 카이로, 페르시아 등의 아랍 도시와 오스만 튀르크로 전파
1616	네덜란드 인들이 커피나무와 씨를 유럽에 들여옴
16세기 후반	교황 클레멘트 8세가 크리스트교 음료로 선포하면서 유럽에 널리 퍼짐
17세기	유럽으로 전파, 영국 옥스퍼드와 이탈리아 베니스에 최초의 커피 하우스 탄생
17세기 후반	미국은 홍차 대신 커피 마시기를 독립운동으로 권장
17세기말	네덜란드 인이 커피나무를 인도네시아 자바와 서인도 섬에서 재배 시작
18세기 초	중앙아메리카와 카리브 해 연안에서 커피 재배
18세기	브라질이 대규모로 재배 → 세계의 50%를 생산
1877	네덜란드 인이 일본에 커피 전파, 1880년대 이노우에가 첫 카페를 염
1896	아관파천 시기 고종 황제가 처음 커피를 마심

'지옥처럼 검고, 죽음처럼 강하며, 사랑처럼 달콤하다.' 커피에 대한 터키의 속담이야. 처음 자랐던 지역 'Kappa'에서 유래한 커피는 정신이 번쩍 나는 효과 때문에 처음엔 '힘'을 의미했대. 아랍을 거쳐 유럽에 전해지면서 프랑스(cafe), 영국(coffee)가 되었어.
아프리카에서 처음 발견된 커피가 어떻게 여러 대륙을 거쳐 오늘날 전 세계에 걸쳐 가장 사랑받는 음료 중 하나가 되었을까? 그 긴 여정을 한번 따라가 볼까?

아프리카
커피의 고향 아프리카 에티오피아

에티오피아 아비시니아 고원에 살던 양치기 소년 칼디는 양들이 붉은 열매만 먹으면 흥분하여 뛰어다니는 것을 발견했어. 호기심에 그 열매를 먹어 보니 신기하게 기운이 나고, 상쾌해져서 열매를 이슬람 사원으로 가져갔대. 사원에서는 커피를 주로 기도할 때 사용했어. 또 술이나 약 등으로 이용되었어.

서아시아
카페의 원조 카프베

메카에서 인기 있던 커피는 다른 이슬람 도시로 빠르게 전파되었어. 신경을 자극하는 성질 때문에 커피 마시는 것이 한동안 금지되기도 했어. 오스만 제국 때에는 이스탄불에 '가누스 카프베'라는 최초의 카페가 만들어지기도 했어.

아라비아
커피를 처음으로 재배한 아라비아의 예멘

신기한 붉은 열매에 관한 소문은 시간이 지나면서 홍해를 건너 아라비아의 예멘으로 전파되면서 처음으로 커피 나무를 재배하기 시작했어. 지금 사람들이 즐겨 마시는 '모카 커피'는 수출 항구인 '모카 항'의 이름에서 유래되었어. 또 단순히 열매를 그대로 먹거나 통째로 끓여먹던 커피를 현재 형태로 발전시킨 건 예멘 사람들이었어.

유럽 — '생활의 여유, 카페 문화의 본 고장'

에스프레소, 카푸치노, 카페오레가 탄생한 건 모두 유럽에서였어. 그만큼 유럽은 커피를 다양한 방법으로 즐겼지. 의사가 치료로 권하면서 커피에 우유를 타기 시작했고, 값 비싼 설탕을 넣어 커피 맛을 한껏 살리고 싶었던 건 프랑스의 루이 16세였어. 카페도 줄줄이 생기기 시작했지. 이탈리아는 유럽 최초의 카페가 생긴 나라답게 1720년에 생긴 '플로리안'이 현재 존재하는 가장 오래되고 아름다운 카페로 유명해.

인도네시아 — 커피의 양대 산맥

커피 나무를 몰래 빼돌리는 데 성공한 네덜란드 상인들은 당시 식민지였던 인도네시아의 자바 섬에 커피 나무를 심어 재배에 성공했어. 이때부터 커피의 양대 산맥은 예멘의 '모카'와 인도네시아의 '자바'가 되었지.

미국 — 커피는 자유이자 독립이다

미국 사람들은 '보스턴 차 사건' 이후, 차 대신 커피를 마시기 시작했어. 당시 미국 사람에게 홍차 대신 커피를 마시는 것은 '자유에 대한 표현'이고, '독립운동'이었던 셈이야. 이후 자연스럽게 커피는 미국의 국민 음료로 자리 잡게 되었지. 지금 미국은 전 세계 커피 소비량 1위를 할 정도로 커피를 즐기는 사람들이 많은 나라야.

브라질 — 세계인의 커피를 책임진다

브라질에서는 파리에서 몰래 들여온 커피 나무로 처음 경작을 시작했어. 커피를 생산하기 위해 유럽 사람들은 수많은 노예를 이용했어. 브라질은 전 세계 커피 생산의 40%를 담당할 정도였지. 하지만 이익의 99%가 모두 미국의 대규모 커피 회사로 돌아갔어. 그래서 '제 값을 주고 커피를 사고, 환경 친화적인 커피를 먹자' 고 하는 '공정 무역' 운동이 생겼대.

일본, 우리나라 — 커피를 사랑한 고종 황제, 캔 커피의 탄생

우리나라 최초의 커피 애호가는 고종 황제였어. 1896년 러시아 공사관에 머무를 때 먹기 시작하면서 고종은 커피광이 되었대. 이후 고종의 커피 시중을 들던 손탁이라는 여자는 우리나라 최초의 커피점을 열었어. 일본은 우리보다 먼저 1877년에 네덜란드 사람이 커피를 전해주면서 우에노에가 첫 카페를 열었어. 일본은 1969년 세계 최초의 캔커피를 만들어 팔기도 했대.

유럽 — 커피의 유혹에 빠진 유럽 사람들

네덜란드 사람들 덕분에 17세기 중반에는 거의 모든 유럽에 커피가 알려졌어. 처음 유럽 사람들은 커피를 '아라비아 와인'이라고 불렀대. 가톨릭 지도자들 중에는 이슬람교도의 커피를 금지하기도 했지만, 교황이 커피 맛을 보고는 크리스트교 음료로 선포하면서 빠르게 확산되었어.

101 | 전쟁과 무기의 역사 인간 사회를 파괴하는 과학

인류가 등장한 이래 전쟁은 늘 존재했어. 인류 역사를 통틀어 전 세계 어느 곳에서도 전쟁이 일어나지 않았던 평화로운 날은 모두 합쳐 봐야 5일이 채 되지 않는다는 말이 있을 정도야. 어떤 사람은 평화를 원한다면 전쟁을 준비하라고 하기도 하지. 과연 평화를 위해 우리는 무기를 만들어야 할까?

전쟁과 무기의 여행

- 기원전 3000 — 창끝에 청동으로 만든 촉을 달기 시작
- 기원전 1200 — 철로 칼을 제작
- 1 — 예수 탄생(기원)
- 950 — 중국 송에서 화약 발명
- 1320 — 유럽에서 화포 사용
- 1450 — 화승총 사용
- 1690 — 칼을 매단 총을 사용
- 1836 — 회전식 연발 권총 제작
- 1848 — 맥심 자동식 기관총 발명
- 1903 — 최초의 비행 성공
- 1914 — 제1차 세계 대전
- 1916 — 탱크가 전투에 투입
- 1926 — M1 소총 개발
- 1939 — 제2차 세계 대전
- 1939 — 회전식 헬리콥터 비행 성공
- 1951 — 유도 미사일 시험 비행
- 1954 — 핵탄두 잠수함 투입
- 1957 — 소련, 대륙 간 탄도 미사일 개발
- 1963 — 핵실험 금지 조약 체결
- 1965 — 소련, 스커드 미사일 투입
- 1990 — 미국, 페트리어트 미사일 투입

페르시아 전쟁에 승리한 그리스의 중갑 보병

그리스의 군대는 호플리메스라고 부르는 중갑 보병이었어. 긴 창과 방패로 무장한 후 특이한 형태로 대열을 짰어. 앞에 5줄은 창을 앞으로 하고, 그 다음 줄부터는 위로 올린 후, 전진하는 거지. 대열의 가장자리에는 싸움을 특히 잘하는 군인이 방패를 들고 배치되었어.

호플리메스

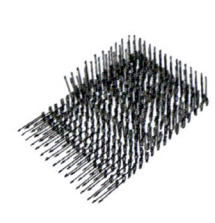
대열

중세 기사와 그의 무기

중세 기사는 방어를 위해서 갑주(갑옷+투구)를 이용했어. 하지만 워낙 무거워서 말의 기동성은 떨어질 수밖에 없었지. 공격용 무기로는 양 날이 뾰족한 긴 칼과 창끝에 삼각 송곳이 있는 랜스창, 손잡이가 반원형인 래피어 검이 있었대. 중세의 보병은 도끼와 칼을 합쳐 놓은 할버드를 이용했어. 하지만 화약이 전쟁에 사용되면서 기사들은 전쟁에서 쓸모가 없어졌지.

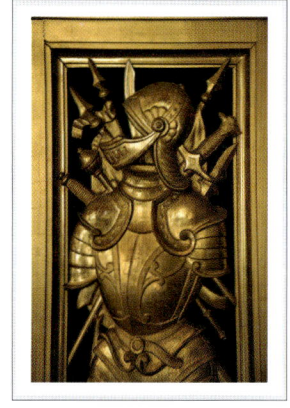

17세기의 군사 강국 에스파냐

에스파냐는 군사 강국이었어. 유럽의 여러 나라가 기병 중심이었던 반면, 말이 사육되기에 적당하지 못한 환경이라 보병을 더욱 발달시켰기 때문이지. 긴 창과 방패 그리고 아퀘부스라고 부르는 화승총(화약을 다져서 심지에 불을 붙인 후 쏘는 총)으로 무장한 군사가 있어서 바다의 무적 함대와 함께 강국이 될 수 있었지.

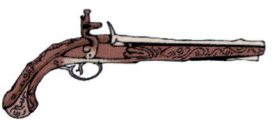

나폴레옹 유럽 제패 성공 신화

화약이 전쟁에 사용되기 시작하면서 각 나라의 군사 비용은 만만치 않았어. 루이 14세가 통치하던 프랑스는 세금의 75%를 군사 비용으로 썼을 정도야. 3년마다 새로운 전쟁이 몰아쳤고, 이때 등장한 나폴레옹 역시 1799년부터 15년간 유럽 정복 전쟁에 나섰지. 포병 출신의 나폴레옹은 화포를 통해서 유럽을 제패할 수 있었어. 유리한 위치를 먼저 차지한 다음 화포를 집중 배치해서 본격적인 전쟁이 이루어지기도 전에 적을 무너뜨리는 방법이었어.

화포

제1차 세계 대전의 신무기

제1차 세계 대전은 참호를 파고 들어가서 적군에게 총알을 퍼부어대는 전쟁이었어. 이 때 이용된 '맥심 기관총'은 마치 커피를 갈듯이 생긴 기관총에서 1분에 약 650발이나 되는 총알이 날아가도록 되어 있었어. 양측 군대가 모두 참호를 파고 들어가자 전쟁은 길어지기만 했어. 그래서 개발한 것이 탱크야. 제1차 세계 대전에 처음 탱크가 투입되었을 때는 시속 6km로 별 볼일 없는 무기였다고 해. 항공기와 박격포, 잠수함이 처음 사용된 것도 제1차 세계 대전이었어.

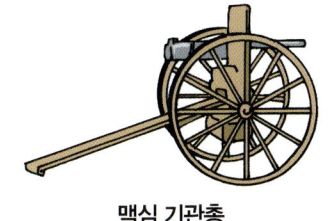
맥심 기관총

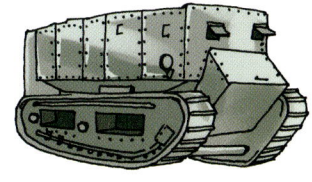
탱크 리틀윌리

제2차 세계 대전의 신무기

제1차 세계 대전이 참호를 중심으로 방어전을 폈다면, 제2차 세계 대전은 탱크와 폭격기를 앞세운 기동성 있는 전투였어. 전쟁 초반에는 탱크가 독일의 중점 무기였지. 독일은 2,400대의 성능 좋은 탱크를 이용해서 프랑스를 공격했어. 항공기가 더욱 발달하게 되고 터보 제트엔진, 항공기 탑재 레이더, 자동 비행 장치, 비행 유도 장치 등이 만들어졌어. 또한 로켓이 만들어지면서 사정 거리가 300km에 달하는 독일의 V-2 미사일이 사용되었고, MK1, MK2라고 불린 미국의 핵폭탄이 일본의 히로시마와 나가사키에 투하되었지.

아직도 끝나지 않은 무기 경쟁

현대에 이르러 더욱 파괴력이 강한 무기들이 만들어지고 있어. 첨단 무기가 동원되었던 1991년의 미국-이라크 간의 걸프 전쟁에서는 하늘과 땅을 통합하는 첨단 과학 전쟁이 펼쳐졌어. 1,000대 이상의 전투기를 동시 추적할 수 있는 공중 조기경보기(AWACS), 각 부대의 이동 경로를 파악하게 하는 항법 컴퓨터 장치(GPS), 레이더에도 잡히지 않는 스텔스 전투기, 토마호크 미사일, 공중에서 상대편의 미사일을 파괴시키는 패트리어트 미사일, 전자 장비 장착 정찰 위성 등이 사용되었어.

스텔스전투기

102 | 배의 역사 — 꿈꾸는 자들의 항해

 배의 여행

신석기 시대부터 이용되어온 배는 새로운 땅을 찾아 떠나는 사람에게는 반드시 필요한 꿈의 요람이지. 동서양 역사가 하나 되게 하고, 대항해 시대를 열었던 신항로 개척의 주역도 바로 배였으니까 말이야. 비행기가 등장하기 이전에 지구상의 거리를 단축시킨 배는 지금도 바다 곳곳을 누비면서 무역의 중심이 되고 있어.

기원전
- 3000 ● 통나무 배, 뗏목을 이용한 이집트 인들의 첫번째 항해
- 1 ● 예수 탄생(기원)
- 600~900 ● 바이킹의 진출
- 1050 ● 중국, 나침반 활용
- 1405 ● 정화의 대원정
- 1492 ● 콜럼버스의 신항로 개척
- 1522 ● 마젤란 세계 일주 성공
- 1512~1594 ● 메르카토르, 지도 제작
- 1620 ● 메이플라워 호의 항해
- 1729~1779 ● 쿡의 태평양 탐험
- 1807 ● 풀턴의 증기선
- 1858 ● 잠수함 등장
- 1912 ● 타이타닉 호의 침몰
- 1958 ● 원자력 잠수함 노틸러스가 얼음 밑으로 잠수해 북극에 도달

이스라엘 — 노아의 방주

길가메쉬 서사시에는 대홍수가 등장하는데, 큰 배를 만들어 사람과 짐승들이 멸망하지 않고 살아남을 수 있었다는 전설이 나와 있어. 노아의 방주로 알려진 이 배는 한 변의 길이가 60m인 정육면체로 1만 톤을 실을 수 있었대.

노르웨이 — 바이킹의 곡스타드 선

천부적인 선원으로 알려진 바이킹은 뱃머리에 말머리 장식이 달린 곡스타드 선을 타고 다녔어. 그들의 배는 교회였으며, 왕의 무덤이었지. 왕이 죽으면 신성한 배와 함께 묻는 풍습이 있었거든. 이 배에는 35~45명 정도의 선원이 타는데, 덴마크에서 영국까지 3일이면 도착할 정도로 빠르게 움직였대.

중국 — 아시아에 의한 신항로 개척, 정화의 대원정

유럽의 신항로 개척 이전인 1405년 이미 중국의 정화는 인도양을 항해하고 지도를 만들었어. 정화가 타고 간 배는 축구장 면적의 1.5배에 해당하는 거대한 돛단배였어. 9개의 돛대와 16개의 방수벽이 있었는데, 이것은 500년 후에 만들어진 타이타닉 호와 같은 규모였어.

우리나라 — 거북선

임진왜란 당시 이순신 장군과 큰 활약을 펼쳤던 판옥선이 바로 거북선이야. 거북 모양의 덮개 위에 창, 칼을 꽂아 적군이 기어오르지 못하도록 하고, 대포를 많이 설치해서 사방에서 포를 쏠 수 있었어. 아쉽게도 지금까지 거북선은 한 척도 남아 있지 않아.

에스파냐
세계 지도를 바꾼 산타마리아 호

산타마리아 호라는 이름은 콜럼버스의 아들이 가지고 놀던 장난감 배에서 따온 이름이야. 실제로 단 한 척의 배도 남아있지 않기 때문에 어떻게 생겼는지는 아무도 몰라. 돛대가 3개였다고 알려져 있지. 콜럼버스는 이 배를 타고 1492년 10월 12일 아메리카 대륙에 도착했어.

미국
종교의 자유를 찾아 나선 메이플라워 호

1620년, 67일간의 항해 동안 메이플라워 호에 탄 사람들은 짚단 위에 누워 구토와 악취에 시달려야만 했어. 배의 요동이 너무 심했고, 안전을 이유로 주방의 불 마져 꺼버려 음식도 소금에 절인 돼지고기 뿐이었기 때문이야. 작고 불균형한 배는 매우 불안정했지. 1621년 메이플라워 호는 다시 영국으로 돌아왔는데, 배는 해체한 후 한 농부가 창고를 짓는 데 사용했대.

아프리카
흑인들의 꿈을 삼켜버린 아미스타드 호

노예 운반선은 공간을 최대한 활용해서 노예들을 수용했어. 노예 한 사람에게는 높이 1.52m, 길이 1.64m, 폭 0.88m씩의 공간만이 주어졌어. 50일 정도 걸리는 항해에서 노예들은 앉은 채 잠을 자야만 했지. 노예 무역이 금지될 때까지 350년 동안 아프리카 노예들은 150만 명 이상이 배에서 죽어갔어.

영국
인간 의지의 상징 인듀어런스 호

1914년 8월 8일, 영국의 탐험가 섀클턴은 인듀어런스 호를 타고 남극 탐험에 나섰어. 하지만 배는 빙하에 갇혀 버렸어. 배에 타고 있던 대원들은 얼음 위에서 축구, 개썰매, 가장 무도회 등을 열면서 사기를 잃지 않으려고 노력했어. 인듀어런스 호는 얼음의 압력에 으스러지고 말았지만 선원들은 탐험을 떠난 지 625일 만에 무사히 돌아와서 인간 의지의 위대함을 보여 주었어.

영국
침몰한 호화 유람선 타이타닉 호

타이타닉 호의 별명은 '침몰할 수 없는 배'였어. 1912년 4월 14일 빙산을 조심하라는 경고를 무시한 채 운항하던 타이타닉 호는 빙산에 부딪히고 8발의 신호탄을 발사했어. 하지만 다른 배에서는 불꽃놀이를 한다고 생각했대. 구조를 시작했을 때는 이미 1,517명이 익사하거나 동사한 후였어. 타이타닉 호의 특실 요금은 현재의 가치로 9천만 원이나 했대.

103 | 돈의 역사 돌고 돌며 가치를 만드는 돈

고대부터 인간은 필요한 물건을 모두 가질 수는 없었어. 그래서 교환이 시작되었어. 하지만 필요한 모든 것을 교환으로 얻을 수는 없었어. 교환을 편리하게 하기 위해서 만들어진 화폐는 5,000년 동안 진화해 왔어. 이제 우리는 시장에 가서 돈을 내고 물건을 사지 않아도, 집에 앉아서 신용 카드와 마일리지 혹은 사이버 머니를 이용해서 하는 세상에 살고 있어.

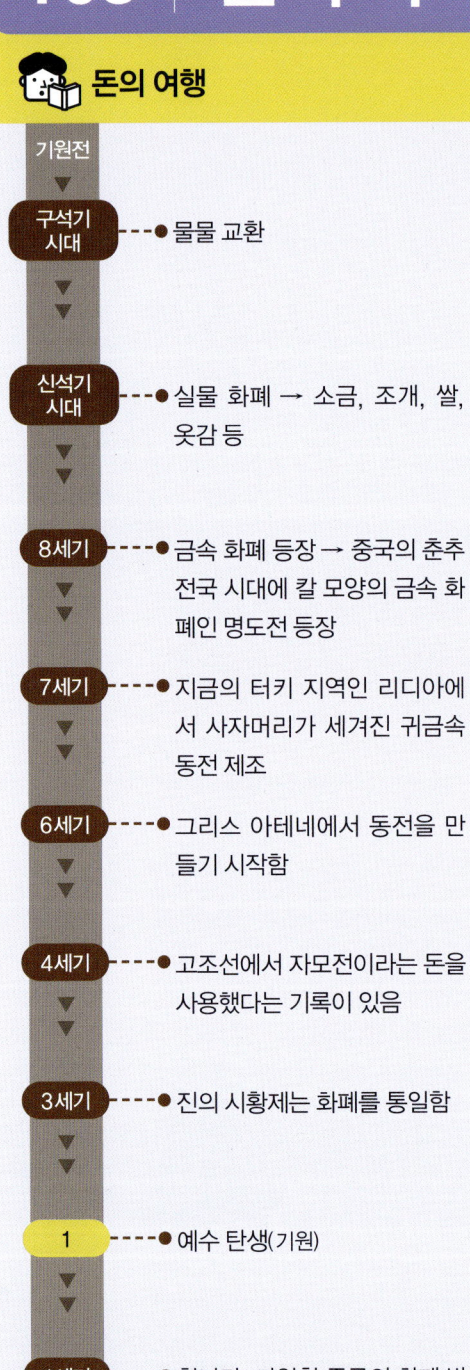

돈의 여행

기원전
- 구석기 시대 — 물물 교환
- 신석기 시대 — 실물 화폐 → 소금, 조개, 쌀, 옷감 등
- 8세기 — 금속 화폐 등장 → 중국의 춘추 전국 시대에 칼 모양의 금속 화폐인 명도전 등장
- 7세기 — 지금의 터키 지역인 리디아에서 사자머리가 새겨진 귀금속 동전 제조
- 6세기 — 그리스 아테네에서 동전을 만들기 시작함
- 4세기 — 고조선에서 자모전이라는 돈을 사용했다는 기록이 있음
- 3세기 — 진의 시황제는 화폐를 통일함
- 1 — 예수 탄생(기원)
- 1세기 — 한나라, 다양한 종류의 화폐 발행
- 1483 — 원나라, 최초의 지폐 제작
- 1851 — 미국에서 지금과 같은 의미의 신용 카드 등장

멕시코 — 최초의 위조 화폐 카카오 콩 – 아즈텍 문명

사람들은 언제부터 돈을 위조했을까? 돈이 처음 등장했을 때부터 만들기 시작했으니 인류의 역사와 늘 함께 했다고 말할 수 있겠지. 아즈텍 문명에서는 카카오 콩을 화폐로 사용했는데, 진흙을 섬세하게 빚어서 카카오 콩 같은 모양을 낸 가짜 돈이 만들어졌대. 속은 사람이 있었을까?

에스파냐 — 세계 화폐가 된 에스파냐 동전

에스파냐는 멕시코에서 생산하는 금과 은으로 동전을 만들었어. 그리고 이 동전은 유럽 전체 지역으로 퍼져 나갔지. 주체할 수 없을 만큼 금이 많아진 에스파냐 인들은 창틀, 거울 등 모든 것에 금을 사용했어. 아직 캐내지도 않은 금광을 담보로 돈을 빌려 쓰던 에스파냐의 왕들은 파산하고 말았어.

이탈리아 — 로마 제국의 멸망과 함께 사라진 화폐

동서양에 걸친 넓은 영토를 차지했던 로마 제국은 황제의 얼굴이 새겨진 금화나 은화를 사용했어. 황제는 돈이 필요할 때마다 세금을 거두거나 화폐를 만들어 방탕한 생활을 했어. 결국 과도한 세금을 견디지 못한 농민들이 농지를 잃고 영주의 보호 아래 들어가면서 로마 제국은 멸망의 길을 걷기 시작했고, 이후 1,000년 가까이 화폐가 필요 없는 자급 자족의 농촌 사회가 시작되었어.

이스라엘 — 성경에 나오는 1달란트는 얼마일까?

멀리 떠나는 주인이 종들을 불러 놓고 1달란트, 2달란트, 5달란트를 주었어. 그런데 1달란트를 받은 종은 돈을 땅에 묻었다가 나중에 그대로 주인에게 돌려주어 혼쭐이 났지. 성경에 나오는 유명한 이야기야. 1달란트는 금 33kg을 뜻하는데, 오늘날의 가치로 바꾸면 자그마치 5억이나 되는 돈이야. 금화 1개가 5억이었다니 정말 대단하지.

이탈리아
이탈리아에서 살아난 은행

14세기 이탈리아의 피렌체에서는 긴 탁자를 놓고 돈을 빌려주거나, 맡아주는 사람들이 생겼어. 이 탁자를 반코(banco)라고 불렀는데, 이 말이 순식간에 퍼져나가서 은행을 뜻하는 뱅크(bank)가 되었어. 은행업자들도 파산하는 경우가 있었는데, 돈을 맡긴 사람이 너무 화가 나 탁자를 부숴버렸대. 부서진 탁자(banco rotto)에서 파산(bankruptcy)이라는 단어가 생겨났어. 가장 유명한 은행가는 메디치 가문이야.

중국
최초의 여행자 수표

중국 원나라에서는 최초로 종이 화폐가 만들어졌어. 외국 상인이 중국으로 가지고 온 금이나 은을 황제의 직인이 찍힌 종이로 바꾸어서 사용하도록 했거든. 그리고 자기 나라로 돌아갈 때에는 다시 금이나 은으로 바꾸어 주었대. 이 종이 화폐를 믿을 수 있었을까? 물론이지. 원나라의 치안은 최고 수준이었거든.

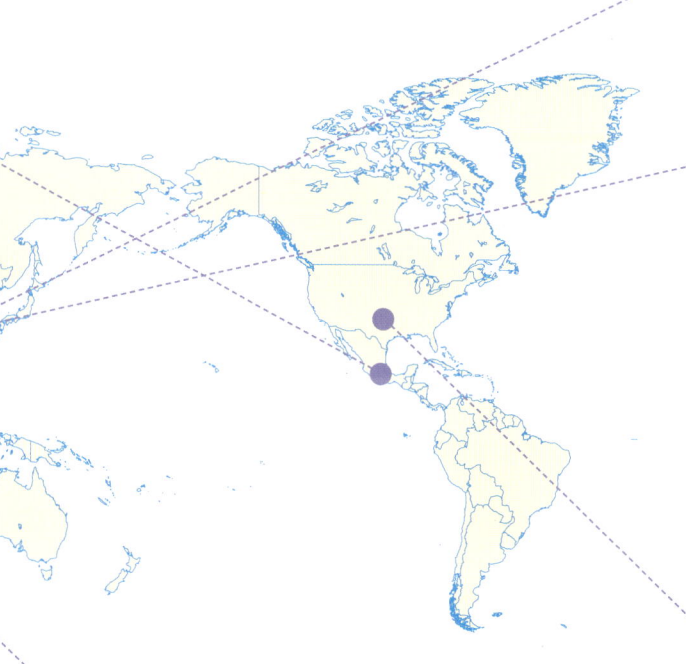

중국
농기구를 닮은 돈

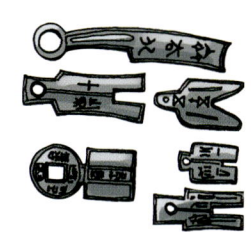

춘추 전국 시대에 중국은 철기가 처음 사용되면서 철로 만든 돈이 만들어졌어. 생긴 모양을 잘 보면, 칼 모양이나 농기구 모양으로 생겼지. 당시 사람들이 무엇을 소중하게 여겼는지 알 수 있겠지?

미국
골짜기에서 만들어진 세계 화폐, 달러

달러가 왜 달러인줄 알아? 신성 로마 제국의 땅이었던 체코에서 만들어진 동전을 요아힘스탈러 굴덴이라고 불렀는데, 독일인들이 발음하기에 너무 어렵고 길어서 '탈러'라고 불렀대. 바로 이것이 달러의 유래가 되었어.

독일
사상 최악의 인플레이션이 만든 히틀러

제1차 대전 후 베르사유 조약에서 연합국들은 독일에게 1,320억 마르크를 배상금으로 내도록 했어. 게다가 수출을 금지시켰지. 독일은 무분별하게 돈을 만들었고, 3개월 만에 물가가 35배 치솟았고, 1조 배까지 올랐지. 이제 돈은 쓸모가 없어졌고, 정부는 기업을 살리기 위해 497,000,000,000,000,000,000 마르크를 대출해 주었어. 이것을 '0의 충격'이라고 불러. 경제가 무너지는 것을 본 국민들은 히틀러의 집권을 인정하고 말았어.

찾아보기

ㄱ

9.11 테러	253
가나 왕국	256
가리발디	206
가마쿠라 막부	60
가미카제	67
가부키	62
가쓰라–태프트 밀약	78
가톨릭	167
간다라 미술	89, 149
간디	96
간석기	16
갑골 문자	20
강화도 조약	65, 78
개방	52
개항	65
개혁	52
거란	75, 128, 132
거북선	290
거열형	25
걸프 전쟁	253
검은 목요일	248
게다	59
게르만 족	130, 152, 158, 167
게릴라	250
게슈타포	223
겐지스 문명	87
견직물	43
결핵	282
경국대전	76
경제 공황	248
경제 자립 5개년 계획	69
경주	271
계급	16
고개지	31
고구려	72, 73
고대 문화	56
고딕 양식	164
고려	74
고려청자	75
고르바초프	233
고인돌	15, 17, 72
고조	33
고조선	72
고종 황제	287
곡물법	205
골품제도	73
공산주의	48, 68, 228
공포 정치	201
공행	45
공화정	47, 150, 151, 216
과거 제도	35, 44
관동 대지진	66
관료	65
관료 제도	188
관중	25
관포지교	25
광개토 대왕	73
광해군	77
괴벨스	223
교토	62, 70
교황	163
교황령	159
구니	56
구석기 시대	14, 72
구천	25
구텐베르크	182
국교	49
국민당	49
국민의회	201
국부론	197
국적	23
국제 연맹	66, 214
국제 연합	125
국채 보상 운동	78
군부 독재	250
군인 황제 시대	152
군장	15
군장 국가	72
굽타 왕조	90
권리 장전	193
권리 청원	192
귀무덤	62
균전제	35
그라쿠스 형제	151
그리스	144
그리스 정교	167
그림 문자	113
근초고왕	73
글라스노스트	233
금	133
금속 활자	75
기모노	59
김구	80

ㄴ

나라	71
나스카 문화	239
나일 강	113
나치스	223
나침반	37, 182
나폴레옹	201, 202, 203
나폴레옹 법전	202
낙양	29
난장	55
난징 조약	44
남북 전쟁	246, 247
남송	36, 132, 133
내몽골	53
냉전	80, 228
네로	155
네안데르탈 인	13
노동 조합	196
노르만 족	159
노르망디 상륙 작전	226
노예	280
노예 무역선	258
농노	161
뉴딜 정책	222, 249
니혼	57
닌자	60

ㄷ

다극 체제	231
다다미	59
다루가치	39
다리우스1세	116, 272
다산	15
다이묘	62, 64
단군	72
달러	293
담배	258
당	33, 273
당삼채	34
대공황	222
대도	39
대륙 횡단 철도	247
대륙 봉쇄령	203, 276
대만	49
대상 무역	256
대서양 헌장	225
대승 불교	89
대약진 운동	50
대운하	32
대장정	49
대중문화	252
대총통	47
대하	133
대헌장(마그나카르타)	174
덩샤오핑	51
도가	23
도교	23, 31
도다이사	59
도량형	27
도시	16, 172
도연명	31
도요토미 히데요시	63
도자기	34

294

도자기 전쟁	70	
도쿄 올림픽	69, 70	
도쿠가와 이에야스	63	
도편 추방제	145	
독재	41	
돈키호테	181	
돌궐	33, 128, 130	
동로마 제국	152, 167	
동방견문록	184	
동인도 회사	94, 95	
동투르키스탄	53	
동티모르	109	
두보	34	
드라큘라	171	
등용	23	
디오클레티아누스	152, 155	
뗀석기	15, 72	

ㄹ

라마단	119
라멘	59
라스코 동굴	14
라인 연방	202
러다이트 운동	196
러시아 원정	203
레닌	219
로마	150, 272, 292
로베스피에르	201
루소	200
루쉰	48
루이 14세	189, 200
루이 필립	204
루즈벨트	249
루터	186
룽먼 석굴	55
르네상스	180
리빙스턴	261
링컨	246, 247

ㅁ

마루타	226
마르코 폴로	39, 184, 270
마리아 테레지아	191
마셜 플랜	228
마야 문명	238
마오쩌둥	51
마우리아 왕조	89
마젤란	185
마추픽추	239
마카오	52

마케도니아	148
막부	60
막부 정치	64
만델라	263
만리장성	27
만사 무사	257
만적의 난	75
만주족	42
말갈	133
말라카	104
말레이시아	109
말리 왕국	257
맥아더	68
먼로 선언	243
메넬리크	261
메디나	118
메디치	180
메소포타미아 문명	17, 110
메이지 유신	65
메이지 천황	65
메카	118
메테르니히	204, 205, 243
멕시코 혁명	243
면벌부	186
명(明)	40
명예혁명	193
모스크	119
모헨조다로	86
목판 인쇄술	75
몽골	38, 75, 128, 136, 273
몽염	26
묄렌도르프	14
무굴 제국	93, 94
무단 통치	79
무라	56
무로마치 막부	61
무사	62
무솔리니	223
무인(武人)	36
무적 함대	189, 288
무제	28
무제한 잠수함 작전	213
무함마드	118
묵가	23
문명	16, 17
문인(文人)	36
문화	17
문화 대혁명	50
문화 제국주의	252
물란(목란)	31
미드웨이 해전	67
미나모토	60
미라	113, 274, 278
미얀마	109

미일 안전 보장 조약	68
미천왕	275
민권주의	47
민보	47
민생주의	47
민족주의	47, 206
민주정치	145
민주주의	144, 216
밀라노 칙령	152

ㅂ

바그다드	119
바닷길	92, 271
바르샤바 조약 기구	228
바스쿠 다 가마	184
바이마르 공화국	216
바이마르 헌법	216, 217
박정희	81
발굴	21
발상지	17
발해	35, 73
방적기	194
백년 전쟁	174, 175
백일 천하	203
백제	72, 73
뱅골 분할령	95
범게르만주의	212
범람	31
범려	25
범슬라브주의	212
법가	23, 27
법흥왕	73
베네치아	39
베르사유 궁전	189, 285
베르사유 조약	224
베르사유 체제	214
베를린 봉쇄	228
베를린 장벽 붕괴	232
베를린 회의	261
베이징	38
베트남	106, 109
벤포스타	281
벽란도	74
벽화	14
변발	42
변법 자강 운동	45
별무반	75
병마용갱	26
보로부두르	103
보스턴 차 사건	240
보어 인	260
보통 선거	216

세계사 개념사전 295

볼리바르	242	
볼리우드	98	
볼셰비키	219	
봉건 제도	21, 60, 160, 282	
봉기	28, 47	
부국 강병	23	
부르주아	172, 197	
부병제	35	
부장품	34	
부처	31	
북대서양 조약 기구	228	
북미 자유 무역 협정	253	
분서갱유	27	
분열	23	
불가촉 천민	87	
불가침 조약	224	
불교	29, 31, 34, 35, 88, 108	
불로장생	31	
브나로드	218	
브라만교	87, 88, 90	
비단길	34, 133, 135, 271	
비로자나 대불	57	
비스마르크	207	
비잔티움	166, 272	
비잔티움 제국	152, 166	
빈 체제	204	
빈부격차	196	
빙하기	16	

ㅅ

11월 혁명	219
12표법	154
3·1 운동	78, 79, 97
3월 혁명	219
3포제	161
3황 5제	26
4·19 혁명	81
4대 문명	17
사고전서	43
사기	29
사대부	37, 43
사라예보	213
사르데냐 왕국	206
사림	76
사면초가	28
사무라이	57, 62, 64
사산 왕조 페르시아	117
사스(조류 독감)	283
사이렌드라	103
사탕무	276
사탕수수	277
사하라 사막	256

사해	275
사화	76
사회 계약설	200
사회주의	49, 250
산미증식계획	79
산업혁명	194, 195, 196, 259, 281
살생 금지령	60
삼각 무역	259
삼국 동맹	212
삼국 협상	212
삼국지	30
삼민주의	47
삼부회	174, 201
삼장 법사	34
상비군	188
상업 혁명	37
상형 문자	114
상황	57
색목인	38, 43
샨샤 댐	53
서귀포	28
서민 문화	37, 77
서부 개척	244
서시	24
서유기	39
서주	24
서태후	45
서하	36, 133
석가모니	88
석유	275
석유 수출국 기구	124
선비	128
선사 시대	14
설탕	258
성리학	37
성소피아 성당	120, 167
세계 공황	97
세계 무역 기구	235
세계 문화 유산	76
세르비아	212, 213
세종 대왕	76
세포이 항쟁	94, 95, 122
셀주크 튀르크	120, 170
소금 행진	275
소비에트	219
소수 민족	53
소승 불교	89
손보기	72
손자병법	22
솔론	145
송(宋)	36, 133
송가이 왕국	257
쇄국 정책	62, 64, 77
쇼군	61

쇼토쿠 태자	57
수(隨)	30
수교	48
수렴 청정	45
수메르 인	110
수에즈 운하	123, 124
수장령	187
수호지	39
술레이만 1세	120
술탄	122
스리비자야	103
스콜라	165
스키타이	128, 129
스키피오 장군	150
스테인드글라스	164
스톤헨지	17
스파르타	146
스파르타쿠스	153
스페인 독감	282
시니세	69
시민 계급	200
시장	53
시장 사회주의	53
시텐노지	57
식민지	211
신라	72, 73
신문화	49
신사 참배	79
신생대	13
신성 로마 제국	207
신칸센	69
신탁 통치	80
신학대전	164
신항로 개척	185
신해혁명	46
실학	77
십일조	162
십자군 전쟁	120, 170, 171
십진법	91, 113
썸머힐	281
쐐기 문자	110
쑨원	47

ㅇ

2월 혁명	204, 205
5·16 군사 정변	81
5·4 운동	48, 97
5호16국 시대	30
6·25 전쟁	68, 80
60진법	110
6월 항쟁	81
ABCD 포위 작전	67

아고라	144	
아라베스크	119	
아리아 인	87	
아메리카	185	
아메리카 인디언	16	
아방궁	28	
아비뇽 유수	171	
아소카 왕	89	
아시리아	115	
아우구스투스	151	
아우랑제브 황제	94	
아우슈비츠 수용소	226	
아우토반	222	
아잔타 석굴	91	
아즈텍 문명	238, 239, 282, 292	
아케메네스 왕조 페르시아	117, 129	
아크로폴리스	144	
아테네	144, 145, 146	
아틸라	130, 158	
아파르트헤이트	263	
아편 전쟁	44	
아프가니	122	
아프리카 민족 회의	263	
아프리카 통일 기구	262	
아프리카의 해	262	
악숨 왕국	257	
안·사의 난	34	
안남	103	
안중근	65	
알렉산드로스 대왕	89, 148	
알렉산드로스 제국	272	
알렉산드르 2세	218	
알렉산드리아	149	
알파벳	114	
앙코르 와트	102	
약육 강식	23	
양귀비	33	
양극 체제	231	
양명학	43	
양반	76	
양쯔 강	31, 36	
어부지리	25	
에게 문명	144	
에도	70	
에도 막부	64	
에비타	251	
에스파냐	175, 242	
에티오피아	286	
엘리자베스 1세	188, 189, 192	
여진	75, 128, 132	
여희	24	
역전제	135	
역참	39, 116	
연금술	163	
연나라	25	
연운 16주	132	
연합국	224	
영국 국교회(성공회)	187	
영락제	41	
영조	77	
영주	161	
영토	21	
예루살렘	170	
예리코	110	
예멘	286	
예수	155	
예정설	187	
예카테리나	218	
예카테리나 2세	190	
옐친	233	
오	24	
오다 노부나가	61	
오랑캐	22	
오리엔트	39, 110, 114, 148	
오벨리스크	257	
오스만 제국	120, 121, 273	
오스트랄로피테쿠스	13, 256	
오현제	151	
옥타비아누스	151	
올리버 트위스트	196	
올림피아 제전	144	
옴미아드 왕조	119	
와신상담	25	
와하브	123	
왕건	74	
왕권신수설	188	
왕소군	129	
왕안석	37	
왕희지	31	
왜(倭)	56	
왜구	75	
외척	58	
외환 위기	81, 98	
요	36, 132	
요제프 2세	190	
우신예찬	181	
운하	34	
울두바이 계곡	256	
움집	15	
원(元)	38, 135	
원로원	150, 151	
원자 폭탄	66	
월	24	
위·진·남북조	30	
위·촉·오	30	
위구르	34, 128, 130, 137	
위구르 족	53	
위안부	79	
위안스카이	47	
윈강 석굴	55	
유가	23, 29	
유관순	79	
유교	29, 35, 76	
유대교	115, 155	
유라시아	39	
유럽 연합	234, 235	
유로화	235	
유목 민족	26, 128	
유방	28	
유스티니아누스 대제	166, 167	
유스티니아누스 법전	166	
유신 체제	81	
유연	128	
유왕	22, 24	
유적	21	
유카타	59	
유토피아	181	
유프라테스 강	16	
육유	40	
율령	35	
은	20	
을사조약	77, 78	
을지문덕	32	
의병	78	
의화 권법	46	
의화단 운동	46	
이나자기 경기	69	
이라크 전쟁	253	
이모작	37	
이민족	31	
이방원	33	
이백	34	
이븐 바투타	257, 270	
이성계	75	
이세민	33	
이순신	76	
이스탄불	166	
이슬람 상인	37	
이슬람교	92, 93, 99, 108, 115, 118, 119	
이집트	114	
이집트 문명	17, 113	
이토 히로부미	65	
이화 학당	281	
인공 강우	53	
인구론	197	
인권 선언	201	
인더스 강	17, 86	
인더스 문명	17, 86	
인도 국민회의	95	
인도네시아	109	
인도차이나	102	
인디언	16, 245	

인천 상륙 작전	80
인클로저 운동	195
인플레이션	293
일본	56
임시 정부	79
임진왜란	76
입헌 군주제	65
잉카 문명	238, 239

ㅈ

자금성	41
자본주의	228, 248
자유주의	204, 259
자이나교	92
잔다르크	175
장미 전쟁	175
장수왕	73
장안	29, 34
장영실	76
장원 제도	161
장제스	49
재벌	68
재팬	57
전국 시대	22
전국책	22
전매 제도	274
전족	41
전체주의	222, 223, 224
절대 왕정	188
정복 왕조	132
정조	77
정착 생활	72
정통 칼리프	119
정화	41, 92
정화의 대원정	290
제1차 세계 대전	66, 124, 212, 213, 289
제2차 세계 대전	67, 124, 224, 225, 251, 289
제3 세계	230
제3 제국	223
제국주의	210
제방	31
제사	17
제자백가	23
제정	23, 28, 151
제후	21, 22, 24
조광윤	36
조나라	25
조로아스터교	116
조리	59
조선	33
조선 총독부	79
조용조	35
조총	60, 62
족장	15, 72
종교 개혁	186
종단 정책	261
주	21
주식 회사	247
주왕	21
주종 관계	160
주지육림	21
죽림칠현	31
중갑 보병	288
중상주의	188
중앙 집권 국가	56, 72, 73, 174
중원	23
중·일 전쟁	66
중장 보병	145
중화	41
중화 민국	49
중화 인민 공화국	50
증기 기관	194
지동설	182
지증왕	73
지카티비	59
직립 보행	12
직물업	37
직조기	194
직지심체요절	75
진(秦)	24, 26. 30
진승·오광의 난	27
진시황제	26, 29
진압	45
진주만	67
진화	13
진흥왕	73
짐바브웨 왕국	257

ㅊ

7월 혁명	204
차	276
차이나리스	52
차이나프리	52
차티스트 운동	205
찬드라 굽타	90
참파	103
천동설	182
천명	21
천연두	283
천자	21
천황	57, 65, 68
철	23
철기 시대	15
철혈 정책	207
청(淸)	42, 136
청교도 혁명	192
청동기	15, 16, 21, 56
청동기 시대	15
청동북	102
청·일 전쟁	45, 65, 78
체 게바라	250
체제	28
초나라	28
초원길	135, 270
추축국	224
춘추 시대	22
춘추 전국 시대	22
취푸	54
측천무후	33
칭기즈 칸	134, 135, 136

ㅋ

KKK단	247
카노사의 굴욕	163
카롤루스	159
카롤링거 르네상스	159
카르타고	114
카르티니	107
카스트로	228, 250
카스트 제도	87, 88, 91, 99
카자르 왕조	122
카페	121, 286
카프베	121, 286
칸	39
칼뱅	187
캄보디아	109
케네디	228
코메콘	228
코무덤	62
콘스탄티노플	120, 152, 155, 166
콘스탄티누스	152, 155
콜럼버스	185
콜레라	283
쿠데타	251
쿠란	118, 123
쿠바 혁명	228, 250
쿠빌라이	38
쿠샨 왕조	89, 90
크롬웰	193
크리스트교	62, 108, 115, 152, 155, 162
클레이스테네스	145
클로비스 왕	159

ㅌ

타실리 나제르	256
타지마할	93
탄지마트	121
탕구트 족	133
탕평책	77
태양력	113
태음력	110
태조	33
태평양 전쟁	67
태평천국 운동	44
테무친	134
테오도시우스	155
톈안먼 광장	54
톈안먼 사태	53
토기	56
토너먼트	161
토사구팽	25
토황소격문	33
통감	78
튜더 왕조	175
티그리스 강	17
티베트	33, 137

ㅍ

파라오	113
파르테논 신전	144
파리 강화 회의	214
파쇼다 사건	261
파시스트	223
파피루스	113
팍스 아메리카나	253
팔만대장경	75
페니키아	114, 115
페레스트로이카 정책	233
페르시아	116
페르시아 전쟁	146
페르시아 제국	272
페리 제독	64
페리클레스	146
펠로폰네소스 전쟁	146
펠리페 2세	189
포르투갈	242
포사	24
포숙	25
포에니 전쟁	114, 150, 151
폴리스	144
표음 문자	114
표트르 대제	190
프라하의 봄	231
프랑스 혁명	200, 201, 275
프랑크 왕국	158, 159
프로이센	190, 207
프론티어	244
프리드리히 대왕	190
플랜테이션	276
피라미드	113, 257
피의 일요일	219
피핀	159
필리포스 왕	148
필리핀	109
핑퐁 외교	51

ㅎ

하	20
하라파	86
하이힐	285
한	26, 72
한강	73
한강의 기적	81
한국 전쟁	68, 228
한니발	150
한일 합방	78
한자	29, 35
한족	31, 53
함무라비 법전	110
합스부르크 왕가	191
합작	49
항우	28
항저우	36
항해법	205
해독	17
해제	24
행성	39
향신료	94, 278, 279
헌공	24
헤로도토스	12
헤브라이	114, 115
헤이안쿄	58
헤지라	118
헨리 8세	189
헬레니즘 문화	89, 148, 149, 154
혁명	57
현생 인류	13
현종	33
호국경	193
호모 사피엔스	13
호모 사피엔스 사피엔스	13
호모 에렉투스	13
호모 파베르	14
호민관	150, 151
호세 리살	107
호조 마사코	60
호족	28, 58
호치민	107
홀로코스트	226
홍건적	39, 75
홍루몽	42
홍위병	51
홍익인간	72
홍콩	52
화랑도	73
화북 지방	31, 37
화석	13
화약	37, 182
환관	40
활판 인쇄	37, 182
황건적의 난	28
황소의 난	33
황열병	283
황하 문명	17
횡단 정책	261
후고구려	74
후금	43
후백제	74
훈 족	128, 130, 158
훈고학	43
흉노	128, 130
흑사병(페스트)	173, 282
히메지 성	61
히틀러	223, 293
힌두교	86, 90, 92, 99, 108

연표

기원전
▼

400만년	인류의 조상, 오스트랄로피테쿠스 출현
50만년	호모 에렉투스 출현
40만년	불의 사용법 발견
20만년	호모 사피엔스 출현
4만년	호모 사피엔스 사피엔스 출현
1만년	농경과 목축 시작
3500년	메소포타미아 문명 시작
3000년	이집트 문명 시작
2500년	인더스 문명 시작
2000년	황하 문명 시작
1800년	함무라비 왕, 메소포타미아 통일
1200년	알파벳 발명
6세기경	석가모니 탄생
492년	페르시아 전쟁 시작
403년	중국, 전국 시대 시작
330년	알렉산드로스, 대제국 건설
221년	진나라, 중국 통일
218년	한니발 전쟁 발발
202년	중국, 한나라 건국
31년	악티움 해전
27년	로마 제국 성립

기원후
▼

25년	중국, 후한 건국
30년	예수, 십자가에 못 박힘
220년	중국, 후한 멸망, 삼국 시대 시작
280년	진나라, 중국 통일
313년	로마, 크리스트교 공인
316년	중국, 5호 16국 시대 시작
317년	중국, 동진 성립
325년	니케아 공의회
375년	게르만 족의 대이동 시작
392년	크리스트교, 로마 국교로 승인
395년	로마 제국, 동서로 분열
420년	중국, 송나라 건국
439년	남북조 성립
476년	서로마 제국 멸망
481년	프랑크 왕국 건국
500년	인도, 힌두교 창시
529년	유스티니아누스 황제, 법전 편찬 시작
537년	콘스탄티노플, 성소피아 성당 건립
552년	돌궐 제국 성립
570년	마호메트 탄생
589년	수나라, 중국 통일
610년	마호메트, 이슬람교 창시
618년	중국, 당나라 건국
622년	헤지라
645년	일본, 다이카 개신
651년	사산 왕조 페르시아 멸망
661년	이슬람 옴미아드 왕조 성립
690년	일본, 천황 칭호 개시
711년	이슬람, 유럽 침략 시작
712년	당나라, 현종 즉위
751년	프랑크 왕국, 카롤링거 왕조 성립
755년	당나라, 안녹산의 난

771년	카롤루스 대제, 프랑크 왕국 통일
829년	잉글랜드 왕국 성립
843년	베르됭 조약
875년	당나라, 황소의 난
907년	당나라 멸망, 5대 10국
911년	노르망디 공국 성립
916년	거란족, 요나라 건국
960년	조광윤, 중국 송나라 건국
962년	신성 로마 제국 탄생
980년	송나라, 중국 통일
987년	프랑스, 카페 왕조 시작
1037년	셀주크 튀르크 건국
1054년	크리스트교, 동서로 분열
1066년	노르망디공 윌리엄, 잉글랜드 정복
1077년	카노사의 굴욕
1096년	십자군 전쟁 시작
1115년	여진족, 금나라 건국
1125년	금나라, 요나라를 멸망 시킴.
1127년	북송 멸망, 남송 시작
1152년	신성 로마 제국 황제 프리드리히 1세 즉위
1192년	일본, 가마쿠라 막부 세움.
1206년	칭기즈 칸, 몽골 제국 세움.
1215년	영국 대헌장 제정
1241년	신성 로마 제국, 한자 동맹 맺음.
1243년	킵차크 한국 건설
1271년	원 제국 건국
1279년	쿠빌라이 칸, 중국 통일
1299년	오스만 튀르크 제국 건설
1302년	프랑스 삼부회 성립
1309년	아비뇽 유수
1321년	단테, 《신곡》 완성
1328년	프랑스, 발루아 왕조 성립
1338년	영국과 프랑스, 백년 전쟁 발발
1368년	중국, 명나라 건국
1375년	르네상스 시작
1391년	티무르, 콘스탄티노플 점령
1405년	명나라 정화, 남해 원정
1414년	콘스탄츠 공의회
1429년	잔다르크, 영국군 무찌름.
1436년	명나라, 은납제 실시
1450년	구텐베르크, 금속 활자 발명
1453년	동로마 제국 멸망
1455년	영국, 장미 전쟁 발발
1480년	에스파냐 왕국 성립
1492년	콜럼버스, 신대륙 발견
1498년	바스쿠 다 가마, 인도 항로 발견
1517년	루터의 종교 개혁
1519년	마젤란, 세계 일주(~1522)
1526년	무굴 제국 건설
1536년	칼뱅의 종교 개혁
1543년	코페르니쿠스, 지동설 주장
1555년	엘리자베스 1세, 영국 국교회 기초 확립
1562년	위그노 전쟁 시작(~1598)
1588년	영국, 에스파냐의 무적 함대 격파
1590년	도요토미 히데요시, 일본 통일
1598년	낭트 칙령 발표
1600년	영국, 동인도 회사 설립

1603년	일본, 에도 막부 성립
1613년	러시아, 로마노프 왕조 성립
1616년	중국, 청나라 건국
1628년	영국, 권리 청원 제출
1642년	청교도 혁명
1648년	베스트팔렌 조약 체결
1649년	인도, 타지마할 완성
1688년	명예 혁명
1689년	청·러, 네르친스크 조약 영국, 권리 장전 발표
1701년	프로이센 왕국 성립
1713년	위트레히트 조약 체결
1740년	오스트리아 계승 전쟁
1765년	와트, 증기 기관 완성
1776년	미국 독립 선언
1789년	프랑스 혁명, 인권 선언
1804년	나폴레옹 황제 즉위
1806년	신성 로마 제국 멸망
1814년	빈 회의 개최(~1815)
1830년	프랑스 7월 혁명
1834년	독일, 관세 동맹 성립
1840년	아편 전쟁 시작
1848년	프랑스, 2월 혁명
1858년	무굴 제국 멸망
1861년	이탈리아 통일, 미국 남북 전쟁
1863년	링컨, 노예 해방 선언
1868년	일본, 메이지 유신
1869년	수에즈 운하 개통
1871년	비스마르크, 독일 통일
1876년	벨, 전화기 발명
1877년	인도 제국 성립
1878년	베를린 회의
1882년	러시아, 독일, 오스트리아의 삼국 동맹 체결
1884년	청·프 전쟁(~1885)
1885년	청·일, 톈진 조약 체결
1887년	프랑스령 인도차이나 성립
1894년	청·일 전쟁(~1895)
1895년	시모노세키 조약 체결
1896년	제1회 올림픽 개최
1898년	청나라, 무술 개혁
1899년	헤이그 평화 회의
1900년	청나라, 의화단 운동
1902년	영·일 동맹
1904년	러·일 전쟁
1905년	러시아, 피의 일요일
1907년	영국, 프랑스, 러시아의 삼국 협상 체결
1911년	신해 혁명
1912년	중화민국 성립, 발칸 전쟁 발발
1914년	제1차 세계 대전 발발
1917년	러시아 사회주의 혁명
1918년	미국 윌슨, 14개조 평화 원칙 발표
1919년	베르사유 조약, 5·4 운동
1920년	국제 연맹 창립

1921년	중국 공산당 성립
1922년	이탈리아, 파시스트 성립
1927년	중국, 난징에 국민 정부 수립
1929년	세계 경제 공황
1931년	만주 사변
1933년	독일, 나치스 정권 수립
1936년	에스파냐 내란
1937년	중·일 전쟁
1939년	제2차 세계 대전 발발(~1945)
1941년	태평양 전쟁 발발(~1945)
1943년	제1차 카이로 회담
1945년	포츠담 선언, 얄타 회담, 독·일 항복, 국제 연합
1946년	파리 평화 회의
1947년	마셜 플랜 계획
1948년	이스라엘 공화국 성립, 세계 인권 선언
1949년	NATO 성립, 중화 인민 공화국 성립
1950년	유엔, 한국 파병 결의
1952년	미국, 수소 폭탄 실험 성공
1955년	바르샤바 조약 기구(WTO) 수립
1960년	아프리카 17개국 독립
1961년	베트남 전쟁 발발
1963년	미국·영국·소련, 부분적 핵실험 금지 조약 체결
1966년	중국, 문화 혁명
1967년	제3차 중동 전쟁 발발
1969년	아폴로 11호, 달 착륙
1971년	중국, 유엔 가입
1972년	닉슨, 중국 방문
1975년	베트남 전쟁 종결
1977년	동남아시아 조약기구(SEATO) 해체
1978년	소련, 아프가니스탄 침공
1980년	이란·이라크 전쟁
1982년	제1회 뉴델리 회의
1984년	영국, 중국에 홍콩 반환 협정 조인
1985년	멕시코시티 대지진
1986년	소련, 체르노빌 원전 사고
1987년	미국과 소련, 중거리 핵전력 폐기 협정 조인
1989년	베를린 장벽 붕괴, 천안문 사건
1990년	독일 통일
1991년	걸프 전쟁, 유고 내전
1991년	소비에트 연방(소련) 해체
1993년	유럽 연합(EU) 출범
1995년	세계 무역 기구(WTO) 출범
1997년	영국, 중국에 홍콩 반환
1999년	유럽 11개국, 단일 통화 유로화 채택
	포르투갈, 중국에 마카오를 반환
2001년	미국 세계 무역 센터 테러
2002년	중국 주석 교체
2003년	이라크 전쟁
2004년	체첸 반군의 러시아 학교 인질 테러 폴란드 등 10개 국가, 유럽 연합(EU) 가입
2009년	오바마, 미국 대통령에 취임

개념이 쏙쏙 | 스물네 고개 정답

스물네 고개 I 82~83쪽

1. 갑골 2. ✗ 3. ③ 4. 한나라 5. 고구려 6. 당삼채 7. ③ 8. ② 9. 정화 10. 원, 청 11. 아편 12. ① 13. 5·4 운동 14. ③ 15. ③ 16. 가나 17. ㉠, ㉡, ㉢ 18. 메이지 유신 19. ② 20. 광개토 대왕 21. 팔만대장경, 청자, 직지심체요절 22. 이순신 23. 유관순 24. 4·19 혁명

스물네 고개 I 236~237쪽

1. 이탈리아 2. ✗ 3. 인쇄술 4. ① 5. ═ 6. 왕권신수설 7. 루이16세 8. 의회 9. 증기 기관 10. ㉡, ㉢ 11. 자유, 평등 12. 나폴레옹 13. 빈 체제 14. 챠티스트 15. ④ 16. 제국주의 17. ㉡ 18. 자유주의 19. ④ 20. 히틀러 21. 원자 폭탄 22. 냉전 23. 고르바쵸프 24. 유럽 연합

스물네 고개 I 140~141쪽

1. 카스트 2. ② 3. ① 4. ○ 5. 영국 6. 간디 7. 파키스탄 8. ③ 9. 캄보디아 10. 이슬람 11. 타이 12. ⑤ 13. 베트남 14. 태양력 15. ② 16. ① 17. 무함마드 18. 오스만 제국 19. 수에즈 운하 20. 이스라엘 21. 유목 22. ① 23. 칭기즈 칸 24. 중국

스물네 고개 I 266~267쪽

1. ① 2. 인디언 3. ③ 4. 워싱턴 5. 아이티 6. 볼리바르 7. ② 8. 노예 9. 대륙 횡단 철도 10. ✗ 11. 국제 연맹 12. 뉴딜 13. 태평양 14. 국제 연합 15. ①, ② 16. 대상 17. ③ 18. 아즈텍 19. 노예 20. 영국, 프랑스 21. 체 게바라 22. 아프리카 23. 넬슨 만델라 24. 먼로 선언

스물네 고개 I 178~179쪽

1. 올림픽 2. ① 3. ③ 4. 인간 5. 알렉산드로스 6. 지중해 7. 카이사르 8. 아우구스투스(옥타비아누스) 9. 로마 10. ④ 11. ① 12. 노르만 13. 계약 14. ㉡, ㉢ 15. 카노사의 굴욕 16. 고딕 17. 기사도 18. ① 19. 성소피아 20. 십자군 전쟁 21. ② 22. 페스트(흑사병) 23. 잔다르크 24. 에스파냐

세계사 개념사전 사진 제공

도다이사, 비로자나 대불, 수원화성, 도쇼구신사, 아사쿠사, 도다이지, 호류지, 히메지성, 천안문 광장 : "(c)Tomo.Yun (www.yunphoto.net/ko/)"

청자 상감 모란넝쿨 무늬 주전자(중박-200909-448) : 국립중앙박물관

개인소장 사진